KB209856

한국 고대의 금석문과 목간

지은이 김 창 호

1950년 경북 구미 출생, 경북대학교 대학원 사학과 수료, 문학박사
경주대학교 문화재학부 교수, 문화재청 문화재전문위원, 울산광역시 문화재위원,
경상북도 문화재전문위원

주요 저서
『고신라 금석문의 연구』,『한국 고대 불교고고학의 연구』,『삼국시대 금석문 연구』,
『고신라 금석문과 목간』,『한국 고대 목간』,『신라 금석문』,『고구려와 백제의 금석문』,
『한국고대와전명문』,『고신라목간』 외 논문 다수

한국 고대의 금석문과 목간

김창호 지음

초판 1쇄 발행 2024년 10월 31일

펴낸이 오일주
펴낸곳 도서출판 혜안

등록번호 제22-471호
등록일자 1993년 7월 30일

주소 04052 서울시 마포구 와우산로 35길 3(서교동) 102호
전화 02-3141-3711~2 / **팩스** 02-3141-3710
이메일 hyeanpub@daum.net

ISBN 978-89-8494-742-9 93910

값 42,000 원

한국 고대의 금석문과 목간

김 창 호 지음

혜안

책머리에

    삼국시대에 문자의 사용을 보여주는 예는 고구려가 4세기의 수막새에
중국의 연호 등을 새긴 것이 최초이다. 그 뒤로 414년의 광개토태왕비,
458년경의 충주 고구려비, 491~500년 사이에 새워진 집안 고구려비 등이
있다. 백제는 4~5세기 금석문이 없고, 503년경의 梁官瓦爲師矣와 512년의
武寧王陵 연도 閉鎖石塼片의 ~士 壬辰年作이 있을 뿐이다. 그렇다면 백제
七支刀는 369년으로 볼 수 없고, 5세기 후반으로 보아야 한다는 사실을
금석문을 공부한 지 40년이 지나서야 알게 되었다. 칠지도에 대한 일본학계
의 입장은 실증적으로 금석문을 공부하는 것이 아니라 국수주의 그대로이
다. 고신라는 5세기 1/4분기의 황남대총 북분의 夫人帶명, 441년의 포항
중성리비, 443년의 포항 냉수리비, 458년의 경주 금관총의 尒斯智王명
명문 등이 있다.

    고구려에서는 금석문만 있고, 목간은 단 1점도 출토되지 않고 있다.
백제에서는 금석문과 목간이 모두 출토되고 있다. 백제의 목간은 한성시대
나 웅진성시대의 예는 없고, 사비성시대의 예가 있을 뿐이다. 사비성에서
출토된 것은 100점 이상이나 되어 경주의 목간 수를 초월하며, 앞으로도
목간이 더 출토될 가능성이 있다. 고신라시대에 왕경의 목간 수는 통일신라
시대의 월지를 합치면 사비성과 거의 비슷하다. 경주의 경우 왕경에서
목간이 출토될 가능성은 거의 없다. 고신라는 금석문에서는 그 숫자가

고구려나 백제보다 많다.

목간 하면 지방목간으로 함안 성산산성의 목간을 들 수가 있다. 그 수가 253점에 달해 백제나 고신라의 어느 유적보다 많다. 그러나 그 제작 연대와 사용용도 등에 대해서는 학계에서도 의견의 일치를 보지 못하고 있다. 여기에서는 及伐尺이 외위에는 3자로 된 명칭이 없어서 경위로 보고, 경위라면 그 소멸시기를 540년경으로 볼 수 있지 않을까 하는 가설을 제시하였다. 용도는 일본의 목간에 의하여 하찰설이 유행했으나 7쌍의 쌍둥이 목간 글씨체가 다 달라서 하찰로 사용된 것 외에 1부를 도착지인 성산산성에서 더 만들었고, 이 역역용과 하찰용 모두를 장부로 사용했다고 보았다.

대구 팔거산성은 명활산성, 삼년산성, 고모산성과 함께 5세기 중·후반에 만들어진 고식 석성이다. 이들 고식 기단보축의 석성에 대한 기록은 삼년산 성을 470년 축조했다는 『삼국사기』 기록밖에 없다. 팔거산성 목간은 목간 자체로 볼 때, 6세기로 보면 초축 때에는 목간이 없고, 초축하고서 60년 가량이 지나 목조 집수지를 만든 것이 된다. 금석문 자료로 볼 때, 팔거산성 목간은 480년대 것으로 보인다.

백제의 인각와에 대해서는, 인각와는 보통 암키와 혹은 수키와의 凸面에 방형 혹은 원형의 도장을 눌러서 만든 것이다. 그 가운데 원형 도장이 98%나 된다. 현재까지 인각와는 2,857점이나 확인되었다. 한성시대에는 없고, 웅진성시대는 전체 0.5%이며, 주로 사비성시대에 나오고 있다. 이는 고구려나 고신라의 문자자료에서는 유례를 찾아볼 수 없는 것으로, 백제의 토착신앙과 관련된 것으로 보고 있다. 이렇게 토착신앙이 유행한 예로는 신라에서 6세기 2/4분기에서 800년까지 유행하였던 인화문토기가 있다.

백제에서는 6세기 들어와서야 금석문 자료가 보이는데, 광개토태왕비 같은 국가 차원의 금석문은 없다. 신라만 해도 포항 중성리비, 포항 냉수리 비, 봉평비, 적성비, 창녕비, 북한산비, 마운령비, 황초령비까지 8기나 된다. 백제의 비석이라면 누구나 알고 있다시피 백제사택지적비가 유명하다. 도교적인 사상을 내포한 對句로 문장은 대단히 어렵다. 그 외에는 비석이라고 부를 수 있는 것이 없다. 글자 수가 많은 금문으로 미륵사서탑 사리봉안기가 있으나 이는 비석이 아니다.

신라의 금석문에서 5세기로 보는 데 그 전거가 되는 것으로 경주 금관총 출토 도초끝부속구에 나오는 尒斯智王(刀)이란 명문이 있다. 尒斯智王은 尒를 훈독하면 너가 되고, 斯를 반절로 읽으면 ㅅ이 되어 넛지왕이 된다. 넛지왕을 내물마립간~지증마립간에서 찾으면 눌지왕이 된다. 그래서 금관 총의 연대는 458년이 되어 그토록 애타게 찾아왔던 절대연대를 가진 신라 고분의 문자 자료를 찾게 되었고, 포항 중성리비와 포항 냉수리비의 연대 역시 각각 441년, 443년으로 볼 수 있게 되었다.

조성윤 박사의 논문에 의하면 5세기 2단투창고배가 경주 분지에는 없다 고 한다. 그런데 읍남고분군의 고분에서는 유적을 파기만 하면 2단투창고 배가 나왔다. 경주 분지에는 사람이 살지 않았을까? 읍남고분군에 묻힌 무덤의 주인공과 함께 살았던 신라인의 주거지는 도대체 어디였을까? 그렇다고 신라 6부의 위치를 경주 분지 이외의 다른 곳에서 찾기는 어렵다. 5세기에는 2단투창고배를 무덤에만 사용하고, 생활에서는 목기를 사용하 지 않았을까? 5세기의 2단투창고배가 장례용으로만 사용되었고, 생활용구 로는 사용되지 않았다는 이야기는 고고학적으로 꺼내기가 어려운 것이다. 그렇다고 경주 분지에 5세기에는 사람이 살지 않았다고 보기도 어렵다.

통일신라가 가까워지던 567년 북한산비부터 불기 시작한 어려운 한문 열풍이 568년의 마운령비와 황초령비를 거쳐서 662년 태종무열왕릉비, 682년 문무왕릉비에 이르면 절정에 달한다. 이 비문들은 너무 어렵고, 역사적인 생활사의 복원에는 한계가 있다. 그래서 통일신라의 금석문 자료는 다루지 못하고 목간 3편을 다루었다.

고구려와 백제 금석문에서 지금까지 연구된 것을 중심으로 다루어야 할 자료는 많으나 여기에서는 단편적인 것만 다루었다. 아직도 고구려와 백제 금석문에 대한 연구는 끝난 것이 아니다. 백제 목간은 사비성시대에 많이 나오고 있다. 고구려 금석문 역시 최근에 나온 집안 고구려비는 대단한 수확이다. 그 내용도 대단히 중요하다.

고구려 금석문에서는 인명표기를 복원할 수 있는 자료로 충주 고구려비를 들 수 있다. 백제에서는 1점의 금석문 자료로 인명표기가 복원되는 국가 차원의 금석문이 1점도 나오지 않았다. 백제 관등제가 3국 가운데 제일 발달하고, 율령 공포의 시기도 고구려나 신라보다 앞서고 있다. 그럼에도 불구하고, 태왕제를 실시하지 않았고, 연호 사용도 칠지도의 예밖에 없다.

백제 고고학 자료에서 중요한 예로는 무령왕릉 출토품인 백자를 들 수가 있다. 무령왕릉에서 나온 백자는 절대연대를 가진 세계에서 가장 오래된 것이다. 물론 중국 남조의 수입품으로, 이렇게 무령왕릉에서는 중국과 일본에서 수입된 유물이 많다. 金松으로 만든 관은 일본 九州에서 수입되어 사치품이 많았음을 말해 준다. 무령왕릉이 세기의 발견이 되지 못한 것은 무덤에서 백제토기가 단 1점도 나오지 않아 고고학적으로 그 중요성을 반감하고 있기 때문이다. 이는 사치와 방종을 보여주는 것으로 국가의 멸망을 예언하고 있는 듯하다.

고구려 금석문에서는 隷書體로 쓴 경우로 광개토태왕비를 들 수 있다. 414년 당시 중국에서는 楷書體가 유행하였다. 그래서 광개토태왕비의 글씨를 시대착오적인 것으로 보기도 했다. 광개토태왕비 서체에는 城자가 많이 나오는데 한자도 같은 글씨체가 없어서 秋史體처럼 집자가 되지 않는 서체로 유명하다. 중국의 한자 글씨체를 빌려다가 고구려식으로 소화해 쓴 것으로 해석된다. 그렇게 많은 중국과의 전쟁에도 불구하고 주체성을 지킨 예로 판단된다.

백제 금석문에서는 국가 차원의 금석문이 나오지 않아서 백제사 연구에 장애가 되고 있다. 그래서 백제 미륵사지 서탑 사리봉안기에 나오는 己亥年을 639년으로 보고 있으나 공반된 은제관식의 편년이나 『삼국유사』 무왕조의 사료 비판에 따르면, 579년으로 보인다. 금석문의 가장 큰 장점은 문헌 사료 비판의 잣대가 된다는 점이다. 639년으로 보는 것은 왕흥사 목탑지 출토 청동사리합의 명문이 주는 교훈을 망각한 것처럼 보인다.

20년 전 고구려 유적을 견학하면서 집안의 구경과 함께 광개토왕비를 비롯하여 장군총, 태왕릉, 산성하 고분군, 집안박물관 등을 돌아본 적이 있었다. 국내성의 입지는 적으로부터의 침입 방지라는 점이 눈에 띄었다. 그리고 집안박물관에서 처음으로 원석정탁본은 정간이 뚜렷하다는 것을 알게 되었다. 10여 년 공부하면서도 모르던 것을 이름 모르는 이방인이 가르쳐준 데 대해 감사할 뿐이다.

이 책을 내면서 감사드릴 분이 많다. 우선 금석문을 공부할 수 있게 이끌어주신 동시에 영원한 롤 모델 역할을 해주신 은사 허흥식 선생님, 한문에 밝으셔서 많은 것을 가르쳐주신 은사 문경현 선생님, 고대사를 해박한 지식으로 가르쳐주신 이기동 선생님께 감사를 드린다. 불교사를 가르쳐준 채상식 교수님, 고고학에 눈을 뜨게 해준 최종규 원장님에게 감사한다. 평소 자료 교환을 해온 김수태 교수, 한기문 교수, 이영호 교수, 이수훈 교수, 하시모토 시게루 박사, 이경섭 박사, 조성윤 박사, 이동주 박사, 유환성 원장, 이민형 박사, 김유성 박사에게도 감사한다. 선진 일본고 고학을 알게 해주시고, 책을 많이 보내주신 野上丈助 선생님과 공부를 할 수 있도록 도와준 竹谷俊夫 교수에게 감사하고, 기와를 가르쳐준 高正龍 교수에게 감사한다. 책을 내는 데 응원을 해준 아내와 아들과 딸에게 감사한다. 특히 연구에 도움이 되라며 노트북을 사준 사위에게 고마움을 전한다. 끝으로 도서출판 혜안의 오일주 사장님께 진심으로 감사의 말씀을 드리고, 김태규 실장님을 비롯한 실무를 담당한 관계직원 여러분께도 감사의 마음을 전한다.

글 싣는 차례

제2장 백제 문자 자료　53

제3장 고신라 문자 자료　105

제4장 고신라 목간　175

14

제6장 기 타   357

제1장

고구려
문자 자료

제1절 고구려 금석문에 보이는 월경지 한 예

1. 머리말

최근 들어 고구려, 백제, 고신라의 금석문들에 대한 신설들이 나오고 있다.[1] 특히 대구 팔거산성 14번 목간은[2] 신라 도성제 연구에 획기적인 자료가 되고 있다. 목간에 보이는 米一石私란 많은 공진물을 내고 있으나 월경지일 가능성이 있다고 보았다. 한국 고대 도성제에 대한 새로운 착상이나 고대 금석문에 보이는 월경지에 대한 착상은 모두 여기에서 비롯되었다고 해도 지나친 말이 아니다. 대구 팔거산성 목간은 480년대에 작성된 것으로 14번 목간의 전문은 다음과 같다.

　　　夲波部△△村△△△△(앞면)
　　　米一石私(뒷면)

이 목간은 본피부안에 △△村의 △△△△가 米一石私를 공물로 바쳤다는 것인데, 王私를 私屬人으로 볼 수 없고, 米一石私에서 보다시피 私는 많은 양의 곡식을 뜻하는 것으로 보인다. 이토록 중요한 자료인데도 별로 주목을 받지 못했다. 대구 팔거산성 14번 목간의 훈기는 고구려의 평양성석각에까지 영향을 주어서 고구려의 월경지를 논히게 되었다.

---

1) 김창호, 「한국 고대 금석문에 보이는 越境地」(본서 제6장 제4절 참조).
2) 대구 팔거산성 14번 목간 夲波部△△村△△△△(앞면) 米一石私(뒷면)에서 米一石私를 공진물로 내지만 夲波部의 △△村은 월경지로 보인다.

여기에서는 먼저 평양성석각을 검토하겠다. 다음으로 태천 농오리산성 마애석각과 충주 고구려비를 검토하겠다. 마지막으로 평양성석각의 盖切을 살펴보겠다.

2. 평양성석각

18세기부터 일러진 평양성석각에 대해서는 많은 연구성과가 있다.[3] 여기에서는 발견 순서에 따라 5기를 검토하기로 한다. 우선 설명의 편의를 위해 관계 전문을 제시하면 다음과 같다.

⑫	⑪	⑩	⑨	⑧	⑦	⑥	⑤	④	③	②	①	(一)
造	伂	夫	兄	里	十	西	始	八	月	年	己	1
作	利	若	相	小	一	向	役	日	廿	五	丑	2

					⑦	⑥	⑤	④	③	②	①	(二)
					作	俳	物	東	自	(三)	己	1
					節	須	荷	十	此	月	酉	2
					矣	百	小	二	下	廿	年	3
						頭	兄	里	向	一		4
										日		5

					⑥	⑤	④	③	②	①	(三)
					節	位	內	向	廿	己	1
					矣	使	中	△	一	丑	2
						介	百	下	日	年	3
						丈	頭	二	自	三	4
						作	上	里	此	月	5
									下		6

---

3) 이에 대해 상세한 것은 田中俊明,「高句麗長安城城壁石刻の基礎的研究」『史林』68-4, 1985 참조.

			⑧	⑦	⑥	⑤	④	③	②	①	(四)
			涉	西	節	兄	後	漢	二	丙	1
			之	北	自	文	部	城	月	戊	2
				行	北	達	小	下	中	十	3

							⑤	④	③	②	①	(五)
							尺	里	此	兄	卦	1
							治	四	東	加	婁	2
									廻	群	盖	3
									上	自	切	4
											小	5

　먼저 (一)의 인명을 분석해 보기로 하자. 인명표기와 관련된 부분은 제⑧~⑪행의 小兄相夫若牟利다. 이를 두 사람의 인명표기로 보는 견해와[4] 한 사람의 인명표기로 보는 견해가[5] 있다. 지금까지 한국 고대 금석문에서는 하나의 관등명에 두 인명이 있는 예가 없어서 한 사람의 인명으로 보아야 될 것이다. 여기에서 앞의 小兄은 관등명임이 쉽게 밝혀지나 뒤의 相夫若牟利 부분은 문제가 되었다. 相夫를 무엇인가의 직명으로 보아서 인명 분석을 한 예가 있다.[6] 相夫를 직명으로 보면, 충주 고구려비에서 고구려 금석문의 인명표기 기재 순서인 직명＋부명＋관등명＋인명의 순서와는 서로 다름이 생기게 된다. 이 인명에서 小兄인 관등명 다음에는 인명이 와야 된다. 相夫若牟利 부분을 합쳐서 인명으로 보고자 한다. 相夫若牟利는 충주비의 多于桓奴와 비교할 때, 인명 길이 자체는 큰 문제가 되지 않는다. 이 (一)을 해석하면 '己丑年(509년) 5월 28일에 처음으로 役을 했는데, 서쪽으로 향하여 11里를 小兄 相夫若牟利가 쌓는다.'가 된다.

　다음으로 (二)에 대한 인명을 분석해 보면, 인명표기와 관련된 부분은 제⑤·⑥행의 物荷小兄俳須百頭다. 앞의 物荷를 物省으로 읽어서 관청명으로 보는 견해가 있다.[7]

　4) 鮎貝房之進,「高句麗城壁刻石文」『雜攷』6輯 上篇, 1934, 372쪽.

　5) 홍기문,『리두연구』, 1957, 207~208쪽.

　6) 鬼頭淸明,「高句麗の國家形成と東アジア」『朝鮮史硏究會論文集』21, 1984, 37쪽.

物荷(物省)가 관청명이라면 삼국시대 금석문의 인명표기 가운데에서 관청명이 나오는 유일한 예가 된다는 점이나 荷자를 省자로 잘못 읽은 점에서 보면, 따르기 어려운 견해다. 物荷를 인명으로 본 견해도 있다.[8] 그렇게 되면 俳須百頭의 처리가 문제다. 이에 비해 物荷를 출신 조직과 관련시킨 견해도 있다.[9] 곧 당시 고구려 수도였던 평양성에 근거한 五族이나 五部 출신이 아니고, 지방 출신으로 보고 있다. 物荷 자체를 출신 조직과 관련시킨 점은 이 연구를 한 걸음 더 진전시킨 것이다. 物荷는 지방의 성촌명과 관련되는 것이[10] 아니라 (五)에서 卦婁盖切의 盖切과 같은 5부 가운데 하나인 部에 소속된 하부행정 구역도 아니고, 직명이라고 판단된다.

이 인명표기에서 物荷를 직명이라고 해석한다 해도 나머지 부분의 풀이에서 여전히 어려움은 남는다. 物荷小兄俳須百頭에서 物荷 뒤의 小兄은 관등명이지만 俳須百頭의 처리가 어렵다. 俳須百頭 중 뒤의 百頭 부분은 의미상 대개 직명으로 보아 왔다.[11] 그러나 충주 고구려비의 인명표기 순서에 따른다면 百頭가 직명이 될 수가 없다. 여기에서는 俳須百頭를 합쳐서 인명으로 보고자 한다. 그러면 이 인명은 출신지명＋관등명＋인명의 순서가 되어 전형적인 고구려의 인명표기와 그 순서가 같아진다. (二)를 해석하면 '己酉年(529년) 3월 21일에 이곳으로부터 동으로 12리를 物荷인 小兄 俳須百頭가 作節했다.'가 된다.

(三)의 인명을 분석해 보기로 하자. 인명표기와 관련된 부분은 제④·⑤행의 內中百頭上位使亣文이다. 內中百頭는 직명, 上位使는 관등명,[12] 亣文은 인명이다. 이 (三)을 해석하면 '己丑年(509년) 3월 21일에 이곳으로부터 △쪽을 향하여 아래로 2리를 內中百頭 上位使(者) 亣文이 作節했다.'가 된다.

7) 鮎貝房之進, 앞의 논문, 1934, 371~372쪽 ; 홍기문, 앞의 책, 1957, 296쪽.
8) 田中俊明, 앞의 논문, 1985, 135쪽.
9) 鬼頭淸明, 앞의 논문, 1984, 36~37쪽.
10) 田中俊明, 앞의 논문, 1985, 135쪽.
11) 鬼頭淸明, 앞의 논문, 1984에서는 百頭를 百人의 長이라는 의미로 해석하였다.
12) 上位使는 上位使者의 잘못으로 者자가 빠져 있다.

(四)의 인명을 분석해 보자. 인명표기와 관련된 부분은 제③·④·⑤행의 漢城下後部小兄文達이다. 앞의 漢城下後部는 출신부명이지만 그 해석은 어렵다.[13] 漢城이란 지명이 고구려 3경 가운데 하나인 載寧인지 아니면 漢城인지 불분명하다. 여기에서는 漢城下後部를 漢城 아래의 後部로 해석하여 漢城下後部를 출신부명으로 본다. 漢城下後部는 출신부명, 小兄은 관등명, 文達은 인명이 된다. (四)의 전문을 해석하면 '丙戌年(506) 12월에 漢城의 아래에 있는 後部의 小兄 文達이 이곳으로부터 서북으로 가는 곳을 涉했다.' 가 된다.

(五)의 인명을 분석해 보자. 인명표기와 관련된 부분은 제①·②행의 卦婁盖切小兄加群이다. 이 인명 분석은 상당히 어렵다. 小兄은 관등명, 加群은 인명으로 쉽게 풀이되지만, 卦婁盖切이 문제다. 卦婁盖切에서 卦婁 는 고구려 5부 가운데 하나인 桂婁部로 쉽게 풀이되지만 盖切이 문제가 된다. 盖切을 인명으로 보면, 부명 다음에 곧바로 관등명 없이 인명이 오고, 뒤의 小兄加群과 인명표기 방식이 전혀 달라지게 된다. 盖切을 직명으로 보면, 이 인명표기는 부명＋직명＋관등명＋인명의 순서가 되어 충주 고구려비의 인명표기와 차이가 생기게 된다. 이제 남은 하나의 방법은 충주 고구려비에 기록된 인명표기 순서에 따라 卦婁盖切 전체를 출신부명으로 보는 것이다. 그런데 卦婁盖切을 출신부명으로 보면, 卦婁는 부명으로 보는 것이 당연한데 盖切의 해석이 문제가 된다. 盖切은 桂婁部(卦婁部) 내의 행정구역일 가능성이 있다. 이러한 예를 고구려에서는 찾아볼 수 없지만 신라에서는 있다. 곧 남산신성비 제3비의 제②·③행에 나오는 喙部主刀里가 그것이다. 盖切도 남산신성비의 主刀里에 준하여 해석하면 별다른 문제가 생기지 않는다. (五)의 전문을 해석하면, '卦婁의 盖切에 소속된 小兄 加群이 이곳으로부터 동으로 돌아 위쪽으로 (?)里 四尺을 治했다'가 된다. 지금까지 분석한 평양성 성벽석각의 인명표기를 보기

---

13) 이 부분의 다양한 가설들에 대해서는 田中俊明, 앞의 논문, 1985, 135~136쪽 참조.

쉽게 제시하면 다음 〈표 1〉과 같다.

〈표 1〉 평양성 성벽석각의 인명표기

자료명	직명	출신지명	관등명	인명
(一)			小兄	相夫若佽利
(二)	物荷		小兄	俳須百頭
(三)	內中百頭		上位使(者)	介文
(四)		漢城下後部	小兄	文達
(五)		卦婁盖切	小兄	加群

이제 평양성 성벽석각의 연대 문제에 대해 간단히 검토해 보기로 하자. 명문 중의 己丑年이란 연간지에 대해 449년설, 569년설, 629년설이 있다.[14] 丙戌年이란 연간지에 대해서는 446년설, 506년설, 566년설이 있다.[15] 위의 여러 가지 견해 가운데에서 평양의 장안성이 『삼국사기』에 근거할 때, 552년에 축성을 시작해 593년에 완성되었다는 결론에 따라 己丑年을 569년, 丙戌年을 566년으로 보는 견해가 유력하다.[16] 그런데 景四年在辛卯銘金銅三尊佛像이 571년이므로 己丑年을 569년으로 보는 것은 571년이 景四年이므로 景二年의 景이란[17] 연호를 사용하지 않아서 문제가 된다. 백제 왕흥사 목탑지에서 출토된 丁酉年(577년)이란 연대는 『삼국사기』에 보이는 왕흥사 대규모의 토목 시기에 관한 기록과 차이가 크다. 따라서 여기에서는 한 甲子씩 올려서 丙戌年은 506년으로, 己丑年은 509년으로, 己酉年은 529년으로 각각 보기로 한다.

---

14) 田中俊明, 앞의 논문, 1985, 139~140쪽 참조.
15) 田中俊明, 앞의 논문, 1985, 140~141쪽 참조.
16) 田中俊明, 앞의 논문, 1985, 141쪽 참조.
17) (二)의 석각이 569년이라면 景四年在辛卯가 571년이므로 景二年在己酉가 되어야 한다.

3. 충주 고구려비

1957년 가을 태천 고급중학교에서 향토사 연구를 목적으로 농오리산성을 조사하던 중에 자연 암벽에서 글자를 발견하여, 신의주 역사박물관에 보고하였다. 이에 동 박물관이 1958년 초에 마애석각을 조사하게 되면서 학계에 알려지게 되었다. 우선 설명의 편의를 위해 전문을 소개하면 다음과 같다.

③	②	①	
城	小	乙	1
六	大	亥	2
百	使	年	3
八	者	八	4
十	於	月	5
四	九	前	6
間	婁	部	7
	治		8

이 명문에서 인명은 제①·②행의 前部小大使者於九婁다. 前部는 출신부명, 小大使者는 관등명, 於九婁는 인명이다. 인명표기에 대한 분석은 간단하지만, 乙亥年이란 연대가 언제인지가 문제다.

乙亥年이란 연대를 추정할 수 있는 문헌 자료나 다른 금석문 자료가 없어서 그 연대 추정은 상당한 모험이 따를 수밖에 없다. 乙亥年을 고구려 유리왕 34년(15년)으로 추정한 견해가 있다.[18] 여기에서의 중요한 근거는 다음과 같다. 농오리산성이 소재한 대령강 이북이 고구려의 영토가 되고, 대령강 일대가 고구려의 남쪽으로 되었던 시기는 고구려가 남쪽으로 영토를 적극 확대해 나갔던 때에 찾아야 할 것으로 보면서 태조왕 4년(56년)에 고구려 영역이 남쪽으로 청천강에 이르렀기 때문에 대령강 일대의 소유는 이보다 앞서리라고 보았다.

---

18) 손량구, 「태천군 롱오리산성을 쌓은 년대에 대하여」 『조선고고연구』, 1987, 20쪽.

이와 다르게 乙亥年을 고구려 양원왕 11년(555년)으로 본 견해가 있다.[19] 여기에서는 평양성석각의 丙戌年이 556년인 점과 충주 고구려비의 건립 연대가 449~519년 사이라는 점을 근거로 들어 乙亥年을 문자왕 4년(495년) 과 양원왕 11년(555년)으로 좁혔다. 문자왕 4년은 고구려가 남쪽으로 죽령과 계립현까지 영토를 확장한 전성기이며, 양원왕 11년은 동왕 7년(551년)에 서북쪽으로 돌궐의 침입을 받고, 남쪽으로 백제와 신라의 공격을 받아 한강 유역을 상실하고 임진강선으로 후퇴했던 직후로 고구 려는 방어제제를 재징비힐 필요가 있었기 때문에 乙亥年을 555년으로 보았다.

여기에서는 乙亥年의 연대 문제를 小大使者란 관등명에 의해 접근해 보고 싶다. 小大使者를 小使者나 大使者의 별칭으로 볼 수도 있으나 小大使者 는 小使者나 大使者가 분화되기 이전의 관등명으로 해석된다. 그렇다면 乙亥年은 太使者가 나오는 충주 고구려비의 건비 연대인 458년경보다 앞서는 시기인 435년으로 보고자 한다. 375년은 아직까지 고구려에서 석문으로 4세기 것은 알려진 바가 없다. 4세기의 금석문 자료로는 기와 명문밖에 없으며, 4세기의 관등명 자료도 동시대 자료로서는 알려진 예가 없다. 농오리산성 마애석각 전문을 해석하면 다음과 같다.

> '乙亥年(435년) 8월에 前部 小大使者인 於九婁가 城 64間을 治하였다(쌓았
> 다).'

고구려 금석문에서 인명표기가 가장 많이 나오는 자료로는 충주 고구려 비를 들 수 있다. 충북 충주시 가금면 용전리 입석 부락 입구에는 일찍부터 오래된 비가 서 있다는 것을 인근 주민들은 알고 있었으나 거의가 문자가 없는 백면비로 생각해 왔다. 그러다가 1979년 2월 25일에 이르러 향토사연

---

19) 민덕식, 「고구려 농오리산성 마애석각 乙亥年에 대하여」 『한국상고사학보』 3, 1990, 110쪽.

구 단체인 예성동호회가 조사하여 문자가 있음을 확인하고, 관계 전문가에게 통보하였다. 그 뒤에 상세한 조사 결과 고구려 시대 비문임이 밝혀졌다.[20] 그 뒤에 많은 성과가 나왔는데,[21] 우선 한국고대사학회 공동 판독문을 중심으로[22] 판독을 제시하면 다음과 같다.

⑩	⑨	⑧	⑦	⑥	⑤	④	③	②	①	
	德	夷	大	夷	用	尚	奴	上	五	1
流	△	寐	位	寐	者	壁	主	下	月	2
奴	土	錦	諸	錦	賜	上	簿	相	中	3
扶	境	上	位	還	之	公	貴	知	高	4
△	境	下	上	還	隨	看	德	守	麗	5
△	募	至	下	來	去	節	句	天	太	6
△	人	于	衣	節	諸	賜	△	東	王	7
盖	三	伐	服	教	△	太	王	來	祖	8
盧	百	城	兼	賜	△	霍	不	之	王	9
共	新	教	受	寐	奴	鄒	聆	寐	公	10
△	羅	來	教	錦	客	教	△	錦	△	11
募	土	前	跪	土	人	食	去	忌	新	12
人	內	部	營	內	△	在	△	太	羅	13
新	幢	太	之	諸	教	東	△	子	寐	14
羅	主	使	十	衆	諸	夷	到	共	錦	15
土	下	者	二	人	位	寐	至	前	世	16
內	部	多	月	△	賜	錦	跪	部	世	17
衆	拔	于	卅	支	上	之	營	太	如	18
人	位	桓	三	告	下	衣	大	使	為	19

⑦	⑥	⑤	④	③	②	①	
△	△	△	△	△	△	△	1
△	△	△	△	△	△	△	2
△	△	△	△	△	△	△	3
△	△	△	△	△	△	中	4
△	△	△	△	△	△	△	5
古	△	△	△	△	△	△	6
牟	右	△	△	△	△	△	7
婁	△	△	百	△	△	△	8
城	△	△	△	刺	△	△	9
守	△	上	△	△	功	不	10
事	沙	有	△	△	△	△	11
下	△	之	△	△	△	△	12
部	斯	△	△	十	△	村	13
大	邑	△	△	△	△	舍	14
兄	△	△	△	△	△	△	15
△	大	△	△	△	△	△	16
△	古	△	△	土	土	△	17
	鄒	△	△	△	△	△	18
	加	東	△	大	節	△	19

---

20) 정영호, 「中原高句麗碑의 발견조사와 연구전망」 『사학지』 13, 1979.

21) 단국대학교 사학회, 『사학지-충주고구려비 특집호-』 13, 1979 ; 武田幸男, 「序說 5~6世紀東アジアの一視點-高句麗中原碑から赤城碑へ-」 『東アジア世界における日本古代史講座』 4, 1980 ; 田中俊明, 「高句麗ににの金石文」 『朝鮮史研究會論文集』 18, 1981 ; 木下禮仁, 「中原高句麗碑-その建立年代を中心として-」 『村上四男博士和歌山大學退官記念朝鮮史論文集』, 1981 ; 木下禮仁, 「日付干支と年次-中原高句麗碑の日付干支をめぐって-」 『考古學と古代史』, 1982 ; 김영하·한상준, 「충주고구려비의 건립 연대」 『교육연구지』 25, 1983 ; 木下禮仁·宮島一彦, 「高句麗の曆-中原高句麗碑をめぐって-」 『韓國文化』 6卷 1號, 1984 ; 손영종, 「중원 고구려비에 대하여」 『역사과학』 1985-2, 1985 ; 김창호, 「中原高句麗碑의 재검토」 『한국학보』 47, 1987 ; 木村誠, 「中原高句麗碑立碑年次の再檢討」 『朝鮮社會の史的展開と東アジア』, 1997.

22) 양인호·고태진, 「충주 고구려비 공동 판독안」 『한국고대사연구』 98, 2020, 5~8쪽.

共	夷	△	王	人	優	20	先	使	奴	日	太	衣	服	太	者	如	20
軍	寐	△	國	刺	沙	21	動	者	主	甲	王	服	建	子	多	兄	21
至	錦	△	土	△	△	22	奪	補	簿	寅	國	教	立	共	于	如	22
于	土	△	△	△	△	23	△	奴	貴	東	土	東	處	諸	桓	弟	23
좌측면							전면										

우측면 제①행 하단부에 前部가 있고, 후면 마지막 행 중앙부에 巡자가 있음.

그러면 전면의 인명표기부터 검토해 보기로 하자. 전면 제②·③행 寐錦忌
太子共前部太使者多于桓奴主簿貴德의 부분이다. 이 구절 가운데에서 太使者
多于桓奴主簿貴德으로 인명 분석을 시도한 견해가 있다.[23] 前部太使者多于
桓奴主簿貴德만을 끊어서 前部太使者多于, 桓奴主簿貴德으로 인명 분석을
하여 桓奴라는 고구려의 부명을 찾는 의욕적인 견해도 있다.[24] 가장 뒷사람
의 인명표기와 관련된 主簿는 관직명[25] 또는 관등명으로[26] 보아 왔다.
인명 분석에서 이와 같은 견해 차이는 고구려 금석문의 인명표기에서(신라
중고 금석문의 인명표기에서와 같은) 규칙을 찾는 데 장애가 되었다.
인명 분석의 의견 차이는 전적으로 충주비의 판독 잘못 때문에 빚어진
결과다. 지금까지 확고부동하게 관직명이라고 보아왔던 道使의 경우, 뒤의
使자가 德자라는 사실이 밝혀져[27] 이 부분의 인명 분석이 달라지게 되었다.
곧 맨 나중의 인명에서 主簿가 관등명, 貴德이 인명이며, 출신지명인 부명은
앞사람과 같아서 생략된 것으로 추측된다.[28] 寐錦忌太子共前部太使者多于

---

23) 변태섭, 「中原高句麗碑의 내용과 연대에 대한 검토」 『사학지』 13, 1979, 43쪽.
   그리고 전면에서 多于桓奴의 于자를 전면 제②행에서는 㝵자로, 전면 제⑧행에서
   는 于자로 각각 표기하고 있다. 이는 같은 글자이므로 于자로 표기한다.

24) 이종욱, 「고구려 초기의 지방통치제도」 『역사학보』 94·95, 1982, 86쪽.

25) 신형식, 「中原高句麗碑에 대한 고찰」 『사학지』 13, 1979, 68쪽.

26) 이종욱, 앞의 논문, 1982, 86쪽.

27) 伏見沖敬 編, 『書道大字典(上)』, 801쪽의 漢 楊淮表記 등의 예 참조. 충주비의
   서체가 漢代의 것과 유사하다는 점에 대해서는 임창순, 「中原高句麗碑의 소고」
   『사학지』 13, 1979, 54쪽 참조.

28) 손영종, 앞의 논문, 1985, 30쪽에서는 전면 제③행의 鄕類(이병도, 앞의 논문,
   1979에 실린 판독문 인용)가 鄕吏를 가리키는 말이라고 추측했으나 다른 선학들의
   견해에서는 鄕類를 판독한 예가 없어서 따르기 어렵다.

桓奴主簿貴德에서 寐錦 忌가 인명이고, 太子 共이 인명이고, 前部 太使者 多于桓奴가 인명이고, 主簿 貴德이 인명이다.

다음은 전면 제⑨·⑩행의 新羅土內幢主下部拔位使者補奴△流奴扶△△△ 盖盧란 구절이다. 이 구절 가운데 盖盧는 백제왕 盖鹵와 연결시켜 왔다.[29] 이는 발음상 꼭 같으나 선학의 지적과 같이[30] 더 검토할 여지가 있는 것 같다. 충주비 자체에서는 盖盧란 말에 뒤이어 共자가 나오고 있으나[31] 부명+관등명이 들어갈 수 있는 틈이 없어서 인명은 아니다. 新羅土內幢主 下部拔位使者補奴에서 新羅土內幢主는 관직명, 下部는 소속부명, 拔位使者 는 관등명, 補奴는 인명이다. 좌측면 제⑦행 古牟婁城守事下部大兄△△에서 古牟婁城守事는 직명, 下部는 출신부명, 大兄은 관등명, △△는 인명이다. 이상 충주 고구려비의 인명표기를 표로써 제시하면 다음의 〈표 2〉와 같다.

〈표 2〉 충주비의 인명 분석표

職名	出身部名	官等名	人名
		(寐錦)	忌
		(太子)	共
	前部	太使者	多于桓奴
	위와 같음	主簿	貴德
新羅土內幢主	下部	拔位使者	補奴
		(古鄒加)	共
古牟婁城守事	下部	大兄	△△

위와 같은 인명표기 분석을 토대로 충주 고구려비의 연대를 조사해 보자. 좌측면 제⑤행의 辛酉를 읽어서 비의 건립 연대를 481년으로 보게

---

29) 이병도, 「中原高句麗碑에 대하여」『사학지』13, 1979, 23쪽. 그런데 이호영, 「中原高 句麗碑 題額의 신독」『사학지』13, 1979, 97쪽에서는 盖盧를 고구려의 使人官吏로 보았다.

30) 임창순, 앞의 논문, 1979, 57쪽.

31) 이병도, 앞의 논문, 1979에서만 供자로 읽고, 다른 선학들(임창순, 황수영, 武田幸 男, 田中俊明 등)은 共자로 읽고 있다.

되면, 十二月十三日甲寅이 449년이므로, 전면 제①·②·④·⑥(두 번)·⑧행과 좌측면의 제⑤행에 각각 7번의 寐錦이 문제다.[32]

寐錦은 訥祗麻立干(417~458년)·慈悲麻立干(458~479년)·炤知麻立干(479~500년) 모두에 해당된다. 『三國史記』에 근거할 때, (19)訥祗麻立干, (20)慈悲麻立干, (21)炤知麻立干의 계보가 되어 3대 왕에 걸쳐서 있는 사실이 되고 만다. 7번의 寐錦 가운데에서 인명표기는 寐錦류라고 한 번밖에 나오지 않는다. 또 좌측면의 辛酉의 辛자는 그 글자 자체의 크기가 다른 글자들보다 월등히 커서 辛자가 아닐 가능성이 크다. 이렇게 보면 충주 고구려비의 건비 연대는 458년경이 된다.

4. 평양성석각의 盖切

평양성석각 (五)석의 출신지명으로 적힌 卦婁盖切은 어떤 뜻일까? 백제나 신라에서 부명과 부 아래의 행정구역이 함께 나오는 예는 거의 없는 듯하다. 백제에서는 사비성시대인 7세기 중엽에 정읍의 중방성인 고사부리성에서 기와 명문과[33] 목간 자료에서[34] 각각 上卩上巷이란 명문이 나와서 고사부리성 근처를 上卩上巷의 월경지로 보았다. 신라의 경우도 남산신성비 제3비에서 喙部主刀里라고 나올 뿐이다. 우선 평양성석각 (五)석의 卦婁盖切을 卦婁(部)의 盖切(하부 단위)이라고 해석할 경우, (四)석의 漢城下後部와 균형이 맞지 않게 된다. (五)석 석각의 인명표기는 卦婁盖切小兄加群

---

32) 寐錦을 麻立干과 동일한 것으로 보게 된 것은 충주비가 발견된 이후이다. 이병도, 앞의 논문, 1979, 25쪽 참조. 그런데 김정배, 「中原高句麗碑에 대한 몇 가지 문제점」 『사학지』 13, 1979, 87쪽에서는 '흔히 寐錦을 마립간의 이칭으로 보거니와……'라고 하였다. 寐錦을 尼師今과 동일한 것으로 보아온 것에 대해서는 今西龍, 『新羅史硏究』, 1933, 43~44쪽 참조.

33) 거울문자이다.

34) 刻書로 되어 있다.

으로, 분석이 매우 까다롭다. 小兄은 관등명, 加群은 인명으로 쉽게 풀이되지만, 卦婁盖切이 문제가 된다. 즉 卦婁盖切에서 卦婁는 고구려 5부 가운데 하나인 桂婁部로 쉽게 풀이되지만 문제는 盖切이다. 盖切을 인명으로 볼 경우 부명 다음에 곧바로 관등명 없이 인명이 오고, 뒤의 小兄加群과 인명표기 방식이 전혀 다르게 된다. 이와 달리 盖切을 직명으로 본다면, 이 인명표기는 부명＋직명＋관등명＋인명의 순서가 되어 충주고구려비의 인명표기와 차이가 생긴다. 이제 남은 하나의 방법은 충주고구려비에 기록된 인명표기 순서에 따라 卦婁盖切 전체를 출신부명으로 보는 것이다. 卦婁盖切을 출신부명으로 보면, 卦婁를 부명으로 보는 것은 당연하나, 盖切의 해석이 문제가 된다. 盖切은 桂婁部(卦婁部) 내의 행정구역일 가능성이 있다. 이러한 예는 고구려에서 찾을 수 없지만 신라에서는 찾아볼 수 있다. 곧 남산신성비 제3비의 제②·③행에 나오는 喙部主刀里가 그것이다. 하지만 이 경우에도 盖切을 남산신성비의 主刀里에 준하여 해석할 수는 없다. 따라서 盖切을 월경지로 해석한다면 별다른 문제가 생기지 않는다. 곧 桂婁部의 하급 행정단위는 백제처럼 中巷·上巷·下巷·前巷·後巷이 있었다고 판단되기 때문이다.

5. 맺음말

먼저 평양성석각 5기를 발견 순서에 의해 一~五로 부르면서 인명표기를 중심으로 전문을 해석하였다. 五의 경우, 卦婁(部)의 盖切로 해석해 왔으나 桂婁部 밑에 백제처럼 中巷·上巷·下巷·前巷·後巷이 있었다고 판단되기 때문에 盖切의 처리가 문제가 되었다.

이를 분석하기 위해 고구려 금석문 가운데 부명이 435년 가장 이른 시기에 나오는 태천 농오리산성 마애석각과 인명표기가 가장 많이 나오는 충주 고구려비를 검토하였다. 이 비에서는 부명을 가진 인명도 생략된 것을 포함하여 관등명을 가진 인명이 4명이나 나온다.

마지막으로 남산신성비 제3비에 나오는 喙部主刀里가 있다. 이 경우에도 盖切이 남산신성비의 主刀里에 준하여 해석할 수는 없다고 보았다. 이에 盖切을 월경지로 해석한다면 별다른 문제가 생기지 않는다.

제2절 삼국시대 금동소형불의 조상기 특징
―고구려의 금동소형불조상기를 중심으로―

1. 머리말

고구려와 백제시대에 만들어진 20㎝ 미만의 휴대용 소형불에는 부처를 만들게 된 연유와 만든 사람들의 이름이 새겨진 경우가 많다. 불교의 사상을 엿볼 수 있는 불교신앙에 대해서도 조금씩 언급하고 있다. 지금까지 남아 있는 불상은 5세기가 가장 빠르다. 372년 고구려에 불교가 전진에서 전래되고, 불경과 불상이 전진 부견의 주도로 전래되었고, 성문사와 이불란사란 절을 지었다고 하나 4세기 불상은 한반도에서는 나온 예가 없다. 4세기의 불상이 목불이라면 전부 썩어서 그 흔적조차 찾을 수 없을 것이다.

길림성 집안현에 있는 장천1호분에 예불도가 있으나 이 고분의 축조 시기가 5세기 초다. 흙으로 만든 불상 역시 이른 시기의 것이 있으면 발견될 터인데, 그러한 예를 찾을 수가 없다.

백제의 경우도 384년에 불교가 중국으로부터 전래되고, 불경과 불상이 전래되었을 터인데 그 전거가 전혀 없다. 백제 금동불로 추정되는 건흥 5년명불상도 연대를 536년으로 보고 있어서 4세기는 그렇다고 하더라도 5세기의 불상도 없다. 고구려에서 불교가 전래된 신라에서는 527년에 이차돈의 순교로 불교가 공인되고 나서 불교국가가 되었다. 현재까지 알려진 바에 따르면 고신라의 유명불상은 발견된 바가 없다.

먼저 永康七年銘金銅佛光背 등 유명불을 소개하겠다. 다음으로 유명불의 국적 문제에 대해 살펴보고, 마지막으로 유명불의 특징에 대해 살펴보겠다.

2. 자료의 제시

1) 永康七年銘金銅佛光背

이 광배는 1944년 평양시 평천리에서 발견되었다. 근처에서 佛像 臺座와 金銅半跏思惟像 등이 발견되었다.[1] 광배는 현재 평양중앙박물관에 소장되어 있다. 광배의 크기는 높이 22㎝, 너비 14㎝다. 모양은 舟形이다. 전문에서 문세시되는 글자를 중심으로 판독해 보기로 하자.

제①행은 모두 7자다. 7번째 글자는 甲[2] 또는 辛자로[3] 읽어 왔으나, 辛자임이 분명하다. 8번째 글자는 午자로 읽는 견해도 있으나,[4] 따르기 어렵다.

제②행은 모두 8자다. 9번째 글자를 祈자로 읽는 견해도 있으나,[5] 따르기 어렵다.

제③행은 모두 8자다. 8번째 글자를 覺자로 읽는 견해가 많은데,[6] 9번째 글자에 岸자를 복원하고, 10번째 글자의 존재를 주장한 견해가 있으나,[7] 따르기 어렵다.

제④행은 모두 4자다. 이에 대해서는 다른 이견이 전혀 나오지 않고 있다.

제⑤행은 모두 10자다. 2번째 글자는 切처럼 되어 있는데, 이를 解[8]

---

1) 田中俊明, 「高句麗の金石文-研究の現狀と課題-」 『朝鮮史研究會論文集』 18, 1981, 132쪽 참조.

2) 김우, 「평양시 평천리에서 발견된 고구려 금동 유물들」 『문화유산』 1962-6, 1962, 65쪽.

3) 도유호, 「평천리에서 나온 고구려 부처에 대하여」 『고고민속』 1964-3, 1964, 32쪽.

4) 久野健, 「平壤博物館の佛像」 『ミュージアム』 490, 1992, 4쪽.

5) 한국고대사회연구소 편, 『역주 한국고대금석문(I)』, 1992, 123쪽.

6) 田中俊明, 앞의 논문, 1981, 133쪽 등.

7) 한국고대사회연구소 편, 앞의 책, 1992, 123쪽.

8) 도유호, 앞의 논문, 1964, 32쪽.

또는 初자로9) 읽는다. 이 글자는 龍門石窟造像記의 예에 따르면10) 初자임이 분명하다. 6번째 글자는 尒자로 추독하는 경우가 많으며11) 이에 따른다. 9번째 글자는 以12) 또는 必자로13) 읽는 견해가 있으나 以자로 읽는 견해에 따른다. 10번째 글자는 못자로 표기되어 있으나, 菩자로 추독한 견해가 있다.14)

제⑥행은 모두 10자다. 이 행에 대해서는 판독에 다른 이견이 제출되지 않고 있다.

제⑦행은 모두 7자다. 이 행에 대해서도 판독에 다른 이견이 제출되지 않고 있다.

지금까지 판독한 내용을 제시하면 다음과 같다.

⑦	⑥	⑤	④	③	②	①	
隨	提	之	慈	福	爲	永	1
喜	若	初	氏	願	亡	康	2
者	有	悟	三	合	母	七	3
等	罪	无	會	三	造	年	4
同	各	生		者	弥	歲	5
此	願	思		神	勒	在	6
願	一	究		△	尊	辛	7
	時	竟		興	像	△	8
	消	以					9
	滅	菩					10

이 광배의 조상기를 해석하면 다음과 같다.

---

9) 김우, 앞의 논문, 1962, 65쪽 ; 奈良國立文化財研究所 飛鳥博物館, 『飛鳥·白鳳の在銘金銅佛』, 1976, 117쪽.

10) 水野淸一·長廣敏雄, 『河南洛陽龍門石窟の硏究』, 東方文化硏究所硏究報告 第十六冊, 1943, 457쪽.

11) 田中俊明, 앞의 논문, 1981, 133쪽 등.

12) 田中俊明, 앞의 논문, 1981, 133쪽.

13) 한국고대사회연구소 편, 앞의 책, 1992, 123쪽.

14) 한국고대사회연구소 편, 앞의 책, 1992, 123쪽.

'永康七年辛△에15) 亡母를 위해 弥勒尊像을 만듭니다. 福을 원합니다. 亡者로 하여금 神△興하여 慈氏三會之初에16) 无生의17) (法理를) 깨닫고, 究竟을18)……(하옵소서) 만약에 죄가 있으면 右願으로 一時에 消滅되게 하옵소서. 隨喜者19) 등도 이 願과 같이 하옵소서.'

2) 延嘉七年銘金銅如來立像

1963년 7월 16일 경상남도 의령군 대의면 하촌리 산30번지의 길가에서 현지 주민에 의해 발견되었다.20) 이 불상은 국보 119호로 지정되어 현재 국립중앙박물관에 보관되어 있다. 전체 높이 16.2㎝, 높이 12.1㎝, 너비 8.1㎝의 이 불상 뒷면에는 다음과 같은 명문이 새겨져 있어서 이를 판독해 보자.

제①행은 모두 13자이다. 1번째 글자인 延자는 延으로 표기되어 있는데, 이렇게 표기한 예로는 龍門石窟의 조상기에서 볼 수 있다.21)

제②행은 모두 13자이다. 5번째 글자는 㐺자이다. 이는 第자 또는 弟자의 이체로 적성비에서는 兄弟를 兄㐺로 표기하고 있다.

---

15) 연가7년명금동여래입상보다 빠른 431년, 441년, 451년, 461년, 471년 등이 그 대상이 될 수 있다.

16) 慈氏三會의 慈氏란 미륵의 중국식 성씨. 자씨3회란 龍華會라고도 하는데, 미륵이 성불한 후 華林園에서 개최한 3차례의 법회를 말한다. 미륵은 初會의 설법에서 96억년, 二會의 설법에서 94억년, 三會의 설법에서 92억년을 제도한다고 한다(한국 고대사회연구소 편, 앞의 책, 1992, 125쪽).

17) 이는 生滅을 떠난 절대의 진리 또는 번뇌를 여원 깨달음의 경지를 말한다(한국고대 사회연구소 편, 앞의 책, 1992, 125쪽).

18) 이는 상대를 초월한 불교의 최고 경지를 말한다(한국고대사회연구소 편, 앞의 책, 1992, 125쪽).

19) 이는 남이 한 善根功德을 기뻐하는 자이다(한국고대사회연구소 편, 앞의 책, 1992, 125쪽).

20) 황수영,「고구려연가7년명금동여래입상」『미술자료』8, 1963.

21) 水野淸一·長廣敏雄, 앞의 책, 1941, 462쪽 ; 山田勝美 監修,『難字大典』, 1976, 78쪽.

제③행은 모두 13자이다. 11번째 글자는 因자로 보는 설과[22] 回자로[23] 보는 설로 나뉘고 있으나 因자설이 옳다. 13번째 글자는 歲자로 읽어 왔으나,[24] 義자가 옳다.[25]

제④행은 모두 8자이다. 4번째 글자는 法자,[26] 擡자,[27] 壽자,[28] 招자[29] 등의 견해가 제시되고 있다. 여기에서는 法자로 읽는 견해에 따른다. 5번째 글자는 穎자,[30] 顯자,[31] 類자[32] 등으로 읽는다. 여기에서는 穎자의 이체와[33] 비슷해 穎자로 읽는다. 이상의 판독 결과를 참조하여 전문을 제시하면 다음과 같다.

④	③	②	①	
佛	造	東	延	1
比	賢	寺	嘉	2
丘	劫	主	七	3
法	千	敬	年	4

---

22) 奈良國立文化財研究所 飛鳥博物館, 앞의 책, 1976, 118쪽.
23) 김원룡, 「연가7년명금동여래입상명문」『고고미술』5-9, 1964 ;『한국미술사연구』 재수록, 1987, 155쪽. 田中俊明, 앞의 논문, 129쪽에서 'しかしこれは明らかに回であり, 因でない'라고 주장하고 있다. 伏見沖敬 篇,『書道大字典』, 1984, 401쪽에는 因의 이체로 因도 있고, 回도 있다.
24) 한국고대사회연구소 편, 앞의 책, 1992, 127쪽.
25) 이 글자를 義자로 본 것은 김영태, 「연가7년명고구려불상에 대하여」(한국불교학회 제9회학술연구발표회 발표요지), 1986, 5쪽에서 비롯되었다. 이 시기의 歲자는 모두 윗부분이 山자와 비슷한 모양으로 시작하나, 이 글자는 그렇지 않다. 이 글자와 꼭 같은 글자는 없으나, 유사한 예로는 다음을 참조할 수 있다. 宇野雪村 篇,『六朝造像記 五種』, 1986, 40쪽 ; 伏見沖敬 篇, 앞의 책, 1984, 1766~1767쪽.
26) 中吉功,『新羅·高麗の佛像』, 1971, 146쪽.
27) 김원룡, 앞의 책, 1987, 155쪽.
28) 久野健 等,『古代朝鮮佛と飛鳥佛』, 1979, 18쪽.
29) 허흥식 편,『韓國金石全文』古代篇, 1984, 33쪽.
30) 김원룡, 앞의 책, 1987, 155쪽.
31) 中吉功, 앞의 책, 1971, 416쪽.
32) 황수영 편저,『韓國金石遺文』, 1976, 236쪽.
33) 伏見沖敬 篇, 앞의 책, 1984, 1630쪽.

潁	佛	弟	歲	5
所	流	子	在	6
供	布	僧	己	7
養	第	演	未	8
卅	師	高		9
九	徒	麗		10
因	冊	國		11
現	人	樂		12
義	共	良		13

이상의 판독 결과를 중심으로 전문을 해석하여 제시하면 다음과 같다.

'延嘉七年인 己未年(479년)에 高麗國[34] 樂良東寺의 (부처님을) 恭敬하는 제자인 僧演을 비롯한 師徒[35] 40인이 賢劫千佛을 만들어 유포한 제29번째인 因現義佛을[36] 比丘인 法潁이[37] 供養한 것이다.'

---

34) 高句麗를 高麗라고 한 것은 491년 장수왕의 죽음을 애도하는 북위의 조서에 처음 보이기 시작한 이래 널리 사용되었고(『위서』, 예지3), 그 시기가 520년이라는 주장(李殿福,「高句麗か高麗と改名したのは何時か」『高句麗・渤海の考古と歴史』, 1991, 166~177쪽)도 있으나, 458년경 건립된 忠州高句麗碑에도 高麗太王이라는 구절이 나와서 따르기 어렵다.

35) 이 부분을 종래에는 '樂良東寺의 주지 敬과 그 제자인 僧演을 비롯한 師弟 40인이'라고 해석하였다. 김영태, 앞의 논문, 1986, 6쪽에서는 남북조 전후의 중국이나 우리나라 삼국시대에는 單字의 僧名이 보이지 않는다고 하면서 僧法名에 單字가 붙는 예로 僧郎, 僧肇, 僧實 등을 들었다. 따라서 僧演은 僧法名이고 敬은 인명이 아니라고 하였다. 조상기의 弟子는 불제자를 의미하므로 여기에서는 이에 따른다.

36) 김영태,「賢劫千佛 신앙」『三國時代 佛敎信仰 硏究』, 1999, 277~278쪽에서는 서진 竺法護가 번역한 『賢劫經』에 賢劫千佛 가운데 29번째 부처를 因現義佛이라 하였다.

37) 이를 潁으로 판독하고 '脫穀하는 자 곧 농부'로 보아서, '비구와 농부가 불상을 공양한다.'는 뜻으로 해석한 견해도 있다(김원룡, 앞의 책, 1987, 155쪽). 그 뒤 이 부분의 판독은 종래와 같지만, 인명으로 바꾸어 해석하고 있다(김원룡·안휘준, 『신판 한국미술사』, 1993, 59쪽).

3) 景四年銘金銅如來立像

1930년 가을 광배와 함께 金銅三尊佛이 황해도 곡산군 화촌면 봉산리에서 발견되었다.[38] 광배의 크기는 높이 15.4㎝, 너비 10.3㎝이다. 金東鉉씨가 소장하고 있으며, 국보 85호로 지정되었다. 불상은 舟形 光背의 중앙에 本尊佛을 배치하고, 그 좌우에 협시보살을 배치한 1광3존불의 형식이고, 대좌는 결실되었다. 본존은 명문에 나타나 있는바 無量壽佛(=阿彌陀佛)로서 通肩衣에, 手印은 施無畏與願印을 취하고 있다. 광배는 본존을 중심으로 頭光과 身光을 구분하고, 그 안에 蓮花와 唐草文을 양각하였으며, 그 외각에다 火焰文을 양각하였는데, 그 사이에 化佛 3구가 있다. 명문의 광배 뒷면에 楷書體로 음각하고 있으나, 제⑧행은 맨밑에 오른쪽에서 왼쪽으로 새기고 있다. 명문 가운데 문제시되는 글자만을 판독하면 다음과 같다.

제①행은 8자이다. 제②행의 1번째 글자까지를 합쳐서 9자로 보는 견해도 있다.[39] 1번째 글자는 日京 또는 日亘으로 읽는 견해와[40] (太)昌으로 보는 견해가[41] 있으나, 龍門石窟의 조상기에도 景을 景 또는 炅으로 쓴 예가 있어서[42] 이 글자는 景자가 타당하다.

제②행은 모두 8자이다. 1번째 글자는 湏자로 표기되어 있어서 須자의 이체로 보기도 하나,[43] 須자의 이체로 그러한 예가 없어서 여기에서는 모르는 글자로 본다.

제③·④행은 모두 8자씩으로 판독에는 다른 이견이 없다.

제⑤행은 10자이다. 2번째 글자를 王자로 읽는 견해도 있으나,[44] 亡자가

---

38) 關野貞, 『朝鮮美術史』, 1932, 54쪽.

39) 한국고대사회연구소 편, 앞의 책, 1992, 130쪽.

40) 손영종, 「금석문에 보이는 삼국시대 몇 개 연호에 대하여」, 『력사과학』 1966-4, 1966, 353쪽.

41) 김영태, 「삼국시대 불교금석문 고증」, 『불교학보』 26, 1989, 237쪽.

42) 水野淸一·長廣敏雄, 앞의 책, 1941, 466쪽.

43) 한국고대사회연구소 편, 앞의 책, 1992, 130쪽.

옳다.

제⑥·⑦·⑧행은 각각 8자, 7자, 9자로 판독에 다른 이견이 없다. 지금까지 판독한 것을 중심으로 전문을 제시하면 다음과 같다.

⑧	⑦	⑥	⑤	④	③	②	①	
願	遇	值	願	共	賤	△	景	1
共	弥	諸	亡	造	奴	共	四	2
生	勒	佛	師	无	阿	諸	年	3
一	所	善	父	量	王	善	在	4
處	願	知	母	壽	阿	知	辛	5
見	如	識	生	佛	据	識	卯	6
佛	是	等	生	像	五	那	比	7
習		值	之	一	人	婁	丘	8
法			中	軀			道	9
		常						10

이 景四年銘金銅三尊佛像의 조상기를 해석하면 다음과 같다.

'景四年在辛卯年에[45] 比丘 道△와 여러 善知識인[46] 那婁, 賤奴, 阿王, 阿据의 5인이[47] 함께 无量壽像(=阿彌陀佛像) 1구를 만듭니다. 원컨대 亡師,

---

44) 田中俊明, 앞의 논문, 1981, 132쪽.

45) 일반적으로 571년으로 본다.

46) 善知識이란 말은 673년에 제작된 癸酉銘阿彌陀三尊佛碑像에도 나온다. 여기에서의 선지식이란 남자 불교 신도를 가리키는 듯하다.

47) 삼국시대 조상기 중 이 조상기에 인명이 가장 많이 나온다. 지금까지 조상기의 인명에 관등명이 나온 예는 하나도 없다. 이들 조상기에 기록된 것처럼 亡父 등 죽은 사람을 위해 조상한 것을 보면 나이가 아직 관등을 받지 못하는 연령층인지 알 수 없지만 신분이 그리 높지 않을 가능성도 있다. 조상기에 나타난 인명으로 보면 5~6세기의 휴대용 불상 조영에는 귀족이 보이지 않는다. 그래서 강우방, 「삼국시대불교조각론」『삼국시대불교조각』, 1990, 133쪽에서는 '지금까지 알려진 삼국시대의 불상광배에 새겨진 명문을 살펴보면, 금동불 조성을 발원한 사람의 신분은 알 수 없지만, 대체로 庶民的인 분위기를 감득할 수는 있다.'라고 하였다. 휴대용 부처를 서민만 갖고 있다면, 관등을 가질 수 없는 귀족은 휴대용 불상을 사용하지 않았다고 보아야 된다. 673년에 제작된 癸酉銘阿彌陀三尊佛碑像에는 많은 관인층이 나오고 있어서 귀족도 불상 조영에 참가했다고 해석된다. 그렇다면

亡父, 亡母가 태어날 때마다 마음속으로 늘 諸佛을 만나고, 善知識 등도 彌勒을 만나게 하옵소서. 所願이 이와 같으니, 원컨대 함께 한 곳에 태어나서 佛을 보고, 法을 듣게 하옵소서.'

4) 建興五年銘金銅佛光背

1913년 2월 충북 충주시 노원면의 산중에서 발견되었다.[48] 이미 석가상은 결실되어 없고 舟形光背뿐이었는데, 좌우 협시보살은 광배와 함께 주조되었기 때문에 남아 있다. 1915년에 이르러 충주 지방을 지나던 관계 전문가에 의해 조사되어, 그 뒤 상세한 조사 결과가 공포되었다.[49] 이 불상은 현재 국립청주박물관에 보관중이다.[50] 이 광배의 크기는 높이 13.3cm, 너비 9.4cm이다. 광배 뒷면에 해서체로 명문이 적혀 있다. 명문 가운데 문제시되는 글자만을 판독하면 다음과 같다.

제①행과 제②행은 모두 각각 8자이다. 판독에 다른 이견이 없다. 제③행은 모두 7자이다. 이를 8자로 보는 견해도 있다.[51] 1번째 글자는 祝자,[52] 兜자,[53] 兒자,[54] 見자[55]로 읽는 견해가 있으나, 여기에서는 兒자설에[56] 따른다. 2번째 글자는 奄으로 표기되어 있으나, 奄자로 읽는다.[57]

5~6세기의 휴대용 불상에서 관등이 전혀 나오지 않는다 해도 이를 서민으로 해석하는 것은 무리이다. 관등이 있어도 부처 앞에서는 이를 기록하지 못한 것은 아닐지, 후고를 기다리기로 한다.

48) 中吉功, 앞의 책, 1971, 30쪽에서는 충주 부근의 사지에서 발견되었다고 하였다.

49) 黑板勝美, 「朝鮮三國時代に於ける唯一の金銅佛」『考古學雜誌』15-6, 1925.

50) 곽동석, 「金銅製一光三尊佛의 系譜-韓國과 中國 山東지방을 중심으로-」『미술자료』51, 1993, 9쪽.

51) 한국고대사회연구소 편, 앞의 책, 1992, 133쪽.

52) 黑板勝美. 앞의 논문, 1925, 355쪽.

53) 田中俊明, 앞의 논문, 1981, 169쪽.

54) 황수영 편저, 앞의 책, 1976, 239쪽.

55) 久野健 等, 앞의 책, 1976, 25쪽.

56) 황수영 편저, 앞의 책, 1976, 239쪽.

제④행은 모두 8자이다. 6번째 글자는 侸자로 적고 있다. 이를 見자일 가능성을 제시한 견해도 있으나,[58] 이 글자는 値佛聞法이란 관용구로 불상 조상기에 자주 나오고 있어서[59] 値자로 읽는 견해에[60] 따르겠다.

제⑤행은 모두 8자이다. 3번째 글자는 切로 되어 있으나 切자의 이체이다.[61]

⑤	④	③	②	①	
法	願	兒	佛	建	1
一	生	奄	弟	興	2
切	生	造	子	五	3
衆	世	釋	清	年	4
生	世	迦	信	歲	5
同	値	文	女	在	6
此	佛	像	上	丙	7
願	聞		部	辰	8

이 建興五年銘金銅佛光背의 조상기를 해석하면 다음과 같다.

'建興五年丙辰年에[62] 佛弟子인 淸信女[63] 上部兒奄이 釋迦文像을[64] 만듭니다. 원컨대 태어나는 세상마다 佛을 만나고, 法을 듣게 하옵소서. 一切의

---

57) 황수영 편저, 앞의 책, 1976, 239쪽.

58) 熊谷宣夫, 앞의 논문, 1960.

59) 한국고대사회연구소 편, 앞의 책, 1992, 134쪽.

60) 한국고대사회연구소 편, 앞의 책, 1992, 134쪽.

61) 宇野雪村 篇, 앞의 책, 1986, 51쪽 등.

62) 일반적으로 596년으로 보고 있다.

63) 在家의 여자 불교신자. 三歸五戒를 받고 정절한 믿음을 갖춘 여자를 말한다(한국고대사회연구소 편, 앞의 책, 1992, 134쪽). 청신녀란 말은 용문석굴 조상기에도 자주 보인다(水野淸一·長廣敏雄, 앞의 책, 1941, 275쪽의 北魏淸信女黃法僧造無量壽像記 등).

64) 大西修也, 「釋迦文佛資料考」『佛敎藝術』187, 1989, 187쪽에서는 釋迦文이란 구절이 竺法護譯,『彌勒下生經』과 관련이 있다고 하면서, 덕흥리 벽화고분의 묵서명에도 釋迦文佛弟子라는 구절이 나온다고 하였다.

중생도 이 원과 같이 하옵소서.'

5) 癸未銘金銅三尊佛立像

이 불상은 국보 제72호로 澗松美術館에 소장되어 있다. 높이는 17.5㎝이다. 호남선 지역에서 출토되었다고 전해지고 있다.[65] 舟形光背에 시무외여원인의 본존불과 좌우에 협시보살이 배치되어 있는 一光三尊의 형식이다. 광배와 양 보살상 사이에서 보면, 한 틀에서 주조되었고, 다시 본존불과 광배가 한 틀로 주조되었다. 광배는 본존 주위에 굵은 융기선으로 두광과 신광을 나타내고, 그 안에 역시 융기문으로 인동당초문을 양각하였다. 그 여백에 연주문처럼 생긴 문양을 가득 채우고 있다. 명문 가운데 문제시되는 글자만을 판독하면 다음과 같다.

제①행은 모두 7자이다. 1번째 글자는 美로 되어 있으나 癸자의 이체이다. 냉수리비 등에서도 나온다.

제②행은 모두 5자이다. 판독에 다른 이견이 없다.

제③행은 모두 4자이다. 3번째 글자는 冏자로 보이기도 하나 단정은 유보하며, 여기에서는 모르는 글자로 본다. 앞에서 판독한 내용을 중심으로 전문을 제시하면 다음과 같다.

③	②	①	
父	日	癸	1
趙	寶	未	2
△	華	年	3
人	爲	十	4
	亡	一	5
		月	6
		一	7

---

65) 한국고대사회연구소 편, 앞의 책, 1992, 162쪽.

이 癸未銘金銅三尊佛立像 조상기를 해석하면 다음과 같다.

'癸未年에[66] 寶華가[67] 亡父趙△人을 위해 만들었다.'

6) 鄭智遠銘金銅三尊佛立像

1919년 부여 부소산성 사비루에서 발견된 높이 8.5㎝의 금동불이다. 현재 보물 제196호로 국립부여박물관에 소장되어 있다. 주형광배에 시무외여원인의 수인을 취하고 있는 본존입상 좌우의 협시보살이 함께 붙어서 주조된 1광3존 형식이다. 광배 윗부분에는 화불이 1구 있다. 대좌에는 연화문이 음각되었다. 광배 뒷면에 조상기가 있는데 문제시되는 글자를 중심으로 판독해 보자.

제①행은 6자, 제②행은 6자, 제③행은 4자로 판독에는 별다른 이견이 없다. 판독문의 전체를 제시하면 다음과 같다.

③	②	①	
早	趙	鄭	1
離	思	智	2
三	敬	遠	3
途	造	爲	4
	金	亡	5
	像	妻	6

이 명문에서 鄭氏, 趙氏의 성이 백제에서 확인되지 않는 점에서 그들을 중국인으로 보는 가설이 있다.[68] 이들이 과연 중국계 귀화인인가 하는

---

66) 563년설(김원룡, 『한국미술사』, 1980, 72쪽)과 623년설(황수영, 『불탑과 불상』, 1974, 140쪽)이 있으나 여기에서는 전자를 따른다.

67) 여자의 인명으로 추정한 견해가 있다(한국고대사회연구소 편, 앞의 책, 1992, 162쪽). 삼국시대 조상기의 발원자 인명과 비교할 때 남자의 인명으로 추정된다.

68) 홍사준, 「백제 사택지적비에 대하여」, 『역사학보』 6, 254~255쪽.

문제는 앞으로의 과제이다. 여기에서는 불상은 진짜이나[69] 鄭智遠이나 趙思敬이라는 성명은 관등이나 부명이 없는 평민이 가질 수 있는 姓이 아니어서[70] 근대에 와서 불상 값을 올리기 위해 써넣은 것으로 보인다. 명문을 해석하면 다음과 같다.

　'정지원이 亡妻 조사경을 위해 금상을 만드니, 빨리 三途를 떠나게 하옵소서.'

7) 甲申銘金銅釋迦像

1920년경에 알려진 이 유물은 1933년 학계에 소개되었다.[71] 이 불상의 크기는 높이 5.5㎝이다. 방형의 대좌 위에 결가부좌한 석가여래가 사무외여원의 수인을 취하고 있다. 주형광배의 뒷면에 음각한 조상기가 있다. 이 명문의 조상기를 보면 다음과 같다.[72]

④	③	②	①	
(離)	(正)	(施)	甲	1
(苦)	(遇)	造	(申)	2
(利)	諸	釋	年	3
△	佛	加	△	4
	永	像	△	5

이 불상의 조상기를 해석하면 다음과 같다.

　'甲(申)年에[73] △△가[74] 釋加像을 施造하니, 諸佛을 바르게 만나서 길이

---

69) 6세기 백제불상으로 보인다.

70) 일반 백성이 성을 사용하게 된 것은 고려시대부터이다.

71) 榧本杜人,「有銘佛像の一資料」『博物館報』5, 1933.

72) 전문은 榧本杜人, 앞의 논문, 1933, 23쪽에서 전재하였고, 제②행의 4번째 글자인 加자의 판독에는 한국고대사회연구소 편, 앞의 책, 1992, 165쪽에 따랐다.

苦利△에서　떠나게　하옵소서.'

3. 국적 문제

많은 자료가 남아 있는 삼국시대 금동소형불의 제작국에 대해서는 연호
가 있으면 고구려로, 연간지만 있으면 백제로 보고 있다. 연호의 유무에
따라 연호가 있으면 고구려제, 연호가 없으면 백제제라는 이 등식이 반드시
성립되는지를 검토해 보자.[75]

고구려의 경우는 『삼국사기』·『삼국유사』·『일본서기』·『한서』·『삼국
지』·『오대사』·『수서』·『당서』 등의 문헌에 연호를 사용했다는 기록은 없
다. 永樂·延壽·延嘉 등 확실한 고구려 일연호가 존재하고 있다. 그렇다고
고구려의 모든 금석문 자료에서 반드시 年號＋歲次(歲在)＋年干支＋月＋日
의 형식을 취하는 것은 결코 아니다. 가령 평양성석각의 乙丑年五月八日·己
丑年三月一日·丙迡十二月中, 태천 농오리마애석각의 乙亥年八月, 호우총
출토 호우 명문의 乙卯年, 덕흥리 벽화고분 묵서명의 太歲在己酉二月二日辛
酉 등에서는 연호가 사용되지 않고 있다. 그렇다면 평양성석각이나 태천
농오리마애석각, 호우 명문, 덕흥리 벽화고분의 묵서명 연대에는 연호를
사용하지 않아서 그렇다고 이야기할 수도 있다. 고구려에서 같은 해에
연호를 사용한 것과 사용하지 않은 금석문 자료들이 있는지를 조사해
보자.

---

73) 624년설이 제기된 바 있다(熊谷宣夫, 앞의 논문, 1960, 5쪽). 전대구 출토라는
전제 아래 고신라 제품일 가능성도 다소 있음을 조심스레 제시하면서, 그 시기를
7세기 중엽으로 보는 가설도 있다(中吉功, 앞의 책, 1971, 42쪽).

74) 이 부분은 본 불상을 만든 발원자의 인명으로 판단된다.

75) 우연일지 몰라도 한국고대사회연구소 편, 앞의 책, 1992에도 불상 조상기를 구분할
연호가 있으면 고구려제, 연호가 없으면 백제제로 보고 있다. 大西修也, 앞의
논문, 1989, 64~65쪽에서도 연호의 유무로 제작국을 논하고 있다.

태왕릉 출토76)의 청동방울 명문부터 살펴보기 위해 전문부터 제시하면 다음과 같다.

	④	③	②	①	
	九	(敎)	好	辛	1
	十	造	太	卯	2
	六	鈴	王	年	3

위 명문에 대해 391년에 제작되었으며, 好太王을 광개토태왕의 생존 시 휘호라고 보면서 이 방울이 父王인 고국양왕의 장례를 치르기 위해 제작된 것으로 보았다.77) 그런데 광개토태왕이 부왕인 고국양왕의 장례를 치르기 위해 만들었다면 어떻게 고국양왕의 무덤이 아니라 광개토태왕의 무덤인 태왕릉에서78) 나왔을까?

好太王의 생존 시 휘가 談德임은 주지의 사실이다. 好太王은 당연히 광개토태왕의 시호이다. 이 청동방울 명문은 '辛卯年에 好太王을 위해 무엇으로 인해 만든 96번째 청동방울이다.'나 '辛卯年에 好太王을79) 위해 (장수왕이) 교로써 만든 96번째의 (청동)방울이다.'로 해석된다. 후자가 타당할 것이다. 이 방울 명문의 신묘년은 장수왕 39년(451년)으로 판단 되며, 장수왕이 부왕인 광개토태왕을 위해 만든 제사 유물 가운데 하나로 판단된다. 이렇게 451년에 만든 제사 유물로는 고구려제로 신라 서봉총에서 나온 十字紐附銀盒이 있다. 은합의 명문을 제시하면 다음과 같다.

---

76) 태왕릉 남쪽 SG1 트렌치에서 출토되었다.
77) 여호규, 「신발견 〈집안고구려비〉의 구성과 내용 고찰」『한국고대사연구』70, 2013, 81쪽.
78) 태왕릉에서 발견된 願太王陵安如山固如岳이란 명문이 새겨진 전으로 볼 때, 太王陵 이라고 지칭할 수 있는 임금은 광개토태왕밖에 없다.
79) 好太王은 광개토태왕의 시호인 國罡上廣開土地好太王의 끝 글자를 딴 것으로 광개토태왕의 휘호인 談德과는 관계가 없다.

	銀盒 蓋內		銀盒 外底			
	②	①	③	②	①	
1	太	延	三	三	△	1
2	王	壽	斤	月	壽	2
3	教	元		△	元	3
4	造	年		太	年	4
5	合	太		王	太	5
6	杅	歲		教	歲	6
7	用	在		造	在	7
8	三	卯		合	辛	8
9	斤	三		杅		9
10	六	月				10
11	兩	中				11

이 명문의 延壽元年은 장수왕 39년(451년)으로 보고 있다. 이 은합도 451년에 장수왕이 부왕인 광개토태왕을 위해서 만든 제사 유물 가운데 하나로 판단된다. 같은 451년에 만들어진 好太王명청동방울에서는 延壽元年이란 연호가 없고, 서봉총 출토의 은합 명문에서는 연호가 있는 점이 문제이다. 청동방울에 연호가 없는 것은 방울에 延壽元年太歲在를 새길 공간이 없기 때문이라고 판단된다.[80] 신묘명청동방울과 연수원년신묘명 은합명문으로 볼 때, 연호가 있을 때에도 연호 없이 연간지만 새긴 예로 신묘명청동방울이 중요하다.

따라서 연호가 있으면 고구려제, 연간지가 있으면 백제제라는 등식은 성립될 수 없다. 연호가 있는 소형불광배 명문 가운데 건흥명광배는 上部라는 부명이 나오는 유일한 예이다. 上部는 고구려와 백제에서 모두 사용되나 연가7년명금동여래입상은 조상기에 高麗國이라는 제작국이 새겨진 유일한 금동불이고, 부명은 없다. 上部라는 부명으로 보건대 백제제일 가능성도 있다. 이제 문제는 백제의 연호 사용 문제이다. 칠지도가 5세기 후반에 만들어졌기 때문에[81] 백제 고유의 연호가 있었다고 판단된다.

---

80) 칠지도에서는 연호만 있고 연간지는 없어서 주목되는바, 신묘명청동방울도 연수 원년이라는 연호만 새겼을 수도 있었다.

81) 김창호, 「백제 七支刀의 재검토」 『역사교육논집』 13·14, 1990.

4. 특징

첫째로 소형청동불에는 관등명이 나오는 예가 단 1예도 없다는 점이다. 불교신앙을 가지고 이를 믿는 사람의 나이가 전부 소년이라서 그런지 관등이 나오지 않는다.

둘째로 부명이 나온 예가 建興銘불상의 上部밖에 없는 점이다. 소형불을 가진 사람은 왕경에 사는 고구려와 백제의 5부인으로 짐작되므로 부명이 없는 점이 이상하다.

셋째로 永康七年銘金銅佛光背에는 이 불상을 만들거나 소유한 사람의 인명이 없고, 延嘉七年銘金銅如來立像에는 '僧演을 비롯한 師徒 40인이 賢劫 千佛을 만들어 유보한 제29번째인 因現義佛을 比丘인 法穎이 供養한 것이다' 라고 명기하고 있고, 景四年銘金銅三尊佛像 조상기에는 '景四年辛卯年에 比丘 道△와 여러 善知識인 那婁, 賤奴, 阿王, 阿据의 5인이 함께 无量壽像(=阿 彌陀佛像) 1구를 만듭니다'라고 했고, 建興五年銘金銅佛光背의 조상기에는 '建興五年丙辰年에 佛弟子인 淸信女 上部兒奄이 釋迦文像을 만듭니다'라고 했고, 癸未銘金銅三尊佛立像 조상기에는 '癸未年에 寶華가 亡父趙△人을 위해 만들었다'고 했고, 鄭智遠銘金銅三尊佛立像에서는 鄭智遠과 趙思敬이 나오나 이는 후대에 새긴 것으로 보인다. 甲申銘金銅釋迦像의 조상기에는 인명이 없다. 鄭智遠銘金銅三尊佛立像의 조상기를 제외하면 인명은 모두 두 글자로 되어 있다.

넷째로 인명표기에서 중요한 직명과 관등명을 가진 인명표기는 단 1예도 없다.

다섯째로 고신라에서는 인명표기가 5세기부터 나오고, 불상도 만들었으 나 유명 불상을 만든 예는 없다. 이는 기와나 전에서 보면 고구려의 경우 기와는 4세기에 만들고, 글씨가 새겨진 명문이 있고, 천추총에서 4세기 전명이 있고, 태왕릉에서 5세기 초의 전명이 있고, 정릉사에서 출토된 5세기경의 전명이 있다. 백제에서는 공주에서 웅진성시대인 527~529년

사이에 만들어진 大通명인각와가 있고, 수많은 인각와가 그 뒤를 따르고
있다. 신라에서는 통일 전에 명문 기와일 가능성이 있는 것으로 597년으로
추정되는 丁巳·習陵명인각와가 단 1점 있을 뿐이다. 기와 명문으로 보더라
도 신라에서 유명불상이 없는 것은 이해가 된다.

여섯째로 광배 높이 22㎝인 永康七年銘金銅佛光背를 제외하면 전부가
20㎝ 미만의 휴대용 부처이다.

5. 맺음말

먼저 永康七年銘金銅佛光背 등 모두 7기의 소형불 광배에 있는 조상기의
판독과 해석을 시도하였다.

다음으로 많은 자료가 남아 있는 삼국시대 금동소형불의 제작국에 대해
서는 연호가 있으면 고구려, 연간지만 있으면 백제라고 보고 있으나 이는
설득력이 없는 주장으로 보았다.

마지막으로 소형금동불의 일반적인 특징으로 관등이 없다는 점, 부명은
건흥5년명불상에서 上部만 나오는 단 1예가 있는 점 등 여덟 가지를 제시하
였다.

제2장

백제
문자 자료

제1절 인각와로 본 백제 미륵사의 창건 연대

1. 머리말

백제 기와의 특징으로 인각와를 들 수가 있다. 그 수는 3천 점 가까이 된다. 고구려에서는 4세기에 수막새를 중심으로 한 인각와가 있으나 그 수는 50점도 안 된다. 신라에서는 인각와가 1점밖에 없어서 그것이 과연 고신라의 것인지가 문제가 된다. 이렇게 많은 인각와의 숫자에 비해 그 연구는 그리 활발하지 않다.[1] 백제를 인각와의 나라라고 불러도 좋을 만큼 많이 출토된 인각와는 백제사 복원에 중요한 자료이다. 백제의 인각와 숫자를 지역별로 제시하면 〈표 1〉과 같다.[2]

익산 지역은 64.7%를 점하여 전체 1등으로 인각와가 많이 나오는데, 미륵사지만으로도 1,605점에 전체의 49.78%로서 절반에 해당된다. 그런데도 불구하고 익산 지역에 기와가마가 없다는 사실은[3] 놀랄 만하다. 현재의 연구성과로는 익산 지역 기와는 모두 부여 지역에서 왔다고 해석해야 할 것 같다. 부여 汪津里와요지에서 익산 지역의 것과 동일한 인각와가 출토되어 더욱 그러하다.[4]

---

1) 齊藤忠, 「百濟平瓦に見られる刻印銘に就いて」 『考古學雜誌』 29-5, 1939 ; 이다운, 「百濟五部名刻印瓦について」 『古文化談叢』 43, 1999 ; 이병호, 「기와 조각에서 찾아낸 백제문화, 印刻瓦」 『고대로부터의 통신』, 2004 ; 高正龍, 「百濟刻印瓦覺書」 『朝鮮古代研究』 8, 2007 ; 이다운, 「인각와를 통해 본 익산의 기와에 대한 연구」 『고문화』 70, 2007 ; 심상육, 「백제 印刻瓦에 대하여」 『목간과 문자』 10, 2010.
2) 〈표 1〉은 고정용, 앞의 논문, 2007, 54쪽에서 전재하였다.
3) 이다운, 앞의 논문, 2007, 106쪽.
4) 이애령, 「청양 왕진리 와요지 발굴조사 개요」 『국립박물관 동원학술논문집』 4, 2001.

〈표 1〉 백제 인각와의 지역별 출토 점수

지역	유적	출토점수	계
공주 지역	공산성지	16	17(0.5%)
	대통사지	1	
부여 지역	부소산성	424	1021(31.7%)
	관북리유적	281	
	쌍북리유적	191	
	기타·불명	125	
익산 지역	미륵사지	1605	2086(64.7%)
	왕궁리유적	448	
	기타	33	
기타 지역	鼓樂산성	73	100(3.1%)
	백령산성	11	
	기타	16	
계			3224

여기에서는 먼저 익산 지역의 年干支인각와를 미륵사 서탑의 사리봉안기의 己亥年(579년)과 비교하여 그 연대를 정하겠다. 다음으로 사리봉안기의 판독문을 제시하고 그 전문을 해석하겠다. 그 다음으로 사리봉안기에서 출토된 은제관식을 백제 고분 출토 은제관식과 비교하여 그 연대를 추정해 보겠다. 마지막으로 『삼국유사』 무왕조를 검토하고자 한다.

2. 익산 지역의 年干支인각와

年干支인각와를 검토할 때 주의해야 할 점은 문헌적인 대세론이다. 가령 문헌과 금석문의 관련성을 지워서 금석문 연대를 결정짓는 일은 문제가 있다고 생각되는바, 광개토태왕비, 충주 고구려비, 집안 고구려비, 사택지적비, 중성리비, 냉수리비, 봉평비, 창녕비, 북한산비, 마운령비, 황초령비 등에 대한 언급이 문헌에는 없다.

실제로 충남 부여군 규암면 신리에 위치한 사적 제427호 부여 왕흥사는 백제의 대표적인 왕실 사찰이다. 2007년 목탑터에서 발견한 왕흥사지 사리기(보물 1767호)에는 백제 昌王이 죽은 왕자를 위해 丁酉年 二月 十五日에 절을 창건했다는 명문이 새겨져 있어서 학계의 주목을 받았다. 우선 설명의 편의를 위해 왕흥사 청동합 명문의 전체를 제시하면 다음과 같다.

王興寺舍利盒 명문

⑥	⑤	④	③	②	①	
神	利	子	王	十	丁	1
化	二	立	昌	五	酉	2
爲	枚	利	爲	日	年	3
三	葬	本	亡	百	二	4
	時	舍	王	濟	月	5

이 명문을 해석하면 '丁酉年(577년) 二月 十五日에 백제 昌王이 죽은 왕자를 위해 사찰을 세웠는데 본래 장사시에 舍利 2매를 넣었는데 신이 조화를 부려 3매가 되었다.'가 된다.

왕흥사 목탑 사리공에서 출토된 청동사리합 명문에 丁酉年이란 연간지가 나와 577년이란 절대 연대를 갖게 되었다. 왕흥사 목탑은 『삼국사기』 권27, 백제본기 5에 무왕 즉위 1년(600년)~무왕 35년(634년) 사이에 건립된 것으로 되어 있어 문헌을 신뢰할 수 없게 한다. 이 점이 시사하는 바는 중요한데, 문헌을 중심으로 한 연구의 한계를 밝혀주기 때문이다.

미륵사에서 출토된 연간지의 비정을 문헌의 기록에 따라 판단하면 안 된다는 것을 광개토태왕비 등 비석과 백제 왕흥사청동합은 말하고 있다. 그렇다면 기존의 미륵사 출토 연간지부터 조사해 보기 위해 유적별 연간지 명인각와의 출토량을 제시하면 〈표 2〉와 같다.

丁巳(597년)·壬戌△△(602년)·乙丑(605년)·丁亥(627년)·己丑(629년)으로 보면, 이들 인각와의 연간지는 모두 미륵사 서탑의 사리봉안기의 己亥年(639년)보다 앞서게 되어 문제가 된다. 미륵사 서탑의 창건 시기도 금당지, 강당지, 중문지, 회랑지와 비슷한 시기였을 것으로 판단되지만, 연간지가 나오는 시기는 오히려 모두 미륵사 서탑의 사리봉안기의 연대인 639년보다

〈표 2〉 유적별 연간지인각와의 출토량[5]

연간지	왕궁리유적(출토량)	미륵사지(출토량)
丁巳(597년)	(7)	(48)
壬戌△△(602년)	(10)	(5)
乙丑(605년)		(69)
丁亥(627년)		(80)
己丑(629년)	(13)	(25)

앞선다. 현재 연간지가 나오는 평기와를 60년 단위로 편년하기는 불가능하다. 미륵사의 창건시기를 597년보다 앞서서 잡아야지 그렇지 않으면 미륵사 서탑의 기초에 해당되는 사리봉안기로 보면 석탑은 그 공정을 시작하지도 않은 것이 된다. 따라서 사리봉안기의 기해년은 579년으로 보아야 한다. 그러면 80점으로 연간지인각와가 가장 많이 나온 丁亥年(627년)을 한 갑자 올려서 이른 시기의 기와로 보면 567년이 되어 사리봉안기의 己亥年(579년)과는 12년의 차이가 생긴다. 왕흥사 건립에 34년이 걸렸다고 하므로 12년 차이는 가능할 것으로 보인다.

3. 미륵사 서탑의 사리봉안기

판독 결과를 중심으로 봉안기 전문을 제시하면 다음과 같다.

(전면)

⑪	⑩	⑨	⑧	⑦	⑥	⑤	④	③	②	①	
淨	民	受	積	我	遍	遂	樹	是	感	竊	1
財	棟	勝	德	百	神	使	遺	以	應	以	2
造	梁	報	女	濟	通	光	形	託	物	法	3
立	三	於	種	王	變	曜	八	生	現	王	4
伽	寶	今	善	后	化	五	斛	王	身	出	5
藍	故	生	因	佐	不	色	利	宮	如	世	6

5) 이다운, 앞의 논문, 2007, 97쪽에서 전재하였다.

以	能	撫	於	平	可	行	益	示	水	隨	7
己	謹	育	曠	沙	思	遠	三	滅	中	機	8
亥	捨	萬	劫	乇	議	七	千	雙	月	赴	9

(후면)

⑪	⑩	⑨	⑧	⑦	⑥	⑤	④	③	②	①	
俱	並	虛	界	后	正	寶	陛	盡	願	年	1
成	蒙	空	而	即	法	曆	下	用	使	正	2
佛	福	而	恒	身	下	共	年	此	世	月	3
道	利	不	明	心	化	天	壽	善	世	廿	4
	凡	滅	身	同	蒼	地	與	根	供	九	5
	是	七	若	水	生	同	山	仰	養	日	6
	有	世	金	鏡	又	久	岳	資	劫	奉	7
	心	久	剛	照	願	上	齊	大	劫	迎	8
		遠	等	法	王	弘	固	王	無	舍	9
										利	10

이제 전문을 해석할 차례가 되었다. 우선 전문을 3개의 단락으로 나누어서 제시하면 다음과 같다.

A. 竊以 法王出世 隨機赴感 應物現身 如水中月 是以 託生王宮 示滅雙樹 遺形八斛 利益三千 遂使 光曜五色 行遶七遍 神通變化 不可思議

B. 我百濟王后 佐平沙乇積德女 種善因於曠劫 受勝報於今生 撫育萬民 棟梁三寶 故能 謹捨淨財 造立伽藍 以己亥年正月廿九日 奉迎舍利

C. 願使 世世供養 劫劫無盡 用此善根仰資 大王陛下 年壽與山岳齊固 寶曆共天地同久 上弘正法 下化蒼生 又願 王后即身心同水鏡 照法界而恒明 身若金剛等 虛空而不滅 七世久遠 並蒙福利 凡是有心 俱成佛道

이 사리봉안기의 전문을 해석하면 다음과 같다.

　'가만히 생각하옵건대, 法王께서 세상에 나오시어 根機에 따라서 感應하옵시고, 物에 應하여 몸을 드러내시니, 마치 물속의 달과 같으셨다. 이에 王宮에 託하여 태어나 雙樹에 示滅하시고, 形骸 8斛을 남기시어, 三千大天世

界에 利益이 되게 하셨다. 드디어 五色을 빛나게 하시고, 돌아가기를
7번 하시니, 神通함과 變化는 不可思議한 것이었습니다.

우리 百濟王后께서는 佐平인 沙乇積德의 따님으로, 과거 曠劫 동안에
善因을 심었기에, 今生에 뛰어난 보답을 받게 되었는데, 萬民을 撫育하고,
三寶를 棟梁으로 삼으셨다. 故로 能히 淨財를 희사하시어 伽藍을 세우셨으
니, 己亥年 정월 29일에 舍利를 받들어 맞이하셨다.

願하옵건대 世世로 供養하고, 劫劫이 다함이 없도록 이 善根으로 받들어
資를 삼아, 大土陛下께서는 年壽가 山岳과 같이 齊固하시고, 寶曆[治世]이
함께 天地와 같이 영구하시어 위로는 正法을 넓히고, 아래로는 蒼生을
교화시키기 바랍니다. 또 바라옵건대 王后의 身心은 水鏡과 같이 法界를
비추어 항상 밝으시고, 몸은 金剛처럼 허공과 같이 不滅하시고, 七世 영혼토
록 아울러 福利를 입으시고, 무릇 이 有心들도 함께 佛道를 이루도록
해주시기 바랍니다.'

4. 은제관식의 검토

사리봉안기의 己亥年이란 절대 연대를 확정할 수 있는 자료로 은제관식
을[6] 들 수가 있다. 이에 대한 관계 전문가의 견해부터[7] 들어보기로 하자.
사리봉안기와 함께 500여 점의 유물이 출토되었는데, 그 가운데 은제관식
은 2점이 출토되었다. 그 출토 정황부터 살펴보기로 하자.

은제관식 2점은 국보 11호로 지정된 미륵사지 서탑을 해체 복원하는

---

6) 고분에서 출토 예가 많고 연구도 활발하다. 최종규, 「백제 은제관식에 관한 고찰」
『미술자료』 47, 1991 ; 이남석, 「고분 출토 관식의 정치사적 의미」『백제문화』
24, 1995 ; 박보현, 「은제관식으로 본 백제의 지방지배에 관한 몇 가지 문제」
『과기고고』 5, 1999 ; 山本孝文, 『삼국시대 율령의 고고학적 연구』, 2006.
7) 이한상, 「미륵사지 석탑 출토 은제관식에 대한 검토」『신라사학보』 16, 2009.
이 장의 은제관식에 관한 유물 부분은 위 논문에서 발췌하였다.

과정에서 발견되었다.[8] 1층 심주석에 마련된 방형 사리공(한변 24.8㎝ 깊이 27㎝) 내부에서 출토되었는데, 사리공 바닥에는 방형의 판유리가 깔려 있었고, 그 위에 원형 합 6개가 가지런히 배치되어 있었다. 합 사이에는 녹색의 유리구슬과 호박, 옥구슬 460여 점이 가득 채워져 있었으며, 사리공 남쪽에 은제관식과 금제 소형판이, 북쪽에 도자 5자루, 서쪽에 도자 2점이 각각 놓여 있었다. 남쪽 벽면에 비스듬하게 금제사리봉안기가 세워져 있었고, 정중앙에 금동제사리호가 정치된 상태로 발견되었다.

사리봉안기에 의하면 백제 좌평 沙乇積德의 딸인 백제 왕후가 재물을 희사하여 가람을 창건하고, 己亥年에 사리를 奉迎하였다고 하며, 유물의 출토 상태로 보건대 은제관식 2점은 이때 공양된 것으로 볼 수 있다.

유물의 구성을 보면, 사리봉안기와 사리호 이외에 각종 유리구슬, 관식, 대부속구(과판, 대끝부속구, 족집게) 등의 장신구와 은합, 동합, 금제 소형판, 금사의 존재가 눈에 띈다. 이러한 유물 구성은 부여 능사 목탑지(567년),[9] 왕흥사 목탑지,[10] 송림사 전탑(624년),[11] 황룡사지 목탑지(643년 이후)[12] 등 6~7세기 백제와 신라의 사리공양품 구성과 유사하다.

백제의 은제관식은 은판에 좌우 대칭의 도안을 그린 다음 끌로 오려냈으며, 오려낸 장식의 좌우를 접어 단면 ∧자 모양으로 각이 지게 만들었다. 아래쪽에는 관모의 전면에 끼울 수 있는 가삽부가 마련되고 있고, 중앙의 줄기 맨 꼭대기에는 꽃봉오리 모양의 장식을 표현하였다. 중앙의 줄기에서 좌우로 곁가지를 1단 또는 2단으로 내고, 그 끝을 꽃봉오리 모양으로

---

8) 국립문화재연구소, 『미륵사지 석탑 사리장엄』, 2009.

9) 국립부여박물관, 『능사-부여 능산리사지 발굴조사 진전보고서-』, 2000.

10) 이한상, 앞의 논문, 2009, 123쪽에서 왕흥사 목탑의 건립 시기는 577년이다. 왕흥사 목탑 사리공에서 출토된 청동사리합의 명문에 丁酉年이란 연간지가 나와 577년이란 절대 연대를 갖게 되었다. 왕흥사 목탑은 『삼국사기』 권27, 백제본기5에 무왕 즉위 1년(600년)~무왕 35년(634년) 사이에 건립된 것으로 되어 있어서 문헌을 믿지 못하게 한다.

11) 김창호, 「경북 칠곡 송림사의 창건 연대」, 『한국 고대 불교고고학의 연구』, 2007.

12) 김정기 등, 『황룡사』, 1983.

표현한 것이 많다. 미륵사지 서탑의 출토품도 기왕의 은제관식과 형태가 동일하다. 다만 가삽부의 길이가 조금 짧고, 꽃봉오리 모양 장식의 상부가 위로 조금 길쭉하게 돌출된 정도의 차이가 있을 뿐이다.

미륵사지 서탑에서 출토된 2점의 은제관식을 편의상 관식A, 관식B로 구분하여 설명하기로 한다. 관식A의 길이는 13.4㎝, 줄기의 꼭대기에 꽃봉오리 모양 장식이 1개, 좌우의 곁가지에 꽃봉오리 모양 장식 각 2개씩을 갖추고 있다. 꽃봉오리 모양 장식은 윗부분이 뾰족하면서 길쭉하다. 줄기 하부 곧 가삽부는 검은 색조를 띠는데, 이 관식이 사용하었기 때문에 남은 흔적으로 보인다. 관식B는 관식A보다 조금 작고, 꽃봉오리 모양 장식이 3개에 불과하다. 맨 위에 위치한 꽃봉오리 모양 장식에는 보수의 흔적이 있다.

백제의 은제관식 가운데 지판이 두꺼운 것은 부여 하황리,[13] 미륵사지 서탑 출토품에 한정된다. 이를 주목한다면, 백제 은제관식은 곁가지의 수량과 관식 제작에 소요된 은 양의 과다가 소유자의 격 곧 관등의 고저를 반영해 주는 요소로 보인다.

지금까지 발굴된 은제관식 가운데 하황리 석실, 능산리36호분 동쪽 유해부 출토 관식의[14] 도안이 가장 복잡하며, 나주 복암리3호분 5호석실 관식은[15] 기본 도안이 앞의 2예와 비슷하나, 줄기에서 파생되어 나온 엽문 가운데 1개가 생략되어 있다. 미륵사지 서탑, 논산 육곡리7호분,[16] 나주 복암리3호분 16호석실, 남원 척문리,[17] 염창리Ⅲ-72호분 관식은[18] 기본적인 도안이 동일하며, 부여 능안골36호 남성 유해부 출토품에 비해

13) 홍사준, 「부여 하황리 백제고분 출토의 유물」『연제고고논집』, 1962.
14) 국립부여문화재연구소, 『부여 능산리공설운동장 신축예정부지 백제고분1·2차 긴급발굴조사보고서』, 1998.
15) 국립문화재연구소, 『나주 복암리3호분』, 2001.
16) 안승주·이남석, 『논산 육곡리 백제고분 발굴보고서』, 1998.
17) 홍사준, 「남원 출토 백제 飾冠具」『고고미술』 7-1, 1968.
18) 공주대학교박물관, 『염창리 고분군』, 2003.

간단하다. 부여 능산리36호분 서쪽 유해부 출토 관식은 좌우에 곁가지가 없어서 매우 간략하다. 이 관식은 뚜렷하게 형식의 변화가 없어서 고고학적인 형식 분류에 대한 일치된 의견은 없다.[19]

7세기 후반,[20] 8세기 전반,[21] 8세기,[22] 9세기[23] 등으로 편년되어 온 송림사 전탑에서도[24] 은제관식이 출토되었다. 여기에서는 전탑에서 나온 것으로 추정되는 명문석의 판독부터 시작해 보기로 하자.

1997년 여름에 송림사 마당에서 글자가 음각된 명문석이 습득되어 현재 위덕대학교 박물관에 전시되고 있다. 가로 7.8cm, 세로 8.7cm, 두께 1.4cm인 방형의 직육면체인 명문석은 전면이 마연되어 있다. 명문은 우에서 좌로 기록되어 있다. 이 명문들은 글자를 새기고 나서도 글자가 있는 면이 마연되었기 때문에 글자를 읽기 매우 힘들다.

제①행은 모두 5자이다. 1번째 글자인 道자는 쉽게 읽을 수가 있다. 2번째 글자인 使자도 쉽게 읽을 수가 있다. 3~5번째 글자는 읽기가 어렵다. 이 부분은 신라 중고 인명표기 방식에 따르면,[25] 부명이 올 자리이므로 신라 6부의 부명과 관련지어 판독해 보자. 3번째 글자는 沙자의 일부 획이 남아 있다. 4번째 글자는 자획이 없다. 5번째 글자는 阝부분만 남아 있다. 그렇다면 4번째 글자도 喙자로 추독할 수 있다.

제②행은 모두 7자이다. 1번째 글자는 자획이 뚜렷하나 읽을 수 없다.

---

19) 형식 분류와 유형 설정을 혼동하는 경우도 있다.

20) 최원정, 「칠곡 송림사 오층석탑 불사리장엄구의 연구」, 대구가톨릭대학교 석사학위논문, 57~58쪽 ; 金關恕, 「松林寺塼塔發見の遺寶」『朝鮮學報』18, 1961.

21) 谷一尚, 「松林寺のガラス製舍利容器」『論叢 佛敎美術史』, 1986, 291쪽 ; 강우방, 『한국 불교의 사리장엄』, 1993, 51쪽 ; 박홍국, 『한국의 전탑 연구』, 1998, 139쪽.

22) 김재원, 「송림사전탑」『진단학보』 29·30, 1966, 28쪽.

23) 진홍섭, 『국보』 5, 1992, 212쪽.

24) 송림사는 909년경 지어진 崔致遠의 新羅壽昌郡護國城八角燈樓記에 따르면, 摩頂溪寺로 불렸다(김창호, 「新羅壽昌郡護國城八角燈樓記의 분석」『한국 고대 불교고고학의 연구』, 2007, 391쪽).

25) 김창호, 「신라 중고 금석문의 인명표기(1)」『大丘史學』 23, 1983.

2~5번째 글자는 자흔조차 남아 있지 않다. 7번째 글자는 申자가 분명하다. 6번째 글자는 ·l·식으로 되어 있는바, 申자와 함께 연간지이므로 甲, 乙, 丙, 丁, 戊, 己, 庚, 辛, 壬, 癸의 10자 가운데에서 찾으면 甲자에 가장 가깝다.

제③행은 모두 8자이다. 1번째 글자는 年자이다. 2번째 글자는 十자이다. 3번째 글자는 一자이다. 4번째 글자는 月자이다. 5번째 글자는 卄자이다. 6번째 글자는 一자이다. 7번째 글자는 日자이다. 8번째 글자는 자획은 분명하나 읽을 수 없었다.

제④행은 모두 몇 자인지 정확히 알 수가 없다. 1번째 글자는 大자이다. 6번째쯤에 一자가 있다. 이상의 판독 결과를 제시하면 다음과 같다.

④	③	②	①	
大	年	△	道	1
	十	△	使	2
	一	△	(沙)	3
	月	△	△	4
	卄	△	阝	5
一	一	·l·		6
	日	申		7
		△		8

여기에서는 은제관식이 나온 송림사 전탑의 연대를 알아보기 위해 먼저 사리장엄구 가운데 舍利器의 연판에 주목하고자 한다. 여기의 연판은 한가운데를 오뚝하게 해서 분리하고 있다. 이러한 형식의 연판은 고신라 기와에서 다량으로 출토되고 있는데, 이 같은 형식의 기와는 고구려나 백제 양식에서 벗어나 신라화한 것으로 보고 있다. 그 제작 시기는 대략 584년에 시작하여 7세기 전반경까지 계속되었다고 한다.[26] 물론 기와의 문양과 금동판의 문양을 비교하는 것은 다소의 문제가 있으나,[27] 그 연대를

---

26) 김성구, 「신라 와당의 편년과 그 특성」, 『기와를 통해 본 고대 동아시아 삼국의 대외 교섭』, 2000, 160쪽.

27) 馬目順一, 「慶州飾履塚古墳新羅墓の研究-非新羅系遺物の系統と年代-」, 『古代探叢』

600년경으로 보아도 될 것이다.

다음으로 銀製鍍金樹枝形裝飾具(은제관식)와 비슷한 형식의 것으로 부여 하황리, 남원 척문리, 논산 육곡리, 나주 흥덕리 등 6세기 백제 고분에서 출토된 바 있고,[28] 사용 시기는 6세기가 중심이나 7세기까지 사용되었을 가능성도 제기하고 있어서,[29] 송림사에서 나온 은제관식의 연대를 600년경으로 볼 수가 있다.

마지막으로 명문석의 문자를 통해 은제관식의 연대를 조사해 보자. 명문의 道使(沙喙部) △△△△△에서 道使는 직명, (沙喙部)는 출신지명, △△△는 인명, △△는 관등명이다. 道使는 441년에 작성된 중성리비에서는 奈蘇毒只道使, 443년에 작성된 냉수리비에서는 耽湏道使, 524년에 작성된 봉평비에서는 居伐牟羅道使와 悉支道使, 561년에 작성된 창녕비에서는 道使, 591년에 작성된 남산신성비에서는 제1비에 奴舍道使와 營坫道使, 제2비에 阿且兮村道使, 仇利城道使, 荅大支村道使, 제5비에 ~道使幢主, 668년으로 추정되는[30] 이성산성 목간에서는 南漢山城道使, 湏城道使가 각각 나왔는데, 인명표기가 아닌 창녕비의 예를 제외하면, 지명과 함께 나오고 있다. 이 道使를 보면, 명문의 작성 연대는 州郡縣制가 확립되는 685년이 하한이다.[31] 沙喙部라는 부명에 근거할 때, 그 하한은 661년이다.[32] 명문에

1, 1980에서 식리총의 연대를 475~500년 사이로 보았다. 식리총에서 출토된 식리에 연주문이 있는데, 기와고고학에서는 연주문이 있으면 통일신라로 편년하고 있다. 재질이 다른 유물을 통한 연대 설정은 주의가 요망된다. 특히 고분고고학에서 금속기를 토기가 서로 다른 지역의 절대 연대 설정에 이용하고 있으나 조심할 필요가 있다. 가령 풍소불 등자에 의해 등자의 상한을 415년으로 보아 왔으나 태왕릉(414년)에서 더 발전된 형식의 금동목심등자가 나왔기 때문이다. 98호 남분 연대도 402년에 죽은 내물왕릉으로 볼 수밖에 없어서 문제점이 노정된다.

28) 최종규, 「백제 은제관식에 관한 고찰-백제 금공(1)-」 『미술자료』 7, 1991, 88~91쪽.
29) 최종규, 앞의 논문, 1991, 92쪽.
30) 김창호, 「이성산성 출토 목간의 연대 문제」 『한국상고사학보』 10, 1992.
31) 藤田亮策, 『朝鮮學論考』, 1953, 339쪽.
32) 이렇게 되면 고고학에서의 절대 연대 설정이 문제가 된다. 가령 태왕릉을 안악3호분(357년)의 연꽃봉오리와 연화문와당과의 비교를 통해 소수림왕릉, 고국왕릉

나오는 (甲)申年과 관련 지으면, 624년, 564년, 504년, 444년 등이 그 대상이
된다. 사리봉안기의 연판 무늬, 은제관식의 연대 등을 참작하면, 624년만이
그 대상이 될 수 있다. 후행하는 송림사의 은제관식이 624년이 되므로
이보다 선행하는 미륵사지 서탑의 은제관식의 연대인 己亥年은 무왕 19년
(639년)보다 1갑자 올려 위덕왕 15년(579년)으로 보아야 할 것이다.[33]
항상 고고학에서는 잔존 요소가 늦게까지 남아 있기 때문에 미륵사지
서탑의 은제관식 연대를 579년으로 보아도 아무런 문제가 없다.

5. 『삼국유사』 무왕조의 검토

우선 『삼국유사』 권2, 무왕조의 전문을 제시하면 다음과 같다.

武王(古本作武康 非也 百濟無武康)
第三十 武王名璋 母寡居 築室於京師南池邊 池龍交通而生 小名薯童 器量難測
常掘薯 賣爲活業 國人因以爲名
聞新羅國眞平王第三公主善花(一作善化)美艶無雙 削髮來京師 以薯餉閭里群

등(4세기 후반)으로 보아 왔으나, 집안고구려비(492~500년)의 발견으로 광개토태
왕릉(414년)이 분명해졌다(김창호, 「집안고구려비를 통해 본 여제 왕릉 비정
문제」 『고고학탐구』 17, 2015, 37쪽). 금관총의 경우 475~500년 사이로 편년해
왔으나, 금관총에서 출토된 3루환두대도 도초 끝부속구에 尒斯智王이란 명문이
나오면서 편년에 문제가 생겼다. 즉 尒斯智王을 훈독과 반절로 보면 넛지왕이
되고, 이 넛지왕은 눌지왕이 된다. 그렇다면 금관총은 넛지왕(눌지왕)의 무덤으로
458년이란 절대 연대를 갖게 된다(김창호, 「신라 금관총의 尒斯智王과 적석목곽묘
의 편년」 『신라사학보』 32, 2014). 이렇게 되면 17~42년의 절대 연대가 달라지게
된다. 일본의 경우 이나리야마고분 철검 명문의 獲加多支鹵大王을 雄略으로 보면
辛亥年이 471년으로 해석되지만, 검릉형행엽과 f자형비가 세트를 이루므로 礫榔의
연대는 6세기 전반이다. 당연히 471년의 철검은 전세된 것이다.

33) 전남지역에서 579년 이전의 기와가 보이지 않는데, 지방 관아도 기와가 나오지
않으며 寶器로서의 기와 사용도 없었다고 판단된다. 전남지역에서 기와가 나오는
것은 579년 이후이다.

童 群童親附之 乃作謠 誘群童而唱之云 善花公主主隱 他密只嫁良置古 薯童房
乙 夜矣卯乙抱遣去如 童謠滿京 達於宮禁 百官極諫 竄流公主於遠方 將行 王后
以純金一斗贈行 公主將至竄所 薯童出拜途中 將欲侍衛而行 公主雖不識其從
來 偶爾信悅 因此隨行 潛通焉 然後知薯童名 乃童謠之驗 同至百濟 出母后所贈
金 將謀計活 薯童大笑曰 此何物也 主曰 此是黃金 可致百年之富 薯童曰 吾自小
掘薯之地 委積如泥土 主聞大驚曰 此是天下至寶 君今知金之所在 則此寶輸送
父母宮殿如何 薯童曰 可 於是聚金 積如丘陵 詣龍華山師子寺知命法師所 問輸
金之計 師曰 吾神力可輸 將金來矣 主作書 幷金置於師子前 師以神力 一夜置新
羅宮中 眞平王異其神變 尊敬尤甚 常馳書問安否 薯童由此得人心 卽王位
一日日王與夫人 欲幸師子寺 至龍華山下大池邊 彌勒三尊出現池中 留駕致敬
夫人謂王曰 須創大伽藍於此地 固所願也 王許之 詣知命所 問塡池事 以神力一
夜頹山塡池爲平地 乃法像彌勒三會 殿塔廊 各三所創之 額曰彌勒寺(國史曰
王興寺) 眞平王遣百工助之 至今存其寺 (三國史記 云 是法王之子 而此傳之獨
女之子 未詳)

무왕조에 나오는 서동요는 4구체라, 신라 향가 가운데 가장 오래된
것으로 이해되어 왔다. 우선 서동요를 현대말로 풀이하여 제시하면 다음과
같다.

善花公主님은
남 몰래 시집을 가두고
薯童房을
밤에 몰래 안고 간다.

선화공주는 신라 진평왕(579~632년)의 셋째 딸이고, 백제 무왕의 재위시
기가 600~641년이므로 적어도 무왕의 재위보다 빠른 600년 이전에 서동요
를 지은 것이 된다. 서동은 나중에 백제 무왕이 되므로 서동과 선화공주의

로맨스는 너무 나이 차이가 나서 성립이 불가능하다. 그래서 무왕 대신에 선화공주의 상대자로 동성왕(479~501년)을 지목한 가설이 제기되었다.[34]

이렇게 백제 무왕과 신라 선화공주 사이의 나이 차를 극복하기 위해 서동을 원효로 보는 가설도 나왔다.[35] 서동 설화의 내용과 『삼국유사』 권4, 의해5, 元曉不覊조의 내용을 비교 분석하여, 두 설화의 구조와 내용이 여덟 가지 점에서 비슷하다는 점에 착안한 이 가설은 서동을 백제 무왕이 아닌 원효, 선화공주는 요석공주로 보아야 한다고 주장하였다.

1980년부터 1995년까지 발굴조사된 미륵사지의 발굴 성과에 의해 미륵사의 창건 연대는 사비성 천도(538년) 이후로 파악되어 선화공주의 파트너를 무왕으로 본 가설이 나왔다.[36] 또 『삼국사기』 백제본기의 기록과 『삼국유사』 권3, 흥법3, 法王禁殺조의 내용에 근거하여 무왕의 出系를 법왕의 아들로 보고, 서동과 동일 인물이 아니라는 가설도 제기되었다.[37] 그 밖에 설화에 등장하는 서동을 백제 무령왕(501~523년)으로 보는 가설도 제기되었다.[38]

---

34) 이병도, 「서동설화의 신고찰」, 『역사학보』 1, 1952.

35) 김선기, 「쇼똥노래(薯童謠)」, 『현대문학』 51, 1967.

36) 노중국, 「삼국유사 무왕조의 재검토-사비시대후기 백제지배체제와 관련하여-」 『한국전통문화연구』 2, 1986. 이에 대해서는 논문이 몇 편 있으나(노중국, 「백제 무왕과 지장법사」, 『한국사연구』 107, 1999 등) 백제 무왕, 미륵사, 선화공주 등에 관한 견해는 한결같아서 여기에서는 주로 노중국, 앞의 논문, 1986을 이용하였다. 이 논문에서는 익산의 쌍릉을 무왕릉으로 해석하고, 선화공주와 서동의 로맨스도 인정하는 등 사료 비판에 다소 문제가 있는 듯하다. 쌍릉을 무왕릉으로 본다면, 삼국시대 왕릉 가운데에서 수도를 떠나서 지방에 무덤이 조영된 유일한 예가 된다. 따라서 익산 쌍릉은 무왕릉이 아니고, 무왕릉은 부여 능산리 고분군 가운데 하나일 것이다. 미륵사의 규모에 비추어 익산천도설도 주장하고 있지만, 익산에는 조방제의 흔적이 없어서 익산천도설은 하나의 설에 그칠 뿐이다.

37) 강봉원, 「백제 무왕과 서동의 관계 재검토-신라와 백제의 정치·군사적 관계를 중심으로-」 『백산학보』 63, 2002. 여기에서는 무왕대에 신라와 전쟁한 횟수가 13차례나 되어 이 시대에 신라와 백제 왕실의 혼인, 미륵사 창건 때 신라에서 장인을 파견한 것, 백제에서 신라로 금을 보낸 것 등은 역사적 사실이 아니라고 주장하였다.

38) 사재동, 「서동설화연구」 『장암지헌영선생화갑기념논총』, 1971 ; 사재동, 「무강왕

백제 무왕과 선화공주의 로맨스에서 두 사람의 나이 차이를 극복하지 않고, 그대로 설화를 믿는 것은 무왕조의 해석에 도움이 되지 않는다. 미륵사지 발굴에서도 미륵사가 사비성 천도(538년) 이후에 창건되었다고 믿되, 그 창건 시기를 백제 무왕대(600~641년)로 본 것은 무왕조를 신봉한 데서 나온 것이다. 그러다 보니 미륵사지 서탑의 사리봉안기의 己亥年을 639년으로 보아 왔다. 그러나 앞에서 살펴본 것처럼 후행하는 송림사 은제관식의 연대가 624년이므로 기해년은 639년이 아닌 579년이 되어야 한다. 이렇게 되면 사리봉안기의 己亥年에 대해서는 새로운 관점에서의 검토가 요망된다 하겠다.

서동요의 작성 시기는 대개 신라 진평왕대(579~632년)로 보아왔고, 이에 따라 서동요는 현존하는 가장 오래된 향가의 하나로 자리매김하고 있다.[39] 서동요는 그동안 한 번도 당시 자료인 금석문이나 고문서 등과 비교 검토가 이루어진 바가 없다. 여기에서는 당대 자료인 금석문과의 비교를 위해 서동요 원문을 다시 제시하면 다음과 같다.

善花公主主隱 他密只嫁良置古 薯童房乙 夜矣卯乙抱遣去如

여기에서 고신라 금석문과 다른 점은 隱과 乙이 吐 또는 조사로 사용되고 善花公主主隱에서 뒤의 主를 님이라는 존칭으로 사용된 것이라고 보고 '善花公主님은'이라고 풀이한 것이다.

먼저 지금까지 고신라 금석문에서는 님 등의 존칭이 사용된 예가 없다.[40]

전설의 연구」『백제연구』 5, 1974.

39) 향가 가운데 가장 오래된 것으로 신라 진평왕대의 彗星歌를 들고 있다. 그 다음이 서동요이다.

40) 울주 천전리서석 원명(525년)의 於史鄒安郎主之(主는 三으로 읽어야 한다)로 읽어서 主를 님으로 풀이하고 있다. 문경현, 「울주 서석명기의 신검토」『경북사학』 10, 1987에서 主자의 판독에도 문제가 있으며, 於史鄒女郎을 妹의 인명으로 보았다. 於史鄒女郎은 河伯女郎이 河伯의 따님으로 읽는 점에 따를 때, 於史鄒의 따님이 되어 妹의 인명이 될 수 없다. 노중국, 「금석문·목간 자료를 활용한 한국 고대사

다음으로 吐라고 불리는 조사에[41] 대해 조사해 보자. 善花公主主隱에 나오는 주격조사는[42] 고신라의 경우 금석문이나 고문서에서 쓰인 예가 없다. 그런데 통일신라 이후의 향가에서 사용한 예가 있어서 이를 뽑아서 제시해 보면 다음과 같다.

二兮隱吾下於叱古 吾兮隱誰支下焉古	(處容歌)
唯只伊吾音之叱恨殷漓陵隱	(遇賊歌)
生死路隱	(祭亡妹歌)
吾隱去內如辭叱都	(祭亡妹歌)
造將來臥乎隱惡寸隱	(懺悔業障歌)
灯炷隱須彌也 灯油隱大海逸留去也	(廣修供養歌)

이상과 같은 향가의 예를 제외하면, 고려시대부터는 한문의 吐에 隱자가 卩로 표기되어 주격조사로 쓰인다. 삼국시대 특히 백제에서 部자가 卩로 표기되고 있어 차이가 있다.

그 다음으로 목적격 조사인 薯童房乙의 乙에 대해 검토해 보기로 하자. 목적격 조사인 乙자의 예는 금석문이나 고문서 등 당시 자료에서 고신라는

연구 과제와 몇 가지 재해석」『한국고대사연구』57, 2010, 28쪽에서 七王等의 王을 님의 뜻을 가진 존칭으로 보고 있다. 沙喙部至都盧葛文王에 뒤이어 나오는 6명의 관등에는 干支가 포함되어 있다. 『광주천자문』에는 임금 왕의 훈이 귀ᄎ라고 되어 있다. 이 귀ᄎ는 간지와 같다. 따라서 王은 님의 뜻으로 풀 수 없다. 금석문에서 존칭이 사용된 예로는 갈항사 석탑기(758년 이후에서 785~798년 사이에 추기) 照文皇太后君妳在旀의 君자와 개선사 석등기(891년) 景文大王主 文懿皇太后主의 主자 등이 있다.

41) 삼국시대 조사로는 충주고구려비(458년경)의 五月中, 평양성석각(506년)의 丙戌 十二月中, 신라 적성비(545년이나 그 직전)의 △月中, 성산산성 164번 목간의 三月中, 순흥 벽화 고분(599년)의 己未中 등에서 中자가 처격조사로 사용되고 있다.

42) 갈항사 석탑기에 나오는 娚者零妙寺言寂法師在旀 姉者照文皇太后 君妳在旀 妹者敬 信大王妳在也에서 3번 나오는 者자는 주격조사로 판단된다. 홍기문, 『리두연구』, 1957, 133쪽에서는 者를 주격 토라고 하였다.

물론 통일신라에서도 그 예를 볼 수 없다. 고려시대에 지어진 향가 2예를 제시하면 다음과 같다.

법雨乙乞白乎叱等耶   (請轉法輪歌)
手乙寶非鳴良爾   (請佛住世歌)

위의 향가들은 다 아는 바와 같이 고려 초의 화엄종 승려인 均如(923~973년)가 지은 普賢十願歌 가운데 여섯 번째(請轉法輪歌)와 일곱 번째(請佛住世歌)의 노래이다. 고신라와 통일신라에서는 乙을 목적격 조사로 사용한 예가 없다.

乙을 목적격 조사로 사용한 예로는 칠곡 약목 정토사 형지기(1031년)가 있다. 관계 부분을 적기하면 다음과 같다.

石塔伍層乙成是白乎願表爲遺
本貫同郡乙勸爲

위의 자료들에 근거하면 서동요는 고려 광종대(949~975년)에 지어진 향가로 판단된다.[43] 서동요는 역사적인 사실이라기보다는 고려 초에 만들어진 로맨스가 향가로 변신해 우리 문학세계를 풍요롭게 했다. 흔히 위대한 사랑 이야기는 소설에서나 가능하고, 不朽의 여인상을 그려낸 작가는 하숙집의 하녀밖에 모른다고 한다. 백제 최대의 사찰인 미륵사의 창건과 어우러진 서동과 선화공주의 로맨스는 미륵하생경이 유행한 고려 초의 미륵사가 미륵도량으로서[44] 큰 역할을 하면서 후백제인과 신라인이 함께

---

43) 앞으로 자료가 나온다면, 서동요는 고려 태조(918~943년) 때 지어진 것으로 보아도 되지 않을가 싶다.

44) 후삼국시대의 신라 수도였던 경주에서까지 미륵하생경에 의한 미륵상이 단석산에 만들어졌다. 이에 대해서는 김창호, 「경주 단석산 신선사 마애거상의 역사적 의미」 『한국 고대 불교고고학의 연구』, 2007 참조. 후삼국(고려와 후백제)에는

고려인화하는 데에서 나온 것으로 해석할 수 있다.

미륵사지 서탑에서 나온 사리봉안기의 己亥年은 무왕조에 근거하여 639년으로 보아 왔다. 이는 무왕의 재위기간이 600~641년 사이이므로 언뜻 보기에 타당한 것 같다. 그러나 은제관식 가운데 칠곡 송림사 출토품이 가장 늦고, 624년이란 절대 연대를 갖고 있어서 이보다 선행하는 미륵사지 서탑의 은제관식은 639년이[45] 아닌 579년이 되어야 한다. 무왕대에는 신라와의 전쟁 기사만 13번이나 나온다.[46] 백제 역사상 전쟁 기사가 가장 빈번하였던 이 시기에 수많은 전쟁을 치르면서 두 절을[47] 짓기는 어렵다.[48]

사비성시대 국찰인 정림사와 미륵사를 비교하면, 회랑 안의 면적이 정림사가 1,318평, 미륵사가 7,770평으로 미륵사 규모가 정림사에 비해 6배나 된다. 요사채 등까지 포함하면, 미륵사는 10배 이상이나 크다. 백제에서 제일 큰 가람을 익산에다 건립한 것은 나름대로 이유가 있었을 것이다. 흔히 익산 천도설을[49] 주장하지만, 익산에서는 조방제의 흔적이 나오지

국경지역에 충남 은진미륵상 등 미륵상이 많이 조성되었다.

45) 사리봉안기의 己亥年을 639년으로 보면, 무왕의 왕비가 의자왕의 어머니, 선화공주, 교기의 어머니, 사탁적덕의 딸 등으로 4명이나 되나, 사탁적덕의 딸을 의자왕의 모후나 교기의 어머니로 보면 3명이 된다(김수태, 「백제 무왕대의 미륵사지 서탑 사리 봉안」, 『신라사학보』16, 2009, 11~12쪽). 무왕의 왕비는 4명일 가능성도 있지만 너무 많다. 또 『觀世音應驗記』에 나오는 百濟武廣王遷都枳慕密地 新營精舍 以貞觀十三年己亥十月云云이란 구절에서 정관 13년 己亥도 639년이 되어 제석사도 639년 창건된 것이 되어 문제가 된다.

46) 강봉원, 앞의 논문, 2002. 『삼국사기』권27, 백제본기5, 무왕조에 6년, 8년, 12년, 17년, 19년, 24년, 25년, 27년, 28년, 29년, 33년, 34년, 37년에 각각 신라와의 전쟁 기사가 나온다.

47) 미륵사와 제석사를 가리킨다.

48) 미륵사의 백제 무왕대 창건설은 『삼국유사』권2, 무왕조와 『삼국유사』권3, 흥법3, 법왕금살조밖에 없다. 그것도 언제 공사를 시작해서 언제 끝났다는 것이 아니고, 그냥 무왕 때라고 되어 있다. 이는 『삼국사기』에는 나오지 않으며 『삼국유사』의 다른 곳에서도 역시 나오지 않는다. 하지만 무왕조가 후삼국시대를 반영한 것이므로 그 나름의 의의는 있다. 미륵사의 무왕대 창건설은 무너졌고, 백제 고고학은 기와를 포함하여 극히 일부에서 60년을 소급하게 되었다.

49) 『觀世音應驗記』에 나오는 百濟武廣王遷都枳慕密地 新營精舍 以貞觀十三年己亥十月

않아 믿을 수 없다. 나주 반남 신촌리, 나주 복암리 등의 고분군은[50] 그 출토 유물이나 봉분의 크기에서 사비성 능산리에 있는 백제 왕릉에 뒤지지 않는다. 반남 신촌리 고분군은 그 숫자나[51] 크기에 근거할 때, 백제에 복속된 시기를 문헌의 통설대로 4세기 근초고왕대로[52] 한정할 수가 없다. 579년 미륵사 창건 당시에 곡창지대인 전남 마한은[53] 여전히 그 세력을 유지하고 있었다. 이렇게 보면 미륵사의 창건은 당시 백제 최남단에[54] 백제 역사상 제일 큰 가람을 건립하면서 마한 너희들도 이 정도 규모의 종교 건물을[55] 가질 수 있느냐고 묻는 정치적이면서 종교적인 승부수였다고 판단된다.

云云이란 구절에 근거하여 무광왕을 무왕으로, 지모밀을 익산의 고명인 모지밀로, 정사를 제석정사인 제석사로 보았다. 정관 13년 기해는 639년으로, 제석사가 이때 건립되었다는 확증이 없으며, 제석사보다 규모가 훨씬 컸던 미륵사에 대한 언급도 없고 익산 도성제의 필수요건인 조방제의 흔적도 없어서 신뢰하기 어렵다.

50) 이들 고분군을 임영진은 마한의 것으로 보고 있다.

51) 나주 반남 신촌리 고분군은 고분의 봉분 크기가 부여의 백제왕릉인 능산리 고분군의 봉분보다 더 크다. 고분의 숫자도 마찬가지로 많다.

52) 문헌에서는 마한땅의 완전 정복을 4세기 근초고왕대로 보고 있으나, 4세기에는 백제에 기와도 없고 철제무기도 별로 알려진 것이 없다. 더구나 문자 자료는 전설의 369년 칠지도를 제외하면 단 1점도 없다.

53) 光州, 咸平, 靈光, 靈巖, 海南 등에는 500년경 전방후원형 고분이 있으며, 이들 지역을 포함하여 전남지역을 마한으로 부르고 있다. 이들 정치체의 선조는 광개토태왕비에 나오는 왜와 관련될 가능성이 있다. 400년 전후의 제철기술이나 선박기술로 볼 때, 일본의 야마토(大和) 조정에서 고구려와 대결할 수 있을 정도의 대군을 이끌고 바다를 건너오기는 어렵다.

54) 전남 마한지역에는 가람을 세울 수 없어서 백제의 최남단인 익산에 미륵사를 세웠을 것으로 판단된다. 579년이란 시기는 후장인 고총고분 시대가 끝나고, 비용을 절감할 수 있고 추가장이 가능한 횡혈식석실분 시대로 되어서 고분의 제의가 바뀌었다(김창호, 「고고학 자료로 본 신라사의 시대 구분」, 『인하사학』 10, 2003). 신라의 경우 520년 전후에 적석목곽묘에서 횡혈식석실분으로 바뀌면서 장례에 드는 비용이 절감되어 주변지역으로의 정복이 가능하였다. 이에 비해 대가야는 멸망할 때까지 고비용의 수혈식석곽묘를 사용하여 결국 신라에게 멸망 당한다.

55) 고분 자체가 장송의례, 토착신앙 등의 종교체로서, 일본에서 수장권의 계승의례도 전방후원분의 정상에서 시행되었다고 한다.

6. 맺음말

먼저 미륵사에서 출토된 丁巳(597년)·壬戌△△(602년)·乙丑(605년)·丁亥(627년)·己丑(629년)의 다섯 가지 연간지를 염두에 두고, 사리봉안기의 기해년을 639년으로 볼 경우 석탑의 기초도 되지 않았는데 금당 등이 완성되었다는 기현상을 낳게 되므로 기해년을 579년이라고 보았다. 그래서 미륵사의 창건 시기는 6세기 후반으로 본다.

다음으로 미륵사지 서탑 출토의 사리봉안기에 나오는 명문을 제시히고 전문을 해석하였다.

그 다음으로 미륵사지 서탑에서 출토된 2점의 은제관식 연대는 반출유물인 사리봉안기에 있는 己亥年으로 보고 이를 639년이라고 보았다. 그런데 은제관식 가운데 가장 늦은 형식이 칠곡 송림사에서 나왔는데 이보다 시기가 앞서는 624년이라는 절대연대를 갖고 있다. 그렇다면 송림사보다 선행하는 미륵사지 서탑의 은제관식이 639년이 될 수는 없다. 이렇게 보면 미륵사지 서탑의 己亥年은 639년이 아닌 579년이 되어야 한다.

마지막으로 이두로 된 서동요에 주격조사인 隱과 목적격조사인 乙의 예를 금석문과 고문서에서 검토하였다. 고신라시대에는 그 예를 찾을 수 없고, 고려 초에 만들어진 향가와 고문서에서 나왔다. 그래서 선화공주와 서동의 로맨스를 담은 서동요는 고려 초에 후백제인과 신라인의 고려인화를 위해 지어진 것이라고 보았다. 이에 미륵사 창건의 백제 무왕대설은 무너지게 되었다. 백제에서 가장 큰 미륵사가 579년 당시 수도였던 사비성이 아닌 익산에 창건된 것은 전남 마한인에 대한 백제의 종교적이고 정치적인 승부수였던 것으로 보인다.

제2절 백제 인각와가 사비성시대에 유행한 까닭

1. 머리말

역사고고학에서 문헌이 답해줄 수 없는 대표적인 예로 무령왕릉(525년)을 들어보자. 무령왕릉에서는 백제 토기가 단 1점도 출토되지 않아 백제 고분 연구에는 거의 도움이 되지 않았다. 단, 일본 고분시대 후기(6세기) 고분에 많이 나오는 용봉문환두대도가 편년에 중요한 단서가 되었고, 절대 연대가 가장 오래된 등잔으로 사용된 중국 백자가 나와서 사치와 과소비의 증좌로 해석되었다. 중국 백자를 등잔으로 쓰는 것이 백제 토기를 쓰는 것보다 더 밝은가? 이뿐만이 아니다. 목간의 나무도 수입한 일본제 金松으로 만든 것이고, 전축분은 요즘식으로 말하자면 이탈리아제 대리석으로 지은 집이다. 백제의 멸망이 가장 먼저인 것은 당연하다. 같은 시기 신라는 520년경 고비용의 적석목곽묘 대신에 저비용의 횡혈식석실분을 채택했다. 그 결과 적어도 신라는 전 국토에 걸쳐 무덤에 드는 비용의 1/10정도를 줄였다. 곧 수도였던 경주에는 적석목곽묘가 횡혈식석실분으로, 지방에는 수혈식석곽묘가 횡혈식석실분으로 바뀌어서 추가장도 가능해 그 비용이 절감되었다. 이렇게 무덤을 쓰는 데 있어서 비용의 절감은 562년 대가야와의 전쟁에서 승리를 거두고 삼국통일을 이룩하는 원동력의 하나가 되었다.

백제에서는 4세기에서 5세기까지는 금석문이나 목간 자료가 출토되지 않는다. 5세기 자료로 확실한 공주 왕릉원29호분의 造此是建業人也란 전명은 문자 그대로 중국 남조 齊나라 사람이 만든 것으로 해석된다. 보고서대로

라면[1] 이 명문도 6세기의 것이다. 그러면 백제 七支刀를 예로 들 것이다. 칠지도가 왜에 유리하게 해석되지 않는다면 일본인들은 과연 이를 369년으로 볼 수 있을까? 칠지도는 5세기 후반에 만들어졌을 것이다. 538년 이후의 백제 문자 생활을 알 수 있는 자료로는 인각와가 있다. 이에 대해서는 많은 연구성과가 있기는 하지만 기와 전문가에 의한 고고학적인 형식론적 연구성과뿐이다. 여기에서는 금석문의 측면에서 검토해보고자 한다.

먼저 인각와에 대한 개요를 살펴보고, 토착신앙이 신라의 경우는 어떠한지 알아보겠다. 마지막으로 백세에서 도칙신앙이 유행한 이유에 대해 조사해 보고자 한다.

2. 인각와 개요[2]

백제 인각와는 암키와 혹은 수키와의 凸面에 방형 또는 원형의 도장을 눌러서, 그 가운데에 문자나 기호를 기록하는 것이다. 도장의 모양은 98%가 원형이다. 현재까지[3] 3,224점의 인각와가 확인되었고, 문자의 종류는 90종 이상 확인되고 있다. 기호를 포함한다면 100종 이상을 초과하게 된다. 각인의 크기는 큰 것이 직경 5.2㎝, 작은 것이 직경 1.4㎝ 정도이며, 2~3㎝가 주류를 점한다. 글자의 심도는 깊지 않으며, 음각과 양각이 있다. 문자는 보통 正字로 쓰지만 거울문자(鏡文字)도 가끔 나온다.

인각와의 출토 지역은 천도한 수도를 기준으로 한 한성시대(B.C.18~475년), 웅진성시대(475~538년), 사비성시대(538~660년) 중 한성시대에는 인각와가 나오지 않고, 웅진성시대에 역시 그리 많지는 않으며 주로 사비성시대에 집중 출토되었다.

---

1) 국립부여문화재연구소, 『공주 무령왕릉과 왕릉원29호분 발굴조사 보고서』, 2023.
2) 이 장은 주로 高正龍, 「百濟刻印瓦覺書」『朝鮮古代研究』8, 2007을 전제하였다.
3) 2007년까지로 현재는 얼마나 늘어났는지 알 수가 없다.

웅진성시대에는 공산성과 大通寺址의 두 유적에서 인각와가 확인되고
있다. 총 17점(0.5%)으로 양은 무척 적다. 大通은 『삼국유사』에 '大通 원년
丁未에는 梁帝를 위하여 熊川州에 절을 짓고, 이름을 大通寺라고 하였다'란
기록에서 웅진성시대에 인각와가 만들어지기 시작한 것을 알 수 있다.

538년에는 현재의 부여인 사비성으로 천도하였다. 부여의 나성의 안과
밖에서 많은 인각와가 출토되고 있다. 출토된 인각와는 총계 1,021점으로
전체의 31.7%를 차지하고 있다. 많은 유적이 확인되고 있지만 상위의
3유적 즉, 도성의 중추산성인 부소산성에서 424점, 다음으로 왕궁과 관청으
로 추정되는 관북리유적에서 281점, 와생산유적으로 추정되는 쌍북리유적
에서 191점이 출토되었다. 이 밖에도 부여에서 구아리유적, 부소산폐사,
군수리폐사, 정림사지, 능산리폐사, 왕진리와요지, 정동리와요지 등에서
인각와가 출토되고 있다.

〈표 1〉 백제 인각와의 지역별 출토 점수

지역	유적	출토점수	계
공주 지역	공산성지	16	17(0.5%)
	대통사지	1	
부여 지역	부소산성	424	1021(31.7%)
	관북리유적	281	
	쌍북리유적	191	
	기타·불명	125	
익산 지역	미륵사지	1605	2086(64.7%)
	왕궁리유적	448	
	기타	33	
기타 지역	鼓樂산성	73	100(3.1%)
	백령산성	11	
	기타	16	
계			3,224

이어서 익산 지역에서는 전체의 64.7%를 차지하는 2,086점에 달하는
대량의 인각와가 출토되었다. 미륵사지에서는 1,605점, 왕궁리유적에서는
448점이 출토되고 있다. 이러한 상황을 보면 인각와를 가장 많이 만든

것은 사비성시대로 판단된다.

이 밖에도 보령(오합사지), 대전(사정성·성북리산성), 논산(황산성), 금산(백령산성), 장수(봉서리산성), 순천(성암산성), 여수(고락산성·선원동산성) 등에서도 인각와가 출토되고 있다.

3. 신라의 경우

신라의 토착신앙에 대해서는 다음과 같은 연구성과가 있다. 신라 금석문 가운데 불교와 관련된 금석문으로 가장 이른 시기의 것으로 울주 천전리서석을묘명을 들 수 있다. 이에 대해서는 지금까지 몇몇 단편적인 연구가 발표되었는데, 여기에서는 우선 설명의 편의를 위해 관계 전문부터 다음과 같이 제시한다.

④	③	②	①	
先	僧	道	乙	1
人	首	人	卯	2
等	乃	比	年	3
見	至	丘	八	4
記	居	僧	月	5
	智	安	四	6
	伐	及	日	7
	村	以	聖	8
	衆	沙	法	9
	士	弥	興	10
			太	11
			王	12
			節	13

이 명문에 나오는 乙卯年에 대해서는 535년(법흥왕 22년)설과[4] 595년(진

평왕 16년)설이[5] 있다. 후자에서는 제①행에 나오는 節자를 기념일을 가리키는 것으로 보아 불교 기념일을 적은 명문으로 해석하고 있다. 나아가서『삼국사기』법흥왕 28년조의 王薨 諡曰法興에 근거하여 법흥왕은 재위시에는 牟卽智寐錦王 등으로 불리고 시호인 법흥왕은 재위 시에는 사용이 불가능하다는 전제 아래 乙卯年은 595년이 되어야 한다고 주장하고 있다. 이러한 방법에 따라서 540~576년에 재위한 진흥왕의 경우를 조사해 보자. 마운령비에는 眞興太王으로 명기되어 있고,『삼국사기』진흥왕 37년(576년)조에는 秋八月王薨 諡曰眞興이라고 되어 있어 마운령비의 건립 연대도 568년보다 한 甲子 내려서 628년으로 보아야 할 것이다. 지금까지 마운령비의 건립 연대를 628년으로 본 가설은 학계에서 제기된 바 없다. 여기에서는 乙卯年을 535년으로 본다.

이 명문 가운데에서 제①행에 나오는 聖자에 대해, 신라 골품제 가운데 聖骨을 가리킬 가능성을 제시한 견해가 있다.[6] 朗慧和尙碑에서 聖骨을 聖而라고 표현한 점을 감안하면 개연성이 있다 하겠다.

제③행의 居智伐村을『삼국사기』地理志, 良州조의 巘陽縣 景德王改名 今因之란 구절과 대비시켜서 居智伐=居知火로 보는 견해가 있다.[7] 헌양현의 위치가 궁금하다.『고려사』志卷11, 地理2에 巘陽縣 本居知火縣 景德王改今名 爲良州領縣 顯宗九年來居 仁宗二十一年 監務後改彦陽이라고 되어 있어서 오늘날 彦陽 지역이 居智伐村임을 알 수 있다.

이 을묘명 분석의 핵심은 제②·③·④행에 걸쳐서 나오는 道人比丘僧安及以沙弥僧首乃至居智伐村衆士仙人의 인명 분석이다. 이 부분을 道人比丘僧安及以와 沙弥僧首乃至와 居智伐村衆士仙人으로 나누어서 해석한 견해가 있다.[8] 명문 가운데 及以와 乃至라는 구절은 漢譯佛典에 자주 나오는 용어로

---

5) 문경현,「新羅 佛教 肇行攷」『신라문화제학술발표회논문집』14, 1993, 141쪽.

6) 이종욱,「신라 중고시대의 성골」『진단학보』59, 1980.

7) 木村誠,「新羅郡縣制의 確立過程과 村主制」『朝鮮史研究會論文集』13, 1976, 11쪽.

8) 이문기는 국사편찬위원회 한국사데이터베이스 역주 한국고대금석문에서 道人

及, 併과 같은 뜻이라는 점을 근거로 比丘 僧安과 沙弥 僧首만을 인명으로 분석한 견해가 있다.9)

중국 남북조시대나 우리나라의 삼국시대에는 單字의 승명이 보이지 않고, 僧法名에 僧자가 붙는 僧演, 僧肇, 僧實, 僧柱 등의 예가10) 있음을 볼 때,11) 후자쪽이 설득력이 있는 듯하다.

이렇게 되면 道人比丘僧安及以沙弥僧首乃至居智伐村衆士仙人等에서 及以와 乃至는 병렬의 뜻을 가진 조사이므로 比丘(직명류)인 僧安(법명), 沙弥(직명류)인 僧首(법명)가 된다. 나머지 居智伐村衆士仙人等은 앞에서와 같이 직명+인명으로 볼 수 있을지가 문제이다. 居智伐村은 촌명이므로 인명 분석을 어렵게 하고 있다. 어색하긴 하지만 居智伐村을 출신지명으로 보고 衆士를 직명, 仙人을 인명으로 볼 수가 있다. 그런데 이 경우 출신지명이 직명보다 앞서서 이상하고, 인명의 마지막에 복수를 나타내는 等자가 붙고 있어서 衆士인 仙人이 두 명 이상의 인명표기가 되어야 한다. 부연해서 설명하면 마지막의 仙人만을 인명으로 볼 때에는 그 뒤에 等자가 붙어 있기 때문에 衆士와 仙人이 두 사람 이상의 인명표기가 되어야 한다. 따라서 뒤의 仙人을 인명으로 볼 수가 없다. 남은 해석방법은 衆士와 仙人을 모두 직명으로 보는 방법이다.

지금까지 분석해 온 道人比丘僧安及以沙弥僧首乃至居智伐村衆士仙人等을 해석해 보기로 하자. 及以와 乃至를 병렬의 뜻을 가진 조사로 보면 道人은 당연히 比丘를 가리키고, 沙弥인 僧首와는 관계가 있게 되어 '道人 比丘인 僧安과 沙弥인 僧首와 居智伐村의 衆士·仙人들이'라고 해석된다.

위의 구절 가운데 주목되는 용어가 道人이다. 道人이란 용어는 이 시기의

比丘僧 安及以와 沙彌僧 首乃至, 居智伐村의 衆士, △人들이라고 해석하였다.

9) 深津行德, 「法體의 王-序說 ; 新羅의 法興王의 場合-」『學習院大學 東洋文化研究所調査研究報告』39, 1993, 55쪽.

10) 이들 4명의 승려는 中觀派(三論宗)로 보인다.

11) 김영태, 「연가7년명 고구려불상에 대하여」『한국불교학회제9회학술연구발표회발표요지』, 1986, 6쪽.

다른 금석문에도 나오고 있는바, 이를 뽑아서 적기하면 다음과 같다.

　⑦ ~見道人△居石窟~ 　　　　　　　　　　　　(북한산비)

　① 于時隨駕沙門道人法藏慧忍 太等居朶夫智伊干~ 　(마운령비)

　⑦ ~于時沙門道人法藏慧忍~ 　　　　　　　　　　(황초령비)

　위의 금석문 자료 가운데 북한산비는 567년에 건립되었고, 마운령비와 황초령비는 568년에 건립되었다. 북한산비, 마운령비, 황초령비는 그 당시 신라의 진흥왕과 그의 신하들이 함께 지방을 순수하고 세운 비석들이다. 비슷한 시기에 세워진 금석문인데도 북한산비의 道人은 북한산비가 서 있던 북한산 비봉의 석굴에 살고 있었던 것으로 명기되어 있을 뿐, 북한산비에는 인명표기로 기록되어 있지 않다. 이에 비해 마운령비와 황초령비의 道人은 신라 정치의 중핵적인 역할을 담당했던 大等보다 앞서서 인명표기로 기록되어 있다. 이렇게 보면, 북한산비의 道人과 마운령비·황초령비의 道人 사이에는 어떤 관계가 있는 듯하다. 북한산비의 건립시기는 마운령비와 황초령비에 앞선다. 북한산비에서 북한산의 비봉 석굴에 살고 있던 道人이 신라에 歸附되어 마운령비와 황초령비의 道人이 되었을 가능성은 없을까?

　북한산비가 서 있던 한강 유역과 마운령비·황초령비가 소재한 함흥 근처는 모두 고구려의 땅이었다. 고구려의 옛땅에 가면서 신라 출신의 道人이 함께 가는 것보다는 북한산 비봉의 고구려 출신 승려를 데리고 가는 쪽이 고구려계 지방민의 위무에는 훨씬 도움이 되었을 것이다.

　이상에서 보면 을묘명에 나오는 道人인 比丘僧安은 居智伐村과는 관계가 없는 중앙의 고급 승려로 판단된다. 그 뒤에 나오는 沙弥僧首도 중앙인 徐羅伐의 승려로 보인다. 이에 뒤이어 나오는 居智伐村의 衆士와 仙人의 성격이 궁금하다. 이에 대해서는 다음과 같은 선학들의 견해가 있다.

　첫째로 居智伐村의 衆士와 仙人을 일반 촌민으로 보는 견해이다.[12]

둘째로 衆土와 仙人 중 衆土를 『삼국사기』에 보이는 文士·烈士·國士 등과 같이 士로 표현되는 계층으로 보고 이를 下級宮人, 나중에 外位 소지자가 되는 모집단으로 이해하는 견해가 있다.[13]

셋째로 乙卯年(535년) 당시 서울에서 興輪寺 창건 공사가 시작되어 이해에 比丘僧安과 沙弥僧首 등이 천전리를 방문하여 작성했다는 전제 아래 比丘僧安과 沙弥僧首는 홍륜사 창건에 기술로써 봉사하고, 衆土·仙人은 노동력으로 참가했다고 주장하는 견해가 있다.[14]

위에서 언급한 견해들 중 어느 것에서도 을묘명의 衆土와 仙人에 대한 깊이 있는 검토는 이루어지지 않은 듯하다. 이 시기 신라의 금석문인 중성리비, 냉수리비, 봉평비, 적성비, 창녕비의 기본적인 비문 구성을 보면, 왕이 나오고, 그 다음으로 왕경인(6부인)이 나오고, 마지막으로 지방민이 나온다. 을묘명처럼 중앙의 승려에 이어 지방 출신의 직명만이 나오는 예는 없다. 을묘명을 앞에서 예로 든 중성리비, 냉수리비, 봉평비, 적성비, 창녕비 등과 비교하여 衆土와 仙人의 성격을 규명할 수는 없다.

居智伐村의 衆土와 仙人에 앞서서 나오는 比丘僧安과 沙弥僧首가 중앙 불교계의 인물들이므로 衆土와 仙人은 거지벌촌에 있던 지방 불교와 관련된 인물로 볼 수도 있다. 이 경우 535년 당시 지방 사원이 존재했는지가 관건이다. 신라에서 지방 사원과 관련된 승관제는[15] 州統·郡統이 알려져 있으나 이들은 대개 685년 신라의 지방제도인 州郡縣制의 완성과 맥을 같이하는 것으로 이해되고 있다. 을묘명에 나오는 거지벌촌은 州나 郡보다 더 하급 행정기관인 縣에 해당되는 촌명이어서 지방 사원과 관련될 가능성

---

12) 한국고대사회연구소, 『역주 한국고대금석문Ⅱ』, 1992, 165쪽.

13) 남희숙, 「신라 법흥왕대 불교 수용과 그 주도세력」『한국사론』 25, 1991.

14) 深津行德, 앞의 논문, 1993.

15) 이홍직, 「신라승관제와 불교정책의 제문제」『백성욱박사송수기념불교학논문집』, 1959 ; 中井眞孝, 「新羅における佛教統制について」『朝鮮學報』 59, 1971 ; 이수훈, 「신라 승관제의 성립과 기능」『부산사학』 14, 1990 ; 채상식, 「신라 승관제 이해를 위한 시론」『한국문화연구』 6, 1993.

은 그만큼 적어지게 된다. 더구나 당시의 서울이었던 서라벌에서조차 을묘명이 작성된 해인 535년에야 비로소 신라 최초의 사원인 흥륜사가 창건되기 시작하고 있어서 535년에 거지벌촌에 지방 사원이 있었을 가능성 은 거의 없다. 따라서 衆土와 仙人을 거지벌촌에 있던 지방 사원과 관련되는 불교계통의 직명으로 볼 수는 없다.

　을묘명에서 제②·③·④행에서 道人·比丘僧安·及以·沙弥僧首·乃至 등은 모두 불교와 관련된 용어들이다. 이들과 병렬로 연결되어 있는 거지벌촌의 衆土와 仙人도 불교와 관련된 漢譯佛典이나 조상기 등의 자료에 나올 가능성 이 엿보이지만 지금까지 그러한 예는 발견된 바 없다. 제②·③·④행의 인명표기 가운데 병렬로 연결되어 있는 3부분 가운데에서 첫 번째와 두 번째는 불교와 관련된 용어이고, 나머지 세 번째 부분은 불교와 관련된 용어가 아니다. 衆土와 仙人 부분은 인명표기에서도 직명+인명식이 아니 라 직명만으로 나열된 것이라 그 성격이 참으로 궁금하다. 중앙 불교계의 최고 지도층인 道人과 어깨를 나란히 할 수 있는 계층은 누구일까? 거지벌촌 에 살고 있는 계층인 衆土와 仙人들은 해당 촌의 최고 계층으로 볼 수 있지 않을까?

　지금까지 신라 금석문에 등장하는 행정촌의 최고 계층이 누구인지를 단정하기는 어렵지만, 村主, 作上, 城上 등을 들 수 있다. 촌주, 작상, 성상 등의 경우는 직명+출신지명+인명+외위명의 인명표기 방식으로 기재되 어 있다. 衆土와 仙人이 거지벌촌의 최고 계층이라면 524년에 작성된 봉평비에 下干支, 一伐, 一尺, 彼日(旦), 阿尺 등의 외위가 나오고 있어서 외위를 갖는 인명표기로 비문에 적힐 가능성이 클 것이다. 居智伐村의 衆土와 仙人의 형식으로 표기된 인명은 신라의 어느 금석문에서도 그 유례를 찾을 수가 없다.

　衆土와 仙人은 을묘명 자체에서는 두 개의 직명이 나열되어 있다는 것 외에는 그 실체를 파악할 실마리를 찾을 수 없다. 좀 우회적인 방법이겠 지만 을묘명과 같이 있는 원명과 추명을 통해 검토해 보자. 원명과 추명은 각각 525년과 539년에 작성된 것이고, 양자에서는 沙喙部徙夫知葛文王과 妹가 주인공으로 함께 동행하고 있다. 원명의 작성 연대는 525년이므로 신라에서 불교가 공인된 527년보다 2년이 앞서고 있다.

원명과 추명의 주인공들은 추명의 앞부분에 過去乙巳年六月十八日昧 沙喙部 徙夫知葛文王妹於史鄒安郎三共遊來以後六△十八日年過去라고 표기된 것처럼 옛날 525년 6월 18일에 이곳에 온 후에도 6월 18일에는 해마다 이곳을 다녀갔다고 명기하고 있다. 이는 6월 18일이 沙喙部徙夫知葛文王의 男妹에게는 대단히 중요한 날싸임을 알게 해준다. 그 이유를 알아보기 위해 추명의 관계 부분을 적기하면 다음과 같다.

① 過去乙巳年六月十八日昧 沙喙

② 部 徙夫知葛文王妹於史鄒安郎

③ 三共遊來以後六△十八日年過去妹王考

④ 妹王過人乙巳年王過去其王妃只沒尸兮妃

⑤ 愛自思己未年七月三日其王与妹共見書石叱見來谷

위의 추명에서 해마다 6월 18일에 이곳을 왔다 갔다고 명기된 부분은 제③행의 ~遊來以後六△十八日年過去이다. 해마다 6월 18일에 이곳을 다녀간 구체적인 이유는 제④·⑤행의 乙巳年王過去其王妃只沒尸兮妃愛自思이다. 이 부분의 해석에는 크게 두 가지 방법이 있다.

첫째는 '乙巳年(525년)에 (徙夫知葛文)王은 옛날의 其王妃인 只沒尸兮妃를 愛自思했다.'로 해석하는 것이다. 過去를 옛날의 뜻으로 보고 이 부분을 해석하면 옛날의 其王妃인 只沒尸兮妃를 愛自思했고, 지금의 其王妃인 只沒尸兮妃는 愛自思하지 않는다는 이야기가 되어, 6월 18일에 해마다 이곳을 찾는 이유에 대해서는 뚜렷한 근거를 제시할 수 없다.[16]

---

16) 김창호, 「울주천전리서석의 해석 문제」『한국상고사학보』 6, 1995, 393쪽.

둘째로 過去를 永泰二年銘石造毗盧遮那佛造像記에서 過去爲飛賜豆溫哀郞願爲를 '돌아가신 豆溫哀郞의 願을 위하여'라고 해석한 바에 따라 '돌아가시다.'라는 뜻으로 보고 해석하는 방법이 있다.[17) 이때에는 '乙巳年에 (徙夫知葛文)王은 돌아가신 其王妃인 只沒尸兮妃를 愛自思했다.'로 해석된다. 이렇게 해석하면 6월 18일에 해마다 沙喙部徙夫知葛文王이 이곳을 찾은 것은 其王妃인 只沒尸兮妃의 제삿날이었기 때문이다가 된다.

두 번째 해석방법을 따를 경우, 이 시기의 신라에서 해마다 같은 날짜에 특정 지역을 찾는 관습이 있었는지가 궁금하다. 이에 대한 구체적인 실례를 찾기 어렵지만 백제 무령왕릉 출토의 매지권에 따르면 무령왕과 그 왕비는 모두 죽은 지 27개월 만에 장사를 지내는 3년상을 치르고 있다.[18) 곧 523년 5월 27일에 죽은 무령왕은 525년 8월 12일에 장사를 지냈고, 526년 12월에 죽은 무령왕의 왕비는 529년 2월 12일에 장사를 지내고 있다. 27개월의 3년상이 6세기 전반 백제에 도입되었다면 같은 시기의 신라에서도 해마다 같은 날짜인 제삿날에 특정 지역을 찾는 관례가 있었다고 상정해 볼 수 있을 것이다.

원명과 추명의 주인공인 沙喙部徙夫知葛文王의 男妹가 해마다 천전리서석을 찾은 이유는 그날이 갈문왕의 왕비가 죽은 제삿날이기 때문이다. 그런데 그 장소가 천전리인 이유가 궁금하다. 우선 천전리서석의 암각화나 선각화와 관련해서 보면 이곳 자체가 신앙적인 장소였기 때문이다.

6세기경의 천전리서석 선각화에는 인물도, 기마행렬도 등의 인물상과 말, 새, 용, 물고기의 동물상 그리고 배 등이 있다. 이는 3~6세기 무덤인 적석목곽묘[19) 출토의 토우와 유사하여 장송 의례와 관련된 것이다.[20)

---

17) 남풍현, 「永泰二年銘 石造毗盧遮那佛造像記의 吏讀文 考察」 『신라문화』 5, 1988, 11쪽.

18) 김창호, 「고신라의 불교관련 금석문」 『영남고고학』 16, 1995, 52쪽.

19) 김창호, 「신라 금관총의 尒斯智王과 적석목곽묘의 편년」 『新羅史學報』 32, 2014에서 신라 적석목곽묘에 관한 편년을 제시한 바 있다. 곧 4세기 전반 황남동109호3·4곽, 4세기 후반 황남동110호, 황오리14호, 5세기 전반 98호남분(402년, 내물왕릉),

따라서 토착신앙의 성지인 서석곡은 주로 장송 의례와 관련되어 있음을 알 수 있다. 을묘명에 나오는 衆士와 仙人은 바로 이 신라의 토착신앙과 관련되어 있었던 것이다.

이러한 토착신앙과 관련된 문화로 印花紋土器를 들 수 있다. 인화문토기 (도장무늬 토기)는 6세기 2/4분기부터 8세기까지, 대체로 530~800년 사이에 유행했던 토기이다. 도장을 찍듯 표면에 화려한 문양을 장식하였다고 하여 印花紋土器라고 부른다. 인화문 장식은 신라인이 개발한 기법으로 고대 동아시아의 그릇 중에서도 신라 토기만이 갖는 독특함을 잘 나타낸다.

인화문을 사용하기 전인 4~5세기의 토기 중에도 표면에 갖가지 문양을 새겨 화려하게 장식한 것이 있지만, 그 문양은 뾰족한 도구로 하나하나 새긴 것이다. 하지만 印花紋土器는 무늬를 새긴 도장으로 눌러 찍어 문양을 만드는 기법을 사용하였다. 무늬를 새긴 도장으로 찍으면 어떤 효과를 얻을 수 있을까? 먼저 문양이 균일하고 동시에 문양을 촘촘히 새겨 화려하게 장식할 수 있다. 또한 도장으로 찍어서 표면을 장식하므로 제작 시간도 줄어든다. 즉 토기를 더욱 화려하게 만들면서 경제적이고 효율적으로 생산할 수 있다. 이는 토기 생산기술의 일대 혁신이다.

그럼 도장무늬, 곧 인화문은 언제, 어떻게 생겨났을까? 처음 인화문 기법을 사용하기 시작한 시기는 연구자에 따라 다소 차이가 있지만, 필자는 6세기 전반경으로 생각한다. 인화문 기법이 중국의 영향을 받은 것이라고 보는 견해도 있으나 발생 과정을 하나하나 짚어 보면 전통적인 장식 방법을 하나씩 개량해 나가며 자연스럽게 생겨났다는 것을 알 수 있다. 즉 기존의 공정을 효율적으로 개선한 결과이다. 좀 더 자세히 살펴보자.

인화문 기법이 나타나기 바로 전에는 뾰족한 도구로 삼각형무늬(三角形文)를 새기고 그 아래에 컴퍼스로 원무늬(圓文)를 새기는 방법이 크게

98호북분, 5세기 후반 금관총(458년, 눌지왕릉=尒斯智王陵=넛지왕릉), 서봉총, 식리총, 금령총, 천마총, 6세기 전반 호우총(475년 상한), 보문리 합장묘로 보았다.
20) 김창호, 『삼국시대 금석문 연구』, 2009, 140~141쪽.

유행했다. 6세기 3/4분기 무렵부터 신라의 도공은 삼각형무늬와 원무늬 중에 먼저 아래쪽의 원무늬를 도장으로 찍는 실험을 한다. 도공은 이전 방식과 새로운 방식을 함께 사용하면서 점차 새로운 방법의 유용성을 알게 된다. 이어서 위쪽의 삼각형무늬도 도장으로 찍는 방식을 적용한다. 이렇게 모든 무늬를 도장으로 찍게 되면서 본격적으로 인화문 토기가 제작된다.

처음에는 이전 시기의 문양을 가능하면 똑같게 표현하려고 노력했지만 점차 이 수준을 넘어서게 된다. 원무늬는 겹원을 사용하여 좀 더 장식적인 요소를 높이고, 삼각형무늬는 마치 떨어지는 물방울 같은 형태로 바뀐다. 7세기 중반에는 더 큰 변화가 생긴다. 토기 표면 전체를 인화문으로 장식하기 시작한 것이다. 또한 여러 문양을 새긴 긴 도장을 고안하여 한 번에 보다 넓은 면적을 장식했다. 도장을 사용하면서 생긴 표면 장식의 효율을 극대화한 것이다. 예전처럼 문양을 하나하나 새기는 방법을 사용했다면 이 같은 장식은 도저히 생각해 낼 수 없었을 것이다.

6세기 후반이 되면 인화문토기는 금속기를 제외한 모든 토기 그릇에 시문된다. 심지어 횡혈식석실분의 부장품이나 일상생활에 쓰이는 그릇에서도 인화문토기가 발견된다. 그야말로 폭발적인 발전을 보여주는데, 이는 세계사에서도 신라만이 갖는 유일한 문화이다. 바로 불교문화도 아니고 도교문화도 아닌 우리의 토착신앙 문화이다.

4. 백제에서 유행한 까닭

백제의 문자 생활에 대한 근거로는 목간과 금석문이 있다. 목간은 한성시대와 웅진성시대에는 발견되지 않으며, 사비성시대에 많이 출토되고 있다. 사비성시대의 목간은 약 100점에 달하며 이는 고신라의 왕경에서 출토된 목간을 넘어선다. 고신라 왕경의 목간은 33점으로 더 이상 늘어날 가능성은

〈표 2〉 인각와의 분류와 출토 점수

형태	원형				방형		
도장 수	一印			二印	一印		
자수	4자	2자	1자	2자	6자	2자	1자
출토점수(%)	253 (8.9%)	414 (14.5%)	973 (34.1%)	1154 (40.4%)	12+α (0.4%)	23 (0.8%)	28 (1.0%)

없지만, 사비성의 부여 목간은 앞으로도 더 늘어날 가능성이 크다.

총 인각와 2,857점에 새겨진 글자 수를 계산하면 총 5,220자나 된다. 이 숫자는 광개토태왕비에 새겨진 글자수 1,775자에 비하면 그 3배나 된다. 그렇다면 인각와는 무엇을 나타내고자 했을까?

인각의 頭문자와 공통되는 백제인을 표로 제시하면 다음의 〈표 3〉과 같다.

〈표 3〉 인각의 頭문자와 공통되는 백제인

인각	인명	출전
斯	斯那奴次酒	『일본서기』, 흠명5·12
	斯紀	『삼국사기』, 근수고왕
首	首信	『일본서기』, 안준1·3
	首彌	『삼국사기』, 문무왕11
木	木尹貴	『일본서기』, 흠명4
	木劦今敦	『일본서기』, 흠명13
	木劦文次	『일본서기』, 흠명15
	木索貴子	『일본서기』, 천지2
毛	毛甲姓加須流氣	『신찬성씨록』

인각와를 사용한 사람의 인명을 연구하기 위해서는 頭문자를 찾기보다는 끝글자를 찾아야 할 것이다. 이에 대해 고구려와 신라의 예를 조사해 보자. 충주고구려비의 전면 제②·③행 寐錦忌太子共前部太使者多于桓奴主簿貴德의 부분이다. 이 구절 가운데에서 太使者多于桓奴主簿貴德으로 인명 분석을 시도한 견해가 있다.[21] 前部太使者多于桓奴主簿貴德만을 끊어서

---

21) 변태섭, 「中原高句麗碑의 내용과 연대에 대한 검토」 『사학지』 13, 1979, 43쪽.

前部太使者多于, 桓奴主簿貴德으로 인명 분석을 하여 桓奴라는 고구려의 부명을 찾는 의욕적인 견해도 있다.[22] 가장 뒷사람의 인명표기와 관련된 主簿는 관직명[23] 또는 관등명으로[24] 보아 왔다. 인명 분석에서 보이는 이 같은 견해 차이는 고구려 금석문의 인명표기에서(신라 중고 금석문의 인명표기에서와 같은) 규칙을 찾는 데 장애가 되었다. 인명 분석의 의견 차이는 전적으로 충주비의 판독 잘못으로 빚어진 결과이다. 지금까지 확고부동하게 관직명이라고 보아온 道使의 경우, 뒤의 使자는 德자임이 밝혀져[25] 이 부분의 인명 분석이 달라지게 되었다. 곧 맨 나중의 인명에서 主簿가 관등명, 貴德이 인명이며, 출신지명인 부명은 앞사람과 같아서 생략된 것으로 추측된다.[26] 寐錦忌太子共前部太使者多于桓奴主簿貴德에서 寐錦 忌가 인명이고, 太子 共이 인명이고, 前部 太使者 多于桓奴가 인명이고, 主簿 貴德이 인명이다. 다음은 전면 제⑨·⑩행의 新羅土內幢主下部拔位使者 補奴△流奴扶△△△盖盧란 구절이다. 이 구절 가운데 盖盧는 백제왕 盖鹵와 연결지어 왔다.[27] 발음상 꼭 같기는 하지만 선학의 지적과 같이[28] 더 검토할 여지가 있는 것 같다. 충주비 자체에서는 盖盧란 말에 뒤이어 共자가 나오고 있으나[29] 부명+관등명이 들어갈 틈이 없어서 인명은 아니

그리고 전면에서 多于桓奴의 于자를 전면 제②행에서는 亏자로, 전면 제⑧행에서는 于자로 각각 표기하고 있다. 이는 같은 글자이므로 于자로 표기한다.

22) 이종욱, 「고구려 초기의 지방통치제도」 『역사학보』 94·95, 1982, 86쪽.
23) 신형식, 「中原高句麗碑에 대한 고찰」 『사학지』 13, 1979, 68쪽.
24) 이종욱, 앞의 논문, 1982, 86쪽.
25) 伏見沖敬 編, 『書道大字典(上)』, 801쪽의 漢 楊淮表記 등의 예 참조. 충주비의 서체가 漢代의 것과 유사하다는 점에 대해서는 임창순, 「中原高句麗碑의 소고」 『사학지』 13, 1979, 54쪽 참조.
26) 손영종, 앞의 논문, 1985, 30쪽에서는 전면 제③행의 鄕類(이병도, 앞의 논문, 1979에 실린 판독문을 인용하였다)가 鄕吏를 가리킨다로 추측했으나 다른 선학들의 견해에서 鄕類를 판독한 예가 없어 따르기 어렵다.
27) 이병도, 「中原高句麗碑에 대하여」 『사학지』 13, 1979, 23쪽. 그런데 이호영, 「中原高句麗碑 題額의 신독」 『사학지』 13, 1979, 97쪽에서는 盖盧를 고구려의 使人官吏로 보고 있다.
28) 임창순, 앞의 논문, 1979, 57쪽.

다. 新羅土內幢主下部拔位使者補奴에서 新羅土內幢主는 관직명, 下部는 소속부명, 拔位使者는 관등명, 補奴는 인명이다. 좌측면 제⑦행 古牟婁城守事下部大兄△△에서 古牟婁城守事는 직명, 下部는 출신부명, 大兄은 관등명, △△는 인명이다. 이상의 충주고구려비의 인명표기를 표로 제시하면 다음의 〈표 4〉와 같다.

〈표 4〉 충주비의 인명 분석표

職名	出身部名	官等名	人名
		(寐錦)	忌
		(太子)	共
	前部	太使者	多于桓奴
	위와 같음	主簿	貴德
新羅土內幢主	下部	拔位使者	補奴
		(古鄒加)	共
古牟婁城守事	下部	大兄	△△

위와 같은 인명표기 분석을 토대로 충주고구려비의 연대를 조사해 보자. 좌측면 제⑤행의 辛酉를 가지고 비의 건립 연대를 481년으로 보게 되면 十二月十三日甲寅이 449년이므로, 전면 제①·②·④·⑥(두 번)·⑧행과 좌측면의 제⑤행에 각각 7번 등장하는 寐錦이 문제이다.[30]

寐錦은 訥祗麻立干(417~458년)·慈悲麻立干(458~479년)·炤知麻立干(479~500년) 모두에 해당된다. 『三國史記』에 근거할 때, (19)訥祗麻立干, (20)慈悲麻立干, (21)炤知麻立干의 총 3대 왕에 걸쳐 있는 사실이 되고 만다. 7번의 寐錦 가운데에서 인명표기는 寐錦忌라고 한 번밖에 나오지 않는다. 또 좌측면 辛酉의 辛자는 글자 자체의 크기가 다른 글자들보다 월등히

---

29) 이병도, 앞의 논문, 1979에서만 供자로 읽고, 다른 선학들(임창순, 황수영, 武田幸男, 田中俊明 등)은 共자로 읽고 있다.

30) 寐錦을 麻立干과 동일하다고 보게 된 것은 충주비의 발견 이후이다. 이병도, 앞의 논문, 1979, 25쪽 참조. 그런데 김정배, 「中原高句麗碑에 대한 몇 가지 문제점」 『사학지』 13, 1979, 87쪽에서는 '흔히 寐錦을 마립간의 이칭으로 보거니와……'라고 하고 있다. 寐錦을 尼師今과 동일한 것으로 보는 것에 대해서는 今西龍, 『新羅史研究』, 1933, 43~44쪽 참조.

커서 辛자가 아닐 가능성이 크다. 이렇게 보면 충주고구려비의 건비 연대는 458년경이 된다. 寐錦의 焏자는 訥祇王의 祇(祗)에서 따온 것이다.

다음의 예는『삼국사기』권4, 신라본기4, 진평왕 즉위조에 妃金氏摩耶夫人 葛文王福勝之女란 구절에 나오는 福勝葛文王이다. 福勝의 끝글자인 勝과 習陵의 習은 통한다. 여기서 丁巳는 597년이다.

그 다음 예로는 686년경 건립된 운천동사적비로,[31] 제3면에서 主聖大王 炤 앞에 두 명의 阿干이 나오고 있어서 이를 광종대로 볼 수도 없고,[32] 글자 크기가 작다고 추각으로 볼 수도 없다.[33] 광종의 諱는 昭이다. 1021년에 건립된 현화사비에서 고려 제3대 定宗의 諱인 堯자가 卖로 결획되어 있어 운천동사적비의 炤와 광종의 휘인 昭를 동일 인물의 이름으로 볼 수 없다. 보통 炤는『삼국사기』에 나오는 신문왕의 자로 日炤에서[34] 뒷글자를 따 그렇게 된 것으로 보고 있다.

다른 예로는 부소산성 기와 명문으로 大△△午年末城이 있다. 이는 △△ 부분에 曆庚, 曆戊, 中庚을 복원하면 각각 766년, 778년, 850년이 되나 확실한 연대는 알 수가 없다. 암막새 명문의 끝부분 末城은 인명인데 수막새에는 城만 나온다. 이는 寐錦焏와 마찬가지로 끝글자인 城만 따온 것이다.

금석문이어서 끝글자를 따온 것이 틀림 없다고 생각된다. 인명이 아닌 예는 年干支인 丁巳, 己丑, 乙丑, 丁亥 등, 上卩甲瓦·上卩乙瓦·前卩甲瓦·前卩乙瓦·中卩甲瓦·中卩乙瓦·下卩甲瓦·下卩乙瓦·後卩甲瓦·後卩乙瓦의 총 10종과 上卩上巷명 1예, 葛那城/丁巳瓦·栗峴˙/丙辰瓦·[35]耳停辛/丁巳瓦·耳停辛/戊

---

31) 壽拱二年 丙戌이라는 절대 연대가 이 비에 나오고 있어서 686년경으로 본다.

32) 稱帝建元을 한 광종이 비의 제일 끝에 두 명의 재지관인인 阿干 뒤에 온다는 것은 상상할 수가 없다.

33) 윤선태, 앞의 논문, 2018, 3쪽에서는 글자가 작은 것을 天仁阿干의 줄이라고 추각으로 보았으나 내용상 추각이 아니다.

34) 이와 같이 음만 동일하면 통하는 예를 하나만 들면 伶妙寺를 靈妙寺 등으로 적은 것이다.

午瓦 등, 大通·首府·官·卍·丙·寅·辰·井·卯의 이체 등을 제외하고는 거의가
인명으로 생각된다.

사비성시대 백제인의 문자생활은 풍요로웠다고 판단된다. 토착신앙과
관련된 인명 중심의 활동은 글자를 모르는 사람도 이름을 대면 기와에
써주니 참으로 편리하였다. 그러나 기와에 쓴 이름은 지붕에 즙와되고
나면 볼 수가 없다. 그럼에도 불구하고 그토록 유행을 했던 이유는 인화문토
기가 신라에서 530년경부터 800년까지 유행하였던 이유와 비슷하게 역시
토착신앙에 있었다고 판단된다.

5. 맺음말

먼저 백제의 인각와는 개요에서 보았듯이 암키와 혹은 수키와의 凸面에
방형 혹은 원형의 도장을 눌러서 만들었다. 도장은 원형이 98%나 된다.
현재까지 확인된 인각와는 2,857점에 달한다. 시대별로는 한성시대에는
출토된 것이 없고, 웅진성시대가 전체 0.5%를 점하며, 나머지가 주로
사비성시대에 나오고 있다.

신라의 경우는 토착신앙 자료로 울주 천전리서석 을묘명을 들 수가
있다. 여기에 나오는 衆士와 仙人은 토착신앙의 담당자로 볼 수가 있다.
그리고 6세기 2/4분기부터 8세기까지 유행한 인화문토기도 토착신앙의
증거로 보았다. 따라서 사비성시대에 인각와가 유행한 것도 이 토착신앙
때문이라고 보았다.

백제의 頭문자와 반대되는 자료로서는 충주고구려비의 寐錦忌, 다음의
예는 『삼국사기』 권4, 신라본기4, 진평왕 즉위조에 妃金氏摩耶夫人 葛文王福
勝之女란 구절에 나오는 福勝葛文王이 있다. 福勝의 끝글자인 勝과 習陵의

---

35) 이는 거울문자로 되어 있다.

習은 통한다. 여기서 丁巳는 597년이다. 부소산성 기와 명문으로 大△△午年末城이 있다. 이는 △△부분에 曆庚, 曆戊, 中庚을 복원하면 각각 766년, 778년, 850년이 되나 확실한 연대는 알 수가 없다. 암막새 명문의 끝부분 末城은 인명인데 수막새에는 城만 나온다. 이는 寐錦悥와 마찬가지로 끝글자인 城만 따온 것이다. 인각와가 백제에서 유행한 것은 토착신앙과 관련이 있는 것으로 판단된다.

제3절 백제 사택지적비에 대하여

1. 머리말

백제 砂宅智積碑는 1948년 충청남도 부여군 부여읍 도로변에서 발견되었다. 삼국시대의 유일한 4·6변려체로서 구양순체로 적혀 있다. 백제의 유일한 석비로, 석비 왼쪽 부분은 파실되었다. 국가 차원의 금석문은 아니라도 이토록 세련된 한문 문틀을 가진 비석은 아직까지 삼국시대 것으로는 나온 적이 없다. 서체는 황초령비와 비견될 정도이고, 세련된 문틀은 마운령비와 황초령비보다는 한 수 위이다. 곧 사택지적비는 삼국시대 최고의 문장가가 쓴 비문이다.

백제의 금석문은 비석으로는 사택지적비밖에 없고, 기와, 토기, 동합, 봉안사리기 등의 금석문 자료도 그렇게 많지 않다. 그래서 아직까지 백제에서 太王制가 사용되었는지의 여부를 알 수가 없다. 고구려는 4세기 미천왕대, 신라는 6세기 법흥왕대에 각각 태왕제를 사용했다고 금석문에 나온다. 백제의 문자 자료는 4~5세기 것은 없고,[1] 6세기에 출현한다. 목간도 한성시대와 웅진성시대 것은 없고, 전부 다 사비성시대 것이다.

四六騈儷體의 화려한 문체를 구사한 사택지적비는 그 중요성에 비해 여전히 연구는 미진한 것 같다. 특히 비가 부여읍에서 발견되었다는 사실에 대해서 별로 신경을 쓰지 않는다. 귀양을 갔다면 사택지적이 사비성 가까이

---

[1] 5세기 후반의 금석문 자료로는 공주 왕릉원29호분 출토의 造此是建業人也명전돌 정도이다. 이는 중국 남조 齊나라 사람에 의해 쓰여진 것이므로 백제의 금석문은 아니다.

에 있을 까닭이 없다. 더구나 4·6변려체 문장으로 된 사택지적비를 지을
수 없다.

여기에서는 먼저 명문을 제시하고 해석을 하겠다. 다음으로 奈祇城의 의미
를 조사하고, 마지막으로 砂宅智積이 나오는 문헌 자료를 조사하겠다.

2. 명문의 제시와 해석

사택지적비의 전문을 제시하면 다음과 같다.

	1	2	3	4	5	6	7	8	9	10	11	12	13	14
①	甲	寅	年	正	月	九	日	奈	祇	城	砂	宅	智	積
②	慨	身	日	之	易	往	慨	體	月	之	難	還	穿	金
③	以	建	珍	堂	鑿	玉	以	立	寶	塔	巍	巍	慈	容
④	吐	神	光	以	送	雲	義	義	悲	懇	含	聖	明	以

전문을 해석하여 제시하면 다음과 같다.

甲寅年[2] 정월 9일 奈祇城의[3] 砂宅智積은[4] 몸이 날로 쉽게 가고 달로

---

2) 비의 건립 연대이다. 『翰苑』주에 인용된 「括地志」에는 '(百濟) 其紀年 無別號 但數六
甲爲次第'라고 하여 백제에서는 연대를 표기할 때 연호를 사용하지 않고 6甲干支만
사용한다고 했는데, 사택지적비는 바로 이러한 사실을 보여준다 하겠다.

3) 사택지적과 관련이 있는 곳을 부여읍 서쪽 30리의 부여군 恩山面 內地里로 비정하
는 견해가 있다.

4) 이 비의 願主로 사택은 성, 지적은 이름이라고 추정된다. 砂宅은 백제 八大姓의
하나인 沙氏와 같으며, 沙宅·沙吒로도 표기되었다. 智積이란 이름은 『日本書紀』
24, 皇極 2년(642년, 의자왕 2) 2월 무자조와 7월 을해조에 보이는데, 전자는
백제 사신이 와서 전년 11월에 大佐平 智積이 죽었다는 사실을 전한 것이고,
후자는 백제에서 사신으로 온 大佐平 智積 등을 향응했다는 것이다. 이들 기록에
보이는 지적이 동명이인이 아닌 같은 인물이라면 전자의 기록은 잘못된 것이다.
만약 『일본서기』의 智積이 사택지적과 동일한 인물이라면, 사택지적은 의자왕
때 활약한 인물이라고 할 수 있다. 사택지적은 백제의 大姓八族에 속하는 인물이며,

돌아오기 어려움을 슬프게 여겨 금을 뚫어 珍堂을 세우고 옥을 다듬어 寶塔을5) 세우니 巍巍한 그 慈容은 神光을6) 토하여 써 松雲하는 듯하고 그 悲貌는 聖明을 含하여 써……

3. 奈祗城의 의미

신라의 경우 도성제에 대한 새로운 자료가 나왔다. 번서 내구 팔거산성 목간 14번 本波部△△村△△△△(앞면) 米一石私(뒷면)에 의해 본피부에 里가 아니라 촌이 있음을 알 수 있게 되었다. 월성해자 목간 9번에서는 習比部에 소속된 上里, 南罡上里, 阿今里, 岸上里가 나오고, 牟喙部에 소속된 仲里, 新里, 上里, 下里가 나와서 습비부와 모탁부에 里가 있음을 알 수 있다. 남산신성비 제3비에는 喙部 主刀里가 나와서 부에 里가 있음을 알 수 있다. 6부에는 里와 村이 혼재한다는 이야기인가? 아니면 어떤 구분이 있다는 것일까? 이 문제를 해결할 수 있는 자료로 보상화문전명이 있다. 이를 전부 제시하면 다음과 같다.

三川卄方

이 명문은 당초 辛亥로 읽어서 그 연대를 711년으로 보아 왔다.7) 명문의

大佐平(=상좌평)이었다는 점으로 미루어, 백제의 최고급 귀족이었다고 할 수 있다. 그가 "금을 뚫어 珍堂을 세우고, 옥을 다듬어 寶塔을 세울 수" 있었던 것도 이러한 대귀족으로서의 경제력이 뒷받침되었기 때문일 것이다.
5) 전체적인 분위기가 불교적인 것은 없고, 백제대향로처럼 도교의 냄새가 난다.
6) 불가사의한 빛.
7) 차순철의 辛亥(711년)로 읽는 가설이 있다. 이에 대해서는 차순철, 「경주지역 명문자료에 대한 소고」『목간과 문자』3, 2009, 159쪽 참조. 또 여기에서는 경주지역 출토의 명문와를 專用瓦, 共用瓦, 交流瓦, 再活用瓦로 나누고 있으나 신라시대의 기와는 재활용와를 제외하면 官收官給制의 규제를 받고 있어 이 구분은 의미가

해석이 난해하기는 하지만 일단 '三川에 (와요가) 20개이다.'라고 풀이할 수 있다.[8] 三川은 북천, 서천, 남천을 가리킨다. 이 3개의 내로 둘러싸인 곳이 신라의 6부가 자리했던 곳이다. 명문의 三川은 신라 6부를 가리킬 가능성이 있다. 왜냐하면 卅方이 20개의 와요지를[9] 가리키기 때문인데, 와요지는 三川의 바깥에 존재한다. 그렇다면 三川은 6부로 볼 수밖에 없고, 三川 밖 와요지의 숫자가 20개라는 해석이 된다.

신라의 모든 암키와에 679년에 만들어진 것은 儀鳳四年皆土명이 타날되어 있다. 이 儀鳳四年皆土명기와는 문무대왕기와[10]라고도 불린다. 그 이유를 알아보기 위해 儀鳳四年皆土명기와가 나오는 출토지를 조사해 보기로 하자. 儀鳳四年皆土명기와가 나오는 유적을 제시하면 다음과 같다. 내남면 망성리 기와 가마터, 사천왕사지, 인왕동절터, 국립경주박물관 부지, 월지, 월성 및 해자, 첨성대, 나원리절터, 칠불암,[11] 성덕여고 부지, 동천동 택지유적, 나정, 발천[12] 등 경주 분지 전역에서 출토되고 있다. 나정의 거울문자를 비롯하여 다섯 가지의 박자를 사용하고 있다고 한다.

이렇게 출토지 숫자가 많은데도 불구하고 儀鳳四年皆土명기와를 구워서 만들었던 가마는 내남면 망성리 요지밖에 없다. 다른 곳에서 요지가 더 발견될 가능성은 있다. 이 儀鳳四年皆土기와의 儀鳳四年은 679년이다. 이때를 신라기와의 한 획기로 본다. 만들어진 기와의 수준이 이전과는 다르기

없다.

8) 고신라 금석문에서 方이 나오는 예로는 창녕비의 四方軍主, 영천청제비 병진명의 △二百八十方 등이 있다.

9) 기와 가마의 숫자이다.

10) 김창호, 『한국고대와전명문』, 2022, 95쪽.

11) 박홍국, 「경주 나원리5층석탑과 남산 칠불암마애불상의 조성 시기-최근 수습한 명문와편을 중심으로-」『과기고고연구』4, 1988, 88쪽에서 儀鳳四年皆土명기와와 공반하는 중판수막새를 수습하여 칠불암의 조성시기를 679년으로 보았는데 이는 미술사의 불상 연구에 한 기준이 되었다. 곧 남산 칠불암 불상은 有銘 불상이 된 셈이다.

12) 발천에 대해서는 경주시 등, 『撥川-신라왕경의 옛물길-』, 2021 참조.

때문이다. 儀鳳四年皆土명기와는 그 시기를 아는 데 중요한 근거가 되고 있다. 그러면 三川卝方명보상화문전과 儀鳳四年皆土명기와의 선후 관계가 문제이다. 儀鳳四年皆土명기와 출토 분포가 많아서 三川卝方명보상화문전 보다는 후행하는 것으로 본다.[13] 즉 儀鳳四年皆土명기와가 북천 건너 동천 동택지 유적에서도 나와 三川인 동천, 서천, 남천의 4각형 연결 지점을 벗어나고 있어서 그러하다.

원래 신라 6부가 三川의 안쪽에 있었는데 북천 쪽으로, 보문들로 벗어나기 시작한 것은 679년경으로 볼 수 있다. 그렇다면 앞서 살펴보았던 里제가 실시되었던 신라 6부에도 村제가 시행되었다는 사실은 대구 팔거산성 목간 14번 本波部△△村△△△△(앞면) 米一石私(뒷면)에 의해 분명해지게 되었다. 村제가 실시된 예를 들어 보자. 먼저 중성리비를 들 수 있다. 이를 보다 확실히 알기 위해 포항 중성리비의 인명 분석표를 제시하면 다음 〈표 1〉과 같다.

〈표 1〉 중성리비의 인명 분석표

직명	출신지명	인명	관등명
	(喙部)	折盧(智)	王
	喙部	習智	阿干支
	沙喙	斯德智	阿干支
	沙喙	尒抽智	奈麻
	喙部	牟智	奈麻
本牟子	喙	沙利	
위와 같음	위와 같음	夷斯利	
白爭人	喙	評公斯弥	
위와 같음	沙喙	夷須	
위와 같음	위와 같음	牟旦伐	
위와 같음	喙	斯利	壹伐
위와 같음	위와 같음	皮末智	
위와 같음	本波	喙柴	干支
위와 같음	위와 같음	弗乃	壹伐

---

13) 儀鳳四年皆土명기와를 생산하려면 20기 이상의 기와 가마가 필요하기 때문에 三川卝方명보상화문전의 명문이 1~3년 정도 빠르다고 본다.

위와 같음	위와 같음	金評△	干支
使人		祭智	壹伐
奈蘇毒只道使	喙	念牟智	
	沙喙	鄒須智	
	위와 같음	世令	
	위와 같음	干居伐	
	위와 같음	壹斯利	
	蘇豆古利村	仇鄒列支	干支
	위와 같음	沸竹休	
	위와 같음	壹金知	
	那音支村	卜步	干支
	위와 같음	走斤壹金知	
	위와 같음	珎伐壹昔	
		豆智	沙干支
		日夫智	
	(沙喙)	牟旦伐	
	喙	作民	沙干支
使人		卑西牟利	
典書		與牟豆	
	沙喙	心刀哩	

위의 〈표 1〉에서 눈에 띄는 것은 지방민으로 蘇豆古利村 출신의 3명과 那音支村 출신의 3명이 각각 존재하는 점이다. 중성리비의 요체는 豆智沙干支의 宮(居館)과 日夫智의 宮(居館)을 빼앗아 (沙喙部의) 牟旦伐에게 주라는 것이다. 여기에서 왕경인이 국왕을 비롯한 28명 정도만 참가하면 충분한데 왜 지방민까지 동원했는지 의문이 생긴다. 그런데 대구 팔거산성 목간 14번에서 本波部△△村△△△△(앞면) 米一石私(뒷면)가 나와서 6부에 성촌이 소속되었다는 것을 알게 되어 의문이 풀렸다. 중성리비의 蘇豆古利村 출신의 3명과 那音支村 출신의 3명은 모두 사탁부 소속 사람이므로 이곳은 월경지로 추정할 수 있게 되었다.

다음으로 들 수 있는 자료가 내남 망성리 유적에서 나오는 기와명 자료이다. 이를 예로 들면 다음과 같다. ##習部명·##習府명14)·習명·#마크15)

14) 習府가 과연 習部인지는 현재까지의 자료로는 확인할 수 없다. 신라에서 부명은 반드시 部로 표기되며 府로 표기된 예가 없기 때문이다. 習府라 해도 官廳名이

등의 기와 명문이 그것이다. 이 기와의 연대는 680년경으로 추정되고
있다.[16] 이들 기와 명문은 習比部를 가리키는 것으로 보고, 망성리 일대를
습비부로 본 가설이 있다.[17] 망성리 일대에는 조방제의 흔적이 없어서
습비부라기보다는 습비부에 소속된 월경지로 보는 쪽이 타당할 듯하다.

그 다음으로 보상화문전과 악부인동문암막새가 출토되어[18] 한지부로
추정되고 있는 현곡 다경 와요지가 있다. 이 다경 와요지 출토로 짐작되는
전명이 있는데, 月池에서 나온 雙鹿寶相華文塼片이 그것으로 銘文은 다음과
같다. 調露二年/漢只伐部君若小舍~/三月三日作康(?)~ 이를 해석하면 '調露
2年(680년)에[19] 漢只伐部의[20] 君若 小舍가 (監督)했고, 3月 3日에 作康(?)이
(만들었다)'가 된다. 君若 小舍는 監督者이고, 作(康?)~는 製瓦匠의 人名이
된다.[21] 이 명문에 나오는 월지와 그 주위에서는 漢只, 漢, 漢只伐部 등의
명문이 나온다. 그렇다면 다경 일대를 漢祇部의 월경지로 볼 수가 있다.

마지막으로 대구 팔거산성 14번 목간 本波部△△村△△△△(앞면) 米一
石私(뒷면)에 의해 本波部에 △△村이 월경지였음을 알 수가 있다.

그렇다면 奈祇城도 은둔처나 귀양처가 아닌 백제 5부에 소속된 성촌명일
수도 있다. 그 위치는 비석이 발견된 근처일 것이다. 백제의 5부는 각각
신라의 6부보다 넓지 못해서 백제 5부의 구조와 그에 속하는 성촌제의
구조는 더욱더 필요했을 것이다.

되어 충분히 말이 통한다.

15) 도교 벽사 마크라는 것은 일본의 지방 목간 전문연구자 平川南의 가설이 유명하다.
16) 월지에서 함께 나오는 朝露二年명보상화문전의 연대인 680년에 근거하고 있다.
17) 조성윤, 「고고 자료로 본 신라6부의 범위와 성격」 『신라문화유산연구』 2, 2018.
18) 김성구, 「다경와요지 출토 신라와전소고」 『미술자료』 33, 1983.
19) 종래 8세기 중엽으로 보아온 쌍록보상화문전의 연대가 680년으로 소급되었다.
20) 漢只伐部라는 부명은 673년 계유명아미타삼존불비상에서 사라지는데, 신라에서
    부명이 사라진 것은 662년 태종무열왕비 때이다. 이 한지벌부는 680년이므로
    잔존 요소이다.
21) 종래에는 調露二年漢只伐部君若小舍~三月三日作康(?)~(개행)을 '調露二年(680년)
    에 한지벌부의 군약소사가 三月三日에 지었다'로 해석하였으나 이는 잘못된 해석
    이다. 하지만 이는 年號+인명표기로 구성되었음을 분명히 밝혀냈다.

4. 砂宅智積이 나오는 문헌 자료

砂宅智積碑에 나오는 砂宅智積과『일본서기』皇極紀 元年(642년, 의지왕 2년) 秋七月조의 乙亥年饗百濟使人大佐平智積等朝란 구절을 비교해 砂宅智積과 智積을 동일인이라고 보아, 사택지적비의 甲寅年을 백제 의자왕 14년(654년)으로 비정하였다.[22] 의자왕 2년에 대좌평의 관등명을 지니고 倭國에 사신을 갔던 砂宅智積은 그 뒤 관직에서 물러나 의자왕 14년(654년)에는 奈祗城에 은거한 것으로 추정된다. 내지성은 충남 부여에서 서쪽으로 30리쯤 떨어진 恩山面 內地里로 추정해 왔으나[23] 정확한 위치는 알 수 없다. 사택지적비에는 奈祗城砂宅智積이라는 인명표기가 나온다. 奈祗城은 백제의 部名이 아니라 지방의 성명이기 때문에 위의 해석은 문제점을 안고 있다. 奈祗城砂宅智積에서 砂宅智積은 大佐平이란 최고 관등명을 가졌던 사람인데 어떻게 출신지명이 올 자리에 部名이 아닌 城名이 왔는지 궁금하다. 奈祗城砂宅智積은 신라 금석문의 예에 따른다면 관등명조차 없는 낮은 신분의 지방민으로 볼 수밖에 없다. 곧 奈祗城 출신의 지방민으로 해석할 수 있다.

그런데 실제로 사택지적비에서 보이는 4·6변려체의 對句的 표현이나 도교적 요소로 볼 때[24] 奈祗城砂宅智積을 지방민의 인명표기라고 단정하기도 어렵다. 砂宅智積이 大佐平까지 승급한 사람이라면 그의 출신은 분명

22) 홍사준, 「백제 사택지적비에 대하여」, 『역사학보』 6, 1954 ; 藤澤一夫, 「百濟砂宅智積建堂搭記碑考-貴族道寺事情徵證史料-」 『アジア文化』 8-3, 1972 ; 關晃, 「百濟砂宅智積造寺碑について」 『玉藻』 24, 1989.

23) 홍사준, 앞의 논문, 1954, 256쪽 ; 노중국, 『백제정치사연구』, 1988, 186쪽. 그런데 內地里는 1914년 행정구역 개편 때 內岱里와 地境里의 머릿글자를 따서 조합한 里名이다(한글학회, 『한국지명총람4-충남편 상-』, 1974, 480쪽). 이에 따라 이도학, 「방위명 부여국의 성립에 관한 검토」 『백산학보』 38, 1991, 16쪽에서는 奈祗城의 內地里 비정에 반대하였다.

24) 高僑工, 「桑津遺跡から日本最古のまじない札」 『葦火』 35, 1991, 2~3쪽에서 7세기 전반의 목간이 소개되었다. 여기에서는 도교계 부적이 그려져 있는데, 사택지적비를 도교적이라고 본 가설이 보다 힘을 얻게 되었다.

백제의 중앙 5부 가운데 하나일 것이다. 또 642년에 가지고 있었던 大佐平이란 관등명이 654년에는 표기되지 않았던 숨은 이유가 궁금하다. 720년에 작성된 甘山寺阿彌陀如來造像記에 ~重阿湌金志全-任執事侍郎 年六十七懸車致仕~亡考仁章一吉湌~라고 기록된 예가 있어서 더욱 의문은 커진다.

이렇듯 사택지적비에서 砂宅智積은 관직명이나 관등명이 없고, 출신부가 5부의 하나도 아니다. 다만 奈祇城이란 城名만 나온다. 이 당시 고구려·신라 금석문의 예에 근거한다면 최소한 △部大佐平砂宅智積으로는 기록되어야 할 것이다. 관등명조자 없이 奈祇城砂宅智積이라고만 인명이 표기된 까닭은 무엇일까? 『일본서기』에 근거해 砂宅智積 등이 641년 11월에서 642년 1월 사이에 걸쳐서 내란을 일으켰다가 실패한 것으로 추정한 견해가 있다.[25] 이에 따르면 砂宅智積은 642년의 반란 이후 관직과 관등을 빼앗기고, 奈祇城에 귀양을 가서 削奪官職되어 인명을 적었기 때문이 아니라 五部의 하나에 속하는 奈祇城에 은퇴해 살았기 때문에 이를 적고, 大佐平이란 관등명은 적히지 못한 것으로 추정된다.

이렇게 사택지적비의 奈祇城 부분을 해결하고 나면 백제나 고구려 금석문에서 지방민의 인명을 표기하는 방법이 궁금해진다. 아직까지 그러한 예가 고구려나 백제 금석문에서는 한 번도 나온 적이 없지만, 고구려나 백제 금석문에서는 직명＋성촌명＋인명의 순서로 기재되었을 것이다. 백령산성에서 作(人)那魯城移文이 나왔는데, 이는 고구려와 백제에서 유일하게 나오는 지방민의 인명표기이다.

---

25) 浜田耕策, 「大和改新と朝鮮三國」 『歴史讀本』 29-17, 1984. 이 가설은 내지성을 시골의 성으로 볼 때 가능한 것이고, 백제 5부 안에 있는 성촌제로서는 반란설이 성립될 수 없다. 나이가 많아 은둔한 것으로 보는 쪽이 옳을 것이다.

5. 맺음말

먼저 사택지적비 전문을 제시하고, 이를 상세하게 해석하였다. 일단 이 비에는 불교적인 내용이 전혀 없어서 도교와 관련된 비로 본다.

다음으로 신라의 목간 자료와 전명 자료에 근거하여 신라 6부는 三川의 안쪽에 방리제가 실시되었고, 그 바깥에는 성촌제가 실시됨에 따라서 내지성도 5부 소속의 성명이라고 보았다.

마지막으로 奈祇城砂宅智積을 642년 大佐平智積等朝와 동일인으로 보고 641년에 내란을 일으켜 내지성으로 은퇴한 것으로 보았으나 내지성을 5부의 하나에 소속된 성명이라고 보아 반란을 일으키지 않았다고 보았다.

제3장

고신라
문자 자료

제1절 봉평비의 이른바 岑喙部의 존부

1. 머리말

신라 금석문은 그 숫자가 많을 뿐 아니라 양도 많다. 국가 차원의 금석문만 해도 441년의 중성리비, 443년의 냉수리비, 524년의 울진봉평염제비, 545년이나 그 직전인 적성비, 561년의 창녕비, 567년의 북한산비, 568년의 마운령비, 568년의 황초령비 등 8기나 된다. 그 가운데 봉평비는 岑喙部[1]로 끊어 읽어서 새로운 부명으로 읽고 있다. 이와 아울러 봉평비에서 제④행에 두 번이나 나오는 奴人을 사노비로 보거나 피정복민으로 보아 왔다.

그런데 함안 성산산성 목간에서 노인 목간이 12점이[2] 나왔는데 4점은 외위를 가지고 있어서 사노비로 볼 수 없게 되었고, 피정복민설도 고구려의 옛 영토였던 及伐城(영주시 순흥면) 등에는 노인이 없어서 성립될 수가 없다. 15개의 지명 가운데 仇利伐에서만 노인이 나오는 이유는 소금생산자로 보지 않으면 풀 수가 없다.

봉평비의 岑喙部가 맞다면 岑喙部의 출신이 진골이나 6두품 출신이 나와야 된다. 중고 왕실의 왕비족은 모량부 박씨가 아니라 沙喙部 박씨이므로[3] 문제가 된다. 아직까지 국가 차원의 금석문에서는 岑喙部가 나온 다른 예가 없다. 물론 모량부로 나온 다른 예도 없다.

여기에서는 먼저 봉평비의 岑喙部에 대해 검토하고, 이어 중고 금석문에

---

1) '喙'자는 '훼'로 읽기 쉬우나 이두로서 '탁'으로 읽어야 한다.
2) 추정 노인 목간 4점을 포함한 숫자이다.
3) 김창호, 「금석문 자료로 본 고신라의 왕족과 왕비족」『고신라목간』, 2023, 579쪽.

나오는 牟喙部에 대해 검토하겠다. 마지막으로 울주 천전리서석의 沙喙部 주인공들에 대해 살펴보겠다.

2. 봉평비의 岑喙部

1988년 4월 경북 울진군 죽변면 봉평2리 118번지에서 발견된 봉평비는 ⏋ 성격을 알 수 없는 수수께끼의 비이다. 우선 설녕의 편의를 위해 선문부터 제시하면 다음과 같다.

⑩	⑨	⑧	⑦	⑥	⑤	④	③	②	①	
	麻	奈	使	新	者	別	愼	干	甲	1
立	節	尒	卒	羅	一	教	·	支	辰	2
石	書	利	次	六	行	今	宍	岑	季	3
碑	人	杖	小	部	△	居	智	喙	正	4
人	牟	六	舍	煞	之	伐	居	部	月	5
喙	珎	十	帝	斑	人	牟	伐	美	十	6
部	斯	葛	智	牛	備	羅	干	昕	五	7
博	利	尸	悉	△	土	男	支	智	日	8
士	公	條	支	△	塩	弥	一	干	喙	9
于	吉	村	道	麥	王	只	夫	支	部	10
時	之	使	使	事	大	本	智	支	牟	11
教	智	人	鳥	大	奴	是	太	沙	卽	12
之	沙	奈	妻	人	村	奴	奈	喙	智	13
若	喙	尒	次	喙	負	人	麻	部	寐	14
此	部	利	小	部	共	雖	一	·	·	15
省	善	阿	舍	内	値	·	尒	粘	錦	16
獲	文	·	帝	沙	五	是	智	智	王	17
罪	吉	尺	智	智	其	奴	太	太	沙	18
於	之	男	居	奈	奴	人	奈	阿	喙	19
天	智	弥	伐	麻	事	前	麻	干	部	20
·	新	只	牟	沙	種	時	牟	支	徙	21
·	人	村	羅	喙	種	王	心	吉	夫	22
·	喙	使	尼	部	奴	大	智	先	智	23
居	部	人	牟	一	人	教	奈	智	葛	24

伐	述	翼	利	登	法	法	巿	阿	文	25
牟	刀	昃	一	智		道	沙	干	王	26
羅	小	杖	伐	奈		俠	喙	支	本	27
異	烏	百	弥	巿		阼	部	一	波	28
知	帝	於	宜	莫		隘	十	毒	部	29
巴	智	即	智	次		禾	斯	夫	△	30
下	沙	斤	波	邪		耶	智	智	夫	31
干	喙	利	旦	足		界	奈	一	智	32
支	部	杖	組	智		城	巿	吉	五	33
辛	牟	百	只	喙		失	悉	干	△	34
日	利	悉	斯	部		火	尒	支	(△)	35
智	智	支	利	比		遠	智	喙		36
一	小	軍	一	湏		城	奈	勿		37
尺	烏	主	全	婁		我	巿	力		38
世	帝	喙	智	邪		大	等	智		39
中	智	部	阿	足		軍	所	一		40
△		尒	大	智		起	教	吉		41
三		夫	兮	居		若	事	干		42
百		智	村	伐		有		支		43
九		奈	使	牟						44
十			人	羅						45
八				道						46

비문은 내용상 크게 6개 단락으로 나누어진다.

제1단락은 제①행만으로 구성되어 있다. 뒤의 인명 분석 부분에서 상론하겠지만 제①행에는 喙部, 沙喙部, 本波部의 각 부장의 인명이 기록되어 있다. 이는 제②행 이하의 인명과 쉽게 구분이 된다. 이렇게 제①행만으로 문단을 끊으면 제②행의 첫 부분에 나오는 干支의 처리가 문제이다. 干支를 제①행의 끝부분에 나오는 인명과 연결시키고, 제①행과 제③행까지를 같은 문단으로 볼 수도 있다. 이때에는 敎를 내리는 喙部牟卽智寐錦王 자신도 所敎事를 받게 된다. 제①행의 끝부분에 9~11자의 글자를 새길 공간을 비워 두고, 干支만을 따로 떼어서 제②행의 첫머리에 오게 한 점은 이해하기 어렵다. 제①행만으로 제1단락으로 본다.

제2단락은 제②·③행에 걸쳐 있다. 여기에는 喙部牟卽智寐錦王·沙喙部徙夫智葛文王·本波部△夫智五△(△)로 유력 3부 각각의 長으로부터 所敎事를 받은 11명의 인명들이 나열되어 있다. 제②행의 첫 부분에 나오는 干支를 관등명의 일부로 보고, 그 다음을 岑喙部로 끊어서 문헌에 나오는 漸梁部와 연결시켜 牟梁部로 본 견해도 있다.[4] 이렇게 보면 비석 자체에서 네 가지 문제가 생긴다. 첫째로 제①행 끝부분에 9~11자 가량의 공란을 비워두고 관등명의 일부인 干支만 따로 떼어서 제②행의 첫 부분에 쓴 점이다. 둘째로 제①·②·③행을 계속 연결된 것으로 보면 법흥왕은 敎事를 내려야 함에도 불구하고 所敎事를 받는다는 모순이 생긴다. 셋째로 고신라 금석문에서 牟梁部 소속의 인명표기가 없는데도 불구하고 干支란 관등명을 가진 인명이 나오는데 이 경우 아무리 낮아도 6두품 이상이 되어야 한다. 그런데 지금까지의 자료로 보건대 牟喙部가 6두품 이상의 관등을 갖기란 불가능하다. 모량부는 중고의 왕비족도 아니고[5] 牟梁部란 부명이 나오는 예는 남산신성비 제2비의 牟喙部[6] 월성해자 9호 목간의 牟喙(部)가 있었을 뿐[7] 岑喙部란 부명은 없다. 넷째로 제①행에 기록된 3명이 각각 신라 6부 가운데 喙部, 沙喙部, 本波部 三部의 長이라는 것을 염두에 두지 않은 점이다.

위의 네 가지 문제점을 해결하려면 먼저 干支岑으로 끊어 읽고 이를 직명으로 본다. 干支岑은 『光州千字文』에 나오는 임금왕(王)의 訓인 긔츳와 통한다. 긔츳란 『宋書』百濟傳에 나오는 鞬吉支의 吉支나 신라 왕호 중 居西干의 居西와 통한다.[8] 이를 봉평비와 비문 구성이 유사한 적성비의 大衆等과 비교해 보자. 干의 音과 大의 訓은 음상사이고, 支는 杖과 같으므로 (『삼국사기』 地理志에 나오는 陜川 三嘉를 三支 一云 麻杖이란 구절에 근거)

---

4) 이기백, 「蔚珍 居伐牟羅碑에 대한 고찰」, 『아세아문화』 4, 1988.

5) 김창호, 『고신라 금석문과 목간』, 2018, 170~177쪽.

6) 大烏(경위 15위로 4두품)란 관등명을 가진 것으로 보인다.

7) 박성현, 「월성 해자 목간으로 본 신라의 왕경과 지방」 『동아시아 고대 도성의 축조의례와 월성해자 목간-한국목간학회 창립 10주년 기념 국제학술회의-』, 2017, 212쪽.

8) 한국정신문화연구원, 『한국학기초자료선집-고대편-』, 1987, 1001쪽.

支(杖)는 衆과 음상사이고, 岑과 等은 음상사이다. 여기에서는 干支岑喙部에서 干支岑을 직명, 喙部를 부명으로 본다.

제3단락은 봉평비의 성격을 알 수 있는 가장 중요한 부분이다. 居伐牟羅·男弥只·尒耶界城·失火遶城 등은 비문 자체의 내용에서 보면 지명으로 보인다. 제④행의 22번째와 제⑤행의 10번째에 각각 나오는 王은 牟卽智寐錦王일 것이다. 제④행의 王을 앞의 前時란 말에 근거하여 牟卽智寐錦王 이전의智證王 등으로 볼 수가 있다. 그러나 이 경우에 前時王의 인명이 구체적으로제시되어야 하기 때문에 제④행의 前時王도 牟卽智寐錦王으로 본다. 제④행의 3번째 글자인 今과 제⑤행의 前時는 비문의 구조나 시간적으로 대조되어제④·⑤행의 해석에 대단히 중요하다. 곧 셋째 문단은 前時를 기준으로別教今~雖是奴人과 前時王~種種奴人法으로 크게 나누어진다. 앞부분은 524년 현재의 이야기이고, 뒷부분은 524년 이전(514~523년)의 어느 때에있었던 과거의 이야기이다. 뒷부분은 다시 前時王~一行爲之·人備土鹽·王大奴村~種種奴人法의 3문단으로 작게 나눌 수 있다. 이 제3단락을 해석하면다음과 같다. 別教를 내린다. 이제 居伐牟羅와 男弥只는 본래 奴人이다.비록 노인이었지만 前時에 王은 大教法을 내려주셨다. 길이 좁고, 오르막도험악한 禾耶界城과 失火遶城의 대군을 일으켰다. 若有者인 一行을 ~했다.사람들이 土鹽을 준비하였다. 왕이 大奴村은 값 5를 부담케 하였다. 그나머지 일은 여러 가지 奴人法에 따르도록 했다.

제4단락은 제⑥·⑦·⑧·⑨행이다. 新羅六部煞斑牛△△麥은 신라 6부에서얼룩소를 잡고, 보리로 술을 빚어 事大人·道使·軍主·書人·新人 등이 참여하였다.

제5단락은 제⑩행의 처음인 立石碑人부터 제⑩행의 若此省獲罪於天까지이다.

제6단락은 제⑩행의 나머지 부분인 居伐牟羅異知巴下干支辛日智一尺世中△三百九十八이 된다.

제1단락을 보자.

甲辰秊正月十五日에 喙部牟卽智寐錦王, 沙喙部徙夫智葛文王, 本波部△夫智五△(△)

여기에 등장하는 인물들은 탁부, 사탁부, 본피부 각각에 해당되는 장으로서 教事를 내린 主體이다. 경주 월성해자 목간 153번 제1면에 四月一日典大等教事란 구절이 나오고 있어 교시의 주체는 국왕만이 아님을 알 수 있다. 냉수리비 전면 제⑦행에 此七王等共論教用이라고 되어 있어 沙喙部至都盧葛文王을 비롯한 6명의 경위를 가진 자가 함께 교를 쓰고 있다. 봉평비 제③행 끝부분에 ~悉尒智奈麻等所教事란 구절이 나오는데, 이는 11명의 干支岑이 喙部牟卽智寐錦王, 沙喙部徙夫智葛文王, 本波部△夫智五△(△)로부터 教事를 받은 바란 뜻이다.

제2단락을 해석해 보자.

▶干支岑인 喙部 美昕智 干支와 沙喙部 而粘智 太阿干支와 吉先智 阿干支와 一毒夫智 一吉干支와 喙(部) 勿力智 一吉干支와 愼宍智 居伐干支와 一夫智 太奈麻와 一尒智 太奈麻와 牟心智 奈麻와 沙喙部 十斯智 奈麻와 悉尒智 奈麻 등이 教事를 (喙部牟卽智寐錦王, 沙喙部徙夫智葛文王, 本波部△夫智五△(△)으로부터) 받았다.

제3단락의 원문과 해석을 보면 다음과 같다.

別教 今居伐牟羅男弥只本是奴人 雖是奴人前時王大教法 道俠阼隘 禾耶界城失火遶城我大軍起 若有者一行△之 人備土鹽 王大奴村共値五 其餘事種種奴人法

　냉수리비 전면 제⑨행과 제⑪행에 각각 別敎란 구절이 나오는데, 別敎는 적성비 제⑮행에도 나오는바 비문의 가장 핵심적인 부분이다. 해석을 보면 다음과 같다.

> ▶ 別敎를 내린다. 이제 居伐牟羅와 男弥只는[9] 본래 奴人이다. 비록 노인이었지만 前時에 왕은 大敎法을 내려주셨다. 길이 좁고, 오르막도 험악한 禾耶界城과 失火遶城의 우리 대군을 일으켰다. 若有者인 一行을 ~했다. 사람들이 土鹽을 준비하였다. 왕이 大奴村은 값 5를 부담케 하였다. 그 나머지 일은 여러 가지 奴人法에 따르도록 했다.

이어서 제4단락의 관계 전문을 제시하고 해석을 보자.

新羅六部煞斑牛△△麥事大人喙部內沙智奈麻沙喙部一登智奈麻具次邪足智喙部比須婁邪足智居伐牟羅道使卒次小舍帝智悉支道使烏婁次小舍帝智居伐牟羅尼牟利一伐弥宜智波旦組只斯利一全智阿大兮村使人奈介利杖六十葛尸條村使人奈介利阿尺男弥只村使人翼昃杖百於即斤利杖百悉支軍主喙部介夫智奈麻節書人牟珍斯利公吉之智沙喙部善文吉之智新人喙部述刀小鳥帝智沙喙部牟利智小鳥帝智新羅

> ▶ 六部에서는 얼룩소를[10] 잡고, 麥으로 술을 빚었다. 事大人인 喙部 內沙智 奈麻와 沙喙部 一登智 奈麻와 具次 邪足智, 居伐牟羅道使 卒次 小舍帝智와 悉支道使 烏婁次 小舍帝智와 居伐牟羅 尼牟利 一伐과 弥宜智 波旦과 組只斯利와 一全智와 阿大兮村使人 奈介利(杖六十의 杖刑을 맞음)와 葛尸條村使人 奈介利 阿尺과 男弥只村使人 翼糸(杖百의 杖刑을 맞음)와 男弥只村使人

---

9) 居伐牟羅와 男弥只는 울진이나 울진 근처 바닷가에 위치해야 하는데, 그래야 소금을 생산할 수 있기 때문이다. 봉평비가 서 있던 곳인 봉평이 거벌모라일 가능성이 클 것이다.
10) 칡소라고도 한다.

於卽斤利(杖百의 杖刑을 맞음)와 悉支軍主 喙部 尒夫智 奈麻이고, 그 때 書人 牟珎斯利公 吉之智 와 沙喙部 善文 吉之智, 新人 喙部 述刀 小鳥帝智와 沙喙部 牟利智 小鳥帝智이다.

제5단락의 관계 전문과 해석을 제시하면 다음과 같다.

立石碑人喙部博士于時教之若此省獲罪於天

▶ 立石碑人은 喙部의 博士이다. 때에 教를 내렸다. 만약에 이를 생략하면 하늘에 죄를 얻을 것이다.

제6단락의 관계 전문과 해석을 제시하면 다음과 같다.

居伐牟羅異知巴下干支辛日智一尺世中△三百九十八

▶ 居伐牟羅의 異知巴 下干支와 辛日智 一尺 등 世中(누리에, 모두) (축제에 참가한 사람은) 398명이다.

3. 중고 금석문에 나오는 牟喙部

신라 중고의 왕비족은 사탁부이다.[11] 신라의 금석문 자료는 그 수가 많아서 연구하기에 좋다. 신라 6부가 신라 중고 금석문에서 어떤 모양으로 나오는지 조사하기 위해 신라 중고 금석문 자료를 통해 검토해 보기로 하자. 우선 중고 금석문에 나타난 각 부명별 인명의 수를 제시하면 다음 〈표 1〉과[12] 같다.

---

11) 만일 모탁부가 왕비족이라면 중고 금석문에서 인명 속의 관등명이 진골에 해당되는 예가 많아야 한다.

12) 중성리비의 건립 연대는 441년이고, 냉수리비는 443년으로 중고 시대를 벗어나고

〈표 1〉 중고 금석문에 나타난 각 부명별 인명의 수

비명	탁부	사탁부	본피부	불명	계
봉평비	11	10	1	3	25
적성비	7	3		2	12
창녕비	21	16	1	2	40
북한산비	5	3			8
마운령비	11	6	2	1	20
황초령비	11	4		5	20
계	66	42	4	13	125

524년에 건립된 봉평비는 탁부 11명, 사탁부 10명, 본피부 1명, 불명 3명으로 총 25명이다. 545년이나 그 직전에 세워진 적성비는 탁부 7명, 사탁부 3명, 불명 2명으로 총 12명이다. 561년에 세워진 창녕비는 탁부 21명, 사탁부 16명, 본피부 1명, 불명 2명으로 총 40명이다. 567년에 세워진 북한산비는 탁부 5명, 사탁부 3명으로 총 8명이다. 568년에 세워진 마운령비는 탁부 11명, 사탁부 6명, 본피부 2명, 불명 1명으로 총 20명이다. 568년에 세워진 황초령비는 탁부 11명, 사탁부 4명, 불명 5명으로 총 20명이다. 각 부별 인원수는 탁부 66명, 사탁부 42명, 본피부 4명, 불명 13명으로 총 125명이다.

탁부와 사탁부는 관등이 진골에 해당되는 것이 있어서 이들 부에 성골, 진골, 6두품(득난), 5두품, 4두품, 평민, 노예가 있었음을 알 수 있다. 본피부는 창녕비에 大等의 관직을 가진 자가 있고, 그의 관등은 及尺干(9관등)으로 6두품에 해당된다. 따라서 본피부에는 6두품, 5두품, 4두품, 평민, 노예가 있었다. 모탁부, 습비부, 한지부는 중고 시대에는 그 예가 거의 없다. 모탁부는 남산신성비 제2비에 모탁으로 나오는데 관등은 大鳥로 추정된다. 월성 해자 목간에도 모탁이 나오는데 정확한 시기는 알 수 없다. 가장 확실한 예는 월지에서 나온 塼 명문인데, 명문을 제시하면 다음과 같다.

있다. 일설에 따라 중성리비의 건립 연대를 501년, 냉수리비의 건립 연대를 503년으로 본다 해도 〈표 1〉의 결론에는 변함이 없다. 중성리비의 경우 탁부 9명, 사탁부 9명, 본피부 3명, 불명 5명이고, 냉수리비의 경우 탁부 7명, 사탁부 7명, 본피부 2명이다.

① 調露二年
② 　漢只伐部君若小舍……
③ 　　　　三月三日作康(?)……

　해석해 보면 '조로 2년(680년)에 한지벌부의 군약 소사(14관등)가 (감독했고), 3월 3일에 作康(?)이 만들었다.'가 된다. 이 자료는 금석문에서 통일신라의 부명이 출현한 드문 예로서, ②의 小舍(=舍知, 17관등 중 13관등)는 4두품이다. 5누품인 大奈麻(10관등)와 奈麻(11관등)는 출신부와 함께는 나오지 않는다. 그래서 모탁부, 한지부, 습비부를 다스리는 부족장의 관등은 알 수가 없다. 이들 3부 부족장의 신분은 5두품으로 본다.

　모탁부 출신으로 관등을 가진 유일한 예는 남산신성비 제2비의 大烏이다. 이는 4두품에 해당된다. 그리고 월성해자 목간 9번에 牟喙이라고 나올 뿐이다. 봉평비에서 岑喙部를 부명으로 보면 그 관등이 干支이므로 적어도 6두품에 해당된다. 모탁부 출신의 관등명은 국가 차원의 금석문에서는 나오지 않는다. 따라서 岑喙部는 부명이 아니다.

4. 울주 천전리서석의 沙喙部 주인공들

　이제 울주 천전리서석 원명과 추명을 통해서 왕비족을 검토할 차례가 되었다. 우선 울주 천전리서석 원명과 추명을 제시하면 다음과 같다.

(원명)

⑫	⑪	⑩	⑨	⑧	⑦	⑥	⑤	④	③	②	①	
作	貞	宋	悉	食	鄒	幷	丶	之	文	沙	乙	1
書	宍	知	淂	多	安	遊	以	古	王	喙	巳	2
人	智	智	斯	煞	郎	友	下	谷	覓	部	(年)	3
苐	沙	壹	智	作	三	妹	爲	无	遊	(葛)		4
丶	干	吉	大	切	之	麗	名	名	來			5

尒	支	干	舍	人	德	書	谷	始			6
智	妻	支	帝	尒	光	石	善	淂			7
大	阿	妻	智	利	妙	谷	石	見			8
舍	兮	居		夫	於	字	淂	谷			9
帝	牟	知	作	智	史	作	造				10
智	弘	尸	食	奈	△	△					11
	夫	奚	(人)	(麻)							12
	人	夫									13
		人									14

(추명)

⑪	⑩	⑨	⑧	⑦	⑥	⑤	④	③	②	①	
一	宋	居	作	支	叱	愛	妹	三	部	過	1
利	知	伐	切	妃	見	自	王	共		去	2
等	波	干	臣		來	思	過	遊	徙	乙	3
次	珎	支	喙	徙	谷	己	人	來	夫	巳	4
夫	干	私	部	夫		未	乙	以	知	年	5
人	支	臣	知	知	此	年	巳	後	葛	六	6
居	婦	丁	禮	時	七	巳	年	六	文	月	7
禮	阿	乙	夫	共	月	王	王	△	王	十	8
知	兮	尒	知	三	三	過	十	妹	於	八	9
△	牟	知	沙	△	來	日	去	八	史	日	10
干	呼	奈	干	△		其	日	年	鄒	昧	11
支	夫	麻	支	夫	另	王	王	過	安		12
婦	人		知	即	知	妹	妃		郎	沙	13
沙	尒	作	泊	共	知	共	只			喙	14
爻	夫	食	六	來	太	見	沒				15
功	知	人	知	此	王	書	尸				16
夫	居	貞		時	妃	兮	兮				17
人	伐			△		石	妃				18
分	干			乙							19
共	支										20
作	婦										21
之											22

먼저 원명부터 인명 분석을 시도해 보기로 하자.

원명의 주인공은 제②·③행에 걸쳐서 나오는 沙喙部葛文王으로[13] 한 사람을 가리킴이 분명하다. 원명의 인명 분석에서 중요한 곳은 제⑥·⑦행

---

13) 추명 제①·②에서는 沙喙部徙夫知葛文王으로 표기되어 있다.

의 幷遊友妹麗德光妙於史鄒安郎三之란 구절이다. 이 부분을 종래에는 대개
麗德光妙를[14] 妹의 인명, 於史鄒安郎을 友의 인명으로 보아 왔다.[15] 그런데
於史鄒安郎의 安자를 女자로 읽고 고구려 광개토태왕비문의[16] 母河伯女郎

14) 이 麗德光妙를 友의 인명인 남자 인명으로 보고 불교와 관련된 사람으로 본
   적이 있다(김창호, 앞의 책, 2007, 158~159쪽). 이는 잘못된 것이므로 철회한다.
   여덕광묘는 사탁부사부지갈문왕의 妹의 이름이다.

15) 金龍善, 「울주 천전리서석 명문의 연구」『역사학보』81, 1979, 23쪽 ; 金昌鎬,
   「신라중고 금석문의 인명표기(1)」『대구사학』22, 1983, 13쪽.

16) 흔히 광개토태왕비를 광개토태왕릉비리고 부르는데, 그 확실한 성격은 알 수
   없다. 비문에 적힌 내용의 주류는 수묘인 연호이다(1775자설에서 계산하면, 전체
   비문에서 35% 이상을 점한다). 敎遣이나 王躬率이라는 표현도 전쟁 규모로 고구려
   에 불리하냐 아니냐(浜田耕策,「高句麗廣開土王陵碑の硏究-碑文の構造と使臣の筆法
   と中心として-」『古代朝鮮と日本』, 1974)가 아닌 但敎取나 但取吾躬率로 대비되어
   수묘인 연호를 뽑는 것과 관련이 된다. 수묘인연호가 이토록 중요시되는 능비는
   광개토왕비를 제외하면 예가 없다. 태종무열왕릉비의 경우, 능 바로 앞에 능비가
   위치하고 있다. 문무왕의 경우에는 능이 없어서(동해 해중릉에서 산골했음) 특이
   하게도 사람들이 많이 다니는 중요한 도로(울산에서 서라벌로 가는 도로)의
   바로 옆인 사천왕사 앞에다 문무왕릉비를 세웠다(김창호, 「문무왕의 산골처와
   문무왕릉비」『신라학연구』7, 2006). 흥덕왕릉비도 흥덕왕릉 앞에 세웠다. 광개토
   태왕의 경우, 태왕릉(광개토태왕릉으로 김창호, 「고구려 太王陵 출토 연화문수막
   새의 제작 시기」『한국 고대 불교고고학의 연구』, 2007, 133쪽 참조) 바로 앞에
   광개토태왕비가 없다. 광개토왕비에서 해결해야 할 문제로는 倭의 실체가 있다.
   왜는 辛卯年(391) 당시 고고학상의 무기 발달 정도(철기 개발 기술)나 선박 기술의
   발달 정도에 비추어 볼 때, 일본 열도의 야마토 조정으로 보기는 힘들고, 전남
   光州, 咸平, 靈光, 靈巖, 海南 등의 지역에서 발견되는 전방후원형 고분(축조 시기는
   주로 500년 전후로 일본의 전형적인 전방후원분과는 차이가 있다. 그래서 전방후
   원형 고분이라고 부르기로 한다)을 주목한다. 이 전방후원형 고분의 선조들이
   4세기 후반(倭가 광개토태왕비에서 처음 등장하는 것은 391년의 이른바 辛卯年조
   이다)에서 5세기 전반까지 등장한 왜일 가능성이 있다. 전남지역은 미륵사의
   건립(미륵사 서탑 사리봉안기의 己亥年은 579년으로 판단되는데, 이에 대해서는
   김창호, 「미륵사 서탑 사리봉안기」『고신라 금석문과 목간』, 2018) 당시(579년)에
   도 백제로부터 독립되어 있는 정치체인 마한이었다(흔히 마한 땅이 완전히 정복된
   것을 4세기 근초고왕 때로 보고 있으나 따르기 어렵다). 미륵사의 건립은 사비성
   (부여)에서 익산 금마저로의 천도(익산천도설은 익산지역에 도성제의 기본인
   條坊制가 실시되지 않아 성립할 수 없다) 때문이 아니라, 전남지역의 마한 정치체를
   향해 너희들도 이만한 불교 대사찰(미륵사는 백제에서 가장 큰 사찰이다)을
   건설할 수 있느냐고 묻는 정치적인 승부수로 볼 수 있다. 또 익산 쌍릉을 무왕릉으
   로 보는 가설도 있으나, 삼국시대에는 왕릉이 반드시 수도에 있었다는 점을

이란 구절과 대비하여 여자의 인명으로 보았다.[17] 그래서 麗德光妙를
友의 인명으로, 於史鄒安郎을 妹의 인명으로 보았다.[18] 이 가설 자체는
원명 연구에서 흥미롭기는 하지만, 於史鄒安郎의 安자를 女자로 보기 어렵
고, 나중에 설명할 추명에서 원명이 반복되는 추명 제①·②·③행의 沙喙部
徙夫知葛文王妹於史鄒安郎三共遊來란 구절로 볼 때 성립되기 어렵다. 또
幷遊友妹麗德光妙於史鄒安郎三之에서 三이 추명의 沙喙部葛文王, 妹인 麗德
光妙, 友인 於史鄒安郎을 가리킨다.

추명 제②행의 沙喙部徙夫知葛文王妹於史鄒安郎에서 이를 沙喙部徙夫知
葛文王의 妹인 於史鄒安郎의 1인으로 해석한 견해와[19] 沙喙部徙夫知葛文王
과 妹인 於史鄒安郎의 2인으로 보는 견해가[20] 있다. 沙喙部徙夫知葛文王妹於
史鄒安郎만 따로 떼어서 보면 1인설과 2인설 모두 가능하다고 판단된다.
추명의 沙喙部徙夫知葛文王妹於史鄒安郎三共遊來의 三共에 주목하면, 沙喙
部徙夫知葛文王, 妹, 於史鄒安郎의 3인이 되어야 한다. 그렇다면 1인설과
2인설 모두 성립될 수 없고, 沙喙部徙夫知葛文王, 妹(인 麗德光妙), (友인)

참고하면 성립될 수 없다. 무왕릉은 부여 능산리 고분군 가운데 하나일 것이다.

17) 문경현, 「울주 신라 서석명기의 신검토」『경북사학』10, 1987, 28~29쪽. 이 가설에
    대해 찬성을 표한 적이 있는데(김창호, 『고신라 금석문의 연구』, 2007, 158~159쪽),
    이는 잘못된 것이므로 다음과 같은 이유로 여기에서 바로잡고자 한다. 광개토태왕
    비 제1면 제②행에 我是皇天之子母河伯女郎이라고 나온다. 이는 '나는 天帝의
    아들이고, 어머니는 河伯(水神)의 따님이다.'로 해석된다. 河伯女郎은 여자의 인명
    이 아니라 河伯의 따님이라는 뜻이다. 牟頭婁墓誌(412년 이후) 제③행의 河伯之孫
    日月之子, 집안고구려비(491년 이후) 제②행의 (日月之)子 河伯之孫으로 볼 때,
    河伯만이 고구려 시조 鄒牟王의 조상이라는 뜻인 것이다. 따라서 於史鄒安郎을
    於史鄒女郎으로 보더라도 이를 여자의 인명으로는 볼 수 없다. 於史鄒女郎은
    於史鄒의 딸(女郎)이 되어 沙喙部徙夫知葛文王의 妹가 될 수 없다. 울주 천전리서석
    원명과 추명에서 妹는 모두 沙喙部徙夫知葛文王의 妹란 뜻이다.
18) 만약에 여자설이 타당하여 麗德光妙를 友의 인명으로, 於史鄒安郎을 妹의 인명으로
    보더라도 가리키는 인명만 서로 바뀔 뿐, 천전리서석 원명과 추명의 연구에서
    근본적인 문제와는 관련이 없다.
19) 문경현, 앞의 논문, 1987, 46쪽.
20) 武田幸男, 「蔚州書石谷にのおける新羅・葛文王一族-乙巳年原銘・己未年追銘-」『東方
    學』85, 1993, 18쪽.

於史鄒安郎의 3인이 된다.

따라서 원명 제⑥·⑦행의 友妹麗德光妙於史鄒安郎도 妹인 麗德光妙와 友인 於史鄒安郎으로 풀이된다.

제⑧행 이하의 인명표기에 대한 분석은 명문의 해석 부분에서 언급하기로 하겠다.

이제 추명의 인명을 분석하기로 한다.

제①·②행의 沙喙部徙夫知葛文王妹於史鄒安郎三共遊來는 원명 부분에서 언급한 대로 沙喙部徙夫知葛文王, 妹(인 麗德光妙), (友인) 於史鄒安郎의 3인이 된다.

다음으로 妹王考妹王過人이란 부분이다. 이는 인명표기와 직접 관련되는 것은 아니지만 이에 대한 정확한 해석 여부가 추명 파악의 갈림길이 될 수 있다. 이 구절에서 考자를 죽은 사람을 가리키는 용어로 해석한 견해가 있다.[21] 하지만 考자는 죽은 아버지라는 뜻이[22] 아니다. 여기에서는 考자를 동사로 본다. 추명에서 4번 나오는 妹자는 모두 沙喙部徙夫知葛文王의 妹란 뜻이다. 妹王의 妹도 역시 沙喙部徙夫知葛文王의 妹란 뜻이다. 妹의 뜻에 유의하고, 妹王이 妹의 王임에 주목하여 妹王을 해석하면 추명의 주인공인 沙喙部徙夫知葛文王이 부르는 친족 호칭으로 판단되는바, 이에

---

21) 金龍善, 앞의 논문, 1979, 24쪽에서는 妹王考妹王을 妹, 王考妹, 王으로 끊어 읽어 王考妹를 王의 父의 妹란 뜻의 죽은 사람으로 보았다. 그런데 고구려 평원왕 13년으로 추정되는 辛卯銘金銅三尊佛光背의 亡師父母(黃壽永 編著, 『增補 韓國金石遺文』, 1978, 237쪽), 고구려 永康七年銘金銅光背의 亡母(黃壽永 編著, 앞의 책, 1976, 238쪽), 삼국시대로 추정되는 金銅釋迦三尊佛像의 亡妻(李蘭暎, 『韓國金石文追補』, 1967, 49쪽), 신라 성덕왕 18년 甘山寺彌勒菩薩造像記의 亡考仁章一吉湌之妣觀肖里(『朝鮮金石總覽(上)』, 1919, 34쪽), 신라 성덕왕 19년 甘山寺阿彌陀如來造像記의 亡考亡妣亡弟小舍梁誠沙門玄度亡妻古路里亡妹古寶里(『朝鮮金石總覽(上)』, 1919, 36쪽) 등에서 보면 王考妹가 죽은 사람을 가리키려면 亡자가 첨가되어야 할 것이다. 王의 父의 妹는 姑母라는 쉬운 용어가 있어서 이를 亡姑母로 표기하면 된다. 죽은 고모가 추명에 나온다고 해석하는 연구자는 없다. 지나친 해석이다.

22) 이문기, 「울주 천전리 서석 원·추명의 재검토」, 『역사교육논집』 4, 1983, 135쪽에서는 妹王考를 習寶葛文王, 妹王을 智證王으로 보고 있으나 그 이유는 불분명하다. 특히 지증왕을 왜 매왕으로 불렀는지는 쉽게 납득되지 않는다.

대해서는 명문의 해석 부분에서 상론하고자 한다.

제④행의 其王妃只沒尸兮妃에서 其王妃란 沙喙部徙夫知葛文王의 妃를 가리키고, 지몰시혜비는 그녀의 이름이다.

다음은 제⑤행의 其王与妹란 부분이다. 其王은 沙喙部徙夫知葛文王을 가리키고, 妹는 원명의 麗德光妙를 가리키나 추명에는 치밀하게 따져보아도 그 이름이 나오지 않는다. 이 其王与妹란 구절은 원명과 추명의 주인공이 동일하다는 것을 말해주는 중요한 구절이다.

다음은 제⑥행의 此時共三來란 구절인데, 인명 분석에서 중요하다. 이 부분을 此時妃主之로 판독한 견해가 있다.[23] 이는 상황 판단에 따른 것으로 여기에서는 논의의 대상으로 삼지 않겠다. 이 부분의 정확한 해석을 위해 제⑤·⑥·⑦행의 관계 부분을 적기해 보자.

己未年七月三日其王与妹共見書石叱見來谷 此時共三來 另卽知太王妃夫乞支妃 徙夫知王子郎△△夫知共來

此時共三來에서 此時란 己未年七月三日이므로, 己未年七月三日에 書石谷에 온 사람은 모두 3인으로 해석된다. 앞에서 살펴본 대로 其王与妹에서 其王은 사탁부사부지갈문왕이고, 妹는 원명의 麗德光妙이다. 이제 남은 한 사람은 另卽知太王妃夫乞支妃徙夫知王子郎△△夫知의 해결에 따라서 풀 수 있을 것이다. 另卽知太王妃夫乞支妃에 대해서는 夫乞支妃만을 따로 떼어서 법흥왕비로 추정한 견해가 있다.[24] 법흥왕비에 대해서는『삼국사기』권4, 新羅本紀 4, 法興王 즉위조에 '法興王立(중략) 妃朴氏保刀夫人'이라고 기록되어 있다. 이에 천전리서석 추명의 夫乞과『삼국사기』의 保刀에서 夫는 保와, 乞의 음과 刀의 훈을 각각 대응시켰다. 후자 부분은 조선 중종 때 편찬된『訓蒙字會』에 乞의 음이 걸, 刀의 훈이 갈로 되어 있다는 사실을 가지고

---

23) 武田幸男, 앞의 논문, 1993, 3쪽.

24) 金龍善, 앞의 논문, 1979, 19쪽.

보충하였다.25) 따라서 另卽知太王妃=夫乞支妃=保刀夫人=법흥왕비라는26) 관계가 성립된다.

다시 앞의 另卽知太王妃에서 另卽知太王이 누구인지를 알아보기 위해 另자의 신라 중고 발음부터 조사해 보기로 하자. 신라 진흥왕대에 활약한 인물로『삼국사기』에 등장하는 금관가야 왕족 출신의 金武力은27) 적성비(545년 직전)에 沙喙部武力智(阿干支), 창녕비(561년)에 沙喙另力智迊干, 마운령비(568년)에 沙喙部另力智迊干으로 나온다.28) 위의 자료에 따르면 另자는 武자에 가깝게 발음되었다고 판단된다. 여기서 另卽知太王이 누구인지 알아보기 위해 另卽知太王妃가 기록된 추명의 연대가 539년임을 참작해 문헌에서 비슷한 신라 국왕의 이름을 찾아 제시하면 다음과 같다.

册府元龜 姓募名泰(『三國史記』 권4, 신라본기 4, 법흥왕 즉위조 挾注)

第二十三法興王 名原宗 金氏 册府元龜 云姓募 名秦(『三國遺事』 권1, 王曆 1, 第二十三法興王조)

普通二年 王姓募名秦(『梁書』 권54, 列傳, 新羅조)

梁普通二年 王姓募名泰 泰汲古閣本金陵書局本及梁書作秦(『南史』 권79, 列傳, 夷貊 下, 新羅조)

普通二年은 신라 법흥왕 8년(521년)이고, 다 아는 바와 같이 신라 왕실의 성은 김씨이므로 募秦은 법흥왕의 이름으로 판단된다. 추명의 另卽과『梁書』의 募秦에서 另자는 募자와, 卽자는 秦자와 서로 대응된다. 그렇다면 另卽=募

---

25) 金龍善, 앞의 논문, 1979, 19쪽.

26) 만약 부걸지비가 모량부 박씨 소속이라면 추명에 모량부가 반드시 나와야 한다. 하지만 모량부 소속이 아닌 사탁부 소속이기 때문에 소속부의 표시가 없는 것이다. 원명의 3주인공인 사탁부갈문왕, 여덕광묘, 어사추안랑은 모두 사탁부 출신이고, 추명의 3주인공인 사탁부사부지갈문왕, 무즉지태왕비부걸지비, 子인 郞△△夫知 는 모두 사탁부 출신이다. 그래서 출신부명이 표시되지 않았다.

27) 삼국통일전쟁 때에 맹활약한 김유신 장군의 할아버지이다.

28) 武田幸男, 「眞興王代における新羅の赤城經營」『朝鮮學報』 93, 1979, 12쪽.

秦=법흥왕이 된다.[29] 이는 1988년에 발견된 봉평비(524년에 세워졌다고 알려져 있다)에 牟郞智寐錦王이 나오면서 설득력을 갖게 되었다. 另郞知太王妃夫乞支妃는 另郞知太王妃인 夫乞支妃가 된다.[30] 곧 무즉지태왕비=부걸지비=법흥왕비=보도부인이 된다.

그러면 이 구절의 인명은 沙喙部徙夫知葛文王, 妹인 麗德光妙, 另郞知太王妃인 夫乞支妃, 徙夫知王, (沙喙部徙夫知葛文王의) 子인 郞△△夫知의 5인이 되나, 沙喙部徙夫知葛文王과 徙夫知王은 동일인이므로 4인이 된다. 그런데 此時共三來라고 되어 있어서 3인이 되어야 한다. 원명에서 麗德光妙란 인명이 한 번 나오는데, 추명에서는 이름이 나오지 않고 妹로만 4번이나 나온다. 거듭 이야기하지만 추명의 주인공은 3인이 되어야 한다. 另郞知太王妃인 夫乞支妃, 徙夫知王, 子인 郞△△夫知 이외에 其王与妹共見書石叱來谷했다고 하므로 其王은 徙夫知(葛文)王이지만 妹는 누구인지 알 수 없다. 另郞知太王妃인 夫乞支妃, 子인 郞△△夫知 중에서 妹가 될 수 있는 사람은 另郞知太王妃인 夫乞支妃밖에 없다.[31] 원명의 麗德光妙가[32] 另郞知太王(법

---

29) 이 부분에 대한 최초의 언급은 김창호, 앞의 논문, 1983 :『삼국시대 금석문 연구』, 2009 재수록, 210~211쪽.

30) 田中俊明,「新羅の金石文-蔚州川前里書石·己未年追銘(二)-」『한국문화』63, 1985, 34쪽에서는 另郞知太王妃夫乞支妃를 另郞知太王과 妃인 夫乞支妃로 풀이하고 있다. 己未年七月三日에는 무즉지태왕이 이미 사망하여 천전리 서석곡에는 올 수가 없으므로 성립할 수 없다. 따라서 무즉지태왕과 비인 부걸지비로는 나눌 수가 없다.

31) 추명에 여자의 인명표기는 另郞知太王妃夫乞支妃의 한 사람뿐이다.

32) 신라에서 여자의 인명표기에 밥 짓는 사람이라는 뜻의 作食人이란 직명을 가진 여자의 이름이 원명에 2명, 추명에 3명이 나온다. 그 중 한 예를 들면 作食人宋知智壹吉干支妻居知尸奚夫人이 있다. 이를 해석하면 '作食人은 宋知智壹吉干支의 妻인 居知尸奚夫人이다'가 된다. 作食人이라는 직명을 갖지 않은 여자의 인명표기도 있다. 그 예(천전리서석 계해명, 종서를 횡서로 바꾸었다)를 들면 다음과 같다.
① 癸亥年二月六日
② 沙喙路陵智小舍
③ 婦非德刀遊
④ 行時書
이를 해석하면 '癸亥年(603년)二月六日에 沙喙(部)路陵智小舍의 婦인 非德刀가 遊行

흥왕)에게 시집을 가서 另卽知太王妃인 夫乞支妃가 되었다고 보면, 此時共三
來의 3인을 另卽知太王妃인 夫乞支妃, 徙夫知(葛文)王, (沙喙部徙夫知葛文王
의) 子인 郞△△夫知로 볼 수 있다.

제⑧행 이하의 인명 분석은 명문의 해석 부분에서 언급하기로 하겠다.

지금까지 천전리서석의 원명과 추명의 인명 분석을 제시하면 다음과
같다.

〈표 2〉 울주 천전리서석 원명과 추명의 인명 분석표

	職名	部名	人名	官等名	備考
原銘		沙喙部	(沙喙部葛文王)	葛文王	
		上同	麗德光妙		沙喙部葛文王의 妹
		上同	於史鄒安郞		沙喙部葛文王의 友
	作切人		尒利夫智	奈(麻)	
	上同		悉淂斯智	大舍帝智	
	作食人		居知尸奚夫人		宋知智壹吉干支의 妻
	上同		阿兮牟弘夫人		貞肉智沙干支의 妻
	作書人		第ㄅ尒智	大舍帝智	
追銘		沙喙部	徙夫知	葛文王	
		上同	妹		沙喙部徙夫知葛文王의 妹
		上同	於史鄒安郞		沙喙部徙夫知葛文王의 友
			妹王		徙夫知葛文王이 另卽知太王을 부른 간접 호칭
			只沒尸兮妃		沙喙部徙夫知葛文王의 妃
			夫乞支妃		沙喙部徙夫知葛文王의 妹=另卽知太王妃
		沙喙部	子인 郞△△夫知		沙喙部徙夫知葛文王의 아들
	作切臣	喙部	知礼夫知	沙干支	
	上同	上同	△泊六知	居伐干支	
	私臣		丁乙尒知	奈麻	
	作食人		阿兮牟呼夫人		貞肉知波珎干支의 婦
	上同		一利等次夫人		尒夫知居伐干支의 婦
	上同		沙爻功夫人		居礼知△干支의 婦

할 때 썼다.'가 된다. 여자의 인명표기는 남편의 이름에 의존하고 있다. 麗德光妙는
남편의 이름 없이 단독으로 표기하고 있는데 525년의 원명에서 시집가기 전의
이름으로 판단된다. 여기에 나오는 遊行은 遊來, 遊 등과 함께 단순히 놀러오는
것이 아닌 장송의례에의 참가를 의미한다고 보아야 할 것이다.

이제 명문을 전체적으로 해석해 보기로 하겠다. 설명의 편의를 위해 원명부터 문단을 크게 5단락으로 나누어 제시하면 다음과 같다.

A. 乙巳年沙喙部葛文王覓遊來始淂見谷之　古谷无名谷善石淂造△ˎ以下爲名 書石谷字作△　幷遊友妹麗德光妙於史鄒安郎三之

B. 食多煞

C. 作切人尒利夫智奈麻悉淂斯智大舍帝智

D. 作食人宋知智壹吉干支妻居知尸奚夫人貞宍智沙干支妻阿兮牟弘夫人

E. 作書人第ˎ尒智大舍帝智

A단락을 해석하면 "乙巳年(525년)에 沙喙部葛文王이 찾아 놀러 오셔서 비로소 谷을 보았다. 古谷이지만 이름이 없었다. 谷의 善石을 얻어서 만들었고,……以下를 書石谷이라고 이름을 붙여 字作△했다. 아울러 놀러(온 이는) 妹인 麗德光妙와 友인 於史鄒安郎의 三人이다."가 된다.

B단락은 부사구로서 단락의 자격이 없으나 설명의 편의상 B단락으로 잡았다. 이 부사구는 원명에서 기사 부분과 인명표기가 나열되는 곳의 중간에 오고 있다. 이와 똑같은 위치에 있으면서 잘 해석이 되지 않은 구절로 추명의 此時△를 들 수가 있다. 이 두 구절은 같은 의미를 가진 것으로 추정된다. 食多煞과 此時△에서 食과 此는 대응된다. 食자의 음은 식이지만 이자로 읽는 경우도 있다. 이렇게 보면 食의 음인 이와 此의 훈인 이는 서로 상응된다. 多의 음인 다와 時의 훈인 때는 서로 통한다. 그렇다면 食多煞=此時△이 되어 "이때에" 정도로 풀이를 할 수 있을 듯하다.

C단락은 두 사람의 인명표기이다. 作切人은 직명, 尒利夫智는 인명, 奈麻는 관등명이다. 다음 사람의 직명인 作切人은 앞 사람과 같아서 생략되었고, 悉淂斯智가 인명, 大舍帝智가 관등명이다. 이를 해석하면 "作切人은 尒利夫智奈麻와 悉淂斯智大舍帝智이다."가 된다.

D단락도 인명표기 부분이다. 作食人宋知智壹吉干支妻居知尸奚夫人과 貞

宗智沙干支妻阿兮牟弘夫人의 두 사람 인명표기이다. 作食人이란 직명이 암시하듯 밥 짓는 사람의 뜻으로서 여자의 인명표기이다. 作食人은 직명, 宋知智는 인명, 壹吉干支는 관등명이다. 妻居知尸奚夫人은 妻인 居知尸奚夫人으로 분석된다. 貞宗智沙干支妻阿兮牟弘夫人에서[33] 作食人이란 직명은 앞 사람과 같아서 생략되었고, 貞宗智는 인명, 沙干支는 관등명이다. 妻阿兮牟弘夫人은 妻인 阿兮牟弘夫人으로 분석된다. 이 단락 전체를 해석하면, "作食人은 宋知智壹吉干支의 妻인 居知尸奚夫人과 貞宗智沙干支의 妻인 阿兮牟弘夫人이다."가 된다.

E단락도 인명표기이다. 作書人은 직명, 茅ᐟ尒智는 인명, 大舍帝智는 관등명이다. 이를 해석하면, "作書人은 茅ᐟ尒智大舍帝智이다."가 된다.

지금까지 풀이한 것을 전체적으로 정리하면 다음과 같다.

> "乙巳年(525년)에 沙㖨部葛文王이 찾아 놀러오셔서 비로소 谷을 보았다. 古谷이지만 이름이 없었다. 谷의 善石을 얻어서 만들었고,……以下를 書石谷이라고 이름을 붙여 字作△했다. 아울러 놀러(온 이는) 妹인 麗德光妙와 友인 於史鄒安郎의 3인이다.
>
> 이때에 作切人은 尒利夫智奈麻와 悉淂斯智大舍帝智이다. 作食人은 宋知智壹吉干支의 妻인 居知尸奚夫人과 貞宗智沙干支의 妻인 阿兮牟弘夫人이다. 作書人은 茅ᐟ尒智大舍帝智이다."

이제 추명의 해석을 보자. 설명의 편의를 위해 우선 추명을 8개 단락으로 나누어 제시하면 다음과 같다.

> A. 過去乙巳年六月十八日昧 沙㖨部 徙夫知葛文王妹於史鄒安郎三共遊來以後
> 六△十八日年過去

---

33) 이 글자는 활 궁(弓) 옆에 긴 입 구(口)한 것으로 되어 있다.

B. 妹王考妹王過人

C. 乙巳年王過去其王妃只沒尸兮妃愛自思

D. 己未年七月三日其王与妹共見書石叱見來谷 此時共三來 另卽知太王妃夫乞
支妃 徙夫知王子郞△△夫知共來

E. 此時△

F. 作切臣喙部知礼夫知沙干支△泊六知居伐干支

G. 私臣丁乙尒知奈麻

H. 作食人貞宍知波珎干支婦阿兮牟呼夫人尒夫知居伐干支婦一利等次夫人居
禮知△干支婦沙爻功夫人分共作之

먼저 A단락부터 보자. 맨 앞의 過去는 지난날 또는 과거란 뜻이다.
昧는 새벽이다. 『書經』, 周書, 牧誓篇에 時甲子昧爽이란 구절에도 보이는데
맨 끝의 過去는 지나가다란 뜻의 동사이다. A단락을 해석하면, "지난날
乙巳年(525년) 六月十八日 새벽에 沙喙部徙夫知葛文王, 妹(인 麗德光妙)와
(友인) 於史鄒安郞의 3인이 함께 놀러온 이후로 六(月)十八日에는 해마다
(書石谷을) 지나갔다."가 된다. 六月十八日은 沙喙部徙夫知葛文王과 妹에게
중요한 의미가 있다고 사료된다. 乙巳年六月十八日 새벽에 서석곡에 온
이후로 해마다 六月十八日에[34] 沙喙部徙夫知葛文王과 妹가 이곳을 찾은
이유가 궁금하다. 그냥 단순히 놀러온 것만은 아닐 것이다. 이를 풀 수
있는 자료로 천전리서석 乙卯銘이[35] 있다. 관계 전문을 제시하면 다음과

---

34) 해마다 六月十八日에 서석곡을 왔다 간 것을 보면, 이날이 사탁부사부지갈문왕의
비인 지몰시혜비의 제삿날이다.

35) 聖法興太王節의 聖자는 1010~1031년 사이 건립된 낭혜화상비의 國有五品曰聖而
曰眞骨 曰得難 言貴姓之難得 文賦云 或求易得難 從言六頭品 數多爲貴 猶一命至九
其四五品 不足言(이 구절의 해석 문제에 대해서는 김창호, 「新羅 朗慧和尙碑의
두 가지 문제-得難조의 해석과 건비 연대-」『한국 고대 불교고고학의 연구』,
2007 참조)의 聖而와 발음상 비슷하다. 선도산 마애삼존불 관음보살상의 등에도
聖자가 있다. 이들은 모두 聖骨을 의미하는 것으로 보이며, 그렇다면 신라 중고에
성골이 실존한 것으로 볼 수 있다.

같다.

④	③	②	①	
先	僧	道	乙	1
人	首	人	卯	2
等	乃	比	年	3
見	至	丘	八	4
記	居	僧	月	5
	智	安	四	6
	伐	及	日	7
	村	以	聖	8
	衆	沙	法	9
	士	弥	興	10
			太	11
			王	12
			節	13

乙卯年은 법흥왕 22년(535년)으로 보고 있다.[36] 居智伐村을『삼국사기』地理志, 良州조의 巘陽縣 本居知火縣 景德王改名 今因之의 居知火縣이란 구절과 대비시켜서 居智伐=居知火로 본 견해가 있다.[37] 巘陽縣의 위치가 궁금하다.『高麗史』志 권11, 지리 2에 '巘陽縣 本居知火縣 景德王改名 爲良州 領縣 顯宗九年來居 仁宗二十一年 監務後改彦陽'이라고 되어 있어서 언양

---

36) 문경현,「新羅 佛敎 肇行攷」『新羅文化祭學術發表會論文集』14, 1993, 141쪽에서 595년(진평왕 16년)설을 주장하였다. 제①행에 나오는 節자를 불교 기념일을 가리키는 것으로 해석하고(필자 주: 節자는 단순히 때라는 뜻이다),『삼국사기』권4, 신라본기4, 법흥왕28년조의 王薨 諡曰法興에 근거하여 법흥왕 재위 시에는 牟卽智寐錦王 등으로 불렸을 뿐이고 법흥왕은 시호이므로 재위 당시에는 사용이 불가능하다는 전제 아래 乙卯年은 595년이 되어야 한다고 주장하였다. 이 방법론에 따라 539-576년에 재위한 진흥왕의 경우를 보자. 마운령비에는 眞興太王이라고 명기되어 있고,『삼국사기』권4, 신라본기4, 진흥왕 37년조에는 秋八月王薨 諡曰眞興이라고 되어 있어서 비의 건립 연대도 한 갑자 내려 628년으로 보아야 할 것이다. 지금까지 마운령비의 건립 연대를 628년으로 본 가설은 제기된 적이 없다. 북한산비와 황초령비에도 眞興太王이란 구절이 있어서 마운령비와 마찬가지의 경우가 된다. 따라서 을묘명을 새긴 연대는 595년이 아닌 535년이 옳다.

37) 木村誠,「新羅郡縣制의 確立過程과 村主制」『朝鮮史硏究會論文集』13, 1976, 11쪽.

지역이 거지벌촌임을 알 수가 있다. 행정촌인[38] 거지벌촌이 언양현과
같으므로 천전리서석이 있는 서석곡이 언양현에 속했던 것으로 보인다.

원명과 추명에서 서석곡에 온 이유를 짐작케 하는 구절은 을묘명 제②·③
·④행의 道人比丘僧安及以沙弥僧首乃至居智伐村衆士先人等見記이다.[39] 及
以, 乃至를 병렬의 뜻을 가진 조사로 보면[40] 이 구절은 "道人 比丘인 僧安과
沙彌인 僧首와[41] 居智伐村의 衆士·先人들이[42] 보고 기록한다."로 해석된
다.[43] 道人은 북한산비(567년),[44] 마운령비(568년), 황초령비(568년)에서

---

38) 거지벌촌처럼 확실한 행정촌은 많지 않다. 또 고신라 금석문에 나오는 城村은
모두 자연촌이 아닌 행정촌으로 보아야 할 것이다(김창호, 앞의 책, 2009, 170~186
쪽). 만약 금석문에 나오는 성촌명에 자연촌도 있으면 어떤 것은 자연촌, 어떤
것은 행정촌이 되어, 작성자나 읽는 자 모두에게 혼란을 주게 되어 안 된다.
성촌명 가운데 왜 촌명만 자연촌과 행정촌으로 나누고, 성명은 행정성과 자연성으
로 나누지 않는지 이상하다. 금석문이나 목간에 나오는 성촌명은 행정촌으로
보아도 아무 문제가 생기지 않는다. 고신라 금석문에 나오는 성촌명을 자연촌으로
보면, 居智伐村과 같은 확실한 행정촌이 있어서 문제가 노정된다. 또 고신라
금석문과 목간에서 확실한 자연촌은 없다.

39) 等자는 적성비의 高頭林城在軍主等으로 볼 때, 복수를 뜻한다. 軍主는 중성리비(441
년), 냉수리비(443년)의 5세기 금석문에는 나오지 않고, 봉평비(524년), 적성비
(545년이나 그 직전), 창녕비(561년), 북한산비(561~568년), 마운령비(568년),
황초령비(568년)의 6세기 금석문에 반드시 나온다.

40) 深津行德, 「法體の王-序說 : 新羅の法興王の場合-」『學習院大學 東洋文化研究所 調査
研究報告』 39, 1993, 55쪽.

41) 도인인 僧安, 僧首라는 스님 이름은 연가7년명금동여래입상(479년) 제②행의
僧演과 함께 외자 승명의 예이다. 이 밖에 울주 천전리서석에 僧柱가 있다. 승안과
승수와 승주는 승연으로 보면, 고구려의 영향이지 중국 남조의 영향으로 볼
수 없다. 마운령비와 황초령비의 沙門道人 법장과 혜인 역시 고구려계 승려로
보여 더욱 그러하다. 북한산비의 석굴에 있던 도인도 고구려계 승려이다. 따라서
도인은 중국 남조의 영향을 받은 직명으로 보기 어려우며 고구려의 영향으로
보고자 한다.

42) 중사와 선인은 불교 사전 등 어떤 사전에도 나오지 않는다.

43) 김창호, 앞의 책, 2009, 132쪽.

44) 인명표기로는 나오지 않고, 제⑦행에 見道人△居石窟이라고 나오고 있다. 석굴에
살던 도인은 원래 발달된 불교 지식을 갖고 있던 고구려 승려로 보이며, 마운령비와
황초령비의 沙門道人法藏慧忍 중 한 사람일 가능성이 있다. 법장과 혜인은 본래
새로 정복한 고구려의 옛땅에 살던 원고구려인의 신라인화라는 이데올로기의

당대 최고의 귀족이던 大等喙部居柒夫智伊干보다[45] 앞서서 나오는 당시 신라에서의 최고위 승직이다.[46] 이러한 道人과 대비되는 거지벌촌(언양현)의 衆士와 先人은 누구일까? 이들은 을묘명을 구조적으로 볼 때, 장송 의례의 토착신앙을 담당했던 직명으로 보인다.[47] 또 6세기경의 천전리서석 선각화에는 인물도, 기마행렬도 등의 인물상과 말, 새, 용, 물고기의 동물상 그리고 배 등이 있다. 이는 3~6세기 무덤인 적석목곽묘[48] 출토의 토우와 유사한 것으로 장송 의례와 관련이 있다.[49] 따라서 토착신앙의 성지인 서석곡은 주로 징송 의례와 관련되었음을[50] 알 수 있다.

乙巳年(525년) 六月十八日에 沙喙部徙夫知葛文王의 妃인 只沒尸兮妃가 죽어서 沙喙部徙夫知葛文王과 妹인 麗德光妙 등이 토착신앙(장송 의례)의 성지인 서석곡에 왔다고[51] 사료된다.[52]

지배에 큰 역할을 했을 것이다. 이들은 원래 고구려 승려였기 때문에 고구려 말로 새로 정복한 고구려 옛땅의 지방민을 위무했을 것이다. 이는 신라 정부가 불교를 활용함과 동시에, 이러한 방식의 지방민 지배가 신라식 지방통치 방식이었고 이는 지방민에 대한 배려로서 뒷날 3국통일의 원동력이 되었을 것이다.

45) 居柒夫智伊干의 柒자는 나무 목(木)변에 비수 비(匕)자로 되어 있다. 따라서 居柒夫는 창녕비의 △大等喙部七夫智一尺干과는 동일인일 수 없다. 거칠부는 대등으로 창녕비에 기록되어야 한다.

46) 辛鍾遠, 「道人 使用例를 통해 본 南朝佛敎와 韓日關係」『韓國史硏究』59, 1987에서는 도인을 중국 남조 계통 영향을 받은 불교승려로 보고 있다.

47) 김창호, 앞의 책, 2009, 130~137쪽.

48) 김창호, 「신라 금관총의 尒斯智王과 적석목곽묘의 편년」『신라사학보』32, 2014에서 신라 적석목곽묘에 관한 편년을 제시한 바 있다. 곧 4세기 전반의 황남동109호3·4곽, 4세기 후반의 황남동110호, 황오리14호, 5세기 전반의 98호남분(402년, 내물왕릉), 98호북분, 5세기 후반의 금관총(458년, 눌지왕릉=尒斯智王陵=넛지왕릉), 서봉총, 식리총, 금령총, 천마총, 6세기 전반의 호우총(475년이 상한), 보문리 합장묘로 보았다.

49) 김창호, 앞의 책, 2009, 140~141쪽.

50) 울주 천전리서석은 제천 점말동굴, 강원도 고성 삼일포처럼 절경이라서 화랑이 遊娛하기 좋은 곳으로, 화랑이 장송 의례와 관련되어 있을 가능성도 있다. 이에 대해서는 김창호, 「제천 점말동굴의 화랑석각」『문화사학』50, 2018 참조.

51) 김창호, 앞의 책, 2007, 170쪽.

52) 미리 결론을 말하면 己未年(539년)七月三日에는 另卽知太王妃인 夫乙支妃의 남편

B단락의 妹王考妹王過人은 해석하기 대단히 까다롭다. 이 구절 가운데 考자는 앞서 살펴본 것처럼 亡考가 아니며 따라서 죽은 아버지라는 뜻이 아니라 동사이다. 추명에서 4번 나오는 妹자는 모두 沙喙部徙夫知葛文王의 妹란 뜻이다. 이 구절에서 妹王=於史鄒安郎으로 본 견해가 있다.[53] 하지만 妹王의 妹자는 沙喙部徙夫知葛文王의 妹란 뜻이고, 沙喙部徙夫知葛文王과 於史鄒安郎의 관계는 벗(友)일 뿐이고, 妹王은 妹의 王이라는 뜻이므로 이런 견해는 성립될 수가 없다. 妹자는 추명의 주인공 2명(其王与妹) 가운데 한 사람을 가리킨다. 妹는 沙喙部徙夫知葛文王의 妹란 뜻이 내포되어 있는데 이때 妹와 妹王의 차이가 궁금하다. 두 번 나오는 妹王은 妹와 관련된 용어로 妹의 왕을 가리킴이 분명하다. 妹자가 沙喙部徙夫知葛文王의 妹를 뜻한다는 점, 원명과 추명의 주인공 가운데 한 명이 沙喙部徙夫知葛文王인 점, 妹王이 妹의 王을 가리킨다는 점 등을 동시에 염두에 둔다면 妹王은 추명의 주인공인 沙喙部徙夫知葛文王이 부르는 호칭일 가능성이 있다. 沙喙部徙夫知葛文王이 妹王이라고 부를 만한 대상자는 누구일까? 아무래도 妹의 남편 곧 妹가 시집간 쪽 사람을 부르는 호칭으로 판단된다. 沙喙部徙夫知葛文王의 妹가 시집을 갔을 때, 沙喙部徙夫知葛文王이 妹王이라고 부를 수 있는 제1의 대상자는 바로 妹의 남편인 것이다. 여기에서는 妹의 남편인 另卽知太王(법흥왕)을 沙喙部徙夫知葛文王이 부르는 간접 호칭으로[54] 보고 자 한다.[55]

이 妹王과 비슷한 용례를 찾아보자. 昌王銘舍利龕 명문에 百濟昌王十三秊 歲在丁亥妹兄公主供養舍利(개행)라고[56] 나온다. 昌王十三秊歲在丁亥는 威德王 13년(567년)이다. 이 명문은 백제 창왕 13년 丁亥(567년)에 妹兄과

인 另卽知太王(법흥왕)이 죽었기 때문에 另卽知太王妃인 夫乞支妃, 沙喙部徙夫知葛 文王 등이 토착신앙(장송 의례)의 성지인 서석곡을 찾은 것이라고 해석된다.
53) 武田幸男, 앞의 논문, 1993, 18쪽.
54) 인류학에서 사용하는 용어를 차용하였다.
55) 사탁부사부지갈문왕과 무즉지태왕(법흥왕)은 처남매부 사이이다.
56) 年의 이체인 秊는 백제 금석문에서는 처음 나온다.

公主가 공양한 사리로[57] 해석된다. 이 妹兄은 오늘날의 의미와 꼭 같다. 또 『삼국사기』 권44, 金陽傳의 '開成六年丙辰 興德王薨 無嫡嗣 王之堂弟 堂弟之子悌隆爭嗣位 陽與均貞之子阿飡祐徵 均貞妹婿禮徵 奉均貞爲王'에서 妹婿란 용어가 나온다. 妹王은 妹의 王이란 뜻이다. 妹兄은 妹의 兄(남편), 妹婿는 妹의 婿(남편), 妹弟는 妹의 弟(남편), 妹夫는 妹의 夫(남편)란 뜻으로, 모두 시집을 간 쪽의 남편을 가리키는 용어이다. 즉 妹王도 妹兄, 妹婿, 妹弟, 妹夫와 마찬가지로 妹의 남편을 가리킬 가능성이 크다. 따라서 妹王은 沙喙部徙夫知葛文王이 妹(另卽知太王妃인 夫乞支妃)의 남편인 另卽知太王 (법흥왕)을 부르는 간접 호칭으로 볼 수 있다. 沙喙部徙夫知葛文王과 另卽知太王은 妻男妹夫 사이로 판단된다.

뒤에 나오는 過人이란 용어도 過去와 마찬가지로 지나가다와 돌아가시다의 두 가지 뜻이 있는 것으로 판단된다.[58] 여기에서의 過人은 돌아가신 사람이란 뜻이다. 이 단락에는 물론 추명의 주인공인 沙喙部徙夫知葛文王이란 주어가 생략되어 있다. 이에 妹王考妹王過人은 "(沙喙部徙夫知葛文王이) 妹王(법흥왕)을 생각하니, 妹王은 죽은 사람이다."로 해석된다.[59]

---

57) 이를 金昌鎬,「집안고구려비를 통해 본 麗濟 王陵 비정 문제」『考古學探究』 17, 2015, 39쪽에서는 백제 창왕 13년(567년) 丁亥에 (창왕의) 매인 형공주가 공양한 사리로 해석하였다. 이는 잘못된 것이다. 癸酉銘阿彌陀三尊佛碑像(673년)에서(김창호,「癸酉銘阿彌陀三尊佛碑像의 銘文」『한국 고대 불교고고학의 연구』, 2007, 73쪽) 백제 유민 32명(총 33명 중 1명은 인명표기가 불확실)의 인명이 三久知乃末 (신라의 인명표기 방식으로 인명+관등명)으로 되어 있으나, 백제 관등명을 가진 達率身次는 불비상 자체에서 관등명+인명으로 백제의 인명표기 방식을 갖고 있었다. 達率身次의 예와 비교해서 妹兄公主를 妹인 兄公主로 해석하려 하면 인명+ 관등명류가 된다. 이는 達率身次(관등명+인명)와 달리 인명이 오는 위치가 반대가 된다. 妹兄公主를 백제 인명표기 방식인 妹인 兄公主로 해석하려고 하면, 명문 자체가 妹公主兄이 되어야 할 것이다. 따라서 妹兄公主 부분은 인명일 수가 없고, 妹兄과 公主 곧 公主 부부로 해석해야 할 것이다.

58) 南豊鉉,「永泰二年銘 石造毗盧遮那佛造像記의 吏讀文 考察」『新羅文化』 5, 1988, 11쪽에서 추명의 過去가 지나가다와 돌아가시다라는 두 가지 뜻으로 쓰였다고 하였다. 또 過去爲飛賜豆溫哀郞願爲를 '돌아가신 豆溫哀郞의 願을 위하여'라고 해석하였다.

59) 무즉지태왕은 己未年七月三日에 부걸지비와 사탁부사부지갈문왕 등이 서석곡에

C단락은 "乙巳年에[60] 王(沙喙部徙夫知葛文王)은 돌아가신 其王妃(沙喙部徙夫知葛文王의 妃)인 只沒尸兮妃를 愛自思(사랑하여 스스로 생각)했다."로 해석된다.[61]

D단락은 "己未年七月三日에 其王(沙喙部徙夫知葛文王)과 妹(另卽知太王妃인 夫乞支妃)가 함께 書石을 보러 谷에 왔다. 이때에 함께 3인이 왔다. 另卽知太王妃인 夫乞支妃, 徙夫知(葛文)王, 子인 郎△△夫知가 함께 왔다."로 해석된다.

E단락의 此時△는 전술한 바와 같이 "이때에" 정도로 해석된다.

F단락에서 作切臣은 직명, 喙部는 출신부명, 知禮夫知는 인명, 沙干支는 관등명이다. △泊六知居伐干支에서 직명과 출신부명은 앞사람과 같아서 생략되었고, △泊六知는 인명, 居伐干支는 관등명이다. 이를 해석하면, "作切臣은 喙部의 知禮夫知沙干支와 △泊六知居伐干支이다."가 된다.

G단락의 私臣丁乙尒知奈麻에서 私臣은[62] 직명, 丁乙尒知는 인명, 奈麻는 관등명이다. 이를 해석하면, "私臣은 丁乙尒知奈麻이다."가 된다.

H단락의 作食人貞宍知波珎干支婦阿兮牟呼夫人尒夫知居伐干支婦一利等次夫人居禮知△干支婦沙爻功夫人에서 作食人貞宍知波珎干支婦阿兮牟呼夫

왔을 때 이미 죽었다고 판단된다. 지몰시혜비의 제삿날이 六月十八日인 점에서 보면, 7월 3일이 무즉지태왕의 제삿날이다. 그래서 이날 부걸지비와 사탁부사부지 갈문왕 등이 서석곡(장송의례의 성지)을 찾았다. 무령왕릉(재위 501~523년) 출토의 매지권에 근거할 때, 무령왕과 왕비는 모두 27개월의 3년 상을 치르고 있어서 6세기에 중국식 유교 장례가 보급되었음을 알 수 있다. 그러나 서석곡에 있는 장송의례의 성지를 찾는 것은 중국에는 없는 신라의 방식이다.

60) 丁巳年으로 537년으로 보기도 하나 그렇게 하면 의미가 잘 통하지 않는다. 乙巳年으로 보아야 할 것이다. 그래야 전후관계의 연결이 순조롭고, 乙巳年六月十八日이 沙喙部徙夫知葛文王의 妃인 只沒尸兮妃가 돌아가신 때임이 분명해진다.

61) 이 부분을 南豊鉉, 「新羅時代 吏讀文의 解讀」 『書誌學報』 9, 1993, 8쪽에서는 '王이 돌아가시니 그 王妃인 只沒尸兮妃께서 (잊지 못하고) 사랑하여 스스로 생각했다.'로 해석하였다. 乙巳年(525년)에는 沙喙部徙夫知葛文王이 죽지 않고, 己未年(539년)에도 서석곡에 遊來하고 있어서 잘못된 해석이다.

62) 私臣의 역사적 의미에 대해서는 橋本繁, 「蔚州川前里書石原銘·追銘」 『史滴』 40, 2018 참조.

人은 한 사람의 인명표기이다. 作食人은 직명, 貞宍知는 인명, 波珍干支는[63]
관등명, 婦阿兮牟呼夫人은 婦인 阿兮牟呼夫人이란 뜻이다. 이어지는 尒夫知
居伐干支婦一利等次夫人도 한 사람의 인명표기이다. 作食人이란 직명은
앞사람과 같아서 생략되었고, 尒夫知는 인명, 居伐干支는 관등명, 婦一利等
次夫人은 婦인 一利等次夫人이란 뜻이다. 마지막으로 居禮知△干支婦沙爻功
夫人 역시 한 사람의 인명표기이다. 作食人이란 직명은 앞 사람과 같아서
생략되었고, 居禮知는 인명, △干支는 관등명, 婦沙爻功夫人은 婦인 沙爻功夫
人이란 뜻이다. H단락을 해석하면 "作食人은 貞宍知波珍干支의 婦인 阿兮牟
呼夫人과 尒夫知居伐干支의 婦인 一利等次夫人과 居禮知△干支의 婦인 沙爻
功夫人이며, 나누어서 함께 지었다."가 된다.[64]

　　지금까지 풀이한 내용을 전체적으로 정리하여 제시하면 다음과 같다.

　　"지난날 乙巳年(525년)六月十八日 새벽에 沙喙部徙夫知葛文王, 妹(인 麗
德光妙)와 (友인) 於史鄒安郎의 3인이 함께 놀러 온 이후로 六(月)十八日에
는 해마다 (書石谷을) 지나갔다.

　　(沙喙部徙夫知葛文王이) 妹王(법흥왕)을 생각하니, 妹王은 죽은 사람이다.

　　乙巳年에 王(沙喙部徙夫知葛文王)은 돌아가신 其王妃(沙喙部徙夫知葛文
王의 妃)인 只沒尸兮妃를 愛自思(사랑하여 스스로 생각)했다.

　　己未年七月三日에 其王(沙喙部徙夫知葛文王)과 妹가 함께 書石을 보러
谷에 왔다. 이때에 함께 3인이 왔다. 另卽知太王妃인 夫乞支妃, 徙夫知(葛文)
王, 子인 郎△△夫知가 함께 왔다.

　　이때에 作切臣은 喙部의 知禮夫知沙干支와 △泊六知居伐干支이다. 私臣
은 丁乙尒知奈麻이다. 作食人은 貞宍知波珍干支의 婦인 阿兮牟呼夫人과
尒夫知居伐干支의 婦인 一利等次夫人과 居禮知△干支의 婦인 沙爻功夫人이

---

63) 波자는 추명에 삼수(氵)에 저피(彼)를 합친 글자로 되어 있으나 조판상 어려움
　　때문에 같은 글자인 波로 썼다.
64) 원명과 추명에 作食人이 있는 것은 하루 이상을 書石谷에 머물렀다고 판단된다.

며, 나누어서 함께 지었다."

울주 천전리서석에서 사부지갈문왕을 입종갈문왕으로 볼 때 어떤 문제
가 생기는지 조사해 보자.[65]

첫째로 己未年 7월 3일에 입종갈문은 분명히 서석곡을 찾아왔으므로
법흥왕 사망 시에 살아 있었다. 따라서 입종갈문왕이 왕이 되어야 했음에도
그의 아들인 진흥왕이 15세의 어린 나이에 왕위에 올라[66] 친모인 지소태후
가 섭정을 했다.

둘째로 원명의 3주인공은 사탁부갈문왕, 어사추안랑, 여덕광묘인 데
대해 추명의 3주인공은 무즉지태왕비부걸지비, 사탁부사부지갈문왕, 매,
子인 郎△△夫知가 될 뿐, 妹의 이름은 추명에 나오지 않는다.

셋째로 입종갈문왕은 형인 법흥왕이 죽었는데도 형수인 부걸지비와
함께 서석곡에 遊來할 수가 있을까?

넷째로 원명의 525년에는 지몰시혜비가 입종갈문왕의 왕비로 나오는데
추명에는 입종갈문왕과 새로 결혼한 지소태후가 나오지 않는 점이 이상하
다.

다섯째로 법흥왕이 사망한 539년 7월 3일 당일에 법흥왕비인 부걸지비,
입종갈문왕, 입종갈문왕의 子인 郎△△夫知 곧 진흥왕이 서석곡에 놀러올
수 있을까?

여섯째로 사부지갈문왕이 입종갈문왕이라도 왕위에 오른 진흥왕의 이
름은 子인 郎△△夫知가 아닌 眞興太王으로 나와야 한다.

일곱째로 무즉지태왕비부걸지비가 모량부 출신이었다면 추명에 부명이

---

65) 원명에서 沙喙部葛文王, 麗德光妙, 於史鄒安郎의 3주인공이 모두 사탁부 출신이고,
추명에서는 沙喙部徙夫知葛文王, 妹인 另卽知太王妃夫乞支妃, 子인 郎△△夫知의
3주인공이 모두 사탁부 출신이라는 점이다.

66) 진흥왕의 친정 시기에 대해『삼국사기』에서는 7세설,『삼국유사』에서는 15세설이
등장한다. 545년이나 그 직전에 세워진 적성비에 王教事가 나와서 15세설을
따른다.

따로 나와야 할 것이다. 그녀가 사탁부 출신이었기 때문에 부명이 나오지 않은 것이고, 추명에서 此時三共遊來라고 하여 추명의 주인공이 3명이어야 하는데 4명이다. 이 문제는 妹가 무즉지태왕비부걸지비가 되면 모두 해결된다.

5. 맺음말

먼저 울진 봉평염제비의 원문을 제시하고 해석하였다. 이 비의 해석과 관련하여 제기한 문제점은 다음과 같다. 첫째로 제①행 끝부분에는 9~11자 가량의 공란을 비워두고 관등명의 일부인 干支만 따로 떼어서 제②행의 첫 부분에 썼다는 점이다. 둘째로 제①·②·③행을 계속 연결된 것으로 보면 법흥왕은 敎事를 내려야 함에도 불구하고, 법흥왕이 所敎事를 받게 되는 모순이 생긴다. 셋째로 고신라 금석문에서 牟梁部 소속의 인명표기가 없는데도 불구하고 干支란 관등명을 가진 인명이 나오는데 이는 아무리 낮아도 6두품 이상의 관등을 가졌음을 말한다. 하지만 지금까지 자료로 보건대 牟喙部가 6두품 이상의 관등을 갖기란 불가능하다. 모량부는 중고의 왕비족도 아니고[67] 牟梁部란 부명이 나오는 예는 남산신성비 제2비의 牟喙와[68] 월성해자 9호 목간의 牟喙(部)가 있었을 뿐[69] 岑喙部란 부명은 없다. 넷째로 제①행에 기록된 3명이 각각 신라 6부 가운데 喙部, 沙喙部, 本波部 三部의 長이란 분석을 염두에 두지 않았다는 점이다.

위에서 지적한 네 가지 문제점을 해결하기 위해서는 干支岑으로 끊어서 직명으로 볼 수가 있다. 干支岑에서 干支는 『光州千字文』에 나오는 임금왕

---

67) 김창호, 『고신라 금석문과 목간』, 2018, 170~177쪽.

68) 大烏(경위 15위로 4두품)란 관등명을 가진 것으로 보인다.

69) 박성현, 「월성 해자 목간으로 본 신라의 왕경과 지방」 『동아시아 고대 도성의 축조의례와 월성해자 목간-한국목간학회 창립 10주년 기념 국제학술회의-』, 2017, 212쪽.

(王)의 訓인 긔추와 통한다. 긔추란『宋書』百濟傳에 나오는 鞬吉支의 吉支나 신라 왕호 중 居西干의 居西와 통한다.[70] 이를 봉평비와 비문 구성이 유사한 적성비의 大衆等과 비교해 보자. 干의 音과 大의 訓은 음상사이고, 支는 杖과 같으므로(『삼국사기』地理志에 보이는 陜川 三嘉를 三支 一云 麻杖이란 구절에 근거하였다) 支(杖)는 衆과 음상사이고, 岑과 等은 음상사 이다. 여기에서는 干支岑喙部에서 干支岑을 직명, 喙部를 부명으로 본다.

다음으로 신라 중고 금석문에 나오는 각 부 출신의 인명의 수를 조사하였다. 탁부가 66명, 사탁부가 42명, 본피부 4명, 불명 13명 총 125명이다. 牟梁部 출신은 단 한 명도 없다. 그래서 중고의 왕족은 탁부 김씨이고, 왕비족은 사탁부 박씨로 보았다.

마지막으로 울주 천전리서석 원명에서는 沙喙部葛文王, 麗德光妙, 於史鄒 安郞의 3주인공이 모두 사탁부 출신이고, 추명에서는 沙喙部徙夫知葛文王, 妹인 另卽知太王妃夫乞支妃, 子인 郎△△夫知의 3주인공이 모두 사탁부 출신이라는 점이다. 另卽知太王妃夫乞支妃가 牟梁部 출신이라면 반드시 牟喙部란 부명이 추명에 나와야 된다. 이는 무즉지태왕비가 사탁부 출신으로 추명의 3주인공 가운데 1명이라는 것을 말해준다. 따라서 另卽知太王妃 夫乞支妃는 沙喙部徙夫知葛文王의 妹이다.

---

70) 한국정신문화연구원,『한국학기초자료선집-고대편-』, 1987, 1001쪽.

제2절 경산 소월리 透彫三面人物文甕의 소유자

1. 머리말

경산 소월리 유적은 경북 경산시 와촌면 소월리 산60-1번지 일대에 위치하고 있다.[1] 이곳은 삼국시대부터 통일신라시대까지의 생활 유적이다. 팔공산의 남동쪽에 위치한 와촌면은 신녕에서 자인으로 이어지는 남북 도로와 영천에서 대구로 이어지는 동서 도로가 교차하는 교통의 요충지이다. 透彫三面人物文甕은 2-Ⅱ구역[2] 남반부 고상건물지군 한 곳의 공지에 위치한 수혈 107호에서 출토되었다. 이 유구는 직경 1.6m 깊이 1.8m 규모의 수혈로 생토층을 수직에 가까운 사선으로 굴착하여 조성하였다. 유물은 약 30㎝ 깊이의 갈색 사질토층에서 6세기대의 완, 개, 고배편, 인화문토기편 등이 출토되었으며, 80㎝ 깊이의 회층색 니토층에서 透彫三面人物文甕, 목간 1점, 토기, 목기 등이 출토되었다. 수혈의 바닥에서는 완 1점, 이형토기 1점, 목재 2점이 출토되었다.

透彫三面人物文甕은 거의 완형으로 기고 28.4㎝, 구경 17.5㎝의 규모로서 사람의 머리와 비슷한 크기이다. 그릇을 뒤집어 놓았을 때, 정상부가 되는 저부 중앙에 직경 4.5㎝의 원형 구멍을 뚫고, 3방향 등간격으로 저부 가까이에 인면문 3조가 투조되어 있다. 각 인면문의 두 눈과 입은 세장 타원형으로 밖에서 오려냈고, 콧구멍에 해당하는 2개의 투공은

안에서 밖으로 찔러 만들었다. 콧등을 중심으로 양쪽을 손가락으로 살짝 둘러서 콧등을 도드라지게 표현하였다. 각 인면의 표정은 대체적으로 비슷하지만 무표정한 듯, 심각한 듯, 말을 하는 듯한 표정으로 조금씩 다르게 표현하였다. 귀 부위에는 직경 3.5㎝의 원형 구멍 3개를 뚫어 옆의 인면과 하나씩을 공유하고 있다. 透彫三面人物文甕은 지금까지 진주 중층리 유적, 함평 금산리 방대형 고분 등에서 나온 사람얼굴 모양 토기편이 일부 출토되었으나 삼면에 인면을 시문한 것은 세계적으로 매우 드문 사례이다.

여기에서는 먼저 6세기 경산 소월리의 종교에 대해 살펴보겠다. 다음으로 울주 천전리서석 을묘명에 대해 살펴보겠다. 마지막으로 透彫三面人物文甕의 제의에 대해 살펴보고자 한다.

2. 6세기 경산 소월리의 종교

경산 소월리의 종교 하면 먼저 불교를 떠올린다. 불교는 최근에 들어와서는 智證大師碑의 '其敎之興也 毘婆娑先至'란 구절에 근거하여 大乘佛敎 이전의 小乘佛敎의 전래 가능성 여부가 조심스럽게 언급되기도 하였다.[3] 법흥왕 이전의 소승불교의 전래 시기는『삼국유사』興法, 阿道基羅조에 인용된 阿道本碑에 의하면 味鄒王卽位二年癸未(263년)라고 한다. 이 연대에 관해서는『海東高僧傳』阿道조에도 보이고,『三國遺事』보다 이른 시기에 만들어진 것으로 추정된[4]『湖山錄』의 興輪寺大鍾銘幷書에도 나온다.[5] 미추왕은 소승불교의 전래 전설과 관련된 임금이므로 그 다음의

---

3) 허흥식,「한국불교의 종교형성에 관한 시론」『김철준박사화갑기념사학논총』, 1983, 282쪽.
4) 허흥식,「진정국사의 생애와 시대인식」『동방학지』35, 1983, 91쪽에 의하면 『호산록』은 1270년대에 완성되었다고 한다.
5) 허흥식, 앞의 논문, 1983, 118쪽. 최근에는 投影說에 근거하여(末松保和,『新羅史の

신라 왕들은 祭天之胤이라 부를 수 있게 된다. 미추왕의 傳七葉에 해당되는 법흥왕은 대승불교를 공인한 임금이다. 불교를 공인한 연대는 527년이다.

신라에서 지방에 불교가 전래되어 사원이 마련된 것은 679년의 문무대왕 기와인 儀鳳四年皆土명기와가 나오고 나서일 것이다. 왜냐하면 679년에 신라의 기와가 완성되었고, 이 완성된 기와를 발판으로 지방에 절이 세워졌을 것이기 때문이다.6) 7세기 전반에 영남 일원에서 나오는 기와는 지방 관아 유적과 관련된 기와이지 사원용은 아니다. 따라서 경산 지역에 사원이 만들어져서 불교신앙이 들어온 때는 679년 이후이다.7)

다음은 도교의 신앙 전래는 언제부터일까? 이에 관한 자료는 없다. 보통 도교 전래를 #마크, 곧 벽사 마크의 전래로 따질 수가 있다. 고신라에서 도교 전래를 보여주는 최초의 예는 475년의 호우총이다. 호우총에서 나온 호우의 연대는 475년이지만 호우총의 조성 연대는 510년경이다. #마크가 신라의 횡혈식석실분에서 나오는 것은 횡혈식석실분이 도입된 시기인 520년과는 상관이 없다. 신라에서 최초로 횡혈식석실분이 도입된 후에 경산 지역에서도 횡혈식석실분을 조영동 등에서 조영하면서 #마크를 한 토기를 부장하지 않고 있다. 신라에서 #마크 사용의 최절정기는 680년으로 추정되는 망성리요에서 習部##명암기와와 習府##명암기와를 만들었던 때이다. 따라서 경산 지역에 도교가 들어왔다고 볼 수도 없다.

그렇다고 애니미즘이나 토테미즘이나 시조신 숭배 등으로 볼 수도 없다. 결국 이는 한국 고래의 토착신앙으로 볼 수밖에 없다. 이에 관련된 자료는 장을 달리하여 논하고자 한다.

諸問題』, 1954, 384쪽 등) 味鄒와 법흥왕의 왕명인 慕秦을 동일한 것으로 보고 味鄒王二年癸未(263년)의 소승불교 전래를 부정한 견해도 있다(문경현, 「삼국유사 소재 미추왕고」 『삼국유사연구』 상, 1983, 11~24쪽).

6) 儀鳳四年皆土명기와가 지방에서는 나오지 않으나 이런 기와를 만들 수준이 되어야 지방에서도 절을 지을 수 있었을 것이다.

7) 불교가 신앙의 대상이 되려면, 기와로 된 절, 불상, 스님 등이 반드시 필요하다. 透彫三面人物文甕이 출토된 유적에서는 이런 불교적인 흔적이 없다.

3. 울주 천전리서석 乙卯年銘

신라 금석문 가운데 불교와 관련되는 금석문으로서 가장 이른 시기의 것으로 울주 천전리서석 을묘명을 들 수 있다. 이에 대해서는 지금까지 몇몇 단편적인 연구가 행해지고 있다. 여기에서는 우선 설명의 편의를 위해 관계 전문부터 제시하면 다음과 같다.

④	③	②	①	
先	僧	道	乙	1
人	首	人	卯	2
等	乃	比	年	3
見	至	丘	八	4
記	居	僧	月	5
	智	安	四	6
	伐	及	日	7
	村	以	聖	8
	衆	沙	法	9
	士	弥	興	10
			太	11
			王	12
			節	13

이 명문에 나오는 乙卯年에 대해서는 535년(법흥왕 22년)설과[8] 595년(진평왕 16년)설이[9] 있다. 후자에서는 제①행에 나오는 節자를 기념일을 가리키는 것으로 보아 불교 기념일을 적은 명문으로 해석하고 있다. 나아가서 『삼국사기』 법흥왕 28년조의 王薨 謚曰法興에 근거하여 법흥왕은 재위 시에는 牟卽智寐錦王 등으로 불렀을 뿐이고, 법흥왕은 시호이므로 법흥왕 재위 시에는 사용이 불가능하다는 전제 아래 乙卯年은 595년이 되어야 한다고 주장하고 있다. 이러한 방법에 따라서 540~576년에 재위한 진흥왕의 경우를 조사해 보자. 마운령비에는 眞興太王이라고 명기되어 있고,

---

8) 현재 학계에서 일반적으로 통용되는 학설이다.

9) 문경현, 「新羅 佛敎 肇行攷」 『신라문화제학술발표회논문집』 14, 1993, 141쪽.

『삼국사기』 진흥왕 37년(576년)조에는 '秋八月王薨 諡曰眞興'이라고 되어 있어서 마운령비의 건립 연대도 568년보다 한 甲子 내려서 628년으로 보아야 될 것이다. 지금까지 마운령비의 건립 연대를 628년으로 본 가설은 학계에서 제기된 바 없다. 여기에서는 乙卯年을 535년으로 본다.

명문 가운데에서 제①행에 나오는 聖자를 신라 골품제 가운데 聖骨을 가리킬 가능성을 제시한 견해가 있다.[10] 朗慧和尙碑에서 聖骨을 聖而라고 표현한 점에서 보면 그럴 개연성도 있는 듯하다.

제③행의 居智伐村을 『삼국사기』 地理志, 良州조의 巘陽縣 景德王改名 今因之란 구절과 대비시켜서 居智伐=居知火로 본 견해가 있다.[11] 그렇다면 헌양현은 어디를 말하는 것일까. 『고려사』 志卷11, 地理2에 '巘陽縣 本居知火縣 景德王改今名 爲良州領縣 顯宗九年來居 仁宗二十一年 監務後改彦陽'이라고 되어 있어 오늘날 彦陽 지역이 居智伐村임을 알 수 있다.

을묘명 분석의 핵심은 제②·③·④행에 걸쳐 나오는 道人比丘僧安及以沙弥僧首乃至居智伐村衆士仙人의 인명 분석이다. 이 부분을 道人比丘僧安及以와 沙弥僧首乃至와 居智伐村衆士仙人으로 나누어 해석한 견해가 있다.[12] 이에 대해 명문 가운데 及以와 乃至란 구절은 漢譯佛典에 자주 나오는 용어로서 及, 倂과 같은 뜻이라는 점을 근거로 比丘 僧安과 沙弥 僧首만을 인명으로 분석한 견해가 있다.[13]

중국 남북조시대나 우리나라 삼국시대에는 單字의 승명이 보이지 않고, 僧法名에 僧자가 붙는 僧演, 僧肇, 僧實, 僧柱 등의 예가[14] 있음을 볼 때,[15]

10) 이종욱, 「신라 중고시대의 성골」 『진단학보』 59, 1980.

11) 木村誠, 「新羅郡縣制の確立過程と村主制」 『朝鮮史硏究會論文集』 13, 1976, 11쪽.

12) 이문기는 국사편찬위원회 한국사데이터베이스 역주 한국고대금석문에서 道人比丘僧 安及以와 沙彌僧 首乃至, 居智伐村의 衆土, △人들이라고 해석하였다.

13) 深津行德, 「法體の王-序說 ; 新羅の法興王の場合-」 『學習院大學 東洋文化硏究所調査硏究報告』 39, 1993, 55쪽.

14) 이들 4명의 승려는 中觀派(三論宗)로 보인다.

15) 김영태, 「연가7년명 고구려불상에 대하여」 『한국불교학회제9회학술연구발표회 발표요지』, 1986, 6쪽.

후자쪽이 설득력이 있는 듯하다.

이렇게 되면 道人比丘僧安及以沙弥僧首乃至居智伐村衆士仙人等에서 及以와 乃至는 병렬의 뜻을 가진 조사이므로 比丘(직명류)인 僧安(법명), 沙弥(직명류)인 僧首(법명)가 된다. 그런데 나머지 부분인 居智伐村衆士仙人等도 앞에서와 같이 직명+인명으로 볼 수 있는지가 문제이다. 居智伐村은 촌명이므로 인명 분석을 어렵게 하고 있다. 어색하긴 하지만 居智伐村을 출신지명으로 보고 衆士를 직명, 仙人을 인명으로 볼 수가 있다. 하지만 이 경우 출신지명이 직명보다 앞서서 이상하고, 이 인명의 마지막에 복수를 나타내는 等자가 붙어 있어서 仙人만을 인명으로 본다면 衆士인 仙人이 두 명 이상의 인명표기가 되어야 한다. 따라서 뒤의 仙人을 인명으로 볼 수가 없다. 남은 해석 방법은 衆士와 仙人을 모두 직명으로 보는 방법이다.

지금까지 분석해 온 道人比丘僧安及以沙弥僧首乃至居智伐村衆士仙人等을 해석해 보기로 하자. 及以와 乃至를 병렬의 뜻을 가진 조사로 보면, 道人은 당연히 比丘를 가리키고, 沙弥인 僧首와는 관계가 있게 되어 '道人比丘인 僧安과 沙弥인 僧首와 居智伐村의 衆士·仙人들이'로 해석된다.

위의 구절에서 주목되는 용어가 道人이다. 道人은 이 시기의 다른 금석문에도 나오고 있는바, 이를 뽑아서 적기하면 다음과 같다.

ⓐ ~見道人△居石窟~ (북한산비)
ⓑ 于時隨駕沙門道人法藏慧忍　太等居柒夫智伊干~ (마운령비)
ⓒ ~于時沙門道人法藏慧忍~ (황초령비)

위의 금석문 자료 가운데 북한산비는 567년에 건립되었고, 마운령비와 황초령비는 568년에 건립되었다. 북한산비, 마운령비, 황초령비는 당시 신라의 진흥왕과 그의 신하들이 함께 지방을 순수하고 세운 비석들이다. 비슷한 시기에 세워진 금석문인데도 북한산비의 道人은 북한산비가 서 있던 북한산 비봉의 석굴에 살고 있다고 명기되어 있을 뿐, 인명표기는 기록되지 않고 있다. 이에 비해 마운령비와 황초령비의 道人은 신라 정치의 중핵적 역할을 담당했던 大等보다 앞서서 인명표기로 기록되어 있다. 이들 비문에 나타난 것으로 보면, 북한산비의 道人과 마운령비·황초령비의 道人 사이에는 어떤 관계가 있는 듯하다. 북한산비는 마운령비와 황초령비에 앞서서 건립되었다. 그렇다면 북한산비에서 북한산 비봉 석굴에 살고 있다던 道人이 신라에 歸附하여 마운령비와 황초령비의 道人이 되었을 가능성은 없을까?

북한산비가 서 있던 한강 유역과 마운령비·황초령비가 소재한 함흥 근처는 모두 고구려 땅이었다. 고구려의 옛땅으로 향하면서 신라 출신 道人을 동행시키기보다는 북한산 비봉의 고구려 출신 승려를 데리고 가는 쪽이 고구려계 지방민의 위무에는 훨씬 도움이 되었을 것이다.

이상에서 보면 을묘명에 나오는 道人인 比丘 僧安은 居智伐村과는 관계가 없는 중앙의 고급 승려로 판단된다. 그 뒤에 나오는 沙弥 僧首 역시 중앙인 徐羅伐의 승려로 보인다. 그렇다면 뒤이어 나오는 居智伐村의 衆士와 仙人의 성격이 궁금하다. 이에 대해서는 다음과 같은 선학들의 견해가 있다.

첫째로 居智伐村의 衆士와 仙人을 일반 촌민으로 보는 견해이다.[16]

둘째로 衆士와 仙人 중 衆士를 『삼국사기』에 보이는 文士·烈士·國士 등과 같이 士로 표현되는 계층으로 보고 이를 下級宮人, 나중에 外位 소지자가 되는 모집단으로 이해하는 견해가 있다.[17]

셋째로 乙卯年(535년) 당시 서울에서 興輪寺 창건 공사가 시작되어 이해에 比丘僧安과 沙弥僧首 등이 천전리를 방문하여 작성했다는 전제 아래 比丘僧安과 沙弥僧首는 흥륜사 창건에 기술로써 봉사하고, 衆士·仙人은 노동력으로 참가했다고 주장하는 견해가 있다.[18]

위의 어느 견해도 을묘명의 衆士와 仙人에 대한 깊이 있는 검토는 뒤따르

---

16) 한국고대사회연구소, 『역주 한국고대금석문Ⅱ』, 1992, 165쪽.

17) 남희숙, 「신라 법흥왕대 불교 수용과 그 주도세력」 『한국사론』 25, 1991.

18) 深津行德, 앞의 논문, 1993.

지 않고 있는 듯하다. 이 시기 신라의 금석문인 중성리비, 냉수리비, 봉평비, 적성비, 창녕비에서 기본적인 비문의 구성은 왕이 나오고, 그 다음으로 왕경인(6부인)이 나오고, 마지막으로 지방민이 나오는 형식을 취한다. 을묘명처럼 중앙의 승려에 뒤이어 지방 출신의 직명만이 나오는 예는 없다. 을묘명을 앞에서 예로 든 중성리비, 냉수리비, 봉평비, 적성비, 창녕비 등과 비교해서는 衆士와 仙人의 성격을 규명할 수 없다.

居智伐村의 衆士와 仙人에 앞서 나오는 比丘僧安과 沙弥僧首가 중앙 불교계의 인물들이므로 衆士와 仙人을 거지벌촌에 있던 지방 불교와 관련된 인물로 볼 수도 있다. 이 경우, 535년 당시에 지방 사원이 존재했는지가 문제이다. 신라에서 지방 사원과 관련된 승관제로는[19] 州統·郡統이 알려져 있으나 이들은 대개 685년 신라의 지방제도인 州郡縣制의 완성과 맥을 같이하는 것으로 이해되고 있다. 그런데 을묘명에 나오는 거지벌촌은 州나 郡보다 더 하급행정기관인 縣에 해당되는 촌명이어서 지방 사원과 관련될 가능성은 그만큼 적어진다. 더구나 당시의 서울이었던 서라벌에서 조차 을묘명이 작성된 해인 535년에야 비로소 신라 최초의 사원인 흥륜사가 창건되기 시작하고 있어서 535년에 거지벌촌에 지방 사원이 있었을 가능성은 거의 없다. 따라서 衆士와 仙人을 거지벌촌에 있던 지방 사원과 관련되는 불교계통 직명으로 볼 수는 없다.

을묘명에서 제②·③·④행의 道人·比丘僧安·及以·沙弥僧首·乃至 등은 모두 불교 관련 용어이다. 이들과 병렬로 연결되어 있는 거지벌촌의 衆士와 仙人도 불교와 관련된 漢譯佛典이나 조상기 등의 자료에 나올 가능성이 없는 것은 아니나 아직까지는 그러한 예가 발견된 바 없다. 제②·③·④행의 인명표기 가운데 병렬로 연결되어 있는 3부분에서 첫 번째와 두 번째는

---

19) 이홍직, 「신라승관제와 불교정책의 제문제」 『백성욱박사송수기념불교학논문집』, 1959 ; 中井眞孝, 「新羅における佛教統制について」 『朝鮮學報』 59, 1971 ; 이수훈, 「신라 승제의 성립과 기능」 『부산사학』 14, 1990 ; 채상식, 「신라 승관제 이해를 위한 시론」 『한국문화연구』 6, 1993.

불교와 관련된 용어이고, 나머지 세 번째는 불교와 관련된 용어가 아니다. 衆士와 仙人 부분은 인명표기에서도 직명＋인명식이 아닌 직명만으로 나열되어 있어서 그 성격이 참으로 궁금하다. 혹시 衆士와 仙人은 거지벌촌에 살고 있는 계층으로, 중앙 불교계의 최고 지도층인 道人과 어깨를 나란히 할 수 있는 계층이었을까?

지금까지 신라 금석문을 통해서는 행정촌의 최고 계층이 누구인지 단정하기 어렵지만, 村主, 作上, 城上 등을 들 수가 있다. 이들 촌주, 작상, 성상 등의 경우는 직명＋출신지명＋인명＋외위명의 인명표기 방식으로 기재되어 있다. 衆士와 仙人이 거지벌촌의 최고 계층이라면 524년에 작성된 봉평비에 下干支, 一伐, 一尺, 彼日(旦), 阿尺 등의 외위가 나오고 있으므로 외위를 갖는 인명표기로 비문에 적힐 가능성이 크다. 그렇게 보면 居智伐村의 衆士와 仙人 형식으로 표기된 인명은 신라의 어느 금석문에서도 그 유례를 찾을 수가 없다고 하겠다.

衆士와 仙人은 을묘명에서 두 개의 직명으로 나열되어 있다는 것 외에는 실체를 파악할 실마리를 찾을 수 없다. 좀 우회적인 방법이겠지만 을묘명과 같이 있는 원명과 추명을 통해 이를 검토해 보자. 원명과 추명은 각각 525년과 539년에 작성된 것이고, 양자에서는 沙喙部徙夫知葛文王과 妹가 주인공으로 함께 동행하고 있다. 원명의 작성 연대는 525년이므로 신라에서 불교가 공인된 527년보다 2년 앞선다.

원명과 추명의 주인공들은 추명의 앞부분에 過去乙巳年六月十八日昧 沙喙部 徙夫知葛文王妹於史鄒安郎三共遊來以後六△十八日年過去라고 표기된 것처럼 옛날에 525년 6월 18일에 이곳에 온 후에도 6월 18일에는 해마다 이곳을 왔다가 갔다고 명기되어 있다. 그렇다면 6월 18일은 沙喙部徙夫知葛文王의 男妹에게 대단히 중요한 날짜였을 것이다. 그 이유를 알아보기 위해 추명의 관계 부분을 적기하면 다음과 같다.

① 過去乙巳年六月十八日昧 沙喙

② 部 徙夫知葛文王妹於史鄒安郎

③ 三共遊來以後六△十八日年過去妹王考

④ 妹王過人乙巳年王過去其王妃只沒尸兮妃

⑤ 愛自思己未年七月三日其王与妹共見書石叱見來谷

위의 추명에서 해마다 6월 18일에 이곳을 왔다가 갔다고 명기된 부분은 제③행의 ~遊來以後六△十八日年過去이다. 해마다 6월 18일에 이곳을 다녀간 구체적인 이유는 제④·⑤행의 乙巳年王過去其王妃只沒尸兮妃愛自思이다. 이 부분의 해석에는 크게 두 가지 방법이 있다.

첫째는 '乙巳年(525년)에 (徙夫知葛文)王은 옛날의 其王妃인 只沒尸兮妃를 愛自思했다.'로 해석하는 것이다. 過去를 옛날의 뜻으로 보고 이 부분을 해석하면, 옛날의 其王妃인 只沒尸兮妃를 愛自思했고, 지금의 其王妃인 只沒尸兮妃는 愛自思하지 않는다는 이야기가 되어, 6월 18일에 해마다 이곳을 찾는 이유에 대한 뚜렷한 근거를 제시할 수 없다.[20]

둘째로 過去를 永泰二年銘石造毗盧遮那佛造像記에서 過去爲飛賜豆溫哀郎願爲를 '돌아가신 豆溫哀郎의 願을 위하여'라고 본 해석에 따라 '돌아가시다.'라고 해석하는 방법이 있다.[21] 이 경우 '乙巳年에 (徙夫知葛文)王은 돌아가신 其王妃인 只沒尸兮妃는 愛自思했다.'로 해석된다. 이렇게 해석하면 6월 18일에 해마다 沙喙部徙夫知葛文王이 이곳을 찾는 이유는 이 날이 其王妃인 只沒尸兮妃의 제삿날이기 때문이다.

둘째의 방법을 따를 경우, 이 시기의 신라에서 해마다 같은 날짜에 특정 지역을 찾는 관습이 있었는지가 궁금하다. 이에 대한 구체적인 실례를 찾기 어렵지만 백제 무령왕릉 출토의 매지권에 따르면 무령왕과 그 왕비는 모두 죽은 지 27개월 만에 장사를 지내는 3년상을 시행하고 있다.[22] 곧

---

20) 김창호, 「울주천전리서석의 해석 문제」 『한국상고사학보』 6, 1995, 393쪽.

21) 남풍현, 「永泰二年銘 石造毗盧遮那佛造像記의 吏讀文 考察」 『신라문화』 5, 1988, 11쪽.

523년 5월 27일에 죽은 무령왕은 525년 8월 12일에 장사를 지냈고, 526년 12월에 죽은 무령왕의 왕비는 529년 2월 12일에 장사를 지내고 있다. 27개월의 3년상이 6세기 전반 백제에 도입되었다면 같은 시기의 신라에서도 해마다 같은 날짜인 제삿날에 특정 지역을 찾는 관례가 있었다는 상정을 해볼 수 있을 것이다.

원명과 추명의 주인공인 沙喙部徙夫知葛文王의 男妹가 해마다 천전리서석을 찾는 이유는 갈문왕의 왕비가 죽은 제삿날이기 때문이다. 그런데 그 장소가 군이 천전리인 이유가 궁남하다. ㄱ것은 천전리서석의 암각화니 선각화와 관련하여 보면, 이곳 자체가 신앙적인 장소였기 때문이다.

6세기경의 천전리서석 선각화에는 인물도, 기마행렬도 등의 인물상과 말, 새, 용, 물고기의 동물상 그리고 배 등이 있다. 이는 3~6세기 무덤인 적석목곽묘[23] 출토의 토우와 유사하며 장송 의례와 관련되어 있다.[24] 따라서 토착신앙의 성지인 서석곡은 장송 의례와 관련되어 있고, 을묘명에 나오는 衆士와 仙人은 신라의 토착신앙과 관련되어 있음을 알 수 있다.

4. 透彫三面人物文甕의 제의

한국 고대 제의는 농경 의례, 소금 의례, 장송 의례 등 여러 가지가 있다. 경산 소월리 透彫三面人物文甕은 이 중 어느 제의와 직접 관련이 있을까? 수혈 107호에서는 토지대장인[25] 5면 목간까지 나와서 쉽게 농경

---

22) 김창호, 「고신라의 불교관련 금석문」, 『영남고고학』 16, 1995, 52쪽.

23) 김창호, 「신라 금관총의 尒斯智王과 적석목곽묘의 편년」, 『新羅史學報』 32, 2014에서 신라 적석목곽묘에 관한 편년을 제시한 바 있다. 곧 4세기 전반의 황남동109호3·4곽, 4세기 후반의 황남동110호, 황오리14호, 5세기 전반의 98호남분(402년, 내물왕릉), 98호북분, 5세기 후반의 금관총(458년, 눌지왕릉=尒斯智王陵=넛지왕릉), 서봉총, 식리총, 금령총, 천마총, 6세기 전반의 호우총(475년 상한), 보문리 합장묘로 보았다.

24) 김창호, 『삼국시대 금석문 연구』, 2009, 140~141쪽.

의례임을 알 수가 있다. 그러면 6세기 고신라의 농촌에서는 농경 의례가 장송 의례와 분화되어 있었다는 전제가 필요하다. 소금 의례는[26] 울진봉평비에 나온다. 이 제의는 분화되지 않고 소금 제의의 주재자가 장송 의례를 주재했을 것이다. 마찬가지로 透彫三面人物文甕의 주재자도 모든 제의를 주재했을 것이다.

6세기 고신라에서 경산 소월리와 같은 透彫三面人物文甕에 나타난 제의의 주재자는 만물상과 같이 제의란 제의는 모두 관장하는 제사장이었을 것이다. 그런데 농경 의례만 전담하는 제사장이라면 토착신앙에 중요한 몫을 차지하는 장송 의례는 누가 맡아보았을지 궁금하다. 透彫三面人物文甕을 가지고 제의를 전담한 제사장은 농경 의례와 장송 의례 등 모든 제의를 전담했을 것으로 추정된다.

5. 맺음말

6세기 경산 소월리 삼국시대 신라의 유적인 2-Ⅱ구역의 수혈 107호에서 토지대장 목간과 함께 透彫三面人物文甕이 출토되었다. 이 透彫三面人物文甕은 거의 완형으로 기고 28.4㎝, 구경 17.5㎝의 규모로서 사람의 머리와 비슷한 크기이다. 그릇을 뒤집어 놓았을 때, 정상부가 되는 저부 중앙에 직경 4.5㎝의 원형 구멍을 뚫고, 3방향 등 간격으로 저부 가까이에 인면문 3조를 투조하였다. 각 인면문의 두 눈과 입은 세장 타원형으로 밖에서 오려냈고, 콧구멍에 해당하는 2개의 투공은 안에서 밖으로 찔러 만들었다. 또 콧등을 중심으로 양쪽을 손가락으로 살짝 둘러서 콧등을 도드라지게 표현하였다. 각 인면의 표정은 대체적으로 비슷하지만 무표정한 듯, 심각한

---

25) 소월리 목간에 나오는 논과 밭은 당시 제사장 소유의 토지대장이다.

26) 봉평비의 제의는 소금 축제이며, 비문에 나오는 奴人은 함안 성산산성 목간에서도 仇利伐 목간에서도 다수 등장한 바 있다. 奴人은 소금 생산자를 가리킨다.

듯, 말하는 듯한 표정으로 조금씩 다르게 표현하였다. 귀 부위에는 직경 3.5㎝의 원형 구명 3개를 뚫어 옆의 인명과 하나씩을 공유하고 있다. 이 透彫三面人物文甕은 거의 유례가 없는 제사 유물이다.

6세기 당시 신라의 경산 소월리에서는 상정이 가능한 종교로 불교를 들 수 있다. 신라 불교는 263년 소승불교가 전래되었다는 전설이 있고, 그 뒤인 527년 이차돈의 순교로 불교가 공인되었다. 신라에서 경산 지역까지 불교가 들어오려고 하면 문무대왕기와인 679년의 儀鳳四年皆土명기와 이후가 되어야 한다.

도교의 전래 사실은 475년의 호우총 호우에 나오는 #마크로 알 수 있다. 벽사 마크인 #마크는 경주에서도 520년 이전으로까지는 소급할 수가 없다. 신라에서 #마크 사용의 최절정기는 680년으로 추정되는 망성리요에서 習部##명암기와와 習府##명암기와를 만들었던 때이다. 따라서 경산 지역에 도교가 들어왔다고 볼 수도 없다. 왜냐하면 경산 지역의 조영동 등 횡혈식석실분에서 #마크를 한 토기는 보고된 바가 없기 때문이다.

신라 토착신앙과 관련된 것으로 535년 울주 천전리서석 을묘명이 있다. 여기에 나오는 衆土와 仙人은 토착신앙을 담당하였던 제사장으로 보인다. 이들이야말로 중앙의 최고위 승려인 道人에 대응되는 자이다.

透彫三面人物文甕을 소유한 제사장이 바로 이런 중사와 선인으로, 농경 의례와 장송 의례 등을 전담했던 것으로 보인다.

제3절 1차 사료를 통해 본 신라의 奴人

1. 머리말

대표적인 1차 사료로는 금석문, 목간, 고문서가 있다. 이들에 대한 언급은 문헌에는 잘 나오지 않는다. 가령 한국 고대 금석문의 최고봉인 광개토태왕비가 문헌에는 1줄의 언급도 없다. 포항 중성리신라비, 포항 냉수리신라비, 울진 봉평신라염제비, 단양 적성신라비, 창녕 신라척경비, 북한산 진흥왕순수비, 마운령 진흥왕순수비, 황초령 진흥왕순수비에 대한 언급도 문헌에는 없다. 왕경 목간인 월성해자 목간이나 월지 목간에 대한 언급도 문헌에 없고, 453점의 목간이 나와서[1] 활발하게 연구되고 있는 함안 성산산성의 목간에 대한 언급도 마찬가지로 문헌에는 없다. 신라둔전문서나 정창원 좌파리가반 부속문서 역시 문헌에는 없다.

실제로 충남 부여군 규암면 신리에 위치한 사적 제427호 부여 왕흥사는 대표적인 왕실 사찰이다. 2007년 목탑터에서 발견한 왕흥사지 사리기(보물 제1767호)에는 백제 틈王이 죽은 왕자를 위해 丁酉年二月十五日에 절을 창건했다는 명문이 새겨져 있어서 학계의 주목을 받았다.

우선 설명의 편의를 위해 왕흥사 청동합 명문의 전체를 제시하면 다음과 같다.

---

1) 282점이라는 숫자는 목간의 총수로 국사편찬위원회 한국사데이터베이스에 의한 것이다. 함안 성산산성 목간에서 묵서 수도 이재환·오택현, 「백제·신라 목간의 집계와 범례의 제안」 『목간과 문자』 30, 2023에 따르면 253점이나 된다.

王興寺舍利盒 명문

	①	②	③	④	⑤	⑥
1	丁	十	王	子	利	神
2	酉	五	昌	立	二	化
3	年	日	爲	利	枚	爲
4	二	百	亡	本	葬	三
5	月	濟	王	舍	時	

이 명문을 해석하면 '丁酉年(577년) 二月 十五日에 백제 昌王이 죽은 왕자를 위해 사찰을 세웠는데 본래 징사 시에 舍利 2매를 넣었는데 신이 조화를 부려 3매가 되었다.'가 된다.

왕흥사 목탑 사리공에서 출토된 청동사리합 명문에 丁酉年이란 연간지가 나와 577년이란 절대 연대를 갖게 되었다. 왕흥사 목탑은 『삼국사기』 권27, 백제본기 5에 무왕 즉위 1년(600년)~무왕 35년(634년) 사이에 건립된 것으로 되어 있어 문헌을 믿을 수 없게 한다. 이 점은 문헌을 중심으로 한 연구의 한계를 밝혀주는 것으로 중요한 의미를 갖는다.

지금까지 금석문과 목간을 통해서 奴人처럼 공통적으로 나온 예는 관등 명말고는 별로 없다. 신라의 奴(人)은 1988년 4월 봉평비(524년)에서 발견되어 처음 알려지게 되었다. 그 정체에 대해서는 일반 신민, 새로 편입된 복속민, 차별 편제한 특수 지역민, 지방민 일반, 舊高句麗民 등 다양한 가설이 나왔다.[2] 대체로 노(인)은 신라에 새로 편입된 지역의 복속민으로 보고 있다.[3]

그런데 1998년 공개되기 시작한 함안 성산산성 목간에 奴(人)이 확인되면서 이들 노(인)을 어떻게 해석할지의 문제가 새로 제기되었다. 먼저 성산산성 목간에 나오는 노인을 봉평비의 노인과 어떻게 연결시킬 것인지의 문제다. 처음의 성산산성 목간의 연구에서는 私奴婢일 가능성이 언급되었

---

2) 한국고대사학회 편, 『한국고대사연구』 2, 1989 ; 울진군·한국고대사학회, 『울진 봉평신라비와 한국 고대 금석문』, 2011.

3) 武田幸男, 「新羅·蔚珍鳳坪碑の敎事主體と奴人法」 『朝鮮學報』 187, 2003.

다.4) 대체로는 봉평비에서 나온 결론을 성산산성 목간에도 적용하여 노인을 구고구려계 복속민으로 보았다.5) 이후 새로운 목간 자료의 발굴이 증가되자 노인이 기재된 목간을 해석하면서 奴人=私奴婢說의 주장되었다.6) 이를 비판하면서 봉평비의 노인을 중심으로 奴人=私奴로 보고, 이를 강조하는 연구도 나왔다.7) 노인은 기본적으로 복속민의 성격을 지녔지만, 6세기 중반 그들을 구리벌에 사는 개인에게 각기 예속시켜 관할, 통제하게 하였고, 이후 그들을 점차 공민으로 포섭하였다고 보았다.8) 노인을 세금을 내는 주체로서 수취의 대상이 된 奴婢로 보기도 했다.9) 또 성산산성의 노인을 봉평비의 노인과 함께 隸民的 상황 집단적 지배를 받던 존재로부터 개인적 人身 지배에 기반한 公民으로 전화해 가는 道程에 있는 사람으로 보았다.10) 위의 견해들은 모두 奴人의 신분이 무엇인지에 주목한 것이다. 노인은 외위를 갖는다는 점에서 보면 노비 신분은 아니다. 그런데도 불구하고 奴자에 매달려 노비나 노예로 해석하고 있다. 이러한 해석의 문제점을 집중적으로 살펴보기 위해 1차 사료를 통해 검토해 보기로 하겠다.

여기에서는 울진봉평신라염제비를 奴人을 중심으로 하여 검토하겠다. 다음으로 함안 성산산성의 목간을 검토하고자 한다. 마지막으로 봉평비와 성산산성의 목간에 나오는 奴人의 奴자의 의미를 정창원 좌파리가반 부속문서를 통해 찾아보고자 한다.

---

4) 윤선태, 「咸安 城山山城 出土 新羅 木簡의 用途」 『震檀學報』 88, 1999, 16쪽.

5) 이성시, 「한국목간연구의 현황과 함안성산산성 출토의 목간」 『한국고대사연구』 19, 2000, 99~100쪽 ; 朴宗基, 「韓國 古代의 奴人과 部曲」 『한국고대사연구』 43, 2006.

6) 이수훈, 「咸安 城山山城 出土 木簡의 稗石과 負」 『지역과 역사』 15, 2004 ; 전덕재, 「함안 성산산성 목간과 중고기 신라의 수취체계」 『역사와 현실』 65, 2007.

7) 이용현, 「함안성산산성 출토 목간의 負, 本波, 奴人 시론-신라사학회발표문-」, 2007(12월22일자).

8) 김창석, 「신라 中古期의 奴人과 奴婢」 『한국고대사연구』 54, 2009.

9) 윤선태, 「함안 성산산성 출토 신라 하찰의 재검토」 『사림』 41, 2012.

10) 이경섭, 「新羅의 奴人-城山山城 木簡과 〈蔚珍鳳坪碑〉를 중심으로-」 『한국고대사연구』 68, 2012.

2. 울진봉평신라염제비

이제 1988년에 발견된 울진 봉평신라염제비에[11] 나오는 奴人을 살펴보기 위해 우선 전문을 제시하면 다음과 같다.

⑩	⑨	⑧	⑦	⑥	⑤	④	③	②	①	
	麻	奈	使	新	者	別	愼	干	甲	1
立	節	尒	卒	羅	一	教	·	支	辰	2
石	書	利	次	六	行	今	宍	岑	季	3
碑	人	杖	小	部	△	居	智	喙	正	4
人	牟	六	舍	煞	之	伐	居	部	月	5
喙	珎	十	帝	斑	人	牟	伐	美	十	6
部	斯	葛	智	牛	備	羅	干	昕	五	7
博	利	尸	悉	△	土	男	支	智	日	8
士	公	條	支	△	塩	弥	一	干	喙	9
于	吉	村	道	麥	王	只	夫	支	部	10
時	之	使	使	事	大	本	智	沙	牟	11
教	智	人	烏	大	奴	是	太	喙	卽	12
之	沙	奈	婁	人	村	奴	奈	部	智	13
若	喙	尒	次	喙	負	人	麻	而	寐	14
此	部	利	小	部	共	雖	一	·	·	15
省	善	阿	舍	內	值	·	尒	粘	錦	16
獲	文	·	帝	沙	五	是	智	智	王	17
罪	吉	尺	智	智	其	奴	太	太	沙	18
於	之	男	居	奈	餘	人	奈	阿	喙	19
天	智	弥	伐	麻	事	前	麻	干	部	20
·	新	只	牟	沙	種	時	牟	支	徙	21
·	人	村	羅	喙	種	王	心	吉	夫	22

11) 봉평비의 阿大兮村使人 奈尒利 杖六十, 男弥只村使人 翼昃杖百 於卽斤利 杖百이란
杖刑은 禾耶界城과 失火遶城의 전투와 관련 있는 듯하다. 봉평비에서 岑喙部의
설정은 문제가 있다. 고신라 금석문에서 이 인명표기를 제외하면 모량부 출신은
전무하다. 그럼에도 불구하고 잠탁부 출신이 干支란 관등명을 가져서 일약 6두품
이 단독으로 등장한다. 고신라 금석문에서 喙部, 沙喙部 등은 喙部, 沙喙部 등으로
적힐 뿐 다른 식으로는 적히지 않았다. 월성해자 9호 목간에서 모량부를 牟喙으로
표기하고 있어서 더욱 의문이 생긴다.

•	喙	使	尼	部	奴	大	智	先	智	23
居	部	人	牟	一	人	教	奈	智	葛	24
伐	述	翼	利	登	法	法	麻	阿	文	25
牟	刀	昃	一	智		道	沙	干	王	26
羅	小	杖	伐	奈		俠	喙	支	本	27
異	烏	百	弥	麻		昨	部	一	波	28
知	帝	於	宜	莫		隘	十	毒	部	29
巴	智	卽	智	次		禾	斯	夫	△	30
下	沙	斤	波	邪		耶	智	智	夫	31
干	喙	利	旦	足		界	奈	一	智	32
支	部	杖	組	智		城	麻	吉	五	33
辛	牟	百	只	喙		失	悉	干	△	34
日	利	悉	斯	部		火	介	支	(△)	35
智	智	支	利	比		遠	智	喙		36
一	小	軍	一	湏		城	奈	勿		37
尺	烏	主	全	婁		我	麻	力		38
世	帝	喙	智	邪		大	等	智		39
中	智	部	阿	足		軍	所	一		40
△		介	大	智		起	教	吉		41
三		夫	兮	居		若	事	干		42
百		智	村	伐		有		支		43
九		奈	使	牟						44
十			人	羅						45
八			道							46

이 봉평비에서 가장 중요한 부분이 別敎 부분이다. 이를 제시하면 다음과 같다.

別敎 今居伐牟羅男弥只本是奴人 雖是奴人前時王大敎法 道俠昨隘 禾耶界城 失火遶城我大軍起 若有者一行△之 人備土鹽 王大奴村共値五 其餘事種種奴 人法

냉수리비 전면 제⑨행과 제⑪행에 각각 別敎란 구절이 나오고, 別敎는 적성비 제⑮행에도 나오는바 비문의 가장 핵심적인 부분이다. 번역을 해보면 다음과 같다. '別敎를 내린다. 이제 居伐牟羅와 男弥只는[12] 본래 奴人이다. 비록 노인이었지만 前時에 왕은 大敎法을 내려주셨다. 길이 좁고, 오르막도 험악한 禾耶界城과 失火遶城의 우리 대군을 일으켰다. 若有者인 一行을 ~했다. 사람들이 土鹽을 준비하였다. 왕은 大奴村과 값 5를 같이하였다. 그 나머지 일은 여러 가지 奴人法에 따르도록 했다.' 비문의 가장 핵심적인 부분에서 奴人들이 활약하고 있는데, 奴人을 소금 생산자 이외의 다른 존재로는 볼 수가 없다.

奴人이지만 길도 좁고 오르막도 험한 禾耶界城괴 失火遶城의 우리 대군을 일으켰다고 강조하고 있다. 봉평비의 주인공은 거벌모라와 남미지의 奴人이다. 이들이 만약 노비였다면 免賤을 요구하거나 했을 것이고, 그래서 노예해방이 되었을 것이다. 아니면 포상을 받았을 것인데, 포상이 바로 王大奴村共値五이다. 이는 명확히 해석되지 않지만 노예해방은 아니다. 본래부터 奴人이라고 했으므로 구고구려인이거나 사노비일 수는 없다. 奴人을 파악하는 데 중요한 구절로 土鹽이[13] 있다. 토염은 재래식으로 소금을 만드는 곳으로, 현재의 울진 지방 체험장이 유명하다.

3. 함안 성산산성 목간

仇利伐 목간의 가장 큰 특징은 割書가 있다는 것, 奴(人)이 존재하는

---

12) 居伐牟羅와 男弥只는 울진이나 울진 근처의 바닷가에 위치해야 된다. 그래야 소금을 생산할 수 있다. 봉평비가 서 있던 곳인 봉평이 거벌모라일 가능성이 클 것이다. 봉평비에 나오는 소금 생산지는 居伐牟羅와 男弥只와 悉支가 있다.

13) 토염을 만드는 전통적인 방법은 다음과 같다. 먼저 깨끗한 백사장에 논과 같은 형태로 염전을 만들고, 바닥에는 바닷물이 스며들지 않도록 깨끗한 붉은 황토흙으로 단단히 다진다. 염전의 둑에는 바닷물을 끌어들이는 물길을 만들고, 염전 옆에는 깊은 웅덩이를 판다. 웅덩이 역시 황토 진흙으로 다진다. 이 웅덩이는 염전에서 바닷물을 적시어 말려 염도가 높아진 바닷물을 보관하는 곳이다. 그 웅덩이 옆에 화덕을 걸고 장작불을 때어 소금을 만든다. 이것이 토염이다.

것, 負가 있는 점,[14] 稗石, 稗一, 稗 등이 뒤에 붙지 않는 점, 외위를 가진
자가 가장 많은 군명인 점 등이다. 仇利伐 목간의 특징을 알기 쉽게 2016년까
지의 목간 자료를 제시하면 다음과 같다.[15]

1번. 仇利伐 /上彡者村(앞면) 乞利(뒷면) '仇利伐 上彡者村의 乞利가 낸 것이다.'

3번. 仇利伐/上彡者村 波婁 '仇利伐 上彡者村의 波婁가 낸 것이다.'

4번. 仇利伐/仇失了一伐/尒利△支 '仇利伐의 仇失了 一伐과 尒利△支이다.'

5번. 仇利伐△德知一伐奴人 塩 (負) '仇利伐의 △德知 一伐이며 奴人인 그가
소금[塩]을 負로 낸 것이다.'

33번. 仇利伐/(彤)谷村/仇礼支 負 '仇利伐 彤谷村의 仇礼支가 낸 負이다.'

34번. 仇利伐/上彡者村 波婁 '仇利伐 上彡者村의 波婁가 낸 것이다.'

2006-10번 仇利伐△△奴△△支 負 '仇利伐의 △△ 奴의 짐꾼인 △△支의
負이다.'

2006-24번. 仇利伐/ 比多湏奴 先能支 負 '仇利伐의 比多湏 奴이며, 그의 짐꾼인
先能支의 負이다.'

2006-31번. (仇利伐)~(앞면) 一古西支 負(뒷면) '(仇利伐) ~의 一古西支의
負이다.'

2007-18번. 仇利伐/(衫伐)只(村)/同伐支 負 '仇利伐의 (衫伐)只(村)의 同伐支가
낸 負이다.'

2007-20번. 仇利伐/~智 해석 불능

2007-27번. 仇利伐/郝豆智奴人/△支 負 '仇利伐의 郝豆智가 奴人이며, 그의

<hr>

14) 負는 仇利伐 목간에서만 나오는데, 단 하나의 예외로 2016-W104. 沙喙部負가
있다. 이는 '사탁부가 낸 負이다'로 해석되며, 왕비족인 사탁부(김창호,『고신라
금석문과 목간』, 2018, 170~174쪽)가 負를 담당하고 있음을 가리킨다. 그런데
목간의 제작지를 사탁부로 보기보다는 아마 성산산성에서 국가 주도로 요역(축성
사업)을 행하고, 목간은 출발지와 도착지인 성산산성에서 제작했을 것으로 판단된
다.

15) 추정 구리벌 목간에서는 구리벌이 안 나와도 奴(人)이 나오며, 負가 나오면 仇利伐
목간이다. 아직까지 구리벌 이외의 목간에서 奴(人)과 負가 나온 예는 없다.

짐꾼인 △支의 負이다.'

2007-31번. 仇利伐 仇阤知一伐奴人 毛利支 負 '仇利伐의 仇阤知 一伐이고, 奴人이며, 그의 짐꾼인 毛利支의 負이다.'

2007-53번. 仇利伐/習肜村/ 牟利之 負 '仇利伐 習肜村의 牟利之의 負이다.'

Ⅳ-582번. 仇利伐 記本礼支 負 '仇利伐의 記本礼支의 負이다.'

Ⅳ-587번. 仇利伐/△伐彡△村伊面於比支 負 '仇利伐 △伐彡△村의 伊面於比支의 負이다.'

Ⅳ-591번. 仇(利伐) △△智奴(人) △△△ 負 '仇(利伐)의 △∧智 (奴)人이며, 짐꾼인 △△△의 負이다.'

2016-W62번. 仇利伐/上三者村△△△△ '仇利伐 上三者村의 △△△△가 (낸 뭐이다.)'

2016-W89번. 丘利伐卜今智上干支 奴/△△巴支 負 '丘利伐의 卜今智 上干支이며, 奴이고, 그의 짐꾼의 負는 △△巴支의 짐이다.'

2016-W92번. 仇利伐/夫及知一伐 奴人/宍巴礼 負 '仇利伐의 夫△知가 一伐이고, 그의 짐꾼인 宍巴利△의 負이다.'

仇利伐 목간은 몇 가지 유형별로 나누어 제시하면 다음과 같다. 우선 仇利伐＋인명＋奴(人)＋인명＋負를 살펴보기로 하자.

2006-10번. 仇利伐△△奴△△支 負 '仇利伐의 △△가 奴이고, 그의 짐을 △△支가 졌다.'

2006-24번. 仇利伐 比多湏 奴 先能支 負 '仇利伐의 比多湏가 奴이며, 그의 짐을 先能支가 졌다.'

2007-27번. 仇利伐/郝豆智奴人/△支 負 '仇利伐의 郝豆智가 노인이며, 그의 짐을 △支가 졌다.'

Ⅳ-591번. 仇(利伐) △△智奴(人) △△△ 負 '仇(利伐)가 △△智가 奴(人)이며, 그의 짐을 △△△가 졌다.'

2007-31번. 仇利伐 仇阤知一伐奴人 毛利支 負 '仇利伐의 仇阤知가 一伐이고
　　奴人이며, 그의 짐을 毛利支가 졌다.'

2016-W89번. 丘利伐/卜今智上干支奴人/△△巴支負 '丘利伐의 卜今智가 上干
　　支이고 奴人이며, 그의 짐을 △△巴支가 졌다.'

2016-W92번. 仇利伐/夫及知一伐 奴人/宍巴礼 負 '仇利伐의 夫及知가 一伐이고
　　奴人이며, 그의 짐을 宍巴礼가 졌다.'

그 다음으로 仇利伐＋성촌명＋인명의 예를 들면 다음과 같다.

1번. 仇利伐/上彡者村(앞면) 乞利(뒷면)

3번. 仇利伐/上彡者村 波婁

34번. 仇利伐/上彡者村 波婁

2016-W62번. 仇利伐/上三者村△△△△

이들은 모두 上彡(三)者村 출신들이다. 이들은 다른 성촌 출신의 사람들
처럼 공진물에 대한 기록이 없다. 이러한 현상은 함안 성산산성 목간
전체에 걸쳐 확인된다.

위의 자료 가운데 3번과 34번은 쌍둥이 목간이다. 구리벌＋상삼자촌＋
인명은 모두 4예로 상삼자촌 출신뿐이다. 仇利伐은 함안 성산산성 목간
가운데 그 예가 가장 많아서 郡名이다. 上彡者村은 행정촌으로『삼국사기』
지리지의 康州 咸安郡 領縣인 召彡縣이다.[16] 구리벌은 함안군에서 바닷가인

---

16) 주보돈, 앞의 논문, 2000, 56~57쪽에서 上彡者村의 召彡縣 비정을 비판하고 있다.
　　上은 음이 召와 통하고(남산신성비 제2비의 阿旦兮村과 阿大兮村, 沙刀城과 沙戶城
　　에서 旦과 大가 통하고, 刀와 戶가 통하여 각각 동일 지명을 가리킨다는 점에서
　　보면 上과 召는 통한다), 彡은 양자에서 동일하게 나온다. 이렇게 6번 목간과
　　2006-25번 목간에서 행정촌명은 伊伐支(영주시 부석면)로『삼국사기』지리지에
　　隣豊縣本高句麗伊伐支縣이라고 나오지만 郡名인 鳥多는『삼국사기』지리지에 나오
　　지 않는다.

마산시에[17) 이르는 지역이다. 이곳이 옛 안라국의 중요한 수도 부분에 해당하며,[18) 따라서 상삼자촌은 행정촌이고, 仇利伐은 郡名이다. 구리벌의 영역은 구 마산시를 포함하고 거기에서 소금이 채취되었던 것으로 보인다.

그 다음은 仇利伐＋촌명＋인명＋負로 된 예를 조사해 보기로 하자.

33번. 仇利伐/(彤)谷村/仇礼支 負

2006-31번. (仇利伐)~(앞면) 一古西支 負(뒷면)

2007-18번. 仇利伐/(衫伐)ㅏ(村)同伐支 負

2007-53번. 仇利伐/習彤村/ 牟利之 負

Ⅳ-587번. 仇利伐(앞면)△伐彡△村 伊面於比支 負(뒷면)

위 5명의 인명은 모두 仇利伐郡에 소속되어 있는 행정촌의 이름으로 판단된다. 앞에서 본 상삼자촌이 행정촌이므로 5개의 촌명도 모두 행정촌으로 보아야 할 것이다.

그 다음은 仇利伐＋인명＋負로 된 목간에 대해 알아보자.

2007-55번. 仇利伐今尒次負

Ⅳ-495번. 仇利伐谷△△ (負)

Ⅳ-582번. 仇利伐 記本礼支 負

이들 목간의 주인공은 모두 구리벌에 직접 소속되어 있다. 郡名인 구리벌의 소속자도 구리벌이 군으로 역할하는 동시에 행정촌으로서의 역할을

---

17) 2010년 7월 1일 창원시에 통합되기 이전의 마산시를 지칭한다.

18) 목간의 작성연대인 540년경에는 『삼국사기』 지리지의 지명에도 많은 차이가 있었을 것이다. 그래서 목간에 나오는 행정촌도 지리지에서 찾을 수 없다. 군으로 추정되는 물사벌성과 추문촌과 이진(지성)과 믐盖와 烏多도 찾을 수 없으며, 목간의 약 13.1%(총 253점의 목간에서 구리벌 목간이 차지하는 비율)를 차지하는 郡인 仇利伐도 지명만 가지고는 위치를 비정하기 어렵다.

함을 보여준다. 군에서는 직접 자연촌을 지배할 수는 없고 행정촌을 지배할 것이다.

그 다음으로 仇利伐＋인명＋외위명＋노인을 조사해 보자.

5번. 仇利伐△德知一伐奴人 塩 （負）
'仇利伐의 △德知 一伐이며 奴人인 그가 소금[塩]을 負로 낸 것이다.'

마지막으로 仇利伐＋인명＋외위명＋인명의 경우가 있다. 자료를 인용하면 다음과 같다.

4번. 仇利伐/仇失了一伐/尒利△支
'仇利伐의 仇失了 一伐과 尒利△支가 낸 것이다.'

위의 둘은 군에 소속되면서 외위를 가지는 몇 안 되는 예이다.[19] 두 명 모두 공진물의 표시도 없다. 역역 관련 목간으로 보인다.

목간 8점을 통해 살펴본 奴(人)은 모두 郡에 소속되고, 자신이 직접 짐을 지지 않고, 짐꾼을 동반하며, 외위를 가진 자도 4명이나 되어 노비일 수가 없다. 2016-W89번 목간에서 보이는 上干支는 외위 11관등 중 높은 6관등이어서 더욱 그러하다. 奴人을 노비로 간주하려면 노비도 관등을 받은 예를 추가해야 할 것이다. 노비가 관등을 갖는 예가 문헌에 나온다면 면천되고 나서나 면천과 동시에 있었던 사건을 기록한 것이지, 노비이면서 관등을 가진 예는 전무하다.

---

19) 4번 목간의 仇失了一伐과 尒利△支는 割書 때문에 자연촌 출신으로 볼 수가 없다. 모두 仇利伐郡 소속으로 판단된다.

4. 정창원 좌파리가반 부속문서

설명의 편의를 위해 정창원 좌파리가반 부속문서의 전문부터 제시하면
다음과 같다.

(앞면)

彡接五

馬於內 上彡一具上仕之 彡尾者ㄴ仕而汚去如

巴川村正月一日上米四斗一刀大豆二斗四刀二月一日上米
四斗一刀大豆二斗四刀三月米四斗

(뒷면)

米十斗失受

永忽知乃末受丑二石上米十五斗七刀 之直大舍受失二石
上米十七斗丑一石十斗上米十三斗 熱△山大舍受丑二石
上米一石一斗

우선 丑과 失의 의미이다. 丑은 탈곡한 벼를 가리키고, 失은 탈곡한
보리를 가리킨다.[20] 永忽知乃末受丑二石上米十五斗七刀와 之直大舍受失二
石上米十七斗丑一石十斗上米十三斗에서 永忽知乃末受丑二石과 之直大舍受
失二石은 구조적으로 같다. 곧 丑은 곡식이므로 失도 곡식이 되어야 한다.
失을 동사로 보고 받지 못하다 등으로 해석하는 것은[21] 잘못된 것이다.

---

20) 奴도 소금생산자를 가리키는 國字로 본다.
21) 이는 漢文식 해석일 뿐, 이두로 해석하는 것은 아니다.

5. 맺음말

먼저 울진 봉평신라염제비의 別敎에 나오는 奴人이 길이 좁고, 오르막도 험악한 禾耶界城과 失火遶城의 전투에서 공을 세웠다면 응당 노예해방이 되었어야 할 터인데 王大奴村共値五(왕은 대노촌과 값 5를 같이 했다)가 고작이라 人備土鹽이란 구절에 의해 노인을 소금생산자로 보았다.

다음으로 253점의 함안 성산산성 목간 가운데 仇利伐 목간은 24점으로 군단위로는 가장 많다. 구리벌 목간 가운데 노인이 보이는 목간은 8점이다. 여기에서 등장하는 노인 가운데 외위를 가진 자가 4사람이나 된다. 외위를 가진 노인을 노비로 볼 수 있을까? 삼국시대의 1차 사료나 문헌에 노비에게 免賤도 하지 않고 노비인 상태에서 관등을 받은 예가 없어서, 노인을 소금 생산자로 보았다.

마지막으로 奴人의 奴자는 정창원 좌파리가반 부속문서에 나오는 탈곡한 벼를 가리키는 巭이나 탈곡한 보리를 가리키는 失처럼 신라의 國字일 가능성이 있다고 보았다. 국자 椋은 408년 덕흥리 벽화고분 묵서명에 처음 나오고 통일신라시대 목간에서도 나온다. 앞으로 奴人이 더 나오기를 기대해 본다.

제4절 4자 이상으로 된 신라 거울文字 기와 명문

1. 머리말

기와에는 거울문자(左書)로 된 문자가 있다. 외자가 거울문자인 예로는
卯의 이체 등이 있으나[1] 그 의미가 무엇인지에 대한 논의는 없다. 2~3자로
된 거울문자도 별로 알려진 것이 없는 것 같다. 3자의 경우는 세로로
외줄로 된 거울문자의 예가 없다. 4자로 된 곧 세로로 2줄씩 모두 4자로
된 예는 인각와에서도 많으나[2] 거울문자의 예는 그리 흔하지 않는 듯하다.

왜 외자 또는 4자 이상의 글자에서 거울문자로 기와에 인각와 방식
등의 명문을 새길까? 읽기 어려운 한자를 거울문자로 쓰면 더 읽기가
힘들다. 거울문자로 된 가장 긴 명문은 부여 부소산성에서 출토된 會昌七年
丁卯年末印의 9자이다. 이는 인각와는 아니고 타날한 것이다. 같은 유적에
서 나온 9자의 글자를 3줄씩으로 바꾼 인각와는 거울문자가 아닌 바른
글씨체(右書)로 되어 있다. 왜 같은 유적에서 같은 명문의 내용을 두고
거울문자와 바른 글씨체가 공존하는지 궁금하다.

같은 유적에서 하나는 장판 타날로 거울문자로 쓰고, 다른 하나는 바른문
자로 인각와를 만들었다. 여기에는 어떤 이유가 있을 것 같다는 의문에서

---

1) 고정용, 「軒瓦に現れた文字-朝鮮時代銘文瓦の系譜-」『古代文化』56-11, 2004, 71쪽.
   심상육, 「백제 인각와에 대하여」『목간과 문자』10, 2010, 5쪽에서 부소산성에서
   나온 辰과 관북리 라지구에서 나온 功자를 각각 거울문자라고 했다.
2) 백제 인각와의 경우, 백제 五部 즉 上卩·前卩·中卩·下卩·後卩이라는 명칭이 새겨진
   인각와는 上卩甲瓦·上卩乙瓦·前卩甲瓦·前卩乙瓦·中卩甲瓦·中卩乙瓦·下卩甲瓦·下
   卩乙瓦·後卩甲瓦·後卩乙瓦의 총 10종이 출토되었다.

출발하여, 그 범위를 4자 이상으로 한정하였다. 왜냐하면 2~3자로 된 거울문자는 거의 없고, 있어도 그 의미 표현이 어려우며, 외자로 된 인각와 는 그 뜻을 추정하기 어렵다.

신라의 거울문자에 대해 살펴보기 위해 먼저 丁巳·習陵명기와를 살펴보 겠다. 다음으로 儀鳳四年皆土기와, 마지막으로 會昌七年명기와에 대해 살 펴보겠다.

2. 丁巳·習陵명기와

미탄사지는 경북 경주시 구황동 441번지 일원에 위치하며 (재)불교문화 재연구소에 의해 학술·정비를 목적으로 2013년 시굴조사를 시작으로 2023 년 현재까지 연차적으로 발굴이 진행되고 傳최치원고택이라고 이르는데 아마도 분명한 것 같다.

미탄사는 皇龍寺 남쪽의 삼층석탑을 근거로 그 주변으로 비정되었던 것으로 보인다. (재)불교문화재연구소에서는 2013·2014년 삼층석탑을 중 심으로 그 주변을 시굴조사하고 이를 통해 味呑명의 고려시대 명문와를 발굴하였다. 이들 명문와에 의해 황룡사 남쪽 삼층석탑 주변이 미탄사지로 확실시된 정황에서 미탄사지 3층석탑이 2017년 1월 11일 보물 제1928호로 지정되었다.

(재)불교문화재연구소에 의한 미탄사지 삼층석탑 주변의 연차적인 발굴 조사 결과, 신라문화유산연구원에서 조사한 황룡사 광장 남쪽 신라 방과[3] 연결되는 도성제 유적이 확인되었다. 사방을 방으로 구획하는 도로, 방 한가운데를 남북방향으로 가로지르는 방내 소로, 그 소로 내에 시기를

---

3) (재)신라문화유산연구원·경주시, 『황룡사 광장과 도시Ⅰ-황룡사 대지와 후대 유구-』, 2018 ; (재)신라문화유산연구원·경주시, 『경주 황룡사 광장과 도시Ⅱ-방 도로와 광장-』, 2020.

달리하는 적심 건물지 등이 다수 확인되었다. 이 중에서도 특히 주목되는 것은 지금까지 알려진 일반적인 사찰가람 곧 탑과 금당을 중심으로 남북 방향의 축을 이루는 금당 건물지가 확인되지 않는 점이다.[4] (재)불교문화재연구소에서 발굴한 丁巳·習陵의 명문(〈그림 1〉 참조)은 암키와이며, 철면이 매끄럽게 물손질되어 타날문양이 지워진 것 같다. 인각와 명문은 방곽의 테두리 내에 십자선에 의하여 4개로 구획되어 있고, 그 각각의 4개 공간에 한 자씩 4개의 글자가 위로부터 아래로 丁巳·習陵이 거울문자로 압인되었다.

〈그림 1〉 丁巳·習陵명 암키와(좌) 및 탁본(우, 반전)[5]

이 丁巳·習陵은 무슨 뜻일까? 丁巳·習陵명기와는 인각와이다. 丁巳·習陵명기와는 '丁巳(年)에 만든 習陵이다'라고 해석될 수 있다. 그렇다면 습릉은 누구의 능일까? 고신라시대와 통일신라시대의 왕명에서 왕명에 習자가 들어가는 예는 없다. 왕 다음으로 능이라는 글자를 붙일 수 있는 사람으로 갈문왕이 있다. 갈문왕 가운데 주목되는 사람은 『삼국사기』 권4, 신라본기 4, 진평왕 즉위조에 妃金氏摩耶夫人 葛文王福勝之女란 구절에 나오는 福勝葛文王이다. 福勝의 끝글자인 勝과 習陵의 習은 통한다. 이렇게 끝글자를 따서 이름을 지칭하는 예로 두 가지가 있다. 먼저 458년경의 충주 고구려비

---

4) 남북 축에서 탑은 있는데 금당이 없는 것은 평지 가람 배치에서 유례가 없는 것이다.

5) 조성윤, 「경주 출토 신라 干支銘 瓦에 대하여」 『한국기와학보』 9, 2024에서 전재하였다.

에 나오는 寐錦忌가 있다. 이는 訥祇王의 祇(祈)를 따온 것이다. 지금도 경주 祇林寺를 祇林寺라고 부르기도 한다. 또 다른 예로는 부소산성 기와 명문으로 大△△午年末城이 있다. 이는 △△부분에 曆庚, 曆戌, 中庚을 복원하면 각각 766년, 778년, 850년이 되나[6] 확실한 연대는 알 수가 없다. 암막새 명문 끝부분의 末城은 인명인데 수막새에는 城만 나온다. 이는 寐錦忌와 마찬가지로 끝글자인 城만 따온 것이다.

울주 천전리서석 추명에서 徙夫知葛文王도 王을 칭하고 있어 습릉이 萬勝葛文王의 끝글자를 따온 승릉일 수 있을 것이다. 왜냐하면 남산신성비 제2비에 나오는 阿大兮村이 阿旦兮村과 동일한 지명이 되는 등 많은 예에서 한자가 서로 다를 수 있으므로 習陵을 福勝의 陵으로 볼 수 있기 때문이다. 丁巳·習陵은 제사 유물로 볼 수가 있다.

3. 儀鳳四年皆土명기와

사적 제245호인 경주 蘿井에서, 신라 소지왕 9년(487년) 봄 2월에 시조 박혁거세가 誕降한 곳에 세웠다는 국가 최고 제사시설인 神宮을 뒷받침하는 결정적인 고고학적 증거가 확인됐다. 이곳을 발굴중인 중앙문화재연구원은 이전 조사에서 확인된 나정정중앙 8각형 건물지(한 변 8m, 지름 약 20m) 주변에서 8각형 건물지보다 앞서 축조된 것이 분명한 도랑 같은 대형 溝狀 유적을 확인했다고 2008년 발표했다.[7] 이 구상 유적은 마치 훌라후프처럼 원형을 그리면서 한 줄로 연결되어 있으며 크기는 지름 약 14m에 너비 약 2m 안팎, 깊이는 최고 2m 내외로 밝혀졌다. 그 안쪽 토층은 조사결과 크게 3개 층위를 이루고 있음이 드러났다.

---

6) 高正龍, 앞의 논문, 2004 ; 吉井秀夫, 「扶蘇山城出土會昌七年銘文字瓦をめぐって」 『古代文化』 56-11, 2004.

7) 중앙문화재연구원, 『경주 나정』, 2008.

맨 위층에는 숯을 소량 포함한 암갈색 진흙이었으며, 중간층은 밝은 황색이 도는 풍화토를 깔았고, 가장 아래층에는 회색 진흙이 퇴적되어 있었다. 암갈색 사질토와 명황색 풍화토는 8각 건물지를 축조하기 위해 인위적으로 다진 토층으로 확인되었으며, 그 중앙에서는 우물과 기둥 구멍 흔적도 드러났다. 따라서 8각형 건물지 이전에 이미 이곳에는 우물을 중심으로 그 주위에 모종의 건물이 들어서 있었음을 알 수 있다.

발굴단은 이 같은 조사성과는『삼국사기』가 말하는 神宮 관련 기록과 거의 일치한다고 말했다.『삼국사기』에 의하면 신라는 소지왕 때에 시조 박혁거세가 탄강한 奈乙이라는 곳에다가 신궁을 세우고 박혁거세를 제사한 것으로 되어 있다. 이 나을이 현재의 蘿井일 것이라는 데 학계 다수 견해가 일치하고 있다. 이 같은『삼국사기』기록을 존중한다면 신궁은 신라 건국시조 박혁거세가 탄강했다는 전설이 서린 나을(나정)이라는 우물이 있던 자리에 들어선 셈이 된다. 아울러 이번 조사결과 제사시설임에 분명한 8각형 건물지 자리에는 이전에 원형 우물이 있었음이 드러남으로써 이런 문헌기록과 완전히 합치되고 있다. 한편 이번 조사결과 평기와 출토 유물 중에는 기존에 확인된 生자명 기와 외에도 儀鳳四年皆土(679년)라는 글자가 적힌 유물이 확인되었으며, 부속 건물터 1채도 추가로 드러났다. 일부 生자명 기와는 朱砂=황화수은으로 생각되는 붉은 물감이 칠해져 있었다. 주사는 도교신앙에서는 약효가 가장 뛰어난 仙藥으로 간주된 것은 물론 사악한 기운을 물리치는 주술력이 있는 물질로 여겨졌다.

여기에서 주목되는 것은 儀鳳四年皆土명기와가 경주에서 내남면 망성리 기와 가마터, 사천왕사지, 인왕동절터, 국립경주박물관 부지, 월지, 월성 및 해자, 첨성대, 나원리 절터, 칠불암, 성덕여고 부지, 동천동 택지 유적, 나정, 발천[8] 등 경주 분지 전역에서 출토되고 있다는 점인데, 전부가 右書이나 나정에서만 거울문자가 나오고 있다.

---

8) 발천 유적에서는 정자로 된 儀鳳四年皆土명기와가 많이 나왔지만 거울문자로 되어 있는 것도 나온다고 한다.

4. 會昌七年명기와

會昌七年명기와가 나온 부소산성에 대해 간략히 살펴보기로 하자. 충남 부여군 부여읍에 소재한 부소산성은 백제 최후의 왕성으로 널리 알려져 있다. 1980년대부터 계속된 발굴조사, 특히 국립부여문화재연구소에 의한 발굴조사 결과, 삼국시대에 부소산성은 북서쪽과 남동쪽의 봉우리를 이어 북동쪽에 드넓은 골짜기를 둘러싼 길이 약 2.5㎞에 이르는 포곡식 산성임이 명확해졌다.

통일신라시대에는 삼국시대 성벽 중 일부 북서와 남동쪽 봉우리에 각각 테뫼식 산성이 축조되었다. 더욱이 조선시대에는 남동쪽 봉우리에 새로 성을 지었다. 고고학적 증거로 볼 때, 성벽이 계속 축조되었고, 백제 멸망 후에도 지속적으로 산성이 사용되었음을 알 수 있다. 부소산성에서 會昌七年명문기와가 집중 출토된 곳은 현재 사비루가 위치한 북서봉에 쌓은 테뫼식산성 내에 있다. 이 지역은 1991년·1996년·1997년 세 차례에 걸쳐 발굴조사가 이루어졌다.

사비루가 위치하는 봉우리와 그 북동쪽에 있는 산들을 둘러싸고 성벽이 있다. 그중 북쪽 성벽은 삼국시대 백제에 의해 구축된 것을 이용하였고 남쪽 성벽은 통일신라 때에도 지어졌는데, 이는 성벽의 구조적 특징과 출토 유물들로 볼 때 확실하다.

통일신라시대 건물로 추정되는 유구는 사비루가 있는 봉우리에서 2동, 북동측 봉우리에서 1동이 발견되었다. 1996년 사비루 남동쪽 평탄면 남단에 위치한 나지점 조사구에서 발견된 건물지는, 현상으로 남북 3문, 동서 6칸이 남은 초석건물이다. 건물의 북쪽에 있는 돌무더기에는 석열이 남아 있으며, 그 북쪽의 퇴적층에서 백제 印刻瓦와 함께 ~午年末城명 암막새가 통일신라시대 유물로는 처음 출토되었다. 이 건물지의 북동측에 설정된 나-A지점 조사 구역에서도 건물지가 보였으나 후세의 파괴로 인하여 상세한 것은 알 수 없다.

건물지가 보이고, 후세의 파괴로 상세한 것은 불명이지만 초석 등, 온돌형 부뚜막이 출토되었다. 트렌치 내에서는 통일신라시대로 것으로 생각되는 기와편이 다수 출토되었다. 사비루 북동쪽 봉우리를 대상으로 1997년 조사에서, 조사구의 서쪽 끝에 통일신라시대 건물지가 발견되었다. 현재 동서 방향으로 4개의 초석이 남아 있는 것만 갖고는 전체 규모를 알 수 없다. 그러나 이 유구 부근에서 會昌七年명기와가 처음으로 나왔고, 통일신라시대 연화문수막새, 귀면와 등이 출토되었다.

지금까지의 발굴성과로 볼 때, 통일신라시대의 건물은 사비루 주변에 축조된 테뫼식 산성과 관련이 있고, 會昌七年명기와는 이러한 건물의 축조 또는 개축에 사용되었다고 추정된다.

會昌七年명기와는 會昌七年丁卯年末印을 세로로 타날한 것과 會昌七/年丁卯/年末印의 인각와로9) 쓴 것으로 나누어진다. 전자만이 거울문자로 되어 있고, 후자는 거울문자가 한 점도 없다. 기와를 만든 사람이 末印으로 같아서 의도적으로 거울문자로 된 세로로 9자를 썼다고 해석된다. 이 9자의 거울문자는 타날로 보면, 신라기와명문 가운데 글자 수가 가장 많은 것 중 하나로 추정된다.

우서나 거울문자가 있는 儀鳳四年皆土명기와는 679년을 대표하는 기와로 문무대왕기와라고도 하는데, 수와 양이 엄청나고 질도 좋다. 會昌七年명기와는 9세기인 847년 지방기와를 대표하는 것이라고 할 수 있다.

여기서 잠깐 會昌七年명기와에 대해 살펴보기로 하자. 부여 부소산성에서 제법 많은 양의 문자 기와가 출토된 會昌七年명기와는 통일신라에서 절대연대를 알려주는 연대가 나온 유적으로, 부여 부소산성 677년의 儀鳳二年명암키와, 847년의 會昌七年명암키와, 850년(?)의 城명수막새, 850년(?)의 大△△午年末城명암막새, 명문불명암막새 등이 나왔다.

---

9) 會昌七年丁卯年末印을 세로로 쓴 것과 會昌七/年丁卯/年末印을 인각와로 쓴 것 중 후자가 전자보다 시기가 빠르다고 했으나(吉井秀夫, 앞의 논문, 2004) 둘다 같은 와공인 末印이 만든 것이므로 연대차이는 없을 것이다.

6종류의 명문와가 나온 것은 아무래도 무슨 이유가 있는 듯하다. 후삼국시대의 선리기와 곧 開城기와는 漢州를 크게 벗어나지 않고 있어서 州를 단위로 기와가 생산된 것으로 보인다. 경주를 제외한 지방에서 장판 타날 기와를 사용할 때,[10] 경주에서는 중판이었다.

경주에서 한창 문자기와를 사용했던 679년의 儀鳳四年皆土 명기와와,[11] 680년의 ##習部, ##習府, ##, # 등의 명문기와, 680년의 漢只와 漢명기와가 유명하지만 그 뒤로는 문자기와가 없다. 청주 흥덕사에서 출토된 849년의 大中三年명기와도 웅주 소속으로 보인다. 그렇다면 통일신라의 기와의 중심은 웅주 부소산성으로 보인다. 웅주에서 문자와를 생산해서 통일신라의 지방 기와를 리드해 나갔다고 판단된다.

기와는 관수관급제라서 관의 허락이 없으면 문자와를 만들 수 없다. 9세기의 문자와는 중앙인 경주에서는 볼 수 없고, 부소산성에서 집중적으로 나온다. 한주, 삭주, 명주, 웅주, 상주, 양주, 전주, 강주, 무주의 9주에서 각각 기와를 만들었는데 9세기에는 웅주가 선두주자로서 기와를 만들었다고 하겠다.

웅주 부소산성이 전국 기와를 리드하는 선두주자라고 하지만 어떻게 9세기에 장판 타날 기와가 전국적으로 유행하게 되었을까? 관수관급제 하에 각 주별로 대표자가 있었고 기와에 대한 협의가 이루어지지 않았을까 싶다. 9주의 책임자가 협의하여 경주에는 없는 장판 타날을 하면서 그 대표주자가 웅주가 되면서 웅주는 문자와를 만드는 영광도 누리게 되었을 것이다. 쉽게 말하면 통일신라시대에 지방 기와의 서울은 웅주였던 것이다.

청주 흥덕사의 大中三年을 제외하면 會昌七年명기와 등 여러 문자와가 전부 부여 부소산성에서 출토되고 있어, 부소산성의 중요성을 잘 웅변해 준다.

한편 익산 미륵사지에서 大中(847~860년)이라고만 적힌 기와편이 나왔

---

10) 통일신라시대의 장판기와는 지역색이 없어서 전국 어디나 거의 비슷하다.

11) 김창호, 「儀鳳四年皆土명 기와의 皆土 해석」 『한국고대와전』, 2022.

는데, 이 또한 익산 근처에는 기와 가마가 없어[12] 부여의 가마와 관련될 가능성이 있다. 백제 사비성시대 기와는 익산에서 만든 것이 아니라 부여 사비성 가마에서 만든 것이라고 한다. 청주 흥덕사지에서 大中三年(849년) 명도 나왔는데, 이것도 같은 주이므로 통일신라시대 부여의 위상을 말해준다.

부여는 웅주의 州治도 아니고 扶餘郡이다. 그런데도 불구하고 부여 부소산성의 677년 儀鳳二年, 847년 會昌七年명기와, 850년(?) 城명수막새, 850년(?) 大△△㆕年末城명암막새, 명문불명암막새, 847년 會昌丁(卯)명암막새 등 6종의 명문와가 나왔다. 이들 명문와의 생산은 관수관급제에서는 국가의 허락을 받아야 했고, 기와를 만드는 기술이나 국가에 협력하는 정도는 매우 우수했을 것이다. 그래서 국가로부터 그 보상으로서 6종류의 문자기와를 만들도록 허락을 받았을 것이다.

웅주의 관할 아래 있으면서 서원경에 속하는 상당산성에서는 9세기 것으로 추정되는 기와가 출토되었다.[13] 그 기와의 전체 명문은 '沙㖨部屬長池馹升達'이다. 이는 '사탁부에 속한 장지역의 승달'이라는 뜻으로 장지역이 사탁부에 소속되어 있어 역이 부별로 운영되었음을 말해주고 있다. 역이 존재하는 것으로 보아 漕運도 있었을 것이며, 이에 무거운 기와는 조운과 역을 통해 운반되었음을 알 수 있다. 沙㖨部屬長池馹升達명기와는 청주 근처에서 구워서 만들었을 가능성이 크다.[14]

이제 거울문자로 된 儀鳳四年皆土명기와에 대해 살펴보기로 하자. 儀鳳四年皆土명기와는 나정에서만 나오고,[15] 발천을 제외한 다른 곳에서는 일체 나오지 않는다. 최근 미탄사지에서 丁巳·習陵명인각와가[16] 나왔다고 소개

---

12) 이다운, 「印刻瓦를 통해 본 익산의 기와에 대한 연구」 『고문화』 70, 2007, 106쪽.
13) 김창호, 「광주선리유적에서 출토된 해구기와의 생산과 유통」 『한국고대와전명문』, 2022, 218쪽.
14) 청주 쌍청리 7중환호 출토 易吾加茀村主명기와가 나왔는데, 시기는 9세기 후반으로 보이고, 沙㖨部屬長池馹升達명기와와 함께 청주에서 구운 기와로 보인다.
15) 경주 발천에서도 나온다.

되었다.17) 이 기와가 습릉이라는 이름에서 알 수 있듯 능에 관계된 것임에는 틀림이 없다. 습릉과 나정을 염두에 두면, 제사와 관련 있을 가능성도 있다.18)

5. 맺음말

먼저 미탄사지에서 나온 丁巳·習陵명인각와는 習의 능을 丁巳年(597년)에 만들었다고 해석된다. 習과 관련해서는『삼국사기』권4, 신라본기4, 진평왕 즉위조의 妃金氏摩耶夫人 葛文王福勝之女란 구절이 주목된다. 福勝葛文王에 대한 내용인데, 福勝의 끝글자인 勝과 習陵의 習은 통한다. 이렇게 끝글자를 따서 이름을 지칭하는 예로 2예가 있다. 먼저 458년경의 충주 고구려비에 나오는 寐錦忌가 있는데, 訥祗王의 祗(祈)를 따온 것이다. 지금도 경주 祇林寺는 祗林寺로도 불린다. 또 다른 예로는 부소산성 기와 명문으로 大△△午年末城이 있다. 이는 ~부분에 大曆元年丙, 大曆十三年戊, 大中四年庚을 복원하면 각각 766년, 778년, 850년이 되나 확실한 연대는 알 수 없다. 암막새 명문 끝부분의 末城은 인명인데 수막새에는 城만 나온다. 이는 寐錦忌와 마찬가지로 끝글자인 城만 따온 것이다. 또 남산신성비 제2비에서 阿大兮村이 阿旦兮村과 동일한 지명인 점 등 많은 예를 참조하건대, 習陵을 福勝의 陵으로 볼 수 있다.

다음으로 儀鳳四年皆土명기와는 내남면 망성리 기와 가마터, 사천왕사지, 인왕동 절터, 국립경주박물관 부지, 월지, 월성 및 해자, 첨성대, 나원리

---

16) 김창호, 「고신라 丁巳·習陵명 인각와의 묘주」(곧 발표 예정).

17) 조성윤, 앞의 논문, 2024.

18) 백제 인각와로, 7세기 중엽 이후로 보이는 정읍 고사부리성의 기와 명문과 목간에서 각각 上卩上巷이라는 명문이 나왔다. 목간은 바른 글씨로 刻書이고, 기와 명문은 거울문자이다. 백령산성 출토 암키와 명문 丙辰瓦/栗峴ᅌᅵ이 거울문자이다. 모두 제사와 관련된 것으로 보인다. 조성윤, 앞의 논문, 2024.

절터, 칠불암, 성덕여고 부지, 동천동 택지 유적, 나정, 발천 등 경주 분지 전역에서 출토되는데 전부 右書이나 蘿井에서만 거울문자로 나오고 있다. 蘿井은 소지마립간 9년(489년) 봄 2월에 시조 박혁거세가 誕降한 곳에 세웠던 신라 최고의 제사시설인 신궁이라고 해서 나정의 거울문자로 이해된다.

　마지막으로 부여 부소산성 유적에서 나온 9자 세로로 타날한 명문은 모두 거울문자이다. 같은 명문을 3줄씩 세로로 쓴 것은 바른 글씨의 인각와이다. 丁巳·習陵명인각와기 무덤과 관련된 제사 유물이고, 儀鳳四年皆土명기와 역시 신라 신궁과 관련되는 나정에서만 거울문자가 나오고 있어, 부소산성의 會昌七年명거울문자 명문도 제사와 관련이 있을 것이다.

제4장

고신라
목간

제1절 대구 팔거산성 목간의 私자에 대하여
―함안 성산산성의 목간의 私자와 함께―

1. 머리말

한국의 목간 연구는 1975년 경주 월지 발굴과 함께 시작되었다.[1] 그 뒤 1991년부터 2016년까지 4반세기에 걸친 함안 성산산성 발굴에서 절정을 이루었다. 성산산성에서는 253점의 목간이 출토되어 그 연구성과가 지금도 계속해서 나오고 있다. 성산산성 발굴 이래 중요한 목간이 나온 유적으로 2020~2021년에 발굴된 대구 팔거산성을 들 수 있다. 여기에서는 10점의 묵서가 있는 목간이 출토되었는데 중요한 목간들이 나왔다. 그래서 지방 목간으로서는 연구성과가 많다.[2]

이들 연구성과에서 가장 주목되는 것은 함안 성산산성에서 5점이 나오고, 대구 팔거산성에서 3점이 나온 王私 목간이다. 王私는 王(室)의 사적 예속인이나 私屬人 등으로 보아 왔으나 곡식을 많이 생산하는 넓은 땅이름

---

1) 윤재석 편저, 『한국목간총람』, 2022, 226쪽.
2) 지금까지 나온 팔거산성 목간에 대한 중요 성과는 다음과 같다. 전경효, 「대구 팔거산성 출토 목간 소개」『목간과 문자』28, 2022 ; 하시모토 시계루, 「함안 성산산성 목간의 '王私'와 '城下麥'」『신라사학보』54, 2022 ; 윤선태, 「대구 팔거산성 출토 신라 지방목간」『신라학리뷰』1, 2022 ; 김창호, 「대구 팔거산성 출토 목간에 대하여」『한국고대와전명문』, 2022 ; 홍승우, 「대구 팔거산성 출토 신라 목간 검토」『대구사학』149, 2022 ; 하시모토 시계루, 「신라의 지방지배와 목간-대구 팔거산성목간의 기초적 검토를 중심으로-」『목간에 반영된 고대 동아시아의 법제와 행정제도』(경북대학교 인문학술원 HK＋학술단 제5회 국제회의), 2023 ; 김창호, 「대구 팔거산성 출토 목간의 재검토-하시모토 시계루 박사의 비판에 답함-」『고신라목간』, 2023.

을 가리킬 가능성도 언급되고 있다. 王私의 왕실과 관련된 것으로 보는 가설에 힘입어 私자도 私屬된 것으로 보는 견해가 나왔다.[3] 이 같은 가설들의 타당성 여부를 살펴보기 위해 王私와 함께 私가 나오는 목간들을 전부 검토해 보고자 한다.

여기에서는 먼저 목간 자료를 제시하고, 다음으로 목간의 내용을 검토하겠다. 마지막으로 목간의 해석을 시도하겠다.

2. 자료의 제시

먼저 王私 목간 성산산성 5점과 팔거산성 3점부터 제시하면 다음과 같다.

성산산성 목간

2번 　　　甘文城城下麥甘文本波王私(앞면)

　　　　　　文利村知利兮負(뒷면)

6번　　　　王私烏多伊伐支△負支

2006-25번　王私烏多伊伐支卜炁

2007-44번　夷津支城下麥王私巴珎兮村(앞면)

　　　　　　弥次二石(뒷면)

V-164번　　三月中鐵山下麥十五斗(앞면)

　　　　　　王私△阿礼村波利足(뒷면)

팔거산성

3번　　　　(卯)年王私所利(珎)習△△麥石

---

3) 윤선태, 앞의 논문, 2022, 49쪽.

6번   丙寅年(王私)△(分)△△休

15번   △村王私禾△△△(之)

다음으로 私자가 나와서 사속인이나 개인의 사적 예속인 등으로 해석해 온 예를 제시하면 다음과 같다.

성산산성

59번   石蜜日智私(앞면)

            勿利乃(宂)花文稗(뒷면)

2007-47번   珎淂智△仇以稗石

V-175번   ……△那只旃米

팔거산성

14번   本波部△△村△△△△(앞면)

            米一石私(뒷면)

16번   安居利干支 私 男谷村支之

3. 목간의 검토

王私는 그 수효도 적고 해서 단순히 지명 정도로 이해했다.[4] 그 뒤에 王私에 대한 본격적인 연구가 나왔다.[5] 여기에서 私를 왕·왕실과 관련된다고 추정한 근거는 私臣과 私母이다. 私臣에 대해서는 『삼국사기』 권4, 신라본기, 진평왕 44년(622) 2월조에 '以伊湌龍樹爲內省私臣 初王七年大宮·梁宮·沙梁宮三所各置私臣 至是治內省私臣一人 兼掌三宮'이라고 하였고, 『삼

---

4) 윤선태, 「함안 성산산성 출토 신라 하찰의 재검토」 『사림』 41, 2012, 174쪽.

5) 하시모토 시게루, 앞의 논문, 2022.

국사기』권39, 직관지에 '內省 景德王八年改爲殿中省 後復故 私臣一人 眞平王七年 三宮各置私臣 大宮和文大阿飡 梁宮首昐夫阿飡 沙梁宮弩知伊飡 至四十四年 以一員兼掌三宮 位自衿荷至太大角干 惟其人則授之 亦無年限 景德王又改爲殿中令 後復稱私臣'이라고 나온다. 이에 私臣은 왕 및 왕족의 거소인 여러 궁을 관장했고, 私臣의 私는 왕의 사적·개인적 영역 나아가 왕·왕실 그 자체를 함의한다고 보았다.

私母에 대해서는『삼국사기』권39, 직관지, 본피궁조에 '本彼宮 神文王元年置 虞一人 私母一人 工翁二人 典翁一人 史二人'이라고 나온다. 私母가 本彼宮을 관장했다고 보고, 私母의 私 역시 私臣의 私와 같이 왕실과 관련되는 것으로 보았다.[6]

私臣, 私母는 경영체로서 宮을 통하여 왕실의 토지, 예속민의 관리와 관련되었을 가능성이 있다. 王私도 그러한 왕·왕실이 소유하는 토지, 예속민과 관련 있는 말로 추정된다. 王私 목간의 뒤에는 촌명+인명이 나오므로 이 촌명을 왕·왕실 직할지, 인명을 거기에 예속된 사람으로 보고, 王私 목간은 왕실의 직할지 주민이 성산산성에 역역 동원된 것으로[7] 해석하였다.

王私를 왕·왕실이 소유하는 토지, 예속민과 관련이 있는 말로 추정하는 이 견해는 단번에 학계의 주목을 받았다. 먼저 팔거산성 목간에 대한 최초의 보고자가 王私에 대해 언급하였다.[8] 그 뒤에 나온 가설에서는 王私를 사속인으로 보고,[9] 그 다음 견해에서는 왕(실)의 사적 예속인으로 보았다.[10]

팔거산성 목간 가운데 14번 목간에 나오는 米一石私를 함안 성산산성 목간 2007-45번과 2016-W116번을 구조적으로 분석하여 私를 많은 곡식을

---

6) 木村誠,「統一新羅村落支配の諸相」『人文學報』368, 2006, 10쪽.

7) 성산산성 축조에 보리, 피, 쌀 등의 공물을 낸 것이고, 남산신성비에서 보았던 그런 역역 동원의 증거는 성산산성 목간에서 찾아볼 수 없었다.

8) 전경효, 앞의 논문, 2022.

9) 윤선태, 앞의 논문, 2022.

10) 홍승우, 앞의 논문, 2022.

생산하는 넓은 땅으로 보았다.[11] 팔거산성 14번 목간 本彼部△△村△△△
△(앞면) 米一石私(뒷면)에서 石의 경우, 섬으로서 쉽게 이해되지만 石
다음에 나오는 私는 생소하다. 이와 구조적으로 닮은 목간으로 두 점의
城下麥 목간이 있다. 설명의 편의를 위해 다시 한번 이를 제시하면 다음과
같다.

  2007-45   甘文城下△米十一斗石喙大村卜只次持△

  2016-W116 小南兮城麥十五斗石大村~

  2007-45번 목간과 2016-W116번 목간에서 斗石이란 하나치가 눈에 띈다.
이를 팔거산성 14번 목간의 石私와 비교하면 私는 많은 부피를 표시하는
하나치로[12] 보인다. 이렇게 우리가 모르는 무게나 길이 단위를 나타내는
하나치의 예가 있을까? 우선 무게 단위부터 살펴보기 위해 451년 서봉총
은합 명문을 제시하면 다음과 같다.

	銀盒 蓋內		銀盒 外底			
	②	①	③	②	①	
1	太	延	三	三	△	1
2	王	壽	斤	月	壽	2
3	教	元		△	元	3
4	造	年		太	年	4
5	合	太		王	太	5
6	杆	歲		教	歲	6
7	用	在		造	在	7
8	三	卯		合	辛	8
9	斤	三		杆		9
10	六	月				10
11	兩	中				11

---

11) 김창호, 앞의 논문, 2022, 355~357쪽.
12) 私는 과거 섶 또는 섭으로 불렸으며 이는 사전에는 나오지 않는 말이다. 사전에는
    다섯날 섬, 일곱날 섬이 나오는데 일곱날 섬은 곡식 30말이 들어간다고 한다.

여기에서의 은의 무게는 三斤六兩이라 하여[13] 斤兩 단위로 되어 있다. 그런데 520년에 만들어진 백제 무령왕비의 은팔찌 명문은 庚子年二月多利作大夫人分二百卅主耳라고 하여[14] 은의 무게단위로서 主라고 하는 알려지지 않은 하나치를 사용하고 있다.[15]

신라시대의 길이를 나타내는 하나치는 步尺寸으로, 남산신성비 등에서 예외없이 사용되고 있다. 그런데 536년의 영천청제비 병진명에서는 사전에도 안 나오는 길이를 나타내는 하나치가 5번이나 사용되고 있다. 곧 淂이란 길이를 나타내는 하나치이다. 따라서 私는 主와 淂과 마찬가지로 잘 모르는 부피(양)를 나타내는 하나치로 판단된다.

私는 부피(양)를 나타내는 하나치로 지명＋인명으로 구성된 인명표기 앞에 온 예가 없다. 인명표기인 출신지명＋인명 앞에는 직명이 올 수 있고, 本波, 阿那, 末那 등의 땅 이름이 올 수가 있다는 점을 고려하여, 王私도 많은 곡식을[16] 생산할 수 있는 땅 이름으로 보고자 한다.

이 王私는 私臣과 私母와 관련되고, 私臣과 私母는 宮을 통해서 왕실의 토지, 예속민을 관리했을 가능성이 크다. 이는 王私도 왕·왕실이 소유하는 토지, 예속민과 관련 있다는 가설과 정면으로 상충하는 것이었다. 이 논문에 대한 비판 논문이 나왔다.[17] 다시 私를 稻로 읽을 수 없다는 점을 근거로 한 반비판이 나왔다.[18] 팔거산성 14번은 王私 문제의 해결에만

---

13) 銀盒 外底에는 六兩, 銀盒 蓋內에는 三斤 六兩이라고 새겨져 있는 점을 근거로 은합 본체를 만드는 데에 은 三斤이 들고, 뚜껑을 만드는 데에 三斤 六兩이 들었다고 해석하는 경우도 있지만 은합 전체를 만드는 데에 三斤 六兩이 들었다고 보아야 할 것이다.

14) 이 은팔찌는 多利가 만든 것으로, 금속기에 제작자가 적힌 거의 유일한 인명표기이다.

15) 主라는 하나치는 최근 부여 동남리 49-2번지에 출토된 1번 목간에 다수의 예가 알려졌다.

16) 王私에서 王은 크다와 많다를 뜻하고, 私는 石보다 많은 부피(양)를 뜻한다. 곧 王私는 많은 양의 곡식을 생산하는 땅이란 뜻이다.

17) 하시모토 시게루, 앞의 논문, 2023.

18) 김창호, 앞의 논문, 2023.

중요한 것이 아니라 고신라 도성제 가운데 방리제 문제에서도 중요한
의미를 갖는다.

한편 팔거산성 14번 목간 本波部△△村△△△△(앞면) 米一石私(뒷면)은
本波部 안에 村이 있음을 알려주고 있다. 本彼部△△村의 판독은 신라
도성제 연구에도 중요할 뿐 아니라 처음으로 部에 村이 있다는 것을 알려준
자료이다. 중성리비에서 우선 눈에 띄는 것은 蘇豆古利村 출신 3명과 那音支
村 출신 3명이 등장하는 점이다. 중성리비의 요체는 豆智沙干支의 宮(居館)
과 日夫智의 宮(居館)을 빼앗아 (沙喙部의) 牟旦伐에게 주라는 것이다.[19]
그런데 왕경인으로 국왕을 비롯한 28명 정도만 참가하면 충분할 텐데
왜 지방민까지 동원했는지에 대한 의문이 생긴다. 이에 대해서는 팔거산성
14번 목간의 本波部△△村△△△△(앞면) 米一石私(뒷면)를 통해 6부에
성촌이 소속되어 있다는 것을 알게 되어 의문이 풀렸다. 즉 중성리비의
蘇豆古利村 출신 3명과 那音支村 출신 3명은 모두 사탁부 소속의 월경지
사람으로 추정할 수 있게 되었다.

다음으로 들 수 있는 자료가 내남 망성리 유적에서 나온 기와명 자료이다.
＃＃習部명·＃＃習府명[20]·習명·＃마크[21] 등의 기와 명문이 그것이다. 이
기와는 680년경 것으로 추정된다.[22] 이들 기와 명문은 習比部를 가리키는
것으로 보고, 망성리 일대를 습비부로 본 가설이 있다.[23] 망성리 일대에는
방리제의 흔적이 없어서 습비부라기보다는 습비부 소속으로 673년 이전에
는 逸名촌명이었던 것으로 봄이 타당할 듯하다. 곧 망성리 기와가마가

---

19) 김창호,「포항 중성리 신라비의 재검토」『신라사학보』29, 2013.
20) 習府가 과연 習部인지는 현재까지의 자료만 가지고는 알 수 없다. 신라에서 부명은
    반드시 部로 표기되고, 府로 표기되는 예가 없기 때문이다. 그런데 習府를 있는
    그대로 보더라도 官廳名이 되어 말이 통하기에는 충분하다.
21) 도교 벽사 마크로 본 것은, 일본의 지방 목간 전문연구자 平川南의 가설이 유명하다.
    이는 본래 ＃자가 아니라 가로 세로로 세 줄씩 그은 九의 약체이다.
22) 월지에서 함께 나오는 朝露二年명보상화문전의 연대인 680년에 근거하고 있다.
23) 조성윤,「고고자료로 본 新羅六部의 범위와 성격」『신라문화유산연구』2, 2018
    참조.

있는 곳은 월경지로 판단된다.

그 다음으로 보상화문전과 악부인동문암막새가 출토되어[24] 한지부로 추정되고 있는 현곡 다경와요지가 있다. 다경와요지 출토로 짐작되는 전명이 있다. 月池에서 나온 雙鹿寶相華文塼片의 다음과 같은 銘文이 그것이다. '調露二年/漢只伐部君若小舍~/三月三日作康(?)~'. 이를 해석하면 다음과 같다. '調露 2年(680년)에[25] 漢只伐部의[26] 君若 小舍가 (監督)했고, 3월 3일에 作康(?)이 (만들었다).' 여기에서 君若 小舍는 監督者이고, 作(康?)~은 製瓦匠의 인명이 된다.[27] 이 명문에 등장하는 월지와 그 주변에서 漢只, 漢, 漢只伐部 등의 명문이 나왔는데, 漢只 등 관련 기와 명문이 다경요에서 구워진 것으로 추정된다. 그렇다면 다경 일대를 漢祗部의 월경지가 있었던 곳으로 볼 수 있다.[28] 따라서 14번 목간의 本彼部△△村은 신라 목간 전체에서도 가장 중요한 목간의 하나라고 사료된다.

설명의 편의를 위하여 私자만 나오는 목간을 다시 제시하면 다음과 같다.

성산산성

59번   石蜜日智私(앞면)

             勿利乃(旡)花文稗(뒷면)

2007-47번   珎淂智△仇以稗石

---

24) 김성구, 「다경와요지 출토 신라와전소고」 『미술자료』 33, 1983.

25) 종래 8세기 중엽으로 보아온 보상화문전의 연대를 680년으로 소급해 보게 되었다.

26) 漢只伐部란 부명은 673년 계유명아미타삼존불비상에서 보이지 않는데, 신라에서 부명이 사라진 것은 662년 태종무열왕비에서 볼 수 있다. 한지벌부는 680년이므로 잔존 요소라고 할 수 있다.

27) 이를 종래에는 調露二年漢只伐部君若小舍~三月三日作康(?)~(개행)을 '調露二年 (680년)에 한지벌부의 군약소사가 三月三日에 지었다'로 해석하였나 이는 잘못된 해석이다. 하지만 이는 年號+인명표기라는 구성을 분명히 밝혀낸 해석 방법이다.

28) 본피부에 소속된 현재의 모량리, 사탁부에 소속된 蘇豆古利村과 那音支村이 있던 현재의 포항 중성리 일대, 습비부에 소속된 현재의 망성리 일대, 한지부에 소속된 다경 일대 등은 월경지로 보인다.

V-175번   …△那只旆米

팔거산성

14번   本波部△△村△△△△(앞면)

            米一石私(뒷면)

16번   安居利干支 私 男谷村支之

　성산산성 목간에서 2007-47번은 △부분을 私자로 읽을 수 있을지 의문이
나 설명의 편의를 위해 임시로 私자로 읽기로 한다. V-175번은 旆米가
『呂氏春秋』에 '旆米而不香'이라고 나와 旆를 私로 읽는 데 동의할 수 없다.
　私자가 나오는 목간을 해석하면 다음과 같다.[29]

성산산성

59번   石蜜日智私(앞면)

            勿利乃(兀)花文稗(뒷면)

            '石蜜日智私의 사적 예속인인 勿利乃 거주 (兀)花文의 稗이다.'

2007-47번   珎淂智(私)仇以稗石

            '珎淂智의 사적 예속인인 仇以의 稗1石'

V-175번   ~△那只旆米

            '~△의 那只가 낸 旆米이다.'

팔거산성

14번   本波部△△村△△△△(앞면)

            米一石私(뒷면)

            '本波部 △△村거주 △△△△의 米一石, 개인물품'

---

29) 홍승우, 앞의 논문, 2022, 31~32쪽에 근거하였다.

16번   安居利干支 私 男谷村支之

'安居利干支의 사적 예속인인 男谷村거주의 支之(의 짐)'

王私 목간에 대한 해석도 살펴보기로 하자.[30]

성산산성 목간

2번   甘文城下麥甘文本波王私(앞면)

文利村知利兮負(뒷면)

'甘文城의 麥으로 甘文本波의 왕(실)의 사적 예속인 文利村거
주 知利兮의 짐'

6번   王私烏多伊伐支△負支

'왕(실)의 사적 예속인인 烏多伊伐支의 △負支(의 짐)'

2006-25번   王私烏多伊伐支卜烋

'왕(실)의 사적 예속인인 烏多伊伐支의 卜烋(의 짐)'

2007-44번   夷津支城下麥王私巴珎兮村(앞면)

巴珎兮弥次二石(뒷면)

'夷津支城의 麥으로 사적 예속인인 村 거주 弥次의 것(二石)'

V-164번   三月中鐵山下麥十五斗(앞면)

王私△阿礼村波利足(뒷면)

'三月분 鐵山의 麥十五斗가 1石인 麥으로 왕(실) 사적 예속인인
△阿礼村거주 波利足(의 짐)'

팔거산성

3번   (卯)年王私所利(珎)習△△麥石

'△묘년 왕(실)의 사적 예속인인 所利(珎) 거주 習△△의 麥1石'

---

30) 홍승우, 앞의 논문, 2022, 31~32쪽에 근거하였다.

6번	丙寅年(王私)△(分)△△休
	'丙寅年분 왕(실)의 사적 예속인인 △(分)△ 거주 △休(의 집)'
15번	△村王私禾△△△(之)
	'△村王私禾△△△(之) '······촌의 왕(실)의 사적 물품 禾······'

4. 목간의 해석

먼저 王私 목간 성산산성 5점과 팔거산성 3점부터 제시하면 다음과
같다.

성산산성 목간

2번	甘文城下麥甘文本波王私(앞면)
	文利村知利兮負(뒷면)
	'甘文城(군명) 下의 麥은 甘文(군명) 本波(땅 이름)이고 王私(땅 이름)인 文利村(행정촌명)의 △利兮△가 낸 얼마이다.'
6번	王私烏多伊伐支△負支
	'王私(땅 이름) 烏多(군명) 伊伐支(행정촌명)의 △負支이다.'
2006-25번	王私烏多伊伐支卜燃
	'王私(땅 이름) 烏多(군명) 伊伐支(행정촌명)의 卜燃이다.'
2007-44번	夷津支城下麥王私巴珎兮村(앞면)
	弥次二石(一石?)(뒷면)
	'夷津支城 下의 麥은 王私(땅 이름) 巴珎兮村(행정촌명)의 弥次가 二石(一石?)을 낸 것이다.'
V-164번	三月中鐵山下麥十五斗(앞면)
	王私△阿礼村波利足(뒷면)
	'三月에 鐵山 下의 麥 十五斗를 王私(땅 이름) △阿礼村(행정촌

명)의 波利足이 낸 것이다.'

팔거산성

3번   (卯)年王私所利(珎)習△△麥石

'~(卯)年(487년?) 王私(땅 이름) 所利(珎)習(행정촌명)의 △△
가 낸 麥 1石이다.'

6번   丙寅年(王私)△(分)△△休

'丙寅年 (王私)(땅 이름) △(分)△(행정촌명)의 △休이다.'

15번   △村王私禾△△△(之)

'△村 王私(땅 이름) 禾△△(행정촌명)의 △(之)이다.'

私만 나오는 목간을 성산산성 3점과 팔거산성 2점을 제시하여 이를
해석하면 다음과 같다.

성산산성

59번   石蜜日智私(앞면)

勿利乃(兀)花文稗(뒷면)[31]

'石蜜日智와 私勿利와 乃(兀)花文이 낸 稗이다.'

2007-47번   珎淂智△仇以稗石

'珎淂智(村)의 仇以가 낸 稗1石이다.'

V-175번   ~△那只施米

'~△의 那只가 낸 施米이다.'

---

31) 윤선태, 앞의 논문, 2022, 50쪽에서는 59(030)번 목간을 앞면만을 끊어서 石蜜日智
私를 石蜜(물명)+日智(인명)+私(사속인의 공진물)로 보았으나 함안 성산산성
목간에서는 물명이 인명 앞에 오는 유일한 예가 되어서 따르기 어렵다.

팔거산성

14번	夲波部△△村△△△△(앞면)
	米一石私(뒷면)
	'夲波部의 △△村의 △△△△가 낸 쌀 1석이다.'
16번	安居利干支 私 男谷村支之
	'安居利 干支와 私男谷村의 支之이다.'

5. 맺음말

먼저 자료 제시 부분에서는 함안 성산산성 5개의 목간과 대구 팔거산성 3예의 왕사 목간을 소개하고, 성산산성의 3예와 팔거산성 2예의 私가 나오는 목간을 소개하였다.

다음으로 종래 목간에 나오는 王私를 왕사 뒤에 공통적으로 촌명+인명이 나오므로 이 촌명이 왕·왕실의 직할지이며 인명은 거기에 예속된 사람, 사속인, 왕(실)의 사적 예속인으로 보았다. 성산산성 2007-45번 목간과 2016-W116번 목간과의 대비로 王私를 넓은 땅 이름으로 보았다.

마지막으로 목간의 해석을 기존의 王私 개념에서 벗어나 넓고 넓은 땅 이름이란 뜻으로 해석하고, 私도 지명이나 인명 등의 일부로 보고 해석하였다.

제2절 대구 팔거산성 출토 목간 3론

1. 머리말

대구광역시 북구 노곡동 산1-1번지에 위치한 八莒山城은 대구의 대표적인 삼국시대 산성 가운데 하나이다.[1] 팔공산 끝자락에 위치한 해발고도 285m 정도의 함지산 정상부에 축조된 산성으로,[2] 둘레는 약 1,140m, 높이는 약 5m 정도로 조사되었다. 가파른 경사를 이용하여 흙과 잡석을 섞어 만든 이른바 토석혼축으로 알려져 있었는데, 근래에는 서쪽 성벽이 비교적 고식의 석축 성벽이라는 보고가 있는 등 신라의 석축산성으로[3] 파악되고 있다.

2020년 10월부터 2021년 7월까지 (재)화랑문화재연구원에 의해 정식 발굴조사가 시행되었다. 목간은 장방형으로 된 제2집수지에서 16점이 출토되었는데, 글자를 읽을 수 있는 것은 모두 10점이다. 이 10점의 목간은 253점이 출토된 함안 성산산성 목간에 못지않게 중요하다. 신라 지방 목간 전체에서 묵서가 있는 10점이라는 숫자는 2등을 달리고 있다. 그래서

---

1) 팔거산성은 포곡식산성인지 테뫼식산성인지 알 수 없다. 전자는 산과 골짜기를 둘러싸며, 후자는 8부 능선의 한 산봉우리를 둘러싼다. 함지산 정상부에 산성을 쌓았다면 테뫼식산성일 것이다.
2) 팔거산성은 성곽의 동쪽 성벽은 능성의 정상을 따라 쌓고, 서쪽 성벽은 바깥쪽 둘레의 사면에 돌과 흙을 이용한 片築法으로 축조하였다고 한다.
3) 팔거산성의 축조 연대는 5세기 후반이라는 (재)금경문화유산연구원 유환성 원장의 교시를 받았다. 2호 집수지에서 출토된 목간의 壬戌年은 602년이 아닌 482년이고, 丙寅年은 606년이 아닌 486년이 된다. 따라서 480년대가 팔거산성의 목간의 중심 연대이다. 이때 석성을 쌓았다고 볼 수가 있다.

많은 연구성과가 나와 있다.[4] 목간이 출토되어 공포된 지 2년밖에 되지 않았으나 이렇게 연구성과가 많은 것은 그 중요성을 학계에서 주목하고 있는 증거이다.

팔거산성 목간 가운데 14번의 목간에 나오는 米一石私를 구조적으로 분석하여 私를 많은 곡식을 생산하는 넓은 땅으로 보았다.[5] 그래서 王私도 크고 넓은 땅 이름으로 보았다. 또 王私가 私臣과 私母와 관련되고, 私臣과 私母는 宮을 통해서 왕실의 토지, 예속민을 관리했을 가능성이 크고, 王私도 왕·왕실이 소유하는 토지, 예속민과 관련이 있다는 가설과 정면으로 상충하는 것이었다. 이 논문에 대한 비판 논문이 나왔다.[6]

여기에서는 먼저 대구 팔거산성의 여러 판독문을 제시하고, 간단히 연구성과를 소개하겠다. 그 다음으로 팔거산성의 축조시기를 검토하고자 하며, 이어 목간에 나오는 연간지를 검토하겠다. 마지막으로 신라 방리제 실시 시기를 검토하겠다.

---

4) 전경효, 「대구 팔거산성 출토 목간 소개」『신출토 문자자료의 향연』, 한국목간학회 제37회 정기발표회, 2022. 아래의 논문과 내용이 같아 여기에서는 이 논문을 인용하기로 한다. 전경효, 「대구 팔거산성 출토 목간 소개」『목간과 문자』 28, 2022 ; 하시모토 시게루, 「함안 성산산성 목간의 '王私'와 '城下麥'」『신라사학보』 54, 2022 ; 윤선태, 「대구 팔거산성 출토 신라 지방목간」『신라학리뷰』 1, 2022 ; 김창호, 「대구 팔거산성 출토 목간에 대하여」『한국고대와전명문』, 2022 ; 홍승우, 「대구 팔거산성 출토 신라 목간 검토」『대구사학』 149, 2022 ; 하시모토 시게루, 「신라의 지방지배와 목간-대구 팔거산성목간의 기초적 검토를 중심으로-」『목간에 반영된 고대 동아시아의 법제와 행정제도』, 경북대학교 인문학술원 HK+학술단 제5회 국제회의, 2023 ; 김창호, 「대구 팔거산성 출토 목간의 재검토-하시모토 시게루 박사의 비판에 답함-」『고신라목간』, 2023.

5) 김창호, 앞의 논문, 2022, 355~357쪽.

6) 하시모토 시게루, 앞의 논문, 2023.

2. 목간의 여러 판독문 제시

전경효[7]

1번 목간 　壬戌年安居礼甘麻谷

2번 목간 　耽伐

3번 목간 　[卯][8]年私所利[珎]習 △[9] △[10]麥石

4번 목간 　奈[奴][宛][11]積作稻石伐[食][12]軍

6번 목간 　內寅年[王][私] △[13]分 △[14] △[15]休

7번 목간 　丙寅年次谷鄒=[16]下麥易大[豆]石

9번 목간 　本[17][城] △[珎] △ △

14번 목간 　本波部 △ △村 △ △ △ △(앞면)

　　　　　　米一石私[18](뒷면)

15번 목간 　△村王私禾[19] △ △ △(之)

16번 목간 　安居利干支[20] 私 男谷村支之

---

7) 전경효, 앞의 논문, 2022.
8) 乙卯 또는 丁卯로 추정한다.
9) '走' 또는 '吏'.
10) '伐' 또는 '氏'.
11) 또는 '惠'.
12) 또는 '直'.
13) 또는 '二'.
14) 또는 '麻'.
15) 또는 '伐'.
16) 중복되는 글자를 부번으로 사용하였는데, '乙'로 읽을 여지도 있다.
17) 또는 '六十'.
18) 마지막 획이 우측으로 넘어가서 아래로 그어진 형태이다.
19) '尒' 또는 '示'.
20) '干支' 두 글자를 다른 글자에 비해 우측에 맞추어 작게 붙여서 썼다.

하시모토 시게루[21)]

    1번 목간　壬戌年安居礼甘麻谷

    2번 목간　耽伐

    3번 목간　△(卯)年王私所利[珎]習△△麥石

    4번 목간　奈[奴][宛]積作稻石伐[食]軍

    6번 목간　丙寅年[王][私]△[分]△△休

    7번 목간　丙寅年次谷鄒=下麥易大[豆]石

    9번 목간　本(城)△(珎)△△

    14번 목간　本波部△△村△△△△(앞면)

               米一石私(뒷면)

    15번 목간　△村王私禾△△△(之)

    16번 목간　安居利干支 私 男谷村支之

* 하시모토 시게루 박사는 3번, 4번, 6번, 7번, 14번, 15번, 16번만 판독문을 제시함. 나머지는 필자가 복원해 넣었음.

윤선태[22)]

    1번 목간　壬戌年安居礼甘麻谷

    2번 목간　耽伐

    3번 목간　[卯]年王私所利[珎]習△△麥石

    4번 목간　奈[奴][宛]積作稻石伐[食]軍

    6번 목간　丙寅年[王][私]△[分]△△休[23)]

    7번 목간　丙寅年次谷鄒〃[24)]下麥易大[豆]石

    9번 목간　本[城]△[珎]△△

---

21) 하시모토 시게루, 앞의 논문, 2022.
22) 윤선태, 앞의 논문, 2022.
23) 休 즉 休 우하에 구두점을 찍은 것으로 보았으나, 烋일 가능성도 있다.
24) 중복되는 동일 글자를 부번으로 보고 있으나, 乙로 읽을 여지도 있다.

14번 목간 本波部△△村△△△△(앞면)

　　　　　米一石私(뒷면)

15번 목간 △村王私禾△△△(之)

16번 목간 安居利干支25) 私 男26)谷村支之

김창호27)

1번 목간 壬戌年安居礼甘麻谷

2번 목간 耽伐

3번 목간 △(卯)年王私所利(珎)習△△麥石

4번 목간 奈(奴)冤積作稻石伐(食)軍

6번 목간 丙寅年(王私)△分△△休

7번 목간 丙寅年次谷鄒ゝ下麥易大(豆)石

9번 목간 本(城)△(珎)△△

14번 목간 本波部△△村△△△△(앞면)

　　　　　米一石私(뒷면)

15번 목간 △村王私禾△△△(之)

16번 목간 安居利干支 私 男谷村支之

홍승우28)

1번 목간 壬戌年安居礼甘麻谷

2번 목간 耽伐

3번 목간 (卯)年王私所利(珎)習△△麥石

4번 목간 奈(奴)(冤)積作稻石伐(食)軍

25) 干支 두 글자를 다른 글자에 비해 우측열에 맞추어 작게 붙여서 썼다.
26) 日刀로 보거나 另(武)로 볼 가능성도 있다.
27) 김창호, 앞의 논문, 2022.
28) 홍승우, 앞의 논문, 2022.

6번 목간   丙寅年(王私)△分△△休

7번 목간   丙寅年次谷鄒ﾞ下麥易大(豆)石

9번 목간   本(城)△(珎)△△

14번 목간   本波部△△村△△△△(앞면)

　　　　　　米一石私(뒷면)

15번 목간   △村王私禾△△△(之)

16번 목간   安居利干支 私 男谷村支之

하시모토 시게루의 새로운 판독[29)]

1번 목간   壬戌年安居礼甘廐谷

2번 목간   耽伐

3번 목간   △年王私所利△習△△麥石

4번 목간   奈△△積作稻石戊寅年

6번 목간   丙寅年王私[　　]烋

7번 목간   丙寅年次谷鄒△下麥易大△石

　　　　　　[本城?]

9번 목간   △△△珎△△

14번 목간   本△△[　　　](앞면)

　　　　　　米一石△(뒷면)

　　　　　　[稻?]

15번 목간   △村王私尒[　　]

　　　　　　[男?另?] [麥石]?

16번 목간   安居利干支 私 男△谷村△△

(새로운 판독의 시도)

---

29) 하시모토 시게루, 앞의 논문, 2023.

1번 목간　壬戌年安居礼甘麻谷

하단이 파손되었다. 목흔이 선명하여 문제되는 글자는 없다.

2번 목간　耽伐

파손된 부분이 없다. 하단부에 홈이 있다. 글자가 선명해서
판독에 문제가 되는 글자는 없다.

3번 목간　△年王私所利△習△△麥石

첫 번째 판독자는[30] 年 앞의 글자를 卯자로 추독하고, 乙卯나
丁卯일[31] 가능성을 지적하였다. 여기에서는 모르는 글자로
본 가설에 따른다.[32]

4번 목간　奈(奴冤)積作稻石伐(食)軍

파손된 부분이 거의 없고, 하단부에 홈이 있다. 2번째 글자를
[奴]자로, 3번째 글자를 [冤]자로 각각 읽었으나[33] 모르는 글자
로 본 가설이 나왔다.[34] 여기에서는 奴冤으로 읽는 견해에
따른다.[35] 마지막 글자를 年자로 읽고 있으나[36] 모사도에
제시된 세 글자에서는 횡으로 그은 마지막 밑의 선과 그
다음의 선 사이에 있어서 왼쪽에 점이 있다. 이렇게 점이
없는 글자는 軍자이지 年자가 아니다. 따라서 마지막 세
글자에는 각각 戊寅年이[37] 아니라 伐(食)軍이다.[38]

6번 목간　丙寅年(王私)△分△△休

---

30) 전경효, 앞의 논문, 2022, 16쪽.
31) 김창호, 앞의 논문, 2022, 352쪽에서 丁卯年으로 복원한 바 있으나 이는 잘못된
것이다.
32) 하시모토 시계루, 앞의 논문, 2023, 68쪽.
33) 전경효, 앞의 논문, 2022, 16쪽.
34) 하시모토 시계루, 앞의 논문, 2023, 68쪽.
35) 전경효, 앞의 논문, 2022, 16쪽.
36) 하시모토 시계루, 앞의 논문, 2023, 68~69쪽.
37) 戊寅年처럼 연간지가 가장 마지막에 나오는 예가 삼국시대에는 없다.
38) 전경효, 앞의 논문, 2022, 16쪽.

상하 상단이 남아 있지만 상부 왼쪽 부분이 파손되었다.
하단에 홈이 있다.

이 목간의 판독은 丙寅年王私[　]烋보다는[39] 목간의 적외선
사진으로 볼 때,[40] 丙寅年(王私)△分△△烋이[41] 타당하다고
사료된다.

7번 목간　丙寅年次谷鄒ㄟ[42]下麥易大(豆)[43]石

상하단이 일부 파손되었지만 거의 완전한 형태이다. 하단에
홈이 있다.

9번 목간　夲(城)△(珎)△△

상단이 파손되었다. 하단에 홈이 있다.

14번 목간　夲波部△△村△△△△(앞면)

米一石私(뒷면)

파손된 부분이 없다. 하단에 홈이 있다.

먼저 夲波部△△村의 판독에 따른다. 이 목간에
서 판독의 중요한 것은 私자의 판독이다.[44] 이를
측면의 적외선 사진에 근거해서 稻자로 보는
가설이 (14번 B면[뒷면]의 私자) 나왔다.[45] 이

---

39) 하시모토 시게루, 앞의 논문, 2023, 69쪽.

40) 전경효, 앞의 논문, 2022, 14쪽의 6번 A면(分 추정)과 6번 A면(烋).

41) 전경효, 앞의 논문, 2022, 16쪽.

42) 이를 하시모토 시게루, 앞의 논문, 2023, 70쪽에서는 모르는 글자로 보았으나
따르지 않는다.

43) 하시모토 시게루, 앞의 논문, 2023, 70쪽에서는 大豆를 합쳐 한 글자로 보고
모르는 글자라고 보았으나 따르지 않는다.

44) 전경효, 앞의 논문, 2022, 15쪽의 14번 B면에 私자가 분명하다. 본문에 그 적외선
사진을 게시하였다. 하시모토 시게루, 앞의 논문, 2023, 70쪽에서는 측면을 제시하
고 측면 모사도로 혼란을 주었으나 정면의 적외선 사진으로 보면 私자임이 분명하
다(14번 B면의 私자 참조). 측면 적외선 사진을 봐도 稻자와 같은 글자는 없다.
정면 적외선 사진이 있는데도 하필 왜 측면 적외선 사진을 이용했는지 궁금하다.

45) 하시모토 시게루, 앞의 논문, 2023, 70쪽.

稻자설은 14번 B면의 글자가 私자이므로 성립될 수가 없다.

15번 목간 　△村王私尒[46]△△△(之)[47]

상하 양단이 파손되었다.

16번 목간 　安居利干支 私[48] 男谷村支之[49]

파손된 부분은 없다. 하단에 홈이 있다. 支之를 麥石으로 읽고 있다.

이상의 판독 결과를 중심으로 목간의 전문을 해석하여 제시하년 아래와 같다.

1번 목간 　壬戌年安居礼甘麻谷

'壬戌年(442년)에 安居礼와 甘麻谷이다.'

2번 목간 　耽伐

자세한 해석은 불가능하고 지명의 일부일 가능성이 있다.

3번 목간 　△年王私所利(珎)習△△麥石

'△年에 王私(땅 이름) 所利(珎)(행정촌명) 習△△(인명)이 낸 麥 1石이다.'

4번 목간 　奈(奴宠)積作稻石伐(食)軍

이 목간은 단면이지만 인명표기가 나오는 짐꼬리표 목간이

---

46) 전경효, 앞의 논문, 2022, 17쪽에서는 禾자로 읽었으나 하시모토 시게루, 앞의 논문, 2023, 71쪽에 따라 尒자로 읽는다.

47) 전경효, 앞의 논문, 2022, 17쪽에서 △△△(之)로 읽은 것을 하시모토 시게루, 앞의 논문, 2023, 71쪽에서는 [ ]로 읽었으나 따르지 않는다.

48) 이 私도 홍승우, 앞의 논문, 2022, 32쪽에서 사적 예속인으로 풀이하였으나 따르지 않는다.

49) 이를 하시모토 시게루, 앞의 논문, 2023, 70쪽에서처럼 安居利干支 私 男谷村[麥石]이라고 판독하면 '安居利 干支와 私男谷村이 麥 1石을 낸 것이다'로 해석되어 인명을 가진 사람과 촌이 보리 1석을 냈다라는 말이 된다. 그런데 인명과 촌명이 공동으로 공진물을 내는 예는 253점에 달하는 함안 성산산성 목간에서 볼 수 없다는 것이 문제이다. 그렇다고 [麥石]을 인명이라고 보기도 어렵다.

아니고, 문서 목간으로 그 해석은 '奈(奴兔)이 積作해서(모아서 지은) 稻(벼)를 石伐이 먹고, 軍이 (뭐했다.)'이다.

6번 목간   丙寅年(王私)△分△△休

'丙寅年(546년)에 王私(많은 곡식을 생산하는 땅 이름) △分△(행정촌명) △休이다.'

7번 목간   丙寅年次谷鄒ㅈ下麥易大(豆)石

'丙寅年(546년)에 次谷鄒ㅈ(군명) 아래의 보리를 易大(豆)가 1石을 냈다.'

9번 목간   夲(城)△(珎)△△

'夲(城)(행정촌명)의 △(珎)△△이다.'

14번 목간   夲波部△△村△△△△(앞면)

米一石私(뒷면)

'夲波部(6부명 가운데 하나)의 △△村(행정촌명)의 △△△△가 낸 米 1石私(많은 양의 쌀)이다.'

15번 목간   △村王私禾△△△(之)

'△村(군명) 王私(땅 이름) 禾△△(행정촌명)의 △(之)(인명)이다.'

16번 목간   安居利干支 私 男谷村支之

'安居利(인명) 干支(외위명)와 私男谷村(행정촌명)의 支之(인명)이다.'

3. 지금까지의 연구

목간을 최초로 가장 많이 보고, 그 내용을 공포, 보고한 학자는[50] 16점의

---

50) 전경효, 앞의 논문, 2022.

목간 가운데 묵서가 있는 10점 70자를 글자마다 낱낱이 적외선 사진으로 공개하며 판독문을 발표하였다. 그리고 壬戌年을 602년, 丙寅年을 606년으로 보고 문헌을 통해 7세기 무렵 신라의 군사 및 행정 체계 속에서 팔거산성의 역할을 언급하였다. 麥과 稻가 등장한 것을 가지고 한 해의 상반기라기보다는 하반기로 목간의 시기를 보았다. 下麥과 王私에 대해서도 주목하였다.

한국의 고대 목간을 주제로 학위를 한 한국 목간에 밝은 일본학자는[51] 王私와 城下麥에 대해 전혀 새로운 가설을 발표하였다. 王私는 王私 뒤에 공통적으로 촌명+인명이 나오므로 이 촌명이 왕·왕실의 직할지이며 인명은 거기에 예속된 사람이라고 보았다. 城下麥의 下자는 월성해자 신출토8번 목간과 정창원 좌파리가반 문서에 下는 없으나 上자가 올린다는 뜻이고 下자는 그 반대의 뜻임을 고려해 '내린다'는 뜻으로 해석했다.

한국 고대의 고문서와 목간에 밝은 학자는[52] 王私에 대해 『삼국사기』의 私臣·私母에 주목하여 왕·왕실과 관련된 뜻으로 추정하였다. 또 王私 뒤에 나오는 촌명을 왕·왕실의 직할지, 인명을 거기에 예속된 사람으로 본 가설에 힘입어서[53] 王私의 私를 私屬人으로 해석하고, 이들은 노인 집단과 달리 천민 신분이 아니라고 보았다. 이들은 지방 촌락에 외거하면서 私屬 관계로 왕이나 왕족, 6부 세력, 지역 유력층에 긴박되어 私를 공진하는 존재들이라고 보았다.[54]

2022년 금석문 전공자가 팔거산성의 王私 목간과[55] 城下麥 목간에[56] 대한 전혀 다른 가설을 내놓았다. 여기에서는 팔거산성 목간 14번의 뒷면 米一石私에 주목하고, 함안 성산산성 목간 2007-45번 등에 나오는 斗石과의

---

51) 하시모토 시게루, 앞의 논문, 2022.

52) 윤선태, 앞의 논문, 2022.

53) 하시모토 시게루, 앞의 논문, 2022.

54) 가령 16번 목간의 安居利干支 私 男谷村支之까지 干支私라고 해석하고 王私의 준범주에 넣고 있는 점은 따르기 어렵다.

55) 김창호, 「고신라 목간에 보이는 王私에 대하여」 『한국고대와전명문』, 2022.

56) 김창호, 「함안 성산산성 城下麥 목간의 재검토」 『한국고대와전명문』, 2022.

비교를 통해 王私를 많은 곡식을 생산하는 땅으로 보았다. 城下麥의 下자도 월성해자 신출토8번 목간과 정창원 좌파리가반문서의 새로운 해석에 의해 下의 반대의미로 예를 든 上자를 동사가 아닌 것으로[57] 보았다.

2022년 한국고대 율령 연구로 학위를 하고 금석문, 목간, 문헌에 밝은 학자에 의해 팔거산성 목간에 대한 논문이 나왔다.[58] 여기에서는 대구지역의 『삼국사기』·『고려사』 등의 고기록과 고분군과의 비교 등으로 고고학적인 환경을 치밀하게 조사하였다. 그리고 王私의 私를 왕(실)의 사적 예속인으로 새롭게 인식하고, 城下麥 목간의 下의 의미와 十五石, 十五斗石, 十一斗石 등의 의미에 대해 언급하였다.[59]

2023년 한국의 고대 목간으로 학위를 한 목간 전문가는 다시 대구 팔거산성 목간에 대한 견해를 공포하였다.[60] 여기에서는 종래의 자신의 논지를 유지하면서 14번 목간을 本△△[ ](앞면) 米一石稻(?)(뒷면)으로 판독하여 많은 곡식을 생산하는 땅이란 가설을 입론의 여지가 없게 했다. 하지만 稻의 판독에 뒷면 정면이 아닌 측면을 이용한 점, 왜 米一石稻(?)가 될 수 있는지에 대한 해명이 필요하다. 같은 곡물을 나타내는 벼를 도정한 것인 米와 탈곡하지 아니한 稻가 공존하고 있는데, 탈곡하지 아니한 벼를 수납한 관청은 없는 것이 문제이다.

2023년 위의 반론에 대한 비판이 나왔다.[61] 여기에서는 팔거산성 목간

---

57) 上米를 '쌀을 상납하다'라고 해석하는 것은 한문식 해석법이지 이두식 해석법이 아니다. 정창원 좌파리가반 부속문서에서 다른 한문식 해석방법의 예가 없는 점도 문제이다.

58) 홍승우, 앞의 논문, 2022.

59) 여기에서는 팔거산성 14번 목간 夲波部△△村△△△△(앞면) 米一石私(뒷면), 팔거산성 16번 목간 安居利干支 私 男谷村支之, 성산산성 59번 목간 石蜜日智私(앞면) 勿利乃(旡)花文稗(뒷면)(이를 石蜜日智와 私勿利와 乃(旡)花文가 낸 稗이다로 새로 해석한다) 등을 준왕사로 보았으나 이들은 모두 쌀을 표시하는 하나치거나 지명이나 인명의 일부이다.

60) 하시모토 시게루, 앞의 논문, 2023.

61) 김창호, 앞의 논문, 2023.

14번의 앞면을 本波部△△村△△△△으로 판독하고 王私를 많은 곡식을 생산하는 땅으로 해석하였다. 다음으로 문제가 된 것이 망성리요의 ##習部·##習府習명·#마크[62] 등의 기와 명문이다. 기와는 680년경의 것으로 추정되고 있다.[63] 이들 기와 명문은 習比部를 가리키는 것으로 보고, 망성리 일대를 습비부로 본 가설이 있다.[64] 망성리 일대에는 방리제의 흔적이 없어서 습비부라기보다는 습비부에 소속된 逸名촌명인 월경지로 보는 쪽이 타당할 듯하다. 다음으로 보상화문전과 악부인동문암막새가 출토되어[65] 한지부로 추정되고 있는 현곡 다경와요시가 있다. 디경와요지 출토로 짐작되는 전명이 있다. 月池에서 나온 雙鹿寶相華文塼片에 나오는 銘文 '調露二年/漢只伐部君若小舍~/三月三日作康(?)~.'이 그것이다. 이를 해석하면 다음과 같다. '調露 2年(680년)에[66] 漢只伐部의[67] 君若 小舍가 (監督)했고, 3月 3日에 作康(?)이 (만들었다).'가 된다. 君若 小舍는 監督者이고, 作(康?)~은 製瓦匠의 人名이다.[68] 이 명문에 나오는 월지와 그 주위에서는 漢只, 漢, 漢只伐部 등의 명문이 나온다. 이들 漢只 등 관련 기와 명문은 다경요에서 구워진 것으로 추정하고 있다. 그렇다면 다경 일대는 漢祇部의 逸名村이 있었던 곳으로 볼 수 있다.[69] 따라서 14번 목간의 本彼部△△村에 대한

---

62) 도교 벽사 마크라는 주장은 일본의 지방 목간 전문연구자 平川南의 가설이 유명하다. 이는 #자가 아니라 가로 세로로 세 줄씩 그은 九의 약체이다.

63) 월지에서 함께 나오는 朝露二年명보상화문전의 연대인 680년에 근거하였다.

64) 조성윤, 「고고자료로 본 新羅六部의 범위와 성격」 『신라문화유산연구』 2, 2018 참조.

65) 김성구, 「다경와요지 출토 신라와전소고」 『미술자료』 33, 1983.

66) 종래 8세기 중엽으로 보아온 쌍록보상화문전의 연대를 680년으로 소급해 보게 되었다.

67) 漢只伐部란 부명은 673년 계유명아미타삼존불비상에서 사라졌고, 신라에서 부명이 사라진 것은 662년 태종무열왕비로 시작되었음을 알 수 있다. 이 한지벌부는 680년이므로 잔존 요소로 볼 수 있다.

68) 종래에는 調露二年漢只伐部君若小舍~三月三日作康(?)~(개행)을 '調露二年(680년)에 한지벌부의 군약소사가 三月三日에 지었다'로 해석하였으나 잘못된 해석이다. 단, 이 같은 해석방법은 年號＋인명표기로 구성되어 있음을 분명히 밝혀주었다.

69) 본피부에 소속된 현재의 모량리, 사탁부에 소속된 蘇豆古利村과 那音支村가 있던

판독은 정확하다고 사료된다.

4. 팔거산성의 축조 시기[70]

신라 석축산성은 기단보축 등의 독특한 형식으로 축조되었다. 석축산성 가운데 팔거산성은 성벽과 곡성의 축조수법, 목조 집수지의 형태, 출토 유물 등으로 볼 때 5세기 후반에 축성된 것으로 본다. 목조 집수지에서 출토된 목간의 연대도 중요하지만, 목간의 연대와 성벽의 축성연대는 별개로 보아야 할 것 같다. 왜냐하면 목간이 출토된 목조 집수지는 팔거산성 이 축조된 다음에 만들어진 석성의 부속 시설물이기 때문에 성벽의 시기보 다 앞설 수 없기 때문이다.

실제로 성벽과 목조 집수지가 동시기에 축조되었다고 보기에는 목조 집수지 출토유물의 시기(480년대 이후)와 성벽 축조법에 의한 시기(5세기 후반)가 일치하지 않는다. 명활성, 고모산성, 삼년산성의[71] 성벽 축조법에 의한 시기를 5세기 중후반으로 보는데, 팔거산성도 앞서 언급한 3개 석성 의 축조시기와 비슷하게 보는 것이 성곽 연구자들의 일반적인 견해이다.[72] 즉 팔거산성 성벽 축조(5세기 후반)→ 팔거산성 내 목조 집수지 축조(480 년대 혹은 6세기 전반)[73]→ 그 밖에 팔거산성 내 부속시설물 축조(석축

현재의 포항 중성리 일대, 습비부에 소속된 현재의 망성리 일대, 한지부에 소속된 다경 일대, 그 외 6부에 소속된 많은 일명촌의 바깥쪽을 연결하는 선이 신라 王畿일 듯하다.

70) 이 장은 금경문화유산연구원 유환성 원장의 이메일 서신에 근거하였다.

71) 『삼국사기』에 따르면 축조시기는 470년이다.

72) 박종익, 유환성 등의 견해이다.

73) 이는 김창호, 앞의 논문, 2022에 따라 540년대로 보았으나 그 시기는 성벽과 똑같은 5세기 후반으로 보인다. 왜냐하면 목조 집수지 시설은 성곽의 축조와 거의 동시에 만들어졌다고 보아야 하기 때문이다. 성은 방형 또는 원형으로 막을 수 있는 시설을 마련하고, 샘이나 집수지가 있고, 곡식을 숨길 수 있는

및 배수로 등, 6세기 중반부터 고려 초까지)로 판단된다.

5. 목간 연대의 검토

목간의 연대와 관련해서는 다음과 같은 4점이 있다.[74]

    1번 목산   壬戌年安居礼廿麻谷
    6번 목간   丙寅年(王私)△分△△休
    7번 목간   丙寅年次谷鄒ヽ下麥易大(豆)石
   16번 목간   安居利干支 私 男谷村支之

이 가운데에서 536년 영천청제비 병진명의 干支와 536년을 상한으로 하는 월지 출토비의 干支에 의해 1번 목간의 壬戌年은 542년으로, 6번 목간과 7번 목간의 丙寅年은 546년으로 본 바가 있다.[75] 545년이나 그 직전에 세워진 적성비에 撰干支, 下干支, 阿尺이란 외위가 나오고, 伊干支, 波珎干支, 大阿干支, 及干支, 大舍, 大烏의 경위가 나와서 이때를 관등제가 완성된 시기로 볼 수가 있다.

여기에서 가장 큰 문제는 干支 때문에 壬戌年과 丙寅年을 1갑자 올릴 때, 가장 큰 장애물은 냉수리비의 癸未年이란 연간지의 연대이다. 이를

시설이 있어야 하며, 불에 강한 땔감이 있어야 하는 등의 시설이 필요하기 때문이다. 집수지 시설은 성의 운명을 좌우할 중요한 생명줄로 성을 축조하면서 함께 만드는 것이 상식이어서 60년이나 후에 만들어졌다고는 볼 수 없다.

74) 王私라는 목간의 수는 함안 성산산성 목간 253점 가운데 5점으로 전체 목간 수에서 점하는 비율이 2%밖에 안 되지만, 팔거산성 목간에서는 王私가 3점으로 전체 목간 수의 30%나 점한다. 王私의 私는 분명히 고식의 양(부피)을 나타내는 단위이므로 연대가 오래되었다. 따라서 王私의 비율로 보더라도 팔거산성의 목간은 480년대가 되어야 한다.

75) 김창호, 앞의 논문, 2022.

상세히 살펴보기 위해서 냉수리비의 전문을 제시하면 다음과 같다.

前面

⑫	⑪	⑩	⑨	⑧	⑦	⑥	⑤	④	③	②	①	
		死	得	爲	支	本	喙	王	癸	麻	斯	1
	教	後	之	證	此	彼	尒	斫	未	村	羅	2
此	耳	△	教	尒	七	頭	夫	德	年	節	喙	3
二	別	其	耳	耶	王	腹	智	智	九	居	斫	4
人	教	弟	別	財	等	智	壹	阿	月	利	夫	5
後	末	兒	教	物	共	干	干	干	廿	爲	智	6
莫	鄒	斯	節	盡	論	支	支	支	五	證	王	7
更	斫	奴	居	教	教	斯	只	子	日	尒	乃	8
導	申	得	利	令	用	彼	心	宿	沙	令	智	9
此	支	此	若	節	前	暮	智	智	喙	耳	王	10
財		財	先	居	世	斫	居	居	至	得	此	11
			利		二	智	伐	伐	都	財	二	12
					王	智	干	干	盧	教	王	13
					教	斫	支	支	葛	耳	教	14
									文		用	15
											珎	16
											而	17

上面

⑤	④	③	②	①	
故	了	今	支	村	1
記	事	智	須	主	2
		此	支	奠	3
		二	壹	支	4
		人		干	5
		世			6
		中			7

後面

⑦	⑥	⑤	④	③	②	①	
事	蘇	喙	你	智	典	若	1
煞	那	沙	喙	奈	事	更	2
牛	支	夫	耽	麻	人	導	3
拔	此	那	須	到	沙	者	4
語	七	斫	道	盧	喙	教	5
故	人	利	使	弗	壹	其	6
記	跛	沙	心	須		重	7
	△	喙	仇			罪	8
	所	誓				耳	9
	白	公					10
	了						11

이 냉수리비를 학계에서는 대개 503년으로 보고, 沙喙至都盧葛文王은 지증왕으로 보고 있다. 이렇게 볼 수 없는 이유를 제시하면 다음과 같다.

첫째로 沙喙至都盧葛文王이 지증왕이라면 그 앞에 나오는 斫夫智王(실성왕)과 乃智王(눌지왕)처럼 왜 喙部 출신이 아니고 왕을 칭하지도 않았는지에 대한 해명이 필요하다. 왕이 갈문왕을 칭한 예는 지도로갈문왕 외에는 없다.

둘째로 중고 왕실의 왕족은 탁부 김씨이고, 왕비족은 사탁부 박씨이다. 부가 바뀌면 성도 바뀐다. 왕비족인 사탁부 박씨가 중고의 왕이 될 수는 없다.[76]

셋째로 실성왕 원년에 節居利가 교를 처음으로 20세에 받았다면, 지증왕 말년에는 그의 나이가 131세나 되는 문제가 생긴다.

넷째로 갈문왕은 국왕의 친척, 국왕의 장인, 여왕의 남편 등에게 수여하는 것으로 국왕이 직접 갈문왕이 된 예는 없다.

다섯째로 지증왕이 사탁부지도로갈문왕과 동일인이라면 냉수리비의 喙部斯夫智王喙部乃智王처럼 喙部至都盧王으로 나와야 된다.

여섯째로 斯夫智王(실성왕)과 乃智王(눌지왕)이 죽었다는 기록이 냉수리비에는 안 나오고, 왜 이들 두 왕이 나왔는지도 알 수 없다.

이에 대구 팔거산성의 목간 연대는 1번 목간 壬戌年安居礼甘麻谷의 壬戌年을 482년, 6번 목간 丙寅年(王私)△分△△休와 7번 목간 丙寅年次谷鄒ꞈ下麥易大(豆)石의 丙寅年을 486년으로 볼 수 있다.[77] 그래서 축성의 시기인 5세기 후반에 가장 중요한 목조 집수구도 축성과 함께 만들어졌다고

---

76) 539년의 울주 천전리서석 추명 중 另卽知太王妃夫乞支妃에서 만약 夫乞支妃가 모량부 출신이라면 마땅히 추명에 명기되어야 한다. 출신부명이 없다는 것은 사탁부 출신이기 때문이다. 이 경우 추명의 주인공은 其王과 妹, 另卽知太王妃夫乞支妃, 子인 郎△△夫知의 4명이 되는데 추명 제⑥행의 此時共三來로 보면 3명이 되어야 한다. 妹＝另卽知太王妃夫乞支妃로 본 것은 이 때문이다. 원명의 3명의 주인공과 추명의 3명의 주인공이 모두 사탁부 출신임은 주지의 사실이다.

77) 253명의 인명이 기록된 함안 성산산성 목간에서는 王私 목간이 5점으로 1.976%를 점하는 데 불과하지만, 대구 팔거산성에서는 10점의 목간 가운데 3점이 나와 30%나 된다. 성산산성 목간의 경우 本波, 阿那, 末那, 前那, 未那 등의 땅 이름이 나오지만 앞서 지적한 것처럼 팔거산성 목간에서는 王私만 3점이 나왔다. 앞으로 출토를 더 기다려야 봐야겠지만 王私 목간이 5세기의 표지적인 유물이 될 수도 있다. 즉 540년대에 王私가 팔거산성에서 30%나 나온 데 비해 성산산성에서는 2%도 안 되게 나오는 것이 어떤 의미가 있는지 살펴볼 필요가 있을 것이다.

볼 수가 있다.[78]

6. 방리제 실시 시기

방리제의 실시 시기는 『삼국사기』 권3, 신라본기3, 慈悲麻立干十二年(469년)조에 '十二年 春正月 定京都坊里名'이라고 나오고, 명활산성, 삼년산성, 팔거산성, 고모산성은 5세기 중후반에 축성된 석성들이다. 석성들 가운데 삼년산성은 그 연대가 470년이라고 『삼국사기』에 나온다. 475년 고구려가 한성백제를 쳐부수었고, 이 소식을 백제 문주왕자로부터 전해들은 신라는 왕성을 금성에서[79] 명활산성으로 옮겼는데, 명활산성이 석성으로[80] 이미 축성되었음을 말해준다. 14번 목간은 신라 왕경이 방리제와 성촌제가 합쳐져서 구성되었음을 암시하고 있다. 우선 목간의 전문을 다시 제시하면 다음과 같다.

> 14번 목간 本波部△△村△△△△(앞면)
>
> 米一石私(뒷면)

이 목간이 신라 전체 사료에서 왕경이 방리제와 성촌제로 구성되었다는 사실을 알려주는 유일한 자료이다. 팔거산성 목간의 시기를 480년대로 볼 수 있는지의 여부를 알려주는 것이 자비마립간 12년조의 『삼국사기』

---

78) 신라의 목간이 480년대에도 나오게 되면서 앞으로 5세기 목간이 명활산성, 문경 고모산성, 보은 삼년산성(470년 축조) 등에서도 출토될 가능성을 기대해 볼 수 있게 되었다.

79) 금성에 대해서는 조성윤, 「고고자료로 본 신라 金城의 위치시론」 『신라문화유산연구』 6, 2022 참조.

80) 470년에 축조된 보은 삼년산성보다 명활산성이 더 빨리 석성으로 축조되었다고 판단된다.

기록이다. 그래서 방내리와요지에서 출토된 習部명기와나 다경와요지에
서 출토된 漢只명기와도 쉽게 이해가 된다. 팔거산성 14번 목간이 나오기
전에는 이들 명문을 통해 습부나 한지부의 위치를 망성리와 다경으로
비정하기도 했다. 그러다 14번 목간이 출토되면서 습부나 한지는 각각
습비부 내에 있는 습부 소속 월경지로서 逸名촌명이고, 한지는 한지부
내에 있는 한지(부)의 월경지로서 일명촌명임을 알 수가 있었다. 680년에는
673년의 행정촌이 없어지고 나서 습부나 한지(부)로 불렸으나 그 위치로
볼 때 월경지임이 분명하다.

7. 맺음말

먼저 지금까지 나온 6번의 판독안을 전부 소개하고, 문제가 제기된
판독을 중심으로 새로이 판독안을 소개하였다.

다음으로 팔거산성의 축조시기를 명활산성, 삼년산성, 고모산성과 함께
5세기 중후반으로 보았다.

이어 냉수리비의 연대가 443년인 점과 팔거산성이 5세기 중후반에 축조
된 점을 근거로 대구 팔거산성의 목간 연대는 1번 목간 壬戌年安居礼甘麻谷
의 壬戌年은 482년, 6번 목간 丙寅年(王私)△分△△休와 7번 목간 丙寅年次谷
鄒ヽ下麥易大(豆)石의 丙寅年은 486년으로 보았다.

마지막으로 『삼국사기』 권3, 신라본기3, 慈悲麻立干十二年(469년)조에
'十二年 春正月 定京都坊里名'이라고 나오고, 명활산성, 삼년산성, 팔거산성,
고모산성이 5세기 중후반에 축성된 석성들이라는 점을 근거로 469년 기록
이 신빙성 있다고 보았다.

제3절 대구 팔거산성 출토 목간의 石私 해석
─이수훈 박사의 비판에 답함─

1. 머리말

대구 팔거산성 목간은 (재)화랑문화재연구원에서 2020년 10월부터 2021년 7월까지의 발굴조사로 16점이 출토되었다. 그 가운데에서 묵서가 있는 목간은 총 10점이었다. 고신라나 통일신라의 지방 목간에서 253점의 함안 성산산성 목간 다음으로 그 수효가 많아 학계의 주목을 받아 왔다. 팔거산성 목간은 수적으로는 적지만 그 내용에서 고신라의 역사 복원에 중요하다. 보통 월경지의 시작을 후삼국시대로 보아 왔으나 고신라까지 올라가는 자료가 새로 나와서 주목된다.

목간에서는 城下麥 목간과 王私 목간 등이 모두 나와 학계의 주목을 받았다. 城下麥 목간에서는 왜 복잡한 문틀을 사용하여 보리를 나타내고 있는지, 王私는 묵서 목간 10점 가운데 3점이 나왔는데 왜 王·王室 직할지가 대구 팔거산성의 경우 공진물을 내는 사람의 30%나 되는지의 의문이 생긴다.

여기에서는 팔거산성을 중심으로 그 일대의 고고학적 환경을 살펴보겠다. 다음으로 목간의 판독에 대해 살펴보고 이어 石私 목간을 검토하겠다. 마지막으로 城下麥의 자료 제시와 함께 그 해석에 대해 살펴보겠다.

2. 고고학적 환경

대구광역시 북구 노곡동 산1-1번지 소재 팔거산성은 대구의 대표적 삼국시대 석성 가운데 하나이다. 팔공산의 지맥 끝자락에 위치한 해발고도 285m 정도의 함지산 정상부에 축조된 산성으로, 둘레는 약 1,140m, 높이는 약 5m 정도로 조사되었다. 가파른 경사를 이용하여 흙과 잡석을 섞어 쌓은 토석혼축으로 알려져 있는데, 근래에는 서쪽 성벽이 고식으로 알려졌다.

팔거산성에 대한 고고학적 조사는 1999년 대구대학교 박물관에 의해 지표조사를 시작으로 2015년 영남문화재연구원의 정밀 지표조사와 2018년 (재)화랑문화재연구원의 시굴조사를 거쳐, (재)화랑문화재연구원에 의해 2020년 10월부터 2021년 7월까지 발굴조사가 진행되었다. 먼저 실시한 시굴조사 결과 산성의 수구, 치,[1] 문지, 건물지, 추정 집수지, 축대, 성벽 등이 확인되었다. 그리고 발굴조사의 결과 삼국시대에서 통일신라시대에 이르는 석축 7기, 집수지 2기,[2] 계단지, 배수로, 수구 등이[3] 발견되었다.

무엇보다 중요한 것은 목조 집수지에서 16점에 달하는 목간이 발견되었다는 사실이다. 묵서가 있는 목간만 해도 10점으로, 함안 성산산성의 253점의 뒤를 잇고 있다. 내용도 신라 도성제와 관련되는 것, 王私 문제 해결의 열쇠를 쥐고 있는 것, 城下麥 목간의 기원이 되는 것, 越境地와 관련되는 것 등도 있어서 10점의 목간치고는 대단히 중요하다.

---

1) 고구려 산성의 한 가지 특징이다.
2) 목조 집수지와 석축 집수지의 2기이다. 대형의 목조 집수지는 팔거산성이 처음 축조되었을 때 함께 만들어졌을 것이다.
3) 산성에서 반드시 존재하는 우물에 대한 언급도 없다.

3. 목간의 판독

전경효[4]

　　1번 목간　壬戌年安居礼甘麻谷

　　2번 목간　耽伐

　　3번 목간　[卯][5]年私所利[珎]習 △[6] △[7]麥石

　　4번 목간　奈[奴][宛][8]積作稻石伐[食][9]軍

　　6번 목간　丙寅年[王][私] △[10]分 △[11] △[12]休

　　7번 목간　丙寅年次谷鄒=[13]下麥易大[豆]石

　　9번 목간　本[14][城] △[珎] △ △

　14번 목간　本波部 △ △村 △ △ △ △(앞면)

　　　　　　　米一石私[15](뒷면)

　15번 목간　△村王私禾[16] △ △ △(之)

　16번 목간　安居利干支[17] 私 男谷村支之

---

4) 전경효, 앞의 논문, 2022.

5) 乙卯 또는 丁卯로 추정된다.

6) '走' 또는 '吏'.

7) '伐' 또는 '氏'.

8) 또는 '惠'.

9) 또는 '直'.

10) 또는 '二'.

11) 또는 '麻'.

12) 또는 '伐'.

13) 중복되는 글자를 부번으로 사용하였다. '乙'로 읽을 여지도 있다.

14) 또는 '六十'.

15) 마지막 획이 우측으로 넘어가서 아래로 그어졌다.

16) '尒' 또는 '示'.

17) '干支' 두 글자를 다른 글자에 비해 우측에 맞추어 작게 붙여서 썼다.

김창호[18]

　　1번 목간　壬戌年安居礼甘麻谷

　　2번 목간　耽伐

　　3번 목간　△(卯)年王私所利(珎)習△△麥石

　　4번 목간　奈(奴寃)積作稻石伐(食)軍

　　6번 목간　丙寅年(王私)△分△△休

　　7번 목간　丙寅年次谷鄒ゝ下麥易大(豆)石

　　9번 목간　本(城)△(珎)△△

　　14번 목간　本波部△△村△△△△(앞면)

　　　　　　　米一石私(뒷면)

　　15번 목간　△村王私禾△△△(之)

　　16번 목간　安居利干支 私 男谷村支之

하시모토 시게루의 새로운 판독[19]

　　1번 목간　壬戌年安居礼甘麻谷

　　2번 목간　耽伐

　　3번 목간　△年王私所利△習△△麥石

　　4번 목간　奈△△積作稻石戊寅年

　　6번 목간　丙寅年王私[　　]烋

　　7번 목간　丙寅年次谷鄒△下麥易大△石

　　　　　　　[本城?]

　　9번 목간　△△△珎△△

　　14번 목간　本△△[　　](앞면)

　　　　　　　米一石△(뒷면)

　　　　　　　[稻?]

---

18) 김창호, 앞의 논문, 2022.
19) 하시모토 시게루, 앞의 논문, 2023.

15번 목간　△村王私尒[　　　]

　　　　　　　[男?另?] [麥石]?

16번 목간　安居利干支 私 男△谷村△△

새로운 판독의 시도

　1번 목간　壬戌年安居礼甘麻谷

　　　　　　하단이 파손되었다. 목흔이 선명하여 문제되는 글자는 없다.

　2번 목간　耽伐

　　　　　　파손된 부분이 없다. 하단부에 홈이 있다. 글자가 선명해서

　　　　　　판독에 문제가 되는 글자는 없다.

　3번 목간　△年王私所利△習△△麥石

　　　　　　첫 번째 판독자는[20] 年앞의 글자를 卯자로 추독하고, 乙卯나

　　　　　　丁卯일[21] 가능성을 지적하였다. 여기에서는 모르는 글자로

　　　　　　본 가설에 따른다.[22]

　4번 목간　奈(奴兔)積作稻石伐(食)軍

　　　　　　파손된 부분이 거의 없고, 하단부에 홈이 있다. 2번째 글자를

　　　　　　[奴]자로, 3번째 글자를 [兔]자로 각각 읽었으나[23] 모르는 글자

　　　　　　로 본 가설이 나왔다.[24] 여기에서는 奴兔으로 읽는 견해에

　　　　　　따른다.[25] 마지막 글자를 年자로 읽고 있으나[26] 모사도에

　　　　　　제시된 세 글자에서는 횡으로 그은 마지막 밑의 선과 그 다음의

20) 전경효, 앞의 논문, 2022, 16쪽.

21) 김창호, 앞의 논문, 2022, 352쪽에서 丁卯年으로 복원한 바 있으나 이는 잘못된
　　것이다.

22) 하시모토 시게루, 앞의 논문, 2023, 68쪽.

23) 전경효, 앞의 논문, 2022, 16쪽.

24) 하시모토 시게루, 앞의 논문, 2023, 68쪽.

25) 전경효, 앞의 논문, 2022, 16쪽.

26) 하시모토 시게루, 앞의 논문, 2023, 68~69쪽.

선 사이에 있어서 왼쪽에 점이 있다. 이렇게 점이 없는 글자는 軍자이지 年자가 아니다. 따라서 마지막 세 글자에는 戊寅年[27)이 아니라 伐(食)軍이다.[28)

6번 목간 丙寅年(王私)△分△△休

상하 상단이 남아 있지만 상부 왼쪽 부분이 파손되었다. 하단에 홈이 있다.

이 목간의 판독은 丙寅年王私[ ]烋보다는[29) 목간의 적외선 사진으로 볼 때,[30) 丙寅年(王私)△分△△休이[31) 타당하다고 사료된다.

7번 목간 丙寅年次谷鄒ㅊ[32)下麥易大(豆)[33)石

상하단이 일부 파손되었지만 거의 완전한 형태이다. 하단에 홈이 있다.

9번 목간 本(城)△(珎)△△

상단이 파손되었다. 하단에 홈이 있다.

14번 목간 本波部△△村△△△△(앞면) 米一石私(뒷면)

파손된 부분이 없다. 하단에 홈이 있다.

14번　B면
[뒷면] 私자

먼저 本波部△△村의 판독에 대해서는 최초의 보고자 판독이 타당하다고 사료된다. 이 목간에서 판독이 중요한 것은 私자이다.[34) 이를 측면의

---

27) 戊寅年이란 연간지가 가장 마지막에 오는 예는 삼국시대 금석문이나 목간에서 찾아볼 수 없다.

28) 전경효, 앞의 논문, 2022, 16쪽.

29) 하시모토 시게루, 앞의 논문, 2023, 69쪽.

30) 전경효, 앞의 논문, 2022, 14쪽의 6번 A면(分 추정)과 6번 A면(休).

31) 전경효, 앞의 논문, 2022, 16쪽.

32) 하시모토 시게루, 앞의 논문, 2023, 70쪽에서는 이를 모르는 글자로 보았으나 따르지 않는다.

33) 大豆를 합쳐서 한 글자로 보고 모르는 글자라고 하였으나(하시모토 시게루, 앞의 논문, 2023, 70쪽) 따르지 않는다.

적외선 사진에 근거해서 稻자로 보는 가설이 나왔다.[35] 하지만 제시된 14번 B면[뒷면] 私자의 적외선 사진에 의하면 私자가 틀림 없다.

　　　15번 목간　　△村王私尒[36]△△△(之)[37]

　　　　　　　　　상하 양단이 파손되었다.

　　　16번 목간　　安居利干支 私 男谷村支之[38]

　　　　　　　　　파손된 부분은 없다. 하단에 홈이 있다.

　이에 대해 차이가 많이 나는 판독문이 제시되었다. 그 해석문과 함께 제시하면 다음과 같다.[39]

　　　1번 목간　壬戌年安居礼甘麻谷

　　　　　　　　'壬戌年(에 상납한) 安居礼(인명) 甘麻谷(지명) 출신 인물의 짐'[40]

---

34) 전경효, 앞의 논문, 2022, 15쪽의 14번 B면에 私자가 분명하다. 본문에 게시한 사진은 그 적외선 사진이다. 하시모토 시게루는 앞의 논문(2023, 70쪽)에서 측면의 모사도를 제시하여 혼란을 주었으나 정면의 적외선 사진을 보면 私임이 분명하다(14번 B면의 私자 참조). 측면 적외선 사진에서도 稻자 같은 것은 없다. 정면 적외선 사진을 두고 왜 하필 측면 적외선 사진을 이용했는지 궁금하다.

35) 하시모토 시게루, 앞의 논문, 2023, 70쪽.

36) 전경효, 앞의 논문, 2022, 17쪽에서 禾자로 읽었으나 하시모토 시게루, 앞의 논문, 2023, 71쪽에 따라 尒자로 읽는다.

37) 전경효, 앞의 논문, 2022, 17쪽에서는 △△△(之)로 읽었다. 하시모토 시게루, 앞의 논문, 2023, 71쪽에서는 [ ]로 읽었으나 따르지 않는다.

38) 이를 하시모토 시게루, 앞의 논문, 2023, 70쪽에서처럼 安居利干支 私 男谷村[麥石]으로 판독하면 '安居利 干支와 私男谷村이 麥 1石을 낸 것이다'라고 해석되어 인명을 가진 사람과 촌이 보리 1석을 냈다는 말이 되어 문제가 생긴다. 인명과 촌명이 공동으로 공진물을 낸 예는 253점에 달하는 함안 성산산성 목간에서도 찾아볼 수 없다. 그렇다고 [麥石]을 인명으로 보기도 어렵다.

39) 이수훈, 「대구 팔거산성 출토 목간의 검토」『역사와 세계』64, 2023.

40) 이는 잘못된 것이다. 고신라 금석문이나 고신라 목간에서 인명이 출신지 뒤에 오는 경우는 없다.

2번 목간 '耽伐(지명) (출신)'

3번 목간 (卯)年王私所利(城)習△△麥石

'(卯)年에 (보낸) 王私(왕·왕실의 사속인)인 所利(城)(지명)
출신 習△△라는 인물의 麥石(보리의 섬).'

4번 목간 奈伐惠積作私石伐匚軍

'奈伐(지명) 출신 惠積作(인명)이라는 인물의 私的인 물품을
담는 石(섬)인데, 伐匚軍(부대이름)에 사용함.'

6번 목간 丙寅牟王私△个△(伐)休

'丙寅年에 (보낸) 王私(왕·왕실의 사속인)인 △个△(촌명) 출
신 (伐)休(인명)라는 인물(의 짐)'

7번 목간 丙寅年次谷鄒ヽ下麥易大石

'丙寅年에 次谷(지명) 출신의 鄒ヽ(인명)라는41) 인물이 내려
보낸 보리인데 (보리가 담긴) 큰 섬(용기)을 바꾸었음(바꾸어
담았음).'

9번 목간 本(城)△珎△△

'本(城)(지명) 출신의 △珎△△(인명)라는 인물의 짐.'

14번 목간 本波部△△村△△△△(앞면) 米一石私(뒷면)

'本△△△△村(지명) 출신인 △△△△(인명)라는 인물의 米
(물품) 一石(물품을 담는 용기)인데 私的인 것임.'

15번 목간 △△王私禾△△△△

'△△ 王私(왕·왕실의 사속인)인 禾△△△△(촌명+인명: 추
정)(의 짐.)'

16번 목간 安居利干支(加)男谷村麥石

'安居利(인명) 干支(관등명)라는 (加)男谷村(지명) 출신 인물
의 麥石(보리의 섬)'

---

41) 성하맥 목간에서는 앞에 지명은 와도 인명이 오는 예는 없으므로 잘못된 해석으로
보인다.

팔거산성 목간을 적외선 사진에[42] 의해 읽으면 다음과 같다.

　　1번 목간　壬戌年安居礼甘麻谷

　　2번 목간　耽伐

　　3번 목간　△(卯)年王私所利(珎)習△△麥石

　　4번 목간　奈(奴寃)積作稻石伐(食)軍

　　6번 목간　丙寅年(王私)△分△△休

　　7번 목간　丙寅年次谷鄒ゝ下麥易大(豆)石

　　9번 목간　本(城)△(珎)△△

　14번 목간　本波部△△村△△△△(앞면) 米一石私(뒷면)

　15번 목간　△村王私禾△△△(之)

　16번 목간　安居利干支 私 男谷村支之

　이상의 판독 결과를 중심으로 목간의 전문을 해석하여 제시하면 아래와 같다.

　　1번 목간　壬戌年安居礼甘麻谷

　　　　　　'壬戌年(442년)에 安居礼와 甘麻谷이다(역역을 했다는 뜻으로 보인다.).'

　　2번 목간　耽伐

　　　　　　'자세한 해석은 불가능하고 지명의 일부일 가능성이 있다.'

　　3번 목간　△年王私所利(珎)習△△麥石

　　　　　　'△年에 王私(땅 이름) 所利(珎)(행정촌명) 習△△(인명)이 낸 麥 1石이다.'

　　4번 목간　奈(奴寃)積作稻石伐(食)軍

42) 전경효, 앞의 논문, 2022, 252~255쪽.

이 목간은 단면이지만 인명표기가 나오는 짐꼬리표 목간이
아니고, 문서 목간으로 그 해석은 다음과 같다.

'奈(奴兔)이 모아서 지은 벼를 石伐이 먹고, 軍이 (~했다)'이다.

6번 목간   丙寅年(王私)△分△△休

'丙寅年(546년)에 王私(많은 곡식을 생산하는 땅 이름) △分
△(행정촌명) △休이다.'

7번 목간   丙寅年次谷鄒ゞ下麥易大(豆)石

'丙寅年(546년)에 次谷鄒ゞ(군명) 아래의 보리를 易大(豆)가
1石을 냈다.'

9번 목간   本(城)△(珎)△△

'本(城)(행정촌명)의 △(珎)△△이다.(역역을 했다는 뜻으
로 보인다)'

14번 목간   本波部△△村△△△△(앞면)

米一石私(뒷면)

'本波部(6부명 가운데 하나)의 △△村(행정촌명)의 △△△
△가 낸 米 1石私(1섬의 쌀)이다.'

15번 목간   △村王私禾△△△(之)

'△村(군명) 王私(땅 이름) 禾△△(행정촌명)의 △(之)(인명)
이다(역역을 했다는 뜻으로 보인다).'

16번 목간   安居利干支 私 男谷村支之

'安居利(인명) 干支(외위명)와 私男谷村(행정촌명)의 支之
(인명)이다(역역을 했다는 뜻으로 보인다).'

4. 石私 명문

팔거산성 14번 목간에 나오는 石私의 해석을 王私를 푸는 데 상관이

없다는 가설이 다시 나왔다.[43] 그래서 종래대로 王私를 왕·왕실의 私屬人으로 해석하고 있다. 이를 함안 성산산성에서 나온 목간을 통해 검토해 보기로 하자.

2007-45번	甘文城下(麥)米十一(斗)石(喙)大村卜只次持去
V-164번	三月中鐵山下麥十五斗(앞면)
	王私△河礼村波利足(뒷면)
V-165번	甘文(城)下麥十五石甘文(앞면)
	本波加本斯(稗)一石之(뒷면)
2016-W94번	甘文城下麥十五石甘文本波(앞면)
	伊次只去之(뒷면)
2016-W116번	小南兮城麥十五斗石大村~

이상의 5개 목간에서 곡식 麥을 표기하는 것이 특이하다. 2007-45번의 (麥)米十一(斗)石에서 보면 11두가 1섬이다로 해석된다. 2016-W116번 麥十五斗石에서는 보리쌀 15말이 1섬이다가 된다. V-164번의 麥十五斗는 보리쌀 15말이 1섬이 된다.[44] V-165번과 2016-W94번의 두 목간에 나오는 15섬을 그대로 15섬으로 보기도 하지만,[45] 斗자가 생략된 것으로 해석하여 15두 1섬이라는 뜻으로 볼 수 있을 것이다.[46] 그렇다면 대구 팔거산성

---

43) 이수훈, 앞의 논문, 2023.

44) 稗一石, 稗石, 稗一, 稗는 모두 稗一石과 같은 '피 1섬'이라는 뜻이고, 피1바리라는 뜻의 稗發 역시 피 1섬을 뜻하므로, 古陁(안동)에서 성산산성까지 피 1섬을 소에다 싣고 왔다가 갔다고 해석된다. 稗發 목간은 각 지역에서 내는 공진물의 운반 비용을 국가가 아닌 공진물을 내는 개인이 부담한다고 해석할 수 있는 근거가 된다.

45) 김창석, 「함안 성산산성 목간을 통해 본 신라의 지방사회 구조와 수취」『백제문화』 54, 160쪽.

46) 홍승우, 「함안 성산산성 목간의 물품 기재방식과 성하목간의 서식」『목간과 문자』 21, 2018 ; 하시모토 시게루, 앞의 논문, 2022, 214~215쪽.

14번 목간의 米一石私는 쌀 1섬 곧 1私(의 양으)로 냈다가[47] 된다. 따라서 王私는 넓은 땅이란 뜻이 됨을 다시 확인하였다.[48]

5. 城下麥의 해석

下의 뜻으로 下行하다, 또는 下送하다란 뜻으로[49] 해석하고 있으나[50] 486년의 절내 연대를 가지고 있는 팔거산성 7번 목간에는 城자가 없다. 이렇게 연간지는 있고 城이 없는 목간으로 V-164 三月中鐵山下麥을 들 수 있다. 고식의 방법으로 생각된다. 486년에 나타나기 시작한 성하맥 목간은 함안 성산산성 목간에서 퇴화되기 시작한다. 바로 2016-W116번 小南兮城麥이 그 예이다. 여기에서는 下자가 사라지고 없어서 下자를 내리다로 해석할 수 없음을 나타내준다. 내리다로 해석되려면 下자가 가장 먼저 사라지지 않을 것이다. 여기에서는 下자를 '아래에' 정도로 해석해 둔다.

먼저 대구 팔거산성에서 출토된 7번 목간부터 해석하면 다음과 같다.

> 7번　丙寅年次谷鄒ˇ下麥易大(豆)石
>
> '丙寅年(486년)에 次谷鄒ˇ(군명) 아래의 보리를 易大(豆)가 1石을 냈다.'

---

47) 米一石私가 되지 않는 경우도 있는데 그 가운데 米十石私 등이 있었을 것으로 보이지만 워낙 자료가 부족하여 이상은 추측은 어려워서 풀이는 보류하기로 한다.

48) 김창호, 앞의 논문, 2022, 354~355쪽에서 성산산성 2007-45번 甘文城下(麥)米十一(斗)石(喙)大村卜只次持去과 성산산성 2016-W116번 小南兮城麥十五斗石大村~에서 두 번이나 나오는 斗石과 팔거산성 14번 목간의 米一石私의 石私를 대비시켜 私를 '많은 곡식을 내는 땅'으로 보았다.

49) 下送하다와 下行하다는 뜻으로 해석되는 下자의 예가 없다는 것이 문제이다. 이에 하시모토 시게루, 앞의 논문, 2022, 213~214쪽에서는 下의 반대로서 上자를 내세웠다.

50) 이수훈, 앞의 논문, 2023, 219쪽.

이제 함안 성산산성에서 출토된 10점의 城下麥 목간을 해석하면 아래와 같다.

2번 甘文城下麥甘文本波王私(앞면)

文利村知利兮負(뒷면)

'甘文城(군명) 아래의 보리를 甘文(군명)의 本波(땅 이름)이고 王私(땅 이름)인 文利村[51](행정촌명)의 知利兮負가 낸 것이다.'

60번 巴珎兮城下(麥)(결락)(앞면)

巴珎兮村(결락)(뒷면)

'巴珎兮城(군명) 아래의 보리를 巴珎兮村(행정촌명)의 누구가 (1석을) 낸 것이다.'

2006-1번 甘文城下麥本波大村毛利只(앞면)

一石(뒷면)

'甘文城(군명) 아래의 보리를 本波(땅 이름)인 大村(행정촌명)의 毛利只(인명)가 낸 一石이다.'

2007-44번 夷津支城下麥王私巴珎兮村(앞면)

弥次二石(뒷면)

'夷津支城(군명) 아래의 보리를 王私(땅 이름)인 巴珎兮村(행정촌명) 弥次(인명)가 낸 二石이다'

2007-45번 甘文城下(麥)米十一(斗)石(喙)大村卜只次持去

'甘文城(군명) 아래의 (麥)米 十一(斗)石은 (喙)大村(행정촌명) 卜只次持去(인명)이 낸 것이다.'

2007-304번 夷津支城下麥烏列支負(앞면)

△△△石(뒷면)

'夷津支城(군명) 아래의 보리는 烏列支(행정촌명) 負△△(인명)가

---

51) 이를 新村으로 읽으나 여기에서는 자획에 따라 文利村으로 읽는다.

낸 △石이다.'

V-164 三月中鐵山下麥十五斗(앞면)

王私△河礼村波利足(뒷면)

'三月에 鐵山(군명) 아래의 보리 十五斗는 王私(땅 이름)인 △河礼村
(행정촌) 波利足(인명)가 낸 것이다.'

V-165번 甘文(城)下麥十五石甘文(앞면)

本波加本斯(稗)一石之(뒷면)

'甘文(城)(군명) 아래의 보리 十五石은 甘文(군명) 本波(땅 이름)
加本斯(稗)一石之(인명)이 낸 것이다.' 또는 '甘文(城)(군명) 아래의
보리 十五石은 甘文(군명) 本波(땅 이름) 加本斯와 (稗)一石之(인명)
가 낸 것이다.'

2016-W94번 甘文城下麥十五石甘文本波(앞면)

伊次只去之(뒷면)

'甘文城(군명) 아래의 보리 十五石은 甘文(군명) 本波(땅 이름) 伊次
只去之(인명)이 낸 것이다.'

2016-W116번 小南兮城麥十五斗石大村~

'小南兮城(군명) 보리 十五斗石은 大村(행정촌명) 누구가 낸 것이다.'

6. 맺음말

대구광역시 북구 노곡동 산1-1번지에 위치한 팔거산성은 대구의 대표적
인 삼국시대 산성 가운데 하나이다. 2020년 10월부터 2021년 7월까지
(재)화랑문화재연구원에 의해 정식 발굴조사가 이루어졌다. 목간은 장방
형으로 된 제2집수지에서 16점이 출토되었는데, 글자를 읽을 수 있는
것은 모두 10점이다.

다음으로 목간 16점 가운데 10점에 묵서가 있어서 이를 여러 학자의

판독과 비교하고, 문제가 되는 글자를 중심으로 다시 판독을 시도하였다.

그 다음으로 石私 목간에 대해서는, 구조적으로 石私가 斗石이 대비되는 이외에 11斗石, 15斗石과 마찬가지로 米一石私를 쌀 1섬 1私임을 밝혀 王私의 왕·왕족 사속인설을 비판하였다.

마지막으로 성하맥 목간에서 '下'자에 주목하여 '내리다' 등으로 해석해 왔으나 2016-W116번 小南兮城麥에서는 下가 탈락되어 있어 下자가 중요하지 않음을 밝히고, 또 고신라의 성하맥 목간을 전부 해석하였다.

제4절 함안 성산산성 목간의 阿那와 末那의 의미

1. 머리말

함안 성산산성 목간은 4반세기 동안 발굴하여 253점의 목간을 공개했다. 그 내용은 공개되었으나 작성 연대부터 592년설, 560년설, 540년경설 등이 있을 뿐 의견의 일치를 보지 못하고 있다. 함안 성산산성 목간의 연대를 592년으로 볼 경우, 신라의 고대국가 완성이나 관등제의 완성 시기를 염두에 둘 때 어긋남이 생긴다. 성산산성 목간에는 及伐尺이라는 관등명(경위)이 두 번이나 등장하기 때문이다.

함안 성산산성 목간에서 本波, 阿那, 末那, 王私 등의 땅이름 연구도 가장 어려운 숙제 가운데 하나였다. 왕실의 토지에서 사는 역역 부담자라고 보아온 王私가 많은 곡식을 생산하는 땅을 가리킨다고 본 것은 王私에 주목하기 시작한 지 1년쯤밖에 되지 않았다. 本波, 阿那, 末那, 王私 등의 땅이름 가운데 王私만이 가장 확실한 땅이름으로 밝혀졌고, 나머지는 아직 추측 단계를 벗어나지 못하고 있다.

만약 王私가 斗石처럼 구조적으로 같지 않았다면 아무도 王私를 많은 곡식을 생산하는 땅이름이라고 볼 수 없었을 것이다. 本波, 阿那, 末那는 지금까지 신라에서만 사용되던 이두로도 풀 수 없고, 단순히 한자사전으로 도 풀 수 없다. 이두로 풀 단서가 발견되기 전에는 누구도 완전하게 풀 수는 없겠지만, 한자를 쉽게 해석하여 阿那와 末那에 접근해 보고자 한다.

먼저 지금까지 阿那와 末那에 대한 연구를 살펴보고, 王私에 대해서도 그 개요를 살펴보기로 한다. 다음으로 阿那의 의미에 대해 살펴보고자

한다. 그 다음으로 末那의 의미에 대해 살펴보고, 마지막으로 末那와 前那에
대해 살펴보겠다.

2. 지금까지의 연구

2010년 本波·末那·阿那에 대해 지명으로 보지 않고, 어떤 물품의 발송
책임자라고 본 가설이 나왔다.[1] 이 가설은 本波=發源聚落·本原說을 비판적
으로 검토하여 지명이 아니라고 보았고, 末那·阿那=지명·인명설을 검토하
여 해 이 논리를 성립될 수 없으며 本波와 末那·阿那의 성격을 어떤 물품의
발송 책임자로 보았다.

2011년 本波·阿那·末那·前那의 의미에 대한 견해가 나왔다.[2] 本波·阿那·
末那·前那를 해당 목간의 전체적인 기재 내용과 서식으로부터 지명과
관계되는 용어라고 확인하여 그 의미를 규명하고자 하였다. 이에 本波·阿那
·末那·前那가 지명과 관계되는 용어이긴 하지만 지명 그 자체는 아니라고
보았다. 그리고 '那'가 땅, 들(평야) 등의 의미를 지니고 있고, 前那의 사례로
부터 어떤 방향이나 위치의 지역(혹은 구역)을 표현하는 것임을 고구려·백
제의 方位部에 견주어 밝힐 수 있었다. 곧 고구려는 內(中·黃), 北(後·黑),
東(左·上·靑), 南(前·赤), 西(右·下·白)部로, 백제는 上(東), 前(南), 中, 下(西),
後(北)部로 도성 내 행정구역인 5부가 존재하였다. 성산산성에 나오는
本波·阿那·末那·前那·未那 가운데 前那를 제외하고 대비가 되지 않는다.

2019년에 촌락의 재편과 자연취락이란 관점에서 本波·阿那·末那에 접근
한 견해가 나왔다.[3] 本波·阿那·末那의 의미를 두고 크게 직명과 공간으로

1) 이수훈, 「城山山城 木簡의 本波와 末那·阿那」 『역사와 세계』 38, 2010.
2) 이경섭, 「성산산성 출토 짐꼬리표[荷札] 목간의 地名 문제와 제작 단위」 『신라사학
   보』 23, 2011.
3) 홍기승, 「함안 성산산성 목간으로 본 6세기 신라 촌락사회와 지배방식」 『목간과
   문자』 22, 2019.

나누어진다. 현재로서는 후자를 따를 수밖에 없다. 지금까지는 정확한
의미를 알 수 없지만, 성산산성 목간에는 촌 외에 本波·阿那·末那 등 이전에
서 나오지 않는 단어들이 나온다. 성산산성 목간에는 지명＋촌명 형식으로
각종 자연취락을 뜻하는 용어들이 확인된다. 이러한 자연취락들은 행정체
계상 村의 하위단위로 파악되었다. 다만 모든 자연취락이 목간에 기재된
것이 아니라 경제적, 사회적으로 우세한 것을 우선 대상으로 삼았으리라
추정된다. 당시 신라는 일부 자연취락의 성장을 유도하고 지원함으로써
촌락을 재편하고 촌락에 대한 시배체제를 강화하고자 했는데, 목간 속
자연취락은 그러한 정책의 흔적이라 볼 수 있다. 한편 '지명＋촌명' 형식의
성산산성 목간을 통해 중고기 村을 자연촌과 행정촌으로 나눌 수 있음을
확인하였다. 하지만 목간에서 자연촌이 상위의 행정촌명은 생략한 채
단독으로 목간에 기록될 수 있었던 것으로 보아, 자연촌은 지방지배의
기층 단위로서 일정 역할을 수행하던 독자적인 단위로 보아야 한다. 그리고
이는 자연촌 역시 행정촌처럼 국가 행정력에 의해 인위적으로 재편된
단위였음을 의미하기도 한다. 이처럼 자연촌은 행정촌과 마찬가지로
지방지배를 위해 국가가 인위적으로 설정한 행정단위의 성격을 가졌다고
보았다.

　여기에서 王私 목간에 대해 잠시 살펴보기로 하자. 王私 목간은 함안
성산산성에서 5점,[4] 대구 팔거산성에서 3점이 나왔다.[5] 우선 설명의 편의
를 위해 관계 자료를 제시하면 다음과 같다.

---

4) 그 구체적인 예를 들면 다음과 같다.
　　2번　　　　甘文城城下麥甘文本波王私(앞면) 文利村知利兮負(뒷면)
　　6번　　　　王私烏多伊伐支△負支
　　2006-25번　王私烏多伊伐支卜烋
　　2007-44번　夷津支城下麥王私巴珎兮村(앞면) 弥次二石(뒷면)
　　V-164번　　三月中鐵山下麥十五斗(앞면) 王私△阿礼村波利足(뒷면)
5) 성산산성 목간은 540년경이고, 팔거산성 목간은 482년과 486년의 절대연대를
　가지고 있어 앞으로 540년대나 그 이전 목간에서 王私 목간이 나올 가능성이 크다.

    3번 목간 △(卯)年王私所利(珎)習△△麥石
    6번 목간 丙寅年(王私)△分△△休
    15번 목간 △村王私禾△△△(之)

  王私에 대해서는 왕·왕실과 관련되는 왕·왕실 직할지에 있는 사람과
관련된 것[6] 또는 왕·왕실의 私屬人이라는[7] 결론을 내렸다. 『삼국사기』
등의 문헌 기록에 의지하여 王私가 왕·왕실 직할지에 있는 사람과의 관련을
나타낸 것으로 보았던 것이다. 그런데 『삼국사기』의 私臣과 私母가 王私와
관련되려면 王私가 아닌 私王이 되어야 한다. 王私는 오히려 둔전문서에
등장하는 法私를 통해 풀어야 할 것이다. 팔거산성 15번 목간인 △村王私禾
△△△(之)에서 촌명 뒤에 王私가 나오고 있는데, 이 王私를 왕·왕실 직할지
에 있는 사람들로 보면 해석이 되지 않는다. 왜냐하면 王私는 팔거산성
목간 10점 중 3점에서 등장하여 그 비율이 30%나 되는데 이렇게 되면
왕·왕실 직할지에 있는 사람의 수가 너무 많아지게 된다. 그렇다면 어떻게
보아야 할까? 王私는 일단 직명은 아니므로 本波, 阿那, 末那 등과 같은
특수한 지명일 가능성이 있다. 그 근거가 되는 자료로 팔거산성 14번
목간 本彼部△△村△△△△(앞면) 米一石私(뒷면)가 있다. 이 자료의 私는
어떤 의미일까? 여기에서 성산산성에서 출토된 2점의 城下麥 목간이 주목
된다. 우선 관계 전문을 제시하면 다음과 같다.[8]

    2007-45번   甘文城下△米十一斗石喙大村卜只次持△
    2016-W116번   小南兮城麥十五斗石大村~

2007-45번 목간과 2016-W116번 목간에서 斗石이란 하나치가 눈에 띤다.

---

 6) 하시모토 시게루, 「함안 성산산성 목간의 王私와 城下麥」 『신라사학보』 54, 2022.
 7) 윤선태, 「대구 팔거산성 출토 신라 지방목간」 『신라리뷰』 1, 2022, 50쪽.
 8) 김창호, 「대구 팔거산성 출토 목간에 대하여」 『한국고대와전명문』, 2022.

이를 팔거산성 14번 목간의 石私와 구조적으로 비교하면, 石私의 私는 石과 대응되어서 곡식의 많은 부피를 표시하는 하나치로 보인다.[9] 私는 왕의 사적·개인적 영역 나아가 왕·왕실 그 자체를 의미하는 것이 아니라, 많은 부피를 나타내는 하나치인 것이다.

3. 阿那의 의미

阿那가 나오는 목간부터 제시하면 다음과 같다.

28번	古阤伊骨利村阿那(衆)智卜利古支(앞면)
	稗發(뒷면)
45번	夷津阿那休智稗
52번	仇伐阿那舌只稗石
2006-3번	阿利只村(阿)那△△(앞면)
	古十△△刀△△(門)(뒷면)
2006-30번	古阤伊骨村阿那(앞면)
	仇利稿支稗發(뒷면)
2007-25번	古阤一古利村阿那弥伊△久(앞면)
	稗石(뒷면)
2007-37번	仇伐阿那內欣買子(앞면)
	一万買 稗石(뒷면)

이 阿那에서 那는 땅이름이다. 阿는 사전상 언덕을 나타내는 말이니, 阿那는 언덕 땅이름이다. 이에 따라서 해석하면 다음과 같다.

---

9) 김창호, 「대구 팔거산성 출토 목간의 재검토」 『고신라목간』, 2023.

28번　　　古阤伊骨利村阿那(衆)智卜利古支(앞면)

　　　　　稗發(뒷면)

　　　　　'古阤 伊骨利村의 阿那(언덕 땅이름)의 (衆)智卜利古支가 낸 稗 1바리(1석?)이다.'

30번　　　夷津支阿那古刀羅只豆支(앞면)

　　　　　稗(뒷면)

　　　　　'夷津支의 阿那(언덕 땅이름)의 古刀羅只豆支가 낸 稗이다.'

45번　　　夷津阿那休智稗

　　　　　'夷津의 阿那(언덕 땅이름)의 休智가 낸 稗이다.'

52번　　　仇伐阿那舌只稗石

　　　　　'仇伐의 阿那(언덕 땅이름)의 舌只가 낸 稗 1石이다.'

2006-3번　阿利只村(阿)那△△(앞면)

　　　　　古十△△刀△△(門)(뒷면)

　　　　　'阿利只村의 (阿)那(언덕 땅이름)의 △△古十△의 △刀△△(門)이다.'

2006-30번　古阤伊骨村阿那(앞면)

　　　　　仇利稿支稗發(뒷면)

　　　　　'古阤 伊骨村의 阿那(언덕 땅이름)의 仇利稿支가 낸 稗 1바리(1석?)이다.'

2007-25번　古阤一古利村阿那弥伊△久(앞면)

　　　　　稗石(뒷면)

　　　　　'古阤의 一古利村 阿那(언덕 땅이름)의 弥伊△久가 낸 稗 1石이다.'

2007-37번　仇伐阿那內欣買子(앞면)

　　　　　一万買 稗石(뒷면)

　　　　　'仇伐 阿那(언덕 땅이름)의 內欣買子와 一万買가 낸 稗 1石이다.'

4. 末那의 의미

末那가 나오는 목간부터 제시하면 다음과 같다.

31번   古阤一古利村末那(앞면)

毛羅次尸智稗石(뒷면)

2007-6번   仇伐末那沙刀(礼)奴(앞면)

弥次(分)稗石(뒷면)

2007-11번 古阤一古利村末那(앞면)

殆利夫稗(石)(뒷면)

2007-14번 古阤一古利村末那仇△~(앞면)

稗石(뒷면)

2007-33번 古阤一古利村末那沙見(앞면)

日糸利稗石(뒷면)

여기서 末那는 끝 땅이름이란 뜻이므로 이에 따라 전체를 해석하면 다음과 같다.

31번   '古阤 一古利村의 末那(끝 땅이름)의 毛羅次尸智가 낸 稗 1石이다.'

2007-6번   '仇伐 末那(끝 땅이름)의 沙刀(礼)奴와 弥次(分)이 낸 稗 1石이다.'

2007-11번 '古阤의 一古利村의 末那(끝 땅이름)의 殆利夫가 낸 稗 1(石)이다.'

2007-14번 '古阤의 一古利村의 末那(끝 땅이름)의 仇△~가 낸 稗 1石이다.'

2007-33번 '古阤의 一古利村의 末那(끝 땅이름)의 沙見日糸利가 낸 稗 1石이다.'

5. 未那와 前那

먼저 前那가 나오는 목간을 제시하면 다음과 같다.

2007-52번   鄒文前那牟只村(앞면)
            伊△(習)(뒷면)

이에 대해서는 '鄒文 (前)那의 牟只村의 伊△(習)이다.',[10] '鄒文(村)의 前那牟只村의 伊△(習)이 (낸 뭐이다.)'로 해석하였다.[11] '鄒文의 前那牟只村의 伊△(習)이다.'로 해석해야 할 것이다. 성산산성 253점의 목간에서 那가 단독으로 나오는 예는 前那가 있으나 阿那, 末那, 未那식으로는 많이 나오지 않기 때문이다.

다음으로 未那가 나오는 목간을 제시하면 다음과 같다.

2016-W66번   丘伐未那早尸智居伐尺奴(앞면)
             (能)利智稗石(뒷면)
             '丘伐의 未那의 早尸智居伐과 尺奴(能)利智가 낸 稗 1石이다.'

이 목간은 丘伐 末那에 사는 早尸智의 居伐尺의 奴 (能)利智가 등장하는데 居伐尺의 외위로 추정되며, (能)利智는 그의 私奴로 추정된다고 하였다.[12] 私奴는 주인과 함께 稗 1석을 낼 수가 없다. 居伐尺도 외위가 아닌 인명이다. 이를 해석하면 '丘伐의 未那早尸智와 居伐尺과 奴(能)利智가 낸 稗 1石이다.' 가 된다.

---

10) 김창호, 『한국 고대 목간』, 2020, 237쪽.
11) 홍승우, 앞의 논문, 2019, 67쪽.
12) 홍승우, 앞의 논문, 2019, 62쪽.

6. 맺음말

먼저 阿那와 末那에 대한 지금까지의 가설을 소개하였다. 특히 王私를 왕이나 왕실의 공인들로 공진물을 내는 사람이 아니라 많은 곡식을 생산하는 땅이름으로 보고, 확실한 땅 이름의 예가 있음을 알게 되었다.

다음으로 阿那의 의미 부분에서는 阿那를 언덕 땅이름으로 보고 7개의 阿那 목간을 전부 해석하였다.

그 다음으로 末那의 의미 부분에서는 末那를 끝 땅이름으로 보고 5개의 末那 목간을 전부 해석하였다.

마지막으로 末那 목간과 前那 목간은 그 숫자가 하나씩밖에 없어서 땅 이름을 나타내는 목간이 아니라고 간주하고 전문을 해석하였다.

제5절 함안 성산산성 출토 夲波 목간의 의미

1. 머리말

함안 성산산성은 1991년 발굴을 시작하여 2016년에 종료한 4반세기 동안의 발굴이었다. 발굴된 목간 숫자만 해도 253점이나 되었다. 지금까지 이뤄진 많은 연구성과에도 불구하고 목간의 작성 연대 등 기본적인 면에서 학계의 의견 일치를 보지 못하고 있다. 지방 산성의 목간은 대부분 집수지 시설이 있는 곳에서 많이 출토되고 있다.

목간 연구에서 중요한 것 중 하나가 그 용도인데, 대부분은 하찰로 보고 있다. 이는 7~8세기의 일본 목간에서 나온 결론이다. 함안 성산산성 목간에서는 7쌍의 쌍둥이 목간이 있다. 이 쌍둥이 목간은 각각 글씨체가 달라서 출발지에서 한 번 작성되고, 도착지인 성산산성에서 또 한 번 작성된 것으로 해석된다. 낱낱의 공진물이나 역역 담당자에게 출발지에서 가지고 온 목간을 공진물에 달아 사용했고, 도착지에서 작성된 것은 장부로 사용하다 동문지 근처에서 일괄 폐기된 것으로 보인다. 따라서 이는 하찰이 아닌 장부 목간으로 불러야 할 것이다.

함안 성산산성 목간에서는 王私, 本波, 末那, 阿那 등의 땅이름이 나오고 있다. 그 가운데에서 王私는 곡식을 많이 생산하는 땅으로 해석되고 있고,[1] 나머지는 그 성격을 아직 알지 못한다. 이들 땅이름의 특징은 甘文이나 古陁 등의 군명 뒤, 행정촌 앞에 오거나 행정촌 뒤에 올 때도 있다는

---

1) 김창호, 「고신라 목간에 보이는 왕사에 대하여」 『한국고대명문와전』, 2022.

점이다. 곧 지명인 군명이나 행정촌명의 뒤에 와서 지명류로 볼 수가 있다. 이 本波, 末那, 阿那 등의 자료가 인명 뒤에서 인명을 꾸민 예는 없다는 점이 주목된다.[2]

奴人은 일반적인 공민인데도 불구하고, 奴人의 '奴'자 때문에 사노비설, 피정복민설 등이 나왔다. 그래서 5번 목간의 仇利伐 △德知一伐奴人 塩에서 奴人塩으로 끊어 '노비'로 보기도 했다. 그런데 세상에 一伐이란 외위를 가진 노비가 있을 수 있을까? 奴人은 소금생산자로 보아야 된다. 노인은 구리벌에서만 나오며 古陁 등의 군명을 지닌 예에서는 노인을 볼 수 없다. 이렇게 보면 노인은 절대 피정복민이나 노비가 될 수 없다.

여기에서는 먼저 本波가 나오는 예를 지명에 관계없이 순서대로 제시하겠다. 다음으로 지금까지 本波를 중심으로 땅이름에 대한 연구사를 일별하고, 마지막으로 本波에 대한 소견을 밝혀보고자 한다.

2. 자료의 제시

2번   甘文城下麥甘文本波王村(앞면)

文利村(知)利兮負(뒷면)

'甘文城 下인 麥을 甘文의 本波의 王村文利村의 (知)利兮負가 (낸 것이다.)'

10번   甘文本波居村旦利村伊竹伊

'甘文의 本波의 居村旦利村의 伊竹伊이다.'

77번   湏伐本波居湏智

---

2) 이용현, 『한국목간기초연구』, 신서원, 2007 ; 윤선태, 『목간이 들려주는 백제 이야기』, 주류성, 2007 ; 이경섭, 『신라 목간의 세계』, 경인문화사, 2013 ; 김창호, 『한국고대목간』, 주류성, 2020 ; 김창호, 『고신라목간』, 서경문화사, 2023. 외국에서는 다음과 같은 단행본이 나와 있다. 橋本繁, 『韓國古代木簡の研究』, 吉川弘文館, 2014 ; 戴衛紅, 『韓國木簡研究』, 廣西師範大學出版社, 2017.

'湏伐 本波의 居湏智이다.'

2006-1번   甘文城下麥本波大村毛利只(앞면)

　　　　　一石(뒷면)

　　　　　'甘文城 下의 麥을 本波의 大村의 毛利只가 낸 一石이다.'

2006-4번   夷津本波只那公末△稗

　　　　　'夷津의 本波이며, 只那公末△가 낸 稗이다.'

2007-9번   ~本(波)跛智(福)△古△~(앞면)

　　　　　~支云稗石(뒷면)

　　　　　'~本(波)(땅 이름)의 跛智(福)△古와 △~支云이 낸 稗 1石이다.'

2007-57번   古阤本波豆物烈智△(앞면)

　　　　　勿大兮(뒷면)

　　　　　'古阤 本波이고, 豆物烈智와 △勿大兮이다.'

Ⅳ-595번   古阤一古利村本波(앞면)

　　　　　阤ㄑ支稗發(뒷면)

　　　　　'古阤 一古利村의 本波이며, 阤ㄑ支가 낸 稗 1바리이다.'

Ⅴ-163   古阤一古利村本波(앞면)

　　　　　阤ㄑ只稗發(뒷면)

　　　　　'古阤 一古利村의 本波이며, 阤ㄑ只가 낸 稗 1바리이다.'

Ⅴ-165   甘文下麥十五石甘文(앞면)

　　　　　本波加本斯(稗)一石之(뒷면)

　　　　　'甘文(城) 下의 麥 十五石을 甘文의 本波의 加本斯와 (稗)一石之
　　　　　가 낸 것이다.' 또는 '甘文의 下麥 十五石을 甘文 本波의 加本斯
　　　　　(稗)一石之가 낸 것이다.'

2016-W94   甘文城下麥十五石甘文本波(앞면)

　　　　　伊次只去之(뒷면)

　　　　　'甘文城 下의 麥 十五石을 甘文의 本波의 伊次只去之가 낸 것이다.'

3. 지금까지의 연구

2007년 처음으로 本波 등에 새로운 가설이 나왔다.[3] 함안 성산산성 목간에는 本波가 공통적으로 전하는 것이 여럿 있다는 전제 아래 이를 소개하면 다음과 같다.

2(236)번	甘文城下麥甘文本波王村(앞면)
	乂利村(知)利兮負(뒷면)
10(225)번	甘文本波居村旦利村伊竹伊
2006-1(064)번	甘文城下麥本波大村毛利只(앞면)
	一石(뒷면)
77(046)번	湏伐本波居湏智
2006-4(066)번	夷津本波只那公末△稗

여러 목간에 공통적으로 전하는 本波는 본래 波 즉 彼 지역이란 뜻으로서 어떤 행정촌의 發源이 되는 원마을(자연취락)을 가리키는 개념으로 이해된 다고 하였다.

28(001)번	古陁伊骨利村阿那(衆)智卜利古支(앞면)
	稗發(뒷면)
30(003)번	夷津支阿那古刀羅只豆支(앞면)
	稗(뒷면)
45(018)번	夷津阿那休智稗
52(024)번	仇伐阿那舌只稗石

---

3) 전덕재, 「함안 성산산성 목간의 내용과 중고기 신라의 수취체계」, 『역사와 현실』 65, 2007.

阿那는 천변의 평야에 위치한 취락을 가리키는 용어로 짐작되나 확신이 서지는 않는다. 다만 그것이 자연촌보다 규모가 작은 취락을 가리키는 것임은 분명하다고 하였다.

같은 해 12월에 負, 本波, 奴人에 대한 가설이 나왔다.[4] 여기에서는 성산산성 목간은 그 연대를 561년경으로, 그 용도를 하찰로 보고 나서, 本波는 甘文本波뿐 아니라 夷津本波, 須伐本波로 서로 다른 지방에서 나와서 本洞(발원지)일 가능성은 희박하다고 보았다. 결국 本波는 경북 성주의 지명으로, 신라시대에는 비교적 흔한 지명이었다. 한편 本波는 音假字일 가능성이 크고, 本이나 波자가 音讀字일 가능성은 희박하다. 단 本波가 무엇을 의미하는지는 도출할 수 없다고 하였다.

2008년 本波(本彼)의 本原설이 나왔다.[5] 여기에서 든 중요한 근거는 다음과 같다.

1) 고구려와 백제의 지명들과 비교하여 신라 지명들에서는 '-原'이라는 지명 어미를 찾아보기 어렵다. 신라 지명으로 소개된 예들 '薑原縣=荳原縣, 國原城, 南原城, 北原(京), 西原(京), 珍原縣, 黃原縣' 등은 모두 본래 백제나 고구려로부터 수복한 땅들에 있는 지명들이므로 이들을 제외하고 나면 신라의 지명으로서 '-原'의 지명어미를 지니는 것은 거의 찾아볼 수 없기 때문이다.[6] 삼국의 지형상 신라에만 이 지명어미가 없어야 할 이유를 찾기 어려우므로 '-原'의 지명어미가 다른 표기로 나타날 가능성을 찾을 수 있다.

2) 『三國史記』 卷37에 熊川州 領縣의 "西原[一云臂城, 一云子谷](현재의 청주시)"에서 '原=臂'의 대응관계를 찾을 수 있는데, '臂'는 중세국어에서

4) 이용현, 「함안성산산성 출토 목간의 부, 본파, 노인 시론」, 2007(신라사학회 제67차 학술발표회 발표문 2007년 12월 22일).

5) 권인한, 「고대 지명형태소 '本波/本彼'에 대하여」 『목간과 문자』 2, 2008.

6) 宋基中, 『古代國語 語彙 表記 漢字의 字別 用例 研究』, 서울대학교출판부, 2004, 756~758쪽.

'볼'의 訓을 지니므로(볼爲臂「훈민정음해례」) 지명어미 '-原'이 신라에서 '*-볼'로 나타날 가능성을 찾을 수 있다. 중세국어에서 '볼'이 '原'의 뜻을 지니는 어휘로 드물게 나타남도 참조. "夫人이 또 무로디 이어긔 갓가비사 루미 지비 잇ᄂ니잇가 比丘ㅣ 닐오디 오직 이 ᄇ래 子賢長者ㅣ 지비 잇다 듣노이다"(『월인석보』 8 : 94a)

3) 이와 관련하여 지명어미 '-原'이 일본 지명들에서 '-hara'(또는 '-haru')로 나타남이 주목된다('-haru'는 方言으로 筑紫, 佐賀, 對馬, 大分, 鹿兒島 등 關西 지역에 분포하므로 '-hara'보다 古形으로 판단된다). '-hara'의 매우 이른 시기 표기의 하나로 稻荷山鐵劍銘文(471년)의 裏面에 등장하는 '加差披余'(kasahiyo<kasahayo<*kasahara)는 稻荷山古墳群 근처에 있는 '笠原'과 관련시켜 이해하고 있다는 점에서[7] 우리의 논의에 또 하나의 실마리를 제공해준다고 할 수 있다. 여기서 주목되는 점은 '*-hara'(原)의 표기에 '本彼'의 '彼'와 동음관계에 있는 音借字 '披'를 쓰고 있다는 사실인데, 이는 字音 면에서나 用字 면에서나 한반도 특히, 신라와의 관련성을 보여주는 것으로 특기할 만한 존재이다. 여기에 현대일본어의 /h/는 /*p/로 소급된다는 점을 상기한다면 2)에서 말한 '*-볼'과 '*-hara'(原)의 동일 기원 가능성을 말할 수 있지 않을까 한다.

2010년 本波·末那·阿那에 대해 本波의 本原설인 지명으로 보는 것을 거부하고, 어떤 물품의 발송 책임자로 본 가설이 목간 연구자 사이에서 처음 나왔다.[8] 여기에서는 국어학자의 本波=發源聚落·本原說을 그 용례를 조사하여 많은 자료를 동원하고 비판적으로 검토한 결과, 맞지 않다는 결론을 도출하였다. 그리고 末那·阿那=지명·인명설의 검토를 통해서도 이는 성립될 수 없다고 전제한 후 그렇다면 답은 무엇인지 궁금해하면서 本波와 末那·阿那의 성격을 어떤 물품의 발송 책임자로 보았다.

---

7) 大野晋, 『シンポジウム 鐵劍の謎と古代日本』, 東京: 新潮社, 1979, 73, 77, 154쪽.

8) 이수훈, 「城山山城 木簡의 本波와 末那·阿那」『역사와 세계』38, 2010.

2011년 本波·阿那·末那·前那의 의미에 대한 견해가 나왔다.[9] 本波·阿那·末那 등은 甘文(城), 古阤, 夷津(支城), 須伐, 鄒文, 阿利支村이 묵서된 목간에서만 확인된다. 가장 많이 목간이 나온 仇利伐 목간에서는 本波 등이 나오지 않는다. 이러한 상황은 이들 지역이 당시 上州 권역 내에서 인구나 경제력 측면에서 이른 시기부터 선진지역이었음을 반영하며, 이 같은 추세는 신라 중고기의 지방 거점 城·村으로 자리매김하고서도 지속적으로 유지되었을 것이다. 지방 촌락사회의 구조는 4~6세기 농업생산력의 증대에 따라 이러한 거점 城·村을 중심으로 인구 증가가 이루어졌을 것이다. 이러한 촌락사회의 성장과 분화라는 상황 속에서 本波, 阿那, 末那와 같은 용어는 국가권력에 의해 편제되었다고 보았다.

2019년에 촌락의 재편과 자연취락이란 관점에서 本波, 阿那, 末那에 접근한 견해가 나왔다.[10] 여기에서는 本波, 阿那, 末那의 의미를 두고 크게 직명과 공간으로 나누어지며, 현재로서는 전자를 따를 수밖에 없다고 하였다. 현재는 학계의 어떤 목간 연구자도 本波, 阿那, 末那를 직명으로 보지 않는다. 원래 직명이라면 그 뒤에 바로 출신지와 인명이 따르기 마련인데 그러한 예가 거의 없다. 지금까지 정확한 의미를 알 수 없지만, 성산산성 목간에서는 촌 외에 이전에는 나오지 않던 本波, 阿那, 末那 등의 자료가 나온다. 곧 本波, 阿那, 末那는 함안 성산산성 목간 이외의 지역에서는 나온 적이 없다.

2021년 함안 성산산성 목간의 지명을 현대 지명으로까지 연결시키면서[11] 城下麥 목간의 서식 속에서 本波와 喙을 6부명으로 본 가설이 나왔

---

9) 이경섭, 「성산산성 출토 짐꼬리표[荷札] 목간의 地名 문제와 제작 단위」, 『신라사학보』 23, 2011.

10) 홍기승, 「함안 성산산성 목간으로 본 6세기 신라 촌락사회와 지배방식」, 『목간과 문자』 22, 2019.

11) 가령 阿大兮村을 爾同兮縣에 비정해 현재의 구미시 해평면 해평리 일대로 비정하고 있지만, 524년의 봉평비에 阿大兮村使人이 나오며 그 실지군주의 영현을 해평리 일대로는 볼 수 없다. 오히려 『삼국사기』 권35, 잡지4, 지리지2에 나오는 有隣郡 本高句麗于尸郡 景德王改名 今禮州 領縣一 淸河縣 本高句麗阿兮縣 今淸河縣의 阿兮縣

다.[12) 중고 금석문에는 喙部 66명, 沙喙部 42명, 本波部 4명이 나온다. 그런데 함안 성산산성 목간에서는 喙部 1명, 沙喙部 1명, 本波部 11명이 나온다. 本波의 경우, 그 출신자의 수가 너무 많은 것을 볼 수 있다. 이는 本波가 부명이 아니라 땅이름이기 때문이며, 喙 역시 喙大村의 일부로서 부명이 아니다. 같은 위치에 오는 阿那, 末那 등에 대한 고려가 없는 점은 아쉽다.

4. 本波의 검토

앞에서 본 本波를 本彼部로 보는 견해가 있다.[13) 그런데 본피부로 보려면 本波만 나올 것이 아니라 전부는 아니더라도 한두 점은 본피부로도 나와야 할 것이다. 그리고 本波가 본피부라면 군명인 甘文城, 古陁, 湏伐의 앞에 와야 되는데, 古陁—古利村本波에서처럼 행정촌의 뒤에도 온다. 本波를 本原으로 해석해도[14) 결과는 마찬가지이다.

本波의 사전적 의미는 본둑 또는 본방죽이다. 이렇게 보고서 本波가 나오는 목간들을 전부 새로 해석해 보자.

> 2번   甘文城下麥甘文本波王村(앞면)
>
> 　　　　　文利村(知)利兮負(뒷면)
>
> 　　　　　'甘文城 下의 麥을 甘文의 本波(본방죽 또는 본둑)의 王村文利村
>
> 　　　　　의 (知)利兮負가 (낸 것이다.)'
>
> 10번   甘文本波居村旦利村伊竹伊

과 연결시켜 보아야 할 것이다.

12) 이용현, 「성산산성 목간에 보이는 신라의 지방경영과 곡물 인력 관리-城下麥 서식과 本波·喙의 분석을 중심으로-」『동서인문』17, 2021.

13) 이용현, 앞의 논문, 2021.

14) 권인한, 앞의 논문, 2008.

'甘文의 本波(본방죽 또는 본둑)의 居村旦利村의 伊竹伊이다.'

77번　　　湏伐本波居湏智

'湏伐 本波(본방죽 또는 본둑)의 居湏智이다.'

2006-1번　甘文城下麥本波大村毛利只(앞면)

一石(뒷면)

'甘文城 下의 麥을 本波(본방죽 또는 본둑)의 大村의 毛利只가
낸 一石이다.'

2006-4번　夷津本波只那公末△稗

'夷津의 本波(본방죽 또는 본둑)의, 只那公末△가 낸 稗이다.'

2007-9번　~本(波)跛智(福)△古△~(앞면)

~支云稗石(뒷면)

'~本(波)(본방죽 또는 본둑)의 跛智(福)△古와 △~支云이 낸
稗 1石이다.'

2007-57번　古阤本波豆物烈智△(앞면)

勿大兮(뒷면)

'古阤 本波(본방죽 또는 본둑)의, 豆物烈智와 △勿大兮이다.'

Ⅳ-595번　古阤一古利村本波(앞면)

阤〃支稗發(뒷면)

'古阤 一古利村의 本波(본방죽 또는 본둑)의, 阤〃支가 낸 稗
1바리이다.'

Ⅴ-163번　古阤一古利村本波(앞면)

阤〃只稗發(뒷면)

'古阤 一古利村의 本波(본방죽 또는 본둑)의, 阤〃只가 낸 稗
1바리이다.'

Ⅴ-165번　甘文下麥十五石甘文(앞면)

本波加本斯(稗)一石之(뒷면)

'甘文(城) 下의 麥 十五石을 甘文의 本波(본방죽 또는 본둑)의

加本斯와 (稗)一石之가 낸 것이다.' 또는 '甘文의 下麥 十五石을
甘文 本波(본방죽 또는 본둑)의 加本斯(稗)一石之가 낸 것이다.'

2016-W94번 甘文城下麥十五石甘文本波(앞면)

伊次只去之(뒷면)

'甘文城 下의 麥 十五石을 甘文의 本波(본방죽 또는 본둑)의
伊次只去之가 낸 것이다.'

5. 맺음말

먼저 本波가 나오는 甘文(城)의 5예, 古阤의 3예, 夷津의 1예, 湏伐의
1예, 불명의 1예 등 총 11예를 자료로 제시하였다.

다음으로 本波를 本原으로 보는 가설과 신라 6부명 가운데 하나인 본피부
로 보는 가설 등을 비판적으로 소개하였다.

마지막으로 本波는 지명 뒤에 와서 지명을 꾸미는 것으로 보아야 하며,
인명을 꾸미지 않으므로 인명과 관련이 없는 것으로 보았다. 이에 本波를
사전적인 의미 그대로 본둑 또는 본방죽으로 보았다.

제6절 함안 성산산성 목간의 제작 연대

1. 머리말

지금까지 253점씩이나 나온 함안 성산산성 목간은 왕경 목간이나 지방 목간에서 다시 만나볼 행운을 갖기는 어려울 것이다. 그래서 성산산성을 위주로 한 목간 적외선 사진 도록만 해도 두 차례나 나와서,[1] 이것이 한국 목간 연구의 이정표가 되었다. 그래서 한국 목간 연구는 함안 성산산성 목간을 거치지 않고는 불가능하다. 우리나라 목간은 단편적인 내용만 담고 있어서 한 점의 목간으로는 200자 원고지 70매를 채우기도 벅찬 경우가 많다. 성산산성의 경우는 253점의 목간을 유형별로 모아 논문을 쓰기 때문에 상황이 좀 나아서, 지금까지 나온 성산산성 목간에 관한 논문도 160편이 넘는다.

위에서 지적했듯이 함안 성산산성에서는 253점의 목간이 출토되었다. 단일 유적에서 나온 목간으로는 그 수나 양에서 단연 일등이다. 성산산성 목간은 제작 시기는 조금씩 차이가 있으나 폐기 시기는 동일하다. 그래서 일괄 유물이라는 고고학적인 용어를 사용하고 있다. 목간은 길이가 너무 길어서 차고 다니기에 불편하여 우리가 볼 수 있는 성산산성 목간은 하찰이 아닌 장부문서로 판단된다. 목간 연구에서 가장 중요한 것은, 목간 대부분이 인명표기이므로 인명에 대한 이해이다. 仇利伐 목간에 나오는 奴人이

---

1) 국립창원문화재연구소, 『한국의 고대목간』, 2004 ; 국립가야문화재연구소, 『한국의 고대목간Ⅱ』, 2017.

포함된 목간은 잘못 해석되는 경우가 많았다. 이는 인명표기에 관한 견해의 차이에서 온 것이다.

함안 성산산성 목간에서 중요한 것의 하나로 제작 시기를 들 수 있다. 대개 『日本書紀』에 의해 560년경으로 보아왔다. 목간 연대를 이렇게 보면 신라 관등제의 완성도 560년경으로 보아야 한다. 최근에는 王子年을 壬子年으로 잘못 읽어 그 연대를 592년으로 보고 잘못된 고고학적 가설을 인용하였다. 곧 부엽토층에서 나온 단각고배의 연대를 7세기 전반으로 보고 목간 연대를 592년으로 보았나. 그렇게 되면 신라 관등제도 592년이나 7세기 전반에 완성된 것이 된다. 신라 관등제는 545년이나 그 직전에 세워진 적성비 단계에서 이미 완성된 것으로 보며, 그 이전인 524년 봉평비 단계에서 대부분의 관등이 완성되었다.

고고학에서 층위는 정확하게 1층, 2층, 3층 등으로 나누어진다. 그때 층위는 형식에 우선하지만 함안 성산산성 발굴에서는 유물 포함층은 단순히 1층밖에 없었다. 그래서 6세기 중엽, 6세기 후엽, 7세기 전반이라는 토기 연대에서 6세기 중엽, 6세기 후엽 토기가 모두 7세기 전반에 목간 출토층인 부엽토층에 매몰될 수가 없다. 목간은 동일한 시기에 폐기된 일괄 유물이지만 토기는 각 시대별로 버려져서 묻히며 모두 한꺼번에 7세기 전반에 묻히는 게 아니다. 7세기 전반에 모두 묻혔다는 근거는 고고학적인 유물 어디에서도 찾을 수 없다.

여기에서는 먼저 선학들의 연구성과를 일별해 보기로 한다. 다음으로 某月中을 통해 성산산성의 목간 연대를 살펴보고, 마지막으로 관등명을 통해 목간의 연대를 확정 짓고자 한다.

2. 지금까지의 연구

지금까지 성산산성 목간의 제작 연대에 대한 중요한 가설은 다음과 같다. 532년에서 551년 사이로 추정한 견해가 있고,[2] 540년대부터 561년 사이로 추정한 견해가 있다.[3] 또 560년대로 추정되며 아무리 늦어도 570년 이후로는 내려가지 않을 것이라고 본 견해가 있고,[4] 557년에서 561년 사이로 추정한 견해가 있으며,[5] 561년에서 그리 멀지 않은 시기로 추정한 견해가 있다.[6] 또 하찰에 나타난 호적 작성을 전제로 한 신라의 치밀한 지방 지배방식에 기초하여 성산산성 목간의 작성 연대를 584년(진평왕 6년) 調府 설치 이후로 보기도 했다.[7] 신라가 안라국을 멸망시킨 시기가 560년이므로 성산산성 목간을 제작한 시기는 560년이나 그 이후로 볼 수 있다는 견해도 제시되었다.[8] 6세기 550년으로 본 가설도 나왔다.[9]

2) 김창호, 「함안 성산산성 출토 목간에 대하여」 『함안 성산산성 I』, 1998.

3) 이성시, 「韓國木簡연구현황과 咸安城山山城출토의 木簡」 『한국고대사연구』 19, 2000, 107쪽.

4) 주보돈, 「함안 성산산성 출토 목간의 기초적 검토」 『한국고대사연구』 19, 2000, 67쪽. 이는 64쪽에서 『日本書紀』 19, 欽明紀23년(562년)조의 挾注로 인용되어 있는 一本에 任那가 전부 멸망했다는 기사를 토대로 559년을 安羅(阿尸良國)의 멸망 시점 또는 그 하한으로 본 것에 기인하고 있다. 하지만 후술할 것처럼 『삼국사기』의 阿尸良國(안라국) 멸망 기사보다 『일본서기』 내용을 더 신봉한 결과로서 잘못된 방법이다.

5) 이용현, 「함안 성산산성 출토 목간에 대한 종합적 고찰」, 고려대학교 박사학위논문, 2001, 115쪽 ; 이용현, 「함안 성산산성 출토 목간과 6세기 신라의 지방 경영」 『동원학술논집』 5, 2003, 50~53쪽.

6) 윤선태, 「신라 중고기의 村과 徒」 『한국고대사연구』 25, 2002, 148쪽에서 이 목간은 561년이나 그로부터 그리 멀지 않는 때 작성되었다고 할 수 있다고 보았다. 이경섭, 「함안 성산산성 목간의 연구 현황과 과제」 『신라문화』 23, 2004, 頁物 쪽에서는 목간의 연대를 561년을 하한으로 하는 몇 연간으로 추정하였다. 이경섭, 「성산산성 출토 하찰목간의 제작지와 기능」 『한국고대사연구』 37, 2005, 115~116 쪽에서는 목간의 상한 연대를 561년 무렵으로 보았다.

7) 윤선태, 「함안 성산산성 출토 신라목간의 용도」 『진단학보』 88, 1999, 21~22쪽에서 584년이라는 견해를 제시하였는데, 목간의 시기를 가장 내려본 가설이다. 이 같은 견해는 윤선태, 앞의 논문, 2002, 148쪽에서 561년이나 그로부터 그리 멀지 않은 시기에 작성된 것으로 바뀌었다.

8) 전덕재, 앞의 논문, 2007, 70쪽. 여기에서는 『日本書紀』, 欽明日王23년(562년) 봄 정월조의 '즉 신라가 임나관가를 공격하여 멸망시켰다. 一本에 이르기를 21년 (560년)에 임나를 멸망시켰다.'라는 기사를 바탕으로 하여 임나를 加羅國, 安羅國,

이들 견해 가운데 어느 가설이 타당한지는, 목간의 경우 유례가 적어서 비교는 어려우나 목간과 함께 비슷한 시기의 금석문 자료를 통해 검토해 보기로 하자.

함안성산 목간에는 연간지나[10] 연호가[11] 나오지 않아서 연대를 설정하기 매우 어렵다. 우회적인 방법이긴 하지만, 성산산성 목간에 나오는 관등명을 고신라 금석문과 비교하여 연대를 검토할 수밖에 없다. 一伐이라는 외위 등은 다음에서 보듯 4번 목간의 仇利伐/仇失了一伐/尒利△支,[12] 5번 목간의 仇利伐△德知一伐奴人 塩, 14번 목간의 大村伊息知一伐, 23번 목간의 ~知上干支, 29번 목간의 古阤新村智利知一尺那△(앞면) 豆兮利智稗石(뒷면), 72번 목간 ~△一伐稗, 2007-8번 목간과 2007-31번 목간(쌍둥이

斯二岐國, 多羅國, 率麻國, 古嵯國, 子他國, 散半下國, 乞湌國, 稔禮國의 十國으로 보고 560년에 안라국이 신라에 투항했다고 보았다. 이 견해도 『삼국사기』 기록인 법흥왕대(514~539)의 阿尸良國(안라국) 정복설을 무시하고, 『일본서기』에 의해 신라 목간의 연대를 560년으로 보았다.

9) 橋本繁, 『韓國古代木簡の硏究』, 2014, 14쪽.

10) 손환일, 「한국 목간에 사용된 주제별 용어 분류」 『신라사학보』 26, 2012, 379쪽에서는 乙亥라는 연간지가 성산산성 65번 목간에 나온다고 하였다. 乙亥라면 555년이 되나, 이는 잘못 읽은 것으로 판단된다. 한 면 또는 두 면으로 된 함안 성산산성 목간에서는 연간지가 나온 예가 없기 때문이다. 또 손환일은 『동아일보』 인터넷 판 2017년 3월 6일자에 2016-W155 목간에서 王子年△△大村△刀只(앞면) 米一石(뒷면)을 壬子年△改大村△刀只(앞면) 米一石(뒷면)으로 판독하고 壬子年을 532년 또는 592년으로 주장하였는데 이는 따르기 어렵다. 만약 그의 판독이 옳다면 592년설은 대가야 멸망인 562년보다 늦으므로 592년 당시 성산산성을 축조했다고 볼 수 없어 설이 성립할 수 없고, 532년설은 금관가야 스스로 신라에 귀부하여 멸망한 해이고, 안라국도 532년에 신라에 귀부해 항복했다면 문헌에 기록이 남았을 터인에 이에 대한 기록이 없어 성립되기 어렵다. 따라서 壬子年의 판독은 잘못된 것으로 성립 가능성이 전혀 없다. 2016-W155 목간은 '王子年△(郡)의 改大村(행정촌) △刀只가 쌀 1석을 냈다'로 해석되거나 '王子年(군)의 △改大村(행정촌) △刀只가 쌀 1석을 냈다'로 해석된다 하겠다. 여기에서 △표시 글자는 분명히 있으나 읽을 수 없는 글자를 말한다. 앞으로 사면으로 된 문서 목간에서 연간지가 나올 가능성이 있다. 1면 또는 앞뒷면으로 된 물품꼬리표 목간에서는 연간지가 나올 가능성이 전혀 없다. 앞으로의 발굴조사가 기대된다.

11) 성산산성 목간에서 연호가 나올 가능성은 거의 없다고 사료된다.

12) /표시는 할세[두 줄로 쓰기]를 표시하는 것으로 본고 전체에 적용된다.

목간의 仇利伐 仇陁知一伐奴人 毛利支 負, 2007-21번 목간의 ~豆留只一伐,
IV-597 正月中比思(伐)古尸次阿尺夷喙(앞면) 羅兮落及伐尺幷作前瓷酒四斗瓮
(뒷면), V-166번 목간의 古陁伊未妍知上干一木兮伐(앞면)豆幼去(뒷면),
2016-W66 丘伐未那鄒早尸智居伐尺奴(앞면) (能)利智稗石(뒷면), 2016-W89
丘利伐/卜今智上干支奴/△△巴支 등에 나오지만 연대 설정에는 결정적인
도움을 기대할 수 없다. 一伐은 봉평비(524년)에 나오는 것이 그 연대가
가장 빠르다. 一伐 외에 목간에는 一尺과[13] 阿尺도[14] 나오는데, 一尺과
阿尺이란 외위명은 524년 작성된 봉평비에 나온다. 23번 목간의 △知上干支
나 2016-W89번 丘利伐/卜今智上干支奴/△△巴支 負에서[15] 干支로 끝나는
외위명이 나와서 그 시기는 551년의 명활산성비에서 나온 下干支에 근거할
때, 551년을 하한으로 잡을 수 있다. 종래 오작비(578년) 제③행의 大工尺仇
利支村壹利力兮貴干支△上△壹△利干을[16] 大工尺인 仇利支村의 壹利力兮貴
干支와[17] △上△壹△利干으로 분석해 왔으나 大工尺인 仇利支村의 壹利力兮
貴干과 支△上(干)과 壹△利干으로 본 견해가 나왔다.[18] 이렇게 보는 것이
오히려 타당해 보인다. 그러면 금석문에서 관등명 끝에 붙는 干支의 支자가
소멸하는 시기는 명활성비의 작성시기인 551년으로 볼 수 있다.

---

13) 29번 古陁新村智利知一尺那△(앞면) 豆兮利智稗石(뒷면)이 그것이다. 이는 '古陁(군
　　명) 新村(행정촌) 智利知 一尺과 那△(행정촌) 豆兮利智가 낸 稗 1石이다'로 해석된다.
14) IV-597번 목간으로 正月中比思(伐)古尸次阿尺夷喙(앞면) 羅兮落及伐尺幷作前瓷酒
　　四斗瓮(뒷면)을 해석하면, '正月에 比思(伐)의 古尸次 阿尺(외위)의 夷(무리라는
　　뜻. 이에 대해서는 후술하기로 한다)와 喙(部)의 羅兮落 及伐尺이 함께 만든 前瓷酒
　　의 四斗瓮이다.'가 된다. 여기에서는 비사(벌) 출신의 古尸次 阿尺의 무리가 나온다.
　　IV-597번 목간의 (伐)처럼 ( ) 속 글자는 확정된 글자가 아니고 그 글자일 가능성이
　　있다는 표시이거나 추독한 글자의 표시이다.
15) 양석진·민경선, 「함안 성산산성 출토 목간 신자료」『목간과 문자』14, 2015에
　　의거하였다.
16) 판독은 한국고대사회연구소, 『역주 한국고대금석문II(신라 I , 야편)』, 1992, 98쪽
　　에 따랐다.
17) 오작비에는 경위 阿尺干도 阿尺干支가 아니고 그냥 阿尺干이라서 역시 貴干이지
　　貴干支는 아니다.
18) 전덕재, 앞의 논문, 2007, 69쪽.

그런데 성산산성 목간의 연대 설정에 중요한 자료가 2017년 1월 4일 공포되었다. 『경향신문』 2017년 1월 4일자에 실린 것을 발췌하여 옮기면 다음과 같다.[19]

「6세기 신라, 중앙과 지방 지배체계 확립 시사」란 제목으로 국립가야문화재연구소는 2017년 1월 4일 경남 함안 성산산성(사적 67호)에서 최근 2년간 행한 발굴조사 결과 6세기 중반에 제작된 23점의 목간을 새로 발굴했으며, 그 중 4개면에 글자가 쓰인 막대 모양의 사면목간에서 율령과 행정체계를 통한 신라 지방체계와 소세체세 등을 규명하는 내용을 확인했다고 밝혔다.

국립가야문화재연구소에 따르면, 길이 34.4cm, 두께 1~1.9cm의 사면목간에는 眞乃滅 지방의 지배자가 잘못된 법을 집행한 뒤, 이를 중앙(경주)에 있는 大舍下智(원문에는 大舍로 17관등 중 12등급의 관등명) 관리에게 두려워하며 올린 보고서 형식의 56자가 적혀 있다. 내용에 대해서는 구체적으로 及伐尺 관등을 가진 伊毛罹라는 사람이 60일간 일을 해야 하는데 30일만 했다고 되어 있다고 설명했다.[20]

---

19) 도재기 선임기자가 쓴 기사로 『경향신문』 2017년 1월 4일자 인터넷 판을 이용하였다.
20) 2017년 1월 4일자 『연합뉴스』 인터넷판에 다음과 같은 목간 내용이 실렸고 그 후 2016-W150으로 부르고 있다.
　제1면 三月中眞乃滅村主 憹怖白
　제2면 大城在弥卽尒智大舍下智前去白之
　제3면 卽白先節六十日代法稚然
　제4면 伊毛罹及伐尺寀言廻法卅代告今卅日食去白之
　2017년 1월 4일자 『뉴시스통신사』 인터넷판은 이 사면목간을 면별로 나누어 다음과 같이 해석하였다(제2면과 제4면을 바꾸어서 잘못 해석하였다).
　제1면 3월에 眞乃滅村主가 두려워 삼가 아룁니다.
　제2면 伊毛罹及伐尺이 △法에 따라 30대라고 해 지금 30일을 먹고 가버렸다고 아뢰었습니다.
　제3면 앞선 때에는 60일을 代法으로 했었는데, 제가 어리석었음을 아룁니다.
　제4면 △성에 계신 弥卽尒智大舍와 下智 앞에 나아가 아룁니다.
　2016-W150 목간23번 목간을 제2면과 제4면을 바꾸어 中, 白, 節, 稚然 등의 吏讀에 주목하여 다시 해석하면 다음과 같다.
　3月에 眞乃滅村主 憹怖白이 大城에 있는 弥卽尒智 大舍下智의 앞에 가서 아룁니다.

즉 앞선 때의 六十日代法 덜 되었다고 (아룁니다.) 伊毛羅 及伐尺께 '案(녹봉)에 말하기를 法을 피해 卅日代를 告해서 卅日食을 먹고 갔다.'고 아뢰었습니다. 卅代나 六十日代法도 자세한 내용은 알 수 없지만 모두 案(녹봉)와 관계가 있다. 곧 眞乃滅村主인 憹怖白이 伊毛羅 及伐尺(경위)에게 올린 案(녹봉)에 관한 것이 문서 목간 내용의 전부이다. 행정촌 촌주로 보이는 眞乃滅村主인 憹怖白이 외위를 갖지 않는 점도 주목된다(이성산성 무진년명 목간에서 나오는 村主는 인명표기에서 출신지명, 인명, 외위명을 생략한 채 南漢城道使, 須城道使와 함께 村主라는 직명만 기록되어 있다. 농포백의 경우 외위를 갖고 있음에도 불구하고, 무진년명 이성산성 목간에서는 외위를 생략했다고 본다). 弥卽尒智大舍下智에서 大舍下智라고 관등명이 나온 것도 유일하다. 伊毛羅 及伐尺의 及伐尺(경위)은 Ⅳ-597호 목간에 喙(部) 羅兮落 及伐尺에 이어 두 번째로 나온 것이다.

목간 내용에서 보면 보고를 받는 최고 높은 자는 弥卽尒智大舍下智가 아니라 伊毛羅 及伐尺이다. 따라서 伊毛羅及伐尺의 及伐尺은 Ⅳ-597호 목간과 비교하고 사면목간 자체의 내용으로 보건대, 경위명이다.

村主가 나오는 것으로는 443년 냉수리비의 村主 臾支 干支, 540년경의 성산산성 목간의 眞乃滅村主憹怖白, 561년 창녕비의 村主 △聰智 述干 麻叱智 述干, 591년 남산신성비 제1비의 郡上村主 阿良村 今知 撰干, 漆吐(村) △知尒利 上干, 二聖山城 목간(608년)의 戊辰年正月十二日朋南漢城道使(제1면) 須城道使村主前南漢城火~(제2면) ~浦~(제3면) 등이 있다. 眞乃滅村主만이 지명과 공반되고 있고, 인명이 공반된 촌주가 등장하면서 외위가 없는 경우는 그리 흔하지 않다. 眞乃滅의 위치는 알 수 없으나 함안 성산산성 근처일 것이다.

또 윤선태,「咸安 城山山城 出土 新羅 荷札의 再檢討」『사림』41, 2012, 163~164쪽 및 175쪽에서는 2007-24번 목간 及伐城文尸伊急伐尺稗石의 急伐尺을 及伐尺과 동일한 외위명으로 보았다. 及伐尺은 경위명이고, 急伐尺은 외위명이 아닌 인명으로 판단된다. 또 2007-23번 목간에 나오는 及伐城文尸伊稗石과 2007-24번 목간의 及伐城文尸伊急伐尺稗石에서 나오는 文尸伊는 동일인이다(이수훈,「城山山城 木簡의 城下麥과 輸送體系」『지역과 역사』30, 2012, 170쪽에서 2007-7번 목간과 2006-61 목간에서 공통적으로 나오는 斯珎于도 동일인이라고 보았다). 또 2007-61번 買谷村物礼利(앞면) 斯珎于稗石(뒷면)과 6-7번 買谷村古光斯珎于(앞면) 稗石(뒷면)에서 斯珎于도 동일인이다(전덕재, 앞의 논문, 2008, 33쪽에서 최초로 2007-23번 목간과 2007-24번 목간에 文尸伊가 동일인으로 나오고, 2007-61번 목간과 2006-7번 목간에서 斯珎于가 동일인으로 등장한다고 하였다. 계속해서 서로 다른 목간에서 각각 동일인이면서 稗를 두 번 냈다고 하였다). 이 같은 예는 위 목간이 하찰이 아니라는 증거가 될 수 있다. 만약 하찰이라면 2인 공동 명패가 아니라 단독 명패가 필요하기 때문이다. 곧 斯珎于의 경우, 2007-61번과 2006-7번의 稗石을 하나의 공진물로 합칠 수 있음에도 유사 쌍둥이 목간으로 기록하고 있다. 바꾸어 말하면 이 2쌍의 유사 쌍둥이 목간은 7쌍의 쌍둥이 목간과 함께 최초의 발송지에서 공물을 같은 곳에 넣어 만든 것이라기보다는, 최종 도착지에서 앞서 존재하던 공물이 남아서 최종적으로 쌍둥이 목간과 유사 쌍둥이 목간이 되어 공진물과 함께 남아 있다가 국립가야문화재연구소 측은 당시 왕경 거주의 관등명인 大舍下智와[21] 지방민의 관등명인[22] 及伐尺이 목간으로 확인되기는 처음이며, 목간에는 60일대법 등 갖가지 법률 용어, 관등명, 당시 생활문화상을 보여주는 표현 등이 나온다고 덧붙였다.

여기에서 중요한 것은 大舍下智라고 하는 경위의 등장이다. 함안 성산산성 목간에서 처음 등장한 이것은 금석문 자료에서는 나온 예가 없다. 524년의 봉평비에 小舍帝智가 나오는데 大舍가 있었다면 大舍帝智로 표기되었을 것이다. 울주 전전리서식 원명(525년)에 나오는 大舍帝智와 함께 大舍下智는 오래된 관등명의 잔재이다. 536년의 영천청제비 병진명에는 大舍弟가 나온다.[23] 大舍는 545년이나 그 직전에[24] 세워진 적성비, 561년의 창녕비, 568년에 세워진 마운령비와 황초령비, 591년에 세워진 남산신성비 제1비, 제3비, 제4비, 제5비에도 각각 나온다. 일단 성산산성의 목간 연대를 591년까지 내려잡을 수는 없다. 2016-W150번 목간의 大舍下智를 大舍로 끊어서 읽으면, 신라 관등제에서 경위의 완성 시기가 545년이나 그 직전이

최후를 맞았다고 본다. 곧 산성 축조 후 다른 250점 이상의 목간들과 함께 공진물은 남기고, 목간들은 동일한 시각에 목간으로서의 생명을 다하여 함께 의도적으로 동문지 근처에 묻힌 것으로 판단된다.

21) 일부에서는 大舍와 下智로 나누어 해석하고 있다. 이 경우 眞乃滅村主인 憹怖白이 경위도 없는 下智 앞에 나아가 아뢸 수는 없을 것이다. 따라서 下智의 下는 579년 익산 미륵사 서탑 사리봉안기에 보이는 大王陛下의 下와 같이 임금님의 거처를 나타내는 것으로서 大舍帝智의 帝와 통한다고 본다. 즉 大舍下智를 붙여 읽어야 하고 下智는 大舍帝智의 帝智와 마찬가지로 大舍라는 관등명에 붙는 말로 판단된다. 따라서 大舍下智는 합쳐서 하나의 경위명으로 보고, 弥卽尒智 大舍下智는 한 사람의 인명표기라고 보아야 할 것이다.

22) 사면목간의 자체 해석에서도 지방민의 외위가 아니라 6부인을 위한 경위가 되어야 한다. 이는 후술하는 바와 같이 왕경인(6부인)을 위한 경위명이다.

23) 영천청제비 병진명의 건립 연대를 김창호, 앞의 책, 2007(고신라 금석문의 연구), 109쪽 등에서는 476년으로 보았으나 이는 잘못된 것이다. 영천청제비 병진명의 건립 시기를 536년으로 바로잡는다. 왜냐하면 영천청제비 병진명에서는 小鳥가 나오고 봉평비(524년)에서는 小鳥帝智가 나와 영천청제비 병진명이 봉평비보다 시기가 늦은 것이 되기 때문이다.

24) 김창호, 『삼국시대 금석문 연구』, 2009, 235쪽.

되어 외위의 완성보다 늦어지게 된다. 大舍下智로 보아야 신라의 경위가 540년경에 완성된 것이 된다. 大舍下智로 보면 울주 천전리서석 원명(525년)의 大舍帝智와 같이 고식 관등명이기 때문이다.

　성산산성 목간에 나오는 及伐尺은 봉평비 제⑧행의 16~18번째의 글자를 阿尺이나[25] 居伐尺으로 읽어서[26] 외위 11관등에는 없는 동일한 외위로 보고 있다.[27] 그런데 IV-597호 목간의 正月中比思(伐)古尸次阿尺夷喙(앞면) 羅兮落及伐尺幷作前瓷酒四斗瓮(뒷면)을[28] 해석하면, '正月에[29] 比思(伐)의 古尸次 阿尺(외위)의 夷와[30] 喙(部)의 羅兮落 及伐尺이 함께 만든 前瓷酒의 四斗瓮이다'란 뜻이 된다. 이에 따르면 及伐尺은 외위가 아닌 경위가 된다. 그렇다면 급벌척 관등을 가진 伊毛羅란 사람도 경위를 가진 왕경인(6부인)으로 판단된다. 伊毛羅 급벌척은 성산산성 목간에서 나온 인명 중 가장

---

25) 18번째 글자는 있는지 없는지 알 수가 없고, 伐자는 아니다. 원래부터 글자가 없었을 가능성도 크다. 17번째 글자도 尸 밑에(尸의 밑으로 긋는 획은 바로 그었다) 입구(口)를 하고 있어 居자도 아니다. 아마 봉평비의 阿자가 제②행의 19·25번째 글자에서 尸 밑에 옳을가(可) 대신 입구(口)만을 합자한 것이라서 阿를 쓰다 만 것으로 보인다. 곧 봉평비의 阿자는 屙라고 적혀 있다. 207번 목간 (2016-W66)은 未那가 어떤 방향이나 위치를 표시하는 땅이나 들을 의미하는 땅이름에 더해진 것이고, 거벌척이 외위가 아님을 알게 되었다. 이를 해석하면 '丘伐 未那早尸智와 居伐尺과 奴能利知가 낸 稗 一石이다'가 된다.

26) 윤선태, 「울진 봉평신라비의 재검토」『동방학지』148, 2009, 15쪽 ; 윤선태, 앞의 논문, 2016, 397~398쪽.

27) 윤선태, 앞의 논문, 2009, 15쪽 ; 이용현, 「律令 제정 전후의 新羅 官等-중고 초기 문자자료를 통해-」『목간과 문자』15, 2015, 90쪽 ; 윤선태, 앞의 논문, 2016, 397~398쪽.

28) 전덕재, 「한국의 고대목간과 연구동향」『목간과 문자』9, 2012, 24쪽에서 '正月에 比思伐 古尸次 阿尺과 夷喙, 羅兮△, 及伐只 등이 함께 어떤 술 4개(또는 4斗의) 瓮을 만들었다'고 해석하였다. 及伐尺(及伐只)을 인명으로 보았다.

29) 正月中은 六月十日(IV-600호 목간), 二月(IV-602호 목간)이 함께 확인되는데, 단기 일 내에 쉬임 없이 지속적으로 축성이 실시되었음을 의미한다. 왜냐하면 음력 正月인 한겨울에도 공진물을 바치고 축성을 하고 있기 때문이다.

30) 『禮記』에 나오는 在醜夷不爭과 같이 무리 또는 동료를 나타내는 것으로 보인다. 이 글자에 대해서는 신중한 판독이 요망되는데, 及伐尺이 경위냐 외위냐의 분기점이 될 수 있기 때문이다.

급이 높은 사람 중 한 명임은 사면목간의 내용으로 분명하다. 及伐尺은
냉수리비(443년)의 居伐干支, 울주 천전리서석 추명(539년)의 居伐干支,
적성비(545년 직전)의 及干支, 창녕비(561년)의 及尺干, 북한산비(567년)의
及干, 마운령비(568년)의 及干, 황초령비(568년)의 及干, 『東蕃風俗記』(594
년)의 級伐干 등 유사한 예가 있으나 級伐湌과 동일한 관등으로는 볼 수
없다. 왜냐하면 干자조차 及伐尺이란 관등명에 포함되어 있지 않기 때문이
다.

　이는 숭성리비(441년)에 2빈이나 니오는 壹伐과[31] 마찬가지로 17관등에
는 없는 경위명이라고 볼 수밖에 없다. 及伐尺이라는 경위명의 연대를
내려잡게 되면, 신라 경위명의 형성 시기도 늦춰지게 된다. 성산산성
목간 연대를 560년으로 본다면 신라 관등제의 완성도 561년 창녕비에
와서야 비로소 완성되게 된다. 신라 관등제의 완성은 아무리 늦게 잡아도
545년이나 그 직전에 세워진 적성비에서는 경위가 완성되었다고 볼 수
있다.

　성산산성 목간에서 나오는 관등명은 경위로 及伐尺, 大舍下智가 있고,
외위로 上干支, 一伐, 一尺, 阿尺이 있다. 이들은 가운데 외위는 上干支를[32]
제외하고, 524년의 봉평비에도 나온다. 경위 及伐尺과 大舍下智는 그 유례를
금석문에서 볼 수 없다. 인명표기가 270여 점에 달하는 목간에서도 관등을
가진 지방민이 12명 가량으로 적은 것은 당연한 결과로 주목된다.

　신라 관등제에는 왕경 6부인에게 주는 경위와 지방민에게 주는 외위가
있다. 경위와 외위의 발전 순서에 대해서는 다양한 견해가 나와 있다.[33]

31) 중성리비에서는 지방민을 위한 외위명으로도 干支가 두 번 나오고 있다.
32) 봉평비에는 上干支 대신 下干支가 나온다.
33) 노태돈,「蔚珍 鳳坪新羅碑와 新羅의 官等制」『韓國古代史硏究』 2, 1989 ; 김희만,
　　「영일 냉수리비와 신라의 관등제」『경주사학』 9, 1990 ; 김희만,「함안 성산산성
　　출토 목간과 신라의 외위제」『경주사학』 26, 2007 ; 하일식,「포항중성리비와
　　신라 관등제」『韓國古代史硏究』 56, 2009 ; 노태돈,「포항중성리신라비와 外位」
　　『韓國古代史硏究』 59, 2010 ; 박남수,「〈포항 중성리신라비〉에 나타난 신라 6부와
　　관등제」『사학연구』 100, 2010 ; 이부오,「智證麻立干代 新羅 六部의 정치적 성격과

여기에서는 중성리비(441년),[34] 냉수리비(443년),[35] 봉평비(524년)를 중심으로 살펴보기로 하자. 중성리비에서는 阿干支(두 번), 奈麻(두 번), 壹伐(두 번), 干支(두 번), 沙干支(두 번)가 나오고 있다. 壹伐과 干支는 17관등 가운데 어느 경위와 같은지 명확하지 않고, 干支는 지방민을 위한 외위로도 나온다. 곧 干支는 6부인과 지방민 모두에게서 나와서 아직까지는 경위와 외위가 미분화한 상태였다. 냉수리비에서는 阿干支(한 번), 居伐干支(두 번), 壹干支(한 번), 干支(한 번)가 나오고 있다. 干支는 지방민에게도 한 번 나오고 있어[36] 아직까지 경위와 외위가 미분화한 상태였다. 봉평비에서는 경위에 干支(한 번), 王△(△)(한 번), 太阿干支(한 번), 阿干支(한 번), 一吉干支(두 번), 太奈麻(두 번), 奈麻(여섯 번), 邪足智(두 번), 小舍帝智(두 번), 吉之智(두 번), 小烏帝智(두 번)가 나오고 있다. 외위로는 下干支, 一伐, 一尺, 波旦(日), 阿尺이 나온다. 경위는 干支라는 잔존 요소를 제외한다면 대부분 완성된 것으로 보인다.[37] 524년 당시에는 외위가 어느 정도 완성되었다.[38]

성산산성의 목간 연대를 결정할 차례가 되었다. 大舍下智만의 예로 보면 영천청제비 병진명에서 大舍弟로 나오기 때문에 병진명의 작성 연대

干支-포항 중성리비를 중심으로-」『신라사학보』28, 2013 ; 이부오, 「신라 非干 外位 편성 과정과 壹金知」『한국고대사탐구』21, 2015 ; 윤선태, 「신라 외위제의 성립과 변천-신출 자료를 중심으로-」『제8회 한국목간학회 학술회의 신라의 관등제와 골품제』, 2015 ; 이용현, 앞의 논문, 2015 ; 이부오, 「6세기 초중엽 新羅의 干群 外位 재편과 村民의 동원」『신라사학보』36, 2016.

34) 김창호, 「포항 중성리 신라비의 재검토」『신라사학보』29, 2013.

35) 김창호, 「迎日冷水里碑의 建立 年代 問題」『九谷黃鍾東教授停年紀念史學論叢』, 1994.

36) 냉수리비 상면에 나오는 壹今智를 외위로 보기도 하나 문헌에 나오는 11외위 이외의 외위는 없다고 본다. 壹今智는 인명이다.

37) 신라의 경위와 외위가 형성된 시기는 금석문 자료에 근거하는 한, 540년경이고 거의 동시에 완성되었을 것이다.

38) 신라 외위의 완성 시기는 536년 이후로 추정되는 월지 출토비에서 豆婁知 干支가 나와 536년 이후로 볼 수 있다. 늦어도 545년이나 그 직전에 세워진 적성비에 撰干支, 下干支, 阿尺의 외위가 나오고 있으므로 외위의 완성은 545년보다는 앞설 것이다.

인 536년까지 소급할 수 있다. 干支로 끝나는 외위로는 봉평비(524년)에서 下干支, 적성비(545년이나 그 직전)에서도 下干支, 撰干支, 명활산성비(551년)에서 下干支로 각각 나오고 있다. 大舍下智로 보면 545년 이전으로 볼 수 있다. 하지만 干支로 끝나는 외위 때문에 무조건 연대를 소급시켜 볼 수는 없다. 及伐尺으로 보면, 及伐尺干支에서 干支 또는 干이란 단어조차 탈락되고 없어서, 그 유사한 예조차 찾기 어렵다. 及伐尺은 신라 경위에 없는 관등명으로서 그 시기를 늦춰잡으면 신라 경위명의 완성 시기도 역시 내려잡아야 된다. 그래서 그 연대를 阿尸良國(안라국)의 멸망이 금관가야의 멸망인 532년으로 소급할 수 없다. 524년의 봉평비를 통해 볼 때 干支란 경위명을 제외하면 경위 17관등이 거의 완성되었음을 알 수 있다. 이렇게 보면 성산산성 목간 연대는 늦게 잡아도 법흥왕의 마지막 재위 시기인 539년으로 볼 수가 있다.[39] 종래 사료로 인정하지 않았던 『삼국사기』 권34, 잡지3, 지리1, 康州 咸安條의 '咸安郡 法興王 以大兵 滅阿尸良國 一云阿那加耶 以其地爲郡'은[40] 그 중요한 근거가 된다. 阿那加耶(안라

---

39) 왕흥사 목탑 사리공에서 출토된 청동사리합 명문에서 丁酉年이란 연간지가 나와 577년이란 절대 연대를 갖게 되었다. 이 때문에 왕흥사 목탑(왕흥사란 가람)이 무왕 1년(600년)~무왕 35년(634년) 사이에 건립되었다고 한 『삼국사기』 권27, 백제본기 5, 무왕조의 문헌기록을 신뢰하기 어렵게 되었다. 뿐만 아니라 문헌에는 봉평비(524년)에 나오는 悉支軍主와 관련하여 州治가 三陟이라는 내용이 없고, 광개토태왕비(414년), 중원고구려비(449년 이후), 집안고구려비(491년 이후, 김창호, 「집안고구려비를 통해 본 麗濟 王陵 비정 문제」『考古學探究』, 2015), 중성리비(441년), 냉수리비(443년), 봉평비(524년), 적성비(545년 직전), 창녕비(561년), 북한산비(567년), 마운령비(568년), 황초령비(568년)의 건립에 대해서도 문헌에는 어떤 기록도 나오지 않는다. 그런 의미에서 함안 성산산성 출토 목간의 제작 시기를 『日本書紀』의 기록에 의거하려는 방법론도 문제가 있다고 판단된다. 즉 『일본서기』 권19, 欽明日王 22년(561년)의 故新羅築於阿羅波斯山 以備日本이란 구절과 欽明紀 23년(562년)조의 挾注로 인용되어 있는 '一本에 任那가 전부 멸망했다'는 기사를 토대로 560년을 安羅의 멸망 시점 또는 그 하한으로 간주하는 주장 등에 근거하여 성산산성 목간의 상한 연대를 560년으로 본 것이 그것이다.

40) 조선 초에 편찬된 편년체 사서인 『東國通鑑』에서는 安羅國(阿尸良國)의 신라 통합 시기를 구체적으로 법흥왕 26년(539년)이라고 하였다. 이는 고뇌에 찬 결론으로 판단된다. 법흥왕의 제삿날은 음력으로 539년 7월 3일이다.

국)는 고령에 있던 대가야와 함께 후기 가야의 대표적인 나라이다.[41] 그런 안라국에[42] 대한 신라의 관심은 지대했을 것이다. 성산산성은 539년 안라국(아나가야)이 멸망하자 바로 신라인에 의해 석성으로 다시 축조되었다. 신라의 기단보축이란 방법에[43] 의해 석성이 축조된 것은 540년경으로 볼 수 있고,[44] 성산산성 목간의 연대 역시 540년경으로[45] 볼 수 있다.[46]

41) 전기 가야를 대표하는 나라로는 고령의 대가야와 김해의 금관가야를 들 수 있다.

42) 414년에 세워진 광개토태왕비의 永樂9年己亥(399년)조에도 任那加羅(金官伽倻)와 같이 安羅人戍兵이라고 나온다. 安羅人戍兵에서의 安羅는 함안에 있던 安羅國(阿羅加耶)을 가리킨다.

43) 석성의 축조에서 基壇補築은 外壁補强構造物, 補築壁, 補助石築, 城外壁補築 등으로도 불리며, 신라에서 유행한 석성 축조방식이다. 이러한 신라 석성의 예로 경주 명활산성, 보은 삼년산성, 충주산성, 양주 대모산성, 대전 계족산성, 서울 아차산성, 창녕 목마산성 등이 있다.

44) 성산산성에서 출토된 목제 유물의 방사선탄소연대 측정 결과 1992년에는 270~540년, 1994년에는 440~640년으로 각각 나왔다(박종익, 「咸安 城山山城 發掘調査와 木簡」『韓國古代史硏究』 19, 2000, 10쪽).

45) 『삼국사기』, 직관지, 무관조에 召參停이 진흥왕 5년인 544년에 설립되었다고 나온다. 문헌에는 법흥왕이 540년에 사망하였다고 되어 있으나 울주 천전리서석 추명에 따르면 539년에 사망한 것으로 해석되어 소삼정의 설치가 543년이 된다. 따라서 소삼정인 성산산성의 축조는 542년경의 일로 보인다.

46) 성산성성의 목간이 출토된 부엽층의 시기에 대한 고고학적인 견해로는 다음 두 가지 가설이 있다. 최근 부엽층 안에서 목간과 함께 공반 출토된 신라의 완을 7세기 전반으로 편년하고, 이에 의거하여 산성의 초축을 7세기 전반 늦은 시기로 보는 것이 그 하나이다(이주헌, 「함안 성산산성 부엽층과 출토유물의 검토」『목간과 문자』 14, 2015, 51~65쪽). 또 다른 가설은 부엽층에서 출토된 토기는 6세기 중엽을 중심으로 하지만 연대 폭이 특히 넓으며, 성벽이 초축된 것은 6세기 중엽이고, 내보축을 덧붙이고 부엽층을 조성한 동벽의 개축은 7세기 초에 이루어졌다고 보았다(윤상덕, 「함안 성산산성 축조 연대에 대하여」『목간과 문자』 14, 2015, 72~92쪽). 이 두 가설은 모두 목간이 나온 성산산성의 동벽 부엽층의 초축 시기를 7세기 전반 내지 7세기 초로 보고 있다. 목간 자체는 540년경 제작된 것이므로 60년 이상의 차이가 있다. 6~7세기 토기 편년은 아직까지 절대 연대 자료가 부족하다는 것이 하나의 문제점이다. 가령 5세기 4/4분기(475~499년)로 알려진 금관총은 尒斯智王(눌지왕)이라는 명문이 나와 458년의 눌지왕 무덤으로 비정되면서(김창호, 「신라 금관총의 尒斯智王과 적석목곽묘의 편년」『신라사학보』 32, 2014) 그 편년은 17~41년 소급되었다. 동문지 근처 부엽층의 연대 폭은 6세기 중엽을 중심으로 하되 연대 폭이 넓다고 본 견해도(윤상덕, 앞의 논문, 2015) 있지만 목간은 성산산성을 축조할 때(초축) 처음 돌로 쌓은

그래야 신라에서 경위의 완성을 적성비의 건립 연대인 545년이나 그 직전과 대비시켜 540년경으로 볼 수가 있다. 그렇지 않고 통설처럼 목간의 연대를 560년으로 보면 신라 경위의 완성을 560년으로 보아야 되고, 540년경 완성되는 외위보다[47] 경위가 늦게 완성되게 된다. 따라서 신라 관등제인 경위와 외위는 540년경에 거의 동시에 완성되었고 볼 수가 있으며, 성산산 성의 목간의 제작 시기는 540년경으로 볼 수가 있다.[48]

이러한 가설들과 달리 부엽토층을 7세기 전반으로 보는 고고학자의 견해와 2016-W155의 王子年 △改大村 △刀只(앞면) 米一石(뒷면)을 壬子年 △改大村 △刀只(앞면) 米一石(뒷면)으로 잘못 읽어 壬子年을 592년으로 본 견해에 기초하여 함안 성산산성 목간 245점의 연대를 592년경으로 본 것도 있다.[49]

경우만으로 한정되므로 그 시기가 짧았다고 판단된다. 또 완과 고배 등을 중심으로 한 고고학적 형식론에 따라 목간의 절대 연대를 7세기 초 또는 7세기 전반으로 잡는 것은 재고의 여지가 있다. 실제로 이 시기에 절대 연대를 말해줄 고고학적인 자료는 거의 없다. 문자자료에 의한 절대 연대에 대한 결론은 당연히 고고학적 형식론에 우선한다는 점을 지적해 둔다.

47) 월지 출토비에 豆婁知干支라는 인명표기가 나온다. 월지 출토비에서는 축성의 수작 거리가 步로 표현되고 있는데, 536년의 영천청제비 병진명에서는 거리 단위로 신라 고유의 하나치인 淂(淂의 길이가 구체적으로 얼마인지는 알 수 없다)이 사용되고 있어 명활산성비는 536년을 소급할 수 없다. 536년 이후까지도 干支라는 경위와 미분화된 외위를 사용하고 있어 외위제의 완성에 걸림돌이 되고 있음을 추측해 볼 수 있는데, 551년의 명활산성비에서 下干支가 나와 이때 干支는 이미 소멸되었던 것으로 판단된다. 현재까지 540년경의 금석문 자료는 없지만 신라 금석문에서 외위인 干支가 소멸한 시기를 540년경으로 보고자 한다. 왜냐하면 545년이나 그 직전에 건립된 적성비 단계에서 경위와 외위가 완성되었을 것이기 때문이다. 또 주보돈, 「雁鴨池 出土 碑片에 대한 一考察」, 『大丘史學』 27, 1985에서는 월지 출토비를 명활산성비로 보았으나, 이 비는 명활산성비보다 그 시기가 앞선다. 실제로 551년의 명활산성비는 古阤門 근처를 수리한 내용을 담은 비(김창호, 「명활산성작성비의 재검토」, 『金宅圭博士華甲紀念文化人類學論叢』, 1989)라고 분석되고 있어(따라서 명활산성작성비가 아니라 명활산성비라고 부른다) 본래 명활산성을 축조할 때의 비석인지도 알 수 없다.

48) 지금까지 장황하게 제시한 540년경설은 김창호, 『한국 고대 목간』, 2020, 78~90쪽 참조.

49) 이용현, 「함안 성산산성 목간의 연대-壬子年을 중심으로-」, 『신라사학보』 50,

3. 某月中의 예

함안 성산산성에서 먼저 ~月中으로 된 목간을 뽑아서 제시하면 다음과
같다.

　　Ⅳ-597(183)　正月中比思(伐)古尸次阿尺夷喙(앞면)

　　　　　　　　羅兮落及伐尺幷作前瓷酒四斗瓮(뒷면)

　　　　　　　　'正月에 比思(伐)의 古尸次 阿尺의 夷(무리)와 喙(部) 羅兮落

　　　　　　　　及伐尺(경위명)이 아울러 前瓷酒 四斗瓮을 만들었다.'

　　Ⅳ-600(186)　六月中△多馮城△△村主敬白之 烏△△成行之(제1면)

　　　　　　　　△△智一伐大△△也 攻六△大城從人士本日(제2면)

　　　　　　　　△去(走)石日(率此)△△更△荷(秀)△(제3면)

　　　　　　　　卒日治之人(此)人烏(馮)城置不行遣之白(제4면)

　　　　　　　　해석 불능

　　Ⅳ-602(188)　十一月(中)△定六十月一卄月十一△五叉(제1면)

　　　　　　　　△奇(旅)△△△△△久△△睾及△△△(제2면)

　　　　　　　　해석 불능

　　Ⅴ-164(190)　三月中鐵山下麥十五斗(앞면)

　　　　　　　　王私 △河礼村 波利足(뒷면)

　　　　　　　　'三月에 鐵山 下의 麥 十五斗를 王私(땅 이름)인 △河礼村(행정

　　　　　　　　촌명)의 波利足이 낸 것이다.'

　　2016-W150(218)　三月中 眞乃滅村主 憹怖白(제1면)

　　　　　　　　大(城)在弥卽尒智大舍下智(前)去白之(제2면)

　　　　　　　　卽白先節六十日代法稚然(제3면)

　　　　　　　　伊毛罹及伐尺寀言廻法卅代告今卅日食去白之(제4면)

'三月에 眞乃滅村主인 儢怖白이[50) 大城에 있는 弥卽尒智 大舍下智의 앞에 가서 아뢰었습니다. 곧 아뢴 앞선 때에 六十日代法은 稚然하였습니다. 伊毛罹 及伐尺께 宷(祿俸)에 말하기를 法을 피해 卅代를 고하여 이제 卅日食을 먹고 갔다고 아뢰었습니다.'

月中은 처격조사로 읽어[51) '~에'의 뜻을 가진 이두로 해석해 왔으나 한국 고대 이두와는 관계가 없고, 어느 달의 이느 시점을 가리키며, 곧 어느 달의 어느 날을 대략적으로 가리킨다고 보았다.[52) 그런데 순흥 기미명 벽화고분의 묵서명에서 다음과 같은 자료가 나왔다.

人名+己未中墓像人名

△△……

여기에서 己未中은 '어느 달의 어느 시점을 가리키는 것이다'로 볼 수는 없다. 아무래도 '~에'라는 뜻의 처격조사로 봄이 타당할 것이다. 금석문 자료가 귀하던 시기의 '~에'라는 뜻을 가진 처격조사는 그 의미가 남다르다.

고구려

延壽元年太歲在辛卯三月中(451년, 서봉총 출토 은합 명문)

---

50) 53(025) 大村主舡麥 '大村의 村主인 舡麥이다.'의 예가 있어서 儢怖白을 촌주의 인명으로 보아야 한다.

51) 이홍직, 「延壽在銘新羅銀合杅에 대한 一·二의 考察」『崔鉉培博士環甲紀念論文集』, 1954(『韓國古代史의 研究』, 1973 재수록).

52) 戴衛紅, 「한국목간에 보이는 "某月中"」『목간과 문자』23, 2019, 118쪽에 고려국졸대사 삼중대 광내사령 최정숙공(사위)묘지의 '……戊午年十二月中契丹國兵馬發來入境'이란 예가 소개되어 있다.

五月中……(458년경, 충주고구려비)

丙戌十二月中(506년, 평양성석각 제4석)

백제

戊寅年六月中固淳夢三石……(618년, 좌관대식기)

신라

△△△△月中(545년이나 그 직전, 적성비)

乙丑年九月中(545년, 울주 천전리서석 을축명)

辛未年十一月中(551년, 명활산성비)

일본

辛亥年七月中(471년, 蹈荷山古墳의 鐵劍 명문)

……八月中(500년 전후, 江田船上古墳의 鐵刀 명문)

……癸未年三月中(623년, 法隆寺金堂釋迦三尊佛 명문)

울주 천전리서석 신해명에 다음과 같은 자료가 나온다.

辛亥年九月中芮雄妻幷行

妻의 인명 표시가 나오는 자료로 울주 천전리서석 계해명이 있다. 이를
제시해 보면 다음과 같다.

④	③	②	①	
行	婦	沙	癸	1
時	非	喙	亥	2
書	德	路	年	3
	刀	凌	二	4
	遊	智	月	5
		小	六	6
		舍	日	7

이 명문의 543년으로 보기도 하나[53] 小舍에 帝智, 弟 등이 붙어 있지

않아 603년으로 본다.[54] 즉 '癸亥年(603년) 2월 6일에 사탁부 路凌智小舍의 婦人 非德刀가 놀러 갈 때에 썼다가 된다. 이 명문으로 보건대, 603년까지는 인명표기에 부명이 있었다고 보아도 될 것이다. 울주 천전리서석 신해명은 辛亥年九月中芮雄妻幷行으로 '신해년 9월에 芮雄과 처가 아울러 다녀갔다'로 해석되는데, 芮雄이 인명이 아니라 성+인명일 가능성도 엿보인다. 그렇다면 辛亥年은 651년이 아닌 711년 이후로 보인다. 이것이 마지막 통일신라의 예이다.

그런데 농오리산성에서 月자 다음에 中사가 없는 자료가 나왔다. 1957년 가을 태천 고급중학교에서 향토사 연구를 목적으로 농오리산성을 조사하던 중에 자연 암벽에서 글자를 발견하여 이를 신의주 역사박물관에 보고하였다. 이에 동 박물관에서 1958년 초 마애석각을 조사하여 학계에 알려지게 되었다. 우선 설명의 편의를 위해 전문을 소개하면 다음과 같다.

③	②	①	
城	小	乙	1
六	大	亥	2
百	使	年	3
八	者	八	4
十	於	月	5
四	九	前	6
間	妻	部	7
	治		8

이 명문에서 인명은 제①·②행의 前部小大使者於九妻이다. 前部는 출신 부명, 小大使者는 관등명, 於九妻는 인명이다. 인명표기에 대한 분석은 간단하지만, 乙亥年이란 연대를 어떻게 볼지가 문제이다.

乙亥年이란 연대를 추정할 수 있는 문헌 자료나 다른 금석문 자료가

53) 국사편찬위원회 한국사데이터베이스의 울주 천전리서석 계해명조 참조.
54) 武田幸男, 「金石文からみた新羅官位制」 『江上波夫敎授古稀記念論集 歷史篇』, 1977.

없어서 연대 추정에는 상당한 모험이 따를 수밖에 없다. 乙亥年을 고구려 유리왕 34년(15년)으로 추정하는 견해가 있다.[55] 여기에서의 중요한 근거가 된 것은 다음과 같다. 농오리산성이 소재한 대령강 이북이 고구려의 영토가 되고, 대령강 일대가 고구려의 남쪽으로 되었던 시기는 고구려가 남쪽으로 영토를 적극 확대해 나가던 때로, 태조왕 4년(56년)에 고구려 영역이 남쪽으로 청천강에 이르렀기 때문에 대령강 일대의 소유는 이보다 앞서리라고 본 것이다.

乙亥年을 고구려 양원왕 11년(555년)으로 본 견해가 있다.[56] 여기에서는 평양성석각의 丙戌年이 556년인 점과 충주고구려비의 건립 연대가 449~519년 사이인 점을 근거로 乙亥年을 문자왕 4년(495년)과 양원왕 11년(555년)으로 좁혔다. 문자왕 4년은 고구려가 남쪽으로 죽령과 계립현까지 영토를 확장한 전성기이며, 양원왕 11년은 동왕 7년(551년)에 서북쪽으로 돌궐의 침입을 받고, 남쪽으로 백제와 신라의 공격을 받아 한강 유역을 상실하고 임진강선으로 후퇴했던 직후로, 고구려가 방어체제를 재정비할 필요가 있었던 乙亥年을 555년으로 보았다.

乙亥年의 연대 문제를 여기에서는 小大使者란 관등명에 의해 접근해 보고 싶다. 小大使者는 小使者나 大使者의 별칭으로 볼 수도 있으나, 小使者나 大使者가 분화되기 이전의 관등명으로 해석된다. 그렇다면 乙亥年은 太使者가 나오는 충주고구려비의 건비 연대인 458년경보다 시기가 앞서는 435년으로 보고자 한다. 375년설은 아직까지 고구려에서 석문으로 4세기 것이 알려진 바 없으며, 4세기의 금석문 자료라면 기와와 전의 명문밖에 없고 4세기의 관등명 자료도 알려진 바가 없다. 곧 안악3호분의 묵서명에서 관등은 없고, 3세기의 고구려 관등으로 『삼국지』 위지 동이전, 고구려조에 나오는 主簿, 優台, 丞, 使者, 皁衣, 仙人 등은 금석문 등에서

55) 손량구, 「태천군 롱오리산성을 쌓은 년대에 대하여」 『조선고고연구』, 1987, 20쪽.
56) 민덕식, 「고구려 농오리산성 마애석각 乙亥年에 대하여」 『한국상고사학보』 3, 1990, 110쪽.

보이지 않아 농오리산성 마애석각을 4세기로 보기 어렵다. 여기에서는 마애석각을 435년으로 보는데, 435년에서 451년 사이에 中자가 사용되기 시작한 것으로 보인다. 농오리산성 마애석각 전문을 해석하면 다음과 같다. '乙亥年 (435년) 8월에 前部 小大使者인 於九婁가 城 64間을 治하였다 (쌓았다).'

某年某月中에서 中자가 탈락한 예가 있다. 김해 양동산성의 목간 3점 가운데 1점이 그러하다. 그 예를 제시하면 다음과 같다.[57]

　　　癸卯年七月栗村百刀公△日除麥石
　　　'계묘년(583년) 7월에 율촌의 百刀公과 △日除가 낸 麥 1石이다.'

癸卯年이라는 연대는 양동산성 집수지의 출토 유물 연대가 6세기 후반에서 7세기 초임을 전제로 하여[58] 583년으로 보았다. 따라서 성산산성 592년설은 그만큼 힘을 잃게 되었고, 성산산성 某月中 5예는 그 하한이 551년이다.

4. 관등명

이제 함안 성산산성 목간 일괄유물인 253점의 연대를 조사할 차례가 되었다. 성산산성 목간은 6세기 중엽설이 대세를 점하는데 561년의 창녕비를 의식한 가설이다. 고고학적인 결론을 이용하는 것은, 고고학 연구자가 아닐 경우 우를 범하기 쉬워 조심할 필요가 있다. 부엽토층 토기 편년을 가지고 성산산성 목간을 7세기 전반 것으로 본 설이 그 대표적인 예이다. 여기에서는 성산산성 목간의 절대 연대 설정에 중요한 의미를 갖는 외위가

---

57) 이수훈, 「김해 양동산성 출토 목간의 검토」 『역사와 세계』 58.
58) 대성동고분박물관, 『김해 양동산성 집수지 유적』, 2020.

나오는 목간을 전부 제시하면 다음과 같다.

4번	仇利伐/仇失了一伐/尒利△支
5번	仇利伐 △德知一伐奴人 塩 (負)
13번	大村伊息知一代
23번	~△知上干支
29번	古阤新村智利知一尺那△(앞면)
	豆于利智稗石(뒷면)
72번	~△一伐稗
2007-8번	~△一伐奴人毛利支 負
2007-21번	~豆留只(一伐)
2007-31번	仇利伐 仇阤知一伐奴人 毛利支 負
Ⅳ-597번	正月中比思(伐)古尸次阿尺夷喙(앞면)
	羅兮落及伐尺幷作前瓷酒四斗瓮(뒷면)
Ⅴ-166번	古阤伊未妍上干一大兮伐(앞면)
	豆幼去(뒷면)
2016-W89번	丘利伐/卜今智上干支奴/△△利巴支負

　위의 12개 자료에서 一伐, 一尺, 阿尺은 524년 울진봉평신라염제비에서 나와서 연대 설정에 별로 도움이 되지 않는다. 연대 설정에서 중요한 자료는 上干支이다. 그런데 Ⅴ-166. 古阤伊未妍上干一大兮伐(앞면) 豆幼去 (뒷면)에서는 上干에 支자가 탈락하고 없다. 이를 근거로 성산산성 목간의 연대를 내려잡을 수도 있다. 문제는 관등명의 끝자가 탈락하여 없는 예가 있는지가 문제이다. 신라 금석문에서는 이 같은 예를 찾을 수 없고, 고구려 평양성 성벽석각 제三석에 그러한 예가 있어서 이를 제시하면 다음과 같다.

	①	②	③	④	⑤	⑥
1	己	卅	向	內	位	節
2	丑	一	△	中	使	矣
3	年	日	下	百	介	
4	三	自	二	頭	文	
5	月	此	里	上	作	
6	下					

전문을 해석하면 '己丑年(509년) 3월 21일에 이곳으로부터 △쪽을 향하여 아래로 2리를 內卅百頭 上位使(者) 介文이 作節했다.'가 된다. 上位使는 고구려의 관등명으로 者자가 탈락한 것이다. 고구려에서 上位使者의 者자는 망할 때까지 존속했던 것이고, 上干支의 支자는 551년에 탈락할 것이다. V-166번 목간에 나오는 上干도 上干支와 같은 것이다. 그렇다면 성산산성 목간에서 외위 上干支가 나오는 목간은 3예가 된다. 上干支에서 支자가 탈락하고 上干이 되는 시기는 550년경이다. 이것이 맞는지 여부를 알아보기 위해서 창녕비의 인명 분석표를 제시하면 다음의 〈표 1〉과 같다.

〈표 1〉 창녕비의 인명 분석표

직명	부명	인명	관등명
(大等)	~	~智	葛文王
위와 같음	~	~	~
위와 같음	(沙喙)	屈珎智	大一伐干
위와 같음	沙喙	△△智	一伐干
위와 같음	(喙)	(居)折(夫)智	一尺干
위와 같음	(喙)	(內禮夫)智	一尺干
위와 같음	喙	(比次)夫智	迊干
위와 같음	沙喙	另力智	迊干
위와 같음	喙	△里夫智	(大阿)干
위와 같음	沙喙	都設智	(阿)尺干
위와 같음	沙喙	△△智	一吉干
위와 같음	沙喙	忽利智	一(吉)干
위와 같음	喙	珎利△次公	沙尺干
위와 같음	喙	△△智	沙尺

위와 같음		喙	△逑智	沙尺干
위와 같음		喙	△△△智	沙尺干
위와 같음		喙	比叶△△智	沙尺干
위와 같음		本彼	夫△智	及尺干
위와 같음		喙	△△智	(及尺)干
위와 같음		沙喙	刀下智	及尺干
위와 같음		沙喙	△尸智	及尺干
위와 같음		喙	鳳安智	(及尺)干
△大等		喙	居七夫智	一尺干
위와 같음		喙	△未智	一尺干
위와 같음		沙喙	吉力智	△△干
△大等		喙	未得智	(一)尺干
위와 같음		沙喙	乇聰智	及尺干
四方軍主	比子伐軍主	沙喙	登△△智	沙尺干
	漢城軍主	喙	竹夫智	沙尺干
	碑利城軍主	喙	福登智	沙尺干
	甘文軍主	沙喙	心麥夫智	及尺干
上州行使大等		沙喙	宿欣智	及尺干
위와 같음		喙	次叱智	奈末
下州行使大等		沙喙	春夫智	大奈末
위와 같음		喙	就舜智	大舍
于抽悉支河西阿郡使大等		喙	比尸智	大奈末
위와 같음		沙喙	湏兵夫智	奈末
旨爲人		喙	德文兄	奈末
比子伐停助人		喙	覓薩智	大奈末
書人		沙喙	導智	奈舍(大舍)
村主			奀聰智	逑干
위와 같음			麻叱智	逑干

　여기에는 두 명의 逑干을 비롯하여 경위를 가진 40명은 ~干으로 끝나고 ~干支로 끝나는 관등을 가진 사람은 1명도 없다. 561년의 창녕비를 함안 성산산성 목간에 대비시키면 경위든 외위든 전부 ~干에 支자가 붙어 ~干支가 될 것이다. 따라서 적어도 王子年을 壬子年으로 잘못 읽어서 592년으로 본 가설은 성립될 수가 없다.

　이제 성산산성 목간에서 나오는 경위에 대해 알아보기 위해 그 예를 제시하면 다음과 같다.

IV-597.

　　正月中比思(伐)古尸次阿尺夷喙(앞면)

　　羅兮落及伐尺幷作前瓷酒四斗瓮(뒷면)

2016-W150.

　　제1면　　三月中眞乃滅村主　憹怖白

　　제2면　　大城在弥卽尒智大舍下智前去白之

　　제3면　　卽白先節六十日代法稚然

　　제4면　　伊毛罹及伐尺寀言廻法卅代告今卅日食去白之

　먼저 大舍下智라는[59] 경위명은 525년 울주 천전리서석 원명의 大舍帝智와 같은 종류이다. 그래서 함안 성산산성 목간의 연대를 6세기 전반으로 볼 수가 있다.[60] 다음으로 두 번이나 나오는 及伐尺이란 관등명은 문헌에는 보이지 않는 경위명이다. 경위명인 壹伐, 干支와 같은 것으로 524년 봉평비에 干支가 잔존하고 있다. 그렇다면 경위 17관등에 없던 경위가 소멸되는 시기가 문제이다. 봉평비에는 干支와 五△(△)가 남아 있고, 545년이나 그 직전의 적성비에서는 보이지 않는다. 그렇다면 함안 성산산성에 나오는 두 번의 及伐尺이 소멸한 시기는 524~545년이 된다.

　그 중요한 근거로『삼국사기』권34, 잡지3, 지리1, 康州 咸安조의 '咸安郡 法興王 以大兵 滅阿尸良國 一云阿那加耶 以其地爲郡'이[61] 있다. 阿那加耶(안라국)는 고령에 있던 대가야와 함께 후기 가야의 대표적인 나라이다.[62]

---

59) 함안 성산산성 목간에서 6부인이 나오는 목간은 IV-597번의 喙羅兮落及伐尺과 2016-W150번의 伊毛罹及伐尺과 弥卽尒智大舍下智뿐이다. 전부 (喙部)＋인명＋관등명(경위명)으로 되어 있고, 下智처럼 인명만 홀로 존재하는 예는 없다. 따라서 下智는 인명이 아닌 大舍라는 관등명 뒤에 붙은 존칭으로 보아야 한다.

60) 下智가 인명이라면 외위를 소유한 지방민이 아니라 경위를 소유한 6부인이 되어야 한다. 6세기 금석문이나 목간에서 경위가 없는 6부인을 찾기는 어렵다.

61) 조선 초에 편찬된 편년체 사서인『東國通鑑』에서는 安羅國(阿尸良國)의 신라 통합 시기를 구체적으로 법흥왕 26년(539년)으로 기록하였다. 이는 고뇌에 찬 결론으로 판단된다. 법흥왕의 제삿날은 음력으로 539년 7월 3일이다.

그런 안라국에 대한 신라의 관심은 지대했을 것이다. 성산산성은 539년 안라국(아나가야)이 멸망하자마자 신라인에 의해 석성으로 다시 축조되었다. 신라의 기단보축이라는 방법을 사용하여 성산산성이 석성으로 축조된 것은 540년경의 일로 볼 수 있다.⁶³⁾ 성산산성 목간의 연대 역시 이 540년경으로⁶⁴⁾ 볼 수가 있을 것이다.⁶⁵⁾

5. 맺음말

먼지 함안 성산산성에서 출토된 목간의 제작 연대에 대한 지금까지의 여러 견해들을 일별하였다.

다음으로 某月中이 나오는 고신라의 예의 연대가 551년으로 가장 늦어서 성산산성 목간의 연대는 551년이 하한이고, 中자는 어느 달의 어느 시점을 가리키는 것이 아니라 종래대로 ~에라는 뜻의 처격조사로 간주해야 할 것이라고 보았다. 왜냐하면 순흥 기미명 벽화고분에 己未中으로서 年干支 다음에 中자가 나오기 때문이다.

마지막으로 함안 성산산성에 나오는 관등에 대해 검토하였다. 上干支의 존칭어미인 支자가 붙는 관등이 나오는 예는 금석문의 경우, 551년이 최후의 시기이다. 경위 及伐尺이 소멸하는 시기로 추정하여, 17관등에 속하지 않는 것이 없어지는 연대를 524~545년으로 잡으면, 함안 성산산성 목간의 연대는 540년경으로 볼 수 있다.

---

62) 전기 가야를 대표하는 나라로는 고령의 대가야와 김해의 금관가야를 들 수 있다.

63) 성산산성은 백제의 공략을 대비하여 축조한 것이다. 따라서 589년 중국 수의 건국에 따라 돌궐+고구려+백제+왜와 수+신라로 보는 것은 지나친 해석이다. 수와 백제는 화친 관계였기 때문이다.

64) 경위인 及伐尺의 소멸 시기는 540년경이다. 시기를 560년대로 보면 561년 창녕비 등 560년대 금석문에서 그 경위명이 보여야 한다.

65) 만약 성산산성 목간의 제작 시기를 592년으로 보면 신라의 관등제 확립은 592년이 되고, 고대국가의 완성 시기도 592년 진평왕 14년 이후로 미뤄진다.

제7절 함안 성산산성 출토 역역 관련 목간

1. 머리말

함안 성산산성은 4반세기에 걸쳐 발굴이 이루어져 253점에 이르는 많은 목간이 출토되었다. 이 목간에 대해서는 많은 논문이 나와 있으나 역역과 관련된 논문은 없는 듯하다. 역역과 관련되어 있다면 551년의 명활산성비나 591년의 남산신성비의 10기의 예처럼 작성비가 출토되어야 한다. 그런데 성산산성에서는 작성비가 없고, 목간만 나왔다. 목간은 일본식으로 양쪽에 홈이 있다고 하여 그 성격을 하찰로 보고 공진물이 있는 목간과, 공진물이 전혀 없는 역역 관련 목간을 거의 동일하게 취급하고 있는 듯하다.

성산산성 목간에는 명활산성비나 남산신성비에서 등장하는 역역체제의 핵심세력인 上人집단이 없어서 역역체제를 논할 수 없지만 역역에 동원된 인원은 약 50명 정도로 이를 통해 역역의 실마리를 어느 정도 풀 수 있을 듯하다. 남산신성비에서 두 명씩 나오는 촌주는 다행히 3명이나 나온다. 그 가운데 2명의 촌주는 문서 목간 속에서 나오고, 1명은 역역 목간으로 나온다.

여기에서는 먼저 역역과 관련된 문서 목간 4점을 검토하겠다. 다음으로 역역 목간에 대해 살펴보고, 마지막으로 역역인의 보충에 대해 살펴보겠다.

2. 역역과 관련된 문서 목간

1) 2006-40번 목간

①　　　　　　　　(丁)卄二益丁四 村~(제1면)
②　　　　　　　　△二△丁十一 村~(제2면)
③
④

'…丁 22명에 더하기를 丁 4명이면 村이 …(~하고), (丁) △二에 丁 11명을
(더하여) 村이 (~하게 되었다.)'

2) Ⅳ-600번 목간

① 六月中△色馮城六看村主敬曰之烏朾△成令之(제1면)
② △△智一伐大△△也 攻六△大城從人丁卒日(제2면)
③ 一几乡(走)石日(率此)用卄更素母嘉△(제3면)
④ 卒日治之人(此)人烏(馮)城置不行遣之白(제4면)

'六月에 △色馮城의 六看村主인 敬曰이 가서 烏朾△를 이룰 것을 명령하셨습
니다. △△智 一伐은 大△△이다. 공격하여 六△大城을 따르는 人丁이 60일에
한 사람의 터럭을 달리게 했던 石日은 거느리고 이것을 써서 卄更에 素母嘉△
하여 60일 동안 다스리는 사람들이다. 이 사람들은 烏(馮)城에 두고서 보내지
않았음을 사룁니다.'

3) Ⅳ-597 목간

① 正月中比思(伐)古尸次阿尺夷喙(앞면)
② 羅兮落及伐尺幷作前瓷酒四斗瓮(뒷면)

'正月에 比思(伐)의 古尸次 阿尺의 夷(무리)와 喙(部) 羅兮落 及伐尺(경위명)이 아울러 前瓷酒 四斗瓮을 만들었다.'

4) 2016-W150번 목간

먼저 이 목간의 판독에 대해 조사해 보자. 제1면에 대해서는 판독에 이론이 없다.

제2면에서는 1번째 글자를 此나 本으로 읽어서 함안 성산산성으로 보고 있으나 따르기 어렵고, 大자로 읽는 것이 남은 자획과 일치한다. 6번째 글자는 等 또는 亽자로 읽고 있으나 여기에서는 亽자로 읽는다.

제3면에서 5번째 글자를 六十의 합자로 읽거나 本자로 읽는데, 여기에서는 六十의 합자로 읽는다.

제4면에서 2번째 글자를 毛자 또는 汜자로 읽는 견해가 있으나 여기에서는 毛자로 읽는다. 3번째 글자는 罹 또는 羅자로 읽고 있으나 여기에서는 羅자로 읽는다. 7번째 글자는 宷 또는 條자로 읽고 있으나 宷자로 읽는다. 9번째 글자는 모르는 글자로 보거나 廻자로 보아 왔는데 여기에서도 廻자로 읽는다. 문서 목간의 전문을 제시하면 다음과 같다.

1면 三月中 眞乃滅村主 憹怖白
2면 大城在弥卽尒智大舍下智前去白之
3면 卽白 先節六十日代法稚然
4면 伊毛羅及伐尺宷言廻法卅代告今卅日食去白之

憹怖白의 인명 여부를 보자. 憹怖白의 憹怖는 괴롭고 두려워하다로 해석하고 있다. 괴롭고 두려워하는 이유가 궁금한데, 함안 성산산성 2016-W150호 목간에서는 답을 찾을 수 없다. 이는 어디에서도 그 이유를 찾을 수 없다는 말이 된다. 지방민 출신으로 관직에 오르는 村主는 443년 냉수리비

에서는 村主(직명) 臾支(인명) 干支(외위명)로 나오고, 561년 창녕비에서는
村主(직명) 奀聰智(인명) 述干(외위명)과 村主(직명) 麻叱智(인명) 述干(외
위명)과 外村主가 나온다. 591년의 남산신성비 제1비에서는 郡上村主(직명)
阿良村(출신촌명) 今知(인명) 撰干(외위명)과 郡上村主(직명) 柒吐村(출신
촌명) △知尒利(인명) 上干(외위명)이 나온다. 남산신성비 제5비에서는
向村主가 두 번 나온다. 669년 이성산성 출토 목간에서 村主가 나온다.
따라서 촌주는 上干, 撰干, 述干이라는 외위를 갖는다.

이것들이 경위의 어떤 것과 같은지가 문제이다. 여기에서 관련 기사를
제시하면 다음과 같다.

> 『삼국사기』 권40, 잡지9, 직관지 하, 외관조 "文武王十四年 以六徒眞骨出居
> 於五京九州 別稱官名 其位視官位 嶽干視一吉湌 述干視沙湌 高干視級湌 貴干
> 視大奈麻 選干(一作撰干)視奈麻 上干視大舍 干視舍知 一伐視吉次 彼日視小鳥
> 阿尺視先沮知"

視는 견주어지다로 해석되므로 촌주의 관등이 述干과 撰干일 경우에는
大舍보다 높고, 上干일 경우에는 같으므로 懺怖를 괴롭고 두려워하다로
해석할 필요가 없게 된다. 신라밖에 없는 외위는 지방민에 대한 우대책으로
서 신라 삼국통일의 원동력이 되었다.

그렇다면 眞乃滅村主懺怖白을 하나의 인명으로 볼 수는 없을까? 관련
자료부터 제시하면 다음과 같다.

14번 목간 大村伊息智一伐 '大村의 이식지 일벌이다.'
53번 목간 大村主紅麥 '大村主(大村의 村主)인 紅麥이다.'[1]

---

1) 이를 이성시는 漕運과 관련된 목간으로 해석했다.

大村主肛麥과 함께 眞乃滅村主慵怖白을 한 사람의 인명표기로 본 예이다. 촌명＋촌주가 나오는 예는 9세기의 황룡사 앞 광장 1호 우물에서 나온 청동그릇의 達溫心村主, 9세기의 청주 쌍정리 출토 명문와의 易吾加茀村主 등이 있을 뿐이다.

大舍下智에서는 大舍下智인지 大舍와 下智인지 그 여부를 조사해 보자. 함안 성산산성 목간의 작성연대를 540년으로 보면 大舍下智를 붙여서 보고, 그 작성연대를 560년경이나 592년으로 볼 경우에는 大舍下智를 大舍와 下智로 나누어서 본다. 왜냐하면 545년이나 그 직전에 작성된 단양 적성신라비에 大舍란 경위명이 나오기 때문이다. 大舍와 下智로 나누어 보면 무슨 문제가 생기는지 조사해 보기로 하자.

첫째로 弥卽尒智大舍와 下智로 끊어서 읽으면 관등도 없는 왕경인의 앞에 나아가서 大舍와 같거나 더 높은 村主가 괴롭고 두려워하며 보고할 수 있을까?

둘째로 두 왕경인이 함께 갈 때는 사탁부인이 나오면 그 예속관은 탁부이다. 창녕비에서 비자벌군주는 사탁부 출신이나 비자벌정조인은 탁부 출신이다. 황초령비에서 逸名의 군주는 탁부 출신이나 조인은 사탁부 출신이다. 弥卽尒智大舍와 下智로 끊어 읽으면 下智는 弥卽尒智大舍의 예속관이 되어 부명이 달라야 하므로 반드시 표기되어야 한다.

셋째로 弥卽尒智大舍와 下智로 끊어 읽으면, 下智가 관등명이 없는 유일한 6부인이 된다는 문제가 생긴다. 441년의 중성리비와 443년의 냉수리비를 제외하면 6세기 신라 금석문에서는 6부인이면서 관등이 없는 예는 없다.

목간의 내용에 대해 조사해 보자. 2017년 함안 성산산성 2016-W150번 목간에 대한 국립가야문화재연구소의 발표 내용은 다음과 같다.

1면 3월에 眞乃滅村主가 두려워하며 삼가 아룁니다.

2면 △城에 계신 弥卽尒智 大舍와 下智 앞에 나아가 아룁니다.

3면 앞선 때에는 60일을 代法으로 하였는데, 저의 어리석음을 아룁니다.

4면 伊他罹及伐尺이 △法을 따라 卅代라고 고하고 지금 30일을 먹고 가버렸다고 아룁니다.

국립가야문화재연구소의 이 같은 해석에 문제점을 지적하면서 학계에서 새로운 가설이 나왔다.[2) 이 가설에서 제시된 해석의 전문은 다음과 같다.

1면 3월에 진내멸의 촌주가 괴롭고 두려워하며 아룁니다.
2면 △성에 있는 弥卽等智 大舍가 下智 앞에 나아가 (사건의 자초지종을) 아뢰었습니다.
3면 이에 (하지가) 말하기를, '앞서 60일 代法은 엉성했습니다(稚然).
4면 (그래서) 伊他罹及伐尺이 살펴 말하면서 법을 우회하여[廻法] 卅代로써 고했으니, 이제 30일의 食料를 없애야 합니다.'라고 (촌주가) 보고합니다.

이 가설의 판독 상 특징은 2면의 5번째 글자를 六十의 합자로 본 것, 4면의 7번째 글자를 柰로 읽은 것이다. 여기에서는 진내멸촌주를 보고하는 자로 보고, 그에게 보고를 받는 자는 하지라는 관등도 없는 인물로 이해하고 있다. 미즉등지 대사가 진내멸촌의 유력자인 伊他罹及伐尺에게 60일 대법에 따라 모종의 일을 수행하는 책임을 지고 있었는데, 그가 살펴 말하기를 법을 우회하여[廻法] 卅代로써 고했으니, 이제 30일의 食料를 없애야 합니다라고 하여 중앙에 보고하는 것으로 되어 있다.

같은 해에 함안 성산산성 2016-W150번 목간에 대한 새로운 가설이 나왔다.[3) 이 가설에서 제시한 목간의 전문 해석부터 소개하면 다음과

---

2) 김창석, 「함안 성산산성 17차 발굴조사 출토 四面木簡(23호)에 관한 시고」 『한국사연구』, 2017, 138쪽.
3) 전덕재, 「중고기 신라의 대와 대법에 관한 고찰-함안 성산산성 17차 발굴조사 출토 사면 문서목간을 중심으로-」 『역사와 현실』 105, 2017, 197쪽.

같다.

1면 3월에 진내멸촌주가 괴로워하고 두려워하며 아뢰었다.

2면 △성에 계신 미즉등지 대사와 하지 앞에 나아가 아룁니다.

3면 ① 곧 아뢰기를, '앞선 때에(전에) 本日(지금) (시행되고 있는) 代法은 엉성한(유치한) 모습입니다.'라고 하였습니다.

② 곧 아뢰기를, '앞선 때에(전에) 本日(지금) (시행되고 있는) 대법은 (양이) 적은 모습입니다.'라고 하였습니다.

4면 伊他罹及伐尺의 案로 말하면, 법에 의거하여 돌아보아 卅代였다고 告하였으나, 지금 30일 만에 다 먹어버렸다고 아룁니다.

伊他罹及伐尺이 案로서 받은 30대를 30일 동안에 다 먹어버렸다고 언급한 것을 통하여 1代를 한 사람이 하루에 먹는 곡식의 양으로 추정할 수 있다고 주장하고 있다.

같은 해에 함안 성산산성 2016-W150번 목간에 대한 논문이 또 나왔다.[4] 한국의 고대 자료가 워낙 부족한 상황이었던지라 문서 목간이 나오자마자 이를 다룬 논문이 같은 해에 3편이나 나왔다. 위의 논문의 요체가 되는 함안 성산산성 2016-W150번 목간의 해석을 살펴보자.

1면 3월에 진내멸촌주가 괴로워하고 두려워하며 아룁니다.

2면 △성에 계신 弥卽等智 大舍와 下智 앞에 (眞乃滅村主가) 나아가 아룁니다.

3면 (眞乃滅村主가) 아뢰기를, 지난번의 60日代는 法에 (제대로 따르지 않은) 유치한(미숙한) 판단이었습니다.

4면 伊他罹及伐尺이 (상황을 제대로 파악하지 못한 眞乃滅村主에게) 분명하게 말하여, 回法에는 30代임을 告하므로, 지금 30日 분량의 식량을 책정하

---

4) 이수훈, 「함안 성산산성 출토 4면 목간의 '代'」 『역사와 경계』 105, 2017, 170~171쪽.

였음을 (眞乃滅村主가) 나아가 아룁니다.

이 견해는 代라는 용어에 크게 주목하여, 代法은 실체가 없으며 작업 일수(날짜)를 말한다고 보았다. 즉 60日代=60日의 작업 일수(날짜), 30代 =30日의 작업 일수(날짜)라고 보면서 중고기에는 代가 날짜를 헤아리는 단위였다고 보았다.

2019년 함안 성산산성 2016-W150번 목간에 대한 논문이 나왔다.[5] 여기 에서 그 해석 전문을 제시하면 다음과 같다.

1면 3월에 眞乃滅村主가 괴롭고 두려워하며[6] 아룁니다.
2면 △城에 계신 弥卽尒智 大舍 下智 앞에 나아가 아룁니다.
3면 곧 아뢰기를, 앞선 때에는 60일 代法이었는데, (제가) 어리석었습니다.
4면 伊他羅及伐尺이 살펴 말하기를 법을 피하여 30代라고 고하고, 지금 30일을 먹고 가버렸음을 아룁니다.

여기에서는 위 목간을 진내멸촌주가 代法과 관련하여 △城의 미즉이지 대사에게 올린 보고서로 간주하였는데, 伊他羅及伐尺이 60일로 규정된 일에 대해 30일만 채우고 가버렸다는 사실을 보고한 내용이라는 것이다.

2019년에 또 다른 논문이 나왔는데, 그 개요를 알기 위해 목간 자체의 해석부터 제시하면 다음과 같다.[7]

5) 강나리, 「신라 중고기의 '代法'과 역역동원체제-함안 성산산성 출토 218호 목간을 중심으로-」 『한국고대사연구』 93, 2019, 242쪽.
6) 『삼국사기』 34, 잡지9, 직관지 하에 '嶽干視一吉湌 述干視沙湌 高干視級湌 貴干視大 奈麻 選干一作撰干視奈麻 干視舍知 一伐視吉次 彼日視小烏 阿尺視先沮知'라 되어 있어 大舍下智와 촌주의 관등인 述干 등은 차이가 없다.
7) 이용현, 「함안 성산산성 출토 문서목간 가야 5598의 검토-주변 문자자료와의 다각적 비교를 통해-」 『목각과 문자』 23, 2019, 46쪽.

1면 3월에 진내멸 촌주가 大城에 계신 미즉이지 대사하지께 아뢴다고 하였다.

2면 (진내멸 촌주가 삼가 아뢰기를 '大城에 계신 미즉이지 대사하지 앞에 갑니다.'라고 하였다.)

3면 이때 아뢰기를 "접때(이전에) 60일을 대신하는 법은 성숙되지 않았습니다.

4면 (그래서) 이탁라 급벌척이 조목조목 말하기를 '법을 바꾸어 30으로 대신합니다.'라고 솝하고 이제 30일치를 먹고 갔습니다."라고 하였다.

이러한 해석을 발판으로 행정실무책임자—촌주—총괄왕경인으로의 보고 경로를 추출하였으며, 실무책임자인 이탁라가 비사벌(창녕) 소속임을 밝혀냈다. 그래서 남산신성비 제1비와 제9비를 비교하여 미즉이지 대사는 도사급으로, 진내멸 촌주는 촌주와 비사벌 출신이라는 이타라급벌척과, 夷喙羅兮智及伐尺은 阿尺과 대비시켰다.

그런데 Ⅳ-597 正月中比思(伐)古尸次阿尺夷喙(앞면) 羅兮落及伐尺幷作前瓫酒四斗瓫(뒷면)을 '正月에 比思(伐)의 古尸次 阿尺의 夷(무리)와[8] 喙(部) 羅兮落 及伐尺(경위명)이 아울러 前瓫酒 四斗瓫을 만들었다.'로 해석하였는데 이 해석에서 급벌척은 경위로 보인다.

그렇다면 及伐尺이라는 관등명이 외위인지 아니면 경위인지 여부를 조사해 보자. 먼저 及伐尺을 외위로 본 가설[9]은 다음 자료를 해석하여 及伐尺이 경위라는 점을 분명히 하였다.

Ⅳ-597 正月中比思(伐)古尸次阿尺夷喙(앞면)

羅兮落及伐尺幷作前瓫酒四斗瓫(뒷면)

'正月에 比思(伐)의 古尸次 阿尺의 夷(무리)와 喙(部) 羅兮落 及伐尺(경위명) 이 아울러 前瓫酒 四斗瓫을 만들었다.'

---

8) 『禮記』에 나오는 在醜夷不爭에서 夷는 동료, 무리 등을 가리킨다.

9) 박남수, 「신라 법흥왕대 '及伐尺'과 성산산성 출토 목간의 '役法'」 『신라사학보』 40, 2017.

及伐尺이 경위명인 것은 분명하지만 신라 17관등명 가운데는 없다. 이렇게 신라 17관등명에 없으면서 경위명으로 나오는 예로는 壹伐과 干支 등이 있다. 이 명칭들이 소멸한 것은 524년 봉평비의 건립에서 545년이나 그 직전인 적성비의 건립 연대까지로 볼 수가 있다. 이 가운데 壹伐은 441년 중성리비에서만 나오고 그 뒤로는 보이지 않고, 干支는 441년 중성리비, 443년 냉수리비, 524년 봉평비에서 모두 보인다. 及伐尺은 함안 성산산성 IV-597, 2016-W150번 목간에서 딱 두 번 보이고 금석문에서도 그 유례를 찾아볼 수가 없다.

학계에서는 及伐尺을 대개 외위로 본다. IV-597(183) 목간에서 夷자는 『禮記』에 나오는 在醜夷不爭에서와 같이 무리 또는 동료라는 뜻이다. 위의 목간에 대한 해석을 보면 먼저 '正月에 比思(伐) 古尸次 阿尺의 무리(夷)가 喙(部) 출신의 羅兮落 及伐尺과 함께 前瓷酒 四斗瓮을 만들었다.'가 있다. 한편 '正月에 比思伐 古尸次 阿尺과 夷喙, 羅兮△, 及伐只 등이 함께 어떤 술 4개(또는 4斗의) 瓮을 만들었다.'다고 해석하여 及伐尺(及伐只)을 인명으로 본 것도 있다.[10] 또 '正月에 比思伐 古尸次 阿尺과 이모리혜△ 及伐尺이 함께 前瓷酒 四斗瓮을 만들었다.'고 해석한 것은[11] 及伐尺을 외위로 본 것이다. 그렇다면 及伐尺을 과연 외위로 볼 수 있는지 조사해 보자.

다음 〈표 1〉에서 외위는 두 글자 이상인 관등이 없다.[12] 모두가 두 글자이고, 干은 외자이다. 이에 비해 경위는 一伐干, 波珍干, 大阿干, 一吉干, 大奈麻의 5관등명이나 있다. 이렇게 보면 及伐尺은 외위가 아닌 경위일 가능성이 커진다. 及伐尺은 及伐干과 가장 유사하고, 大奈麻의 바로 앞에 있는 5두품으로 보인다. 5두품이므로 及伐干에서 干은 떼고, 尺을 더해 及伐尺이 되었다. 그러면 大舍下智보다 높은 관등이 된다.

10) 전덕재, 「한국의 고대목간과 연구동향」 『목간과 문자』 9, 2012, 24쪽.
11) 이용현, 「함안 성산산성 출토 문서목간 가야5598의 검토-주변 문자자료와의 다각적 비교를 통해-」 『목간과 문자』, 2019, 53쪽.
12) 居伐尺이란 외위의 설정도 무리이다. 왜냐하면 거벌척은 3자이고, 외위에서는 모두가 2자가 고작이기 때문이다. 봉평비의 一全智도 마찬가지이다.

〈표 1〉 봉평비와 창녕비의 관등 복원

창녕비				봉평비			
1	一伐干			1	一伐干支		
2	伊干			2	伊干支		
3	迊干			3	迊干支		
4	波珍干			4	波珍干支		
5	大阿干			5	大阿干支		
6	阿干			6	阿干支		
7	一吉干	1	嶽干	7	一吉干支	1	嶽干支
8	沙干	2	述干	8	沙干支	2	述干支
9	及伐干	3	高干	9	及伐干支	3	高干支
10	大奈麻	4	貴干	10	大奈麻	4	貴干支
11	奈麻	5	撰干	11	奈麻	5	撰干支
12	大舍	6	上干	12	大舍帝智	6	上干支
13	舍知	7	干	13	舍知帝智	7	下干支
14	吉士	8	一伐	14	吉之智	8	一伐
15	大烏	9	一尺	15	大烏帝智	9	一尺
16	小烏	10	彼日	16	小烏帝智	10	彼日
17	造位	11	阿尺	17	邪足智	11	阿尺
경위		외위		경위		외위	

이 及伐尺은 함안 성산산성 목간의 연대 해결에 실마리를 쥐고 있다. 大舍下智의 경우는 大舍와 下智로 나눌 것인지 합쳐서 볼 것인지 견해가 갈리고, 及伐尺의 경우에는 경위로 보는 데 대해 학계에서 의견 일치를 보지 못하고 있다. 학계에서는 성산산성 목간의 연대를 592년으로 보는 견해가 유력한데 이를 소개하면 다음과 같다.

2016-W155(219). 王子年△改大村△刀只(앞면)

米一石(뒷면)

'王子年△의 改大村의 △刀只가 낸 米 一石이다.' 또는 '王子年(郡)의 △改大村의 △刀只가 낸 米 一石이다.'

여기에서 앞면의 王子年을 壬子年으로 읽어서 연대를 592년(진평왕 14)으로 보았다.[13] 이렇게 되면 함안 성산산성의 축조 연대는 592년이 되고,

신라 관등제의 완성도 592년이 되며, 신라의 고대국가 완성도 진평왕 14년이 된다. 앞서 보았듯이 신라 관등제의 완성 시기는 이미 봉평비와 적성비가 성립된 524~545년 사이이다. 외위명인 干支가 536년에도 잔존해 있고, 월지 출토비의 연대가 536년을 상한으로 잡고 있기 때문에 신라 관등제의 완성, 곧 及伐尺의 소멸 시기는 540년경으로 볼 수밖에 없다. 결국 함안 성산산성의 목간 연대는 540년경이 되어야 한다.

함안 성산산성 목간의 연대는 성산산성에 대한 더 이상의 발굴조사 계획이 없고, 관련된 다른 자료가 나올 가능성도 없어 현재까지 출토된 자료만 가지고 조사해야 한다. 王子年을 壬子年으로 읽는 데 대해서는 더 할 말이 없다. 王子年을 壬子年으로 읽게 되면, 행정촌명+인명+곡식량이 되며 이는 곡식량이 나오는 목간에서 행정촌명+인명 앞에 군명이 없는 많지 않은 예가 된다.

253점에 달하는 함안 성산산성 목간 가운데에서 문서 목간이 4점, 문서 장부 목간이 249점이다. 문서 목간 가운데에서 年干支가 나왔다면 이를 수긍할 수 있겠으나 249점 가운데 단 1점에서 연간지가 나왔다는 것은 신뢰가 가지 않는다. 날짜도 月日이 아니라 三月中처럼 三月로 나오고 있다. 문제의 연간지는 壬子年이 아니라 王子年이라는 군명이다.

다음으로 代法의 의미에 대해 조사해 보자. 代法은 어떤 의미가 있을까? 524년 봉평비의 種種奴人法이나 545년 내지 그 직전에 세워진 적성비의 赤城佃舍法처럼 그 의미를 알지 못하지만 분명 실체는 있었다고 보인다. 種種奴人法은 여러 소금생산자에 관한 법으로 짐작되며, 赤城佃舍法은 적성의 밭과 집에 관한 법으로 짐작될 뿐이다. 代法의 의미를 함안 성산산성 2016-W150번 목간에서 찾는다면 원래는 60代法을 해야 되나, 案에 말하기를 '법을 피해 30대를 고하고, 지금 30일을 먹고 갔다고 아뢰었다.'고 되어 있다.

---

13) 이용현, 「함안 성산산성 목간의 연대-壬子年 해석을 중심으로-」『신라사학보』 50, 2020.

함안 성산산성 2016-W150번 목간은 공진물을 내는 것과는 관계가 없고 성산산성의 역역과 관계가 있는 목간이다. 60일 代法이 엉성해서 '법을 피해 30대를 고하고, 지금 30일을 먹고 갔다.'고 아뢰면서 30일 代法을 이야기한 것인데, 곧 60일간의 요역 대신 30일간 요역을 하고 진내멸 촌주가 갔다고 해석된다. 대법은 원래 60일 대법이나 그 내용이 엉성하여 30일 대법이 시행되었다, 바꾸어 말하면 어떤 역부가 60일을 일해야 되는데 30일만 일하고 갔다고 이해된다.

이제 전문 해식을 헤보자. 먼저 정확한 해석을 위해 다시 한번 전문을 제시하면 다음과 같다.

1면 三月中 眞乃滅村主 憹怖白
2면 大城在弥卽尒智大舍下智前去白之
3면 卽白 先節六十日代法稚然
4면 伊毛罹及伐尺寀言廻法卅代告今卅日食去白之

3월에 眞乃滅村主 憹怖白이 大城에 있는 弥卽尒智大舍下智 앞에 나아가 아룁니다.
곧 앞선 때에 아뢴 60일 代法은 서투른 것이었다고 아룁니다.
伊毛罹及伐尺께 '寀에 말하기를 법을 피해 30대를 고하고, 지금 30일을 먹고 갔다.'고 아뢰었습니다.

3. 역역 목간

공진물인 米, 麥, 稗, 술, 고기 등을 수반하지 않고, 인명만 나오는 목간을 먼저 제시하면 다음과 같다.

1(232).　　　　仇利伐/上彡者村(앞면)

　　　　　　　乞利(뒷면)

　　　　　　　'仇利伐 上彡者村의 乞利이다.'

3(222).　　　　仇利伐/上彡者村波婁

　　　　　　　'仇利伐 上彡者村의 波婁이다.'

4.　　　　　　仇利伐/仇失了一伐/尒利△支

　　　　　　　'仇利伐의 仇失了 一伐과 尒利△支이다.'

6(226).　　　　王私烏多伊伐支乞負支

　　　　　　　'王私(땅 이름) 烏多(군명) 伊伐支(행정촌명)의 乞負支이다.'

10(225).　　　甘文本波居村旦利村伊竹伊

　　　　　　　'甘文의 本波(땅 이름)인 居村旦利村의 伊竹伊이다.'

14(242).　　　大村伊息智一伐

　　　　　　　'大村의 伊息智 一伐이다.'

15(241).　　　~家村△毛△

　　　　　　　'~家村의 △毛△이다.'

22(240).　　　夷津支斯尒利知[14]

　　　　　　　'夷津支의 斯尒利知이다.'

23(224).　　　~△知上干支

　　　　　　　'~△知 上干支이다.'

34(007).　　　仇利伐/上彡者村 波婁

　　　　　　　'仇利伐 上彡者村의 波婁이다.'

39(012).　　　鄒文比尸河村尒利牟利

　　　　　　　'鄒文 比尸河村의 尒利牟利이다.'

43(016).　　　陽村文尸只

　　　　　　　'陽村의 文尸只이다.'

---

14) 斯자는 성산산성 목간에서 대개 昕자로 되어 있으나 음이 무엇인지는 모르고
　　있다.

46(019).　　　　(乃)日城鄒(選)△△支

　　　　　　　'乃日城의 鄒選△△支이다.'

53(025).　　　　大村主舡麥

　　　　　　　'大村의 村主인 舡麥이다.'

54(026).　　　　鄒文△△村△夲石

　　　　　　　'鄒文의 △△村의 △夲石이다.'

64(035).　　　　小伊伐支△△(앞면) ~石(뒷면)

　　　　　　　'小伊伐支의 △△~石이다.'

68(038).　　　　居珎只ゝ支~

　　　　　　　'居珎只ゝ支~이다.'

69(039).　　　　千竹利

　　　　　　　'千竹利이다.'

70(040).　　　　千竹利

　　　　　　　'千竹利이다.'

76(045).　　　　~伐 夫知居兮~

　　　　　　　'~伐과 末知居兮이다.'

77(046).　　　　湏伐夲波居湏智

　　　　　　　'湏伐 夲波(땅 이름)의 居湏智이다.'

78(047)　　　　~△村 伐生尒支

　　　　　　　'~△村의 伐生尒支이다.'

81(050).　　　　~伊智支石

　　　　　　　'~伊智와 支石이다.'

84(053).　　　　~蒜尸支

　　　　　　　'~의 蒜尸支이다.'

86(055).　　　　~密鄒加尒支石

　　　　　　　'~의 密鄒加와 尒支石이다.'

89(058).　　　　~于利沙 △

'~의 于利沙△이다.'

2006-3.　　　　阿利只村(阿)那△△(앞면)

古十△△刀△△(門)(뒷면)

'阿利只村의 (阿)那(땅 이름)의 △△古十△의 △刀△△(門)이다.'

2006-25(081).　　王私烏多伊伐支卜焦

'王私(땅 이름) 烏多(군명) 伊伐支(행정촌)의 卜焦이다.'

2007-10(099).　　古阤新村局(斤)△利(앞면)

沙礼(뒷면)

'古阤 新村의 局(斤)△利와 沙礼이다.'

2007-19(108).　　赤城△△△羅石

'赤城의 △△△羅石이다.'

2007-20(109).　　仇利伐/~智

'仇利伐의 ~智이다.'

2007-21(110).　　~豆留只(一伐)

'~의 豆留只(一伐)이다.'

2007-39(128).　　眞村△△△△

'眞村의 △△△이다.'

2007-50.　　　　一△△刀村△文△二△(앞면)

仇△△(뒷면)

'一△△刀村의 △文△二와 △仇△△이다.'

2007-51(140).　　~前△谷支

'~의 前△谷支이다.'

2007-52(141).　　鄒文(前)那牟只村(앞면)

伊△(習)(뒷면)

'鄒文의 (前)那牟只村의 伊△(習)이다.'

2007-56(145).　　屈斯旦(利)今部牟者足△

'屈斯旦利와 今(部)牟者足△이다.'

2007-57(146). 古陁本波豆物烈智△(앞면)

勿大兮(뒷면)

'古陁 本波(땅 이름)의 豆物烈智와 △勿大兮이다.'

2008-G(154) ~△牟知~(앞면)

△(뒷면)

'~의 △牟知~이다.'

2007-370(164). 卒史△於勞尸兮

'卒史△의 於勞尸兮이다.'

IV-574. 甘文(非)△大只伐支原石

'甘文의 (非)△大只와 伐支原石이다.'

IV-575. △△伐村△

'△△伐村의 △이다.'

IV-581(168). 仇賓村甘斯(앞면)

~(뒷면)

'仇賓村의 甘斯~이다.'

IV-594(180). 弓盖奈△~

'弓盖의 奈△~이다.'

V-167. ~村△△(智上)(앞면)

△△△(뒷면)

'~村의 △△(智)와 (上)△△△이다.'

V-173(198). ~吾礼△只公

'~의 吾礼△只公이다.'

2016-W62(209).仇利伐/上三者村△△△△

'仇利伐 上彡者村의 △△△△이다.'

2016-W67(208). ~△身礼豆智

'~△의 身礼豆智이다.'

역역과 관련된 목간은 모두 49점이다. 이들 가운데 2쌍의 쌍둥이 목간이 있어서 목간의 수효는 47점이다. 4번의 2명, 2007-10번의 2명, 2007-50번의 2명, 2007-50번의 목간의 2명[15]을 계산하면 역역 인원은 총 51명이다. 쌍둥이 목간 가운데 하나인 69번과 70번 목간의 千竹利 목간은 집도 절도 없이 千竹利란 인명만 나오고 있어서 그 정체가 궁금한데, 浮浪者로 보인다.

仇利伐 목간에서 역역과 관련되는 인원이 가장 많다. 4번 목간은 仇利伐郡 소속이고, 인원수는 2명이다. 1번 목간과 3번(34번과 쌍둥이 목간) 목간과 2016-W62 목간은 모두 仇利伐의 上彡者村 출신이다. 모두가 역역에 동원되었다. 6.王私烏多伊伐支乞負支와 2006-25.王私烏多伊伐支卜焦와 같이 이들 王私 목간은 같은 행정촌에서 두 명이 나온 유일한 예이다. 다른 왕사 목간과 비교하기 위해 지금까지 나온 王私 목간을 전부 제시하면 다음과 같다.

성산산성 목간

2번   甘文城下麥甘文本波王私(앞면) 文利村知利兮負(뒷면)
        '甘文城(군명) 下의 麥은 甘文(군명) 本波(땅 이름)이고 王私(땅 이름)
        인 文利村(행정촌명)의 △利兮△가 낸 얼마이다.'

6번   王私烏多伊伐支△負支
        '王私(땅 이름) 烏多(군명) 伊伐支(행정촌명)의 △負支이다.'

2006-25번 王私烏多伊伐支卜焦
        '王私(땅 이름) 烏多(군명) 伊伐支(행정촌명)의 卜焦이다.'

2007-44번 夷津支城下麥王私巴珎兮村(앞면) 弥次二石(뒷면)
        '夷津支城 下의 麥은 王私(땅 이름) 巴珎兮村(행정촌명)의 弥次가 二石
        을 낸 것이다.'

V-164번 三月中鐵山下麥十五斗(앞면) 王私△阿礼村波利足(뒷면)

---

15) 복수 역역 목간이 무엇을 의미히는지는 아직 규명하지 못하였다.

'三月에 鐵山 下의 麥 十五斗를 王私(땅 이름) △阿礼村(행정촌명)의
波利足이 낸 것이다.'

팔거산성

3번 (卯)年王私所利(珎)習△△麥石

'~(卯)年(487년?) 王私(땅 이름) 所利(珎)習(행정촌명)의 △△가 낸
麥 1石이다.'

6번 丙寅年(王私)△(分)△△休

'丙寅年 (王私)(땅 이름) △(分)△(행정촌명)의 △休이다.'

15번 △村王私禾△△△(之)

'△村 王私(땅 이름) 禾△△(행정촌명)의 △(之)이다.'

王私가 모두 행정촌 앞에서 행정촌과 관련되고 있으나, 6.王私烏多伊伐支
乞負支와 2006-25.王私烏多伊伐支卜然의 烏多郡 목간에서는 군과 관련되고
있다. 왜 6.烏多王私伊伐支乞負支와 2006-25.烏多王私伊伐支卜然로 나오지
않는지 궁금한데, 王私가 땅 이름이었기 때문으로 보인다.

4. 역역인의 보충

이제 공진물이나 역역 인원이[16) 가장 많이 나온 仇利伐의 위치를 조사해
보자. 仇利伐 목간에는 할서[두 줄로 쓰기]라는 특이한 방법으로 지명을
기재하는 방법이 보인다. 3번과 34번 목간 仇利伐/上彡者村 波婁(/는 할서
표시) 등의 예가 있다. 1번 목간의 仇利伐/上彡者村(앞면)[17) 乞利(뒷면),

---

16) 남산신성비에서는 受作거리를 평균하면 11步 4尺 정도가 되고, 이를 남산신성비의
   총 연장길이 2800餘步에서 나누면 대략 240개 집단이 된다.

17) 이수훈, 「新羅 中古期 行政村·自然村 문제의 검토」 『한국고대사연구』 48, 2007,

3번과 34번 목간(쌍동이 목간)의 仇利伐/上彡者村波婁에서 上彡者村은 행정 촌으로『삼국사기』지리지에 보이는 康州 咸安郡 領縣인 召彡縣을 가리킨 다.[18] 구리벌은 함안군에서 바닷가인 마산시에[19] 이르는 지역으로, 옛 안라국의 중요한 수도 부분에 해당된다.[20]

『삼국사기』권40, 잡지9, 직관하, 무관조의 '十停 (或云三千幢) 一日音里火 停 二日古良夫里停 三日居斯勿停 衿色靑 四日參良火停 五日召參停 六日未多夫

---

18) 주보돈,「함안 성산산성 출토 목간의 기초적 검토」,『한국고대사연구』19, 2000,

55~63쪽에서 仇利伐/上彡者村이 행정촌+자연촌(구리벌은 행정촌이 아니라 군이다) 관계라면 해당 인물의 출신지를 행정촌인 구리벌이라고 해도 되니 굳이 상삼자촌이라 밝힐 이유가 없고, 2007-31번 목간 仇利伐/仇阤(利)—伐과 5번 목간 仇利伐△德知—伐塩의 예에서 행정촌 다음에 곧바로 인명이 온다는 점, 11번 목간 鳥欣弥村卜兮, 14번 목간 大村伊息智 등에서 자연촌+인명이 되어 일관성 없이 혼란스럽다는 점 등을 보건대 상삼자촌은 행정촌이다. 한편 구리벌보다 상삼자촌을 작게 쓴 것을 자연촌으로 보는 근거로 삼기도 하지만 이는 割書[두 줄로 쓰기] 때문이다. 이 할서는 구리벌 목간에서만 나오기 때문에 이를 자연촌으로 간주할 경우 구리벌 이외의 목간에서는 자연촌이 없다는 이야기가 된다. 즉 구리벌에서만 자연촌이 존재하고, 다른 지명인 고타, 추문 등에서는 할서가 없으니 자연촌이 없게 된다. 고타, 추문 등에서 자연촌이 없는 타당한 이유를 제시하지 못한다면 할서로 쓴 상삼자촌 등도 행정촌으로 보아야 할 것이다. 할서의 경우 글자를 작게 쓰는 것 외에는 달리 방법은 없다. 즉 자연촌을 표시하는 것과는 전혀 상관이 없다. 예를 들면 구리벌 목간의 촌명 가운데 유일하게 割書가 아닌 Ⅳ-587 仇利伐(앞면)/△伐彡△村 伊面於支 負(뒷면)와 39번 鄒文比尸河村과 54번 鄒文△△村과 2007-30번 夷津(支)(末那)石村에서는 구리벌의 경우에서처럼 할서를 쓰지 않는다.

18) 주보돈,「함안 성산산성 출토 목간의 기초적 검토」,『한국고대사연구』19, 2000, 56~57쪽에서 上彡者村의 召彡縣 비정을 비판하고 있다. 上의 음은 召의 음과 통하고(남산신성비 제2비에서 阿且兮村과 阿大兮村, 沙刀城과 沙戶城에서 旦과 大가 통하고, 刀와 戶가 통하여 각각 동일 지명이라고 한다면 上과 召는 통한다), 彡은 양자에서 동일하게 나온다. 이렇게 6번 목간과 2006-25번 목간에서 행정촌명은 伊伐支(영주시 부석면)로,『삼국사기』지리지에서는 隣豊縣本高句麗伊伐支縣이라고 나오지만 郡名인 鳥多는『삼국사기』지리지에 나오지 않는다.

19) 2010년 7월 1일 창원시에 통합되기 이전의 마산시를 지칭한다.

20) 목간의 작성 연대인 540년경에는『삼국사기』지리지의 지명에도 많은 차이가 있었을 것이다. 따라서 목간에 나오는 행정촌도 지리지에서는 찾을 수가 없다. 군으로 추정되는 물사벌성과 추문촌과 이진(지성)과 믦盖와 鳥多도 찾을 수 없고, 목간의 13.1% 가량(목간 전체인 229점에 대한 구리벌 목간의 비율)을 차지하는 郡인 仇利伐도 지명만으로는 그 위치를 알 수 없다.

里停 衿色黑 七曰南川停 八曰骨乃斤停 衿色黃 九曰伐力川停 十曰伊火兮停 衿色綠 並眞興王五年置'라는 기록에 나오는 召參停이 곧 함안이므로 544년에 召參停이 설치되었다는 사실과 모순되지 않으며, 及伐尺이라는 경위가 545년 적성비에서는 없었다는 점과 모순되지 않는다. 따라서 성산산성 목간은 울주 천전리서석 추명에서 법흥왕이 540년이 아닌 539년에 죽어 소삼정의 설치 연대는 543년이 되어야 한다. 소삼정인 성산산성의 축조의 중요한 근거가 되는 것은 종래 사료로 인정하지 않았던 『삼국사기』 권34, 집지3, 지리1, 康州 咸安條의 '咸安郡 法興王 以大兵 滅阿尸良國 一云阿那加耶 以其地爲郡'이다.[21] 阿那加耶(안라국)는 고령에 있던 대가야와 함께 후기 가야의 대표적인 나라이다.[22] 그런 안라국에[23] 대한 신라의 관심은 지대했을 것이다. 성산산성은 539년 안라국(아나가야)이 멸망되자 마자 신라인에 의해 석성으로 다시 축조되었다. 신라의 기단보축이란 방법을 써서[24] 성산산성이 석성으로 축조된 것은 540년경의 일로 볼 수 있다.[25] 소삼정인 성산산성의 축조는 540~542년까지이다. 이 시기는 只召太后가 섭정을 할 때이다.

543년의 소삼정 설치 곧 고신라 十停의 설치는 한정된 기일 내에 완성되어

---

21) 조선 초에 편찬된 편년체 사서인 『東國通鑑』에서는 安羅國(阿尸良國)의 신라 통합 시기를 구체적으로 법흥왕 26년(539년)이라고 하였다. 이는 고뇌에 찬 결론으로 판단된다. 법흥왕의 제삿날은 음력으로 539년 7월 3일이다.

22) 전기 가야를 대표하는 나라로는 고령의 대가야와 김해의 금관가야를 들 수 있다.

23) 414년에 세워진 광개토태왕비의 永樂9年己亥(399년)조에도 任那加羅(金官伽倻)와 같이 安羅人戍兵이라고 나온다. 安羅人戍兵의 安羅는 함안에 있었던 安羅國(阿羅加耶)을 가리킨다.

24) 석성의 축조에서 基壇補築은 外壁補強構造物, 補築壁, 補助石築, 城外壁補築 등으로도 불리며, 신라에서 유행한 석성 축조 방식이다. 이러한 신라 석성의 예로 경주 명활산성, 보은 삼년산성, 충주산성, 양주 대모산성, 대전 계족산성, 서울 아차산성, 창녕 목마산성 등이 있다.

25) 성산산성에서 출토된 목제 유물의 방사선탄소연대 측정 결과 1992년에는 270~540년, 1994년에는 440~640년으로 각각 나왔다(박종익, 「咸安 城山山城 發掘調査와 木簡」『韓國古代史硏究』 19, 2000, 10쪽).

야 되었으므로 253점의 목간 중 49점에서 확인되는 51명의 인원은, 역역인 가운데 관등을 가진 자가 4명밖에 안 되어 이 인원으로는 성산산성인 소삼정을 쌓을 수 없어서 보충된 인원이었다. 성산산성의 축조시기는 540~542년으로 기한이 촉박하였고, 공진물을 낼 때도 성산산성 목간에서 확인된 공진물로는 稗가 가장 많다. 米가 3점, 麥이 14점, 稗類가 83점이다. 稗類는 稗石이 46점, 稗가 27점, 稗—이 3점, 稗—石이 2점이나 모두 稗—石이 란 뜻으로 보인다. 그 밖에 稗發도 5점이 있다. 전체 83%를 점하여 稗類가 압도적으로 많다. 값이 가장 싼 稗를 공진물로 받은 것은 쌀, 보리, 피 중 어느 것으로 내도 좋다는 공시가 있었기 때문으로 보인다.

5. 맺음말

먼저 역역 관련 문서 목간 부분에서는 2006-4번 목간, Ⅳ-597번 목간, Ⅳ-600번, 2016-W150번 목간을 나름대로 해석하였다.

다음으로 공진물인 米, 麥, 稗, 술, 고기 등을 수반하지 않고, 인명만 나오는 역역 목간을 조사하였다.

마지막으로 역역인의 보충에 대해서는 召參停인 성산산성의 축조는 540~542년 사이에 촉박하게 이루어졌기 때문에 성산산성 출토 목간은 이 성산산성의 공진물과 역역을 보충하는 내용이라고 판단했다.

제8절 부산 배산산성 목간의 재검토
─하시모토 시게루 박사의 비판에 답함─

1. 머리말

부산 배산산성은[1] 부산광역시 연제구 연산동 배산(해발 254m)에 소재한 포곡식 산성이다.[2] 전체 둘레 1,170m 규모의 고대 산성으로 2017~2020년에 걸쳐서 부산박물관에서 3차례나 발굴조사하였다. 주위의 방어 유적으로는 동남쪽에 8~9세기에 축조되었다고 추측되는 東萊郡의 고성이 있고, 북쪽에는 조선시대의 동래읍성이 있다.

목간은 1호 집수지와 2호 집수지에서 각각 출토되었으나 2호만이 묵서를 읽을 수가 있었다. 2호 집수지에서 출토된 2번 목간은 잔존 길이 31.7㎝, 너비 6㎝, 두께 0.6㎝이며, 4열로 50자 가량의 문자가 적혀 있다.[3]

2호 집수지에서 출토된 기와는 모두 단판 타날문양의 평기와이고,[4] 7세기경의 것으로 볼 수 있다.[5] 안정적으로 6세기 후반에서 7세기 후반으로

---

1) 배산산성의 목간과 역사적인 배경의 개요에 대해서는 이미란, 「부산 배산성지에 대한 연구현황과 논점」, 『지역과 역사』 50, 2022 ; 이미란, 「배산성 목간의 연구동향」 (경북대학교 인문학술원, 6쪽의 프린트물), 2023, 4~5쪽 참조.

2) 한국 고대의 산성은 포곡식 산성과 테뫼식 산성으로 크게 2분 된다. 전자는 골짜기와 계곡을 에워싸고, 후자는 한 봉우리의 8부 능선쯤을 에워싼다. 물의 채취는 전자가 유리하다. 배산산성은 서봉 254m와 동봉 246m의 7부 능선과 골짜기를 둘러싼 포곡식 산성이다.

3) 5열로 보는 가설이 하시모토 시게루, 「배산성 출토 목간과 고대 조세제도」, 『국가사적 지정을 위한 배산성지학술대회』, 2023에 나와 있다.

4) 단판 타날평기와는 지방인 배산산성에서 만들었다기보다는 신라 왕경에서 만들어 배산산성으로 옮겨졌을 가능성도 있다.

보고 그 이후로는 내려가지 않는다. 기와 이외에 집수지에서 출토된 토기는 고분 전기의[6] 6세기경, 고분 후기의[7] 6~7세기경, 도시유적(도성제)의 8~9세기경 토기가 모두 보인다. 다만 기와는 단판 타날문양 평기와가 7세기경으로 편년되는 것만[8] 출토되는 것이 특징이다.[9] 부산박물관 2차 발굴보고서에서는[10] 위의 배산산성지에서 출토된 단판 타날문양 평기와가 보이지 않고, 7세기 후반에서 통일신라 말까지 편년되는 중판 타날문양 평기와만 있는 것이 특징이다. 따라서 기와가 출토된 배산산성은 7세기 후반 거칠산군의 郡治가 있던 곳이 된다. 배산산성의 목간은 본파사촌의 郡民이 받은 빈민구제 목간인데도[11] 불구하고, 신라의 조세제도를 알 수 있는 자료로 보는 가설이 또다시 나왔다.[12] 여기서는 이러한 점에 유념하면서 빈민구제를 중점적으로 부각할 목적으로 쓰게 되었다.

　　지금까지 신라 산성의 경우 주로 집수지에서 목간이 많이 나왔는데, 중요 유적을 소개하면 다음과 같다.

---

5) 부산박물관·부산광역시 연제구청, 『배산성지Ⅰ-2017년 1차발굴조사보고서-』, 2019.
6) 수혈식석곽묘가 유행하던 시기를 의미하는 것으로 300~520년까지이다.
7) 횡혈식석실분시대를 의미하는 것으로 520~700년까지이다.
8) 신라 평기와를 고식 단판은 6세기 전반~7세기 전반, 신식 단판은 7세기 후반(의봉사년개토명, 습부명, 한지명 암키와), 중판은 7세기 후반~9·10세기로 판단하고 있다. 지방은 중판이 7세기 후반~8세기에, 경주를 제외한 지방에서는 장판이 9세기 전반부터 출토되고 있고, 10세기까지도 계속된다.
9) 이에 대해서는 조성윤 박사의 교시를 받았다.
10) 부산박물관·부산광역시 연제구청, 『배산성지Ⅱ-2018년 2차발굴조사보고서-』, 2020.
11) 김창호, 「부산 배산산성 출토 목간의 새로운 해석」 『한국고대와전명문』, 2022.
12) 하시모토 시게루, 앞의 논문, 2023. 여기에서 신라의 조세제도와 어떻게 관련되는지에 대한 설명은 없는 점이 문제이다. 곧 租庸調 가운데 어느 것인지도 밝히지 않고, 증거도 없이 배산산성 목간이 고대 신라의 조세제도와 관련 있다고 주장하고 있다. 失을 보리로 보지 않았기 때문에 곡물 이름도 없는 租가 되는 셈이다. 이에 受가 국가에 '내다'는 뜻이 아닌 국가에서 '받다'로 보아 빈민구제 목간이었다는 점은 뒤에서 배산산성 목간을 해석함으로써 자연스레 풀리게 될 것이다.

〈표 1〉 신라 산성 출토 목간 일람표

산성 이름	시기	숫자	유형	출토 시기
함안 성산산성	540년경	282[13]	장부, 문서, 역역	1991~2016
대구 팔거산성	540년대[14]	16	하찰, 문서, 역역	2021~2022
김해 양동산성	583년경	3	하찰	2018
하남 이성산성	668년경	14	문서	1986
부산 배산산성	675년경	1	문서	2017
안성 죽주산성	6세기 후반~7세기 전반	2	미상	2006~2010
서울 아차산성	6~7세기	1	미상	2015
남원 아막성	6~7세기	1	하찰	2020
창녕 화왕산성	9~10세기	4	주술	2002~2005
인천 계양산성	통일신라시대	2	논어 목간	2003~2005
장수 침령산성	9~10세기	1	문서 목간	2016~2017

여기에서는 먼저 지금까지 나온 배산산성 목간에 대한 여섯 가지 견해를 소개하겠다. 이어 목간의 판독과 조성 시기에 대해 조사하고, 다음으로 정창원 좌파리가반 부속문서에 대한 의미를 조사하겠다. 그 다음으로 受·失受의 의미를 조사와 함께 그 의미를 조사하기 위해 6~7세기 1차 사료를 중심으로 살펴보겠다. 마지막으로 배성산성 목간을 새롭게 해석해 보고자 한다.

2. 지금까지의 연구

지금까지 배산산성 목간에 대해서는 6편의 논문이 나와 있다.[15] 50자

---

13) 이 숫자는 목간의 총수로 국사편찬위원회 한국사데이터베이스에 의한 것이고, 함안 성산산성 목간에서 묵서가 있는 것도 이재환·오택현, 「백제·신라 목간의 집계와 범례의 제안」,『목간과 문자』30, 2023에 따르면 253점이나 된다.

14) 팔거산성은 명활산성, 보은 삼년산성, 문경 고모산성과 함께 5세기 중후반에 축조되었으며, 목간의 내용으로 볼 때 480년대로 보여 산성 목간 가운데 가장 빠른 것으로 판단된다. 이에 대해서는 본서 4장 2절에서 다루었다.

15) 나동욱, 「부산 배산성지 출토 목간 자료 소개」『목간과 문자』20, 2018 ; 이용현, 「배산성지 출토 목간과 신라 사회」『부산 금석문-역사를 새겨 남기다-』, 2018

정도의 글자가 있는 문서 목간이 1점뿐임에도 이렇게 논문 수가 많은 것은[16] 이례적인 일이다. 그 흔한 외위명조차 없음에도 불구하고, 정창원 좌파리가반 부속문서와의 비교 등 연구의 깊이는 매우 심도가 있다. 失受, 受 등이 목간에서 직접 등장한 것은 목간 가운데 최초의 사례이다. 이 용례들은 정창원 좌파리가반 부속문서에서도 똑같이 나온다.

2018년 발굴조사가 이루어지면서 먼저 목간이 출토된 배산산성의 역사지리적 환경에 대한 견해가 제시되었다.[17] 여기에서는 배산이 위치한 연제구 연산동 지역에 대한 역사적 유래를 다룬[18] 동래 최초의 기록은 『삼국사기』, 居道列傳에서 찾아볼 수 있다. 이 기록에 따르면 신라 탈해왕 때 居道가 干이 되어[19] 于尸山國(울산)과 居漆山國(부산)을 멸했다고 한다. 한편 『삼국지』 위서 동이전, 한전의 기록에서 변한 12개국 중에 瀆盧國이 보이는데 그 위치에 대해서는 거제도설과[20] 동래설이[21] 있다.

복천동고분군 가운데에서는 가장 빠른 것으로 기원후 2세기경에 해당되는 목관묘가 발굴조사된 바 있다. 이는 복천동 고분이 조영되기 시작한 것으로 볼 수 있으며, 6세기 말에 복천동 고분군의 수혈식석곽묘의[22] 축조 조영이 끝난다. 이렇게 6세기에 수혈식석곽묘가 끝나는 예는 대구

; 이수훈, 「부산 배산성지 출토 목간의 검토」 『역사와 세계』 54, 2018 ; 하시모토 시게루(橋本繁), 「釜山 盃山城木簡의 기초적 검토-佐波理加盤附屬文書와의 비교를 중심으로-」 『신라사학보』 52, 2021 ; 김창호, 앞의 논문, 2022 ; 하시모토 시게루, 앞의 논문, 2023.

16) 목간을 다룬 논문을 쓸 때 가장 곤혹스러운 점을 꼽는다면 단독 목간으로는 200자 원고지 70매를 채우기도 힘들다는 사실이다.

17) 나동욱, 앞의 논문, 2018.

18) 부산시사편집위원회, 『부산시사』 제1권, 1989 ; 동래구지편찬위원회, 『동래구지』, 1995.

19) 441년 포항중성리비와 443년 포항냉수리비에서는 각각 경위를 가진 干이 干支로 나오기 때문에 그대로 믿기에는 문제가 있는 자료이다.

20) 동아대학교 박물관, 『거제고현성지』, 1991.

21) 정중환, 「독로국고」 『백산학보』 8, 1970.

22) 복천동 고분군 발굴보고서가 40년이 되어가도록 나오지 않는 것은 우리 학계의 이면을 여실히 보여준다.

비산동·내당동 고분군도 마찬가지이다. 더구나 대구에서는 인화문토기가[23] 거의 발견되지 않는다. 문헌에도 나오는 이서국의 고지인 청도 이서면에서 고총고분이 없다는 점과[24] 함께 앞으로 주목해야 할 것이다. 5세기 후반 온천천의 남쪽 연산동 구릉에 조성되기 시작한 연산동고분군은[25] 배산산성과의 관계가 주목된다. 연산동의 피장자들이 유사시에 도적이나 적을 피하여 배산산성에 들어가 살고 있었다고 판단되기 때문이다. 그리고 배산산성은 7세기 후반에는 기와가 출토되어 郡治이기 때문에[26] 더욱 그러하다.

발굴조사된 집수지 2에서 나온 목간에 대한 최초의 보고는 발굴 담당자에 의해 2018년에 발표되었다.[27] 여기에서는 年干支를 乙亥年으로[28] 판독하고, 그 시기를 555년, 615년, 675년 가운데 하나로 보았다. 배산산성 목간은 752년 이전 문서로 추정되는[29] 정창원 좌파리가반 부속문서와 유사하다고 보았다. 단, 배산산성 목간은 1개의 촌락에 한정된 기록으로,[30] 곡식의 품목이 없는 점은[31] 정창원 좌파리가반 부속문서와 차이가 있다고 하였

---

23) 인화문토기가 나오는 횡혈식석실분은 발견된 바 없다.

24) 5세기까지 존속했던 부여의 고분이 발견되지 않는 점도 간과해서는 안 된다.

25) 금관가야의 중심지가 김해 대성동에서 동래 복천동으로, 다시 동래 연산동으로 옮겨졌다는 가설은 잘못된 것이다.

26) 7세기 영남지방의 산성이나 평지성에서 단판타날이나 중판타날의 평기와가 나오면 거의 대부분 군치나 현치이다.

27) 나동욱, 앞의 논문, 2018.

28) 이 목간의 연간지를 乙亥年으로 읽은 것은 대단히 중요한 착상이다.

29) 정창원 좌파리가반 부속문서의 녹봉문서 작성시기는 관등인 乃末의 합자(1번)와 大舍(2번)의 합자로 보건대 670년대로 추정된다.

30) 배산산성 목간에 나오는 본파사촌은 자연촌이 아닌 행정촌으로 보인다. 왜냐하면 서두에 本波舍村失受△今知(十)四라고 하여 구제대상자의 수가 14집이나 되기 때문이다.

31) 失이 탈곡한 보리를 나타내는 신라의 國字라는 것을 몰랐기 때문에 곡식의 품목이 없다고 하였던 것이다. 표이 탈곡한 벼를 가리키는 삼국시대의 국자라는 점과 함께 주목해야 할 내용이다. 이렇게 이두이면서 풀이가 안 되는 예로 568년에 세워진 황초령비의 篤兄이 같은 568년의 마운령비에서는 篤支次로 나오는 것을 들 수 있는데, 이는 동일한 인명표기이지만 해명할 수가 없다. 앞으로의 연구가

다. 집수지 2호의 출토 유물은 대체로 6세기 중반에서 7세기 초로 편년되어 진흥왕 16년(555년)과 진평왕 37년(615년)이 유력시된다고 하였다.

2018년 무렵 배산산성 목간에 대한 본격적인 성과가 나왔다.[32] 여기서는 먼저 목간의 적외선 사진과 함께 목간의 판독을 시도하였고, 아울러 정창원 좌파리가반 부속문서를 검토하였다. 그 결과 배산산성 목간과 좌파리가반 부속문서는 다음 네 가지 공통점이 있다고 하였다.

첫째 村 단위의 곡식 수수 문서이다.[33]
둘째 매월 1일을 점검 시점으로 한다.[34]
셋째 失受라는 독특한 용어를 사용한다.[35]
넷째 受와 上이라는 세금 납부 용어가 보인다.[36]

배산산성 목간은 8개의 단락으로 나누어서 검토하였다. 8단락인 '大…'는 잘못 판독된 내용에 기초한 것이다.

그 다음으로 목간에 나오는 乙亥年을 공반 유물을 바탕으로 6세기 후반에서 7세기 전반으로 보고 555년, 615년, 675년 가운데 외위 一尺을[37] 읽어서

기대된다.

32) 이용현, 앞의 논문, 2018.

33) 곡식을 받는 것은 배산산성 목간의 내용으로 볼 때, 촌 단위가 아니라 가정의 대표인 개인별로 이루어졌음이 거의 확실하다. 왜냐하면 배산산성 목간의 서두가 '本波舍村에서 失(보리)을 받은 것은 △今知가 十(四)번째이다.'로 해석되기 때문이다.

34) 受자가 '받다'는 뜻이므로 점검 시점이 아니라 받는 시점으로 고쳐야 할 것이다.

35) 失受는 독특한 용어가 아니라 정창원 좌파리가반 부속문서에서도 나오는 것으로 '보리를 받았다.'라는 뜻이다. 여기에서는 '本波舍村에서 보리를 받은 것은…'이란 뜻이다.

36) 受는 '받다'는 뜻의 동사로 세금 납부와는 전혀 관계가 없고, 후술하겠지만 上은 녹봉문서에도 나오는데 세금 납부와 관계가 없는 용어로서 上米는 上品米를 뜻한다.

37) 이는 잘못 판독한 것으로 배산산성에서는 외위가 나오지 않는다.

이는 674년 외위가 경위로 바뀐 『삼국사기』, 문무왕 14년(674년) 사료를 중시하여[38] 555년 아니면 615년이라고 보았다. 마지막으로 今, 受, 村主,[39] 一尺과 관련지어서 창고 관리체계에[40] 대한 소견을 밝혔다.

또 다른 성과도 나왔다.[41] 여기서는 먼저 목간에 있는 年干支를 乙亥年이나 乙卯年이 아닌 乙未年으로[42] 읽고, 집수지 2호 내부에서 출토된 유물이 6세기~7세기 초로 편년된다는 사실을 참고로 해서 575년 또는 635년으로 보았다. 다음으로 失受를[43] '失(期)한 受(納)' 또는 '受(納)를 失(期)한'으로[44] 보았다.[45] 보다 쉽게 풀이히면 '受納 기일을 넘긴(놓친) 것'이 된다. 마지막으로 배산성지 출토 목간은 本阪舍村에서 지방 관아(거칠산군)에 물품을 납부할 때,[46] 약속한 날짜를 넘긴 사실('失受')[47]만을 집중적으로 기록한 장부임을 확인하였다. 이처럼 배산성지 출토 목간이 '失受帳簿'인 까닭에, 本阪舍村이 물품의 납부 기일을 넘긴 사실(모두 4건의 '失受')을 목간의 제일 첫머리에 전제하고, 그 구체적인 날짜와 물품 수량을 하나하나 기록하

---

38) 외위의 소멸 시기는, 673년 계유명아미타삼존불비상에 나오는 백제 유이민이 전부 외위가 아닌 경위를 소유한 것으로 보아 674년이 아닌 673년이다.

39) 村主도 잘못 판독한 것이다.

40) 배산산성 목간에서 창고 관리체계 이야기를 한 것은 이 가설이 유일하다.

41) 이수훈, 앞의 논문, 2018.

42) 未자와 亥자를 이체자로 쓰면 구분이 어렵다. 가령 己未명 순흥벽화고분의 未자를 한국 고분을 전공한 東潮는 岸俊男(일본에서 이나리야마철검의 獲加多支鹵大王을 雄略으로 해석한 학자로 유명하다)의 교시를 받아 亥자로 읽었다. 여기에서는 하시모토 시게루, 앞의 논문, 460쪽의 적외선 사진에 의거하여 亥자의 이체로 읽는 설에 따른다.

43) 失受는 한국 고대를 통틀어 배산산성 목간과 정창원 좌파리가반 부속문서에서 두 번 나오는데, 뒤에서 언급하겠지만 모두 '보리를 받은 것'으로 해석된다.

44) 이렇게 복잡하게 해석하면 목간을 이해하는 데 어려움만 가중된다. 흔히 진리는 간단명료하다고 한다.

45) 이렇게 해석한 것은 失이 탈곡한 보리를 나타내는 신라 國字임을 몰랐기 때문이다.

46) 受는 '받다'는 뜻이므로 '本波舍村에서 지방 관아(거칠산군)에 물품을 납부할 때'로 해석할 것이 아니라 '本波舍村에서 失(보리)을 받은 것은 △今知가 十(四)번째이다.'로 해석해야 된다.

47) 失受는 보리를 받았다로 해석된다.

였음을 알 수 있다. 이 목간 장부는 어디까지나 해당 촌과 지방관청 사이에 진행된 특정 사항('失受')만[48] 기록한 기초자료('失受帳簿')일[49] 따름이다. 당시에는 이러한 종류의 기초장부─각 사항별로 기록한 장부─가 여럿 있었을 것이며,[50] 이 기초장부를 두루 모아서 작성한 종합장부가 별도로 존재하였다고 판단된다. 또한 배산성지 목간은 특정한 물품을 빌려준 사실도 기록하였는데(음력 2월 1일), 이 사실은 당시 지방 官府에서 관할하의 村을 대상으로 하여 곡식이 귀할 시기에 곡물을 대여했음을 말해준다. 다만 촌락 단위로 빌린 물품을 어디에 어떤 방식으로 사용했는지, 村의 구성원 가운데 특정 인물이 자신이 거주하는 村을 통해서 빌린 것인지, 물품(곡물)의 종류가 구체적으로 무엇인지, 물품을 빌리고 나서 갚은 기간이 어느 정도인지, 갚을 때의 이자는 얼마나 되는지 등은 목간에 나타난 기록만으로는 알 수 없다. 배산산성 2호 집수지 출토 목간의 묵서 전문을 다음과 같이 해석하였다.

제1행 해석문 : 本阪舍村에서 受納 기일을 넘긴(놓친) 것이 지금의 (기준으로 모두) 4건이다. (지난) 乙未年 2월 1일에 3(石 등)을 (本阪舍村이) 빌렸는데……

제2행 해석문 : (몇)월 (3일)에 3斗를 (受納하였으며), 4월 1일에 1(석) 3두를 受納하였고, 3월 1일에 (몇 석 또는 몇 두)를 (受納하였는데)……

제3행 해석문 : (몇월) (4일)에 受納하였는데, 4월 1일의 경우와 上納하는 방법이 동일하였다.……

---

48) 失受에서 失을 보리로 보면 평범한 사항을 기록한 것이 되고, 失受를 失(期)한 受(納) 등으로 보면 특정한 사항이 된다.

49) 보리를 받은 것을 기록한 장부이므로 기초자료에 대한 장부로 보기에는 어려움이 있다.

50) 당시 기초 장부는 없었다고 판단된다. 왜냐하면 추波舍村에 소속된 가난한 자들에게 보리를 나누어준 것이 고작인 장부이기 때문이다.

2021년 무렵 배산산성 목간에 대한 치밀한 연구결과가 나왔다.[51] 여기서는 배산산성이 거칠산군과 밀접히 관련되어 있다고 보았다. 목간의 연대에 대해서는 乙亥年이란 연간지가 나와 집수지 2의 반출 유물로 볼 때, 555년, 615년, 675년 등으로 특정 시기는 알 수 없으나 6~7세기 신라 목간으로 보았다.[52] 제목 부분인[53] '失受'는 국가가 받지 못했다는 뜻으로 해석하여[54] 목간의 전체 성격을 거칠산군이 본파사촌으로부터 받지 못했던 곡물의 기록이라고 봤다. 그리고 본문에 해당하는 날짜 부분에서 '受'는 거칠산군이 본파사촌으로부터 실제로 받은 곡물을 기록한 것으로 보고,[55] 좌파리가반 부속문서와 비교해서 날짜와 납부량이 일정하지 않은 것은 본파사촌의 납부가 제대로 이루지 못한 것을 뜻한다고 해석하였다. 결국 배산산성 목간은 촌을 단위로 한 곡물 납부가 규정대로 이루어지지 못한 것을[56] 군에서 기록한 장부로 볼 수 있다고 하였다.

2022년 신라 금석문을 공부하는 연구자에 의해 배산산성 목간에 대한 연구성과가 나왔다.[57] 여기서는 먼저 제②행의 朔자에 주목하여 목간 연대를 675년으로 확정하고, 失受를 本波舍村에서 보리를 받았다(失受)로 해석하여 한국 최초로 빈민구제를 다룬 목간으로 보았다.

2023년 배산산성에 대한 또 다른 논문이 나왔다.[58] 여기서는 本波舍村失受[ ]를 本波舍村이 거칠산군에 낸 것으로 해석하여 이를 신라의 고대

---

51) 하시모토 시게루, 앞의 논문, 2021, 459쪽.
52) 하시모토 시게루, 앞의 논문, 2021, 461쪽에서는 乙亥年이 735년일 가능성에 대해 의문을 던졌다.
53) 이 배산산성 목간의 제목 부분은 本波舍村失受△今知(十)四로서 '本波舍村에서 失(보리)을 받은 것은 △今知가 (十)四번째이다.'로 해석된다.
54) 이는 명백히 잘못된 해석으로 失受는 곧 '보리를 받은'으로 해석되어야 한다.
55) 후술하겠지만 受자는 거칠산군이 本波舍村으로부터 받았다는 뜻이 아니라 본파사촌의 아무개가 거칠산군으로부터 보리를 받았다는 뜻이다.
56) 목간의 어디에도 촌이 군에 곡물을 납부했다는 구절은 없다. 50여 자의 목간에서는 本波舍村 사람이 받았다는 失受만 나온다.
57) 김창호, 앞의 논문, 2022.
58) 하시모토 시게루, 앞의 논문, 2023.

조세제도로 둔갑시켰다. 하지만 失자는 보리를 나타내는 國字이고, 受자는 '받다'는 뜻이어서 '受納하다를[59] 국가에 적용할 수 없는 점, 또는 바치다란 뜻은 없는 점'이 문제라고 하겠다.

3. 목간의 판독과 조성 시기

목간은 하단이 파손되었지만 상단과 좌우 측면은 원형을 유지하고 있다. 처음에는 목간이 길이 29㎝, 너비 6㎝ 정도로 보고되었으나[60] 하단에 파편이 접속되면서 보고서에서 길이 31.7㎝, 너비 6.0㎝, 두께 0.4㎝로 수정되었다.[61] 보고서에 따르면, 아래에 拱入部가 있다. 배산산성 집수지 2호 출토 목간은 후술하는 바와 같이 8차례나 판독문이 제시되는 등, 목간의 판독에서 아직 의견 일치는 보지 못하고 있다.

나동욱 판독안 [62]

① 地阪(谷)村 失受 △ 今△ 卄四斗乙亥年二月一日(宿·借)三△△(受)

② 朔卄一日三斗 四月一日受一(石)三斗 三月一日 △

③ △(月)(一)(日)(受)四月一日上法同△(日)村(主) △△斗

이용현 판독안 [63]

① 大阪 村 失受 △ 今知 四 乙亥年 二月一日 △三

② 朔△△三斗 四月一日 受一石四斗 三月一日 △△△

---

59) 受는 '받다'라는 뜻이고, 受納하다는 '어떤 곳에 넣어두다'라는 뜻으로 양자는 뜻이 다르다.

60) 나동욱, 앞의 논문, 2018, 370쪽.

61) 부산박물관·부산광역시 연제구청, 앞의 보고서, 2019, 144쪽.

62) 나동욱, 앞의 논문, 2018, 372쪽.

63) 이용현, 앞의 논문, 2018, 316쪽.

③ △一尺 四月一日 上法 用△ 村主 只△斗

④ 大

이수훈 판독안 [64]

① 本阪舍村 失受△今△△四乙未年二月一日借三……

② 朔(三)日三斗 四月一日受一(石)三斗 三月三日(受)……

③ (朔)四日受 四月一日 上法同… …

보고서 판독안 [65]

① 大(阪)?村 失受△ 今知 四乙(亥/卯)年 二月一日?三

② 朔(卅日)三斗 四月一日受一(石)四斗 三月一日?

③ 大(吳/谷)史 四月一日 上法用?村主主(只)?

특별전 판독안 [66]

① 大阪舍村失受△今知△△四乙亥年二月一日借三……

② 朔△日三斗 四月一日 受一石三斗 三月一日(受)……

③ 朔△日受 四月一日 上法用△村主只……

하시모토 시게루(橋本繁) 판독안 [67]

① 本波舍村失受……四乙亥年二月一日値三

② 朔……日三斗三月一日受一石三斗 三月……

③ ……受四月一日上法同……

---

64) 이수훈, 앞의 논문, 2018, 210쪽.

65) 부산박물관·부산광역시 연제구청, 『배산성지 I -2017년 1차발굴조사보고서-』,
    2019, 144쪽.

66) 부산박물관 성과전 '배산성 감춰진 역사의 비밀을 열다.' 전시 패널의 판독문.

67) 하시모토 시게루, 앞의 논문, 2021, 459쪽.

김창호 판독안 [68]

① 本波舍村 失受△今知△四乙亥年二月一日借三(月)

② 朔△日三斗 三月一日 受一石三斗 三月……

③ ……受四月一日上法同……

하시모토 시게루 새로운 판독안 [69]

① 「本波舍村失受[　]四乙亥年二月一日値△[　]△

② 朔[　]日三斗 三月一日受一石三斗 三月[　]

③ [　]受 四月一日上法同[　　　　　　]△

④ 　　　　　　　　　　　　　　　　　　△

⑤ 「[　　　　　　]　　　　　　　　　　　△

김창호 새로운 판독안 [70]

① 本波舍村失受△今知(十)四乙亥年二月一日借三(月)

② 朔△日三斗 三月一日 受一石三斗 三月……

③ ……日……受四月一日上法同……

　목간 연대의 실마리는 제①행의 乙亥年이 쥐고 있다. 이를 乙未年이나[71] 乙卯年으로[72] 읽기도 하나 乙亥年이 옳다. 乙亥年의 연대에 관해서는 제③행에 외위 一尺을 판독하여 674년 이전으로 보기도 했다.[73] 하지만 이

68) 김창호, 앞의 논문, 2022, 372쪽.

69) 하시모토 시게루, 앞의 논문, 2023, 40쪽. 목간을 판독할 때, 일부에서 일본식을 도입하고 있는데 [　]식의 표기는 도리어 논문 작성에서 아이디어를 황폐화시킨다.

70) 목간의 판독에는 직접 목간을 실견하지 않아 제①행 19번째 글자를 借자로 읽은 것 외에는 전부 하시모토 시게루, 앞의 논문, 2023을 따랐으나 제①행의 7~10번째 글자는 새로이 읽었다.

71) 이수훈, 앞의 논문, 2018, 216쪽.

72) 부산박물관·부산광역시 연제구, 앞의 보고서, 2019, 144쪽. 다만 제③·②·①행으로 된 것을 제①·②·③행으로 고쳤다.

글자는 受자와 같은 글자로 보인다.

목간의 내용을 통해서는 연대를 추정할 실마리가 없다. 그래서 집수지 2에서 목간과 함께 출토된 유물을 통해 조사할 수밖에 없다. 목간과 함께 나온 유물의 연대를 보건대, 집수지내 퇴적층 조사에서 6세기 중반 이후~7세기 초의 것으로 편년되는 인화문토기편과 완·호·기와 등이 바닥에서 확인되면서 그 시기가 555년과 615년일 가능성이 크다고 보았다.[74]

하지만 보고서는 Ⅷ층 내부에서 통일신라시대 기와와 도질토기가 출토되었다고 하여 연대를 615년 혹은 675년으로 추정했다.[75] 특별전 설명문에도 '집수지 축조 수법, 목간과 같이 출토된 토기와 기와의 제작 연대를 보았을 때, 615년 또는 675년으로 추정된다.'라고 하고 있어 615년이나 675년이 공식적인 견해로 보인다. 그런데 출토 유물을 고려한다면 735년일 가능성도 있어서 목간을 고신라에서 통일기 신라에 걸쳐 있는 목간으로 보았다.[76]

⑨	⑧	⑦	⑥	⑤	④	③	②	①	
文	起	伊	塢	居	道	大	人	戊	1
作	數	助	珎	毛	尺	工	者	戊	2
人	者	只	此	村	辰	人	都	年	3
壹	三	彼	只	代	主	仇	唯	四	4
利	百	日	村	丁	生	利	那	月	5
亐	十	此	△	一	之	支	寶	朔	6
一	二	塢	迹	伐	△	村	藏	十	7
尺	人	大	瓜	另	△	壹	阿	四	8
	功	廣	冬	村	利	尺	日	日	9
	廿	尺	里	主	力	干	另	另	10
	步	△	村	一	亐	都	冬	冬	11
	高	△	沙	伐	貴	唯	里	里	12
	五	一	木	夫	干	那	村	村	13

73) 이용현, 앞의 논문, 2018, 321~322쪽.

74) 나동욱, 앞의 논문, 2018, 372~373쪽.

75) 부산박물관·부산광역시 연제구, 앞의 보고서, 2019, 55쪽 및 144쪽.

76) 하시모토 시게루, 앞의 논문, 2021, 461쪽.

⑨	⑧	⑦	⑥	⑤	④	③	②	①	
	日	步	尺	₹	作	支	慧	高	14
	了	四	另	一	村	△	藏	△	15
	作	尺	所	伐	毛	上	阿	鳴	16
	事	長	丁	珎	令	(干)	尸	作	17
	之	五	一	淂	一	壹		記	18
		十	伐	所	伐	△		之	19
		步	△	利	只	利		此	20
		此	伊	村	奈	干		成	21
		作	叱	也	主			在	22
			木	淂	之			△	23
			利	失	一				24
			一	利	伐				25
			尺	一					26
				伐					27

　배산산성 목간의 연대를 해결할 열쇠는 578년에 세워진 대구 무술명오작비가 쥐고 있다. 제①행에 나오는 戊戌年四月朔十四日이 그것이다. 朔은 아무 필요가 없는 글자가 아니라[77] 十一月의 朔이 『삼정종람』·『이십사삭윤표』에서 戊戌이다.[78] 곧 年干支와 月의 朔이 동일해서 月의 朔이 생략되었다. 이렇게 보면 乙亥年의 乙亥도 三月의 朔이 되어야 한다. 375년, 435년, 495년, 555년, 615년, 675년, 735년, 795년, 855년에서 三月의 朔이 乙亥인 해는 없었다. 『魏書』 천상지와 『장술집요』에 따를 때, 달력을 二月의 朔인 乙亥를 三月로 보거나 四月의 朔인 乙亥를 三月로 보기도 하고, 1년 전인 甲戌年의 三月朔을 乙亥로 본 예와 1년 후인 丙子年의 三月朔을 乙亥로 본 예가 있어서[79] 675년인 乙亥年 二月乙亥朔이나 乙亥年 四月乙亥朔을

---

77) 목간의 글자는 좁은 공간에 적어넣어야 하기 때문에 소용 안 되는 글자는 적을 필요가 없다. 곧 목간의 글자는 고신라 금석문과 마찬가지로 한자 한자가 중요한 의미가 있다.

78) 따라서 대구무술명오작비의 연대는 추정 578년이 아니라 578년으로 확정된다.

79) 二月의 朔인 乙亥를 三月로 보거나 四月의 朔인 乙亥를 三月로 보기도 하는데, 이는 실제 『이십사삭윤표』 등에는 없으나 이해를 쉽게 하기 위해 가상으로 『장술집요』 등의 예를 든 것이다.

三月乙亥朔으로 잘못 본 것으로 생각된다. 그렇다면 乙亥年은 목간 연대가 675년으로 고신라 말기이니 통일신라기 것이 아니게 된다.

4. 정창원 좌파리가반 부속문서의 上

배산산성 목간에는 受, 失受 등이 나와서 좌파리가반 부속문서와의 비교검토가 불가피하다. 우선 설명의 편의를 위헤 정창원 좌파리가반 부속문서의 전문을 제시하면 다음과 같다.

(앞면)

彡接五

馬於內 上彡一具上仕之 彡尾者上仕而汚去如

巴川村正月一日上米四斗一刀大豆二斗四刀二月一日上米

四斗一刀大豆二斗四刀三月米四斗

(뒷면)

　　　　　　米十斗失受

永忽知乃末受丑二石上米十五斗七刀 之直大舍受失二石

上米十七斗丑一石十斗上米十三斗 熱△山大舍受丑二石

上米一石一斗

2010년에 들어와 일본의 지방목간연구전문가에 의해 正倉院 佐波理加盤 附屬文書가 전혀 새로운 각도에서 연구되었다.[80] 여기에서는 '丑'을 '籾'[81]

---

80) 平川南, 「正倉院佐波理加盤附屬文書の再檢討−韓國木簡調査から−」『日本歷史』750, 2010.

곧 탈곡하기 전의 쌀을 뜻하는 한자로 보고,[82] '上米'를 '上(納)한 쌀'로[83] 이해하고, 문서 뒷면의 내용을 '관청이 관청에 수납되어 있던 丑을 각 관인에게 지급하여[84] 이를 탈곡해서 上納하게 했다는 것을[85] 알 수 있는 기록'이라고[86] 해석하였다.

正倉院 佐波理加盤 附屬文書를 해석해 보면 '�接五는 물품 창고의 일련

---

81) 丑은 籾과 관계 없이 단독으로 탈곡한 벼를 가리키는 國字이다. 만약 丑이 籾과 관계가 있다면 탈곡한 벼를 가리키는 國字는 刀이 되지 丑이 되지는 않았을 것이다. 곧 籾과 丑은 아무 관계가 없다.

82) 탈곡하기 전의 쌀은 볏짚이 붙어 있는 벼인데 이를 어떻게 불렀는지는 알 수 없고, 탈곡한 벼는 丑이다. 벼는 탈곡하지 않으면 운반과 보관이 어렵다. 그래서 탈곡한 벼를 漕運을 통해 운송하고, 보관 역시 탈곡한 벼로 하였다. 탈곡하지 않은 채 벼를 보관할 경우 보관 창고도 커져야 하고 보관 비용도 역시 늘어나게 된다.

83) 이는 후술하겠지만 잘못된 해석이다.

84) 탈곡하기 전의 籾(丑)을(平川南의 견해이다. 필자는 籾과 관계없이 丑만 탈곡한 벼로 본다) 관리들에게 나누어주고 탈곡한 후 다시 관에 바쳤다는 주장에 따르면 永忽知乃末受丑二石, 之直大舍(受)丑一石十斗, 熱△山大舍受丑二石의 해석에서 문제가 된다. 신라에서 탈곡하지 않은 벼를 관리에게 나누어주었다고 본 것은 丑이 탈곡한 벼 낟알인 줄 몰랐기 때문일 것이다. 만약 丑을 탈곡하기 전의 벼, 米를 도정한 쌀로 볼 경우, 과연 丑과 米 사이에 있는 탈곡한 벼는 무엇이라 불렀는지 궁금하다. 역시 탈곡하지 않은 벼는 그냥 벼라고 부르고, 丑은 탈곡한 벼, 米는 도정한 쌀이라고 해석함이 타당할 것이다. 왜냐하면 봉록문서에는 上米十五斗七刀, 上米十七斗, 上米十三斗, 上米一石一斗 등도 나오기 때문이다. 上米는 그냥 집에서 먹고, 丑은 탈곡해서 다시 관청에 내라고 할 수가 없다.

85) 永忽知乃末은 丑 2석, 上米 15말 7되를 받고, 之直大舍는 보리 2석, 上米 17말, 丑 1석 13말, 上米 13말을 받고, 熱△山大舍는 丑 2石, 上米 1石 1말을 받았다고 명기되어 있고, 丑을 탈곡해서 다시 바치라는 말은 없다. 丑은 탈곡된 벼이니 도정해서 먹으라는 뜻으로 해석된다. 곧 丑을 한 지게(지게 한짐)나 한 수레(마차 한 수레) 등으로 양을 표기하지 않고, 永忽知乃末受丑二石, 之直大舍(受)丑一石十斗), 熱△山大舍受丑二石으로 표기하고 있어 丑은 탈곡한 벼임을 말해준다. 따라서 丑을 탈곡하지 않은 짚에 붙은 벼로 본 것은 명백한 잘못이다.

86) 이러한 해석도 당시의 신라 사정을 잘 몰라서 하는 소리이다. 정창원 좌파리가반 부속문서는 공물문서에서는 개인이 貂와 곡식들을 국가에 납부했으나 녹봉문서에서는 국가가 관인층에게 丑 등의 녹봉을 지급한 것으로 되어 있다. 그런데 관청에 수납되어 있던 丑을 각 관인에게 지급하고 이를 탈곡해서 上納하게 했다고 해석하는 것은 명백한 잘못이다. 관인의 녹봉문서이므로 관인이 받아서 도정하여 식량으로 먹었기 때문이다.

번호. 馬於內(지명)에서 上等의 犭(貂) 1구를[87] 바쳤다. 그 꼬리도 바쳤으나 더럽혀졌다.' 巴川村에서 正月 一日에 上米 四斗一刀, 大豆 二斗四刀를 바쳤고, 二月一日에 上米 四斗一刀, 大豆 二斗四刀를 바쳤고, 三月에 米四斗를 바쳤다.' 이 두 가지는 모두 貢物문서이다.

뒷면으로 넘어가 보자. '……米十斗, 失을 받았는데[88]……이다. 永忽知 乃末이 (국가로부터 녹봉으로) 받은 것은 丑 二石, 上米 十五斗七刀이다.[89] 之直 大舍가 받은 것은 失 二石, 上米 十七斗, 丑 一石十斗, 上米 十三斗이다. 熱△山 大舍가[90] 받은 것은 丑 二石, 上米 一石一斗이다.' 이는 祿俸문서이나.

여기에서 丑은 도정하지 않고 탈곡한 뒤의 벼를[91] 의미하고, 失은 쌀, 보리, 조, 콩, 기장의 5곡[92] 가운데 도정하지 않고 탈곡한 보리를 의미한

---

87) 犭을 사슴으로 보는 학자도 있으나(이수훈, 「정창원 좌파리가반부속문서의 검토」 『역사와 경계』, 2022) 사슴은 꼬리를 중시하지 않는다. 역시 담비인 貂가 맞다. 사슴 가죽은 잘 사용하지 않는다.

88) 하시모토 시게루, 앞의 논문, 2021, 465쪽에서 '受失'은 관인이 국가로부터 받지 못했다, '失受'는 반대로 국가가 관인으로부터 규정대로 받지 못했다로 해석하였으 나 이는 지나친 해석이다. 왜냐하면 失은 보리를 말하기 때문이다. 곧 '受失'은 '받은 보리는' 정도로, '失受'는 '보리를 받았다' 정도로 해석된다. 실제로 受失을 억지로 해석했으나 受失이란 말은 현재까지의 금석문, 목간, 고문서에서 나온 적이 없는 용어라는 것에 주목해야 할 것이다.

89) 일본학계에서는 上米十五斗七刀를 '米(쌀) 十五말 七되를 上納했다'고 해석하였으 나 여기에서는 上米를 上品쌀로 보고 녹봉의 하나로 해석한다. 앞의 공물문서에 二月一日上米四斗一刀大豆二斗四刀三月米四斗라고 해서 米도 나오고, 上米도 나오 기 때문이다. 上米를 '쌀을 바치다'로 해석하는 것은 한문식 해석 방법이며, 정창원 좌파리가반 부속문서에는 이런 한문식 해석 방법을 사용한 예가 없다.

90) 之直 大舍와 熱△山 大舍의 大舍(합자)를 亡羅[무라]로 읽는 가설(이수훈, 앞의 논문, 2022)이 나왔으나 녹봉문서이므로 관등명이 들어갈 자리이고, 전혀 상관없 는 인명이 둘씩이나 亡羅로 끝나는 것은 이상하다. 역시 大舍합자로 보는 쪽이 타당하다고 사료된다.

91) 이는 필자의 견해이고, 일본학계에서는 丑을 탈곡하지 않고 짚에 벼이삭이 붙어 있는 벼를 가리킨다고 본다. 이에 대해서는 하시모토 시게루, 앞의 논문, 2023, 47쪽 참조. 平川南, 앞의 논문, 2010, 13쪽에서는 정창원 좌파리가반 부속문서에서 공물문서의 공물품이나 녹봉문서의 녹봉품은 동일한 관료의 出納 点檢을 받은 椋창고에 있던 것으로 丑을 탈곡하지 않는 벼로 보았다. 그러나 탈곡하지 않은 丑을 椋(경)에 보관하기에는 너무 좁으며, 따라서 丑은 탈곡한 벼가 되어야 한다.

다.93) 丑은 논벼로 탈곡한 벼, 失은 밭벼일 가능성도 고려해 보았으나94) 가능성은 없는 것으로 보았다.

이 정창원 좌파리가반 부속문서에서는 上米의 上자를 전부 '上納하다'로 해석하고 있다.95) 하지만 뒷면의 내용은 녹봉문서이므로 上자를 上納했다란 의미로 해석할 수 없다. 왜냐하면 녹봉문서에서는96) 국가에서 녹봉을 받는 문서이므로 上米를 상납할 수가 없다. 따라서 녹봉문서의 上米는 米를 上納했다고 해석할 것이 아니라 上(品)米로 해석해야 할 것이다. 공물문서의 上米 역시 녹봉문서의 上米가 上(品)米인 점과97) 함께 공물문서

---

92) 좌파리가반 부속문서에는 上米, 米, 丑, 大豆는 나오면서 丑(탈곡한 벼) 다음으로 중요한 곡식인 보리가 안 나오는 것에 대해서는 주목할 필요가 있다.

93) 녹봉문서에서 之直大舍受失二石과 熱△山大舍受丑二石은 구조적으로 같다. 之直大舍受失二石이 之直大舍가 失(보리)二石을 받았다고 해석되는 점, 熱△山大舍受丑二石이 熱△山大舍가 丑(벼)二石을 받았다고 해석되는 점은 주목해야 할 것이다. 또한 失受가 米十斗失受……에 보이고 부산 배산산성 목간에 보인다는 점도 주목된다. 부산 배산산성 목간에서는 곡물명이 나오지 않는데, 그동안 그 이유를 간과해 왔다. 연구자들이 失은 보리의 탈곡한 낟알을 가리키는 용어라는 것을 몰랐기 때문이다. 배산산성 목간에서 촌명이 있는 것은 좌파리가반 부속문서에서 巴川村이 나오는 공물문서를 따랐고, 受로 적어서 月別로 날짜를 적은 것도 공물문서를 따랐지만 곡식의 명칭이 없고, 受, 失受라는 한자는 공물문서에는 안 보이고 녹봉문서에서만 나온다. 그러다 보니 배산산성의 목간을 해독하기 어려웠다. 연구자들은 모두 좌파리가반 부속문서를 비교 대상으로 삼았는데, 배산산성 목간에 월별로 날짜가 나오는데도 불구하고 丑(벼), 大豆, 上米, 米 등의 곡식을 찾지 못했다. 하지만 배산산성 목간에서 보이는 失受의 失은 보리 낟알로 추정되며, 그렇게 보면 배산산성 목간도 해석이 된다. 즉 관인층인……米十斗失受(乃末 그보다 높은 관등을 가진 자)와 관인층인 之直大舍와 배산산성 목간에 나오는 △今知(빈민구제 대상인 평민)도 보리밥을 먹었다고 판단된다.

94) 丑과 失은 삼국시대에 쓰인 우리의 國字로 보는 쪽이 설득력 있다. 이에 대해서는 본서 제6장 제3절 참조.

95) 하시모토 시게루, 앞의 논문, 2023.

96) 어떤 가설이든 정창원 좌파리가반 부속문서를 공물문서와 녹봉문서로 구분하는 것에 대해서는 의견이 일치한다. 하시모토 시게루는 이를 망각하고, 上米의 上을 '上納하다'로 해석하고 녹봉문서의 봉록물을 도정해서 도리어 국가에 바친다고 본 平川南의 가설을 추종하였다. 이는 上자를 上納하다라고 본 데서 나온 가설로, 재고의 여지가 있다. 애초에 녹봉으로 받은 곡식을 도정해서 다시 국가에 바치는 예가 우리나라에서는 없다.

에 正月一日上米四斗一刀란 구절이 있어서 上(品)米로 본다.

5. 受·失受의 의미

목간 내용을 알기 위해 목간에 나오는 受 내용에 주목하여 이를 표로 도시하면 다음과 같다.

〈표 2〉 월별 보리를 받은 배급표

번호	날짜	동사	수량
①	二月一日	借	
②	三月朔△日		三斗
③	三月一日	受	一石三斗
④	三月…日	…	
⑤	…日	受	
⑥	四月一日	上法同	

기재 양식이 〈날짜＋동사＋수량〉이라고 했는데 실제로 세 가지 전체가 남아 있는 것은 三月一日受一石三斗의 하나뿐이다. 날짜와 수량만 남아 있는 三月朔△日이 있으며, 날짜와 동사가 남아 있는 ……日受가 있다. 受는 신라의 1차 사료인 금석문에 많이 보이는 용어이다. 6~7세기의 대표적인 용례를 제시하면 다음과 같다.

作受長四步五尺一寸(551년, 명활산성비)

受作七步四尺[제2비], 受六步[제9비](591년, 남산신성비)

受地七步一尺, 受作五步五尺(7세기말, 신대리산성 석각[98])

---

97) 上米를 녹봉문서에서는 上(品)米, 공물문서에서는 米를 '上納하다'로 해석하면 공문을 읽는 사람에게 혼란을 준다. 上米는 모두 上(品)米로 보아야 한다. 정창원 좌파리가반 부속문서에서 上米를 米를 상납하다라는 뜻으로 해석하는 것은 이두 적인 해석이 아닌 한문식 해석이다. 그런 한문식의 해석은 정창원 좌파리가반 부속문서에 해당되지 않는다.

烟受有畓卄五結九十九負 合田五十八結七負一束並烟受有之(695년,[99]) 둔전문
서)[100]

이들 受의 뜻에 대해서는 일반적으로 '위에서 내려주는 것을 아래에서
받는다.'라고 해석해 왔다. 이에 비해 단순히 받는 것이 아니라 '국가로부터
관료, 관인, 재지 사회가 토지나 곡물을 수납하거나 공사 같은 임무나
명령을 수령하는 것을 의미하는 것'이라는 해석도 있다.[101] 산성 관련
자료의 受는 각 지역이 성벽 공사의 명령을 받았다는 뜻이 되고, 둔전문서는
각 烟이 국가로부터 토지를 받았다, 받아 가진다는 뜻이 된다. 이 뜻으로
배산산성 목간을 해석해 보면, '본파사촌이 거칠산군에 바친 곡물에 관한
기록이 되는 것'이[102] 아니라 '본파사촌에서 군으로부터 보리를 받은 것'
이라는 수식어가 되어 실제적인 주어가 될 수 없다. 실제적인 주어는
△今知이다. 곧 本波舍村 失受△今知(十)四에서 '本波舍村에서 보리(失)를
받은 것은 △今知가 (十)四번째이다.'가 된다.

여기에서 주목되는 것이 受가 반드시 국가로부터 받았다는 뜻이 아니라
"지역 단위나 개인에게 부과된 세금에 대한 '受納'과 관련된 어휘," 즉
'국가가 그 책무를 수납했다.'는 뜻도 있다는 지적이다.[103] 受가 나오는
어떤 자료를 보든 민간이나 지방관청이나 6부의 里에서는 '받다'는 뜻이
있을 뿐, 受納했다는 뜻은 없다. 또 국가가 그 책무를 직접적으로 주었다는
뜻으로 해석할 수가 있다. 受가 개인이나 관청이나 '받다'로 해석되고,

---

98) 관문성으로 부르고 있으나 신대리산성이 옳다.
99) 박남수, 「신라촌락문서의 인구통계와 그 작성 시기」, 『신라사학보』 52, 2021에서
    815년설이 다시 나왔으나 695년설이 타당하다.
100) 이를 해석하면 '烟이 받을 수 있는 논은 25결, 99부이고, 합해서 58결 7부 1속이다.
    細註는 아울러 烟이 받을 수 있는 것이다.'가 된다.
101) 이용현, 「목간류」, 『월성해자발굴조사보고서Ⅱ(고찰)』, 2006, 171쪽.
102) 하시모토 시게루, 앞의 논문, 2023, 44~45쪽.
103) 윤선태, 「월성 해자 목간의 연구 성과와 신출토 목간의 판독」, 『목간과 문자』
    20, 2018, 84쪽 및 87~88쪽.

국가는 그 책무를 수납했다고 할 것이 아니라 국가는 임무를 주었다고 하는 정도일 것이다.[104] 월성해자 9번 목간을 중심으로 이 문제를 좀 더 살펴보기 위해 관계 자료를 제시하면 다음과 같다.

習比部上里^{今受}　山南罡上里^{今受}　阿今里^不
牟喙 仲里^受 新里^受 上里^受 下里^受

이 자료는 6부 밑의 里기 책무나 세금을 부담하고, 국가가 그것을 수납하였다는 뜻으로 해석한다. 6부의 里에 있는 細註에 나오는 受는 무슨 특별한 뜻이 아니라 그냥 받았다는 뜻이고, 국가는 그 책무를 受納했다고 해석할 것이 아니라 '그 책무를 주었다고 令을 내렸다'로 해석해야 한다. 6부의 里나 국가에 모두 受納했다고 해석하는 것은 명백히 잘못된 것이다. 受는 개인이나 6부의 里나 지방관청에서는 받고, 국가에서는 거꾸로 주는 것 곧 명령을 내리거나 令을 내리는 것이다. 이들을 모두 受納하다로 해석하는 것은[105] 잘못된 못이다.

이제 배산산성과 정창원 좌파리가반 부속문서에서만 공통적으로 나오는 失受를 보자. 먼저 이 부속문서에 나오는 전문은 다음과 같다.

(뒷면)
① 　　　　　　　　　　米十斗失受
② 永忽知乃末受丑二石上米十五斗七刀　之直大舍受失二石
③ 上米十七斗丑一石十斗上米十三斗　熱△山大舍受丑二石
④ 上米一石一斗

---

104) 受는 받는 사람에게는 모두 '받다'라는 뜻이고, 이 受를 받는 사람과 국가나 관청을 모두 受를 통해서 '受納하다'로 해석하여 '어떤 곳에 넣어두다'로 해석할 수는 없다.

105) 그래서 受자를 개인도 수납했고, 국가도 수납했다고 잘못 해석하여 신라의 고대조세제도가 탄생되었는데 이는 잘못된 가설이다.

문제는 제①행의 복원이다. 米十斗失受의 앞에 빈 글자의 수가 8자이다. 이는 △△(인명)及干(관등명)失受△石으로 복원된다.[106) 丑二石을 失石 대신에 복원하기도 하나[107) 전후관계로 볼 때 문제가 있다. 왜냐하면 失受라는[108) 다음에 오는 말 때문이다. 이는 '보리를 받은 것은'이란 뜻으로 失은 앞에 나오는 失△石을 가리킨다. 그 양 곧 곡물의 가치는 丑二石 이상이라야 한다고[109) 짐작된다. 그 뒤에는 제②·③행으로 보면, 끝까지 다 차게 글자가 있었다고 판단된다. 11자의[110) 내용 중에는 관등이 높아서 그렇고, 上米나 丑이 부족해서 그러니 이해하라는 등의 이야기가 적혀 있었을 것이다. 물론 제①행도 글자가 다 차게 11자가 있었을 것이다.

이제 배산산성 목간의 머리 부분을 다시 한 번 검토해 보기 위해 관계 전문을 제시하면 다음과 같다.

本波舍村 失受△今知(十)四

이는 '본파사촌에서 보리를 받은 것은 △今知가 (十)四번째이다.'가 된다. 그 뒤에 나오는 6번의 보리를 받는 내용이 있어서 이는 모두 △今知와

---

106) 大乃末로 복원하려고 하면 1자가 모자라고, 합자로 보려고 하면 大乃末에서는 大는 합자되지 않고 乃末만 합자되는데, 大乑라고 나오는 예가 7세기에는 없다는 점이 문제이다. 또 及干을 합자한 예도 신라에서는 없다.

107) 하시모토 시게루, 앞의 논문, 2023, 46쪽.

108) 失受를 이용현, 앞의 논문, 2018, 322쪽에서는 '잘못 받은 것'으로 해석하고, 이수훈, 앞의 논문, 2018, 213쪽과 217쪽에서는 '失(期)한 受(納)'이라고 해석하여 목간의 성격을 물품을 납품할 때 약속한 날짜를 넘긴 사실(受失)만 기록한 기초 자료(失受 帳簿)라고 추정하였으며, 하시모토 시게루, 앞의 논문, 2021, 465쪽에서는 失受를 전혀 받지 못했다는 뜻이 아니라 '규정대로 받지 못했다'로 보았고 하시모토 시게루, 앞의 논문, 2023, 47쪽에서도 동일한 견해를 제시하였다. 이들 견해와 다르게 필자는 '失(보리)을 받은 것은'이라고 해석한다.

109) 失△石에서 △은 三 이상의 글자로 복원되어야 한다. 수급자인 일명관원의 불만을 고려하면 失五石 이상은 되어야 한다고 보이기 때문이다.

110) 여기에 한 명의 인명과 그의 몫으로 갈 수 있는 上米, 丑, 失을 복원하기에는 공간이 모자란다. 녹봉문서에 나오는 총 인원수는 4명으로 본다.

관련되어 있다. 여기에서도 失受는 '보리를 (거칠산군에서) 받은 것'으로[111] 해석된다. 정창원 좌파리가반 부속문서의 失受와 거의 비슷하다. 단, 정창원 좌파리가반 부속문서에서 失은 앞에 나오는 失△石을 가리키나 배산산성 목간에서는 가리킬 대상자가 목간 명문에 없다.

6. 배산산성 목간의 새로운 해석

이제 배산산성의 목간을 해석할 차례가 되었다. 우선 설명의 편의를 위해 다시 목간의 전문을 제시하면 다음과 같다.

本波舍村　失受△今知(十)四乙亥年二月一日借三(月)

朔△日三斗　三月一日　受一石三斗　三月……

……受四月一日上法同……

'本波舍村에서 失(보리)을 받은 것은 △今知가 (十)四번째이다. 乙亥年(675년) 二月一日에 (보리를) 借했고(빌렸고), 三(月)朔△日에 (보리를) 三斗를 받았고, 三月一日에 (보리를) 一石三斗를 받았고, 三月(△日)에 …했고, …日에 …를 받았고, 四月一日에 上法(…日…受의 것)과 같고,……'

군치는 거칠산군으로 추정되며, 나누어주는 보리의 양이 적기는 하지만, 군에서 행정촌인 本波舍村에 사는[112] 가난한 평민들에게 보리를 주는 빈민구제와 관련되는 내용의 목간으로 보인다. 우리나라에서 빈민구제와 관련된 동시대 자료가 출토된 것은 이것이 처음이다.

---

111) 여기의 失受에서는 失이 가리키는 대상이 없다.

112) 本波舍村의 本波를 함안 성산산성 목간에 11차례 나오는 本波와 동일한 것이라고 볼 수는 없다. 왜냐하면 성산산성 목간에서는 甘文 등의 군명을 수반하고 그 뒤에 나오기 때문이다.

7. 맺음말

우선 지금까지의 연구에서 나온 기존 여섯 가지 견해의 개요와 결론을 소개하였다. 대개 정창원 좌파리가반 부속문서와 관련지어 失受를 대개 받지 못했다는 뜻으로 해석하고 있다. 失受는 '보리를 받았다'는 뜻으로 '받지 못했다'는 뜻은 아니다.

다음으로 지금까지 배산산성 목간에서 나온 6개의 판독안에 대해 소개하였다. 일치된 의견을 보이는 판독안도 있으나 다름이 있는 곳도 많았다.

그 다음으로 지금까지 목간 판독을 비교 검토하였다. 목간의 연간지는 乙亥年으로 거의 의견 일치를 보이고 있으나 연대는 밝히지 못했다. 목간의 朔에 주목하여 『이십사삭윤표』를 통해 675년으로 보았다.

그 다음으로 정창원 좌파리가반 부속문서의 앞면은 공물문서이고, 뒷면은 녹봉문서였다. 또 표은 탈곡한 벼, 失도 탈곡한 보리로 보았다. 부속문서에 나오는 上米의 上자를 '上納하다'로 보았으나 녹봉문서의 上米는 米를 받는 것이므로 上米를 米를 '上納하다'라는 뜻으로 풀이할 수 없고, 上(品)米라고 볼 수밖에 없다.

그 다음으로 본 목간과 녹봉문서에 나오는 失受, 본 목간과 여러 곳에서 산견되는 受자를 6~7세기 자료를 중심으로 검토하여 受란 받다는 뜻이고, 국가가 주다라는 뜻에 受納하다라는 뜻이 포함될 수 없음을 고문서, 금석문 등을 통해 검토하였다.

마지막으로 목간의 내용에 대해 살펴보았다.

'本波舍村에서 失(보리)을 받은 것은 △今知가 十(四)번째이다. 乙亥年二月一日에 (보리를) 借했고(빌렸고), 三(月)朔△日에 (보리를) 三斗를 받았고, 三月一日에 (보리를) 一石三斗를 받았고, 三月에……했고, ……日에……받았고, 四月一日에 上法(……日의 받은 것)과 같고,……'

군치는 거칠산군으로 추정되며, 나누어주는 보리의 양이 적기는 해도 군에서 행정촌인 牟波旦村에 사는 가난한 평민들에게 보리를 주는 빈민구제와 관련되는 목간으로 보았다.

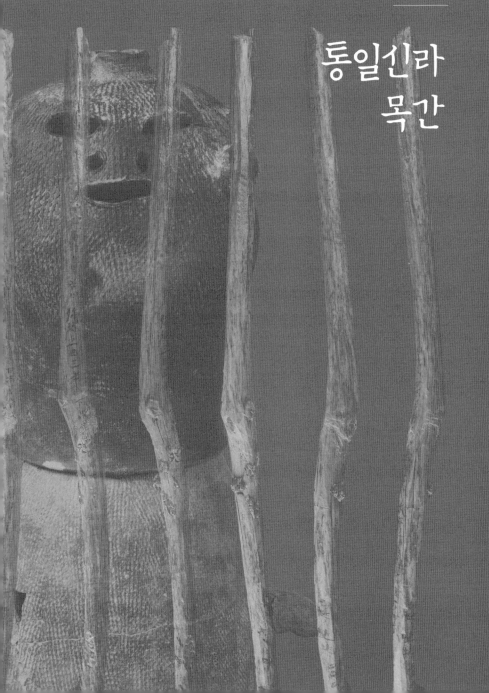

제5장

통일신라
목간

제1절 경주 전인용사지 출토 龍王 목간에 대하여

1. 머리말

우리나라의 토착신앙에 대한 최고 정점은 불함문화론이다. 백두산을 중심으로 세계적인 문화를 구축했다는 것이다. 이는 신석기시대나 청동기 시대에 해당될 것이나 이들 시기에 백두산에서 즐문토기나 무문토기가 발견된 적이 없어서 믿을 수가 없다. 더구나 백두산은 삼국시대의 산성도 쌓을 수 없을 정도로 높은 곳이라서 더욱 그러하다.

토착신앙은 불교나 도교에 밀리기도 하고, 그 편린이 없어서 복원하기가 어렵다. 535년에 작성된 울주 천전리서석 을묘명에 토착신앙을 담당했던 衆士와 仙人이라는 직명이 나온다. 이들 직명을 가진 두 사람 등은 당시 불교계에서 최고 실력자인 道人에 뒤이어 기록되고 있다. 왜냐하면 최고 관료이던 居杞夫伊干에 앞서서 道人이 568년의 마운령비와 황초령비에서 기록되기 때문이다. 이 을묘명 자료는 토착신앙을 전하는 유일한 자료이며, 그 이전이나 이후 시대에도 없다.

여기에서는 먼저 전인용사지의 발굴 성과에 대해 개략적으로 알아보겠 다. 다음으로 龍王 목간에 대한 기왕의 판독과 해석을 살펴보고, 이어 처격조사 中자에 대하여 알아보겠다. 마지막으로 전인용사지 목간의 해석 에 대해 살펴보겠다.

2. 전인용사지의 조사[1]

발굴 전부터 지표상에 노출되어 있던 석탑지를 중심으로 하는 가람과 그보다 이른 시기의 유구들이 확인되었다.

1) 사찰관련 유구

(1) 금당지

금당지는 석탑지에서 북쪽으로 8.2m 떨어져 있었다. 초석을 포함한 그 상부구조는 모두 유실되고 기단석 일부와 기초적인 적심만 남아 있었다. 적심 등으로 보면 금당지는 5×5칸이다.

(2) 탑지

동탑과 서탑은 7.7m의 거리를 두고 떨어져 있으며, 1변 540cm인 정방형의 축기부를 구축하고 그 위에 동일한 형식의 탑기단부의 탑신부를 가진 3층석탑으로 밝혀졌다. 탑 기단은 팔부중상을 模刻한 면석을 사용하였고, 1층 탑신에는 門扉를 모각하고 상면에 사리공을 설치하였다. 각층 옥개석에는 탑을 화려하게 장식하기 위하여 轉角과 隅棟, 탑신받침 주변을 따라 구멍을 뚫어놓은 것이 확인되었다. 상륜부는 어떻게 되었는지 자료가 없어서 알 수가 없다.

(3) 중문지

중문지는 금당지와 탑지가 이루는 중심축선상에 위치하며, 탑지에서 남쪽으로 8m 정도 떨어져 있다. 적심의 배치구조를 보면 약간 타원형을 띠는 큰 적심 4기를 중심으로 동서남북 네 방향으로 한 칸씩 이어진 구조인

---

1) 이 장은 권택장, 「경주 전인용사지 유적의 발굴조사와 목간 출토」 『목간과 문자』 6, 2010에서 발췌하였다.

데, 초석과 기단이 모두 유실되어 완전한 형태는 알 수가 없다.

(4) 동·서회랑지

금당지와 탑지, 중문지가 중심축을 이루고 있고, 그 좌우 양쪽에 單廊구조의 동·서회랑지가 남북 방향으로 길게 이어지고 있다. 지금까지 확인된 회랑의 규모는 1칸×13칸인데, 남단은 중문지와 연결되는 건물지보다 남쪽으로 1칸 더 이어지면서 마감되었고, 북단은 금당지까지 이어지는 것이 확인되었다.

2) 사찰이전 유구

(1) 瓦築基壇 건물지

와축기단 건물지는 금당지 동편의 건물지와 서회랑지 하층에서 확인되는 유구이다. 이 와축기단 건물지는 백제에서만 확인되었고, 신라에서는 확인된 적이 없다. 기단의 규모는 12.6m×6.7m이고, 적심배치로 파악되는 건물지의 규모는 3칸×1칸(9.0m×3.0m)이다. 건물의 조영 시기는 공반되는 유물인 고식단판연화문수막새, 단각고배 등으로 볼 때 6세기 후반을 그 상한으로 설정할 수 있을 것 같다.

(2) 목간이 출토된 우물

이 우물은 동회랑지 남쪽으로 20m 정도 떨어진 조사대상지역의 남동단에 위치한다. 목간은 우물 내부를 조사하면서 우물 내부 매몰토의 상부를 일괄 제토하는 과정에서 출토되었다.

우물은 30~50㎝ 크기의 割石을 사용하여 깊이 367㎝, 직경 150㎝로 축조되었는데, 내부 벽석을 보면 아주 치밀하고 정교하게 짜져 있다. 또 우물 둘레에 圓形護石과 方形敷石이 보이는데, 조사결과 원형호석과 방형부석 사이에 분명한 층위차이가 확인되어 시기차가 있음이 밝혀졌다.

먼저 우물 둘레를 원형호석으로 돌려 사용하다가 나중에 일정 부분 성토하여 방형으로 돌을 깔아 사용하였을 것이다.

우물 상부의 2개 층위(흑갈색 사질점토층과 황갈색 사질점토층)는 현대의 교란층이고, 그 아래층인 흑회색 사질점토층부터는 당시 우물 내부의 매몰층으로 파악된다. 흑갈색 사질점토층 아래부터는 부엽이 포함되어 암갈색을 띠는 사질점토층으로 토층 두께가 200㎝ 내외나 된다. 이 층에서 목간과 중국제 해무리굽 청자편, 우물 상석부재 등이 출토되었다. 암갈색 사질점토층 아래층은 흑갈색 사질토와 그 아래의 자갈모래층이 우물바닥에서 100㎝ 두께로 퇴적되어 있다. 흑갈색 사질토층에서는 원반형토제품과 육상동물(소, 돼지, 고라니, 사슴, 개 등)과 조류(기러기, 오리, 까마귀, 꿩, 닭 등)와 어류(다랑어, 숭어, 농어, 잉어, 상어, 돔)의 뼈와 복숭아씨가 다량 출토되었고, 자갈모래층에서는 원반형토제품, 인화문토기, 銅串 등이 출토되었다.

내부 출토유물의 연대는 바닥층의 인화문토기와 상부층의 중국제 청자를 참고할 때 8세기 초에서 9세기 말 또는 10세기 초로 볼 수가 있다. 그런데 반출된 중국 청자의 연대가 중요시되는 점, 신라 우물은 할석이 아닌 천석으로 쌓는 점, 신라 우물은 단지처럼 배가 부르게 쌓는 점 등에서 보면 우물 연대가 고려 초일 가능성도 있어서 목간이 고려 초의 것일 가능성도 있는 듯하다.

3. 龍王 목간에 대한 기왕의 판독과 해석

傳인용사지 우물에서 출토된 용왕 목간의 판독에 대해서는 발굴 당사자에 의해 적외선 사진을 통해 2010년 처음으로 제시되었다.[2] 이를 소개하면 다음과 같다.

---

2) 권택장, 앞의 논문, 2010, 140쪽.

앞면　　　　　　　: 大龍王中白主民渙次心何多乎去亦在
뒷면 첫째 줄 : (各)者所貴公歲卅金△公歲卅五(글자 역방향)
　　　둘째 줄 : 是二人者歲△中人亦在如契与△△右△

여기에서는 판독명문만 제시하고 전문은 해석하지 않은 점이 대단히
아쉽다.

다음으로 2016년 국어학자에 의해 명문을 판독하고 전문을 해석한 가설
이 나왔다.[3] 우선 판독문부터 제시하면 다음과 같다.

앞면　　　　　　　: 大龍王中白主民渙次心何多乎去亦在
뒷면 첫째 줄 : 各者所貴公歲卅金△公歲卅五(글자 역방향)
　　　둘째 줄 : 是二人者歲△中人亦在如契与△△右如

해석문을 제시하면 다음과 같다.

　　'대왕께 사뢰되 주민이 갈라져서 마음에 많은 것이 사라집니다. 또
　　있습니다. 이름은 소귀공이고, 나이 삼십이며, 김△공은 나이 삼십오인,
　　두 사람은 나이 △가 적당한 사람입니다. 또 있습니다. (위의 두 사람은)
　　契와 함께 △△하기를 빕니다.'

같은 2016년에 사학자에 의해 광범위한 용왕신 등의 제사유물을 소개하
고 아울러 전인용사지 출토 龍王 목간을 검토한 견해가 나왔다.[4] 먼저
판독문부터 제시하면 다음과 같다.

---

3) 김영욱, 「傳仁容寺址 목간에 대한 어학적 접근」『목간과 문자』 7, 2011.
4) 이재환, 「傳仁容寺址 출토 '龍王'목간과 우물·연못에서의 제사」『목간과 문자』
　　7, 2011.

앞면　　　　　　: 大龍王中白主民渙次心何多乎去亦在

뒷면 첫째 줄 : (各)者所貴公歳卅金(侯)公歳卅五(글자 역방향)

　　둘째 줄 : 是二人者歳△中人亦在如△与△△右△

해석문을 제시하면 다음과 같다.

　　'大龍王님께 사룁니다. 主·民이 갈라져 마음에 많은 것이 사라집니다. 이름은 所貴公, 나이 서른. 金(侯)公, 나이 서른다섯. 이 두 사람은 니이기 적당합니다. (먹어) 주시기를 (빕니다.)'

2017년에 국어학자에 의해 (전)인용사지 1번 목간을 다시 판독하고 해석한 견해가 나왔다.[5]

먼저 판독문부터 소개하면 다음과 같다.

앞면　　　　　　: 大龍王中白主民渙次心何多乎去亦在

뒷면 첫째 줄 : 衆者所貴公歳卅金侯公歳卅五(글자 역방향)

　　둘째 줄 : 是二人者歳△是亦在如奘与日

이를 다음과 같이 해석했는데 판독과 해설문에서 기왕의 가설과의 차이가 보인다.

　　大龍王께 사룁니다. "主民이 흩어지던 차에 마음이 많이 감이(걸리는 바가) 있습니다. 많은 사람들이 所貴公(30세)과 金侯公(35세)(을 추천합니다.) 이 두 사람은 나이가 맞음이 있습니다. 일꾼과 더불어 시간(도 있습니다.)"

---

5) 이승재. 『木簡에 기록된 古代 韓國語』, 2017.

4. 처격조사 中자에 대하여

먼저 처격조사에 대해서는 일찍이 처격조사로서[6] '~에'란 뜻으로 보았다.[7] 그러다가 최근에 처격조사가 아니고, 한국 고대 이두와는 관계가 없다는 견해가 나왔다. 즉 이는 어느 달의 어느 시점을 가리키며, 하나의 달에 대해 그 시기를 뚜렷하게 부르지 않고 대략적으로 부르는 것을 가리킨다고 본 견해였다.[8] 그런데 순흥 기미명 벽화고분 묵서명에 다음과 자료가 나왔다.

　　己未中墓像人名
　　△△……

여기에서의 己未中은 '어느 달의 어느 시점을 가리키는 것이다'로 볼 수는 없다. 아무래도 '~에'란 뜻의 처격조사로 봄이 타당할 것이다. 그러면 금석문 자료가 귀하던 시기의 '~에'란 뜻의 처격조사는 그 의미가 남다르다 하겠다. 그 예를 들면 다음과 같다.

고구려

　　延壽元年太歲在辛卯三月中(451년, 서봉총 출토 은합 명문)
　　五月中……(458년경, 충주고구려비)
　　丙戌十二月中(506년, 평양성석각 제4석)

---

6) 이승재, 앞의 책, 2017, 206쪽에서 이 전인용사지 출토 목간의 中이 처격조사이고, 협의로는 여격조사라고 보았다.

7) 이홍직, 「延壽在銘新羅銀合杆에 대한 一·二의 考察」『崔鉉培博士還甲紀念論文集』, 1954 ; 『韓國古代史의 硏究』, 1973 재수록.

8) 戴衛紅, 「한국목간에 보이는 "某月中"」『목간과 문자』23, 2019, 118쪽에서 고려국 졸대사 삼중대 광내사령 최정숙공(사위)묘지의 ……戊午年十二月中契丹國兵馬發來入境이란 예를 소개하고 있다.

백제

戊寅年六月中固淳夢三石……(618년, 좌관대식기)

신라

△△△△月中(545년이나 그 직전, 적성비)

乙丑年九月中(545년, 울주 천전리서석 을축명)

辛未年十一月中(551년, 명활산성비)

일본

辛亥年七月中(471년, 蹈荷山古墳의 鐵劍 명문)

……八月中(500년 전후, 江田船上古墳의 鐵刀 명문)

……癸未年三月中(623년, 法隆寺金堂釋迦三尊佛 명문)

울주 천전리서석 신해명에 다음과 같은 자료가 나온다.

辛亥年九月中芮雄妻幷行

妻의 인명 표시가 나오는 자료로 울주 천전리서석 계해명이 있다. 이를 제시해 보면 다음과 같다.

④	③	②	①	
行	婦	沙	癸	1
時	非	喙	亥	2
書	德	路	年	3
	刀	凌	二	4
	遊	智	月	5
		小	六	6
		舍	日	7

이 명문은 543년으로 보기도 하나[9] 小舍에 帝智, 弟 등이 붙지 않아서

603년이 맞다.[10) 해석을 보면 '癸亥年(603년) 2월 6일에 사탁부 路凌智小舍
의 婦인 非德刀가 놀러갈 때에 썼다'가 된다. 이 명문으로 보건대 603년까지
는 인명표기에 부명이 있었다고 보아도 된다.[11) 울주 천전리서석 신해명은
辛亥年九月中芮雄妻幷行으로 '신해년 9월에 芮雄과 처가 아울러(함께) 다녀
갔다'로 해석되고, 芮雄이 인명이 아니라 성＋인명일 가능성도 엿보인다.
그렇다면 辛亥年은 651년이 아닌 711년 이후로 보인다. 이것이 마지막
통일신라의 예이다.

某年某月中에서 中자가 탈락한 예가 있다. 김해 양동산성의 목간 3점
가운데 1점이 그러하다. 그 예를 제시하면 다음과 같다.[12)

　　癸卯年七月栗村百刀公△日除麥石
　　'계묘년(583년) 7월에 율촌의 百刀公과 △日除가 낸 麥 1石이다.'

癸卯年이란 연대는 양동산성 집수지 출토 유물의 연대가 6세기 후반에서
7세기 초이므로[13) 583년으로 보았다.

그런데 농오리산성에서 月자 다음에 中자가 없는 자료가 나왔다.
1957년 가을 태천 고급중학교에서 향토사 연구를 목적으로 농오리산성
을 조사하던 중에 자연 암벽에서 글자를 발견하고, 이를 신의주 역사박
물관에 보고하였다. 이에 동 박물관에서 1958년 초에 마애석각을 조사하여
학계에 알려지게 되었다. 우선 설명의 편의를 위해 전문을 소개하면 다음과
같다.

---

9) 국사편찬위원회 한국사데이터베이스의 울주 천전리서석 계해명조 참조.
10) 武田幸男, 「金石文からみた新羅官位制」『江上波夫教授古稀記念論集 歷史篇』, 1977.
11) 고신라의 인명표기에서 부명이 사라진 것은 673년 '계유명아미타삼존불상비상'이
　　　처음이다.
12) 이수훈, 「김해 양동산성 출토 목간의 검토」『역사와 세계』 58.
13) 대성동고분박물관, 『김해 양동산성 집수지 유적』, 2020.

③	②	①	
城	小	乙	1
六	大	亥	2
百	使	年	3
八	者	八	4
十	於	月	5
四	九	前	6
間	婁	部	7
	治		8

이 녕문에서 인명은 제①·②헹의 前部小大使者於九婁이다. 前部는 출신 부명, 小大使者는 관등명, 於九婁는 인명이다. 인명표기에 대한 분석은 간단하지만, 乙亥年이란 연대가 언제인지가 문제이다.

乙亥年이란 연대를 추정할 수 있는 문헌자료나 다른 금석문 자료가 없어서 연대 추정에는 상당한 모험이 따를 수밖에 없다. 乙亥年을 고구려 유리왕 34년(15년)으로 추정한 견해가 있다.[14] 여기에서 든 중요한 근거는 다음과 같다. 농오리산성이 소재한 대령강 이북이 고구려의 영토가 되고, 대령강 일대가 고구려의 남쪽으로 되었던 시기는 고구려가 남쪽으로 영토 를 적극 확대해 나가던 때에서 찾아야 한다면서 태조왕 4년(56년)에 고구려 영역이 남쪽으로 청천강에 이르렀기 때문에 대령강 일대의 소유는 이보다 앞서리란 점이다.

乙亥年을 고구려 양원왕 11년(555년)으로 본 견해가 있다.[15] 여기에서는 평양성석각의 丙戌年이 556년인 점과 충주고구려비의 건립 연대가 449~519년 사이인 점을 근거로 乙亥年을 문자왕 4년(495년)과 양원왕 11년(555년)으로 좁혔다. 문자왕 4년은 고구려가 남쪽으로 죽령과 계립현 까지 영토를 확장한 전성기이며, 양원왕 11년은 동왕 7년(551년)에 서북쪽 으로 돌궐의 침입을 받고, 남쪽으로 백제와 신라의 공격을 받아 한강

---

14) 손량구, 「태천군 롱오리산성을 쌓은 년대에 대하여」, 『조선고고연구』, 1987, 20쪽.
15) 민덕식, 「고구려 농오리산성 마애석각 乙亥年에 대하여」, 『한국상고사학보』 3, 1990, 110쪽.

유역을 상실하고 임진강선으로 후퇴했던 직후로서 고구려는 방어체제를 재정비할 필요가 있었기 때문에 乙亥年을 555년으로 보았다.

乙亥年의 연대 문제를 여기에서는 小大使者라는 관등명에 의해 접근해 보고 싶다. 小大使者는 小使者나 大使者의 별칭으로 볼 수도 있으나 小大使者 는 小使者나 大使者가 분화되기 이전의 관등명으로 해석된다. 그렇다면 乙亥年은 太使者가 나오는 충주고구려비의 건비 연대인 458년경보다 앞서 는 시기인 435년으로 보고자 한다. 375년은 아직까지 고구려에서 금석문이 4세기 것은 알려진 바가 없고, 4세기의 금석문 자료로는 기와와 전의 명문밖에 없고, 4세기의 관등명 자료도 동시대 자료로는 알려진 예가 없다. 곧 안악3호분의 묵서명에서 관등은 없고, 3세기의 고구려 관등으로 『삼국지』위지 동이전, 고구려조에 나오는 主簿, 優台, 丞, 使者, 皁衣, 仙人 등은 금석문 등에서 보이지 않아 농오리산성 마애석각을 4세기대로 보기 어렵다. 여기에서는 마애석각을 435년으로 보며, 435년에서 451년 사이에 中자가 사용되기 시작한 것으로 생각된다. 농오리산성 마애석각 전문을 해석하면 다음과 같다.

　　'乙亥年 (435년) 8월에 前部 小大使者인 於九婁가 城 64間을 治하였다(쌓았
　　다).'

5. 전인용사지 목간의 해석

전인용사지 목간을 판독해 제시하면 다음과 같다.

앞면　　　　　　　: 大龍王中白主民渙次心何多乎去亦在
뒷면　첫째　줄 : 衆者所貴公歲卅金侯公歲卅五(글자 역방향)
　　　둘째　줄 : 是二人者歲△是亦在如巭与日

이를 해석하면 다음과 같다.

"大龍王님께 사룁니다. '중요한 백성이 흩어진 차에 마음이 何多乎에
게16) 감이 또한 있습니다. 많은 사람이 所貴公 30세와 金侯公 35세의
이 두 사람이 나이가 적당하다고 합니다. 또 있습니다. (두 사람은) 功夫와
함께 더불어 날을 (같이) 합니다.'"

이 용왕 목간은 창녕 회왕산 우물 출토 목간, 경산 소월리 출토 투조산면인
물문옹, 양주 대모산성 출토 태봉 목간과 함께 토착신앙과 관계되는
유물이다. 전인용사지 목간은 우물에서 출토된 토착신앙과 관련된
최초의 목간이다. 신라 토착신앙의 절정은 인화문토기의 창조이다.
이 인화문토기는 불교도 도교도 아닌 토착신앙에 바탕한 것으로 보이는
데, 6세기 중엽에 시작되어 800년에 종언을 고한다. 800년이라면 아직
통일신라가 최전성기를 구가하던 시기임에도 인화문토기는 소멸하였다.
그 이유가 궁금하다.

6. 맺음말

먼저 전인용사지 발굴에 대한 개요를 최초 보고자의 논문을 인용하여
간단히 살펴보았다.

다음으로 龍王 목간에 대한 기왕의 판독와 해석에 대해 판독문 5개와
해석문 4개를 그 나온 연도 순서에 따라서 소개하였다. 판독이나 해석에서
조금씩 차이가 나는 것을 알 수가 있었다.

그 다음으로 처격조사 中자에 대하여 조사하였다. 1954년 이래 中자는

---

16) 토착신앙의 새로운 지도자로 보인다.

처격조사인 '~에'의 뜻으로 보았으나 최근에는 이를 처격조사가 아니고 한국 고대 이두와 관계가 없으며, 어느 달의 어느 시점을 가리키는 것으로 보았다. 그러나 연간지에도 中자가 오는 예가 있기 때문에 여기에서는 처격조사로 보았다.

마지막으로 목간 해석을 다음과 같이 나름대로 해보았다.

'大龍王님게 사룁니다. 중요한 백성이 흩어진 차에 마음이 何多乎에게 감이 또한 있습니다. 많은 사람이 所貴公 30세와 金侯公 35세의 이 두 사람이 나이가 적당하다고 합니다. 또 있습니다. (두 사람은) 功夫와 함께 더불어 날을 (같이) 합니다.'

제2절 월지 목간의 洗宅에 관등명이 없는 까닭

1. 머리말

월지에서는 洗宅이라는 유일한 관직명이 나온다.[1] 일찍이 월지에서
출토된 목간자료에 나오는 이 용어에 주목한 연구는 세택을 시종·문한기구
로 파악했다.[2] 즉 경덕왕이 세택을 통해 왕권강화를 위한 개혁정치를
추진했다는 것이다. 그리고 하대에 들어가서 문한기구의 성격을 함께
지니면서 정치적으로 더욱 커다란 비중을 차지하게 되었다고 보았다.
이를 통해 한국 고대에서 중세로의 전환이라는 변화까지 살펴보았다.

이후의 논의에서 중대에는 세택이 궁중 잡역을 담당하는 하급 봉공기구
에 불과하였으며,[3] 하대에 가면 문한기구의 성격을 띠게 되었다고 보았다.
이러한 해석은 여러 연구자들에 의해 계속 받아들여지고 있는 실정이다.
최근에는 세택을 宦官과 연결되는 관청이라는[4] 새로운 이해도 덧붙여지고
있다.

그런데 세택이라는 직명을 가진 사람도 관리이므로 그 역시 관등명이
붙어야 할 것이다. 그럼에도 불구하고 세택이라는 관직명에는 관등명이

---

1) 洗宅의 전반적인 연구에 대해서는 김수태, 「통일신라시대의 洗宅 재론」, 『영남학』
   73, 2020 참조.
2) 이기동, 「안압지에서 출토된 신라목간」, 『경북사학』 1, 1979.
3) 이문기, 「안압지 출토 목간으로 본 신라의 세택」, 『한국고대사연구』, 2012 ; 이문기,
   「신라 세택(중서성)의 기능과 관제적 위상의 변화」, 『역사교육논집』 51, 2012.
4) 이재환, 「신라의 환관 관부에 관한 시론-세택(중서성)의 성격에 대한 재검토-」
   『목간과 문자』 21, 2018.

하나도 없다. 8세기 3/4분기의 통일신라 때 동궁의 원지인 월지에서 나온 61개의 목간 가운데[5] 관등명을 가진 사람이 단 한 명도 없다는 것은 아무래도 무슨 이유가 있을 것이다.

여기에서는 먼저 韓舍명의 습서에 대해 살펴보겠다. 다음으로 韓舍가 인명인지의 여부를 조사해보겠다. 그 다음으로 洗宅이 나오는 자료를 검토하고, 마지막으로 洗宅에 관등명이 없는 까닭을 검토하겠다.

2. 韓舍명의 습서

184번 목간

① 　　　　舍舍舍 舍 舍　　　天寶十一載壬辰十一月

② 韓舍　　　　　　韓舍

③ 　　　　韓舍 韓舍 韓舍 天寶　寶 △ 寶

④ 韓舍韓舍韓舍文△

위의 국립창원문화재연구소 184번 목간의 韓舍는 관등명으로 보기 쉽다. 그런데 제①행에 보면 舍자를 5번이나 쓰고 있다. 이는 韓舍에서 舍자만을 떼어서 쓴 것이다. 이는 마치 충주비에서 寐錦忌가 나오는데 訥祗王의 祗를 따온 것과 같다. 또 大~年末城명 암막새와 城명수막새에서 大~年末城명 암막새의 末城이 인명이고, 수막새의 城은 末城이라는 인명의 뒷글자를 따온 것과 같다.[6] 제④행 韓舍韓舍韓舍文의 文자도 韓舍韓舍韓舍의 글월이란 뜻으로 韓舍가 인명임을 나타내 주고 있다. 그러면 관등명이 인명이 쓰인 예가 있는지 그에 대해서 장을 달리해서 조사해 보자.

5) 윤재석 편저, 『한국목간총람』, 2022, 228쪽.

6) 김창호, 「儀鳳四年皆土명 기와의 皆土 해석」 『한국고대와전명문』, 2022, 93쪽.

3. 인명인지 여부

관등명이 인명으로 나오는 예로 경덕왕대 화엄경사경의 인명표기를 들 수 있다. 이를 제시하면 다음의 〈표 1〉과 같다.

〈표 1〉 경덕왕대 화엄경사경의 인명표기

職名	出身地名	人名	官等名
紙作人	仇叱珎兮縣	黃珎知	奈麻
經筆師	武珎伊州	阿丁	奈麻
위와 같음	위와 같음	異純	韓舍
위와 같음	위와 같음	今毛	大舍
위와 같음	위와 같음	義七	大舍
위와 같음	위와 같음	孝赤	沙弥
위와 같음	南原京	文英	沙弥
위와 같음	위와 같음	卽曉	奋
위와 같음	高沙夫里郡	陽純	奈麻
위와 같음	위와 같음	仁年	大舍
위와 같음	위와 같음	屎烏	大舍
위와 같음	위와 같음	仁節	奋
經心匠	大京	能吉	奈麻
위와 같음	위와 같음	亐古	奈
佛菩薩像筆師	同京	義本	韓奈麻
위와 같음	위와 같음	丁得	奈麻
위와 같음	위와 같음	夫得	舍知
위와 같음	위와 같음	豆烏	舍
經題筆師	同京	同智	大舍

景德王代 華嚴經寫經은 文頭의 '天寶十三載八月一日初己未載二月十四日' 이란 구절에서 보면 경덕왕 13년(754년)에서 14년(755년) 사이에 만들어진 것을 알 수 있다.[7] 〈표 1〉에서 눈에 띄는 것은 仇叱珎兮縣 출신의 黃珎知를 필두로 지방민의 관등은 전부 奈麻와 大舍가 주류를 이룬다는 사실이다. 곧 奈麻가 3명, 大舍가 7명, 沙弥가 2명으로 모두 12명이다. 특히 經題筆師인

---

7) 문명대, 「신라 화엄경사경과 그 변상도의 연구-사경변상도의 연구(1)-」『한국학 보』14, 1979.

同智 大舍는 六頭品 父吉得阿湌이 나와서 6두품이다. 5두품으로 추정되는 經筆師 武珎伊州 阿干 奈麻의 경우는 6두품에 해당되는 阿干이라는 관등명과 같은 두 글자를 인명으로 사용하고 있다.

다음으로 외위에 인명이 포함된 예로 영천청제비 정원14년명(798년)이 있다. 이 명문에 나오는 인명표기를 분석하여 제시하면 다음의 〈표 2〉와 같다.

〈표 2〉 영천청제비 정원14년명의 인명 분석표

직명	부명	인명	관등명
所內使		上干年	乃末
위와 같음		史湏	大舍
契守	須果	玉純	乃末

영천청제비 정원14년명에서 所內使의 경우, 아직까지도 上干年을 上干과 年으로 나누어 上干은 외위로, 年을 인명으로 보고 있다. 하지만 외위는 신라에서 673년에 이미 사라졌다. 또 위의 견해에 따르게 되면 인명인 年이 上干이란 외위와 乃末이라는 경위를 갖게 되어 한 사람이 경위와 외위를 갖는 유일한 예가 되므로 이는 잘못된 분석이다. 따라서 上干年을 합쳐서 인명으로 보는 것이 옳다. 이 예도 上干이라는 외위의 잔재가 인명으로 된 예라고 보면 될 것이다.

4. 洗宅 자료의 검토

지금까지 나온 洗宅 자료를 문헌자료부터 금석문, 목간, 대부완 등의 예를 전부 제시하면 다음과 같다.

『삼국사기』 권39, 직관지 중,

洗宅 景德王改爲中書省 後復故 大舍八人 從舍知二人

洗宅 大舍四人 從舍知二人

월지 출토 문자   洗宅이란 글자가 각각 朱書, 墨書된 대부완과 토제접시

월지 출토 목간   △迷急使牒高城壅正(185번 앞면)

辛審洗宅△△瓮一品仲上(185번 뒷면)

월지 출토 목간   洗宅白之 二典前四△子頭身沐浴△△木松茵(보고서 1번 앞면)

△△△迎(之)入日   (보고서 1번 좌측면)

十一月卄七日典大舍 思林 (보고서 1번 뒷면)

월지 출토 목간   曹洗宅家   (191번 앞면)

曹洗宅家   (191번 뒷면)

경주박물관 남측부지 유적 35호 건물지에서 나온 청동접시

辛番東宮洗宅

昌林寺無垢淨塔誌(855년) 專知修造官 洗宅 大奈末 行西林郡太守 金梁博

먼저 짚고 넘어가야 할 부분은 辛 또는 辛審 또는 辛番을 郊祀와 관련시킬지 여부이다.[8] 그 관건이 되는 것은 신라 정궁의 위치이다. 최근에 금성의 위치에[9] 대한 괄목할 만한 가설이 나왔다.[10] 여기에서는 다음의 사료에

---

8) 이수훈, 「신라 왕경 출토 유물의 辛·辛審·辛番과 郊祀-안압지와 경주박물관(남쪽부지) 출토 유물을 중심으로-」『역사와 경계』113, 2019.

9) 금성의 위치에 대해서는 藤島亥治郎, 「朝鮮三國時代の都市と城」『日本古代史講座』4, 1980에서는 월성 서북부 알천 부근으로 비정하였고, 강종원, 「신라왕경의 형성과정」『백제연구』23, 1992에서는 경주평야 남쪽, 이기봉, 『고대 도시 경주의 탄생』, 2007에서는 첨성대 부근, 윤무병·김종철, 「역사도시 경주의 보존에 대한 조사」『문화재의 과학적 보존에 대한 연구Ⅰ』, 1972에서는 월성의 이칭으로 보았다. 박방룡, 「도성·성지」『한국사론』15, 1985에서는 왕도 전체의 대명사로 보았고, 김호상, 「신라왕경의 금성연구」『경주사학』18, 1999에서는 협의의 궁성(황성공원 일대)이자 광의의 국호로 보았고, 藤田元春, 「都城考」『尺度綜考』, 1929와 김병모, 「신라 왕경의 도시계획」『역사도시 경주』, 1984와 전덕재, 「신문왕대 왕경의 축소와 그 배경」『신라 왕경의 역사』, 2009에서는 읍성으로 보았다. 여호규, 「신라 도성의 전개와 왕궁의 변천」『발천-신라 왕경의 옛물길-』, 2021에서는 고지형 연구와 고고조사 성과를 바탕으로 첨성대 주변의 미고지 또는 대릉원

주목하였다. 이를 제시하면 다음과 같다.

復號新羅 初赫居世二十一年 築宮城 號金城 婆娑王二十二年[11] 於金城東南築
城號月城 或號在城 周一千二十三步 (『삼국사기』 권34, 잡지3, 지리지1)

여기에서 於金城東南築城號月城에[12] 주목하고, 그동안의 발굴 성과를
참조하여 밝힌 바에 따르면, 발천 북쪽은 현지 지표조사 결과 남쪽 발천을
경계로 하여 북쪽으로 완만하게 연결되다가 첨성로 남쪽에서 둔덕처럼
비정상적인 단이 형성되어 있고, 이 볼록한 형태의 둔덕이 핑크뮬리 군락지
를 중심으로 동서방향으로 연결된다. 발천 북쪽의 첨성대 주변 微高地는
정남향으로 발천 남쪽의 북향하는 지형에 비해 주거환경이 좋은 점, 여기에
서도 3~4세기경의 후기와질토기 등이 출토된 점, 금성이 월성보다 먼저
축조되었다는 점, 월성 서북쪽에 금성이 위치한다는 기록에 의지하여
이곳을 신라 최초의 도성인 금성으로 보았다. 이 가설이[13] 현재까지의
금성에 대한 위치 비정 가운데 가장 설득력을 갖고 있다.

금성에 뒤이어서 월성이[14] 고신라시대 정궁이었다는[15] 데에는 의견
일치를 보이고 있다.[16] 월성에 뒤이어서 통일신라의 정궁이 들어선 위치에

서남쪽의 황남동-사정동 미고지로 각각 보았다.
10) 조성윤, 「고고자료로 본 신라 금성의 위치 시론」 『신라문화유산연구』 6, 2022, 49~61쪽. 金城의 城자라는 글자에 얽매여 土城으로 보기 쉽지만 이때에는 環濠가 유행하던 시기이므로 환호 유적인지도 알 수 없다.
11) 101년으로 이때 월성으로 옮겼다고 하나 월성 해자에서 출토된 목간 중 가장 오래된 것은 6세기 전반이다.
12) 이 구절은 조선시대 『동경잡기』 등에 의한 전거에서 벗어나는 계기가 되었다.
13) 월성을 두고 왜 가까운 거리에 있는 금성을 쌓았는지는 의문이다. 보통 국가형성기에 삼박자로는 경주의 경우 읍남고분군, 월성, 남천·서천·서천의 내를, 대구는 비산동·내당동 고분군, 달성, 신천을 들고 있다.
14) 금성에서 월성으로 정궁을 옮긴 시기는 488년이다.
15) 금성시대와 월성시대와 통일신라시대의 월성 근방 왕경설의 신라 왕경 형성과정에 대해서는 이동주, 『신라 왕경 형성과정 연구』, 2019에 상세하다.

대해서는 두 가지 견해로 나누어진다. 하나는 月城 어디인가에 왕궁이 있었다는 견해이고,[17] 다른 하나는 城東洞 殿廊址가 정궁이었다는[18] 학설이다. 성동동 전랑지설은 현재 학계에서 거의 지지를 받고 못하고 있고, 월성 근처 어디인가에 있다고 보는 쪽이 많은 지지를 받고 있다.

月城쪽을 정궁으로 보는 근거는 안압지가 동궁의 부속인 月池일 가능성과,[19] 이곳에서 출토되고 있는 在城명숫막새의[20] 명문에 있다. 우선 在城명 숫막새의 명문이 만약 王宮을 지칭하려 한 것이었다면, 王宮·王城 같은 명문을 새기는 편이 훨씬 쉬웠을 것이다.[21] 그럼에도 王宮 같은 용어가 아니라 왜 在城으로 기록했는지에 대한 근거 제시가 요망된다.[22] 안압지가 月池인 점을 근거로 삼아 신라 왕궁을 월지 근처로 추정한 견해는[23] 설득력이 있어 보인다. 그러나 다음과 같은 다섯 가지 문제점이 있다. 이를

---

16) 월성 해자에서 발견된 목간은 상한이 6세기 전반으로 5세기나 그 이전 것은 아예 없다. 지금 발굴이 이루어지고 있는 곳에서 목간이 나올 가능성이 있는 가장 유력한 후보지는 현재 발굴중인 발천 유적이다. 저습지 유적이기 때문이다.

17) 대부분의 도성 연구자들의 한결같은 견해이다.

18) 윤무병, 「신라 왕경의 조방제」『이병도박사구순기념한국사학논총』, 1987.

19) 고경희, 「신라 月池출토 在銘유물에 대한 명문 연구」, 동아대학교 석사학위논문, 1993 참조.

20) 在城명숫막새는 후삼국시대 기와로서 후삼국시대 때 월성에 사용된 기와이다. 따라서 이것을 가지고 월성 근처를 통일신라시대의 정궁으로 볼 수 있는 근거는 되지 못한다.

21) 이 문제에 대해서는 남천우, 『석불사-토함산의 重閣石窟-』, 1991, 206쪽에도 보인다.

22) 在城은 문헌에서도 몇 군데 산견된다. 婆娑王二十二年 於金城東南築城號月城 或號在城(『삼국사기』 권34, 잡지3, 지리지), 春正月 大星損皇龍寺在城中間(『삼국사기』 7, 신라본기7, 문무왕13년조), 冬十一月 狗登在城鼓樓 吠三日(『삼국사기』 권8, 신라본기8, 성덕왕35년조) 등. 위의 문헌자료에서 보면, 月城을 在城이라고 한 점이 분명해진다. 在城의 의미에 대해서는 池內宏, 『滿鮮史研究 中世第二冊』, 1937, 83쪽에서는 在에 城의 의미가 포함되어 있는 것으로 보았고, 이병도, 「平壤の在城及び羅城」『靑丘學叢』, 1931, 121~125쪽에서는 在城을 국왕의 居城으로서 왕성이나 궁성에 해당하는 말로 보았다.

23) 지금까지 신라사를 연구하는 대부분의 견해이다. 그러나 전랑지가 조성되기 이전까지이고, 그 이후는 전랑지가 신라의 정궁이다.

차례대로 제시하면 다음과 같다.

첫째로 월지라는 인공연못을 동궁에는 주고 국왕의 정궁에는 왜 인공연못이 없는지 궁금하다. 월지는 인공연못이므로 왕궁 근처에 월지를 파는 쪽이 보다 타당할 것이다.

둘째로 월성 근처를 통일신라의 정궁으로 보면서도 그 정궁의 위치가 어디라고 꼭 집어서 지적하지 못하는지 이유가 궁금하다.

셋째로 전랑지 한가운데로 신라의 주작대로가 연결되고 있다. 월성 근처설에서는 정궁과 주작대로가 연결될 수 없다.

넷째로 전랑지는 경주분지에서 가장 큰 규모의 건물지 가운데 하나이다. 경주분지에서 전랑지보다 더 규모가 큰 단일 건물은 없다.

다섯째로 전랑지 한가운데에 3×3칸의 明堂이[24] 있다는 점이다. 명당은 왕궁 건물에서 상징적인 건물의 하나이다.

여기에서는 전랑지를 통일신라 7세기 후반부터 통일신라시대의 정궁이었다고 본다. 그 가부에 대해서는 앞으로의 자료 출현을 기대해 본다.

통일신라시대(680~900년)에는 정궁의 위치를 두고 두 가지 학설이 있지만 후삼국시대(900~935년)는 월성이라는 데에 학계 의견이 일치되고 있다.

또한 여기에서는 辛 또는 辛審 또는 辛番을 郊祀와 관련된 것이 아니라 辛을 大干=六干과 같은 것으로 본다.[25]

郊祀의 경우, 왕궁에서 교외인 들로 나가 제사를 지내야 하는 것이기 때문에 왕궁의 위치가 중요하다. 그런데 洗宅이 적힌 목간이나 청동접시가 월지와 국립경주박물관(남측 부지)에서만 나올 뿐, 郊祀를 지냈을 왕궁의 들에서는 출토되지 않는다는 점이 이상하다. 중요한 것은 왜 월지 일원에서만 洗宅 명문이 출토하느냐는 점이다.

---

24) 明堂에 대해서는 金子修一, 「則天武后の明堂について」 『律令制-中國·朝鮮の法と國家-』, 1986 참조.

25) 이에 대한 상세한 내용은 곧 발표될 「창녕 계성 출토 토기명문-辛·辛番·辛審의 해석을 위하여-」 참조.

이제 洗宅의 자료들을 하나씩 해석해 보기로 하자.

　　△迷急使牒高城甕㪯`(185번 앞면)[26]
　　辛番洗宅△△瓮一品仲上(185번 뒷면)
'△하고 헤매는 급한 使者의 書牒을 高城의 甕㪯`가 내렸는데, 大干(=六干=辛 =큰 우두머리)의 차례인 洗宅에 △△瓮 一品仲(과 같이) 바쳤다.'

　　洗宅白之 二典前四△子頭身沐浴△△木松茵　(보고서 1번 앞면)
　　△迎△入日△△　　　　　　　　　　　　　　(보고서 1번 좌측면)
　　十一月卅七日典大舍 思林　　　　　　　　　(보고서 1번 뒷면)
'세택의 (△△△大舍가) 二典에 아뢰기를 네 사람의 왕자가 頭身 목욕을 하고 몸을 닦고서 소나무로 된 깔개에 (눕혔습니다.), 맞이하는 날은 △이고, 十一月卅七日에, 典大舍가 思林이다.'

　　曺洗宅家　　　　　　　　　　　　　　　　　(191번 앞면)
　　曺洗宅家　　　　　　　　　　　　　　　　　(191번 뒷면)
'조씨 세택의 집이다. 조씨 세택의 집이다.'

　　경주박물관 남측부지 유적 35호 건물지에서 나온 청동접시 辛番東宮洗宅
'辛(큰 우두머리의) 차례인 東宮의 洗宅이다.'

　　창림사무구정탑지(855년) 專知修造官 洗宅 大奈末 行西林郡太守 金梁博
'專知修造官 洗宅 大奈末 行西林郡太守 金梁博'

8세기 3/4분기의 목간이 주로 나오는 월지 목간에서는 관등명이 나오지

---

26) 㪯`를 일본식으로 缶자로 읽기도 하나 武자로 판단된다.

않는다. 가장 주목을 받아왔던 월지의 세택 목간 3점에서도 관등명은 보이지 않아, 결국 월지 목간에서는 관등명이 단 1점도 없다는 이야기가 된다. 月池는 신라 태자의 원지이다. 왕경에서 원지다운 원지가 국왕의 것은 없고, 있는 것은 태자의 것뿐인데, 그 원지에서 61점이나[27] 되는 목간이 나왔는데도 목간에 관등을 가진 사람이 1인도 나오지 않는다. 창림사 무구정탑지에서는 洗宅이 大奈末이라는 관등명을 가지고 있다. 대내말은 아무리 낮게 잡아도 5두품 관등이다. 『삼국사기』 권39, 직관지에 보면 洗宅에 있는 관리의 관등이 大舍로 되어 있는데, 창림사 무구정탑지에 서는 大奈末로 높게 나온다.

5. 洗宅에 관등명이 없는 까닭

일찍이 월지에서 출토된 목간자료에 洗宅이라는 용어가 나오는데, 여기에 주목한 연구들은 이를 시종·문한기구로 파악했다.[28] 예컨대 경덕왕이 세택을 통해 왕권강화를 위한 개혁정치를 추진했다는 것이다. 그리고 하대에 들어가 문한기구의 성격을 함께 띠게 되면서 그 정치적 비중이 더욱 커졌다고 보았다. 바로 이를 통해 한국 고대에서 중세로의 전환이라는 변화까지 살펴보았다.

이후의 논의에서는 중대에는 세택이 궁중 잡역을 담당하는 하급의 봉공 기구에 불과하였으며, 하대에 가서 문한기구의 성격을 갖게 되었다고 보았다.[29] 이 같은 해석은 여러 연구자들에 의해 계속적으로 받아들여지고 있다. 최근에는 세택이 宦官과 연결되는 관청이라는 새로운 견해도 더해지

---

27) 윤재석 편저, 앞의 책, 2022, 228쪽.
28) 이기동, 「안압지에서 출토된 신라목간」, 『경북사학』 1, 1979.
29) 이문기, 앞의 「안압지 출토 목간으로 본 신라의 세택」, 2012 ; 이문기, 앞의 「신라 세택(중서성)의 기능과 관제적 위상의 변화」, 2012.

고 있다.[30]

그런데 위의 지적들은 모두 문제점을 안고 있다. 우선 8세기 3/4분기에 세택이 나오는데도 관등명이 없다는 점에 주목해야 한다. 당시의 시대적 상황을 보면, 왕권강화를 위해 국왕과 태자가 손발을 맞추던 때이다. 그래서 세택이 大奈末이라는 높은 관등을 가진 존재임에도 불구하고, 월지 출토 목간에서는 관등명을 가진 사람이 한 명도 나오지 않은 이유가 궁금할 수밖에 없다.

이때에는 태사가 국왕의 총애를 빈지 못해 거우 명맥만 유지하던 시절은 아닌가 하고 의심할 수도 있다. 그렇지 않고서야 어떻게 관등을 가진 목간이 단 한 점도 발견되지 않을 수 있을까? 이 때문에 洗宅을 宦官으로 보는 가설조차 나오고 있다. 청소하는 관리라고 보는 견해도 있다.

세택을 문한기구로 본 가설은 타당하다고 생각한다. 그럼에도 불구하고 관등을 지닌 관료가 한 사람도 없다는 것은 어떻게 이해해야 할까? 洗宅이란 관직이 갖는 大舍라는 관등명이 생략되었을 가능성이 크다고 보며, 이 洗宅은 성격상 俸供기구가 아닌 侍從·文翰기구였던 것으로 보인다.

6. 맺음말

먼저 61개의 목간 가운데에서 유일하게 습서되어 있는 韓舍명 습서가 인명인지 관등명인지를 조사하였다.

다음으로 韓舍가 인명이라면 그 같은 예가 있는지 조사하였는데, 754~755년 경덕왕대 신라화엄경사경에서 阿干이라는 인명이 나온다.

그 다음으로 목간, 금석문, 대부완, 토제 접시, 청동 접시 등에 기록된 洗宅을 포함한 문장을 전부 해석하였다.

---

30) 이재환, 앞의 논문, 2018.

　마지막으로 8세기 3/4분기의 세택에 있었던 大舍라는 관등을 지닌 관리
는 관등이 생략되었고, 侍從·文翰기구의 역할을 했다고 보았다.

제3절 월지 출토 목간의 洗宅

1. 머리말

처음으로 월지 목간을 검토한 원로사학자는 목간에 보이는 관부명은 세택이 유일하다고 지적하면서 內省에 예속되어 있던 侍從 및 비서·문필 담당 기관으로 보았다.[1] 그리고 목간의 연대가 경덕왕대에 해당하는 것임에 주목하여 경덕왕이 세택과 같은 근시기구를 중심으로 정치개혁을 단행한 것으로 추정하였다.

월지목간에는 8세기 중후반의 세택 모습이 반영되어 있다고 보아 세택을 '궁중 잡역을 수행했던 하급의 내정관부'였으며 '국왕과 왕실가족의 일상적인 궁중생활을 뒷바라지하는 하급의 봉공기구'라고 규정했다.[2] 이러한 관점에서 목간의 연대를 8세기 중후반으로 한정할 수 없다고 하여 '궁내의 잡역은 시종 세택=중서성의 기본적인 직장'이었고, 중국 당의 환관기구였던 내시성에 대응하는 기관이라고 보았다.[3]

이러한 주장에 대해, 세택은 단순히 하급의 궁중잡역이 아니라 국왕을 위한 중요 업무를 담당하였으며, 시봉과 시종의 기능을 수행하는 국왕과 동궁의 측근기구라고 보아야 한다는 주장이 나왔다.[4]

---

1) 문화공보부 문화재관리국, 『안압지발굴조사보고서』, 1978, 292~296쪽.
2) 이문기, 「안압지 출토 목간으로 본 신라의 세택」, 『한국고대사연구』 65, 2012 ; 「신라 세택(중서성)의 기능과 관제적 위상의 변화」 『역사교육논집』 51, 2012.
3) 이재환, 「신라의 환관 관부에 관한 시론-세택(중서성)의 성격에 대한 재검토-」 『목간과 문자』 21, 2018.
4) 김수태, 「통일신라시대의 세택 재론」 『영남학』 73, 2020.

여기에서는 먼저 191번 목간에 대해 살펴보고, 다음으로 보고서 1번 목간에 대해서 살펴보겠다. 그 다음으로 185번 목간에 대해 살펴보겠다. 마지막으로 창림사무구정탑지를 통해 세택의 성격을 살펴보겠다.

2. 191번 목간

1) 191번 목간의 판독

191번 목간

김수태	(앞면)△賣洗宅家	(뒷면)△賣洗宅家
보고서	(앞면)△寅(?)洗宅(?)	(뒷면)△審寫(?)洗宅△
이기동	(앞면)寓(?)洗宅賣(?)	(뒷면)寫(?)洗宅
윤선태	(앞면)曺洗宅家	(뒷면)曺洗宅家
고경희	(앞면)△寅(?)洗宅(?)	(뒷면)△審(寫?)洗宅△
박방룡	(앞면)寓(?)洗宅賣(?)	(뒷면)寫(?)洗宅
이용현	(앞면)△洗宅△	(뒷면)△洗宅△
이문기	(앞면)△賣洗宅處	(뒷면)△賣洗宅處
김창호	(앞면)曺洗宅家	(뒷면)曺洗宅家

2) 전문의 해석

먼저 △賣洗宅家로 판독하고 '△이 세택이라는 곳에 판다.'라는 뜻으로 해석하였는데,[5] 이 목간은 어떤 물품을 세택에게 팔았다는 사실을 기록한 것으로서 판매한 물품에 매달아둔 부찰목간이라고 규정했다. 그리고 曺洗

---

5) 이문기, 「안압지 출토 목간으로 본 신라의 세택-궁중잡역의 수행과 궁정경비 관련 목간을 중심으로-」『한국고대사연구』39, 2012, 179~182쪽.

宅家라고 판독한 것은 '曹氏 세택의 집'으로 해석되었다.[6] 이 경우에 8세기 3/4분기에 성을 사용했는지의 여부가 문제가 된다. 682년에 작성된 문무왕릉비를 보면 大舍臣韓訥儒라고 하여 분명하게 성을 사용하고 있다. 신라에서 성이 사용된 예는 진흥왕이 중국 사서에 김진흥으로 나온 예가 처음이며, 662년 세워진 태종무열왕릉비에서도 문무왕릉비에서와 같은 인명표기가 사용된 것으로 보인다.

3. 보고서 1번 목간

보고서에서의 판독문은 아래와 같다.

洗宅呈二興四像(?)一頭△△△△△木(等?)松(?)
十一月卄七日典(其?)壹(臺?)思林

이는 다음과 같이 수정 보완되었다.[7]

洗宅白之 二典前四△子頭身沐浴△△木松茵   (앞면)
△迎△入日△△   (좌측면)
十一月卄七日典大舍 思林   (뒷면)

이에 대해서는 다음과 같이 달리 해석하였다.

---

6) 曹洗宅家로 되어 宅이 안 나오는 이유가 궁금하다. 宅을 사용하면 曹洗宅宅이 되어서 발음이 어색해져서 그랬거나 세택에서 관등이 나온 예가 없어서 무관등 세택의 집이라 宅字를 쓰지 않았는지도 알 수가 없다.

7) 하시모토 시게루, 「안압지 목간 판독문의 재검토」『신라문물연구』1, 2007.

'세택의 (△△△大舍가) 二典에 아뢰기를 네 사람의 왕자가 頭身 목욕을 하고 몸을 닦고서 소나무로 된 깔개에 (눕혔습니다.) 맞이한 날은 △日이다. 十一月卄七日에 典大舍인 思林이다.'

보고서 1번 목간이 3면 목간이라는 사실을 근거로 그때까지 통일신라에서는 다면목간이 없다고 지적하며 보고서 1번 목간의 연대를 신라통일기로 올려잡았다.[8]

그렇다면 二典의 典이란 무엇일까? 다음 자료들이 참고가 된다.

典中大等赴告沙喙及伐漸典前
阿尺山△舟△至△愼白△△
急煙爲在之
文人周公智吉士·(월성 해자 출토 목간신3번)

여기에서 阿尺을 외위로 보고 있으나[9] 文人周公智吉士에 따를 때, 文人(직명), 周公智(인명), 吉士(관등명)가 되므로 외위는 아니다. 특히 文人(직명)은 직명인 文作人(대구무술명오작비), 書尺(남산신성비 제1·2비), 文尺(남산신성비 제4비)과 같이 출신지명이 생략되는 전형적인 고신라(6세기 후반)의 인명표기이다. 이를 해석하면 '典中大等이 사탁(부) 급벌점전의 앞에 赴告했다. 阿尺山△에 배가 이르러 삼가 아룁니다. △△를 급히 煙氣로 해서 있게 했다. 文人(직명)周公智(인명)吉士(외위명)가 썼다'가 된다.

이어 월성해자 신출토 8번 목간의[10] 전문을 소개하면 다음과 같다.[11]

---

8) 하시모토 시게루,「신라 문서 목간」『통일신라 문자의 세계』, 2020.

9) 윤선태,「월성 해자 목간의 연구성과와 신출토목간의 판독」『동아시아 고대 도성의 축조의례와 월성해자 목간-한국목간학회 창립 10주년 기념 국제학술회의-』, 2017, 76쪽.

10) 우리나라 목간에서는 문서목간은 4면목간이 주류를 이루고, 3면목간은 예가 적다.

제1면 △△年正月十七日 △△村在幢主再拜△淚廩典 △岑△△

제2면　　△喙部弗德智小舍易稻參石粟壹石稗參石大豆捌石[12]

제3면　　△金川一伐上內之所白人登伋礼一尺文尺智重一尺

　　제1, 2면을 해석하면, '△△年 正月十七日에 △△村在幢主가 △淚한 廩典에 再拜해서 △岑△△했다.[13] (沙)喙部 弗德智 小舍가 稻(벼) 參石과 粟(조) 壹石과 稗(피) 參石과 大豆(콩) 捌石을 바꾸었다.'가 된다. 제3면에서 처음 '△金川 一伐은 上(△△村)에서 內(신리 6부)로 갔다'로 헤석되는데 이는 지방민이면서 중앙의 일을 했다는 뜻이다. 所白人은 아뢰는 바의 사람이란 뜻으로서 목간 내용을 중앙 관청에 직접 보고한 사람이고 직명이다. 登伋礼는 인명, 一尺은 외위명이다. 文尺은 직명으로서 목간을 작성하고 쓴 사람이다. 智重은 인명, 一尺은 외위명이다.

　　한편 월성 해자 출토 신3번 목간의 及伐漸典과 신8번 목간의 廩典이 二典을 해결하는 데 도움이 된다고 하면서 월지(안압지) 보고서 1번 목간의 연대를 신라통일기로 올려잡았었다. 그런데 최근 태봉에서 만들어진다면 목간이 나와서 다면 목간은 통일 전의 것이라는 등식에 문제가 생겼다. 이를 제시하면 다음과 같다.

　　글자의 총수는 124자이다.

제7면	제6면	제5면			제4면	제3면	제2면	제1면	
		제③행	제②행	제①행					
午	月	閑	今	△	辛	(民)	政	상면에	1
牛	朔	人	月	(化)	亥	口	開	남자인	2
買	井	当	此	强	歳	送	三	물상	3

11) 판독문은 전경효, 「2018년 출토 월성 해자 삼면목간에 대한 기초적 검토」, 『목간과 문자』 27, 2021, 294쪽에 따랐으나 필자의 소견도 더했다.

12) 전경효, 앞의 논문, 2021, 294쪽에서는 易자를 昜자로 읽었으나 여기에서는 뜻이 통하는 易자로 새로 읽었다.

13) △岑△△이 (沙)喙部 弗德智 小舍의 직명일 가능성도 있다.

△	一	不	時	(共)	廿	(肉)	年	4
人	者	爲	以	(內)	六	手	丙	5
△	(十)	弥	咎	(城)	茂	爻	子	6
耉	(日)	用	從	(廿)	登	味	四	7
本	(而)	教	△	(人)	此	亦	月	8
人	(不)	△	(幻)	△	人	祭	九	9
ヽ	△	(九)	史	(山)	孤	者	日	10
內	△	△	九	二	者	能	城	11
年	陰	(如)	重	人	使	△	大	12
牛	內	下	齊	几	弥	△	井	13
耉	去		教	肉	用	△	住	14
	者		德	△	教	者	(名)	15
			云	△	矣		大	16
							龍	17
							亦	18
							牛	19

단락을 나누어서 해석해 보기로 하자. 제1단락은 제2면이 하나의 단락이다. 제1단락인 政開三年丙子四月九日城大井住名大龍亦牛는 '政開三年丙子(916년) 四月九日에 城의 큰 우물에 살고 있는데, 이름은 大龍이었고 역시 소였다.'

2단락은 제3·4면이다. 제2단락인 (民)口送肉手爻味亦祭者能△△△者辛亥歲廿六茂登此人孤者使弥用教矣는 '백성의 입으로 고기를 손으로 엇갈리게 하는 맛 또한 제사하는 자와 …… 자와 辛亥(891년)에 태어나 26세인 무등이라. 이 사람이 홀로 있는 者에게 시키며 쓴 教이다.'로 해석된다.

3단락은 5면 제①행인 △(化)强(共)(內)(城)(廿)(人)△追手人几肉△△이, '……되어 강하게 함께 內城의 20인과 △追手人이 무릇 고기를…….'로 해석된다.

4단락은 5면 제②행과 제③행인 今月此時以咎△(幻)史九重齊教德云閑人乄不爲弥用教△(九)△(如)下로, '今月(四月)의 이 시각으로써 허물을 따라서……하고, 미혹하는 역사를 아홉 겹 가지런히 한 教의 德에 이르되 閑人이 마땅히 아니하며 쓴 教는 △(九)△하여……아래와 같았다.'로 해석된다.

4단락은 6면과 7면인 月朔井一者(十)(日)(而)(不)△△陰內去者午牛買△人△养本人ʔ內年半养를 해석하면 '4월 1일에 우물에 한 사람이 10일 동안에 아니⋯⋯하고 음으로 안으로 간 자는 午時에 소고기를 사고 어떤 사람은 감추어서 本이고, 사람들이 內의 年에 (고기를) 반이나 감추었다.'가 된다.

양주 대모산성에서 나온 목간은 4면이나 3면이 아닌 7면 목간으로 전문 124자인, 우리나라에서 단일 목간으로는 최대의 글자수를 자랑한다. 이는 政開三年丙子四月九日이라는 절대 연대가 있어서 916년임을 알 수 있어, 다면 목간=통일 전이라고 보는 가설이 무너지게 되었다. 따라서 보고서 1번 목간의 연대는 신라통일기 목간으로 볼 것이 아니라 8세기 중후반으로 보아야 할 것이다.

4. 185번 목간

1) 목간의 판독

월지 출토 185번 목간의 판독에 대해서는 다양한 가설이 나와 있다. 우선 판독에 관한 견해부터 일별해 보기로 하자.

1) 보고서	△立迷急得附(?)高城墟(?)(武?)
2) 이기동	立(?)迷急得隱(?)高城 △正(武?)
3) 고경희	△立迷急得(?)高城墟(?) (武?)墨書
4) 이성시	△送急使牒高城甕走
5) 이용현	△送急使牒高城甕(혹은 繼)走
6) 박방룡	△立迷急得(借)高城 △正
	辛△△△△△△△

7) 윤선태　　　　　(앞) 辛[丑]△△△△△△ (뒤)△迷急使牒高城[驢]一疋

8) 이용현2안　　　△送遣使牒高城雍走

　　　　　　　　　辛審院宅△△△一品(伸)上

9) 윤선태2안　　　△送遣使條高城醯缶

　　　　　　　　　辛審洗宅△△瓮一品仲上

9) 이용현 최종안　△遣急使牒高城雍(繼)走

　　　　　　　　　△△　△△

9) 김창호　　　　① △迷急使牒高城雍走(앞면)

　　　　　　　　② 辛審洗宅△△瓮一品仲上(뒷면)

　　제①행 1번째 글자는 파실되어 읽을 수 없다. 제①행 2번째 글자는
迷자[14) 또는 送자로,15) 遣자로16) 읽고 있으나 자형 자체는 迷자이므로
迷자로 읽는다. 제①행 4번째 글자는 得자17) 또는 使자로18) 읽고 있으나
문의로 볼 때 使자가 옳다. 제①행 5번째 글자는 附자19) 또는 隋자20)
또는 條자21) 또는 牒자로22) 읽고 있으나 牒자가 옳다. 제①행 8번째 글자는
墟자23) 또는 雍자24) 醯자25) 또는 驢자로26) 읽고 있으나 자획에 따라 雍자로

---

14) 문화공보부 문화재관리국,『안압지』, 1978 ; 이기동,「안압지에서 출토된 신라목간
　　에 대하여」『경북사학』1, 1979 ; 고경희,「신라월지출토재명유물에 대한 명문연
　　구」, 동아대학교 석사학위논문, 1993 ; 박방룡,『문자로 본 신라』, 2002 ; 윤선태,
　　「신라의 문서행정과 목간-牒式문서를 중심으로-」『강좌 한국고대사』, 2002.

15) 이성시,「韓國出土の木簡について」『木簡研究』19, 1997 ; 이용현,「統一新羅の傳達體
　　系と北海通」『朝鮮學報』171, 1999 ; 국사편찬위원회 한국사데이터베이스에 실린
　　윤선태의 견해.

16) 이용현, 앞의 논문, 1999. 이러한 판독은 너무나도 의욕적인 판독이다.

17) 문화공보부 문화재관리국, 앞의 책, 1978 ; 이기동, 앞의 논문, 1979 ; 고경희,
　　앞의 논문, 1993. 박방룡, 앞의 논문, 2002에서는 得(借)으로 보고 있다.

18) 이성시, 앞의 논문, 1997 ; 이용현, 앞의 논문, 1999 ; 윤선태, 앞의 논문, 2002.

19) 문화공보부 문화재관리국, 앞의 책, 1978 ; 고경희, 앞의 논문, 1993.

20) 이기동, 앞의 논문, 1979.

21) 박방룡, 앞의 책, 2002.

22) 이성시, 앞의 논문, 1997 ; 이용현, 앞의 논문, 1999 ; 윤선태, 앞의 논문, 2002.

읽는다. 제①행 9번째 글자는 𨒫자[27] 또는 缶자[28] 또는 走자로[29] 읽고 있으나 자형은 𨒫자이므로 𨒫자로 읽는다.[30]

제②행 7번 글자는 瓮자로 읽고[31] 있어서 瓮자가 타당하다. 제②행 8번째 글자는 驢자[32] 또는 醞자[33] 또는 瓮자로 읽고[34] 있어서 瓮자설에 따른다. 제②행 10번째 글자는 伸자로 읽고 있으나[35] 仲자이다.[36]

2) 묵서의 연대

월지 목간의 연대에 대해서는 선학들의 연구가 있다.[37] 월지 목간에 나오는 연간지는 天寶十載(751년), 寶應四年(765년), 更子年, 甲辰年, 乙巳年, 甲寅年 등과 天寶와 寶應이 들어가 있는 목간과 월지 조성 과정을 검토하여 이들 목간이 경덕왕 10년(751년)부터 혜공왕 9년(774년)의 23년 사이의 것이라고 보았다.

묵서의 뒷면에는 洗宅이[38] 나온다. 辛審洗宅은 龍王의 文翰機構를 의미한

23) 문화공보부 문화재관리국, 앞의 책, 1978 ; 고경희, 앞의 논문, 1993.
24) 이성시, 앞의 논문, 1997 ; 이용현, 앞의 논문, 1999.
25) 국사편찬위원회 한국사데이터베이스에 실린 윤선태의 견해.
26) 윤선태, 앞의 논문, 2002.
27) 문화공보부 문화재관리국, 앞의 책, 1978 ; 이기동, 앞의 논문, 1997 ; 고경희, 앞의 논문, 1993 ; 박방룡, 앞의 책, 2002.
28) 국사편찬위원회 한국사데이터베이스에 실린 윤선태의 견해.
29) 이성시, 앞의 논문, 1997 ; 이용현, 앞의 논문, 1999.
30) 이 𨒫자는 월지 5번 목간에도 나오는데, 走자나 缶자로는 볼 수 없고 𨒫자임에 틀림없다.
31) 윤선태의 제2안.
32) 윤선태, 앞의 논문, 2002.
33) 윤선태의 제2안.
34) 윤선태의 제2안.
35) 이용현, 앞의 논문, 1999.
36) 윤선태, 앞의 논문, 2002.
37) 이기동, 앞의 논문, 1997 ; 이용현, 『한국목간 기초연구』, 2006, 284~285쪽.

다. 세택이라고 불리던 시기는 759년(경덕왕 18년 정월) 이전, 그리고 776년(혜공왕 12년 정월)에서 9세기 중엽(855년~872년) 사이의 두 차례라고 보았다.[39]

월지 출토 목간 중에서 연호 또는 연간지가 있는 6점은 751년(경덕왕 10년)에서 774년(혜공왕 9년) 사이의 것이다. 세택이 나온 연대 설정과 대비하면 서로 겹치는 8세기 3/4분기로 볼 수 있다.

3) 인명의 분석

목간의 인명을 조사하기 위해 월지 출토 185번 목간의 전문을 다시 한번 제시하면 다음과 같다.

  △迷急使牒高城壅㢄（앞면）
  辛審洗宅△△瓮一品仲上（뒷면）

壅㢄는 해석이 되지 않으므로 인명으로 보인다. 8세기 3/4분기의 인명을 살펴보기 위해 관계 자료를 제시하면 다음과 같다.

『삼국유사』 탑상4, 분황사약사조는 신라 경덕왕 14년(755년)의 기록이다.[40] 여기에 나오는 匠人本彼部强古乃末의 경우는 전형적인 고신라 인명표기인 직명＋부명＋인명＋관등의 순서를 지키고 있다. 이는 아마도 금석문에서 그대로 전사된 고식의 잔재로 보인다.

경덕왕대 화엄경사경은 문두의 天寶十三載甲午八月一日初乙未載二月十

---

38) 洗宅은 東宮의 侍從 및 秘書·文筆을 담당하는 文翰機構이다.

39) 이용현, 앞의 책, 2006, 238쪽에서 월지 7번 목간의 乙巳年正月十九日△日宋(?)을 己巳年正月十九日仲五△(앞면) 熟(瓜)十八△(뒷면)로 읽었다. 왜냐하면 乙巳年으로 읽으면 765년이 되고, 己巳年으로 읽으면 789년이 되기 때문이다. 乙巳年은 글자 그대로 판독해도 연대 설정에 문제가 없다.

40) 이재호 역주, 『삼국유사』 2, 1969, 69쪽.

四日이란 구절로 보면 경덕왕 13년(754년)에서 경덕왕 14년(755년) 사이에 만들어진 것을 알 수 있다.[41] 우선 이 사경의 인명표기를 알기 쉽게 나열하면 다음과 같다. 黃珎知, 阿干, 異純, 今毛, 義七, 孝赤, 文英, 卽曉, 陽純, 仁年, 屎烏, 仁年, 能吉, 亐古, 義本, 丁得, 夫得, 豆烏, 同智 등이다. 이 인명표기에서 보면 성이 없이 거의 2자의 이름만으로 되어 있다. 같은 8세기 3/4분기에는 인명이 두 글자로 되어 있다. 이 목간에 나오는 것 중 해석이 안되는 甕正도 인명으로 보인다.[42]

다음 高城은 신라 동북 변경지대에 있는 곳으로[43] 지금의 강원도 고성이다. 신라 수도였던 大京[경주]에서 냉수리비가 발견된 흥해 냉수리를 거쳐서 영해, 울진, 삼척, 강릉을 거쳐 고성에 도달하는데, 이 길이 동해로이다.

4) 목간의 해석

이제 월지 185번 목간을 해석해 보자. 이를 해석하기 위해 먼저 전문부터 제시하면 다음과 같다.

　　　△迷急使牒高城甕正(앞면)

　　　辛番洗宅△△瓮一品仲上(뒷면)

이를 해석하면 '……하고[44] 헤매는 급한 使者의 書牒을 高城의 甕正가[45]

---

41) 문명대, 「신라화엄경사경과 그 변상도의 연구-사경 변상도 연구(1)-」 『한국학보』 14, 1979, 32쪽.

42) 월지 목간 61점에서 관등이 나오는 것은 없다.

43) 高城은 『삼국사기』 지리지에 따르면 고구려의 達忽이고, 신라 진흥왕 29년(568년)에 州治가 설치되었다. 군주가 파견된 州의 이름은 알 수 없지만 황초령비와 마운령비에 나오는 △△軍主로 판단된다. 혹 達忽軍主로 복원될 가능성도 있다.

44) 이를 '당황하고'로 복원하여 해석하면 어떨지 모르겠다.

45) 이를 醯缶로 읽어서 윤재석 편저, 『한국목간총람』, 2022, 235쪽에서는 전면과 후면을 각각 다른 시기의 목간으로 보기도 하지만 이는 어디까지나 월지의 목간이

大干(=六干=辛=큰 우두머리)이 찾은 洗宅에[46] △△瓮 一品仲(과 같이) 바쳤다.'가[47] 된다.[48]

므로 일본식으로 풀어서는 안 된다고 생각한다. 瓮缶`로 읽고 앞면과 뒷면을 동일한 시기의 것으로 간주하고 풀이해도 해석이 잘된다. 앞면과 뒷면이 있는 목간에서 앞뒤 목간의 시기를 달리하는 확실한 예를 한국 고대 목간에서는 찾을 수 없어서 따르기 어렵다. 그러면 이 185번 목간을 일본식으로 읽어 해석해 보기 위해 전문을 다시 한번 제시하면 다음과 같다.

△迷急使牒高城醯缶(앞면)

辛番洗宅△△瓮一品仲上(뒷면)은 '……하고, 헤매는 급한 使者가(또는 의) 書牒을 高城의 醯缶에 바치고(주고), 큰 우두머리가 차례인 洗宅에 △△瓮 一品仲과 같이 바쳤다.'가 된다. 아니면 '……하고, 헤매는 급한 使者가(또는 의) 書牒을 高城의 醯缶에게 주었다. 큰 우두머리가 차례인 洗宅에 △△瓮 一品仲을 바쳤다.'가 된다. 또는 牒자가 條자라면 '……하고, 헤매는 급한 使者가(또는 의) 조건을 高城의 醯缶에게 알렸다(또는 使者가 알린 조건은 高城의 醯缶[술잔과 장군]이다). 큰 우두머리가 차례인 洗宅에 △△瓮 一品仲을 바쳤다.'가 된다. 高城이 술잔과 장군을 만드는 유명한 도요지가 아니기 때문에 뭔가 좀 이상하다. 高城이라고 적힌 신라 최북단의 영토에서 월지로까지 와서 폐기된 이 목간을 주목할 필요가 있다. 곧 앞면을 △迷急使牒高城瓮缶`로 읽어 뒷면의 辛番洗宅△△瓮一品仲上와 연결시켜 해석할 필요가 있다. 이 185번 목간만은 缶`를 缶로 읽으면 해석이 어렵다.

46) 207번 목간은 다음과 같이 판독된다.

九月五(日)△△△△辛(앞면) △坪捧彡百柂一品上(뒷면)

이를 해석하면 '九月五(日)에 △△△△한 큰 우두머리(辛)가 △坪을 받들어 돼지고기 육포인 百柂 一品을 바쳤다.'가 된다. 이 목간은 앞면과 뒷면이 바뀌어야 연결이 되므로 기존 판독과는 달리 앞뒷면을 바꾸었다.

47) 缶`자가 나오는 다른 월지 목간에 대해서도 살펴보기로 하자.

월지 212번 목간

庚子年五月十六日(앞면)

辛番猪助史缶(뒷면)은 '경자는 5월 16일에 큰 우두머리의 돼지젓갈을 담은 장군'이 된다.

월지 222번 목간

三月卄一日作獐助史缶(肆)는 '3월 21일에 만들었다. 노루젓갈을 담은 장군은 4번째이다.'가 된다.

48) 이를 김창호, 『한국 고대 목간』, 2020, 283쪽에서는 '△米가 急使牒을 高城의 瓮缶`에게 내렸는데, 辛審洗宅에 △△瓮一品 곧 仲上(品)을 가져오라'는 것으로 해석했으나 이는 잘못된 것이다.

5. 세택의 성격

洗宅에 대해서는 내성에 소속된 시종·문한기구라고 보는 가설과[49] 궁중 잡역을 수행했다는 가설로[50] 나누어진다. 어느 쪽이든 이들 가설은 그 증거가 없는 듯하다. 세택이란 관직명이 나와도 세택이라는 직명을 가지고 있는 관인의 인명표기가 나오지 않는다. 월지 목간 61점 가운데 관등명을 가진 인명은 단 1명도 없다. 세택이란 직명을 가진 관인뿐 아니라 다른 관인늘 역시 모두 관등명이 없는 것이다. 이와 다르게 세택이 大奈末이라는 관등명을 갖고 있는 금석문의 예를 찾아볼 수 있다. 이를 살펴보기 위해 855년 慶州 昌林寺 無垢淨塔誌(뒷면)를 제시하면 다음과 같다.

⑪	⑩	⑨	⑧	⑦	⑥	⑤	④	③	②	①	
勾	勾	專	檢	檢	同	同	專	檢	都	奉	1
當	當	知	校	校	監	監	知	教	監	教	2
修	修	修	副	使	修	修	修	修	修	宣	3
造	造	造	使	阿	造	造	造	造	造	修	4
官	官	官	守	干	使	使	僧	僧	大	造	5
前	前	洗	溟	前	從	從	康	前	德	塔	6
倉	倉	宅	州	執	叔	叔	州	奉	判	使	7
府	府	大	別	事	新	行	咸	德	政	從	8
史	史	奈	駕	侍	授	武	安	寺	法	弟	9
金	金	末	金	郎	康	州	郡	上	事	舍	10
朴	奇	行	巘	金	州	長	統	座	啓	知	11
基	言	西	寧	元	泗	史	教	清	玄	行	12
		林		彌	水	金	章	玄		熊	13
		郡			縣	繼				州	14
		太			令	宗				祁	15
		守			金					梁	16
		金			勳					縣	17
		梁			榮					令	18

49) 이기동, 「안압지에서 출토된 신라 목간에 대하여」 『경북사학』 1, 1979.
50) 이문기, 앞의 논문, 2012.

		博									金	19
											銳	20

왕(문성왕)의 4촌 동생인 金銳가 자신의 관등인 舍知(13)보다 실제 관직이 낮은 行制로[51] 熊州 祁梁縣令을 하고 있다. 舍知는 17관등 가운데 13관등으로 4두품이 갖는 관등이라서 진골도 17관등 가운데 가장 낮은 조위부터 시작하는 것으로 보인다. 문성왕의 5촌으로 唐叔인 김훈영은 康州 泗水縣令이라는 낮은 직책을 맡고 있으며, 역시 문성왕의 5촌 당숙인 김계종은 武州 長史를 맡고 있다. 이들 모두 왕족이지만 관등이 높지 않았음을 말해준다. 洗宅의 관직을 가지고 있는 金梁博은 行制로 西林郡太守를 겸직하였고 관등은 大奈末이었다. 그의 신분은 진골은 아닌 것 같고, 대내말이라고 5두품으로 단정할 수도 없을 것 같다. 아마 6두품일 가능성이 있다고 보고, 그의 신분과 일치되는 세택의 성격을 살펴보자.

昌林寺 無垢淨塔誌에서는 6두품으로 추정되는 대내말의 관등을 가진 세택이 나와, 월지 목간에서 세택에 관등명이 없는 것과는 그 양상을 달리한다. 이 탑지(뒷면)에서는 문성왕의 4촌 동생과 5촌 당숙 2명이 나오며, 이들의 상대가 되는 신분은 5두품이라기보다 6두품인 것으로 추정된다. 이 추정 6두품을 내시와 관련되거나 국왕과 왕실 가족의 일상적인 궁중생활을 뒷바라지하는 하급 供奉기구로는 볼 수 없을 것이다. 세택의 주요 업무는 내성에 소속된 문한기구로서였을 것이다. 세택에 관등을 가진 인명이 없는 것은 大舍와 인명이 생략된 까닭으로 판단된다.

6. 맺음말

먼저 191번 목간에서 두 번이나 나오는 (앞면)曹洗宅家 (뒷면)曹洗宅家를

---

51) 守制는 金嶷寧처럼 자신의 관등보다 실제 관직이 높은 것을 말한다.

조씨 세택의 집이다로 해석하였다.

다음으로 보고서 1번 목간은 3면으로 된 다면 목간이라서 그 시기를 신라통일기로 보아 왔으나 최근 태봉에서 政開三年(916년)이라는 절대 연대를 가진 7면 목간이 나와 다면 목간의 전통은 통일신라에서도 있었던 것으로 보았다. 이에 보고서 1번 목간의 연대는 8세기 중후반으로 보았다.

그 다음으로 185번 목간에서는 전면의 마지막에 나오는 두 글자를 饔𦉥'로 읽어 인명으로 보았다. 이를 醯缶로 읽어서는 의미가 통하지 않는다.

마시막으로 경주 창림사 무구정탑지에 나오는 洗宅의 관직을 가지고 있는 金梁博은 行制로 西林郡太守를 겸직하며, 그 관등이 大奈末이다. 그는 추정 6두품으로 함께 나온 사람들이 왕족인 것을 근거로 추정하였다. 6두품은 하급 궁중잡역이 아니라 국왕을 위한 중요 업무를 담당했고, 문한과 시종의 기능을 수행하는 국왕과 동궁의 측근기구로 보았다.

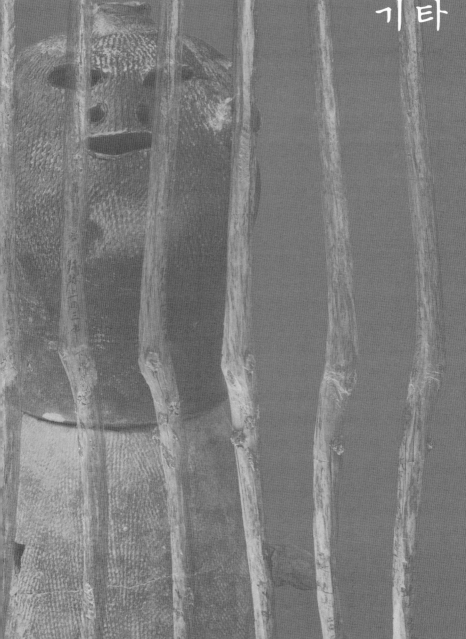

제6장

기 타

제1절 포항 냉수리비의
沙喙(部)至都盧葛文王은 智證王인가?

1. 머리말

1989년 4월 12일 경북 포항시 신광면 냉수리에서 癸未年이란 연간지가 새겨진 고신라시대 비석이 현지 주민에 의해 발견되었다. 癸未年이란 연간지와 비문의 내용으로 보면, 건립 연대가 443년이 아니면 503년으로 추정된다. 이 비문의 내용은 다른 고신라 금석문과는 차이가 있어서 건립 연대를 비롯한 많은 부분에서 논란이 계속되고 있다. 그래서 비문 해석에 가장 중요한 비문의 주인공인 節居利의 財에[1] 관해서는 그 단서조차 찾지 못하고 있다.

냉수리비에서 가장 큰 문제는 沙喙部至都盧葛文王이 지증마립간인지의 여부이다. 문헌자료의 어디에도 지증마립간이 탁부 김씨이지 사탁부 박씨로 나온 예가 없다. 이 점은 중요하다. 냉수리비의 沙喙部至都盧葛文王을 同名異稱으로 해석해야 할 것을 동일인으로 잘못 해석한 것은 아닌지 궁금하다.

여기에서는 먼저 沙喙部徙夫知葛文王이 입종갈문왕이 아닌 점을 밝히기 위해서 울주천전리서석의 사탁부 집단에 대해 검토하겠다. 다음으로 중고 금석문에 보이는 갈문왕에 대해 소개하고, 이어 냉수리비의 沙喙部至都盧葛文王에 대해 검토하겠다. 마지막으로 지증왕 관련 문헌사료

---

[1] 珎而麻村이란 촌명에서 보면 砂金과 마일 가능성이 있다.

에 대해 검토하겠다.

2. 울주 천전리서석의 사탁부 집단

먼저 울주 천전리서석 원명과 추명을 판독해 제시하면 다음과 같다.

(원명)

⑫	⑪	⑩	⑨	⑧	⑦	⑥	⑤	④	③	②	①	
作	貞	宋	悉	食	鄒	幷	〃	之	文	沙	乙	1
書	宍	知	淂	多	安	遊	以	古	王	喙	巳	2
人	智	智	斯	煞	郎	友	下	谷	覓	部	(年)	3
第	沙	壹	智	作	三	妹	爲	无	遊	(葛)		4
〃	干	吉	大	切	之	麗	名	名	來			5
尒	支	干	舍	人		德	書	谷	始			6
智	妻	支	帝	尒		光	石	善	淂			7
大	阿	妻	智	利		妙	谷	石	見			8
舍	兮	居		夫		於	字	淂	谷			9
帝	牟	知	作	智		史	作	造				10
智	弘	尸	食	奈			△	△				11
	夫	奚	(人)	(麻)								12
	人	夫										13
		人										14

(추명)

⑪	⑩	⑨	⑧	⑦	⑥	⑤	④	③	②	①	
一	宍	居	作	支	叱	愛	妹	三	部	過	1
利	知	伐	切	妃	見	自	王	共		去	2
等	波	干	臣		來	思	過	遊	徙	乙	3
次	珎	支	喙	徙	谷	己	人	來	夫	巳	4
夫	干	私	部	夫		未	乙	以	知	年	5
人	支	臣	知	知	此	年	巳	後	葛	六	6
居	婦	丁	禮	王	時	七	年	六	文	月	7
禮	阿	乙	夫	子	共	月	王	△	王	十	8
知	兮	尒	知	郎	三	三	過	十	妹	八	9
△	牟	知	沙	△	來	日	去	八	於	日	10
干	呼	奈	干	△		其	其	日	史	昧	11
支	夫	麻	支	夫	另	王	王	年	鄒		12

婦	人		△	知	卽	与	妃	過	安	沙	13
沙	尒	作	泊	共	知	妹	只	去	郎	喙	14
癶	夫	食	六	來	太	共	沒	妹			15
功	知	人	知	此	王	見	尸	王			16
夫	居	貞		時	妃	書	兮	考			17
人	伐		△	夫	石	妃					18
分	干			乞							19
共	支										20
作	婦										21
之											22

우선 울주 천전리서석 원명과 추명에 나오는 인명 분석을 표로 제시하면 다음의 〈표 1〉과 같다.

〈표 1〉 울주 천전리서석 원명과 추명의 인명 분석표

	職名	部名	人名	官等名	備考
原銘		沙喙部	(沙喙部葛文王)	葛文王	
		上同	麗德光妙		沙喙部葛文王의 妹
		上同	於史鄒安郎		沙喙部葛文王의 友
	作切人		尒利夫智	奈(麻)	
	上同		悉淂斯智	大舍帝智	
	作食人		居知尸奚夫人		宋知智壹吉干支의 妻
	上同		阿兮牟弘夫人		貞肉智沙干支의 妻
	作書人		茀茀尒智	大舍帝智	
追銘		沙喙部	徙夫知	葛文王	
		上同	妹		沙喙部徙夫知葛文王의 妹
		上同	於史鄒安郎		沙喙部徙夫知葛文王의 友
			妹王		徙夫知葛文王이 另卽知太王을 부른 간접 호칭
			只沒尸兮妃		沙喙部徙夫知葛文王의 妃
			夫乞支妃		沙喙部徙夫知葛文王의 妹 =另卽知太王妃
		沙喙部	子인 郎△△夫知		沙喙部徙夫知葛文王의 아들
	作切臣	喙部	知礼夫知	沙干支	
	上同	上同	△泊六知	居伐干支	
	私臣		丁乙尒知	奈麻	
	作食人		阿兮牟呼夫人		貞肉知波珎干支의 婦
	上同		一利等次夫人		尒夫知居伐干支의 婦
	上同		沙癶功夫人		居礼知△干支의 婦

이제 원명과 추명을 각각 해석하여 제시하면 다음과 같다.[2)]

> **원명** : "乙巳年(525년)에 沙喙部葛文王이 찾아 놀러오셔서 비로소 谷을 보았
> 다. 古谷이지만 이름이 없었다. 谷의 善石을 얻어서 만들었고,……以下를
> 書石谷이라고 이름을 붙여 字作△했다. 아울러 놀러(온 이는) 妹인 麗德光
> 妙와 友인 於史鄒安郎의 3인이다.
> 이때에 作切人은 尒利夫智奈麻와 悉淂斯智大舍帝智이다. 作食人은 宋知智
> 壹吉干支의 妻인 居知尸奚夫人과 貞宍智沙干支의 妻인 阿兮牟弘夫人이다.
> 作書人은 弟ㄹ尒智大舍帝智이다."

> **추명** : "지난 날 乙巳年(525년)六月十八日 새벽에 沙喙部徙夫知葛文王, 妹(인
> 麗德光妙)와 (友인) 於史鄒安郎의 3인이 함께 놀러 온 이후로 六(月)十八日
> 에는 해마다 (書石谷을) 지나갔다.
> (沙喙部徙夫知葛文王이) 妹王(법흥왕)을 생각하니, 妹王은 죽은 사람이다.
> 乙巳年에 王(沙喙部徙夫知葛文王)은 돌아가신 其王妃(沙喙部徙夫知葛文
> 王의 妃)인 只没尸兮妃를 愛自思(사랑하여 스스로 생각)했다.
> 己未年七月三日에 其王(沙喙部徙夫知葛文王)과 妹가 함께 書石을 보러
> 谷에 왔다. 이때에 함께 3인이 왔다. 另卽知太王妃인 夫乞支妃, 徙夫知(葛
> 文)王, 子인 郎△△夫知가 함께 왔다.
> 이때에 作切臣은 喙部의 知禮夫知沙干支와 △泊六知居伐干支이다. 私臣은
> 丁乙尒知奈麻이다. 作食人은 貞宍知波珎干支의 婦인 阿兮牟呼夫人과 尒夫
> 知居伐干支의 婦인 一利等次夫人과 居禮知△干支의 婦인 沙爻功夫人이며,
> 나누어서 함께 지었다."

원명의 주인공 3인은 沙喙部(徙夫知)葛文王, 友인 於史鄒安郎, 妹인 麗德光

---

2) 원명은 오빠인 沙喙部徙夫知葛文王의 부인인 지몰시혜비가 죽어 서석곡을 방문한
   것에 대해 쓴 것이고, 추명은 妹의 남편인 另卽智太王이 죽어 서석곡을 방문한
   것에 대해 썼다.

妙로 모두 沙喙部 출신으로 짐작된다. 그렇지 않았다면 다른 부명이 표기되어야 할 것이다.

추명의 주인공 3인은 추명 제⑥행에 此時共三來라고 나오므로 3명임이 분명하다. 먼저 추명 제⑤행의 其王과 추명 제⑦행의 徙夫知王으로 보건대 沙喙部徙夫知葛文王이 있다. 추명 제⑦행에 나오는 子郎△△夫知로 沙喙部 徙夫知葛文王의 아들인 郎△△夫知를 들 수 있다. 그리고 추명 제⑤행에 妹가 나온다. 妹가 另即知太王妃夫乞支妃가 아니라면 제⑥행의 此時共三來 의 三을 초과하게 된다. 따라서 另即知太王妃夫乞支妃를 沙喙部徙夫知葛文 王의 妹로 보아야 한다. 이렇게 보면 추명의 3명은 모두 沙喙部 출신이 된다. 另即知太王妃夫乞支妃는 모량부 출신이라고 알려져 있는데, 이는 잘못이다. 이를 뒷받침하기 위해 중고 금석문에 나오는 부별 인원수를 제시해 보면 다음의 〈표 2〉와 같다.

〈표 2〉 중고 금석문에 나타난 각 부명별 인명의 수

비명	탁부	사탁부	본피부	불명	계
봉평비	11	10	1	3	25
적성비	7	3		2	12
창녕비	21	16	1	2	40
북한산비	5	3			8
마운령비	11	6	2	1	20
황초령비	11	4		5	20
계	66	42	4	13	125

〈표 2〉를 보면 봉평비는 탁부 11명, 사탁부 10명, 본피부 1명, 불명 3명으로 계 25명이다. 적성비는 탁부 7명, 사탁부 3명, 불명 2명 계 12명이다. 창녕비는 탁부 21명, 사탁부 16명, 본피부 1명, 불명 2명 계 40명이다. 북한산비는 탁부 5명, 사탁부 3명, 계 8명이다. 마운령비는 탁부 11명, 사탁부 6명, 본피부 2명, 불명 1명, 계 20명이다. 황초령비는 탁부 11명, 사탁부 4명, 불명 5명으로 계 20명이다. 총계는 탁부 66명, 사탁부 42명, 본피부 4명, 불명 13명으로 총 125명이다. 모량부 소속은 단 1명도 없어서

왕비족이 될 수가 없다. 사탁부가 왕비족이다.

　沙喙部徙夫知葛文王의 妹인 另卽知太王妃夫乞支妃를 거느리고 있는 沙喙部徙夫知葛文王을 법흥왕의 弟인 입종갈문왕이라고 볼 수는 없다. 법흥왕과 徙夫知葛文王은 처남매부 사이로서 추명 제③·④행에 나오는 妹王도 徙夫知葛文王이 법흥왕을 부를 때 사용한 간접 호칭으로 보인다.

3. 중고 금석문에 보이는 갈문왕

　1988년 울진 봉평비가 발견되었는데 비문을 통해서는 봉평리에 왜 비석을 세웠는지 그 이유를 알 수 없다. 우선 봉평비의 인명 분석을 표로 제시하면 다음 〈표 3〉과 같다.

〈표 3〉 봉평비의 인명 분석표

직명	출신지명	인명	관등명	비고
	喙部	牟卽智	寐錦王	法興王
	沙喙部	徙夫智	葛文王	沙喙部의 長
	本波部	△夫智	五△(△)	本彼部의 長
干支岑	喙部	美昕智	干支	
위와 같음	沙喙部	而粘智	太阿干支(경5)	
위와 같음	위와 같음	吉先智	阿干支(경6)	
위와 같음	위와 같음	一毒夫智	一吉干支(경7)	
위와 같음	喙(部)	勿力智	一吉干支(경7)	
위와 같음	위와 같음	愼宍智	居伐干支(경9)	
위와 같음	위와 같음	一夫智	太奈麻(경10)	
위와 같음	위와 같음	一尒智	太奈麻(경10)	
위와 같음	위와 같음	牟心智	奈麻(경11)	
위와 같음	沙喙部	十斯智	奈麻(경11)	
위와 같음	위와 같음	悉尒智	奈麻(경11)	
事大人	喙部	內沙智	奈麻(경11)	
위와 같음	沙喙部	一登智	奈麻(경11)	
위와 같음	위와 같음	具次	邪足智(경17)	
위와 같음	喙部	比須婁	邪足智(경17)	
居伐牟羅道使		卒次	小舍帝智(경13)	

悉支道使		鳥婁次	小舍帝智(경13)	
	居伐牟羅	尼牟利	一伐(외8)	
	위와 같음	弥宜智	波旦(외10)	彼日로 보임
	위와 같음	組只斯利		
	위와 같음	一全智		
阿大兮村使人		奈尒利		杖六十의 杖刑
葛尸條村使人		奈尒利	阿尺(외11)	
男弥只村使人		翼糸		杖百의 杖刑
위와 같음		於卽斤利		杖百의 杖刑
悉支軍主	喙部	尒夫智	奈麻(경11)	
書人		牟珎斯利公	吉之智(경14)	
위와 같음	沙喙部	善文	吉之智(경14)	
新人	喙部	述刀	小鳥帝智(경16)	
위와 같음	沙喙部	牟利智	小鳥帝智(경16)	
	居伐牟羅	異知巴	下干支(외7)	
	위와 같음	辛日智	一尺(외9)	

봉평비가 발견되었을 당시 沙喙部徙夫智葛文王을 법흥왕의 동생인 입종 갈문왕으로 보고, 岑喙部란 부명을 설정하여 모량부로 보았다. 사부지갈문 왕은 지금도 입종갈문왕이라고 보고 있는데, 잠탁부의 경우 〈표 2〉로 보건대 잠탁부 출신이 6두품이나 그 이상이 된다는 문제가 있다. 봉평비에 서는 喙部牟卽智寐錦王은 국가의 대표와 탁부의 대표, 沙喙部徙夫智葛文王 은 사탁부의 대표, 本波部△夫智五△(△)는 本波部의 대표로서 각각 居伐牟 羅 회의에 참가하고 있다.

다음은 갈문왕이 나오는 자료로 昌寧眞興王拓境碑가 있는데 비문이 많이 파손되기는 했지만 후반부의 인명표기 부분은 그런대로 양호하다. 창녕비 의 인명 분석표를 제시하면 다음 〈표 4〉와 같다.

〈표 4〉 창녕비의 인명 분석표

직명	부명	인명	관등명
(大等)	~	~智	葛文王
위와 같음	~	~	~
위와 같음	(沙喙)	屈珎智	大一伐干
위와 같음	沙喙	△△智	一伐干

위와 같음		(喙)	(居)折(夫)智	一尺干
위와 같음		(喙)	(內禮夫)智	一尺干
위와 같음		喙	(比次)夫智	迊干
위와 같음		沙喙	另力智	迊干
위와 같음		喙	△里夫智	(大阿)干
위와 같음		沙喙	都設智	(阿)尺干
위와 같음		沙喙	△△智	一吉干
위와 같음		沙喙	忽利智	一(吉)干
위와 같음		喙	珎利△次公	沙尺干
위와 같음		喙	△△智	沙 尺
위와 같음		喙	△沭智	沙尺干
위와 같음		喙	△△△智	沙尺干
위와 같음		喙	比叶△△智	沙尺干
위와 같음		本彼	夫△智	及尺干
위와 같음		喙	△△智	(及尺)干
위와 같음		沙喙	刀下智	及尺干
위와 같음		沙喙	△尸智	及尺干
위와 같음		沙喙	鳳安智	(及尺)干
△大等		喙	居七夫智	一尺干
위와 같음		喙	△未智	一尺干
위와 같음		沙喙	吉力智	△△干
△大等		喙	未得智	(一)尺干
위와 같음		沙喙	乇聰智	及尺干
四方軍主	比子伐軍主	沙喙	登△△智	沙尺干
	漢城軍主	喙	竹夫智	沙尺干
	碑利城軍主	喙	福登智	沙尺干
	甘文軍主	沙喙	心麥夫智	及尺干
上州行使大等		沙喙	宿欣智	及尺干
위와 같음		喙	次叱智	奈末
下州行使大等		沙喙	春夫智	大奈末
위와 같음		喙	就舜智	大舍
于抽悉支河西阿郡使大等		喙	比尸智	大奈末
위와 같음		沙喙	湏兵夫智	奈末
旨爲人		喙	德文兄	奈末
比子伐停助人		喙	覓薩智	大奈末
書人		沙喙	導智	奈舍(大舍)
村主			奀聰智	述干
위와 같음			麻叱智	述干

창녕비는 제⑤·⑥행의 大等与軍主幢主道使与外村主라는 구절 등 신라사

를 복원할 수 있는 1급 사료인데 안타깝게도 비의 전반부가 파손되어 그 상세한 내용을 알 수 없다. 隨駕인명 부분의 인명의 복원도 첫 부분에는 大一伐干이란 사람이 나와서 공간이 좁아 두 사람의 葛文王이 있었을 가능성도 있다. 중요한 것은 갈문왕인 자가 다른 대등과 함께 대등이라는 직명을 갖는다는 사실이다.

4. 냉수리비의 沙喙部至都盧葛文王

1) 인명의 분석

설명의 편의를 위해 비석 전문부터 제시하면 다음과 같다.[3)]

前面

⑫	⑪	⑩	⑨	⑧	⑦	⑥	⑤	④	③	②	①	
		死	得	為	支	本	喙	王	癸	巓	斯	1
	教	後	之	證	此	彼	尒	㫆	未	村	羅	2
此	耳	△	尒	耶	七	頭	夫	德	年	居	喙	3
二	別	其	耳	財	王	腹	智	智	九	利	㫆	4
人	敎	兒	別	物	等	智	壹	阿	月	為	夫	5
後	末	斯	敎	盡	共	干	干	干	廿	智	智	6
莫	鄒	奴	節	敎	論	支	支	支	五	證	王	7
	更	㫆	得	居	敎	斯	只	子	日	㫆	乃	8
	導	申	此	利	令	彼	心	宿	沙	令	智	9
	此	支	此	若	節	暮	智	智	喙	耳	王	10
財			財	先	居	㫆	居	居	至	得	此	11
				利	二	智	伐	伐	都	財	二	12
					王	王	干	干	盧	敎	王	13
						敎	支	支	葛	耳	敎	14
									文		用	15
											珎	16
											而	17

3) 김창호, 『고신라 금석문의 연구』, 2007, 131쪽에서 전제하였다.

⑤	④	③	②	①		
故	了	今	支	村	1	
記	事	智	須	主	2	
		此	支	臾	3	
		二	壹	支	4	上面
		人		干	5	
		世			6	
		中			7	

⑦	⑥	⑤	④	③	②	①		
事	蘇	喙	你	智	典	若	1	
煞	那	沙	喙	奈	事	更	2	
牛	支	夫	耽	麻	人	導	3	
拔	此	那	須	到	沙	者	4	
語	七	斳	道	盧	喙	教	5	後面
故	人	利	使	弗	壹	其	6	
記	跛	沙	心	須	夫	重	7	
	△	喙	誓	仇		罪	8	
	所		公			耳	9	
	白						10	
	丿						11	

한 사람의 인명표기라고 할 수 있는 것은 다음과 같다.

먼저 제①행에 나오는 喙斳夫智王(實聖王)이다.4) 喙이라는 글자 다음에 部자가 없다. 이 部자는 비문 전체에 걸쳐서 없다. 이렇게 部자가 없는 예로는 중성리비의 일부(喙沙利 등), 영천청제비 병진명, 창녕비, 남산신성비(제1·2·4비) 등이 있다. 喙斳夫智王에서 喙이 출신부명, 斳夫智가 인명, 王이 관등명류이다.

다음은 乃智王(訥祗麻立干)이다. 여기에서 喙은 앞사람과 같아서 생략되었고, 乃智는 인명, 王은 관등명류이다.

다음은 전면 제①·②행에 걸쳐 나오는 珎而麻村節居利이다. 珎而麻村이 출신지명, 節居利가5) 인명이다.

이어 전면 제③행에서 제⑦행에 걸쳐서는 다음 7사람의 인명표기가 나온다.

먼저 沙喙至都盧葛文王이다. 沙喙은 출신부명, 至都盧는 인명, 葛文王은 관등명류이다.

---

4) 乃智王은 음상사에 의해 訥祗麻立干이므로 斳夫智王은 實聖麻立干으로 볼 수밖에 없다.

5) 냉수리비의 주인공인 節居利를 위해 두 번이나 敎를 내리고자 진이마촌에 왔으면서도 절거리에게 외위가 없다는 것은 아직까지 외위가 없는 증거이다.

다음 斫德智阿干支이다. 沙喙이라는 부명은 앞사람과 같아서 생략되었고, 斫德智가 인명, 阿干支가 관등명이다.

그 다음이 子宿智居伐干支이다. 沙喙이라는 부명은 앞사람과 같아서 생략되었고, 子宿智가 인명, 居伐干支가 관등명이다.

그 다음이 喙尒夫智壹干支이다. 喙은 부명이고, 尒夫智가 인명이고, 壹干支가 관등명이다.

그 다음이 只心智居伐干支이다. 喙이라는 부명은 앞사람과 같아서 생략되었고, 只心智가 인명, 居伐干支가 관등명이다.

그 다음이 本彼頭腹智干支이다. 本彼가 출신부명, 頭腹智가 인명, 干支가[6] 관등명이다.

그 다음이 斯彼暮斫智干支이다. 本彼라는 부명은 앞사람과 같아서 생략되었고, 斯彼暮斫智가 인명, 干支가 관등명이다. 이 인명표기의 斯彼暮斫智干支에서 斯彼만을 따로 떼어 이를 習比라는 부명으로 보고 暮斫智만을 인명으로 보는 가설이 있다.[7] 하지만 국가 차원의 금석문에서 나오는 喙部(82명), 沙喙部(56명), 本彼部(10여 명)에서 다른 글자로 나온 예가 없고, 習比部가 인명표기로 나온 예가 없다. 習比部의 경우 680년경의 신식단판타날의 평기와에 習部라고만 나올 뿐이다. 따라서 習比部가 斯彼部로 불렸을 가능성은 적다고 판단된다.

전면 제⑧행과 전면 제⑨행에 각각 나오는 節居利에 대해서는 이미 앞에서 설명한 바 있다.

전면 제⑩행의 其弟兒斯奴에 대해서는 여러 가지 방법으로 인명 분석이 시도되고 있다. 이 부분을 그 차례는 兒斯奴, 그 아우의 아들인 斯奴, 그 아우 兒斯奴, 그것의 차례인 斯奴 등으로 해석해 왔다.[8] 이 인명 분석에서

---

6) 干支라는 관등명은 경위와 외위에서 모두 나오는데, 경위는 중성리비(441년), 냉수리비(443년), 봉평비(624년) 등의 예가 있고, 외위는 중성리비(441년), 냉수리비(443년), 매안리대가야비(471년), 영천청제비 병진명(536년), 월지 출토비(536년 상한) 등이 있다.

7) 김영만, 「냉수리 신라비의 내용고찰」『영일냉수리비발굴연구』, 1989, 58쪽.

중요한 것은 其자의 용법과 弟자의 의미이다. 고신라 금석문 가운데서
발견되는 其자의 용례를 살펴보기 위해 예를 제시하면 다음과 같다.

> 王過去其王妃只沒尸兮妃愛自思 己未年七月三日其王与妹(539년 울주 천전리
> 서석 추명)
> 赤城也尒次……力使作人是以後其妻三……別敎自此後國中如也尒次……力使
> 人事若其生子女子年少……兄弟也(545년이나 그 직전, 적성비)

먼저 울주 천전리서석 추명에서 其王妃의 其자나 其王의 其자는 모두
沙喙部徙夫知葛文王을 가리킨다. 적성비의 其妻의 其자는 赤城也尒次를
가리키고, 其生子女子의 其자는 也尒次와 같이……力使人事할 사람을 가리
킨다.[9] 이상의 네 가지 예에서 其자는 모두 사람을 가리킨다. 적성비
제⑰행에서는 兄弟가 兄弟로 표기되어 있어 其弟兒斯奴의 弟는 동생의
의미로 판단된다. 그래야 추명과 적성비에서의 其자가 사람을 가리킨다는
견해와 일치하게 된다. 其弟兒斯奴에서 其자는 節居利를 가리키는 것이
분명하다. 그렇다면 其弟인 兒斯奴라는 뜻으로 곧 節居利의 아우인 兒斯奴로
해석할 수가 있다.

다음 末鄒斫申支는 두 사람의 인명표기이다. 전면 제⑫행에 此二人이라고
나오는데, 이로 보건대 두 사람의 인명표기라는 것이 분명하다. 단, 두
사람을 末鄒와 斫申支로 나눌지 아니면 末鄒斫와 申支로 나눌지는 분명하지
않다. 신라 조자인 斫자가 인명으로 쓰인 4예를 보면 모두 인명의 끝에
오는 경우가 없어서 여기에서는 전자를 취하기로 한다.

후면에는 7명의 인명표기가 있으나 그 분석이 대단히 어렵다. 7명의
인명표기 가운데에서 확실한 것부터 조사해 보자.

---

8) 이에 대해서는 한국고대사연구회, 『영일 냉수리 신라비(가칭)의 종합적 고찰-한
국고대사연구회 학술세미나 발표요지-』, 2009에 실린 여러 견해 참조.
9) 김창호, 「단양적성비의 재검토」, 『영남고고학』 6, 1989.

가장 먼저 나오는 典事人沙喙壹夫智奈麻가 한 사람의 인명표기이다. 典事人은 직명, 沙喙은 출신부명, 壹夫智는 인명, 奈麻가 관등명이다.

다음으로 7명의 인명 가운데 가장 끝부분의 沙喙蘇那支도 한 사람의 인명표기이다. 典事人은 앞 사람과 같아서 생략되었고, 沙喙은 출신부명이고, 蘇那支는 인명이다. 관등명은 없다.

그 밖에 나머지 5명에 관한 인명표기에 대한 분석은 신라 중고의 인명과 차이가 있어서 어렵다. 후면 가운데 喙耽須道使心訾公은 한 사람의 인명표기로 보기에는 몇 가지 문제점이 있다. 첫째로 같은 후면의 典事人沙喙壹夫智奈麻는 직명+부명+인명+관등명으로 되어 있으나 喙耽須道使心訾公은 부명+직명+인명으로 되어 있어 차이가 있다. 둘째로 喙耽須道使心訾公으로 인명을 끊어서 해석하게 되면, 고신라 금석문에서 부명이 직명 앞에 오는 유일한 예가 된다. 셋째로 신라에서 왕명이 기록된 봉평비, 적성비, 창녕비, 북한산비, 마운령비, 황초령비의 6세기 금석문에서는 지방관으로서 군주가 반드시 포함되어 있으나 냉수리비에서는 도사가 있을 뿐이다. 넷째로 耽須道使라는 직명의 전후에는 구체적인 직명을 가지고 있지 않다. 다섯째로 耽須道使를 직명으로 보면 후면 7인 중 6명의 직명이 典事人이라는 사실과 모순되어 耽須道使가 典事人이란 직명을 동시에 갖는 것으로 본다.

위와 같은 문제점들이 존재하고 있기는 하지만, 냉수리비의 연대가 이른 시기로 이 단계에서는 인명표기 방식이 아직 완벽하게 확립되지 못했다고 판단된다. 이제 典事人沙喙壹夫智奈麻에 뒤이어 나오는 6명의 典事人에 대한 인명을 분석할 차례가 되었다.

먼저 到盧弗의 경우, 典事人이란 직명은 앞 사람과 같아서 생략되었고, 沙喙 역시 앞 사람과 같아서 생략되었으며, 到盧弗이 인명이다.

그 다음 인명은 須仇你이다. 典事人이란 직명은 앞 사람과 같아서 생략되었고, 沙喙 역시 앞 사람과 같아서 생략되었고, 須仇你가 인명이다.

그 다음 인명표기는 喙耽須道使心訾公이다. 喙耽須道使心訾公에서 典事人

은 앞 사람과 같아서 생략되었고, 喙은 출신부명, 耽須道使는 직명, 心訾公이 인명이다.

그 다음 인명표기는 喙沙夫那斯利로, 두 사람이다. 문제는 沙夫, 那斯利로 끊어 읽을 것인지 아니면 沙夫那, 斯利로 끊어 읽을 것인지이다. 여기에서는 후자를 취한다. 앞 사람의 인명인 喙沙夫那에서 典事人은 앞 사람과 같아서 생략되었고, 喙은 출신지명, 沙夫那는 인명이다.

그 다음은 斯利로 한 사람의 인명표기이다. 典事人은 직명이나 앞 사람과 같아서 생략되었고, 喙이라는 출신부명 역시 앞 사람과 같아서 생략되었고, 斯利가 인명이다.

그 다음은 沙喙蘇那支로 한 사람의 인명표기이다. 典事人은 앞 사람과 같아서 생략되었고, 沙喙은 출신부명이며, 蘇那支가 인명이다. 관등명은 없다.

이제 상면의 인명을 분석할 차례가 되었다. 村主臾支干支智須支壹今智는 상면 제③행의 此二人에 근거할 때, 두 사람의 인명표기이다. 먼저 村主臾支 干支가 한 사람의 인명표기이다. 村主는 직명, 臾支는 인명, 干支는 관등명이다. 다음으로 須支壹今智가 한 사람의 인명표기이다. 지금까지 고신라 금석문에서는 村主가 짝을 이루어 등장하고 있다. 561년의 창녕비에 村主奀聰智述干麻叱智述干으로 나오고, 남산신성비 제1비에서는 郡上村 主阿良村今知撰干柒吐村△知尒利上干으로 짝을 이룬다. 이에 村主臾支干 支智須支壹今智를 두 사람의 촌주로 보았다.[10] 그런데 짝을 이루어 등장하던 촌주가 540년경의 함안 성산산성 53번, 2016-W150번 목간, 668년의 이성산성 목간에서는 홀로 등장하고 있다. 따라서 냉수리비의 촌주는 1명만 나와도 되며, 역시나 須支壹今智를 굳이 촌주로 보지 않아도 될 것이다.

이상의 분석 결과를 제시하면 다음 〈표 5〉와 같다.

---

10) 김창호, 『고신라 금석문의 연구』, 2007, 135쪽.

〈표 5〉 냉수리비의 인명 분석표

직명	출신지명	인명	관등명	비고
	喙	斯夫智	王	實聖王
	위와 같음	乃智	王	訥祗王
	珎而麻村	節居利		비의 주인공
	沙喙	至到盧	葛文王	
	위와 같음	斯德智	阿干支	
	위와 같음	子宿智	居伐干支	
	喙	尒夫智	壹干支	
	위와 같음	只心智	居伐干支	
	本彼	頭腹智	干支	
	위와 같음	斯彼暮斯智	干支	
		兒斯奴		
		末鄒		
		斯申支		
典事人	沙喙	壹夫智	奈麻	
위와 같음	위와 같음	到盧弗		
위와 같음	위와 같음	須仇你		
위와 같음	喙	心訾公		耽須道使
위와 같음	喙	沙夫那		
위와 같음	위와 같음	斯利		
위와 같음	沙喙	蘇那支		
村主		臾支	干支	
		須支壹今智		

2) 단락의 구분과 해석

제1단락은 제①행과 제②행이다. 설명의 편의를 위해 전문을 끊어서 제시하면 다음과 같다.

斯羅 喙斯夫智王乃智王 此二王教用 珎而麻村節居利爲證尒令耳 得財教耳

이 단락은 비문의 나머지 부분이 癸未年 당시 사실을 기록한 데 대해, 癸未年보다 앞선 과거의 사실을 기록하였다. 斯羅라는 국명은 금석문에서 처음 등장한 것이다. 新羅라는 국명은 광개토태왕비(414년), 충주고구려비

(458년경)에 이미 출현하였다. 이렇게 보면 斯盧, 斯羅, 新羅라는 국명은 혼용되었던 것 같다. 제1단락을 癸未年보다 오래된 내용임에 유의하여 해석하면 다음과 같다.

> '斯羅 喙(部) 斫夫智王(實聖王), 乃智王(訥祇王)의 이 二王이 敎用했다. 珎而麻村의 節居利를 위한 證尒하는 令이었고, 財를 얻는 敎이었다.'

제2단락은 선년 세③행부터 전면 세⑨행의 別敎 앞까지이다. 실명의 편의를 위해 전문을 끊어서 제시하면 다음과 같다.

> 癸未年九月卅五日 沙喙至都盧葛文王 斫德智阿干支 子宿智居伐干支 喙尒夫智 壹干支 只心智居伐干支 本波頭腹智干支 斯彼暮斫智干支 此七王等共論 敎用 前世二王敎證尒耶 財物盡令節居利得之敎耳

이 단락에 나오는 癸未年九月卅五日과 沙喙至都盧葛文王은 이 비의 건립 연대를 알려주는 중요한 단서이다. 이에 대해서는 장을 바꾸어 언급하기로 한다.

전면 제⑦행에 나오는 此七王等은 그 앞의 7명을 가리키는 것이 분명한데, 그 해석이 문제이다. 앞의 7명 가운데 沙喙至都盧葛文王의 경우, 539년의 울주 천전리서석 추명에서 葛文王을 줄여서 王으로 부른 예가 있으므로 王임은 분명하다. 하지만 나머지 6명이 王이라고 불린 것은 문제가 된다. 이들 6명의 인명 뒤에는 공통적으로 干支라는 관등명이 붙어 있다. 이 干支는『광주천자문』에 나오는 임금 왕(王)의 훈인 긔츳와 통한다.『송서』 백제전에 나오는 鞬吉支의 吉支나 신라 왕호 가운데 居西干의 居西와 통한다.[11] 그렇다면 葛文王의 王이나 阿干支, 居伐干支, 壹干支, 干支도 모두

---

11) 안병희,『한국학기초자료선집-고대편-』, 1987, 1001쪽.

王으로 부를 수 있다.

전면 제⑦행에 나오는 前世二王은 당연히 斯夫智王(實聖王)과 乃智王(訥祗王)이다. 前世二王의 世의 뜻에 대해 조사해 보자. 우선 世자의 용례를 제시하면 다음과 같다.

七世子孫(408년, 고구려 덕흥리벽화고분 묵서명)

大朱留王紹承其業傳至十七世孫(414년, 광개토태왕비)

五月中高麗太王相王公△新羅寐錦世世爲願如兄如弟(458년경, 충주고구려비)

夫純風不扇則世道承 眞玄化不敷則耶交兢(568년, 마운령비)

덕흥리벽화고분 묵서명의 七世子孫의 世자는 前世, 現世, 後世라고 할 때의 世라는 의미이다. 광개토태왕비의 十七世孫에서 世자는 왕대수를 가리킨다. 충주고구려비에서의 世世는 고구려의 임금마다라는 뜻으로 한평생을 가리킨다. 마운령비의 世道의 世자는 世上이란 뜻이다. 위의 단락에서 나오는 前世二王의 前世란 과거 세상이 아닌 前歲와 같은 뜻도 있고, 지난해를 나타내기도 한다.[12] 제2단락 전체를 해석해 제시하면 다음과 같다.

'癸未年九月卄五日에 沙喙部至都盧葛文王, 斯德智阿干支, 子宿智居伐干支, 喙 尒夫智壹干支. 只心智居伐干支, 本波 頭腹智干支, 斯彼暮斯智干支의 이 七王들이 共論하여 敎用했다. 前世(지난해)에 二王의 敎의 證尒이다.'

제3단락은 전면 제⑨행의 別敎부터 전면 제⑪행의 別敎 앞까지이다. 우선 제3단락의 전문을 끊어서 제시하면 다음과 같다.

---

12) 문경현, 「영일냉수리비에 보이는 부의 성격과 정치운영문제」『한국고대사연구』 3, 1990, 148쪽.

別敎 節居利若先死後△ 其弟兒斯奴 得此財敎耳

別敎는 봉평비(제④행)나 적성비(제⑮행)에서도 나온 바 있다. 別敎는 전면 제⑦행의 敎用에 대한 別敎이고, 癸未年에 내린 것이다. 제3단락의 해석을 제시하면 다음과 같다.

'別敎를 내린다. 節居利가 먼저 죽은 뒤에는 그의 弟(동생)인 兒斯奴가 이 財를 얻는 敎이다.'

제4단락은 전면 제⑪행의 別敎부터 후면 제①행까지이다. 먼저 설명의 편의를 위해 전문을 끊어서 제시하면 다음과 같다.

別敎 末鄒斤申支此二人 莫更導此財 若更導者敎耳 其重罪耳

전면 제⑫행과 후면 제①행에 두 번 나오는 更導에 대해서는 두 가지 해석 방법이 있다. 먼저 更자를 고치다, 導자를 인도하다로 보면, 更導는 '고쳐서 인도하다'라는 뜻이 된다. 이때 更導는 財物相續者를 고쳐서(바꾸어서) 인도하다라는 의미로 해석되어, 末鄒와 斤申支는 지방민이지만 재산 상속에 관여할 수 있는 실권자가 된다. 다음으로 更導=更道로 보아 更자를 다시라는 뜻의 부사, 道자를 말하다라는 뜻의 동사로 보아 更道를 '다시 말하다'로 볼 수가 있다. 이때에는 末鄒와 斤申支가 節居利와 혈연관계로서 財를 상속할 수 있는 대상자로 이해된다. 단, 냉수리비, 울주 천전리서석, 적성비에서와 같이 其子, 其妻, 其生子女子 등과 같이 구체적인 혈연관계를 표시하지 않은 점이 문제이다. 또 냉수리비 자체에 道자가 이미 나오고 있는데(후면제④행) 쉬운 道자를 두고, 군이 어렵고 의미의 혼돈을 가져올 수도 있는 導자를 쓴 이유에 대해서는 의문이 생긴다. 여기에서는 전자의 해석에 따른다.

이 비문에서는 고신라 금석문 가운데에서 최초로 別敎가 두 번이나
나오고 있다. 문제는 이 단락의 別敎와 제3단락의 別敎와의 관계이다.
제3단락의 別敎는 그 앞의 敎(전면 제⑦행)에 대한 別敎가 분명하지만
제4단락의 別敎는 그 앞의 敎(전면 제⑦행)에 대한 別敎인지 아니면 제3단락
의 別敎(전면 제⑨행)의 敎에 대한 別敎인지가 불분명하다. 내용상 別敎는
敎보다 구체적으로 기록되므로 내용을 아는 데 중요하다. 제3단락의 別敎에
서 이미 節居利의 財에 대한 상속이 정해진 마당에, 末鄒와 㫣申支에게
다시 너희는 상속자가 아니다라고 한 別敎는 아무래도 이상하다. 이에
비해 至都盧葛文王 등의 6부인(왕경인)이 상속자를 새로 정했는데, 末鄒,
㫣申支의 지방민도 여기에 동의한다고 보는 것이 훨씬 타당해 보인다.
그러면 제3단락의 別敎와 제4단락의 別敎는 병렬적인 연결로 보이고, 更導
의 해석도 '다시 말하다'보다는 '바꾸어서 인도하다'가 설득력이 있다.
제4단락을 해석하여 제시하면 다음과 같다.

> '別敎를 내린다. 末鄒, 㫣申支 此二人은 此財를 고쳐서(바꾸어서) 인도하지
> 말라. 만약에 고쳐서(바꾸어서) 인도하면, 그(바꾸어서 인도하는 者)는
> 重罪를 받을 것이다.'

제5단락은 후면 제②행에서 후면 제⑦행의 끝까지이다. 설명의 편의를
위해 전문을 끊어서 제시하면 다음과 같다.

> 典事人 沙喙壹夫智奈麻 到盧弗 須仇你 喙耽須道使心訾公 喙沙夫那 㫣利 沙喙
> 蘇那支 此七人跍△ 所白了 事煞牛拔語 故記

煞牛는 봉평비에 나오는 煞斑牛와 꼭 같은 의미이다. 拔語는 무슨
뜻인지 확실하지 않으나 샤머니즘적인 주술로 추측된다. 제5단락을 해석
하여 제시하면 다음과 같다.

'典事人인 沙喙 壹夫智奈麻 (沙喙) 到盧弗, (沙喙) 須仇你, 喙 耽須道使 心訾公, 喙 沙夫那, (喙) 㺹利, 沙喙 蘇那支 此七人이 무릎을 꿇고, 아뢸 바를 마치고, 소를 죽이고, 말을 拔했다. 故로 기록한다.'

이때에 典事人 직명을 가진 7인이 누구에게 무릎을 꿇고 무엇을 아뢰었는지에 대한 기록은 없다. 至都盧葛文王 등 7왕에게 珎而麻村의 제의를 아뢰었을 것이다.

제6단락은 상면의 전부이다. 설명의 편의를 위해 전문을 끊어서 제시하면 다음과 같다.

村主臾支干支 須支壹今智 此二人 世中了事 故記

世中이란 말은 봉평비 끝부분에 居伐牟羅異知巴下干支辛日智一尺世中△三百九十八이라고 나온 바 있다. 봉평비에서의 世中은 祭儀에 참가한 지방민 전체를 가리키는 것으로 보인다. 제6단락을 해석하여 제시하면 다음과 같다.

'村主인 臾支 干支와 須支壹今智 此二人과 世中이 일을 마쳤다. 故로 기록한다.'

3) 건립 연대

냉수리비의 건립 연대를 전면 제①행의 㺹夫智王을 實聖王으로 보고, 乃智王을 『삼국유사』 왕력에 나오는 訥祇麻立干 一云 內只王과 연결시켜서 訥祇王대로 보았다. 沙喙(部)至都盧葛文王은 『삼국사기』와 『삼국유사』에 모두 智度路라고 기술한 바에 의거하여 智證王으로 보았다. 내지왕과 지도로갈문왕을 각각 눌지왕과 지증왕으로 볼 경우, 비문 제③행의 癸未年은 443년과 503년으로 한정된다.

癸未年을 443년으로 볼 경우 비문 자체에 아무런 문제가 없는지 조사해 보자. 전면 제⑦행의 前世二王에서 前世는 앞의 세상 곧 죽은 사람의 세상을 가리킨다. 비문의 前世二王은 죽은 두 왕인 新夫智王과 乃智王을 가리키는 바, 443년 당시 『삼국사기』와 『삼국유사』에 따르면, 내지왕=눌지왕(재위 417~458년)이 생존해 있었기 때문에 문제가 된다. 그러나 前世는 지난해를 가리키기도 한다.13) 이렇게 되면 비의 건립 연대는 443년으로 보아도 된다. 나머지 503년설을 취할 경우의 문제점은 다음과 같다.

첫째로 냉수리비의 沙喙至都盧葛文王과 문헌의 智度路王을 동일인으로 보는 것은 음상사 이외에 달리 증거가 없다. 가령 진흥왕 시대에 진흥왕의 이름인 深麥夫와 같은 인명인 心麥夫라는 인명이 창녕비에서 甘文軍主로 등장한다. 물론 감문군주는 진흥왕과 동일인이 아니다.

둘째로 신라 중고 왕실의 소속부는 탁부이다. 냉수리비의 新夫智王(실성왕)과 乃智王(눌지왕)의 소속부는 탁부이고, 봉평비의 喙部另卽智寐錦王(법흥왕) 역시 탁부 소속이다. 사탁부 소속의 왕이 나온 예는 금석문이나 목간에서 없다.

셋째로 사탁부지도로갈문왕이 지증왕이라면, 사탁부도 왕족이 되어 중고 왕실의 소속부는 탁부와 사탁부 모두가 되는 문제이다.

넷째로 문헌에서 갈문왕으로 나온 적이 없는 지증왕을 갈문왕으로 해석한 점이다.

다섯째로 지증왕이 즉위 3년이 되어도 매금왕이 되지 못하고, 갈문왕에 머물면서 국왕 역할을 했다고 해석한 점이다.

여섯째로 신라에서는 갈문왕으로 불리다가 왕위에 오른 예가 단 1예도 없는 점이다.

일곱째로 냉수리비의 주인공인 節居利가 실성왕 때부터 지증왕 때까지 (402~503년) 생존해 있었고, 그가 30세인 402년에 처음으로 교를 받았다면 503년 당시 나이는 131세나 된다는 점이다.

---

13) 문경현, 앞의 논문, 1990, 148쪽.

여덟째로 신라 금관총의 3루환두대도에서 늦어도 458년이란 절대 연대로 해석되는 尒斯智王(너사지왕=넛지왕=눌지왕)이라는[14] 확실한 왕명이 나와 냉수리비를 443년으로 올려잡아도 된다는 점이다.

아홉째로 만약에 사탁(부)지도로갈문왕이 지증왕과 동일인이라면, 지증왕은 사탁부 출신이므로 김씨가 아닌 박씨 성을[15] 갖게 된다. 이렇게 되면 지증왕의 아들인 법흥왕은 봉평비에 喙部另卽智寐錦王으로 나와 김씨가 되지만 아버지인 지증왕은 사탁부 소속이므로 박씨 성이 된다. 이처럼 父子 사이에 성이 달라지게 된 이유는 사탁(부)지도로갈문왕을 지증왕으로 잘못 보았기 때문이다.

열째로 『삼국사기』 권44, 열전4, 이사부전에 '異斯夫 或云 苔宗 奈勿王四世孫'이라고 했는데, 적성비에 大衆等喙部伊史夫智伊干支라고 나오고, 『삼국사기』 권44, 열전4, 거칠부전에 居柒夫 或云 荒宗 奈勿王五世孫이라고 했으며 마운령비에 太等喙部居枛夫智伊干으로 나와 신라 중고 왕실의 성은 문헌의 통설대로 김씨이며, 소속부는 탁부임을 알 수 있다. 『삼국사기』 권4, 지증마립간 즉위조에는 지증마립간이 奈勿王之曾孫(三世孫)으로 되어 있어 지증왕도 탁부 소속이며 그 성이 김씨임을 알 수 있다.

열한째로 5세기 금석문인 중성리비와 냉수리비에서는 阿干支, 居伐干支, 壹干支, 壹伐, 干支, 奈麻가 나올 뿐, 진골과 4두품에 해당되는 관등은 나오지 않는다.

열둘째로 사탁부지도로갈문왕이 지증마립간이라면 斯夫智王(實聖王)과 乃智王(訥祇王)처럼 왜 至都盧王이라고 불리지 않았는가 하는 점이다.

열셋째로 냉수리비에서 지도로갈문왕은 七王等과 함께하고 있어서 창녕비에서와 같이 大等집단에 소속되어 있고, 마립간(寐錦)은 아니다.

이상과 같은 13가지 이유로 냉수리비의 癸未年은 503년이 아닌 443년으로 보는 바이다.

---

14) 김창호, 「신라 금관총의 尒斯智王과 적석목곽묘의 편년」 『신라사학보』 32, 2014.
15) 중고 왕실의 왕비족은 모량부 박씨가 아닌 사탁부 박씨로 보고 있다.

5. 지증왕 관련 문헌사료

지증왕과 관련된 문헌사료로는『삼국사기』와『삼국유사』가 있다. 그런
데 냉수리비가 나오자마자 이들 사료는 전부 부정 당하고 있다. 우선
『삼국사기』와『삼국유사』의 관련 사료부터 제시하면 다음과 같다.

> 智證麻立干 立 姓金氏 諱智大路 (或云智度路 又或云智哲老) 奈勿王之曾孫
> 習寶葛文王之子 照知王之再從弟也(『삼국사기』권4, 신라본기4, 지증마립
> 간즉위조)
> 智證麻立干 一作智哲(老) 又智度路王 金氏 父訥祗王弟期寶葛文王(『삼국유
> 사』권1, 왕력1, 智證麻立干조)

이들 문헌에서는 모두 지증마립간을 김씨로 기록하고 있다. 김씨라면
그 출신부는 탁부이다. 따라서 지증마립간의 출신부와 성씨는 사탁부
박씨로 볼 수 없다. 지증마립간을 沙喙部至都盧葛文王으로 보게 되면 지증
마립간의 출신부와 성씨는 고신라 김씨의 탁부가 아닌 박씨 사탁부가
되어야 한다. 七王等의 一人으로 나오는 沙喙部至都盧葛文王은 칠왕등 집단
의 한 사람일 뿐, 마립간인 喙部至都盧王은 아니다. 왜냐하면 창녕비에서와
마찬가지로 갈문왕이 隨駕인명에 포함되기 때문이다.

6. 맺음말

먼저 원명의 주인공 3인은 沙喙部(徙夫知)葛文王, 友인 於史鄒安郎, 妹인
麗德光妙로 모두 沙喙部 출신으로 짐작된다. 그렇지 않았다면 다른 부명이
표기되었을 것이다. 추명의 주인공 3인은 추명 제⑥행에 此時共三來로
나와 있어 3명임이 분명하다. 3명에 대해서는 먼저 추명 제⑤행의 其王과

추명 제⑦행의 徙夫知王으로 보면 沙喙部徙夫知葛文王은 포함된다. 다음으로 추명 제⑦행에 나오는 子郎△△夫知로 沙喙部徙夫知葛文王의 아들인 郎△△夫知를 들 수 있다. 세 번째로는 추명 제⑤행에 나오는 妹이다. 이 妹가 另卽知太王妃夫乞支妃가 아니라면 제⑥행에 나오는 此時共三來의 三을 초과하게 된다. 따라서 另卽知太王妃夫乞支妃는 沙喙部徙夫知葛文王의 妹로 보아야 한다. 그래서 부득이하게 추명의 3명 모두 沙喙部 출신이 된다. 另卽知太王妃夫乞支妃는 모량부 출신으로 알려져 있는데, 이는 잘못이다. 沙喙部徙夫知葛文王의 妹인 另卽知人王妃夫乞支妃를 거느리고 있는 沙喙部徙夫知葛文王을 법흥왕의 弟인 입종갈문왕으로 볼 수는 없다. 법흥왕과 徙夫知葛文王은 처남매부 사이로 추명 제③·④행에 각각 나오는 妹王도 徙夫知葛文王이 법흥왕을 부르는 간접 호칭이었던 것으로 보인다.

다음으로 봉평비에서는 喙部牟卽智寐錦王은 국가의 대표와 탁부의 대표로, 沙喙部徙夫智葛文王은 사탁부의 대표로, 本波部△夫智五△(△)는 本波部의 대표로서 각각 居伐牟羅의 회의에 참가하고 있다. 창녕비에서는 隨駕인 명부분의 인명 복원도 첫 부분에는 大一伐干이란 관등을 가진 사람이 나와서 공간이 좁아 두 명의 葛文王이 있었을 가능성도 있다. 중요한 것은 갈문왕이, 갈문왕이 아닌 다른 대등과 함께 대등의 직명을 갖고 있다는 사실이다.

그 다음으로 먼저 인명 분석을 시도하였다. 22명의 인명표기를 일정한 근거 아래 분석하였지만, 중고의 적성비식 인명표기와 달라서 어려움이 있었다. 냉수리비의 전문을 6단락으로 나누어 해석하였는데, 해석문을 제시하면 다음과 같다.

'斯羅 喙(部) 珎夫智王(實聖王), 乃智王(訥祗王)의 이 二王이 敎用했다. 珎而麻村의 節居利를 위한 證尒하는 令이었고, 財를 얻는 敎이었다. 癸未年九月卄五日에 沙喙部至都盧葛文王, 珎德智阿干支, 子宿智居伐干支, 喙 尒夫智壹干支, 只心智居伐干支, 本波 頭腹智干支, 斯彼暮珎智干支의 이 七王들이 共論하

여 敎用했다. 前世(지난해)에 二王의 敎의 證尒이다. 別敎를 내린다. 節居利
가 먼저 죽은 뒤에는 그의 弟(동생)인 兒斯奴가 이 財를 얻는 敎이다.
別敎를 내린다. 末鄒, 䶄申支 此二人은 此財를 고쳐서(바꾸어서) 인도하지
말라. 만약에 고쳐서(바꾸어서) 인도하면, 그(바꾸어서 인도하는 者)는
重罪를 받을 것이다. 典事人인 沙喙 壹夫智奈麻, (沙喙) 到盧弗, (沙喙)
須仇你, 喙 耽須道使 心訾公, 喙 沙夫那, (喙) 䶄利, 沙喙 蘇那支 此七人이
무릎을 꿇고, 아뢸 바를 마치고, 소를 죽이고, 말을 拔했다. 故로 기록한다.
村主인 臾支 干支와 須支壹今智 此二人과 世中이 일을 마쳤다. 故로 기록한다.'

비의 건립 연대에 대해서는, 실성왕(402년) 때 敎를 받았다면 503년에는
비의 주인공인 節居利의 나이가 131세나 된다는 점, 지도로갈문왕과 지증왕
을 동일인으로 보면 지도로갈문왕(지증왕) 소속부가 사탁부가 되어 姓이
김씨 왕족과는 달라진다는 점 등 13가지 이유를 들어 지도로갈문왕과
지증왕은 동일인이 아니고, 사탁부의 장으로서 갈문왕이 된 것이라고
보고, 비의 건립 연대 역시 503년이 아닌 443년으로 보았다.

마지막으로 『삼국사기』 지증마립간 즉위조와 『삼국유사』 왕력에 나오는
지증마립간이 김씨로 되어 있는 것을 보건대, 지증마립간은 탁부 김씨이지
왕비족인 사탁부 박씨는 아니라고 보았다.

제2절 한국 고대 목간에 보이는 逆書
-백제 목간을 중심으로-

1. 머리말

백제 목간은 한성시대나 웅진성시대 것은 없고, 사비성시대의 것만 100여 점이나 된다. 신라 목간은 고신라와 통일신라를 합쳐서 400점을 넘는다. 함안 성산산성만 해도 253점으로 단일 유적에서는 최고로 많이 출토되었다. 그러다보니 연구성과도 함안 성산산성 목간에 대한 것이 단연 많다.

백제 목간만으로 풀 수 없는 것은 고신라 목간에 의지해서 도움을 받아야 하는데, 당장 백제 목간이나 고신라 목간만으로도 힘에 벅차다고 하면서 그러한 노력들을 게을리하고 있다. 그저 백제 목간 연구자는 백제 목간에, 고신라 목간 연구자는 고신라 목간에만 매몰되어 있다. 그런데 일본의 연구자가 정창원 좌파리가반 부속문서를 연구하면서 백제 능사 목간에 나오는 표을 6세기 중엽으로 본 것은[1] 동남리 49-2 출토 목간의 제사 관련 유무와 관련지어 볼 때 높이 평가해야 할 부분이라 하겠다.

여기에서는 먼저 부여 동남리 49-2번지 1번 목간에 대해 검토하고, 이어 부여 능산리 6차 1번 목간에 대해 검토하겠다. 그 다음으로 경주 전인용사지 1번 목간, 경주 월지 4번 목간을 검토하겠다. 마지막으로 동남리 49-2 출토 목간의 제사 관련 유무에 대해 검토하겠다.

---

1) 平川南, 「正倉院佐波理加盤附屬文書の再檢討-韓國木簡調查から-」『日本歷史』750, 2010.

2. 부여 동남리 49-2번지 1번 목간

2021~2022년 (재)울산문화재연구원에서 발굴한 부여 동남리 49-2번지에서 5점의 목간이 발견되었다. 그 가운데 1번 목간에서만 역서가 나왔다. 그 전문을 소개하면 다음과 같다.

殯葬 목간

④	③	②	①	뒷면	⑤	④	③	②	①	앞면
⋮	⋮		⋮		⋮	⋮	⋮	⋮	⋮	
作	△		△	1	內	十	刀	九	△	1
八	因		甲	2	巳	二	子	(重)	二	2
主	淫		(可)	3	月	月	作	十	兩	3
(不)	用		子	4	卅	十	\	一	內	4
(速)	金		作	5	日	一	十	月	巳	5
金	三		(用)	6	亡	日	一	八		6
	主		三	7	夫	亡	月	日		7
	又		主	8	送	夫	十	內		8
	△		又	9	金	送	一	巳		9
	來		巳	10	三	金	日	月		10
	尒		淲	11	兩	二	亡	九		11
	牟		木	12	七	兩	夫	日		12
	作	主	末	13	重	六	送	亡		13
	用	五	水	14	(\)	重	金	夫		14
			(作)	15		月	二	送		15
			金	16		十	兩	金		16
		逆書			逆書	(二)	(且)	五		17
						\	\			18
						日				19

역서는 앞면과 뒷면에 각각 나온다. 목간 앞면에서 그 내용을 알 수 있는 가장 중요한 단어는 亡夫이다. 망부는 죽은 남편이나 죽은 郎君을 칭하는 용어일 가능성이 있다. 그런데 지금까지는 두 단어를 끊어서 亡은 잔고 없음(0)으로 보고, 夫送을 인명일 가능성이 있다고 보아 왔다.[2] 이 견해에 따르면 매일 일이 있을 때마다 잔고 없음이 된다. 夫送이란 인물(?)

도 매월의 날짜마다 등장하게 된다. 따라서 亡과 夫送으로 끊어 읽지 않고, 亡夫에서 끊어 읽을 수는 없는지 궁금하다. 고구려와 백제의 불상조상 기를 보면 亡夫는 없으나 亡父, 亡母, 亡父母, 亡師父母 등은 많이 나온다.

亡을 재고 없음으로 보고, 夫送을 사람 인명으로 볼 경우, 夫送이 그토록 중요한 일을 하는 사람인데 직명＋부명＋관등명＋인명 가운데 인명만 있을 뿐 관등명 등은 없다. 금과 은을 취급하는 관리인데도 관등이나 직명이 없는 점은 아무래도 이상하다.

3. 부여 능산리 6차 1번 목간

부여 능산리의 능사는 사비도성을 둘러싼 나성(사적 제58호)의 동문 바로 외곽에 위치하고 있다. 능사의 동편 자락에는 백제 왕들의 무덤이 있다. 능사의 조성 연대는 능사의 목탑지 심초석 위에 百濟昌王十三季太歲在 /丁亥妹兄公主供養舍利라는 명문이 새겨진 사리감이 출토되어 그 시기를 567년경으로 보고 있다.

목간은 중문지 남쪽 초기 배수로의 제2, 제3 목책렬 동쪽 끝부분에서 출토되었다. 길이 22.7㎝, 너비 2.4㎝, 두께 2.1㎝이다. 남근을 형상화한 형태이며, 각서와 묵서 두 가지 방식으로 글자를 기록하였다. 4면에 모두 문자가 있는데, I면은 글자가 가장 많으며 각서와 묵서 모두 확인된다. II면은 묵서, III면은 각서, IV면은 묵서로 각각 기재되어 있다. 구멍은 I, III면 아래 부분에 뚫려 있다. 묵서명과 각서명은 아래와 같다.

    I. 天 无義奉 道緣立立立 ◎
    II.   △緣道

---

2) 국립부여문화재연구소, 「백제문화권 출토 목간 전문가 학술세미나(부여 동남리 유적 목간1, 앞면)」, 2022, 5쪽.

Ⅲ. 无奉　　天　　◎

Ⅳ. 　　△△△十六(Ⅱ면과 Ⅲ면은 역서)

　형태가 남근 모양을 하고 있어 주술적 성격을 띤 목간이라는 점에 주목하였다. 용도는 백제 사비도성에서 사용된 신물로 추정하기도 한다. 도신이 남근으로 상징되는 이유는 陰陽五行과 관련되어 있는데, 陽物을 대표하는 남근을 통해 외부에서 들어오는 陰濕한 역병과 흉재의 기운을 몰아내려 한 것이라고 한다.

4. 경주 전인용사지 1번 목간

　이 10번 우물은 동회랑지 남쪽으로 20m 정도 떨어진 조사대상지역의 남동끝에 위치한다. 목간은 우물 내부를 조사하면서 매몰토 상부를 일괄 제토하는 과정에서 출토되었다.

　우물은 30~50㎝ 크기의 割石을 사용하여 깊이 367㎝, 직경 150㎝로 축조되었는데, 내부 벽석을 보면 아주 치밀하고 정교하게 짜여져 있다. 또 우물 둘레에 圓形護石과 方形敷石이 보이는데, 조사결과 이 둘 사이에 분명한 층위차이가 확인되어 시기차가 있다는 사실이 밝혀졌다. 먼저 우물 둘레를 원형호석으로 돌려 사용하다가 나중에 일정 부분 성토하여 우물 둘레를 방형으로 돌을 깔아 사용하였을 것이다.

　우물 상부의 2개 층위(흑갈색사질점토층과 황갈색사질점토층)는 현대의 교란층이고, 그 아래층인 흑회색사질점토층부터는 당시 우물 내부의 매몰층으로 파악된다. 흑갈색사질점토층 아래부터는 부엽이 포함되어 암갈색을 띤 사질점토층으로서 토층 두께가 200㎝ 내외나 된다. 이 층에서 목간과 중국제 해무리굽 청자편, 우물 상석부재 등이 출토되었다. 암갈색사질점토층 아래층은 흑갈색사질토와 그 아래의 자갈모래층이 우물 바닥에서 100㎝ 두께로 퇴적되어 있다. 흑갈색사질토층에서는 원반형토제품과 육상동물(소, 돼지, 고라니, 사슴, 개 등)과 조류(기러기, 오리, 까마귀, 꿩, 닭 등)와 어류(다랑어, 숭어, 농어, 잉어, 상어, 돔)의 뼈와 복숭아씨가 다량 출토되었고, 자갈모래층에서는 원반형토제품, 인화문토기, 銅串 등이 출토되었다.

내부 출토유물의 연대는 바닥층의 인화문토기와 상부층의 중국제 청자를 참고할 때 8세기 초에서 9세기 말 또는 10세기 초로 볼 수 있다. 그런데 반출된 중국정사의 연대가 중요시된다는 점, 신라 우물은 할석이 아닌 천석으로 쌓고 단지처럼 배가 부르게 쌓았다는 점 등을 염두에 두면 우물의 연대가 고려 초일 가능성도 있다. 이에 따라 목간도 고려 초의 것일 가능성이 있는 듯하다.

전인용사지는 국립경주문화재연구소에서 2002~2010년과 2013년에 발굴하였다. 10호 우물에서 출토된 1번 목간을 판독해 제시하면 다음과 같다.

앞면 : 大龍王中白主民渙次心何多乎去亦在
뒷면　첫째 줄 : 众者所貴公歲卅金侯公歲卅五(글자 역방향)
　　　둘째 줄 : 是二人者歲△是亦在如㮹与日

이를 해석하면 다음과 같다.

"大龍王님께 사룁니다. '중요한 백성이 흩어진 차에 마음이 何多乎에게[3] 감이 또한 있습니다. 많은 사람이 所貴公 30세와 金侯公 35세의 이 두 사람이 나이가 적당하다고 합니다. 또 있습니다. (두 사람은) 功夫와 함께 더불어 날을 (같이) 합니다.'"

---

3) 토착신앙의 새로운 지도자로 보인다.

이 용왕 목간은 창녕 화왕산 우물 출토 목간, 경산 소월리 출토 투조삼면인 물문옹, 양주 대모산성 출토 태봉 목간과 함께 토착신앙과 관계되는 유물이다. 전인용사지 목간은 우물에서 출토된 토착신앙과 관련된 최초의 목간이다. 신라 토착신앙의 절정은 인화문토기의 창조이다. 이 인화문토기는 불교도 도교도 아닌 토착신앙에 의한 것으로 보이며, 6세기 중엽에 시작되어 800년에 종언을 고한다. 800년이라면 아직 통일신라에서 최전성기를 구가하던 시기임에도 인화문토기는 소멸되었다는 이야기인데, 그 이유가 궁금하다.

5. 경주 월지 4번 목간

월지는 경주의 동궁 추정지에 있는 苑池이다. 『삼국사기』에는 674년에 원지가 조성되었다고 되어 있다. 이 유적은 문화재관리국에서 1975년 3월 25일부터 1976년 12월 30일까지 약 2년 동안에 걸쳐 조사하였다. 월지에서 61점의 목간이 출토되었고, 월지 4번 목간도 그 가운데 하나이다. 묵서명을 소개하면 다음과 같다.[4]

> 寶應四年
> 策事
> 伍肆參貳壹(글자 역방향)

보응 4년은 765년이다. 제③행만이 역서로 되어 있으나 제사와는 관계가 없고 습서로 이해하고 있다.

---

4) 윤재석 편저, 『한국목간총람』, 2022.

6. 부여 동남리 49-2번지 출토 목간의 제사 관련 유무

우리나라 고대의 동남리 49-2 출토 1번 목간의 殯葬 성격, 부여 능산리 6차 1번 목간의 道祭 또는 토착신앙적인 성격, 전인용사지 출토 1번 목간의 龍王 祭祀 목간은 전부 제사와 관련되어 있는 목간으로서 逆書가 포함되어 있다. 월지 4번 목간의 경우는 壹貳參肆伍를 거꾸로 쓴 습작이어서 逆書가 아니다. 먼저 부여 동남리 49-2 출토 1번 목간에 대해 살펴보기 위해 앞면부터 전문을 해석해 제시하면 다음과 같다.

> '(亡夫의 미망인이고 아내인 그녀가) 11월 △일에 亡夫에게 보내는 금 2兩을 (殯에) 냈다. 亡夫의 (殯에) 보낸 2兩 9重을 11월 8일에 냈다. 11월 9일에 亡夫의 (殯에) 보낸 (金) 5兩 △重은 △刀子가 만들었다. 11월 11일에 亡夫의 (殯에) 금 2량과 은 △兩을 보냈다. 12월 11일에 亡夫의 (殯에) 금 2량 6중을 보냈다. 12월 12일 亡夫의 (殯에) 보낸 금 2량 6중을 냈다. 12월 20일 亡夫의 (殯에) 금 3량 7중을 보냈다.'

다음으로 뒷면 전체를 해석하면 다음과 같다.

> '부조를 낸 사람은 △△△△와 甲(可)子가 3主를 만들어서 베풀었다. 又已泯과 木末水가 만든(作) 金 三主이다. △△△와 △因涇이 베푼 金 3주이다. 又△來와 尒牟가 5主를 만들어서 베풀었다. △△△와 △△가 8主를 베풀었으나 빠르지 않는(늦은) 金이었다.'

전면은 亡夫의 未亡人인 아내가 殯葬에 금을 냈고, 뒷면은 일가친척의 부부가 부조로 금을 냈다는 내용이다. 빈장에 드는 비용이 많다는 것은 금 2兩 이상을 며칠 새에 내고 있는 데서 알 수 있다. 앞뒷면 모두에 逆書가 있어서 넓은 의미의 제사와 관련되어 있음을 바로 알 수 있다.

하지만 동남리 49-2 목간 연구자들은 이 점을 간과하고 백제 정부의 행정문서만으로 문제를 해결하려고 했다.

7. 맺음말

먼저 부여 동남리 49-2번지에서 출토된 5점의 목간 가운데 1번 목간에서는 앞면에서 亡夫의 미망인인 그녀가 7번의 금을 殯에 냈고, 뒷면에서는 망부의 일가친척이 금 부조를 5번 냈다는 내용으로 되어 있다.

다음으로 부여 능산리 6차 1번 목간은 남근 형태를 취하고 있어 이러한 특징으로 인해 주술적인 성격의 목간임에 주목하였다. 그 용도를 백제 사비도성에서 사용된 신물로 추정하기도 한다. 도신이 남근으로 상징되는 이유는 陰陽五行과 관련되어 있는데, 陽物을 대표하는 남근으로 외부에서 들어오는 陰濕한 역병과 흉재의 기운을 몰아내려 한 것이라고 보았다.

그 다음으로 경주시 인왕동에서 출토된 龍王 목간은 "大龍王님께 사룁니다. '중요한 백성이 흩트러진 차에 마음이 何多乎에게 감이 또한 있습니다. 많은 사람이 所貴公 30세와 金侯公 35세의 이 두 사람이 나이가 적당하다고 합니다. 또 있습니다. (두 사람은) 功夫와 함께 더불어 날을 (같이) 합니다.'"라고 해석하였다.

그 다음으로 경주 월지 4번 목간은 伍肆參貳壹을 역방향으로 썼으나 이는 제의적인 요소가 아닌 습작으로 보았다.

마지막으로 부여 동남리 49-2번지 출토 1번 목간을 부여 능산리 6차 1번 목간, 경주시 인왕동에서 출토된 전인용사지 1번 龍王 목간과 비교할 때, 묵서에 逆書가 포함되어 있으므로 제사목간인 빈장목간으로 해석해야 한다고 보았다.

제3절 한국 고대 國字 椋·失·丑·奴에 대하여

1. 머리말

우리나라에서 한자가 언제부터 사용되었는지 확실하게 알려주는 자료는 없고, 고대인이 남긴 한자자료를 통해 추정해 볼 수 있다. 고구려의 경우 325년에 제작된 太寧三年명수막새 등이 유명하고, 4세기 것으로 보이는 소수림왕릉 추정 천추총에서 나온 千秋萬歲永固·保固乾坤相畢명전도 있다. 5세기 들어와 고구려에서 비로소 금석문이 나오는데 414년의 1,775자에 이르는 광개토태왕비가 유명하다. 관등명이 나오는 최고의 예는 408년에 작성된 덕흥리 벽화고분 묵서명에 나오는 小大兄이다. 백제는 5세기 후반으로 추정되는 중국 남조 제나라 사람이 5세기 후반에 만들었다고 추정되는 造此是建業人也명전명을 제외하면 4세기는 물론 5세기 금석문도 없다. 그러다 보니 七支刀를 369년에 은상감 기술을 사용하여 만들었다는 것은 이해가 가지 않는다. 백제에서는 목간도 한성시대나 웅진성시대 것은 없고, 사비성시대 것만 출토되고 있다. 신라는 441년 중성리비, 443년 냉수리비를 필두로 금문인 尒斯智王명도초끝부속구도[1] 458년에 만든 저력이 있는 나라이다. 6세기는 울진봉평비, 단양적성비, 창녕비, 북한산비, 마운령비, 황초령비 등 금석문의 시대가 된다. 단, 4세기 금석문이나 목간은 출토예가 전혀 없다.

지금까지 자료에 의하면 고구려는 4세기에 문자자료가 나타나 한자를

---

1) 종래에는 일본식으로 尒斯智王명검초단금구로 부르던 것이다.

사용했고, 백제는 5세기 후반에 문자자료가 나타나 한자를 사용했고, 신라는 5세기 중엽에 문자자료가 나타나 한자를 사용했다. 그런데 우리말을 한자로 표기할 때 여러 가지 불편함이 있어 國字가 사용되었을 것인데 그 구체적인 예를 따져본 적이 없다. 여기에서는 국자에 대해 살펴보기로 한다.

먼저 椋자의 예를 살펴보고, 다음으로 失자, 그 다음으로 표자의 예를 살펴보겠다. 마지막으로 奴자의 예를 살펴보겠다.

2. 椋자의 예

椋은 창고를 의미하는데, 京에는 고구려의 桴京처럼 창고라는 뜻이 있다는 것이 알려진 최초의 예이다. 고구려시대의 창고를 지칭하는 용어에 대해 3세기 후반에 저술된 중국 역사책인 『三國志』 魏書 東夷傳에는 "나라에 큰 창고가 없으며, 집집마다 각기 조그만 창고를 가지고 있는데, 이를 이름하여 桴京이라 한다"고 되어 있다. 357년 안악3호분에 그려진 京屋, 408년 덕흥리 벽화고분 묵서명(아래의 전문)에 나오는 旦食鹽致食一椋이라는 기록과 고상창고가 이것에 해당한다.

⑭	⑬	⑫	⑪	⑩	⑨	⑧	⑦	⑥	⑤	④	③	②	①	
之	不	造	番	良	孔	乙	太	年	節	龍	位	釋	△	1
後	可	△	昌	葬	子	酉	歲	七	東	驤	建	加	△	2
世	盡	萬	仕	送	擇	成	在	十	夷	將	威	文	郡	3
寓	掃	功	宦	之	日	遷	戊	七	校	軍	將	佛	信	4
寄	旦	日	日	後	武	移	申	薨	威	遼	軍	菀	都	5
無	食	煞	遷	富	王	玉	十	焉	幽	東	國	子	縣	6
疆	鹽	牛	位	及	選	柩	二	以	州	太	小	△	都	7
	敀	羊	至	七	時	周	月	永	刺	守	大	△	鄉	8
	食	酒	侯	世	歲	公	辛	樂	史	使	兄	△	△	9
	一	宍	王	子	使	相	酉	十	鎭	持	左	鎭	甘	10

椋	米		孫	一	地	朔	八			將	仕	里	11
記	粲					廿	年			軍			12
						五							13
						日							14

팔청리 벽화고분(5세기 전반)이나 마선구 1호분(5세기 초)에 그려진 고상창고의 모습을 통해서도 고구려의 京 또는 椋이라 불린 창고시설을 확인할 수 있다.

椋은 원래 喬木의 일종인 나무의 이름이다.[2] 고구려에서 椋을 창고라는 의미로 사용한 유래는 불분명하지만, 이것이 목재를 연결하여 만든 창고이고 京에서 전용되었다고 본다. 椋의 입구(口) 부분을 가로왈(曰)로 표기한 것은 京과 椋이 통용된 것이 아닌가 생각된다.

백제에서도 중앙관서에 內·外椋部가 설치되었던 것으로 보이고, 창고시설의 일종인 京이 존재하였다.[3] 사비한옥마을을 발굴하는 중에 岑椋宮△△이란[4] 묵서가 나와[5] 백제에서도 창고가 존재하였음을 알 수 있다. 신라와 가야의 토기에도 고상식 가옥이 발견된다.[6] 통일신라시대에도 문자자료가 나와서 한국 고대에 고상창고를 서로 공유했음을 알 수 있다.

경주 황남동 376번지에서 출토된 목간에서는 椋이 3번 나오는데 시기는 8세기 전후이다. 椋자가 나오는 자료로서 토기 밑에 椋司가 있다. 이는 고상가옥 관청을 의미하며, 그 시기는 월지 목간에서 天寶十載(751년), 寶應四年(765)의 연호와, 更子年, 甲辰年, 乙巳年, 甲寅年의 연간지 비정

---

2) 諸橋轍次, 『大漢和辭典 六』, 413쪽.
3) 稻葉岩吉, 『釋椋』, 1936에 따르면 『周書』와 『北史』에 內椋部와 外椋部가 있었다고 한다.
4) 이는 岑椋宮(창고)의 △△(품목)으로 해석된다.
5) 김성식·한지아, 「부여 쌍북리 56번지 사비한옥마을 조성부지 유적 출토 목간」 『목간과 문자』 21, 2018, 348쪽.
6) 김원룡, 「신라가형토기고-한국고대에 있어서의 남방적 요소-」『김재원박사화갑기념논총』, 1969.

연대 등을 고려할 때, 월지 목간 연대가 8세기 3/4분기이므로 椋司명 그릇의 제작 시기도 그에 준하여 볼 수가 있다. 椋司라는 관청은 훨씬 이전부터 존재했을 것인데, 『삼국사기』 직관지에는 나오지 않는다.

광주 무진고성의 명문와에는 椋이 한 기와에 4번씩이나 나오고,[7] 京이[8] 한 번, 官城椋이 한 번씩 나온다.[9] 官城椋이 나오는 명문와는 9세기 후반으로 추정된다. 椋이 한 번에 4번씩 나온 기와도 같은 시기의 것으로 추정된다. 京자명 기와의 京은 서울을 뜻하는 것이 아니라 椋을 뜻하므로 그 시기는 瑞鳥文숫막새·鬼面文암막새가 후백제시대로 편년되어 후백제의 것으로 볼 수도 있다. 통일신라와 고려에서는 京을 고상창고라는 의미로 사용한 예가 없다.

3. 失자의 예

우선 설명의 편의를 위해 正倉院 佐波理加盤 附屬文書의 전문부터 제시하면 다음과 같다.

(앞면)

犭接五

馬於內 上犭一具上仕之 犭尾者上仕而汚去如

巴川村正月一日上米四斗一刀大豆二斗四刀二月一日上米

四斗一刀大豆二斗四刀三月米四斗

7) 이용현, 「황남동376 유적 출토 목간의 내용과 용도」『신라문화』 19, 2001, 33쪽.
8) 吉井秀夫, 「武珍古城出土文字瓦の再檢討」『吾吾の考古學』, 2008, 585쪽, 圖1의 3.
9) 吉井秀夫, 앞의 논문, 2008, 圖2의 19.

(뒷면)

米十斗失受

永忽知乃末受丑二石上米十五斗七刀 之直大舍受失二石

上米十七斗丑一石十斗上米十三斗 熱△山大舍受丑二石

上米一石一斗

이 문서의 해석에서 중요한 전기가 된 것은 丑을 粞으로 보고 해석한 것이다.[10] 즉 '丑'을 '粞' 곧 탈곡하기 전의 쌀을 뜻하는 한자로 보고,[11] '上米'는 '上(納)한 쌀'로 이해하여, 문서 뒷면의 내용을 '관청이 관청에 수납되어 있던 丑을 각 관인에게 지급하여 이를 탈곡하여 上納하게 했다'는 것을 알 수 있는 기록이라고[12] 해석하였다.

본격적으로 정창원 좌파리가반 부속문서의 해석을 보자.

'犭接五는 물품 창고의 일련 번호. 馬於內(지명)에서 上等의 犭(豹) 1구를 바쳤다. 그 꼬리도 바쳤으나 더럽혀졌다.'

---

10) 平川南, 「正倉院佐波理加盤附屬文書の再檢討-韓國木簡調査から-」『日本歷史』750, 2010.

11) 탈곡 전 볏짚이 붙어 있는 벼를 한자로 무어라 했는지는 아직 알려져 있지 않다. 탈곡한 벼는 丑이다(平川南, 앞의 논문, 2010에서는 丑을 탈곡하기 전의 벼라고 했으나 이는 잘못이다. 왜냐하면 정창원 좌파리가반 부속문서를 보면 丑을 石, 斗 등으로 헤아리고 있기 때문이다). 탈곡하지 않은 벼는 운반과 보관이 어렵다. 우리나라에서는 탈곡한 벼를 주로 漕運을 통해 운송하고, 보관도 탈곡한 벼로 한다. 탈곡하지 않은 채 보관할 경우 당연히 보관창고가 매우 커야 하므로 그 비용은 엄청나게 늘어나게 된다. 그대신 볏짚은 노천에 그냥 재어놓으면 되고, 탈곡한 벼의 낟알을 보관하면 비용이 훨씬 적게 든다. 丑이 탈곡하기 전의 벼라면 헤아리는 단위도 당연히 한 지게, 한 수레 등으로 표기되었을 것이다. 또 丑은 粞과 관계가 없는 삼국시대 國字로 본다.

12) 上米를 上納하는 쌀로 해석하고 있으나 이는 옳지 않다. 上米는 上品쌀이라는 뜻으로서 받은 녹봉 품목 중 하나라고 판단된다. 녹봉의 품목으로는 上米 외에도 丑(벼), 失(보리)이 있었다.

'巴川村에서 正月 一日에 上米 四斗一刀, 大豆 二斗四刀(를 바쳤고), 二月一日에 上米 四斗一刀, 大豆 二斗四刀(를 바쳤고), 三月에 米四斗(를 바쳤다.)'

위 두 가지는 모두 貢物문서이다.

'……米十斗, 失을 받았는데13)……이다. 永忽知 乃末이 받은 것은 丑 二石, 上米 十五斗七刀이다.14) 之直大舍가 받은 것은 失 二石, 上米 十七斗, 丑 一石十斗, 上米 十三斗이다. 熱△山 大舍가 받은 것은 丑 二石, 上米 一石一斗이다.'

이것은 祿俸문서이다.15)

여기에서 丑은 도정하지 않고 탈곡한 뒤의 벼를 의미하며, 失은 도정을 하지 않고 탈곡한 보리를 의미한다.16) 목간에서 失자가 나온 예로는 부산

---

13) 하시모토 시게루, 앞의 논문, 2021, 465쪽에서 '受失'은 '관인이 국가로부터 받지 못했다', '失受'는 반대로 '국가가 관인으로부터 규정대로 받지 못했다'로 해석하고 있으나 이는 지나친 해석이다. 왜냐하면 失은 보리이기 때문이다. 이렇게 보면 '受失'은 '보리 얼마를 받았다'는 뜻이고, '失受'는 '보리를 받은 것은' 정도로 해석된다 하겠다.

14) 일본학계에서는 上米 十五斗七刀를 '米(쌀) 十五말 七되를 上納했다'고 해석하고 있으나, 여기에서는 上米를 上品쌀로서 녹봉의 하나라고 해석한다. 앞의 공물문서에서도 二月一日上米四斗一刀大豆二斗四刀三月米四斗라고 하여 米와 上米가 모두 나온다.

15) 녹봉문서라는 점을 잊고, 上米를 쌀을 바치다라는 뜻으로 해석하고, 失을 곡식을 받지 못하다로 해석하고 있다. 失은 보리로 해석해야 한다.

16) 녹봉문서에서 之直大舍受失二石과 熱△山大舍受丑二石은 구조적으로 같다. 之直大舍受失二石에서 '之直大舍가 失(보리)二石을 받았다'고 해석되는 점과 熱△山大舍受丑二石에서 '熱△山大舍가 丑(벼)二石을 받았다'고 해석되는 점은 주목해야 할 것이다. 失受가 米十斗失受……에 보인다는 점과 부산 배산산성 목간에 失이 보인다는 점에 주목할 필요가 있다. 예컨대 부산 배산산성 목간에서는 곡물명이 나오지 않는데, 그동안은 그 이유를 간과해 왔다. 이는 失이 보리의 탈곡한 낟알이라는 점을 몰랐기 때문이다. 배산산성 목간을 보면, 촌명이 있는 것은 좌파리가반문서의 巴川村이 나오는 공물문서를 따르고, 受로 적어서 月別로 날짜를 적은 것도 공물문서를 따르는데 곡식의 명칭이 나오지 않고, 受, 失受라는 한자는 공물문서에는 없고 녹봉문서에서만 나왔다. 그러다 보니 배산산성의 목간을

배산산성 출토 목간을 들 수 있다. 우선 설명의 편의를 위해서 관계 전문과
해석을 제시하면 다음과 같다.

本波舍村 失受△今知(十)四乙亥年二月一日借三(月)

朔△日三斗 三月一日 受一石三斗 三月……

……受四月一日上法同……

'本波舍村에서 失(보리)을 받은 것은[17] △今知가 (十)四번째이다. 乙亥年
(675년) 二月一日에 (보리를) 借했고(빌렸고), 三(月)朔△日에 (보리를)
三斗를 받았고, 三月一日에 (보리를) 一石三斗를 받았고, 三月(△日)에……
했고, …日에 …를 받았고, 四月一日에 上法(…日…受의 것)과 같고,……'

군치는 거칠산군으로 추정되며, 나누어주는 보리의 양이 적지만, 군에서
행정촌인 本波舍村에 사는[18] 가난한 평민들에게 보리를 주는 빈민구제와
관련된 목간으로 보인다. 우리나라에서 빈민구제와 관련된 동시대 자료로
는 처음 출토된 것이다.

해독하기가 어려웠다. 연구자들은 모두 좌파리가반 문서를 비교 대상으로 삼았는
데, 배산산성 목간에 월별로 날짜가 나오는데도 불구하고 丑(벼), 大豆, 上米,
米 같은 곡식은 찾아내지 못했다. 하지만 배산산성 목간에서 失受의 失은 보리
낱알로 추정되는 바이며, 그렇게 볼 때 배산산성 목간도 해석이 된다. 이 해석에
의하면 관인층인……米十斗失受(乃末이나 그보다 높은 관등을 가진 자)와 관인층
인 之直大舍와 배산산성 목간에 등장하는 △今知△(빈민구제 대상인 평민)이
모두 보리밥을 먹었다고 판단된다.

17) 失受를 '보리를 받은 것은'으로 해석하지 않고, '받지 못한 것' 등으로 해석하는
   견해가 있으나 이는 한문식 해독법으로서 이두식 해석이 아니다. 실제로 失을
   탈곡한 보리로 해석하지 않아 배산산성 목간에서는 곡식이 전혀 안 나오는 문제점
   을 발생기킨 것이다.

18) 本波舍村의 本波를 함안 성산산성의 목간에 11차례 나오는 本波와 동일한 것이라고
   볼 수는 없다. 왜냐하면 성산산성 목간에서는 甘文 등의 군명을 수반하고 그
   뒤에 나오기 때문이다.

4. 㽭자의 예

㽭을 탈곡하지 않는 벼로 본 예는 앞서 제시한 정창원 좌파리가반 부속문서의 녹봉문서에 나오고, 부여 능산리 능사의 296번 목간, 능사의 300번 목간 등에서도 보인다.

5. 奴자의 예

1988년에 발견된 울진 봉평신라염제비[19])에서 나온 奴人이 중요한데, 우선 그 전문을 제시하면 다음과 같다.

⑩	⑨	⑧	⑦	⑥	⑤	④	③	②	①	
	厏	奈	使	新	者	別	愼	干	甲	1
立	節	尒	卒	羅	一	教	•	支	辰	2
石	書	利	次	六	行	今	宍	岑	季	3
碑	人	杖	小	部	△	居	智	喙	正	4
人	牟	六	舍	煞	之	伐	居	部	月	5
喙	珎	十	帝	斑	人	牟	伐	美	十	6
部	斯	葛	智	牛	備	羅	干	昕	五	7
博	利	尸	悉	△	土	男	支	智	日	8
士	公	條	支	△	塩	弥	一	干	喙	9
于	吉	村	道	麥	王	只	夫	支	部	10
時	之	使	使	事	大	本	智	沙	牟	11
教	智	人	鳥	大	奴	是	太	喙	卽	12
之	沙	奈	妻	人	村	奴	奈	部	智	13

19) 봉평비의 阿大兮村使人 奈尒利 杖六十, 男弥只村使人 翼昃杖百 於卽斤利 杖百이란 杖刑은 禾耶界城과 失火遶城의 전투와 관련 있는 듯하다. 봉평비에서 岑喙部의 설정은 문제가 있다. 고신라 금석문에서 이 인명표기를 제외하면 모량부 출신은 전무하다. 그럼에도 불구하고 잠탁부 출신이 干支란 관등명을 가져서 일약 6두품이 단독으로 등장한다. 고신라 금석문에서 喙部, 沙喙部 등은 喙部, 沙喙部 등으로 적힐 뿐 다른 식으로는 적히지 않았다. 월성해자 9호 목간에서 모량부를 牟喙으로 표기하고 있어서 더욱 의문이 생긴다.

若	喙	尒	次	喙	負	人	麻	而	寐	14
此	部	利	小	部	共	雖	一	•	•	15
省	善	阿	舍	內	值	•	尒	粘	錦	16
獲	文	•	帝	沙	五	是	智	智	王	17
罪	吉	尺	智	智	其	奴	太	太	沙	18
於	之	男	居	奈	餘	人	奈	阿	喙	19
天	智	弥	伐	麻	事	前	麻	干	部	20
•	新	只	牟	沙	種	時	牟	支	徙	21
•	人	村	羅	喙	種	王	心	吉	夫	22
•	喙	使	尼	部	奴	大	智	先	智	23
居	部	人	牟	一	人	教	奈	智	葛	24
伐	述	翼	利	登	法	法	麻	阿	文	25
牟	刀	晨	一	智		道	沙	干	王	26
羅	小	杜	伐	奈		俠	喙	支	本	27
異	鳥	百	弥	麻		阼	部	一	波	28
知	帝	於	宜	莫		隘	十	毒	部	29
巴	智	即	智	次		禾	斯	夫	△	30
下	沙	斤	波	邪		耶	智	智	夫	31
干	喙	利	旦	足		界	奈	一	智	32
支	部	杖	組	智		城	麻	吉	五	33
辛	牟	百	只	喙		失	悉	干	△	34
日	利	悉	斯	部		火	尒	支	(△)	35
智	智	支	利	比		遶	智	喙		36
一	小	軍	一	湏		城	奈	勿		37
尺	鳥	主	全	婁		我	麻	力		38
世	帝	喙	智	邪		大	等	智		39
中	智	部	阿	足		軍	所	一		40
△		尒	大	智		起	教	吉		41
三		夫	兮	居		若	事	干		42
百		智	村	伐		有		支		43
九		奈	使	牟						44
十			人	羅						45
八				道						46

이 봉평비에서 가장 중요한 부분이 別敎 부분이다. 이를 제시하면 다음과 같다.

別敎 今居伐牟羅男弥只本是奴人 雖是奴人前時王大敎法 道俠阼隘 禾耶界城失

火遶城我大軍起 若有者一行△之 人備土鹽 王大奴村共值五 其餘事種種奴人法

냉수리비 전면 제⑨행과 제⑪행에 각각 別敎란 구절이 나오고, 別敎는 적성비 제⑮행에도 나오는바 비문의 가장 핵심적인 부분이다. 해석을 제시하면 다음과 같다.

> "別敎를 내린다. 이제 居伐牟羅와 男弥只는[20] 본래 奴人이다. 비록 노인이 었지만 前時에 왕은 大敎法을 내려주셨다. 길이 좁고, 오르막도 험악한 禾耶界城과 失火遶城의 우리 대군을 일으켰다. 若有者인 一行을 ~했다. 사람들이 土鹽을 준비하였다. 왕은 大奴村과 값 5를 같이 하였다. 그 나머지 일은 여러 가지 奴人法에 따르도록 했다."

비문의 가장 핵심적인 부분에서 奴人들이 활약하고 있음을 알 수 있는데, 奴人을 소금 생산자 이외의 다른 존재로는 볼 수가 없다. 奴人이지만 길이 좁고 오르막도 험악한 禾耶界城과 失火遶城의 우리 대군을 일으켰다고 강조하고 있다. 봉평비의 주인공은 거벌모라와 남미지의 奴人이다. 이들이 만약에 노비였다면 노비의 免賤을 요구하거나 했을 것이고, 그래서 노예해 방이 되었을 것이다. 그게 아니면 포상을 받았을 것이다. 그 포상의 대가가 王大奴村共值五이다. 이는 해석이 되지 않지만 노예해방은 아니다. 본래부터 奴人이라 했으므로 구고구려인이거나 사노비일 수는 없다. 奴人의 실체를 파악하는 데 중요한 문자로 土鹽이[21] 있다. 토염이란 재래식으로 소금을

---

20) 居伐牟羅와 男弥只는 울진이나 울진 근처 바닷가에 위치해야 하는데, 그래야 소금을 생산할 수 있기 때문이다. 봉평비가 서 있던 곳인 봉평이 거벌모라일 가능성이 클 것이다. 봉평비에 나오는 소금 생산지는 居伐牟羅와 男弥只와 悉支가 있다.

21) 토염을 만드는 전통적인 방법은 다음과 같다. 먼저 깨끗한 백사장에 논과 같은 형태로 염전을 만들고, 바닥에는 바닷물이 스며들지 않도록 깨끗한 붉은 황토흙으로 단단히 다진다. 염전의 둑에는 바닷물을 끌어들이는 물길을 만들고, 염전 옆에는 깊은 웅덩이를 판다. 웅덩이 역시 황토 진흙으로 다진다. 이 웅덩이는

만드는 곳을 의미하는데 현재의 울진지방 체험장이 유명하다.

奴(人)이 나오는 다른 예로는 仇利伐 목간의 8예가 있다. 이를 소개하면 다음과 같다.

먼저 仇利伐＋인명＋奴(人)＋인명＋負를 조사해 보기로 하자.

2006-10번　仇利伐△△奴△△支 負

　　　　　　'仇利伐의 △△가 奴이고, 그의 짐을 △△支가 졌다.'

2006-24번　仇利伐 比多湏 奴 先能支 負

　　　　　　'仇利伐의 比多湏가 奴이며, 그의 짐을 先能支가 졌다.'

2007-27번　仇利伐/郝豆智奴人/△支 負

　　　　　　'仇利伐의 郝豆智가 노인이며, 그의 짐을 △支가 졌다.'

Ⅳ-591번　仇(利伐) △△智奴(人) △△△ 負

　　　　　　'仇(利伐)가 △△智가 奴(人)이며, 그의 짐을 △△△가 졌다.'

그 다음으로 仇利伐＋인명＋외위명＋奴人＋인명＋負를 보자.

2007-31번　仇利伐 仇陁知一伐奴人 毛利支 負

　　　　　　'仇利伐의 仇陁知가 一伐이고 奴人이며, 그의 짐을 毛利支가 졌다.'

2016-W89번　丘利伐/卜今智上干支奴人/△△巴支負

　　　　　　'丘利伐의 卜今智가 上干支이고 奴人이며, 그의 짐을 △△巴支가 졌다.'

2016-W92번　仇利伐/夫及知一伐 奴人/宍巴礼 負

　　　　　　'仇利伐의 夫及知가 一伐이고 奴人이며, 그의 짐을 宍巴礼가 졌다.'

염전에서 바닷물을 적시어 말려 염도가 높아진 바닷물을 보관하는 곳이다. 그 웅덩이 옆에 화덕을 걸고 장작불을 때어 소금을 만든다. 이것이 토염이다.

마지막으로 仇利伐＋인명＋외위명＋노인＋塩을 조사해 보자.

5번   仇利伐△德知一伐奴人 塩 (負)

'仇利伐의 △德知 一伐이며 奴人인 그가 소금塩을 負로 직접 진 것이다.'

정창원 좌파리가반 부속문서에 보이는 삼국시대 國字로는 丑과 失이 있다. 이러한 국자는 561년 창녕비의 畓, 6세기 나주 복암리 목간의 畠, 8세기 3/4분기 월지 190번 목간의 蛇 등이 있다. 奴人 또는 奴로 나오는 글자는 정창원 좌파리가반 부속문서의 丑과 失처럼 신라의 國字로 볼 수 있다. 삼국시대나 통일신라시대에 나오는 椋이나 고구려 樑木城의 樑자나 백제 8대성 가운데 하나인 苩氏도 있다.

이 奴자는 鹽의 국자로 볼 수 있다. 소금을 나타내는 한자로는 대표적으로 鹽자와 鹵자가 있다. 전자는 인공염이고, 후자는 자연염이다. 우리나라에는 자연염이 없다. 잃다, 잘못, 착오 등의 뜻을 가진 失이 도정하지 않은 곧 탈곡한 보리를 나타낸다거나, 소를 의미하는 丑이 탈곡한 벼를 나타내는 것을 보건대, 奴는 소금을 뜻하는 國字로 볼 수도 있을 것이다.

6. 맺음말

먼저 椋은 경이라고 읽으며, 고상가옥의 창고를 가리킨다. 408년 덕흥리 벽화고분을 필두로 부여 사비한옥마을, 경주 황남동 376번지, 광주 무진고성에서 椋이 나왔고, 월지에서 토기그릇 밑에 묵서로 적힌 椋司도 있으나 문헌에는 보이지 않는 관청이다.

다음으로 失은 정창원 좌파리가반 부속문서에 두 번, 부산 배산산성 목간에 한 번 나오는 것이 전부이다. 정창원 좌파리가반 부속문서의 녹봉문서에서 之直大舍受失二石과 熱△山大舍受丑二石은 구조적으로 같은 의미를 갖는다. 이에 失을 곡식으로 보아야 한다면 보리가 될 것이다. 부산 배산산성 목간에서도 이 失이 나왔다.

그 다음으로 丑은 정창원 좌파리가반 부속문서의 녹봉문서에서 3번 나오고, 부여 능산리 능사에서 三月中椋內上丑이라고 나오는데, 이것의 연대는 6세기 중엽경으로 본다. 위의 기록을 해석하면 '3월에 椋(창고)내에 上丑'이 된다. 丑은 도정하지 않는 벼, 곧 탈곡한 벼를 가리킨다.

마시막으로 울진 봉평비에 2번, 함안 싱산산싱 仇利伐 목간에서 8번 나오는 奴人에 대한 정확한 해석은 어렵다. 울진 봉평과 仇利伐이 모두 바다 가까이에 있고, 외위를 가진 자도 仇利伐에서만 4명이나 되므로 노비로는 볼 수 없고, 奴는 소금생산자를 가리키는 국자라고 본다.

제4절 한국 고대 금석문에 보이는 越境地

1. 머리말

越境地는[1] 越入地, 飛入地, 飛越地, 飛地라고도 한다. 한국사 속에 발생했던 월경지는 일찍이 후삼국시대부터 자료에 그 존재가 나타난다. 하지만 그 이전부터 존재했을 가능성도 매우 높다. 고려시대를 거쳐 조선시대에 이르면, 전국 각지에 크고 작은 월경지가 폭넓게 분포했음이 확인된다. 조선시대의 월경지는 각종 지리지와 고지도를 통해 어느 정도 그 위치와 실상을 파악할 수 있다. 그리고 그에 기초하여 고려시대의 월경지를 고증할 수도 있다.

월경지의 발생과 유지에는 다양한 원인이 개입된다. 지방행정구역의 신설과 개편, 조정의 과정에서 나타나기도 하고, 재난이나 전란, 경작지 개척 등의 이유로 주민들이 이주하면서 발생하기도 한다. 한국사 속에 나타났던 월경지는 '발생 원인과 지리적 입지', '발생 기원 단위' 등의 두 가지 기준을 가지고 복합적인 관점에서 분류할 수 있다. 한번 설정된 월경지는 본읍에서의 강렬한 집착 등이 지속되어 오랫동안 유지되는 경향을 보였다. 조선시대의 월경지는 상당수가 고려시대로부터 기원한 곳들이다. 조선후기까지도 전국 각지에 100여 곳 이상 존재하던 월경지는 1906년 (광무 10년) 지방행정구역 개편을 통하여 대부분 소멸되었다. 다만 일부 월경지는 여전히 남아 있다가 1914년 일제의 지방행정구역 개편으로 완전

---

1) 월경지에 대한 설명은 한국민족문화대백과의 월경지(https://encykorea.aks.ac.kr/ Article/E0040941) '개설' 부분에서 가져왔다.

히 소멸하였다.

그런데 월경지가 전근대시기의 소산인 것만은 아니다. 현대에도 지방행정구역의 개편 및 조정 과정에서 지역 주민들의 이해관계가 반영될 때 월경지가 발생하고 유지된다. 지금도 전라북도 완주군과2) 대구광역시 달성군에는 읍·면 단위의 월경지가 존재하고 있으며,3) 그 외 몇몇 지역에서도 여전히 월경지적 입지를 지닌 곳들이 확인된다.

여기에서는 먼저 441년 중성리비에 나오는 월경지와 백제 고사부리성의 월경지에 대해 검토하겠다. 다음으로 경주 망성리의 679년 儀鳳四年皆土명 기와가 나오는 부분에 대해 월경지를 검토하고, 680년 習部에 대해 월경지를 검토하겠다. 마지막으로 680년 다경의 漢只(部) 월경지를 검토하겠다.

2. 고신라 중성리비

경북 포항시 북구 흥해읍 중성리에서 주거환경개선 도시 계획도로 공사를 하던 중에 고신라시대의 비석이 발견되었다. 2009년 5월 11일 흥해중앙교회 앞 공사 현장에서 김헌도 씨가 가로 45㎝, 세로 105㎝, 두께 10㎝ 가량 크기의 비석을 발견해 13일 경북매일신문사에 제보하였다. 그 뒤 배용일 포항공대 초빙교수 등이 비석을 1차로 판독하였다. 이렇게 해서 비석이 세상에 알려지게 되었다.

국립경주문화재연구소에서는 비석을 가져와 8월에는 비석을 판독하고 해석한 자료집을 내놓았다.4) 이어서 9월 3일에 학술심포지엄이 경주드림센터에서 열렸다.5) 이어서 2009년 10월 7일과 8일에 걸쳐서 포항시청

---

2) 이서면은 완주군에서 떨어져 있다.
3) 달성군에서 다사읍과 하빈면은 달성군 군청이 있는 논공읍, 화원읍, 현풍읍, 가창면에서 떨어져 있다.
4) 국립경주문화재연구소, 『포항 중성리비』, 2000.
5) 국립경주문화재연구소, 『포항 중성리신라비 발견기념 학술심포지엄』, 2000.

대회의실에서 〈신발견 포항중성리신라비의 역사적 고찰〉이란 주제로 학
술대회가 개최되었다.[6] 그리고 2010년 4월 10일에 경북대학교에서 〈포항
중성리신라비의 고찰〉이라는 주제로 학술대회가 개최되었다.[7] 2011년
10월 7일에는 포항문화원에서 학술대회가 개최되어 그 결과가 공포되었
다.[8] 이들 발표에서는 대체로 중성리비의 건립 연대를 501년으로 보고,
비를 너무 어렵게 해석하고 있는 듯하다. 하지만 중성리비, 냉수리비,
봉평비, 적성비에서는 조그마한 일에 왕경인과 지방민이 참가한다는 점을
보건대, 글자를 읽을 수 있는 사람이면 누구든 쉽게 이해할 수 있게 비문을
썼을 것이며 따라서 비문은 쉽게 해석할 수 있어야 한다고 생각하고 있다.

중성리비의 인명 분석을 제시하면 다음과 같다.

〈표 1〉 중성리비 인명분석표

직명	출신지명	인명	관등명
	(喙部)	折盧(智)	王
	喙部	習智	阿干支
	沙喙	斯德智	阿干支
	沙喙	尒抽智	奈麻
	喙部	牟智	奈麻
夲牟子	喙	沙利	
위와 같음	위와 같음	夷斯利	
白爭人	喙	評公斯弥	
위와 같음	沙喙	夷須	
위와 같음	위와 같음	牟旦伐	
위와 같음	喙	斯利	壹伐
위와 같음	위와 같음	皮末智	
위와 같음	本波	喙柴	干支

---

6) 이 발표문들은 한국고대사학회,『한국고대사연구』56, 2009에 정리되었다. 여기에
서는 발표자료집이 아닌 이 간행지를 이용하였다.

7) 김창석,「신라 법제의 형성 과정과 율령의 성격」『한국고대사연구』58, 2010
; 노중국,「포항 중성리비를 통해 본 마립간시기 신라의 분쟁처리 절차와 6부체제
운영」『한국고대사연구』58, 2010 ; 노태돈,「포항중성리신라비와 외위」『한국고대
사연구』58, 2010 ; 주보돈,「포항중성리신라비에 대한 연구 전망」『한국고대사연
구』58, 2010.

8) 한국고대사학회,『신라 최고의 금석문 포항 중성리비와 냉수리비』, 2012.

위와 같음	위와 같음	弗乃	壹伐
위와 같음	위와 같음	金評△	干支
使人		祭智	壹伐
奈蘇毒只道使	喙	念牟智	
	沙喙	鄒須智	
	위와 같음	世令	
	위와 같음	干居伐	
	위와 같음	壹斯利	
	蘇豆古利村	仇鄒列支	干支
	위와 같음	沸竹休	
	위와 같음	壹金知	
	那音支村	卜步	干支
	위와 같음	走斤壹金知	
	위와 같음	珎伐壹昔	
		豆智	沙干支
		日夫智	
	(沙喙)	牟旦伐	
	喙	作民	沙干支
使人		卑西牟利	
典書		與牟豆	
	沙喙	心刀哩	

이 중성리비의 요체는 豆智 沙干支의 宮과 日夫智의 宮을 빼앗아서 沙喙部
의 牟旦伐에게 주라는 敎이다. 宮은 居館으로 보이며, 두 군데 있는 점이
주목된다. 蘇豆古利村의 仇鄒列支 干支, 沸竹休, 壹金知가 관리하는 宮이
하나이고, 那音支村 卜步 干支, 走斤壹金知, 珎伐壹昔가 관리하는 宮이 또
하나로서 모두 두 개이다. 이 두 개의 宮을 소유한 자는 沙喙部 牟旦伐이지만
이들을 관리하는 자는 두 촌의 지방민이다. 宮은 땅에 있는 것으로 모단벌이
실질적인 주인이지만 그 관리는 두 촌 출신의 지방민이 한다는 것이다.
沙喙部와 蘇豆古利村·那音支村과의 관계를 보면, 우선 이들 지방민 역시
沙喙部 소속으로 보인다. 480년대에 작성된[9] 대구 팔거산성 14번 목간에는
다음과 같이 나온다.

---

9) 대구 팔거산성 목간은 480년대에 작성된 것으로 보이는데, 이에 대해서는 이
   책의 제4장 제2절의 「대구 팔거산성 목간 삼론」 참조.

本波部△△村△△△△(앞면)

米一石私(뒷면)

이는 本波部에 △△村이 있다는 새로운 자료이다. 신라 통일 이전의 도성제는 방리제만으로 구성된 것이 아니라 성촌제인 월경지도 포함하였음을 밝혀주고 있다. 중성리비가 발견된 포항시 흥해읍은 경주에서 상당히 거리가 떨어져 있다. 중성리비에 등장하는 蘇豆古利村과 那音支村 지역은 도성제에 포함하기는 어렵고, 월경지로 보고자 한다.

3. 백제 고사부리성에 보이는 上卩 上巷

고사부리성은[10] 전북 정읍시 고부면 고부리 산1-1번지 일원의 성황산에 위치한 성으로, 夾築기법으로 쌓은 백제의 석축산성이다. 성황산(해발 133m) 봉우리를 반달모양으로 감싼 테뫼식 산성으로 전체 둘레는 1,055m에 달한다. 성벽은 성돌을 약 3~5㎝씩 안쪽으로 쌓아올리는 퇴물리기 기법, 品자 형태의 바른층 쌓기, 성돌을 굴곡 지게 다듬어서 결합하는 그렝이기법 등을 이용하여 축조하였는데, 3~4개 구간으로 나눈 후 외벽과 내벽 사이에 다듬은 돌을 채워 완성하였다. 『翰苑』, 백제조에 의하면, 백제 남쪽 260리에 고사성이 있는데 사방 150보이며, 중방이라는 기사가 확인된다. 즉 고사는 고사부리로 백제의 중방성이었다.

전북문화재연구원이 2005년 2차 발굴조사에서 성벽, 북문지, 객사지를 조사하였는데, 삼국시대부터 조선시대에 이르는 토기편과 기와편이 출토되었다.[11] 유물로 보아 백제시대에 처음 쌓았고 통일신라 때 개축하였으며, 고려를 거쳐 1765년 읍치가 다른 곳으로 이전되기까지 줄곧 사용되었다.

10) 이 부분은 윤재석 편저, 『한국목간총람』, 2022를 주로 참조하였다.
11) 전북문화재연구원, 『정읍 고부 구읍성Ⅰ』, 2007.

백제 고사부리성에서는 기와 명문과 함께 목간에서 각각 上卩上巷이라는 명문이 나왔다. 이 두 가지 자료는 어떻게 해석해야 좋을까? 백제의 巷制에 대해 나오는 다른 예는 부여 궁남지 315번 목간이다. 고구려와 백제는 모두 직명+출신부명+관등명+인명의 순서이고, 신라는 직명+출신부명+인명+관등명의 순서로 기재된다. 앞면 제①행의 巳達巳斯卩依活率△△丁은 巳達巳斯丁依活△△△丁으로 판독되지 않는바, 丁이 사람丁男을 가리키려면 丁巳達巳斯丁依活(率△△)이 되어야 한다. 다음으로 목간 전문을 해석하였다.

앞면 : 西卩 後巷의 巳達巳斯卩가 △△의 丁을 거느리고 활약한 데에 의거하여
　　　巳達巳斯卩가 歸人인 中口 四(人), (歸人인) 小口 二(人)과 邁羅城의
　　　法利源의 畓五形을 (상으로) 받았다.
뒷면 : 西(卩)의 丁인 卩夷(인명)이다.

목간의 제작 시기는, 백제 궁남지가 634년에 만들어졌고 이 궁남지가 백제 말기까지 존재하였으므로 그 시기는 백제 무왕 35년(634년)에서 백제 멸망기까지로 잡아 634년에서 660년까지로 보고자 한다.

궁남지 315번 목간은 왕경에서 나온 데 대해 정읍 고사부리성 목간은 수도인 사비성에서 떨어진 정읍에서 출토되었다. 정읍의 목간과 인각와는[12] 上卩上巷으로 수도였던 부여에서 출토되어야 하는데 정읍에서 나왔다. 그것도 목간과 인각와가 짝을 이루어 출토되고 있다. 이들은 모두

---

12) 기와를 제작하는 (조와) 성형구, 시문구 등에 이미 문자가 있는 것과 나중에 다른 도구로 문자를 추가하는 것으로 구분 된다. 전자에는 1) 와범(당면에 문자가 나타남), 2) 타날구(평기와 凸面에 문자가 나타남, 중복된 경우가 많음), 3) 와통(평기와 凹面에 문자가 나타남)이 있다. 후자에는 1) 인장, 도장, 스탬프(찍어서 문자를 새김), 2) 예리한 도구로 기와 표면에 문자를 새기는 방법, 3) 목서 주서(붓으로 문자를 씀)가 있다. 목서 주서만은 기와 소성 후라는 등의 교시는 고정용 교수에게 받았다.

수도였던 부여가 아닌 정읍 고사부리성 근처에서 만들어지고 작성된 것으로 보인다.

백제에서 五部 즉 上卩·前卩·中卩·下卩·後卩이라는 명칭이 새겨진 인각와는 上卩甲瓦·上卩乙瓦·前卩甲瓦·前卩乙瓦·中卩甲瓦·中卩乙瓦·下卩甲瓦·下卩乙瓦·後卩甲瓦·後卩乙瓦의 총 10종이 출토되고 있다.[13] 이들은 上卩上巷瓦와 上卩下巷瓦식으로 표기한다면 한 글자가 남는다. 이 경우에도 금산 백령산성에서 출토된 栗峴丙辰瓦가 문제가 되나 栗峴ㅓ丙辰瓦로 판독된다.[14] 인각와에 나오는 上卩·前卩·中卩·下卩·後卩의 5항을 두 부류로 나누고 나서[15] 인각와에서는 2줄이나 3줄 모두 짝을 이루어 문자가 출토되므로 이 上卩上巷瓦와 上卩下巷瓦에서 巷을 없애고 上卩上瓦와 上卩下瓦식으로 하면 이 경우에는 上과 下로 기와의 차이가 난다고 볼 수 있다. 그래서 上卩의 5항을 두 부류로 나누어 甲瓦와 乙瓦로 나누었다. 前卩·中卩·上卩·下卩·後卩의 명도 같았다고 본다.

정읍 고사부리성에서는 上卩△△·△卩上巷이라는 기와 명문과 긴 막대기 상단에 上卩上巷이라고 새겨진 목간이[16] 출토되었다. 기와 명문 두 점은 모두 上卩上巷으로 복원이 가능하다. 그런데 이 기와 명문은 왜 上卩甲瓦 또는 上卩乙瓦식으로 새기지 않고 上卩上巷이라고 새긴 것인지가 문제이다. 월경지에서 기와 명문을 上卩甲瓦 또는 上卩乙瓦라고 새긴다면

---

13) 이문형·이다운, 「정읍 고사부리성 출토 〈상부상항〉명 인각와에 대한 연구」, 『중앙 고고연구』 28, 2019, 36쪽에서는 中卩甲瓦가 익산과 부여에서 나오지 않는다고 했으나 高正龍, 「百濟刻印瓦覺書」 『朝鮮古代研究』 8, 2007, 65쪽에는 탁본 사진으로 나와 있으며, 심상육, 「백제 인각와에 대하여」, 『문자와 목간』, 2010, 9쪽에도 나온다. 단 심상육, 앞의 논문, 2010, 3쪽에서는 中卩甲瓦가 없다고 했으나 여기에서는 申卩甲瓦를 中卩甲瓦로 보아 中卩甲瓦가 나오는 것으로 본다.

14) 손환일, 「백제 백령산성 출토 명문기와와 목간의 서체」 『구결연구』 22, 2009, 136쪽.

15) 5항을 두 부류인 甲과 乙로 나누는 의미는 상호 경쟁심을 높여 기와 생산의 증가를 노렸던 것 같다.

16) 이 목간은 묵서가 아니고 刻書이다. 일부가 각서로도 쓰인 예는 능사 6차 1번 목간에도 나와서 제의 관련 목간일 가능성이 있다.

이를 알아볼 사람이 드물고 그 소속을 알 수 없게 된다. 그래서 上卩上巷이라고[17] 새긴 것이다. 백제의 中方城으로 추정되는 정읍 고사부리성에서 기와와 목간에 上卩上巷이라고 새긴 명문이 나오는 것으로 보아 이곳은 월경지로 보인다. 목간은 긴 막대기 앞부분에 글자가 남아 있어서 上卩上巷에 보내는 공적인 문서였을 것이다. 월경지는 중방성 안이나 근처에 있었을 가능성이 크다. 앞으로 백제에서도 인각와가 많이 출토되고 있어 이 기와 명문에 의하여 월경지의 예도 증가하게 될 것이다.

4. 통일신라 망성리의 習部

1) 儀鳳四年皆土

儀鳳四年皆土명기와의 총감독인 皆土에 대해서는 많은 연구성과가 나와 있다. 儀鳳四年皆土명기와에 처음 주목한 것은 1969년 일본인에 의해서였다.[18] 그는 일제시대에 한국학을 전공한 일본인 학자가[19] 1919년 6월 월지 동남쪽 밭에서 습득한 기와 탁본을 인수 받았다. 儀鳳四年皆土의 皆土를 佛典에 보이는 全土 혹은 國土와 같은 말에 해당된다고 전제하고 率土皆我國家의 의미로 해석할 수 있다고 주장하였다.

이 같은 주장이 경주의 향토사학자들에게 적극 지지를 받으면서 皆土를 삼국통일 그 자체로 보게 되었다.[20] 이러한 가설은 확실한 증거가 있는

---

17) 上卩上巷에서 월경지의 주체는 上卩의 上巷이지 上卩이 아닌 점이 주목된다. 결국 上卩이 上巷의 월경지임을 나타내려고 하면, 上卩上瓦나 上卩乙瓦로서는 안 되고, 上卩上巷이라고 표현할 수밖에 없다. 그래서 上卩 다음에 上巷이 온 것인데, 백제 인각와에서도 유일한 예이다. 이 같은 경우는 월경지에서 더 나타날 것으로 추정된다.

18) 大坂金太郎, 「儀鳳四年皆土在銘新羅古瓦」 『朝鮮學報』 53, 1969.

19) 今西龍이다.

20) 권오찬, 『신라의 빛』, 1980 ; 윤경렬, 『경주고적이야기』, 1984.

것은 아니지만 문무왕대에 삼국통일이 이루어졌다는 역사적 사실이 크게 작용한 것 같다.

원로 한국사학자도 皆土에 대해 卒土皆我國家의 약어로 본 견해[21]를 수용하여 儀鳳四年을 전후한 시기에 한반도의 모든 토지는 신라의 것이라고 하는 통일의식의 소산으로 보았다.[22] 이보다 앞서서 이러한 시각을 내보인 가설도 있었다.[23] 곧 皆土는 백제와 고구려의 토지를 합친 삼국통일의 의미로 추정된다고 보고, 나아가 皆土는 광개토태왕비에 나오는 시호 중에 보이는 開土와[24] 비교된다고 하였다.

儀鳳四年皆土만을 집중적으로 다룬 논문도 나왔다.[25] 여기에서는 一統三韓의 해를 676년이 아니라 儀鳳四年인 679년이라고 보았다. 이 679년이야말로 삼국을 통일한 해이자 통일기년이라는 것이다. 나아가 皆土의 의미를 민족통일의 의미인 삼국통일이 아니라 一統三韓, 영토적으로 삼한의 통합으로 보았다.

또 다른 논문에서는 2013년 경주에서 출토된 2종류의 儀鳳四年皆土명기와의 현황을 살펴본 후, 명문에서는 명문 새김방법, 명문 방향, 명문 읽는 순서, 명문의 방곽 형태 등에 주목하고, 기와 제작과 관련해서는 타날판 길이, 타날 방향, 와도 흔적, 기와 두께 등에 주목하여『삼국사기』문무왕 15년(675) 춘정월조의 以銅鑄百司及州郡印 頒之의 기록과 관련이 있는 것으로 보았다.[26]

---

21) 大坂金太郎, 앞의 논문, 1969.

22) 이기동, 「신라 중대 서설-槿花鄕의 진실과 허망-」『신라문화』25, 2005.

23) 고경희, 「신라 월지 출토 재명유물에 대한 명문 연구」, 동아대학교 석사학위논문, 1993.

24) 이는 착각으로 開土와 皆土는 그 의미가 다르다. 곧 광개토왕의 시호인 國罡上廣開土地好太王에서는 廣開와 土地로 끊겨 문제가 된다.

25) 최민희, 「儀鳳四年皆土글씨 기와를 통해 본 신라의 통일의식과 통일기년」『경주사학』21, 2002.

26) 류환성, 「'의봉4년개토' 명문기와로 본 통일신라 기와의 획기와 의의」『경주문화』19, 2013.

儀鳳四年皆土를 삼국통일과 관련짓는 사이, 納音 五行으로 이를 해석하려는 전혀 다른 각도에서 본 가설이 나왔다.[27] 여기에서는 儀鳳四年皆土를 대규모 토목공사와 관련시켰다. 즉 중국 도교의 銅鐘인 景雲鍾(711년 주조)과 연관이 있다고 보았다. 경운종에서는 太歲辛亥今/九月癸酉金朔/一十五日丁亥土로 표현되어 있다. 이에 儀鳳四年皆土의 皆土를 연간지, 월간지, 일간지가 다 土인 때를 가리키는 것으로 해석하고, 그 구체적인 날짜를 3월 7·20·29일과 4월 8·21·30일로 보았다. 이러한 대토목공사의 예로는 동궁 건설과 사천왕사의 낙성을 들었다.

한편 경운종에서 신해년은 金, 계유삭도 金, 15일 정해는 토로서 모두가 金이 아니라는 사실을 지적하면서 신라에서는 의봉사년의 연간지인 己卯가 土이므로, 3월 戊申이나 4월 己酉 역시 토이고, 날짜 역시 토가 되는 날로 택하였다고 보았다.[28] 하지만 여기에서 제시한 3월 무신과 4월 기유라는 간지는 삭간지도 아니고 월건도 아니어서 문제라고 하면서 백제 땅을 완전히 정복한 해를 기념하여 皆土로 한 것이라고 주장하였다. 그런데 儀鳳四年皆土의 어디에도 백제나 보덕국과 탐라국에 관한 이야기는 나오지 않는다. 皆土에는 어려운 이야기는 나오지 않으며 그저 皆土일 뿐이다. 따라서 개토는 백제 등의 고토를 차지한다는 의미로는 사용하지 않았다.

會昌七年(847년)末印 명기와도 末과 未가 혼용된다는 전제 아래 이를 847년 6월로 해석하였다. 이에 거듭 儀鳳四年皆土의 皆土는 대토목공사의 구체적인 제작 시점을 가리킨다고 하면서 정확하게 679년 5월 7·8·29일로 보았다.[29] 문제는 대토목공사일이 679년 5월 7·8·29일 중 어느 날인지 확정할 수가 없고, 儀鳳四年皆土명기와의 타날 방법도 크게는 두 가지, 작게는 다섯 종류가 있다. 이는 날짜를 획일적으로 679년 5월 7일 등으로

결론지을 수 없음을 말해준다. 바꾸어 말하면 5종류의 타날 기법은 같은 해, 같은 달, 같은 날 시작한 것이기보다는 제와 과정에서 나왔다고 해석된다는 것이다. 그래서 나정 등의 거울문자로 된 타날도 나오고, 5종류의 타날 기와 역시 제작 과정에서 편의성 때문에 타날 방법을 바꾼 것으로 해석할 수 있다.

2019년 儀鳳四年皆土명의 皆土를 다른 기와의 명문과 비교하여 연호(연간지) 뒤에 오는 글자는 모두 인명이나 건물명이라는 사실에 주목하여 인명으로 보는 견해도 나왔다.[30]

또 망성리 와요지에서 나온 기와 명문으로 儀鳳四年皆土, ##習部, ##習府, ##, # 등이 있고 #마크가 도교의 벽사 마크라는 가설에 힘입어 皆土를 道人, 道士 등 초월적인 능력을 가진 이라는 의미의 보통명사로 보았다.[31]

儀鳳四年皆土명기와는 신라의 어느 시대와 비교해도 그 수나 양, 질에서 우수하며 그 시기는 679년으로 한정된다. 그런데 儀鳳四年皆土명기와는 월경지라는 개념에서 볼 때 습비부가 주도적으로 만들었다고 보기는 어렵다. 왜냐하면 儀鳳四年皆土명기와에는 #마크나 習部가 인각된 기와가 단 1점도 없기 때문이다. 예컨대 680년의 기와에는 ##習部, ##習府, ##, # 등이 있는 데 비해 679년의 儀鳳四年皆土명기와에는 그러한 문양이나 글자를 전혀 찾아볼 수 있다. 탁부와 습비부의 차이를 보기 위해 우선 중고 금석문에 나타난 각 부명별 인명 수를 제시하면 다음 〈표 2〉와[32] 같다.

---

30) 김창호, 「廣州 船里遺蹟에서 出土된 蟹口기와의 生産과 流通」 『문화사학』 52, 2019.
31) 조성윤, 「新羅 儀鳳四年皆土명 瓦의 皆土 의미」 『한국기와학보』 1, 2020.
32) 중성리비의 건립 연대는 441년이고, 냉수리비는 443년으로 모두 중고 시대를 벗어나고 있다. 일설에 따라서 중성리비를 501년, 냉수리비를 503년으로 각각 본다 해도 〈표 1〉의 결론에는 변함이 없다. 중성리비의 경우 탁부 9명, 사탁부 9명, 본피부 3명, 불명 5명이고, 냉수리비의 경우 탁부 7명, 사탁부 7명, 본피부 2명이다.

〈표 2〉 중고 금석문에 나타난 각 부명별 인명의 수

비명	탁부	사탁부	본피부	불명	계
봉평비	11	10	1	3	25
적성비	7	3		2	12
창녕비	21	16	1	2	40
북한산비	5	3			8
마운령비	11	6	2	1	20
황초령비	11	4		5	20
계	66	42	4	13	125

〈표 2〉에서 보듯 모든 비에 나오는 인명을 합치면 탁부 66명, 사탁부 42명, 본피부 4명, 불명 13명으로 총 125명이다. 탁부와 사탁부 집단이 정치와 군사를 담당한 것으로 보면, 66명의 탁부 출신과 42명의 사탁부 출신은 모두 진골이나 6두품으로 보아야 한다. 국가 차원의 금석문에서 나오는 인명 125명 중 탁부와 사탁부는 108명으로 86.4%나 된다. 儀鳳四年 皆土는 기와 제작의 총감독이고 그 출신부명이 탁부라는 것은 〈표 1〉을 통해 추측해볼 수 있다. 망성리 와요지는 탁부의 월경지로 보인다.

2) 習部명기와

망성리 와요지에서 나온 것에는 680년 ##習府, ##, # 등의 기와 명문이 있다. 이 기와 명문이 망성리 와요지에서 나왔다는 사실은 최초의 보고자는 몰랐고[33] 나중에 알려지게 되었다.[34] 그 연대는 다경요에서 나온 것으로 추정되는 調露二年명쌍록보상화문전이나 漢只, 漢명, 월지 등에서의 반출로 680년으로 보고 있다.[35]

망성리 와요지에서 나오는 ##習部, ##習府, ##, # 등이 있는 명문기와

---

33) 박홍국, 앞의 논문, 1988.

34) 조성윤, 「신라 습부명 명문와의 의미」 『신라문화유산연구』 3, 2019.

35) 학계의 통설이지만, 더 검토할 여지도 있다. 습비부와 한지부의 기와 연대를 알 수 있는 자료는 調露二年명보상화문전밖에 없기 때문이다.

는 儀鳳四年皆土 명기와와 비교하면 그 수나 양에서 1/10~1/100밖에 되지 않는다.[36] #마크 때문에 이것을 한때 습비부의 상징 마크로 보기도 했으나 도교의 벽사 마크라는 것이 밝혀졌다. 679년에 儀鳳四年皆土 명기와를 수와 양에서 모두 그토록 많이 생산하다가 680년에 ##習部, ##習府, ##, # 등의 기와를 규모를 줄여 생산한 데에는 이유가 있을 것이다. 아마 가장 큰 이유는 기와 가마 주인이 탁부에서 습비부로 바뀌어서가 아닌가 한다. 그렇다면 고신라에서 땅이나 가마의 주인이 바뀐 예가 있는지 궁금하다. 441년에 세워진 중성리비의 요체는 豆智沙干支의 宮(居館)과 日夫智의 宮(居館)을 빼앗아 (沙喙部의) 牟旦伐에게 주라는 것으로, 망성리 가마의 주인이 탁부에서 습비부로 바뀌는 것은 가능한 일로 보인다.

망성리 와요지의 경우, ##習部, ##習府, ##, # 등처럼 문양에 #마크가 나온다는 점이 주목된다. 이는 도교의 벽사 마크로 475년 신라 호우총의 호우[37]에서 나오는데[38] 신라에서는 최초의 예이다. 나중에 경주 화곡동 등에서 벽사 마크가 나온 예가 있으나[39] 망성리 와요지처럼 많이 나온 경우는 처음일 것이다. 이 벽사 마크도 당시의 와전이 관수관급제에 따른 것임을 염두에 두면[40] 국가의 승인 아래 새겨졌을 것이다. 이로써 신라에 불교 외에 도교도 들어와 있었음을 알 수 있다.

망성리 와요지에서는 679년 儀鳳四年皆土 명기와가 680년에 ##習部, ##習府, ##, # 등 문양에 #마크가 있는 기와로 바뀌는데 기와의 양이나 수가 모두 1/10~1/100로 줄어들고 있어서 언뜻 이해가 가지 않는다. 지금까

---

36) 儀鳳四年皆土 명기와는 문무대왕기와라고 불릴 정도로 수나 질의 측면에서 완벽한 기와이다.

37) 이 호우에는 乙卯年國/罡上廣開/土地好太/王壺杆十이란 명문이 있어서 누구나 고구려제로 본다.

38) 김창호, 「호우총의 호우 명문」 『고구려와 백제의 금석문』, 2022.

39) 이동주, 「경주 화곡 출토 在銘土器의 성격」 『목간과 문자』 10, 2013.

40) 토기와 기와가 관수관급제였다는 것에 대해서는 김창호, 「경주 성건동 677-156번지 출토 토기 명문」 『고구려와 백제의 금석문』, 2022 참조.

지의 성과에 의하면 망성리 와요지는 679년과 680년에 전혀 다른 기와를 생산하다가 끝이 났다. 기와 가마가 만들어지려면 몇 가지 조건이 필요하다. 첫째로 기와를 만드는 흙이 좋아야 한다. 둘째로 가마에 사용할 땔감으로 쓸 나무가 가까운 곳에 많아야 한다. 셋째로 물이 많아야 한다. 넷째로 교통이 편리해야 한다. 다섯째로 바람의 방향이 중요하다. 아마도 이러한 조건을 모두 갖추었을[41] 망성리 와요지가 679년에 탁부 등 6부에서 습비부로 양도되고, 680년을 끝으로 폐쇄되었다는 것은 확실히 의아하다. 망성리 와요지에서 출도된 평기와에는 儀鳳四年皆亅명기와나 ##習部, ##習府, ##, # 등 문양에 #마크가 있거나 글자 타날이 없는[42] 기와에도 習部라는 부명이 나오고 있어서 680년 월경지의 좋은 예이다.

5. 통일신라의 다경의 漢只(部)

다경 와요지에서 출토된 것으로 추정되는 調露二年명보상화문전의 명문을 살펴보기 위해 관계 전문을 제시하면 다음과 같다.

> 調露二年
> 漢只伐部君若小舍……
> 三月三日作康(?)……

이를 '調露 2년에 한지벌부 군약 소사가 3월 3일에 만든'으로 해석했다.[43] 또는 다음과 같이 調露二年漢只伐部君若小舍~三月三日作康(?)~(개행)銘雙

---

41) 안강 육통리 기와 가마터는 경주에서 멀리 떨어져 있어 가마터의 조건 가운데 소지가 되는 흙이 백제 웅진성 가마들과 가장 유사했다고 판단되는바, 이에 대해서는 후고를 기다리는 바이다.
42) 박홍국, 앞의 논문, 1988.
43) 국사편찬위원회 한국사데이터베이스 참조.

鹿寶相華文塼의 명문이 牟喙部 설정에 이용되었다. 남산신성비 제5비 제③행의 ~道使幢主喙部吉文知大舍를[44] 道使△△涿部△文△라고 잘못 읽은 것을 보고[45] 牟梁部가 漸涿·牟涿으로 쓰이기도 했다는 점을 근거로 들어 △△涿部를 모량부라고 주장하였다.[46] 그러나 모량부는 점탁·모탁으로 쓰이기는 했어도 점모탁 또는 모점탁으로는 불리지 않았기 때문에 △△탁부와 연결하기는 어렵다. '다만 △△탁부를 모량부로 비정할 때는 涿은 梁과 통하나 앞의 未詳인 2자가 牟(또는 漸)와의 연결에 문제가 된다. 그러나 이것도 漢祇部가 漢只伐部로 기록되는 점을 참고한다면 △△탁부를 모량부로 지정하는 것은 별 무리가 없다고 믿어진다'고 했으나 漢祇部가 漢只伐部로 표현된 바에 따라 牟梁部에 이를 적용시키면 牟梁伐部가 되고, 나아가 △△涿部는 △△涿伐部가 되어 모량부와 남산신성비는 연결이 안 된다.

중성리비에서 牟旦伐을[47] 끊어서 牟梁部로 보는 것도 漢只伐部의 영향이다.[48] 牟梁部의 경우, 고신라 금석문에서 남산신성비 제2비에 나오는 牟喙이 있다. 牟자는 △ 밑에 十으로 되어 있다.[49] 梁部가 喙部, 沙梁部가 沙喙部로 된 점에서 보면 牟梁部는 牟喙部가 될 것이다. 앞으로 모량부의 명칭은 금석문이나 목간에서 牟喙部로[50] 나올 것이다.

토기를 만드는 도공이나 기와와 전을 만드는 와공이 글을 남긴 예를 지금까지의 자료에서는 찾을 수가 없다. 경주 성건동 677-156번지 출토

---

44) 진홍섭, 「남산신성비의 종합적 고찰」 『역사학보』 36, 1965 ; 『삼국시대의 미술문화』 재수록, 1976, 143쪽.
45) 이종욱, 「남산신성비를 통하여 본 신라의 지방통치체제」 『역사학보』 64, 1974, 2쪽.
46) 이문기, 「금석문 자료를 통하여 본 신라의 6부」 『역사교육논집』 2, 1981, 101쪽.
47) 윤선태의 가설로 이는 인명으로 보인다.
48) 牟旦伐喙이 모량부가 되려면, 牟旦喙伐이 되어야 한다.
49) 본래 牟자는 △밑에 옆으로(가로로) 두 줄, 밑으로(세로로) 1줄이 들어간 합자이다.
50) 실제로 월성해자 9번 목간에서는 牟喙(部)라고 적힌 것이 나왔다.

토기 명문도 토기 사용자인 冬夫知乃末이 썼고,[51] 부여 부소산성 출토 乙巳명 토기명문 역시 도공이 쓴 것이 아니다.[52] 그런데 680년이라면 인명에 부명을 쓰지 않을 때이고, 부명 표기를 쓰기 어려운 때이므로 쌍록보상화문전을 제작할 때 감독자인 君若小舍가 직접 썼을 것으로 판단된다.

조로2년명쌍록보상화문전이 없었더라면 이러한 종류의 전 연대는 아직까지도 750년으로 보아 70년이나 늦추어 편년했을 것이다. 漢祇部를 漢只伐部 식으로 부명에 伐자기 들어간 예도 다른 6부에서는 볼 수 없다. 君若小舍란 인명표기 역시 漢祇部에서 나온 유일한 예이다. 調露二年/漢只伐部君若小舍……/ 三月三日作康(?)……는 '調露二年에 漢只伐部의 君若小舍가 (감독했고), 三月三日에 作康(?)이 만들었다.'로 해석되어 와전이 부별로 만들어졌다고 풀이된다.

다경은 한지부 소속의 촌명으로 불리다가 673년[53] 한지부로 불리게 된 지역이다. 680년 다경에서 기와와 전을 만들면서 조로2년쌍록보상화문전에 漢只伐部라는 명칭이 나오게 되는데, 도대체 어떻게 된 일인지 궁금하다. 토기나 기와 전에 적힌 명문은 모두 官의 사전 허가를 받은 것들이다. 아마도 漢只部로 쓰라고 허락받은 것을 君若小舍가 漢只伐部로 확대해석해서 썼을 것이다. 그렇지 않고서는 신라 6부명 가운데 유일하게 漢只伐部에만 伐자가 들어간 이유를 이해할 수 없다.

漢只伐部의 伐자는 넓은 들을 의미한다. 그렇게 보면 경주 분지에서 6부의 위치를 정할 때 漢只伐部는 넓은 들에 배정해야 했을 것이다. 고신라에서 5세기에 방리명이 정해진 범위는 경주 분지에서 북천, 서천, 남천의 사각형으로 연결하는 안쪽으로 보인다. 여기에서 넓은 들이라 하면 경주시

---

51) 김창호, 「경주 성건동 677-156번지 출토 토기 명문」『고구려와 백제의 금석문』, 2022.
52) 김창호, 「부여 부소산성 출토 乙巳명 토기명문에 대하여」『고신라목간』, 2023.
53) 673년 계유명아미타삼존불비상에서 외위와 행정촌명이 없어졌다. 662년 태종무열왕릉비에서 없어지기 시작했는지도 알 수 없다.

내나 보문들이 있다. 이 지역들 가운데 하나가 漢只伐部의 본래 땅인지도 모른다. 그렇지 않다면 漢只伐部의 伐자가 갑자기 튀어나온 이유를 설명하기 힘들다.

漢只伐部君若小舍는 한지부에서는 관등을 갖는 유일한 예이다. 부명은 680년의 평기와에 漢只·漢으로 많이 나오지만 인명표기에서 漢只伐部가 출신부명으로 나온 예는 처음이자 마지막인 유일한 예가 된다. 출신부명＋인명＋관등명으로 되어 있으면서 관직명이 없는지 궁금하다.

위의 680년이라는 시기는 인명표기에서 큰 변화가 일어난 시기이다. 662년 태종무열왕릉비를 보면 부명은 없어지고 관등명＋인명의 순서로 적고 있다. 태종무열왕릉비는 파실되고 없어서 682년의 문무왕릉비를 예로 들면 大舍臣韓訥儒가 나오는데 이를 6세기 금석문의 예로 고치면 臣자를 빼고, 姓을 빼고, 관등과 인명의 순서를 바꾸어 訥儒大舍가 되어야 한다. 漢只伐部君若小舍는 부명이 나오는 것만으로도 태종무열왕릉비에 나오는 인명표기를 따르지 않는 최초의 예가 되는 셈이다.

662년의 태종무열왕릉비 이후의 인명표기에 부명이 나오는 예로는 798년의 영천청제비 정원14년명이 있다. 이 비의 인명 분석표를 제시하면 다음 〈표 3〉과 같다.

〈표 3〉 청제비 정원14년명의 인명 분석표

직명	부명	인명	관등명
所內使		上干年	乃末
위와 같음		史湏	大舍
契守	須果	玉純	乃末

이 비에 부명으로 나온 것이 바로 須果이다. 調露二年명쌍록보상화문전과 이 영천청제비 정원14년명을 제외하면 680년 이후의 금석문 인명표기에서 부명이 나오는 예는 없다.

와전명에서 유일무이하게 관등명을 수반한 것이 調露二年명쌍록보상화문전이다. 사실 와전명에서 관등명이 나올 수 있는 자료로는 儀鳳四年皆土

를 들 수 있다. 皆土는 儀鳳四年皆土명기와의 총책임자를 가리키므로 충분히 관등명을 수반할 수 있음에도 수많은 儀鳳四年皆土명기와에는 관등명이 보이지 않는다. 그런데 만약 관등명으로 2자 이상을 쓸 경우, 기와의 최대 글자수인 6자를 초과하게 된다. 대개는 타날할 때 생기는 글자가 확실하게 새겨지지 않는 부위까지 고려하면 7자 이상을 초과하지 않는다. 물론 글자를 쓸 때 대나무 등의 도구를 사용할 경우에는 예외이다. 그 대표적인 예가 景辰年五月卄(日)法淂書의 백제 경진명기와이다. 이 경진명기와는 書字사신이 이름을 법득이라고 밝히고 있어서 직접 글쓴이가 자기의 인명을 적은 예로 유명하다. 이 기와의 景辰은 丙辰의 피휘로서 656년이다.54) 이 백제 기와는 한국 최초의 피휘의 예를 보여준다.

漢只·漢명평기와는 다경요에서 출토된 것으로 추정하고 있다.55) 쌍록보상화문전과 무악식암막새가 세트를 이루어56) 출토되기 때문이다. 漢只·漢명평기와의 漢只·漢명은 한지부라는 부명을 나타낸 것인데, 방리제의 한지부가 아니라 기와를 굽는 다경의 한지부임에 분명하다. 680년은 673년 행정촌제가 없어진 이후의 시기로서 한지부 소속 성촌도 없어져 6부의 하나인 한지부로 불렀음이 분명하다. 그렇지 않고서 6부의 하나인 한지부를 다경에 비정할 수는 없다.

대구 팔거산성 14번 목간에서는 本波部△△村△△△△(앞면) 米一石私(뒷면)가 나와 신라 도성제 연구에 중요한 계기가 되었다. 이 목간에서 本波部 △△村 △△△△라고 한 것을 보아 본피부 아래에 △△村이 있다고 해석된다. 그 어느 누구도 고신라의 6부 안에 성촌이 있었다고는 상상할 수 없었다. 漢只·漢명평기와의 漢只·漢명은 한지부에 소속된 성촌제와 연결되는데 673년에 행정촌이 없어지면서 혁파되어 단지 漢只·漢명으로

---

54) 김창호, 「익산 미륵사 景辰銘 기와로 본 고신라 기와의 원향」『한국학연구』10, 1999.

55) 김성구, 「다경와요지 출토 신라와전소고」『미술자료』33, 1983.

56) 김성구, 앞의 논문, 1983.

기와에 남아 그 명맥을 유지했다.

그렇게 보지 않고서는 다경에서 漢只·漢명평기와의 漢只·漢명이 나온 이유를 이해할 수 없다. 물론 調露二年漢只伐部君若小舍에서 漢只伐部의 伐자가 들어갈 만큼 넓은 들은 다경 근처에서 볼 수 없고 경주 분지나 보문들을 가리킨다고 하면서, 6부 가운데 하나로 방리제가 시행되고 있던 곳의 한지부로 해석해야 한다고 할 수도 있지만, 다경을 떠난 漢只·漢명평기와의 漢只·漢명은 존재할 수가 없다. 대구 팔거산성 14번 목간에서 本波部△△村△△△△(앞면) 米一石私(뒷면)가 나오면서 다경이나 망성리 와요지에서 나오는 부명에 대한 의문을 풀게 되었는데, 이 목간이 등장하기 전에는 습비부의 위치를 망성리라고 비정하기까지[57] 하였다.

실제로 망성리 와요지에서 나온 習部나 다경 와요지에서 나온 漢只(部)에 대한 문제는 대구 팔거산성 14번 목간에서 本波部△△村△△△△(앞면) 米一石私(뒷면)가 나오기 전까지는 해답을 구할 방법이 없었다. 즉 망성리 와요지에서 ##習部, ##習府, ##, # 등의 문양이 나오고 다경 와요지에서 漢只·漢명평기와의 漢只·漢명이 나오는 이유를 파악하지 못해 이상하게만 생각했던 것이다. 그러한 의미에서 대구 팔거산성 14번 목간은[58] 신라 도성제 연구에서 획기적인 자료가 되었다. 곧 漢只(部)에 속하는 다경요 근처는[59] 월경지의 좋은 예라 하겠다.

---

57) 조성윤, 「고고자료로 본 新羅六部의 범위와 성격」 『신라문화유산연구』 2, 2018 ; 조성윤, 앞의 논문, 2019.

58) 대구 팔거산성 14번 목간의 本波部△△村△△△△(앞면) 米一石私(뒷면)에서 米一石私를 공진물로 내지만 本波部의 △△村은 월경지로 보인다.

59) 다경 가마터에서는 한지(부)가 새겨진 기와는 출토되지 않았지만 무악식당초문암막새와 쌍록보상화문전이 출토되어 학계에서는 이를 한지(부)와 관련된 것으로 보고 있다.

6. 맺음말

고구려도 기와나 철기 생산 유적 등에서는 월경지가 있었을 것으로 추측되나 문자자료가 없어 백제나 신라의 예로 추측할 수밖에 없다.

백제에서는 사비성시대인 7세기 중엽에 정읍의 중방성인 고사부리성에서 기와 명문과 목간 자료에서 각각 上卩上巷이라는 명문이 나와서 고사부리성 근처를 上卩上巷의 월경지로 보았다. 사비성에서 떨어져 있는 기와 가마나 철기 생산지 등 생산유적에서는 각 부의 월경지가 나올 가능성이 크다.

고신라에서는 441년 중성리비에서 두 개의 촌과 두 개의 宮이 나왔는데 이들을 모두 사탁부의 월경지로 보았고, 儀鳳四年皆土명기와가 나오는 망성리는 679년에는 탁부의 월경지였고, 習部명기와가 나오는 망성리는 680년에는 습비부의 월경지라고 추정하였고, 680년 漢只(部)명기와가 나오는 다경은 한지벌부의 월경지로 보았다. 기와 가마에서만 두 개의 월경지가 있어서 앞으로 탁부, 사탁부, 본피부, 모탁부, 습비부, 한지부 등의 기와 가마터가 월경지로 나올 가능성이 크다.

제5절 고신라 문자와의 출현 가능성 여부

1. 머리말

5세기 4/4분기에 만들어지기 시작한 신라 기와[1]에 대한 연구는 1993년 이후[2] 많은 발전을 이룩하였다. 1993년 이전에는 주로 와당 연구였으나, 이후부터 평기와 등 각종 기와로 연구 영역이 넓어졌다. 1993년 이전에는 발굴 현장에 가보면 평기와가 아무것도 아닌 양으로 한쪽 구석에 놓여 있었다. 산성 발굴에서 기와가 나올 경우 郡治나 縣治 등일 가능성이 높아 대단히 중요한데도 불구하고 이를 무시하는 경향이 강했다.

고구려는 4세기 와당에 많은 문자를 인각와로 새겼고, 백제의 인각와는 3,000점을 넘어서고 있다. 이에 비해 신라의 문자와에 대한 연구는 이제야 첫걸음을 떼고 있다고 하겠다. 왜 신라에서만 유독 문자와가 귀할까? 고신라 200년간의 기와 역사에서 문자와만 빼면 부족할 것 없는 기와에 왜 문자 기와는 없었을까?

국가 차원의 금석문으로는 고구려가 414년 광개토태왕비, 458년경의 충주고구려비, 491년 이후의 집안고구려비가 있고, 백제는 없고, 신라는 441년 중성리비, 443년 냉수리비, 524년 봉평비, 545년 혹은 직전의 적성비, 561년 창녕비, 567년 북한산비, 568년의 마운령비와 황초령비가 있다. 비가 전혀 없는 백제는 문자와가 가장 많고, 고구려가 그 다음이며, 가장

---

1) 조성윤, 「신라 瓦의 시원 문제」『신라문화』58, 2021에서 30년을 올려잡아서 5세기 4/4분기로 보았다.

2) 최태선, 「평와 제작기법의 변천에 대한 연구」, 경북대학교 석사학위논문, 1993.

많은 비가 나온 신라가 꼴찌이다. 이를 달리 생각해 보면 오히려 신라에서도 앞으로 문자와가 나올 가능성이 있다는 이야기이기도 하다.

여기에서는 먼저 국사편찬위원회 한국사데이터베이스의 견해에 대한 3건을 살펴보겠다. 다음으로 미탄사지에서 출토된 丁巳·習陵명기와에 대해 살펴보겠다. 그 다음으로 통일신라 초의 儀鳳二年명기와, 儀鳳四年皆土명기와, 漢只명기와, 習部명기와에 대해 살펴보겠다. 마지막으로 고신라 문자와 출현 가능성 여부에 대해 살펴보겠다.

2. 국사편찬위원회 한국사데이터베이스의 견해

1) 두 편의 經瓦

국립중앙박물관에는 두 편의 經瓦가 보관되어 있다.[3] 1972년 12월에 입수하였다고 하나 출토지는 알 수 없다. 대체로 삼국시대의 것으로 추정된다. 두 편 모두 오른쪽 뒤편 조각으로 보이는데, 행선이 그어졌고, 각 5행당 5자씩 새겨졌다. 이를 삼국시대로 보고 있으나 경와는 고신라의 경우 다른 예가 없고, 통일신라의 예가 있을 뿐이라서 통일신라시대 것으로 판단된다.

2) 官瓦·東窯

경주시 보문동에서 채취된 와편으로 官瓦·東窯가 양각으로 반복해서 새겨져 있다. 이 瓦片들이 같은 곳에서 나왔다는 것은 사실을 감안하여 양자를 붙여보면, '東窯에서 구워낸 官瓦'라는 해석이 가능하다. 官瓦와

---

3) 황수영, 「금석문의 新例」『한국학보』 5, 1976.

東窯는 짧은 명문이나 신라 기와에 관한 몇 가지 사실을 추측하게 해준다. 우선 官瓦라는 명칭에서 기와가 官營과 民營으로 따로 구분되었을 가능성이다. 또한 東窯라는 명칭에서는 西窯, 南窯, 北窯도 상정해 볼 수 있겠다. 이를 통해 신라의 기와는 매우 활발하게 燔造되었을 것으로 짐작할 수 있다고 하면서 이 기와를 삼국시대 곧 고신라시대로 보고 있다.[4]

　이제 官瓦·東窯명기와에 대해 본격적으로 살펴보자. 우선 삼국시대에서 통일신라 말기까지 신라 와요지로는 물천요, 동산요, 육통요, 망성요, 다경요, 금장요 등 이외에 낭산 북쪽에서 와요지가 발견되었다. 낭산 북쪽 와요지는 사천왕사지와 인접해 있으며, 신라 와요지 가운데 월성과는 가장 가까이 위치해 있다. 현재로는 이곳이 東窯일 가능성이 매우 높으며 여기에서 東窯·官瓦 등이 출토했다는 전제 아래 8세기경의 기와로 보고 있다.[5]

　사실 경주에서 東窯·官瓦명기와는 보문사지의 동쪽으로 300m 근처에서 집중적으로 채집되고 있다.[6] 여기에는 많은 가마터가 있으며, 기와 편들은 대개 조선초기의 것으로 판단된다. 그런데 과연 東窯·官瓦명평기와가 상당히 거리가 떨어져 있는 사천왕사 서부 쪽과 보문사 동편 두 곳에서 구워졌을까 하는 의문이 생긴다. 곧 사천왕사 서부 모서리의 東窯·官瓦명평기와는 그곳 가마에서 구운 것이 아니라 후대의 건물에 공급되었을 가능성이 높지 않을까? 사천왕사 서부 모서리에서는 가마 박편이 보이는 등 가마가 있었다는 점은 인정되며, 이 가마를 운영한 시기는 통일신라시대였을 것으로 본다. 왜냐하면 가마의 규모가 크지 않을 뿐만 아니라 사천왕사 전용가마로 보이기 때문이다. 만약 사천왕사의 전용가마가 아니라면 당시 도심에서 조업하기는 힘들었을 것으로 생각된다. 따라서 이 기와가마는

4) 이홍직, 「신라와편의 二題」『고고미술』 6-5, 1965.
5) 김유식, 「7~8세기 신라 기와의 수급」『기와를 통해 본 고대 동아시아 삼국의 대외교섭』, 2000, 232쪽.
6) 국립경주박물관,『신라와전』, 2000, 359쪽의 도판 1161 설명문에 보문사지 동쪽 와요지로 나와 있다.

사천왕사 가마에서 구워졌다기보다는 후대의 이 부근 건물에 공급되었을 가능성이 높지 않을까? 이에 東窯·官瓦명평기와는7) 모두 조선 초기의 것으로8) 판단되며,9) 보문사 동편 와요지에서 구워졌다고 보인다. 또 右官· 官窯라는 조선초의 명문기와가 출토된 것으로 보아 조선초까지 지방의 기와 窯도 관요체제 아래 들어가 있었음을 알 수 있다.

3) 令妙寺명와

경주 교외의 흥륜사지로부터 약 300m 떨어진 곳에서 채집되었다. 令妙寺 라는 명칭은 신라 하대의 금석문인 禪林院鐘銘에도 보인다. 한편 이 令妙寺 와 음이 같은 靈廟寺, 靈妙寺, 零妙寺 등이 문헌기록과 금석문에 나오는데, 『삼국사기』에 '선덕왕 4년에 靈廟寺가 낙성되었다'고 하여 靈廟寺로,『삼국 유사』에 靈妙寺로, 갈항사 탑기에 令妙寺로 적혀 있다. 이것들이 다 같은 절을 표기한 것이라면, 신라인들이 어떻게 한자를 사용했는지에 관한 좋은 사례가 되겠다. 영묘사 위치에 대해서는 몇 가지 설이 제기되어 있는데, 이 와편이 흥륜사 북쪽에서 출토된 사실에 주목할 필요가 있다고 하면서10) 令妙寺명와를 삼국시대 곧 고신라시대로 보았다.

그런데 靈廟之寺는 10세기 초에서 11세기 초로 편년되고, 令妙寺造瓦(암 키와)와 令妙寺造瓦(수키와)는 10세기 말에서 13세기 초로 편년하고 있 다.11) 따라서 令妙寺명와의 연대는 고신라시대가 아니라 10세기 말에서

---

7) 차순철, 「경주지역 명문자료에 대한 소고」『목간과 문자』3, 2009, 162쪽에서 東窯·官瓦명기와를 고려 또는 조선으로 보고 있다.

8) 김창호, 「조선초 명문와에 대하여」『민족문화논총』23, 2001.

9) 『태종실록』, 태종1년 10월 9일(甲子)조에 '의정부에 명하여 무릇 백성들의 폐단을 갖추 살피어 아뢰게 하고, 東西窯의 역사를 정지시켰다.' 등 동서요에 대한 언급이 6예나 더 있다.

10) 박홍국, 「와전자료를 통한 영묘사지와 흥륜사지의 위치 비정」『신라문화』20, 2002에서 영묘사지와 흥륜사지의 위치가 서로 바뀌었다고 하였다.

11) 유환성, 「경주 출토 나말여초 사찰명 평기와의 변천과정」『신라사학보』19, 2010,

13세기 초인 고려시대로 보는 쪽이 좋다고 생각한다.

3. 고신라 문자와의 예

丁巳·習陵명기와가 미탄사지에서 출토되었다. 먼저 習陵이 누구의 능인 지가 문제이다. 고신라시대와 통일신라시대 왕명 중 왕명에 習자가 들어가 는 예는 없다. 그 다음으로 능이 붙을 수 있는 사람은 갈문왕이다. 갈문왕 가운데 주목되는 사람은 『삼국사기』권4, 신라본기4, 진평왕 즉위조의 妃金氏摩耶夫人 葛文王福勝之女라는 구절에 등장하는 福勝葛文王이다. 福勝 의 끝 글자인 勝과 習陵의 習은 통한다. 이렇게 끝 글자를 따서 이름을 지칭하는 예로는 2예가 있다. 먼저 458년경의 충주고구려비에 나오는 寐錦忌이다. 이는 訥祗王의 祗(祈)를 따온 것이다. 지금도 경주 祇林寺를 祗林寺로 부르기도 한다. 또 다른 예로는 부소산성 기와 명문으로 大△△△ 午年末城이 있다. △△△ 부분에 大曆庚, 大曆戊, 大中庚을 복원하면 각각 766년, 778년, 850년이 되나[12] 확실한 연대는 알 수가 없다. 암막새 명문의 끝부분에 나오는 末城은 인명인데 수막새에는 城만 나온다. 이는 寐錦忌와 마찬가지로 끝 글자인 城만 따온 것이다.

또 719년 경주 감산사 석조미륵보살입상에서는 주인공의 이름이 重阿湌 金志誠으로 나오는 데 대해 720년 감산사 석조아미타여래 조상기에서는 重阿湌 金志全으로 나온다. 따라서 福勝의 勝은 丁巳·習陵의 習과 동일한 것으로 볼 수도 있을 것이다.

이제 丁巳·習陵이 언제 만들어졌는지 알아보자. 진평왕은 579년 7월부터 632년 1월까지 52년 6개월 동안 재위하였다. 『삼국사기』권4, 신라본기4,

155쪽.

12) 高正龍,「軒瓦に現れた文字-朝鮮時代銘文瓦の系譜-」『古代文化』56-11, 2004 ; 吉井秀 夫,「扶蘇山城出土會昌七年銘文字瓦をめぐって」『古代文化』56-11, 2004.

진평왕 즉위조의 妃金氏摩耶夫人 葛文王福勝之女란 구절에 福勝葛文王이 등장한다. 여기에 나오는 福勝의 勝이 丁巳·習陵의 習과 동일인이라면 丁巳의 연대는 597년이 된다.[13]

이와 달리 657년이라고 보면 丁巳·習陵의 習陵의 주인공을 찾을 수가 없다. 539년 울주 천전리서석 추명에 沙喙部徙夫知葛文王의 妃를 只沒尸兮妃라고 부르고 있고, 추명에서 가장 중요한 역할을 한 두 사람을 其王与妹라고 해서 沙喙部徙夫知葛文王을 其王으로 칭하고 있다. 葛文王과 유사한 고구려의 古鄒加의 경우 太子보다 높은 지위라는 것은 충주고구려비가 말해주고 있다.

따라서 丁巳·習陵의 習陵은 福勝葛文王의 勝과 동일하다고 판단된다.[14] 그 시기도 597년으로 볼 경우 아무 문제도 생기지 않는다.[15] 신라 기와의 원향은 백제가 틀림 없으나[16] 그 자세한 사정에 대해서는 알려진 바가 없다. 기와에서 고구려와 백제는 모골기와를 사용했고, 신라는 초기에는

---

13) 신라에서 기와에 문자가 나오는 시기와 관련해서 고신라의 예는 없고, 677년 부여 부소산성의 儀鳳二年의 예가 가장 빠르며, 2년 뒤인 679년의 문무대왕기와라고도 불리는 儀鳳四年皆土의 타날기와가 유명하다. 그런데 丁巳·習陵명 기와를 579년으로 보게 될 경우, 다른 예가 없다는 점이 문제가 된다. 이는 儀鳳二年명기와보다 80년을 앞선다는 말이 되는데 이 80년의 차이를 어떻게 극복할 수 있는지도 문제일 것이다. 특히나 丁巳·習陵명 기와는 味呑寺와 연대상으로 관련이 없는 것으로 보이는데, 미탄사에서는 보통 통일신라 기와가 나오기 때문이다. 그래서 丁巳·習陵명 기와는 원위치에서 이동했을 가능성도 점쳐볼 수 있다. 丁巳·習陵명 기와는 왜 1점만 출토되었는지도 아직 풀어야 할 과제로 남아 있다.

14) 丁巳·習陵명인각와는 왜 미탄사에서 1점만 나오는 것일까? 미탄사에서는 習府·井명 기와도 나오기 했지만 시기가 680년경이라서 丁巳·習陵명인각와는 관계가 없다. 597년은 횡혈식석실분 시대인데 福勝葛文王의 習陵에 사용되었던 것을 후대에 도굴하여 미탄사에 버린 것은 아닌지 생각해 볼 뿐이지만, 달리 증거는 없다. 고려시대 왕릉에는 고유한 능 이름이 있으나 신라에는 없다. 신라 왕릉은 662년의 태종무열왕릉비를 기준으로 크게 변천되었다고 보는데, 즉 인명표기가 크게 바뀌는 등 큰 변화가 일어났다.

15) 597년은 福勝葛文王의 죽은 해이다. 왜 味呑寺에 丁巳·習陵명 인각와가 나오는지는 알 수 없으나 복승갈문왕과 관련이 있지 않을까 짐작해 본다.

16) 김창호, 「익산 미륵사 경진명 기와로 본 고신라 기와의 원향」, 『한국학연구』 10, 1999.

무와통기와와 원시모골기와를 사용하다 점차 원통기와를 주로 사용한
것으로 알려졌다.[17] 모골기와는 위쪽이 넓고, 원통기와는 위쪽이 좁다.

선진지역의 기와를 가지고 있던 고구려와 백제 기와가 어떻게 신라에
전파되었는지는 아무도 모르지만, 경진명 기와로 보건대 신라 기와가
백제에서 유래한 것은 틀림이 없다. 마찬가지로 丁巳·習陵의 인각와도
백제에서 온 것이 분명하나 역시 그 자세한 경로는 알 수 없다.[18]

4. 통일신라 초의 예

1) 儀鳳二年명암키와

儀鳳二年명기와는 부소산성에서 출토되었으나 타날문양이 없는 무문이
라서 기와 발전에서는 그리 중요하지 않다. 통일신라시대 기와 가운데
명문기와로서 최고의 위치를 차지한다는 것 이외에 다른 중요한 점은
없다. 儀鳳二年은 677년이다.

2) 儀鳳四年皆土명기와

儀鳳四年皆土명기와는 내남면 망성리 기와 가마터, 사천왕사지, 인왕동
절터, 국립경주박물관 부지, 월지, 월성 및 해자, 첨성대, 나원리 절터,
칠불암, 성덕여고 부지, 동천동 택지 유적, 나정, 발천 등 경주 분지 전역에서
출토되고 있다. 그래서 儀鳳四年皆土명기와를 문무대왕기와라고까지[19]

---

17) 이 점에 대해서는 조성윤 박사의 교시를 받았다.
18) 함께 보고된 경북 경주시 동천동987-42번지 일원의 己酉명인각와는 앞의 조성윤,
「경주 출토 신라 干支銘 瓦에 대하여」에 의하면 709년일 가능성이 있다.
19) 儀鳳四年皆土명기와는 신라에서 만든 본격적인 기와로서, 필자는 문무대왕기와라
고 부른다.

부른다. 종래 儀鳳四年皆土명기와는 679년을 삼한일통의 실제적인 해로 보고 그와 연결시키거나 납음 5행 등으로 해석해 왔으나 고려 초까지 기와 명문에서 인명과 사찰명이 나와 皆土를 인명이라고 보고 있다. 신라 기와 가운데 절대 연대가 확실하고, 출토 범위가 넓은 기와는 儀鳳四年皆土 명기와뿐이다. 신식단판으로 타날된 이 기와는 나정에서만 거울문자로 된 기와가 있었는데, 최근에는 발천에서도 소수이지만 거울문자로 타날된 기와가 나왔다. 이 儀鳳四年皆土명기와에서 문제가 되는 것은 680년경에는 망성리 기와요에서 習部명기와가 나온다는 점이다. 그래서 679년에 儀鳳四年皆土명기와를 習部에서 만들었다고 보기도 어렵다. 아마도 다량인 儀鳳四年皆土명기와는 6부가 합심해서 만들고 이를 습부에서 관리한 것은 아닐까 추측해 본다.

3) 漢只명기와

경주 현곡 다경와요지에서는 보상화문전과 악부인동문암막새 등이 출토되었는데[20] 이 다경와요지에서 생산된 것으로 짐작되는 전면이 있다. 月池에서 나온 雙鹿寶相華文塼片의 銘文이 그것으로 '調露二年/漢只伐部君若小舍~/三月三日作康(?)~'이 새겨져 있다. 이를 해석하면 다음과 같다. '調露 2년(680년)에[21] 漢只伐部의[22] 君若小舍가 (監督)했고, 3月 3日에 作康 (?)이 (만들었다).' 君若小舍는 감독자이고, 作康(?)~은 製瓦匠의 인명이다.[23] 이 명문이 나온 월지와 그 주변에서는 漢只, 漢, 漢只伐部 같은

---

20) 김성구, 「다경와요지 출토 신라와전소고」『미술자료』33, 1983.

21) 종래 8세기 중엽으로 보아온 보상화문전의 연대를 680년으로 소급해 보게 되었다.

22) 漢只伐部라는 부명은 673년 계유명아미타삼존불비상에서 사라졌는데, 신라에서 부명이 사라지기 시작한 것은 662년 태종무열왕비 때이다. 한지벌부는 680년이므로 잔존 요소이다.

23) 종래에는 調露二年漢只伐部君若小舍~三月三日作康(?)~(개행)를 '調露二年(680년) 에 한지벌부의 군약소사가 三月三日에 지었다'로 해석하였으나 이는 잘못된 해석

명문이 발견되는데, 이 같은 명문이 있는 기와는 다경요에서 구워진 것으로 추정된다.

4) 習部명기와

내남 망성리 와요지 유적에서는 ##習部명·##習府명[24]·習명·#마크[25] 등이 새겨진 기와들이 나왔다. 이 기와들은 680년경 것으로 추정되고 있다.[26] 기와에 새개진 명문은 習比部를 가리키는 것으로 보고, 망성리 일대를 습비부로 본 가설이 있다.[27]

5. 고신라 문자와의 출현 가능성 여부

고신라의 문자와는 통일신라시대 초에 나오는 679년의 儀鳳四年皆土 명기와나 680년의 調露二年명보상화문전에서 보는 바와 같이 年號가 나온다. 고구려나 백제의 기와에서 6세기에는 연호가 나오지 않는다. 고구려의 경우 4세기의 수막새에 연호가 나오지만 평기와에서는 연호가 나온 예가 없다. 5세기나 6세기에는 기와에 연호가 나오지 않는다. 儀鳳四年皆土의 儀鳳은 4년간에 걸쳐 사용했고, 調露는 2년간에 걸쳐 사용한 단명한 연호들이다.

이다. 단 이 해석으로 年號＋인명표기라는 구성이 분명히 밝혀졌다.

24) 習府가 과연 習部인지는 현재까지 자료로는 알 수 없다. 신라에서 부명은 반드시 部로 표기하고 府라고 표기한 예는 없기 때문이다. 習府라 해도 이는 官廳名이 되어 충분히 말이 통한다.

25) 도교 벽사 마크라는 주장은 일본의 지방 목간 전문연구자 平川南의 가설이 유명하다. 이는 #자가 아니라 가로 세로로 세 줄씩 그은 九의 약체이다.

26) 월지에서 함께 나온 朝露二年명보상화문전의 연대인 680년에 근거하고 있다.

27) 조성윤, 「고고자료로 본 新羅六部의 범위와 성격」『신라문화유산연구』2, 2018 참조.

고신라시대에는 신라의 독자적인 연호를 사용하였다. 예컨대 법흥왕 536~540년의 建元, 진흥왕 551~567년의 開國, 진흥왕 572~583년의 鴻濟, 진평왕 584~633년의 建福, 선덕여왕 634~646년의 仁平 등이 그것이다. 6~7세기에 신라가 독자적으로 사용한 연호는 5개나 된다. 특히 인평의 말인 646년과 의봉 2년의 677년은 31년밖에 차이가 나지 않아 연호 사용을 쉽게 하였던 것 같다.

백제는 4세기 금석문의 유래가 없고, 5세기에도 중국 남조 제나라 사람이 쓴 造此是建業人也란 명문밖에 없다. 七支刀에는 녹자적인 백제 연호가 있으나28) 3,000점이 넘는 백제 인각와에 연호가 나오는 예는 없다. 고신라에서는 646년경의 독자 연호가 새겨진 기와가 출토되기를 기대해 본다. 물론 중국 연호가 새겨진 고신라 기와가 나올 가능성이 더 크다고 생각한다.

丁巳·習陵명기와도 3,000점 가량이나 되는 백제의 인각와에 연원을 두고 있기는 하지만 597년에 陵과 관련되어 제작된 것으로서 신라식으로 만들어진 기와이다. 그런데 수많은 백제 인각와에서도 능묘와 관련된 것은 없다. 丁巳·習陵명기와와 같은 인각와가 나온다면 아마 그 시기는 597년보다 늦을 것이다.

6. 맺음말

먼저 삼국시대로 보았던 두 편의 經瓦는 통일신라로, 官瓦·東窯명기와는 조선초로, 令妙寺명와는 고려초로 각각 새로 보았다.

다음으로 丁巳·習陵명기와가 미탄사지에서 출토되었는데 그 시기를 『삼국사기』 진평왕 즉위조의 妃金氏摩耶夫人 葛文王福勝之女란 구절에 나오는 福勝葛文王에서 실마리를 찾았다. 福勝의 끝 글자인 勝과 習陵의

---

28) 칠지도의 연대는 369년일 수 없고, 5세기 후반으로 볼 수밖에 없다.

習은 통한다. 이에 丁巳를 597년으로 보았다.

그 다음으로 儀鳳二年, 儀鳳四年皆土, 調露二年漢只伐部, 習部에 주목하여 儀鳳二年이 677년이므로 고신라기와에서 명문이 나올 가능성이 크다고 보았다.

마지막으로 새로 발견될 기와에 명문이 있다면 중국 연호나 신라 연호가 있을 것으로 보았고, 丁巳·習陵명기와식으로 인각와가 나올 가능성도 있다고 보았다.

제6절 調露二年銘雙鹿寶相華文塼의 銘文

1. 머리말

금석문에서 전돌에 적힌 명문은 고구려의 천추총이나 태왕릉의 벽전을 제외하면 대부분 敷塼에서 나온다. 백제 말기인 백제 부흥시대에 만들어진 외리의 전들도 모두 부전이다. 塼銘이 나온 예로는 월지에서 출토된 보상화문전의 三川卄方으로 신라 6부와 관련된 것이 있고, 아울러 조로2년명전이 명문이 있는 전의 전부이지 싶다.

敷塼에 대해서는 통일신라시대 것을 중심으로 한 논문이 나와 있다.[1] 綠釉塼조차 부전으로 사용되고 있어 통일신라의 전은 전부 부전으로 보아야 한다. 고구려 4세기로 추정되는 천추총이나 414년 태왕릉의 유명전은 전부 벽전인 데 비해, 백제의 외리출토 전이나 신라 황룡사 등의 전이 모두 벽전이 아닌 부전이라는 점은 놀랍다. 단, 사천왕사의 天王像과 八部神衆像만은 벽전으로 유명한데,[2] 良志스님의 작품으로 알려져 있다.

調露二年(680)이라는 명문은 종래 보상화문전을 750년으로 보아오던 것을 70년이나 앞당긴 것이 되었다. 미술사나 고고학에서 70년이라는 격차는 대단히 크다. 쌍록보상화문전에서 조로2년이라는 명문이 없었더라면 아마 여전히 750년으로 보고 있을 것이다. 월지나 동궁에서 출토된 와전을 680년으로 보는 것도 모두 조로2년이라는 절대 연대를 가진 명문

---

1) 高正龍, 「統一新羅施釉瓦塼考-施釉敷塼の編年と性格-」『高麗美術館紀要』 5, 2006.
2) 이에 대해서는 조성윤, 「四天王寺 綠釉神將壁塼 釋良志製作說에 대한 검토」『신라학연구』 17, 2014 참조.

때문이다.

여기에서는 먼저 조로2년명문에 대한 지금까지의 연구에 대해 살펴보고 이어 명문을 판독하여 제시하겠다. 그 다음으로 조로2년명을 쓴 書者를 검토하고, 마지막으로 관수관급제인 와전에 대해 검토하겠다.

2. 지금까지의 연구

지금까지 이 전돌 명문은 대개 다음과 같이 판독하여 해석하였다. 명문의 판독문부터 제시하면 다음과 같다.

調露二年
　漢只伐部君若小舍……
　　　三月三日作康(?)……

이를 '調露 2년에 한지벌부 군약 소사가 3월 3일에 만든'으로 해석했다.[3] 또는 다음과 같이 調露二年漢只伐部君若小舍~三月三日作康(?)~(개행)銘雙鹿寶相華文塼의 명문이 牟喙部 설정에 이용되었다.

남산신성비 제5비 제③행의 ~道使幢主喙部吉文知大舍를[4] 道使△△涿部△文△라고 잘못 읽은 것을 보고[5] 牟梁部가 漸涿·牟涿으로 쓰이기도 했다는 점을 근거로 들어 △△涿部를 모량부라고 주장하였다.[6] 그러나 모량부는

---

3) 국사편찬위원회 한국사데이터베이스
4) 진홍섭, 「남산신성비의 종합적 고찰」『역사학보』36, 1965 ; 『삼국시대의 미술문화』 재수록, 1976, 143쪽.
5) 이종욱, 「남산신성비를 통하여 본 신라의 지방통치체제」『역사학보』64, 1974, 2쪽.
6) 이문기, 「금석문 자료를 통하여 본 신라의 6부」『역사교육논집』2, 1981, 101쪽.

점탁·모탁으로 쓰이기는 했어도 점모탁 또는 모점탁으로는 불리지 않았기 때문에 △△탁부와 연결하기는 어렵다. '다만 △△탁부를 모량부로 비정할 때는 涿은 梁과 통하나 앞의 未詳인 2자가 牟(또는 漸)와의 연결에 문제가 된다. 그러나 이것도 漢祇部가 漢只伐部로 기록되는 점을 참고한다면 △△ 탁부를 모량부로 지정하는 것은 별 무리가 없다고 믿어진다'고 했으나 漢祇部가 漢只伐部로 표현된 바에 따라 牟梁部에 이를 적용시키면 牟梁伐部 가 되고, 나아가 △△涿部는 △△涿伐部가 되어 모량부와 남산신성비는 연결이 안 된다.

중성리비에서 牟旦伐을[7] 끊어서 牟梁部로 보는 것도[8] 漢只伐部의 영향이 다.[9] 牟梁部의 경우, 고신라 금석문에서 남산신성비 제2비에 나오는 牟喙이 있다. 牟자는 △ 밑에 十으로 되어 있다.[10] 梁部가 喙部, 沙梁部가 沙喙部가 된 점에서 보면 牟梁部는 牟喙部가 될 것이다. 앞으로 모량부의 명칭은 금석문이나 목간에서 牟喙部로[11] 나올 것이다.

그런데 모량부는 국가 차원의 금석문에서는 나올 수가 없다. 그 증거로서 중고 금석문에 나타난 각 부명별 인명의 수는 다음 〈표 1〉과 같다.

〈표 1〉 중고 금석문에 나타난 각 부명별 인명의 수

비명	탁부	사탁부	본피부	불명	계
봉평비	11	10	1	3	25
적성비	7	3		2	12
창녕비	21	16	1	2	40
북한산비	5	3			8
마운령비	11	6	2	1	20
황초령비	11	4		5	20
계	66	42	4	13	125

---

7) 윤선태의 가설로 이는 인명으로 보인다.
8) 牟旦伐은 인명으로, 지명이라면 牟旦喙伐이 되어야 한다.
9) 牟旦伐喙이 모량부가 되려고 하면, 牟旦喙伐이 되어야 한다.
10) 본래 牟자는 △ 밑에 옆으로(가로로) 두 줄, 밑으로(세로로) 1줄로 이루어진 합자이다.
11) 실제로 월성해자 9번 목간에서는 牟喙(部)라고 적힌 것이 나왔다.

〈표 1〉에서 탁부 66명, 사탁부 42명, 본피부 4명, 불명 13명 총 125명으로 모량부 출신자는 단 1명도 없다. 종래 흔히『삼국유사』권1, 기이1, 지철로왕조에 의해 중고의 왕비족을 모량부로 보아 왔는데, 울주 천전리서석 추명에 의하건대 중고의 왕비족은 모량부가 아닌 사탁부 박씨이다.

3. 명문의 제시와 해석

調露二年
　漢只伐部君若小舍……
　　　三月三日作康(?)……

이를 해석하면 '調露 2년에 한지벌부의 군약 소사가 (감독했고), 3월 3일에 (製瓦匠의 長인) 작강(?)이 (만들었다.)'가 된다. 이 한지벌부전에 나오는 명문을 확실한 시기의 부명 비정에 사용한 것은 이 전명이 처음이다.

4. 漢只伐部란 부명 표기

신라에서 왕경의 6부는 왕족인 及梁部, 왕비족인 沙梁部, 제3세력인 本彼部, 習比部, 漢祇部, 牟梁部이다. 금석문에서 及梁部는 喙部, 沙梁部는 沙喙部, 本彼部는 本波部, 習比部는 習部, 漢祇部는 漢只伐部 또는 漢只(部), 牟梁部는 牟喙部로 나온다. 부명에 넓은 들을 의미하는 伐자가 들어간 예는 漢只伐部가 처음이다. 이는 한지벌부의 위치를 찾는 데 큰 단서가 될 수 있다.

662년[12] 태종무열왕릉비에서 인명표기가 大等 喙部 居杸夫智 伊干에서 大舍臣韓訥儒로 바뀐다. 662년 이후 인명표기에서 부명이 등장하는 예는

798년 영천청제비 정원14년명의 須果밖에 없다. 662년 이전과 같은 식의 인명표기를 사용한 예로는 신라화엄경사경이 있는데, 이를 제시하면 다음 〈표 2〉와 같다.

〈표 2〉 경덕왕대 신라화엄경사경의 인명표기

職名	出身地名	人名	官等名
紙作人	仇叱珎兮縣	黃珎知	奈痲
經筆師	武珎伊州	阿干	奈痲
위와 같음	위와 같음	異純	韓舍
위와 같음	위와 같음	今毛	大舍
위와 같음	위와 같음	義七	大舍
위와 같음	위와 같음	孝赤	沙弥
위와 같음	南原京	文英	沙弥
위와 같음	위와 같음	卽曉	奋
위와 같음	高沙夫里郡	陽純	奈痲
위와 같음	위와 같음	仁年	大舍
위와 같음	위와 같음	屎烏	大舍
위와 같음	위와 같음	仁節	奋
經心匠	大京	能吉	奈痲
위와 같음	위와 같음	亏古	奈
佛菩薩像筆師	同京	義本	韓奈痲
위와 같음	위와 같음	丁得	奈痲
위와 같음	위와 같음	夫得	舍知
위와 같음	위와 같음	豆烏	舍
經題筆師	同京	同智	大舍

景德王代 新羅華嚴經寫經은 文頭의 天寶十三載甲午八月一日初乙未載二月 十四日이란 구절로 보면 景德王 13년(754년)에서 14년(755년) 사이에 만들 어졌다.[13] 仇叱珎兮縣은 전북 김제 또는 전남 장성이고, 武珎伊州는 광주, 南原京은 남원, 高沙夫里郡은 고부이다. 大京과 同京은 당시 수도였던 경주 를 가리킨다. 인명표기 방식을 보면 직명이 동일하면 생략하고, 출신지명은

---

12) 661년에 죽었으나 능비를 세운 것은 662년이다. 문무왕릉비에서도 신라는 1년의 빈장이 있고, 『삼국사기』 김인문전에서도 1년의 빈장이 있다.

13) 文明大, 「新羅 華嚴經寫經과 그 變相圖의 硏究-寫經變相圖의 硏究(1)-」 『韓國學報』 14, 1979.

동일한 직명 내에서 생략하는 예가 가장 많은 신라 중고의 적성비식 인명표기와 똑같다. 그런데 경덕왕대 신라화엄경사경에서도 나오지 않던 출신지명이 아래와 같이 나온 예가 있는데, 이례적이라 하겠다.

먼저 망성리요(내남 망성리 유적)에서 나온 기와명 자료로, ＃＃習部명·＃＃習府명[14]·習명·＃마크[15] 등이 있는 기와 명문이다. 이 기와는 680년경으로 추정된다.[16] 다음으로 보상화문전과 악부인동문암막새가 출토되어[17] 한지부로 추정되는 현곡 다경요지가 있다. 이 다경 와요지 출토로 짐작되는 전명이 있는데, 이 명문에 나오는 월지와 그 주위에서는 漢只, 漢, 漢只伐部 같은 명문이 나온다. 680년의 망성리요와 다경요에서 출토되는 것들은 각각 그 출신지를 기록하고 있다. 바로 漢只와 習部가 그것이다. 이러한 분위기 속에서 한지벌부라는 부명도 기록이 된 것으로 판단된다.

5. 書者의 검토

명문을 쓴 사람이 도공이라는 가설이 있다. 토기의 겉에 명문을 쓴 사람이 도공일 것이라는 가정은 쉽게 할 수 있다. 그런데 토기는 아니지만 기와에 백제 와공이 아닌 사람이 글씨를 새긴 예가 있다.

우선 명문의 사진을 보고 실견을[18] 통해 판독을 거친 미륵사지 출토 경진명 기와에 새겨진 전문을 제시하면 다음과 같다.

景辰年五月卄(日)法得書

---

14) 習府가 과연 習部인지는 현재까지의 자료로는 확인할 수 없다. 신라에서 부명은 반드시 部로 표기되며 府로 표기된 예가 없기 때문이다. 習府라 해도 官廳名이 되어 충분히 말이 통한다.

15) 도교 벽사 마크에 대해서는 일본의 지방 목간 전문연구자 平川南의 가설이 유명하다.

16) 월지에서 함께 나오는 朝露二年명보상화문전의 연대인 680년에 근거하고 있다.

17) 김성구, 「다경와요지 출토 신라와전소고」『미술자료』33, 1983.

18) 1999년 4월 17일 국립부여문화재연구소에서 실견하였다.

7번째 글자인 日자는 파실되고 없으나, 전후 맥락에 따라 日자로 추독하였다. 景자를 庚자의 音借라고 본 가설은 한자문화권 어디에도 없는 새로운 가설이라 따르기 어렵다. 景은 丙의 避諱로 보는데,[19] 丙자는 唐高祖의 父名이 昞인 까닭에 丙자까지 景자로 바꾸었다고 한다.[20] 그렇다면 결국 위의 명문 중 丙辰年에 해당하는 해는 656년, 716년, 776년 등이 대상이 되는데 이에 대해 살펴보기 위해 관련 금석문 자료를 제시하면 다음과 같다.

후면㊿ 五日景辰建碑 大舍臣韓訥儒奉	(682년, 文武王陵碑)
① 神龍二年景午二月八日	(706년, 神龍二年銘金銅舍利方函)
① 永泰二年丙午	(766년, 永泰二年銘塔誌)
5면⑥ 永泰△年丙午~	(818년, 柏栗寺石幢記)
① 寶曆二年歲次丙午八月朔六辛丑日~	(827년, 中初寺幢竿支柱)
② 會昌六年丙寅九月~	(846년, 法光寺石塔誌)
㉝ ~中和四年歲次甲辰季秋九月旬有九日丙子建~	(884년, 寶林寺普照禪師彰聖塔誌)
㉛ 丙午十月九日建	(886년, 禪林院祉 弘覺禪師碑)

지금까지 알려진 자료에서 피휘제가 실시된 예는 통일신라에서 2예밖에 없다. 곧 682년에 만들어진 문무왕릉비의 景辰과, 706년에 만들어진 경주 황복사지 3층석탑 출토 신룡2년명금동사리방함의 景午가 그것이다. 766년에 만들어진 영태2년명탑지의 丙午, 818년경 만들어진 백률사석당기의 丙午, 846년에 만들어진 법광사지 석탑지의 丙寅, 884년에 만들어진 장흥 보림사지 보조선사창성탑비의 丙子, 866년에 만들어진 선림원지 홍각선사

---

19) 김창호, 「익산 미륵사 경진명 기와로 본 고신라 기와의 원향」 『한국학연구』 10, 1999.

20) 葛城末治, 『朝鮮金石攷』, 1935, 72쪽 ; 陳新會, 『史諱擧例』, 1979, 18~19쪽.

비의 丙午 등에서는 피휘제가 시행되지 않고 있다.

기와의 丙辰年은 지금까지 丙자인 피휘 예에서 볼 때 700년 전후에서 찾을 수 있고, 대상이 될 수 있는 해는 656년과 716년이다. 596년도 그 대상이 될 수 있으나 당 건국이 618년이므로 제외시키는 것이 옳다. 716년은 미륵사 자료의 開元四年丙辰명기와에 元四年丙 부분이 남아 있어서[21] 716 년에는 丙자의 피휘가 실시되지 않았음을 알 수 있다. 따라서 丙辰年 즉, 景辰年은 656년이라는 것이 분명해졌다. 656년은 백제 의자왕 16년, 신라 무열왕 3년으로 아직 백제가 멸망되기 전이므로 기와는 백제 기와임이 분명하며, 백제의 원통기와가 존재함을 분명히 밝혀주는 예이다.[22] 금석문 자료에서는 백제에서의 피휘를 최초로 확인함과 동시에 우리 손에 의해 만들어진 한국 최초의 피휘 예로서 주목해야 할 것이다.[23]

이 미륵사지 기와 명문에 나오는 法得은 피휘까지 알고 있는 것으로 보건대 단순히 와공이라고는 볼 수 없다. 그렇다고 해도 관등명이 없어서 중앙의 고관으로도 볼 수 없다.[24] 682년의 문무왕릉비나 706년의 경주 황복사지 神龍二年銘金銅舍利方函에서나 볼 수 있는 피휘를 아는 자이니, 역시 전문적으로 글을 쓰는 書者였을 것이다.

토기를 만드는 도공이나 기와와 전을 만드는 와공이 글을 남긴 예를 지금까지 발견된 자료에서는 찾을 수가 없다. 경주 성건동 677-156번지 출토 토기 명문도 토기 사용자였던 冬夫知乃末이 썼고,[25] 부여 부소산성

---

21) 국립부여문화재연구소, 『미륵사유적발굴조사보고서Ⅱ』, 1996, 圖版199의 ②.

22) 이 경진명기와는 장판 타날이라서 장판 9~10세기 설과 모순된다.

23) 종래 백제 말기의 국제 정세를 보통 돌궐+고구려+백제+왜와 당+신라의 관계로 보고 있으나 656년 백제기와에서 피휘가 사용되고 있어 재고가 요망된다.

24) 法淂이 어떻게 사비성에서 멀리 떨어진 익산에까지 와서 기와에 명문을 썼는지가 항상 의문이었다. 익산 근처에는 기와 요지가 없으므로 부여에서 기와를 만들어 익산까지 운반했다는 가설이 유력하다. 이 설에 따른다면, 법득은 사비성에서 기와 요지에 들러 명문을 남겼을 것이다.

25) 김창호, 「경주 성건동 677-156번지 출토 토기 명문」『고구려와 백제의 금석문』, 2022.

출토 乙巳銘 토기명문 역시 도공이 쓴 것이 아니다.[26) 그런데 680년이라면
인명에 부명을 쓰지 않을 때이고 부명 표기를 쓰기 어려운 때이므로 쌍록보
상화문전에는 제작 감독자인 君若小舍가 직접 썼을 것으로 판단된다.

6. 관수관급제인 와전

기와는 관수관급제를 시행했고, 먼 곳은 漕運과 驛을 통해 수송했다.[27)
전돌의 경우도 뚜렷한 근거는 없지만 관수관급제가 적용된 것으로[28) 판단
된다. 기와에 명문이 있는 백제 토기는 관수관급제로 제작된 것으로 보이
며[29) 명문은 수요자가 썼을 것이다. 기와를 만들기 위해서는 먼저 가마를
만들어야 하는데, 지리적으로 몇 가지 조건을 필요로 한다. 먼저 물이
있어야 하고, 다음으로 흙이 기와를 만드는 데 알맞아야 한다. 그 다음으로
바람의 방향이 중요하며, 가마에 불을 땔 때 연료가 되는 나무가 많아야
한다. 마지막으로 교통이 편리해야 한다. 그리고 이 같은 조건을 갖춘
요지의 기와 가마에는 관수관급제가 적용되었다.[30) 무엇보다 기와 가마를

---

26) 김창호, 「부여 부소산성 출토 乙巳銘 토기명문에 대하여」, 『고신라목간』, 2023.

27) 김창호, 『신라 금석문』, 2020, 469~481쪽.

28) 신라시대에는 509년(지증마립간 10년)에 東市와 이를 감독하는 東市典을 설치했
고, 695년(효소왕 4년)에 西市와 이를 감독하는 西市典을 설치했고, 동시에 695년
(효소왕 4년)에 南市와 이를 감독하는 南市典을 설치했다. 그래서 대응을 官需官給
이라고 볼 수 있다. 토기 공인과 유사한 기와 공인과 관련해서는 김창호, 「광주
선리유적에서 출토된 해구기와의 생산과 유통」, 『문화사학』 52, 2019, 8~9쪽에
생산지의 지명과 소비지의 지명이 38개나 나와 있는데, 시기는 918~935년 사이의
어느 5년간이다. 이것도 기와가 관수관급제에 의거하였음을 말해준다. 수익이
좋으면 토기 공인도 쉽게 기와 공인이 될 수 있었고, 초기의 기와요는 종종
토기와를 겸하기도 하였다. 결론적으로 말하면 토기 역시 기와처럼 관수관급제로
보아야 할 것이다.

29) 『삼국사기』 잡지, 직관지에 瓦器典 景德王改爲陶登局이란 구절이 나오는데, 이를
통해 기와와 토기를 같은 곳에서 관장했음을 알 수 있다.

30) 918~935년에 제작된 기와에 北漢受國蟹口草가 있다. 이는 '北漢이 받은 나라의

운용하는 데 드는 비용이 엄청났기 때문이다.

기와 가마가 있던 망성리, 물천리, 육통리, 다경 등은 기와를 구울 때 나는 연기를 피하기 위해 도성의 방리제에서 멀리 떨어진 곳에 위치하였다. 위의 요지들 가운데 망성리는 습부 소속의 일명촌이었고, 다경은 한지벌부 소속의 일명촌이었다. 후삼국시대의 在城명기와는 금장리 와요지에서 구웠으므로 금장리는 탁부 소속의 일명촌이었을 가능성이 있다. 토기나 기와를 굽는 장소가 백성들에게 피해가 가지 않는 곳이어야 했다는 점도 관수관급제가 시행된 하나의 이유가 될 것이다.

이렇게 이 시기의 토기와 기와는 관수관급제 아래 제작되었으므로 再活用瓦를 제외하면[31] 專用瓦, 共用瓦, 交流瓦 등은 성립하기 어렵다고 하겠다.

7. 調露二年銘쌍록보상화문전의 의의

조로2년명쌍록보상화문전이 없었다면 아직까지도 이러한 종류의 전의 연대는 750년으로 보아 실제보다 70년이나 늦게 편년했을 것이다. 漢祇部를 漢只伐部라고 명기한 것도 다른 6부에서는 예가 없다. 君若小舍란 인명표기도 漢祇部에서 나온 유일한 예가 된다. 調露二年/漢只伐部君若小舍…/ 三月三日作康 (?)…은 '調露二年에 漢只伐部의 君若小舍가 (감독했고), 三月三日에 作康(?)이 만들었다.'로 해석되어 와전이 부별로 만들어졌다고 풀이된다.

蟹口에서 만든 기와'라는 뜻으로 관수관급제의 좋은 예이다.
31) 차순철, 「경주지역 명문자료에 대한 소고」『목간과 문자』3, 2009.

8. 맺음말

먼저 지금까지 조로2년명문을 해석하는 방법과 漢只伐部를 남산신성비 제5비에 투영시켜 모량부로 보는 가설에 대해 반론을 제기하였다.

다음으로 이 명문의 판독을 제시하고 해석을 살펴보았다. 그리고 이 기와는 680년경의 것으로 추정하였다. 다음으로 보상화문전과 악부인동문 암막새가 출토되어 한지부로 추정되고 있는 현곡 다경요지에서 출토된 것으로 짐작되는 전명과, 월지와 그 주위에서 출토된 명문에 등장하는 漢只, 漢, 漢只伐部 등을 살펴보았다. 680년 망성리요와 다경요에서 출토되는 와요지에서는 각각 漢只와 習部처럼 출신지를 기록하였는데 이러한 분위기에서 한지벌부라는 부명도 기록이 되었다고 판단하였다.

그 다음으로 지금까지는 토기를 만드는 도공이나 기와와 전을 만드는 와공이 직접 글을 쓴 예가 없었다는 전제 아래 경주 성건동 677-156번지 출토 토기 명문을 토기 사용자인 冬夫知乃末이 썼고, 부여 부소산성 출토 乙巳명 토기명문 역시 도공이 쓰지 않았음을 살펴보았다. 그리고 680년에는 인명에 부명을 쓰지 않을 때여서 쌍록보상화문전에서는 감독자인 君若小舍가 직접 글을 썼을 것으로 판단된다.

그 다음으로 기와를 만드는 와공이 통일신라시대에 관수관급제에 적용을 받았음을 밝혔다 그 구체적인 증거가 918~935년에 제작된 廣州 船里기와에 새겨진 北漢受國蟹口船家草이다. 이는 '北漢이 받은 나라의 船家의 蟹口에서 만든 기와'라는 뜻으로 관수관급제의 구체적인 예이다. 이렇게 볼 때 한국 고대사회의 토기와 기와는 모두 관수관급제로 운영되었다고 볼 수 있어 전용와, 공용와, 교류와를 설정하기에는 문제가 있다고 보았다. 단, 재활용와는 그 예가 있어서 설정이 가능하겠다.

마지막으로 조로2년명쌍록보상화문전이 발견되면서 이러한 종류의 전의 연대가 바로잡힐 수 있었다는 것을 지적하였다.

제7절 隅田八幡神社 人物畵像鏡의 진짜 여부

1. 머리말

일본 和歌山縣 橋本市에 있는 隅田八幡神社에 전해오는 것 중에 人物畵像鏡이 있다. 頌壽의 樂을 연주하는 樂人 무리와 함께 東王父 西王母의 像을 표현한 중국 後漢代 人物畵像鏡의 형식을 모방한 倣製鏡이다. 內緣外側의 銘帶에 48자의 명문이 있는데 뒤집혀진 反轉文字가 많으며 문자의 크기는 일정치 않다. 문장은 일본식 한문체이며 한자음을 차용하여 일본어를 나타냈다.

良質의 銅을 사용하여 만든 비교적 큰 거울이지만 만든 방식은 조잡하고 誤字나 字劃의 배열에 의문이 드는 글자가 많아 제작자는 鑄型 제작 경험이 부족하고 한자 사용에 익숙하지 않은 듯하다. 거울의 지름(徑)은 20㎝이며 제작연대는 명문에 나오는 계미년에 근거하여 433년, 503년, 563년으로 보는 견해들이 있다.

일본의 금석문 자료 가운데 백제와 일본의 관계를 보여준다고 알려진 자료로는 369년에 만들어졌다고 전하는 석상신궁의 七支刀가 있고, 443년 또는 503년으로 알려진 隅田八幡神社에 전해지는 人物畵像鏡이 있다. 칠지도와 관련해서, 백제에는 4세기 금석문은 물론 5세기 금석문도 전혀 전하지 않는다. 그나마 공주 왕릉원29호분에서 출토된 중국 남조 齊나라 博工이 만들었다고 추정되는 造此是建業人也 의[1] 전명이 5세기 후반 것으로 보일

---

1) '이것은 建業人이 만든 것이다.'란 뜻으로 남조 齊나라 사람이 만든 것이며 백제에서 나온 유일한 5세기 후반 금석문이다. 이를 제외한 5세기나 4세기 금석문은 발견된

뿐이다. 하지만 일본 학자들은 칠지도를 369년으로 보고 명문도 자국인 일본에 유리하게 해석하고 있다. 인물화경의 명문 역시 자국에 유리하도록 해석하는 데 급급하다.

여기에서는 먼저 화상경 명문의 판독을 시도하여 보겠다. 다음으로 화상경에 대한 기존의 견해를 해석을 중심으로 하여 살펴보겠다. 마지막으로 화상경의 진짜 여부를 삼국시대 금석문을 통해 검토해 보겠다.

2. 화상경 명문의 판독

화상경의 명문을 48자 가운데 문제가 되는 글자를 중심으로 하여 판독해 보고자 한다.

1번째 자는 일찍이 癸자로 보는 가설이 나와[2] 많은 지지를 받았다.[3] 그러나 이를 문장 끝에 붙이는 矣자라고 본 가설도 있다.[4] 이에 대해서는 1번째 글자 위쪽에 '•'이 있어 이를 문장의 시작점으로 추정하고 癸의 이체를 명문의 첫 글자로 보기도 했다.[5] 한편 이를 癸(美)未年으로 보아 美자를 癸자로 잘못 쓴 것은 공인의 오류라고 보기도 했다.[6]

적이 없다.

2) 高橋健自,「在銘最古日本鏡」『考古學雜誌』 5-2, 1914, 104쪽.

3) 이 1번째 글자는 癸의 이체자인 아름다울 美에서 횡으로 1획을 뺀 글자와 유사하다. 신라 금석문에서 癸의 이체자는 443년 냉수리비 美未年, 574년 울주 천전리서석 계사명의 美巳年, 603년 울주 천전리서석 계해명의 美亥年 등의 예가 있다.

4) 保坂三郎,「人物畵像鏡銘」『定本書道全集』 8, 1956 ; 坂元義種,「文字のある考古學史料の諸問題」『ゼミナール日本古代史(下)』, 1980, 71~72쪽 ; 李進熙,「古代韓日關係史研究와 武寧王陵」『백제연구』 특집호, 1982, 70쪽 ; 박남수,「백제 동성왕 인물화상경('隅田八幡鏡)과 斯麻」『東研』 11, 2022, 7쪽 ; 홍성화,「隅田八幡神社(스다하치만신사) 인물화상경에 대한 일고찰」『한국고대사탐구』 43, 2023, 204~205쪽.

5) 駒井和愛,「隅田八幡所藏畵像鏡考」『東方學』 40, 1970, 4쪽 ; 山尾幸久,『古代の日朝關係』, 1989, 232쪽.

6) 福山敏男,「金石文」『文字(日本古代文化の探究)』, 1975, 35쪽.

 1번째 글자를 癸자로 본다면, 이는 1번째 글자가 아니라 48번째 글자가 된다. 그렇다면 문장의 시작을 알리는 글자가 아니라 끝을 알리는 글자가 되는데, 화상경 명문에서 문장을 끊을 수 있는 어조사는 한 번도 나온 적이 없어서 문제가 된다.

 화상경의 문장이 未年으로 시작되는 것으로 보고, 이를 증명하는 증거로서 서봉총 출토 은합 명문 등을 들었다. 서봉총 명문을 먼저 소개하면 다음과 같다.

화상경 명문 사진   山尾幸久의 화상경 명문 모사

| | 銀盒蓋內 | | 銀盒外底 | | | |
	②	①	③	②	①	
1	太	延	三	三	△	1
2	王	壽	斤	月	壽	2
3	教	元		△	元	3
4	造	年		太	年	4
5	合	太		王	太	5
6	杅	歲		教	歲	6
7	用	在		造	在	7
8	三	卯		合	辛	8
9	斤	三		杅		9
10	六	月				10
11	兩	中				11

서봉총 출토 은합 명문은 짝을 이루어 출토되었다. 나머지 명문들도 그런지 알아보기 위해 그 실질적인 예를 제시하면 다음과 같다.

建元三年大歲△△
在巳八月孫氏造(건원3년명전)

이는 345년으로 보고 있어서 앞의 행에 乙자가 파실되고 없음을 알 수 있다. 이 자료도 乙의 干과 巳의 支가 나누어셔 짝을 이루고 있음을 알 수 있다.

太歲在戊漁陽張撫夷塼
太歲在申漁陽張撫夷塼(황해도 지역에서 출토된 장무이전명)

348년에 만들어진 이것 역시 역시 두 전돌이 짝을 이루어 출토되었다. 명문이 申으로 시작되는 것이 아니라 戊라는 간으로 시작되어 더욱 그러하다.

마지막으로 陜川 해인사 길상탑지(895년)에 대해 살펴보기 위해 관계 부분을 적기하면 다음과 같다.

寧二卯年相月雲陽臺吉祥塔記

이는 뒷면 제①행이고, 앞면 제⑩행에 乾寧二年申月이 나와 있어 寧二卯年이 乾寧二年乙卯임을 쉽게 알 수 있다. 따라서 未年으로 시작된다고 보는 가설은[7] 금석문에 대한 이해를 둘러싼 견해 차이에서 발생한 것으로 잘못된 방법이므로 성립하기 어렵다.

---

7) 홍성화, 앞의 논문, 2004, 204~205쪽.

6번째 글자는 日이라고 보는 견해가 대부분이지만, 日로 보는 견해도 있다.[8] 45번째 글자와 비교하면 글자 폭이 좁아서 日자로 보인다.

8번째 글자에 대해서는 六자로 보는 견해도 있지만,[9] 대개는 大자로 본다.[10] 江田 船山고분 출토의 환두대도[11] 명문을 통해서 볼 때도 反轉문자이다.

10번째 글자에 대해서는 与나[12] 侯나[13] 丐의 이체자로 보는 견해도 있지만[14] 年자로 보는 것이 타당하다.

11번째 글자는 1934년에 男자로 본 견해가 나온[15] 이래 많은 연구자들이 이를 따르고 있으나 孚,[16] 國,[17] 卒,[18] 乎,[19] 与[20] 등으로 다양하게 읽히고 있다. 여기서는 화상경 글씨의 모사에 근거하여 孚자로 읽는 견해에[21] 따른다.

---

8) 川口勝康,「隅田八幡畫人物像鏡銘」『書の日本史』1, 1975, 100쪽 ; 山尾幸久, 앞의 책, 1989, 242쪽.

9) 高橋健自, 앞의 논문, 1914, 104쪽.

10) 福山敏男,「江田發掘大刀及び隅田八幡神社鏡の製作年代について」『考古學雜誌』24-1, 1934, 31~32쪽 등.

11) 환두대도의 칼집 부속구를 검초단금구라고 부르고 있으나 검과 도는 구분된다. 도는 외날 또는 편인이고, 검은 양날이다. 검초단금구라는 용어는 도초끝부속구라고 불러야 한다.

12) 水野祐,「隅田八幡神社所藏鏡銘文の一解釋」『古代』13, 1954 ; 上田正昭 編,『論集日本文化の起源』, 1971, 427쪽.

13) 古江亮仁,「隅田八幡宮所藏像鏡銘文私考」『日本歷史考古學論叢』, 1966, 654쪽.

14) 박남수, 앞의 논문, 2022, 7~8쪽.

15) 福山敏男, 앞의 논문, 1934, 31~32쪽.

16) 山尾幸久, 앞의 책, 1989, 244쪽.

17) 後藤守一,『漢式鏡』, 1926.

18) 山田孝雄,『國語史·文字篇』, 1937.

19) 森幸一,「隅田八幡宮所藏畫像鏡製作年代考」『專修大學論集』17, 1958, 71쪽 ; 保坂三郎·西村强三,「人物畫像鏡」『原色版國寶』1, 1968, 134쪽 ; 坂元義種, 앞의 논문, 1980, 68쪽.

20) 古江亮仁, 앞의 논문, 1966, 654쪽.

21) 山尾幸久, 앞의 책, 1989, 244쪽.

12번째 글자의 경우는 夢으로 판독한 것을[22) 제외하면 대부분 弟자로 읽는다. 적성비에서 兄弟가 兄弟로 적혀 있어서 第자와의 구분이 어렵다.

25번째 글자의 경우는 壽 또는 寿로 보기도 하고,[23) 泰로 읽기도 하지만,[24) 초기에 壽로 보았던 학자조차 奉으로 수정하고 있다.[25)

26번째 글자는 반전문자로서 대개 1914년 이래[26) 遣자로 보고 있으며 다른 이견이 전혀 없다.

27번째 글자는 開로 보아 왔으나[27) 歸로 읽는 견해가 나왔다.[28) 모르는 글자로 본 가설도 있어서[29) 여기에서는 모르는 글자로 본다.

38번째 글자는 1914년에 等으로 본 가설이[30) 나온 이래 대부분 이에 따르고 있으나 尊으로 보거나[31) 算[32) 또는 莫으로 보기도[33) 한다. 여기에서는 等으로 읽는다.

39번째 글자는 取 또는 所로 읽어 왔으나 이를 取의 오류로 보는 견해도 있다.[34) 여기에서는 所로 읽는다.

---

22) 山田孝雄, 앞의 책, 1937.

23) 福山敏男, 앞의 논문, 1934, 32쪽 ; 水野祐, 앞의 책, 1971, 424쪽 ; 소진철, 「일본국보 〈隅田八幡神社所藏人物畵像鏡〉의 銘文을 보고-서기 503년 8월 10일 百濟 武寧王은 〈大王年〉대를 쓰고 繼體天皇을 〈男弟王〉으로 부르다-」『圓光大論文集』28, 1994.

24) 森俊道, 「タマフリ呪術と隅田八幡畵像鏡」『東アジアの古代文化』33, 1982, 80쪽.

25) 福山敏男, 「隅田八幡鏡銘(圖版解說·譯文)」『書道全集』9, 1954, 141쪽.

26) 高橋健自, 앞의 논문, 1914, 103쪽.

27) 福山敏男, 앞의 논문, 1934, 36쪽.

28) 石和田秀幸, 「隅田八幡神社人物畵像鏡における開中字考」『同志社國文學』45, 1996, 67~69쪽 ; 박남수, 앞의 논문, 2022, 10쪽.

29) 山尾幸久, 앞의 책, 1989, 236쪽.

30) 高橋健自, 앞의 논문, 1914, 104쪽.

31) 保坂三郎·西村强三, 앞의 논문, 1968, 134쪽 ; 山尾幸久, 앞의 책, 1989, 236쪽.

32) 森俊道, 앞의 논문, 1982, 85쪽.

33) 김재붕, 「무령왕의 隅田八幡畵像鏡」『한국사학논총(손보기박사정년기념)』, 1988, 112쪽.

34) 福山敏男, 앞의 논문, 1934 ; 藪田嘉一郎, 「隅田八幡神社藏畵像鏡銘考」『史蹟と美術』 250, 1950.

45번째 글자는 대개 卆으로 보지만[35] 1914년 日변 아래에 千이 들어가는 글자로 본 이래[36] 卆의 이체자로 판단하거나[37] 卑로 보는 경우도 있었다.[38] 또는 日변 아래에 있는 획을 신라와 백제의 금석문이나 목간에 보이는 斗의 이체로 보는 견해도[39] 있다. 여기에서는 卆으로 보는 견해에[40] 따른다.

46번째 글자는 作으로 보기도 하고,[41] 取로 보기도 하며,[42] 聘으로 보기도 하며,[43] 所로 보기도 한다.[44]

이상과 같이 판독한 인물화상경의 명문은 총 48자로 되어 있는데, 전문을 제시하면 다음과 같다.

癸未年八月日十大王年孚弟王在意柴沙加宮時斯痲念長奉遣△中費直穢人今
州利二人等所白上同二百旱所此竟

3. 화상경에 대한 중요 기존의 견해[45]

隅田八幡神社의 人物畫像鏡은 일찍이 江戶시대인 1837년에 간행된 『紀伊

35) 山尾幸久, 앞의 책, 1989, 236쪽 등.
36) 高橋健自, 앞의 논문, 1914, 104쪽.
37) 坂元義種, 앞의 논문, 1980, 71쪽.
38) 保坂三郎, 앞의 논문, 1956, 102쪽.
39) 박남수, 앞의 논문, 2022, 12~13쪽.
40) 高橋健自, 앞의 논문, 1914, 104쪽.
41) 高橋健自, 앞의 논문, 1914, 104쪽.
42) 川口勝康, 앞의 논문, 1975, 100쪽.
43) 김재붕, 앞의 논문, 1988, 112쪽.
44) 福山敏男, 앞의 논문, 1934, 32쪽 ; 藪田嘉一郎, 앞의 논문, 1950 ; 保坂三郎, 앞의 논문, 1956, 102쪽 ; 坂元義種, 앞의 논문, 1980, 71쪽 ; 山尾幸久, 앞의 책, 1989, 235~236쪽 ; 김은숙, 앞의 논문, 1993, 358~359쪽.
45) 주로 홍성화, 앞의 논문, 2004에서 발췌하였다. 판독 부분과 해석 부분을 잘 정리해준 홍성화 교수에게 사의를 표하는 바이다.

國名所圖繪』와 1839년의 『紀伊國續風土記』에 소개되었는데, 神功王后가 三韓을 정벌했을 때 그 나라 사람이 헌상한 거울로 알려져 있었다.

인물화상경의 실제 출토지에 대해서는 橋本市 妻의 고분에서 발굴되어 隅田八幡神社에 헌납되었다고 하지만[46] 신용할 수 없다는 견해가 있으며,[47] 5세기 말 횡혈식석실분에 해당하는 陵山고분에서 출토되었다고 추정하는 견해도 있다.[48]

인물화상경에 대한 최초의 본격적인 연구는 1914년에 나왔다.[49] 1914년 隅田八幡神社를 찾아서 명문을 판독하고 이를 학계에 소개하였다. 여기에서는 첫 번째 구절을 癸未年八月日로 보고 △弟王이 意柴沙加宮에 있을 때에 斯痲念長이 동경을 만들었다고 추정하면서 다음과 같이 판독하였다.

> 癸未年八月日十大王年△弟王在意柴沙加宮時斯痲念長奉遣開中費直穢人今
> 州利二人等所白上同二百旱所此竟

계속해서 중국의 동경과 비교하여 西晉시대의 거울로 보고 그 양식으로 보건대 應神紀의 癸未年(383년)이 타당하다고 보면서[50] 斯痲念長을 『일본서기』에 나오는 斯痲宿禰일지도 모른다고 하였다.

383년설은 그 뒤에도 이어졌는데,[51] 여기에서는 화상경에 나오는 인명을 斯痲念長彦과 穢人命州利로 보고, 이를 『일본서기』應神紀의 千熊長彦과 禰州流와 동일 인명으로 보았다. 또 七支刀와 같이 인물화상경도 일본에서

---

46) 生地龜三郎의 주장이다.

47) 西田長男, 「隅田八幡神社の畵像鏡の銘文」『大倉山論集』 2·3, 1953·1954 ; 『日本古典の史的研究』, 1956, 322~323쪽.

48) 和田萃, 『大系 日本の歷史2(古墳の時代)』, 1992, 322~323쪽.

49) 高橋健自, 앞의 논문, 1914.

50) 고구려의 금문도 서봉총 은합 명문과 태왕릉 동령명의 辛卯年이 모두 451년으로 가장 빠르다. 백제의 금문이나 석문, 목간 모두 5세기 후반이 가장 빠르다. 따라서 癸未年을 383년은 물론 443년으로 보기도 어렵다.

51) 西田長男, 앞의 책, 1956, 45~52쪽.

파견된 斯痲念長彦의 명령에 의해 외교사절이었던 開中費直과 백제의 외교
사절인 師州利의 감독 하에 백제에서 주조한[52] 거울이라고 해석했다.

383년설을 따르며 한 고고학자는 1970년에 男弟王으로 판독하고 이를
應神의 차남인 菟道稚郞子라고 보기도 하였다.[53]

한편 일본의 국어학자는 일찍이 隅田八幡神社의 인물화상경을 실견하고
다음과 같은 판독문을 내놓았다.[54]

癸未年八月日十 大王年(卒)(夢) 王在意柴沙加宮時 斯痲念長 奉遺開中費直穢
人今州利二人等 所白上同二百卑 作此竟

여기에서는 意柴沙加宮과 관련 있다고 생각되는 意柴沙加를 敏達의 아들
이며, 舒明의 아버지인 押坂彦人大兄으로 보고 癸未年을 623년으로 보았다.

이 623년설은 그 뒤에도 이어지는데[55] 1958년에 나온 가설에서는[56]
인물화상경 같은 훌륭한 방제 기술은 法隆寺 금당의 석가불이 제작되었던
630년에 와서야 가능하다고 보고, 명문의 意柴沙加, 斯痲 같은 표현도
推古紀의 표현과 같은 것으로 보았다.

1934년 男弟王을 판독하여 隅田八幡神社의 인물화상경의 명문을 다음과
같이 판독하였다.[57]

癸未年八月日十 大王年 男弟王 在意柴沙加宮時 斯痲 念長壽 遣開中費直穢人

---

52) 백제에서 주조한 다른 거울의 예가 없어서 문제가 된다. 일본은 4세기가 고분의
    세기로서 삼각연신수경이 많지만 한국의 4세기에는 거울이 거의 출토되지 않는다.

53) 駒井和愛,「隅田八幡藏畫像鏡考」『東方學』40, 1970, 4~5쪽.

54) 山田孝雄,『國語史·文字篇』, 1937.

55) 宮田俊彦,「癸未年·男弟王·意柴沙加宮－隅田八幡神社藏人物畵像鏡銘文考－」『日本
    上古史硏究』2-6, 1958, 103~104쪽 ; 保坂三郞,「隅田八幡神社の人物畵像鏡の銘文」
    『歷史敎育』10-5, 1962.

56) 宮田俊彦, 앞의 논문, 1958.

57) 福山敏男, 앞의 논문, 1934.

今州利二人等 所白上同二百旱 所此竟[58]

현재까지 연구자들에게 가장 많이 지지받고 있는 가설은[59] 隅田八幡神社
인물화상경 명문의 503년 제작설이다.[60]

한편 일본 고대의 3王朝 교체설을 주장했던 학자는 이 503년설이[61]
383설보다 신빙성은 더 크다고 보면서 명문의 男弟王을 繼體로 보게
될 경우 『일본서기』의 계체 관련 구절은 수정되어야 한다고 주장하였다.[62]
여기에서는 다음과 같이 해독하여 443년설을 주장하였다.

癸未年八月 日十大王 与男弟王在 意柴沙加宮時 斯麻 念長壽 遣△中費直穢人
今州利二人等 取白上同二百旱 作此竟

1965년 고고학자는 다음과 같이 화상경명을 판독하고 이를 해석하였다.[63]

癸未年八月日十大(六)王(三)年(与)男弟王在意柴沙加宮時斯麻念長奉(壽·
彦)遣△中費直穢人今(命)州利二人等取(所)白上同二百旱作此竟

---

58) 福山敏男, 앞의 논문, 1954, 141쪽에서는 日十大王年으로 끊어 읽고, 念長奉으로
    판독하였다.
59) 소진철, 앞의 논문, 1994, 412쪽에서는 판독문의 제시없이 다음과 같이 해석하였다.
    '百濟大王年(또는 斯麻大王年) 癸未年(503년) 8월 10일, 大王 斯麻는 意柴沙加宮에는
    弟王(繼體)의 長壽를 위해, 穢人 河內國王(費直) 今州利와 다른 한 사람을 시켜,
    良質의 白銅 二百桿으로 이 鏡을 만들었다.' 이는 역사적 사실에 전혀 맞지 않는
    논리전개이다.
60) 井本進, 「隅田八幡宮畵像鏡銘の解讀」 『日本歷史』 26, 1950 ; 乙益重隆, 「隅田八幡神社
    銘文の一解釋」 『考古學硏究』 11-4, 1965 ; 川口勝康, 앞의 논문, 1975 ; 김재봉,
    앞의 논문, 1988 ; 山尾幸久, 앞의 책, 1989 ; 소진철, 앞의 논문, 1994 ; 장팔현,
    「우전팔번경(隅田八幡鏡) 명문에 대한 새로운 考察」 『백제연구』 35, 2002 ; 김현구,
    『백제는 일본의 기원인가?』, 2002.
61) 福山敏男, 앞의 논문, 1954, 141쪽.
62) 水野祐, 「隅田八幡神社所藏鏡銘文の一解釋」 『古代』 13, 1954.
63) 乙益重隆, 앞의 논문, 1965, 19쪽과 23쪽.

'癸未年(503년) 八月 日十大王의 때에 男弟王이 意柴沙加宮에 있을 때에 길이 받들 것을 생각하여 開中費直穢人, 今洲利 二人 등을 파견하여 아뢰는 上同 二百旱을 취하여 이 竟을 만들었다.'

1980년대를 대표하는 일본의 고대사학자는 1989년 隅田八幡神社 인물화상경 명문을 다음과 같이 판독하고 해석하였다.[64]

(癸의 잘못)未年八月日(또는 日)十大王年孚弟(第)王在意柴沙加宮時斯麻念 長奉遣 △中費直穢人今州利二人尊所白上同(=銅)二百旱(=稈)所(作脫?)此竟 (=鏡)
'癸未의 年(503년) 8월, 日十(오시)大王[65] 때에, 孚弟(第. 후도)王이 意柴沙加 (오시사가)宮에 있을 때, 斯麻(시마), 오래도록 받들려고 생각하여, △中費 直·穢人今州利(고무쓰리) 2인의 尊을 파견하여, 아뢰는 바 되었고, 同(=銅) 二百旱(=稈)을 바치고, 이의 竟(=鏡)을 (만든) 바이다.'

2002년 화상경 명문을 새로운 각도에서 고찰한 연구성과가 나왔다. 판독문과 해석을 제시하면 다음과 같다.[66]

癸未年八月, 日十六王年, 男弟王在意柴沙加宮時, 斯麻念長奉, 遣 △中費直, 穢人今州利二人等, 取白上同二百旱(杆), 所此竟(鏡)
'계미년 8월, 니리무왕(州嶋)의 치세에 오시사카궁에 있는 남제왕(男大迹 王=계체일왕)에게 사마는 오랫동안 봉사하겠다. 개중비직(최고의 鏡作師 로 직책 직이)과 금주리 2인 등(수행원들)을 보내 양질의 白銅200杆(덩어 리)으로 이 동경을 만든다.'

---

64) 山尾幸久, 앞의 책, 1989.
65) 인현일왕은 현종일왕을 가리키는 것으로 보았다.
66) 장팔현, 앞의 논문, 2002.

2023년에는 정력적으로 한일관계사를 연구하던 연구자에 의해 隅田八幡神社 인물화상경에 대한 상세한 연구사와 함께 판독과 풀이가 발표되었다.[67] 명문부터 제시하면 다음과 같다.

> 未年八月日十 大王年男弟王 在意柴沙加宮時 斯痲 念長奉 遣歸中費直 穢人今州利二人等 所白上同二百旱 取此竟矣

이 명문을 다음과 같이 풀이하였다.[68]

> '(己)未年 8월 10일 大王年(三斤王의 치세) 男弟王(東城王)이 意柴沙加宮(忍坂宮)에 있을 때 斯痲(武寧)가 오랫동안 받들 것을 생각하면서(念長奉) 歸中費直 穢人今州利 2인을 보내어 아뢴바 銅 二百旱을 올려 이 鏡을 취한다.'

여기에서 판독문을 다시 한번 제시하고, 명문 전체를 해석하면 다음과 같다.

> 癸未年八月日十大王年孚弟王在意柴沙加宮時斯痲念長奉遣△中費直穢人今州利二人等所白上同二百旱所此竟
>
> '癸未年八月[69] 日(日)十大王(오시대왕)의[70] 때에 孚弟王(후의 계체왕)이

---

67) 홍성화, 앞의 논문, 2023.

68) 이 밖에도 국사편찬위원회 한국사데이터베이스 한국고대금석문 백제편에 齊藤忠은 전문을 '癸未年 대왕의 代에 男弟王이 意柴沙加宮에 있을 때, 왕의 臣인 사마가 河內의 비직인 개중과 예인인 금리주 두 사람을 시켜서 이 거울을 만들었다.'로 해석했다고 되어 있다. 또 김재붕, 앞의 논문, 1988에서는 '계미년 8월이라, 앞서 十大王의 재위시에, 남제왕이 意柴沙加宮에 있을 때, 사마가 長壽를 기념하여 개중비직과 예인인 금주리 2인을 파견했습니다. (그러나 그 때에) 말씀하시던 上銅二百貫은 없으니 이 거울을 聘物로 문안드립니다.'로 해석하였다고 되어 있다.

69) 443년설은 고구려 금문의 가장 빠른 예가 서봉총 은합명문과 태왕릉출토 동령명의 451년으로 보여 성립하기 어렵다.

70) 인현일왕은 현종일왕을 가리킨다.

意柴沙加宮에 있을 때에 斯麻念長이[71] 받들어 △中費直과[72] 穢人今州利
二人 등을 파견하여 上同[73] 二百旱을 (孚弟王에게) 아뢰었던 바 이 竟을
(만들었던) 바이다.'

4. 화상경의 진짜 여부

첫째로 隅田八幡神社 人物畫像鏡의 명문과 울진봉평염제비의 명문을
비교해 보자. 48자의 隅田八幡神社 人物畫像鏡의 명문이 503년이라면 시기
상 이것에 가장 가까운 신라 금석문으로는 524년 (68자의 울진봉평신라염제
비가 있다. 설명의 편의를 위해 관계 전문을 제시하면 다음과 같다.

⑩	⑨	⑧	⑦	⑥	⑤	④	③	②	①	
	麻	奈	使	新	者	別	愼	干	甲	1
立	節	尒	卒	羅	一	教	•	支	辰	2
石	書	利	次	六	行	今	宍	岑	季	3
碑	人	杖	小	部	△	居	智	喙	正	4
人	牟	六	舍	煞	之	居	居	部	月	5
喙	珎	十	帝	斑	人	牟	伐	美	十	6
部	斯	葛	智	牛	備	羅	干	昕	五	7
博	利	尸	悉	△	土	男	支	智	日	8
士	公	條	支	△	塩	弥	一	干	喙	9
于	吉	村	道	麥	王	只	夫	支	部	10
時	之	使	使	事	大	本	智	沙	牟	11
敎	智	人	鳥	大	奴	是	太	喙	卽	12
之	沙	奈	婁	人	村	奴	奈	部	智	13

---

71) 斯麻가 백제 武寧王이라면 화상경명문에 斯麻王이나 斯麻王子로 나오지 않아
이상하고, 같은 왕자 신분인 孚弟王(후의 계체왕)을 위해 거울을 만들 대금을
외국인 왜에서 내는 것도 이상하다. 斯麻念長으로 끊어서 인명으로 본다.

72) △中費直은 穢人今州利과 구조적으로 보면 穢人(종족명)＋今州利(인명)이므로 △
中(땅이름이나 종족명)＋費直(인명)이 될 가능성이 있다.

73) 山尾幸久, 앞의 책, 1989, 237쪽에서는 漢代 경명에 白同과 善同은 있으나 上同은
없다고 했으나 西晉시대에서 503년까지의 거울명문을 조사할 필요가 있다.

若	喙	尒	次	喙	負	人	麻	而	寐	14
此	部	利	小	部	共	雖	一	•	•	15
省	善	阿	舍	內	値	•	尒	粘	錦	16
獲	文	•	帝	沙	五	是	智	智	王	17
罪	吉	尺	智	智	其	奴	太	太	沙	18
於	之	男	居	奈	餘	人	奈	阿	喙	19
天	智	弥	伐	麻	事	前	麻	干	部	20
•	新	只	牟	沙	種	時	牟	支	徙	21
•	人	村	羅	喙	種	王	心	吉	夫	22
•	喙	使	尼	部	奴	大	智	先	智	23
居	部	人	牟	一	人	敎	奈	智	葛	24
伐	迊	翼	利	登	法	法	麻	阿	文	25
牟	刀	昃	一	智		道	沙	干	王	26
羅	小	杖	伐	奈		俠	喙	支	本	27
異	烏	百	弥	麻		作	部	一	波	28
知	帝	於	宜	莫		隘	十	毒	部	29
巴	智	卽	智	次		禾	斯	夫	△	30
下	沙	斤	波	邪		耶	智	智	夫	31
干	喙	利	旦	足		界	奈	一	智	32
支	部	杖	組	智		城	麻	吉	五	33
辛	牟	百	只	喙		失	悉	干	△	34
日	利	悉	斯	部		火	尒	支	(△)	35
智	智	支	利	比		遠	智	喙		36
一	小	軍	一	湏		城	奈	勿		37
尺	烏	主	全	婁		我	麻	力		38
世	帝	喙	智	邪		大	等	智		39
中	智	部	阿	足		軍	所	一		40
△		尒	大	智		起	敎	吉		41
三		夫	兮	居		若	事	干		42
百		智	村	伐		有		支		43
九		奈	使	牟						44
十			人	羅						45
八				道						46

봉평비에서 일본의 화상경명문과 비교 대상이 되는 부분은 別敎 부분이
다. 이를 제시하면 다음과 같다.

別敎 今居伐牟羅男弥只夲是奴人 雖是奴人前時王大敎法 道俠咋隘 禾耶界城

失火遶城我大軍起 若有者一行△之 人備土鹽 王大奴村共值五 其餘事種種奴
人法

이 別敎를 해석해 보자.

　'別敎를 내린다. 이제 居伐牟羅와 男弥只는 본래 奴人이다. 비록 노인이었지
만 前時에 王은 大敎法을 내려주셨다. 길이 좁고, 오르막도 험악한 禾耶界城
과 失火遶城의 대군을 일으켰다. 若有者인 一行을 ~했다. 사람들이 土鹽을
준비하였다. 왕은 大奴村은 값 5를 부담케 하였다. 그 나머지 일은 여러
가지 奴人法에 따르도록 했다.'

　먼저 524년 봉평비의 別敎 부분이 8개 문단으로 나누어지는 데 비해
일본 화상경 명문이 1~2개 문단으로 이루어져 있음을 보건대 일본의
화상경 명문이 보다 더 발달된 형태임을 알 수 있다.
　둘째로 癸未年八月로 끊어 읽을 경우, 한국 삼국시대의 금석문 목간과
비교해 보면 다음과 같이 八月 다음에 中자가 없다는 문제가 생긴다.

고구려

延壽元年太歲在辛卯三月中(451년, 서봉총 출토 은합 명문)

五月中……(458년경, 충주고구려비)

丙戌十二月中(506년, 평양성석각 제4석)

백제

戊寅年六月中固淳夢三石……(618년, 좌관대식기)

신라 [74]

△△△△月中(545년이나 그 직전, 적성비)

乙丑年九月中(545년, 울주 천전리서석 을축명)

辛未年十一月中(551년, 명활산성비)

일본

辛亥年七月中(471년, 蹈荷山古墳의 鐵劍 명문)

……八月中(500년 전후, 江田船上古墳의 鐵刀 명문)

……癸未年三月中(623년, 法隆寺金堂釋迦三尊佛 명문)

울주 천전리서석 신해명에 다음과 같은 자료가 나온다.

辛亥年九月中芮雄妻幷行

---

74) 함안 성산산성 목간의 연대는 설이 여러 가지인데, 필자는 540년경으로 본다.
이하 함안 성산산성에서 ~月中으로 된 목간 5예를 뽑아 제시하면 다음과 같다.
   Ⅳ-597(183). 正月中比思(伐)古尸次阿尺夷喙(앞면) 羅兮落及伐尺幷作前瓷酒四斗瓮
        (뒷면) '正月에 比思(伐)의 古尸次 阿尺의 夷(무리)와 喙(部) 羅兮落
        及伐尺(경위명)이 아울러 前瓷酒 四斗瓮을 만들었다.'
   Ⅳ-600(186). 六月中□多馮城△△村主敬白之 烏△△成行之(제1면)
        △△智一伐大△△也 攻六△大城從人士本日(제2면)
        △去(走)石日(率此)△△更△荷(秀)△(제3면)
        卒日治之人(此)人烏(馮)城置不行遣之白(제4면) 해석 불능
   Ⅳ-602(188). 十一月(中)△定六十月一廿月十一△五叉(제1면)
        △奇(旅)△△△△△久△△拏及△△△(제2면) 해석 불능
   Ⅴ-164(190). 三月中鐵山下麥十五斗(앞면) 王私 △河礼村 波利足(뒷면) '三月에 鐵山
        下의 麥 十五斗를 王私(땅 이름)인 △河礼村(행정촌명)의 波利足이
        낸 것이다.'
  2016-W150(218). 三月中 眞乃滅村主 憹怖白(제1면)
        大(城)在弥卽介智大舍下智(前)去白之(제2면)
        卽白先節六十日代法稚然(제3면)
        伊毛羅及伐尺寀言廻法卅代告今卅日食去白之(제4면)
        '三月에 眞乃滅村主인 憹怖白이 大城에 있는 弥卽介智 大舍下智의 앞에
        가서 아뢰었습니다. 곧 아뢴 앞선 때에 六十代法은 稚然하였습니다.
        伊毛羅 及伐尺의 寀(祿俸)에 말하기를 法을 피해 卅代를 고하여 이제
        卅日食을 먹고 갔다고 아뢰었습니다.'

妻의 인명 표시가 나오는 자료로 울주 천전리서석 계해명이 있다. 이를 제시해 보면 다음과 같다.

	④	③	②	①	
	行	婦	沙	癸	1
	時	非	喙	亥	2
	書	德	路	年	3
		刀	凌	二	4
		遊	智	月	5
			小	六	6
			舍	日	7

이 명문은 543년으로 보기도 하나[75] 小舍에 帝智, 弟 등이 붙지 않아서 603년으로 본다.[76] 해석해 보면 '癸亥年(603년) 2월 6일에 사탁부 路凌智小舍의 婦인 非德刀가 놀러갈 때에 썼다'가 된다. 이 명문으로 인해서 603년까지는 인명표기에 부명이 있었다고 보아도 좋다. 울주 천전리서석 신해명은 辛亥年九月中芮雄妻幷行으로 '신해년 9월에 芮雄과 처가 아울러(함께) 다녀 갔다'로 해석되고, 芮雄은 인명이 아니라 성+인명일 가능성도 엿보인다. 그렇다면 辛亥年은 651년이 아닌 711년 이후로 보인다. 이것이 마지막 통일신라의 예이다.[77]

某年某月中에서 中자가 탈락한 예가 있다. 김해 양동산성의 목간 3점 가운데 1점이 그러하다. 그 예를 제시하면 다음과 같다.[78]

---

75) 국사편찬위원회 한국사데이터베이스의 울주 천전리서석 계해명조 참조.

76) 武田幸男, 「金石文からみた新羅官位制」『江上波夫敎授古稀記念論集 歷史篇』, 1977.

77) 戴衛紅, 「한국 목간에 보이는 "某月中"」『목간과 문자』23, 2019, 118쪽에 고려국졸 대사 삼중대 광내사령 최정숙공(사위)묘지의 …戊午年十二月中契丹國兵馬發來入 境이란 구절을 소개하고 있는데 여기에서 中을 '어느 달의 어느 시점을 가리키는 것이다'로 볼 수는 없다. 왜냐하면 순흥벽화고분에는 己未中이란 연간지 다음에 中자가 나오기 때문이다.

78) 이수훈, 「김해 양동산성 출토 목간의 검토」『역사와 세계』58.

癸卯年七月栗村百刀公△日除麥石

'계묘년(583년) 7월에 율촌의 百刀公과 △日除가 낸 麥 1石이다.'

癸卯年은 양동산성 집수지의 출토 유물의 연대가 6세기 후반에서 7세기 초이므로[79] 583년으로 보았다.

그런데 농오리산성에서 月자 다음에 中자가 없는 자료가 나왔다. 1957년 가을 태천 고급중학교에서 향토사 연구를 목적으로 농오리산성을 조사하던 중에 자연 암벽에서 글자를 발견하고, 이를 신의주 역사박물관에 보고하였다. 이에 동 박물관에서 1958년 초에 마애석각을 조사하면서 학계에 알려지게 되었다. 우선 설명의 편의를 위해 전문을 소개하면 다음과 같다.

③	②	①	
城	小	乙	1
六	大	亥	2
百	使	年	3
八	者	八	4
十	於	月	5
四	九	前	6
間	婁	部	7
	治		8

이 명문에서 인명은 제①·②행의 前部小大使者於九婁이다. 前部는 출신 부명, 小大使者는 관등명, 於九婁는 인명이다. 인명표기에 대한 분석은 간단하지만, 乙亥年이 언제인지가 문제이다.

乙亥年은 그 연대를 추정할 수 있는 문헌자료나 다른 금석문 자료가 없어서 연대 추정에는 상당한 모험이 따를 수밖에 없다. 乙亥年을 고구려 유리왕 34년(15년)으로 추정한 견해가 있다.[80] 이 견해에서 중요한 근거로 든 것은 다음과 같다. 농오리산성이 소재한 대령강 이북이 고구려 영토가

---

79) 대성동고분박물관, 『김해 양동산성 집수지 유적』, 2020.

80) 손량구, 「태천군 롱오리산성을 쌓은 년대에 대하여」『조선고고연구』 1987, 20쪽.

되고, 대령강 일대가 고구려의 남쪽으로 되었던 시기는 고구려가 남쪽으로 영토를 적극 확대해 나가던 시기에서 찾아야 한다고 하면서 태조왕 4년(56년)에 고구려 영역이 남쪽으로 청천강에 이르렀기 때문에 대령강 일대의 소유는 이보다 앞선 시기일 것이라고 보았다.

한편 乙亥年을 고구려 양원왕 11년(555년)으로 본 견해가 있다.[81] 여기에서는 평양성 석각의 丙戌年이 556년이라는 점, 충주고구려비의 건립 연대가 449~519년 사이라는 점을 근거로 들어 乙亥年을 문자왕 4년(495년)과 양원왕 11년(555년)으로 좁혔다. 문자왕 4년은 고구려가 남쪽으로 죽령과 계립현까지 영토를 확장한 전성기이며, 양원왕 11년은 동왕 7년(551년)에 서북쪽으로 돌궐의 침입을 받고, 남쪽으로 백제와 신라의 공격을 받아 한강 유역을 상실하고 임진강선으로 후퇴한 직후로, 고구려는 방어체제를 재정비할 필요가 있었기 때문에 乙亥年을 555년으로 보았다.

乙亥年의 연대 문제를 여기에서는 小大使者라는 관등명을 통해 접근해 보고자 한다. 小大使者는 小使者나 大使者의 별칭으로 볼 수도 있으나 小使者나 大使者가 분화되기 이전의 관등명으로 해석된다. 그렇다면 乙亥年은 太使者가 나오는 충주고구려비가 건비된 458년경보다 앞선 시기인 435년으로 보고자 한다. 375년은 고구려에서 4세기 석문이 아직 알려진 바가 없고, 4세기 금석문 자료도 기와와 전의 명문밖에 없으며 4세기의 관등명 자료도 동시대 자료로는 알려진 예가 없다. 곧 안악3호분의 묵서명에서도 관등이 없으며, 3세기의 고구려 관등으로서 『삼국지』위지동이전 고구려조에 나오는 主簿, 優台, 丞, 使者, 皁衣, 仙人 등은 금석문 등에서 보이지 않아 농오리산성 마애석각을 4세기의 것으로 보기는 어렵다. 여기에서는 이 마애석각을 435년으로 본다. 中자는 435년에서 451년 사이에 사용되기 시작한 것으로 보인다. 농오리산성의 마애석각 전문을 해석하면 다음과 같다. '乙亥年(435년) 8월에 前部 小大使者인 於九婁가 城 64間을

---

81) 민덕식, 「고구려 농오리산성 마애석각 乙亥年에 대하여」『한국상고사학보』3, 1990, 110쪽.

治하였다(쌓았다).'

셋째로 癸未年八月日은 한국의 경우 고려시대 금석문에서나 나오지 삼국시대에는 보이지 않는다는 점이 문제이다. 이렇게 日 앞에 날짜를 기록하지 않는 예를 몇 가지만 제시하면 다음과 같다.

> 太平興國七年壬午年三月日/竹州瓦草近水△水(吳)(矣)(安城 奉業寺)
> 重熙十四年乙酉五月日記凡鳳(서산 보원사지)
> 寺上院大師△監役副都監大師性林大匠暢交/大定二十二年壬辰四月日(충수
> 숭선사지)

太平興國七年壬午年은 982년이다. 해석이 대단히 어려우나 대체로 '太平興國七年壬午年三月日에 竹州의 瓦草를 近水△水(吳)가 만들었다'라고 해석된다.

重熙十四年乙酉五月日記凡鳳은 '重熙十四年乙酉(1045년) 5월 모일에 기록한 이는 凡鳳이다'로 해석된다.

寺上院大師△監役副都監大師性林大匠暢交/大定二十二年壬辰四月日은 '寺上院大師이고, △監役이고, 副都監이고, 大師인 性林과 大匠인 暢交가 1182년 4월 모일에 절을 세웠다'로 해석된다.

넷째로 약체인 枈(桿), 同(銅), 竟(鏡) 등과 같은 예는 삼국시대 금석문 자료에서는 보지를 못했다.

한국 측 자료를 통해 살펴본 이상과 같은 네 가지 이유에서 隅田八幡神社 人物畵像鏡의 명문은 가짜일 가능성도 있다고 판단된다.

5. 맺음말

먼저 전문 48자 가운데 학설이 여러 가지로 나뉘고 있는 13자를 사진과

모사를 통해 선학들의 판독을 중심으로 재검토하였다.

다음으로 화상경의 읽고 끊는 방법을 중심으로 중요 전문에 대한 판독문과 해석문들을 살펴보았다. 여기에서는 다음과 같이 판독하고 해석하였다.

癸未年八月日十大王年孚弟王在意柴沙加宮時斯痲念長奉遣△中費直穢人今州利二人等所白上同二百旱所此竟

'癸未年八月에 日十大王(오시대왕)의 때에 孚弟王(계체왕)이 意柴沙加宮에 있을 때에 斯痲念長이 받들어 △中費直과 穢人今州利 二人 등을 파견하여 上同 二百旱을 (孚弟王에게) 아뢰었던 바 이 竟을 (만들었던) 바이다.'

마지막으로 네 가지 이유를 들어 隅田八幡神社 人物畫像鏡의 명문이 가짜일 가능성도 있다고 보았다.

제8절 壬申誓記石의 제작 연대

1. 머리말

금석문과 문헌은 그 창구가 서로 다르다. 광개토태왕비, 충주비, 집안비 등 고구려의 금석문이나 중성리비, 냉수리비, 봉평비, 적성비, 창녕비, 북한산비, 마운령비, 황초령비 등에 대해서는 문헌 어디에도 언급이 없다. 그래서 임신서기석의 壬申年도 문헌에서 찾을 것이 아니라 신라 금석문 가운데서 찾아야 할 것이다. 금석문이나 고문서를 해석할 때 주의해야 할 점을 제시하면 다음과 같다.

충남 부여군 규암면 신리에 위치한 사적 제427호 부여 왕흥사는 백제의 대표적인 왕실 사찰이다. 2007년 목탑터에서 발견된 왕흥사지 사리기(보물 제1767호)에는 백제 昌王이[1] 죽은 왕자를 위해 丁酉年 二月 十五日에 절을 창건했다는 명문이 새겨져 있어 학계의 주목을 받았다. 설명의 편의를 위해 왕흥사 청동합 명문의 전체를 제시하면 다음과 같다.

王興寺 舍利盒 명문

	⑥	⑤	④	③	②	①	
	神	利	子	王	十	丁	1
	化	二	立	昌	五	酉	2
	爲	枚	利	爲	日	年	3
	三	葬	本	亡	百	二	4
		時	舍	王	濟	月	5

---

1) 昌王의 昌은 威德王(諡號)의 諱號이다.

이 명문을 해석하면 '丁酉年(577년) 二月 十五日에 백제 昌王이 죽은 왕자를 위해 사찰을 세웠는데 본래 장사시에 舍利 2매를 넣었는데 신이 조화를 부려 3매가 되었다.'가 된다.

왕흥사 목탑 사리공에서 출토된 청동사리합 명문에서는 丁酉年이라는 연간지가 나와 577년이란 절대 연대를 갖게 되었다. 이 때문에 왕흥사 목탑이 『삼국사기』 권27, 백제본기 5에는 무왕 즉위 1년(600년)~무왕 35년(634년) 사이에 건립되었다고 되어 있어 관련 문헌 내용을 믿기 어렵게 되었다. 이 점은 문헌 중심 연구의 한계를 보여주는 것으로 중요한 의미를 갖는다.

신라 둔전문서의 乙未年은 695년설이 타당함에도 불구하고,[2] 최근 이두의 사용을 근거로 815년으로 보는 가설이[3] 나왔다. 7세기 후반의 금석문은 문무왕릉비 등을 모두 합쳐도 그 수가 5개를 넘지 않고, 이 시기는 567년 북한산비, 568년 마운령비와 황초령비의 한문체 영향으로 662년경의 태종무열왕비를 거쳐 한문체가 절정을 이룬 시기였다. 이두로 된 비석은 1점도 없는 것이다. 그럼에도 불구하고 진평왕대(579~632년)에 融天師가 신라 최초의 향가인 혜성가를 지었다는 기록과 그 노래가 『삼국유사』에 적혀 있다.

여기에서는 먼저 임신서기석의 명문을 제시하고 해석을 하겠다. 다음으로 울주 천전리서석에 나오는 화랑의 인명표기에 대해 일별하고, 마지막으로 임신서기석의 연대에 대한 소견을 밝히고자 한다.

2. 명문의 제시와 해석

우선 설명의 편의를 위해 임신서기석 전문을 제시하고 이를 해석하면 다음과 같다.

---

2) 윤선태, 「신라 통일기 왕실의 촌락지배」, 2000, 서울대학교 박사학위논문.
3) 박남수, 「신라촌락문서의 인구통계와 그 작성 시기」 『신라사학보』 52, 2021.

⑤	④	③	②	①	
	行	天	三	壬	1
詩	誓	大	年	申	2
尙	之	罪	以	年	3
書		淂	後	六	4
礼	又	誓	忠	月	5
傳	別	若	道	十	6
倫	先	國	執	六	7
淂	辛	不	持	日	8
誓	未	安	過	二	9
三	年	大	失	人	10
年	七	亂	无	幷	11
	月	世	誓	誓	12
	廿	可	若	記	13
	二	容	此	天	14
	日		事	前	15
	大		失	誓	16
	誓			今	17
				自	18

壬申年 6월 16일에 두 사람이 아울러 맹서를 하늘 앞에 기록한다. 맹서하기를 지금부터 3년 이후에 충성스런 도리를 지키고, 과실이 없기를 맹서한다. 만약에 이 일을 잃으면 하늘에 큰 죄를 얻기를 맹서한다. 만약에 국가가 불안하고 큰 난세를 가히 허용하지 않기를 맹서한다.[4] 또 별도로 앞선 辛未年은 7월 22일에 크게 맹서하기를 詩, 尙書, 礼傳을 오로지 얻기를 3년이라고 맹서한다.

3. 화랑의 인명표기

화랑 이름이 가장 많이 나오는 울주 천전리서석의 화랑 이름을 제시하면 다음과 같다.

---

4) 부정을 뜻하는 不자가 빠진 것으로 보인다.

① 丙戌載六月十日官郞[5]

이 명문은 '병술년 6월 20일에 관랑이 (왔다.)' 정도로 해석되는데, 명문에서 절대 연대가 746년으로[6] 확정된 예이며, 통일신라시대에도 화랑이 있었다는 근거가 되고 있다. 官郞은 화랑의 인명이다.

① 丙申載五月十一日
② 慕郞行賜
③ 道谷兄造作

이 명문은 '756년 5월 11일 모랑이 다녀가신 것을 도곡형이 造作했다(지어서 만들었다.)'로 해석된다. 앞의 丙戌載 명문과 함께 통일신라 화랑의 존재를 증명해 준다. 모랑과 도곡형은 화랑의 인명이다.

① 戌年六月二日
② 永郞成業(田)[7]

이 명문은 '戌年에 永郞이 業을 이룬 밭(터)이다'라고 해석되며, 永郞은 늘 四仙(永郞, 述郞, 南郞,[8] 安詳)이[9] 함께 놀았다고 한다. 또 강원도 강릉시

---

5) 十十은 二十이란 글자인 廿을 잘표 쓴 것일 가능성이 있다.
6) 唐 玄宗 天寶 3년(744년)에 年을 載로 고쳐 쓰게 되었는데, 肅宗 乾元 元年(758년)에 다시 年으로 환원하여 載로 표시된 명문은 年干支만 나와도 절대 연대를 확실하게 알 수 있다.
7) 이 명문에서는 흔히 田자를 읽지 않으나 분명 田자가 있다. 成業田을 토지제도의 일부로 볼 수도 있으나 成業田이란 토지제도는 없다. 역시 업을 이룬 터(밭)라고 해석해야 할 것이다.
8) 南石이라고도 한다.
9) 이 가운데 述郞은 江原道 高城 三日浦의 암벽에 등장하는데 述郞徒南石行(이를 해석하면 술랑의 무리인 남석이 갔다. 이를 이도학, 앞의 논문, 2009, 49쪽에서는

지가곡면 하시동리에 소재한 藥硯에는[10] 新羅僊人永郎鍊丹石臼라고 새긴 명문이[11] 있는데, '신라 仙人인 영랑이 鍊丹을[12] (만든) 石臼'란 뜻이다.[13] 울주 천전리서석 戌年명문의 영랑이 業을 이룬 밭(터)이란 것은 영랑이 화랑으로서의 수련을 끝내고 정식으로 화랑이 되었음을 뜻한다. 화랑의 수련기간이 3년 단위였다는 사실은[14] 임신서기석을 통해 알 수 있다.

① 乙巳年
② 阿郎徒夫知行

이 명문은 '乙巳年에 阿郎의 무리인 夫知가 갔다'로 해석되며[15] 화랑의 이름을 표기할 때 신라 인명표기에는 많이 나오지 않는 ~知(智)자로 끝나고 있다. 인명이 知(智)로 끝나는 경우는 마운령비 때까지이다. 그렇다면 6세기 후반인 585년이나 645년으로 추측할 수 있다. 673년의 癸酉銘阿彌陀三尊佛碑像에서 33명 가운데 三久知만 知자로 끝나고 있어서 585년이 보다 설득력이 있는 듯하다. 아랑과 부지는 화랑의 인명이다.

述郎徒가 [북쪽의] 南行으로 간다로 해석하고 있다)이라고 되어 있다. 이들 四仙은 신라 효소왕 때(692~702년)의 화랑이라는 설이 있으며, 고려말 李穀이 쓴 『東遊記』 에도 등장한다.

10) 藥硯을 비를 세우기 위한 碑座로 보는 가설도 있다.

11) 조선총독부, 『조선금석총람(하)』, 1919, 108쪽. 이는 조선시대에 강릉부사였던 尹宗儀(1805~1886년)가 강원도 강릉시 寒松亭에 새긴 명문이다. 永郎에 관한 동시대 금석문은 울주 천전리서석 戌年銘뿐이다.

12) 鍊丹은 神仙이 먹는 丸藥을 뜻한다.

13) 이 조선시대의 명문은 도교적인 사상이 넘친다.

14) 남산신성비에서도 수작거리를 받은 축성이 3년 안에 崩破되면 책임을 지겠다고 한 맹서가 기록되어 있는바, 신라에서는 3년이라는 기간을 선호한 듯하다. 맹서의 단위로 3년이라는 기간을 사용하고 있는 것으로 보아, 오늘날 몇 시 몇 분에 어느 다방에서 만나자는 식보다는 훨씬 통 크고 여유가 있었던 듯하다.

15) 阿郎과 徒夫知가 (다녀)갔다로 해석될 수도 있다.

① 金仔郞夫帥郞

이 명문은 두 화랑의 인명이다.

① 渚峯郞
② 渚　郞

이 명문은 두 화랑의 인명이다.

① 山郞

이 명문은 한 화랑의 인명이다.

① 沖陽郞

이 명문은 한 화랑의 인명이다.

① 法民郞

이 명문은 한 화랑의 인명이다.

① 水品罡世
② 好世
③ 僧柱

여기에서의 水品은 『삼국사기』에 따르면 관등이 伊湌에 이르렀는데 이를 통해 진골 출신임을 알 수 있다. 635년(선덕여왕 4년) 10월에 선덕여왕의 명을 받아 金春秋의 아버지 金龍樹(龍春이라고도 함)와 함께 파견되어 州郡을 巡撫하였다. 636년 정월에 上大等에 임명되는데 아마 645년 11월까지 9년 10개월 동안 재임한 듯하다.[16] 哭世는 한 화랑의 인명표기이다. 好世는『삼국유사』권4, 의해5, 이혜동진조에 나오는 好世郎과 동일인일 가능성이 있다. 僧柱는 연가7년명금동여래입상(479년)의[17] 僧演, 울주 천전리서석 을묘명(535년)의 僧安, 僧首의 외자 이름을 가진 승명에 1예를 추가한다. 僧安의 경우는 道人이라는 승직을 가지고 있는데, 도인은 고구려를 통해 들어왔을 가능성이 크다. 이 명문은 僧柱라는 외자 승명으로 볼 때, 늦어도 6세기 후반일 것이다. 그래야『삼국사기』의 수품과 천전리서석의 수품이 동일인이 될 수 있다. 또 화랑제도가 창설된 것이 576년이므로 수품, 강세, 호세가 화랑이 된 시기도 여기에 준해서 생각해야 될 것이다. 한편 僧柱는 中觀派[三論宗]의 승명일 가능성이 있다.[18]

① 聖林郎

한 화랑의 인명표기이다.

① 法惠郎
② 惠訓

혜훈은『삼국유사』권3, 탑상4, 황룡사장육존상조의 國統 惠訓(황룡사 3대 주지)과 동일인일 가능성이 있는 고신라의 승려이다. 法惠郎은 고신라

---

16) 이기백, 「상대등고」『신라정치사회사연구』, 1974 ; 木村誠, 「新羅上大等の成立過程 ―上臣史料の檢討」『末松保和記念古代東アジア史論集 上』, 1978 ; 이영호, 「신라 귀족 회의와 상대등」『한국고대사연구』 61, 1992.

17) 김창호, 『한국 고대 불교고고학의 연구』, 2007, 327쪽.

18) 이때 신라에서는 神印宗과 三論宗이 주류였는데, 神印宗 승려로 僧+외자로 표기된 예로는 우리나라에서는 4예가 있다.

화랑의 인명표기이다.

① 行水
② 阿號花郎

두 명의 화랑 인명표기로, 花郎이라는 명문이 금석문에서 나오고 있다. 이는 화랑 유적을 포함한 금석문 등 동시대의 자료에서는 처음 나온 것으로, 화랑이 신라시대에 존재하였음을 전해주는 1급 자료이다. 어느 유적에서도 화랑의 인명에 부가되어 화랑이라는 명문이 나온 적은 없다. 행수와 아호는 화랑의 인명으로 보인다.

① 大郎

한 화랑의 인명표기이다.

① 惠訓
② 文僉郎

혜훈은 앞서 소개한 國統으로 황룡사 제3대 주지이고, 문첨랑은 한 화랑의 인명표기이다. 혜훈과 문첨랑은 각각 고신라의 승려와 화랑의 이름이다.

① 貞兮奉行

'정혜가 받들어갔다'로 해석되며, 貞兮는 화랑의 인명표기일 가능성이 있다.

① 桼陵郞隨良來

'칠릉랑이 따라서 왔다'로 해석되며, 칠릉랑은 한 화랑의 인명표기이다.

① 貞光郞

정광랑은 한 화랑의 인명표기이다.

① 建通法師
② △峯兄林元郞
③ 一日夫智書

'건통법사, △봉형, 임원랑, 일일부지가 (왔었는데)썼다'로 해석된다.
1명의 승려 건통법사와 3명의 화랑은 一日夫智의 인명표기로 보건대 고신
라의 인명일 가능성이 있다.

① 官郞

한 화랑의 인명표기이다.

① 金郞屛行碧△

'금랑이 물리치고 가면서 碧△했다'로 해석되며,[19] 금랑은 제천 점말동굴
의 석각에도 나온다. 금랑이 동일인이라면 그 시기는 후술하는 바와 같이
723년이나 그 이후가 될 것이다.

---

19) 이도학, 「堤川 점말동굴 花郞 刻字에 대한 고찰」, 『충북문화재연구』 2, 2009, 54쪽에
    서는 金郞이 울주 천전리에 碧△라는 여성과 함께 다녀갔다로 해석하고 있다.

울주 천전리서석에는 30명 이상의 화랑 이름이 나온다. 이것은 단지 遊娛山川하기 위해서였을까? 주지한 바와 같이 울주 천전리서석은 국왕인 另卽知太王(法興王)을 비롯해 사람이 죽었을 때 찾아오는 장송 의례의 성지이다.[20] 이 장송 의례가 화랑과는 전혀 관련이 없을까? 우선 관련 자료로 울주 천전리서석 을묘명을 제시하면 다음과 같다.

④	③	②	①	
先	僧	道	乙	1
人	首	人	卯	2
等	乃	比	年	3
見	至	丘	八	4
記	居	僧	月	5
	智	安	四	6
	伐	及	日	7
	村	以	聖	8
	衆	沙	法	9
	士	弥	興	10
			太	11
			王	12
			節	13

울주 천전리서석 을묘명의 연대는 법흥왕 22년(535년)으로 보고 있다.[21]

---

20) 김창호, 『고신라 금석문과 목간』, 周留城出版社, 2018, 159쪽.

21) 문경현,「新羅 佛敎 肇行攷」『新羅文化祭學術發表會論文集』14, 1993, 141쪽에서 595년(진평왕 16년)설을 주장하고 있다. 제①행에 나오는 節자는 불교 기념일을 가리킨다고 해석하고(필자 주: 節자는 단순히 때란 뜻이다),『삼국사기』권4, 신라본기4, 법흥왕28년조의 王薨 諡曰法興에 근거하여 법흥왕은 재위 시 牟卽智寐錦王 등으로 불렸을 뿐, 법흥왕이라는 시호는 사용이 불가능하다는 전제 아래 乙卯年은 595년이 되어야 한다고 주장하였다. 이 방법론에 따라 539~576년에 재위한 진흥왕의 경우를 보자. 마운령비에는 眞興太王으로 명기되어 있고,『삼국사기』권4, 신라본기4, 진흥왕 37년(576년)조에 秋八月王薨 諡曰眞興이라고 되어 있어 마운령비의 건립 연대도 한 갑자 내려서 568년이 아닌 628년으로 보아야 할 것이다. 지금까지 마운령비의 건립 연대로는 628년설이 제기된 바 없다. 북한산비와 황초령비에도 眞興太王이라는 구절이 있어서 마운령비와 마찬가지로 보아야 하며 따라서 을묘명을 새긴 연대는 595년이 아닌 535년이 옳다.

居智伐村을 『삼국사기』 地理志, 良州조의 巘陽縣 本居知火縣 景德王改名 今因之의 居知火縣이란 구절과 대비시켜 居智伐=居知火로 본 견해가 있다.[22] 여기에서 巘陽縣은 『高麗史』志권11, 지리2에 따르면 巘陽縣 本居知火縣 景德王改名 爲良州領縣 顯宗九年來居 仁宗二十一年 監務後改彦陽이라고 되어 있어 언양 지역의 거지벌촌임을 알 수 있다. 행정촌인[23] 거지벌촌이 언양현과 같으므로 천전리서석이 있는 서석곡은 언양현에 속했던 것으로 보인다.

원명과 추명에서 서석곡에 온 이유를 일러주는 구절은 을묘명 제②·③·④행의 道人比丘僧安及以沙弥僧首乃至居智伐村衆士先人等見記이다.[24] 及以, 乃至가 병렬의 뜻을 가진 조사라고 보면[25] 이 구절은 '道人 比丘인 僧安과 沙弥인 僧首와[26] 居智伐村의 衆士·先人들이[27] 보고 기록한다.'로

---

22) 木村誠, 「新羅郡縣制의 確立過程と村主制」 『朝鮮史研究會論文集』 13, 1976, 11쪽.

23) 거지벌촌처럼 확실한 행정촌은 많지가 않다. 또 고신라 금석문에 나오는 城村은 모두 자연촌이 아닌 행정촌으로 보아야 될 것이다(김창호, 『삼국시대 금석문 연구』, 2009, 170~186쪽). 만약 금석문에 나오는 성촌명에 자연촌도 있으면 어떤 것은 자연촌, 어떤 것은 행정촌이 되어, 작성자나 읽는 자 모두에게 혼란을 주어 안 된다. 성촌명 가운데 왜 촌명만 자연촌과 행정촌으로 나누고, 성명에 대해서는 행정성과 자연성으로 나누지 않는지 이상하다. 금석문이나 목간에 나오는 성촌명은 행정촌으로 간주해도 아무 문제가 생기지 않는다. 고신라 금석문에 나오는 성촌명을 자연촌으로 볼 경우, 居智伐村 같은 확실한 행정촌이 있어서 문제가 생긴다. 또 고신라 금석문과 목간에서는 확실한 자연촌이 없다. 함안 성산산성 목간의 행정촌설에 대해서는 김창호, 앞의 책, 2018, 221~231쪽 참조.

24) 等자는 적성비의 高頭林城在軍主等으로 볼 때 복수라는 뜻이다.

25) 深津行德, 「法體의 王-序說 : 新羅의 法興王의 場合-」 『學習院大學東洋文化硏究所調査硏究報告』 39, 1993, 55쪽.

26) 僧演, 僧安, 僧首, 僧柱의 외자 승명을 가진 승려는 中觀派(三論宗)일 가능성이 크다. 김창호, 「신라초기밀교 사원인 사천왕사의 역사적 위치」 『한국 고대 불교고고학의 연구』, 2007, 247쪽에서 신라·고려의 불교 종파 개요를 발표한 바 있으나 잘못된 곳이 많아 아래와 같이 바로잡는다. 또 사천왕상을 복원하면서 녹유사천왕전으로 보아 목탑 내부에 복원했으나 이는 잘못이며, 녹유사천왕전이 아니고 녹유신장벽전이 옳다. 사천왕상은 목탑 1층 탑신부에 복원하거나 1층 목탑 탑신부에 감은사처럼 복장 유물로 넣어야 할 것이다. 사천왕사 목탑의 사천왕상이 그 잔재가 전혀 없는 것은 목재로 만들어져 전부 썩었을 가능성이 크다. 사천왕사의 녹유신장벽전에 대해서는 조성윤, 「四天王寺 綠釉神將璧塼 釋良志製作說에 대한

해석된다.[28]

　道人은 북한산비(567년),[29] 마운령비(568년), 황초령비(568년)에서 당대 최고의 귀족인 大等喙部居柒夫智伊干보다[30] 앞서서 나오는 당시 신라 최고위의 승직이다.[31] 이 道人과 대비되는 거지벌촌(언양현)의 衆士와

檢討」『신라학연구』 17, 2014 참조. 또 성전사원들은 모두 신인종(초기 밀교)일 가능성이 크고, 모두 관사적 성격을 띤 원찰이다. 사천왕사에는 문무왕릉비가 서 있어서 문무왕의 원찰일 가능성이 있다. 신라와 고려 초의 불교 종파를 도시하면 다음 표와 같다.

新羅·高麗時代 佛敎 宗派 槪要

新羅		高麗 初期
中古	中代·下代	
中觀派(三論宗) 初期 密敎(神印宗)	初期 密敎(神印宗) 法相宗 華嚴宗 禪宗	曹溪宗(四大業) 華嚴宗(四大業) 瑜伽宗(四大業) 律宗(四大業) 天台宗 및 群小 宗派
佛敎 導入 消化期	過渡期(學派 佛敎)	宗派 佛敎

이는 전적으로 허흥식,『고려불교사연구』, 1986에서 선봉사대각국사비 음기에 나오는 四大業이란 구절을 가지고 5교설(涅槃宗, 戒律宗, 法性宗, 華嚴宗, 法相宗)과 9산설(迦智山門, 實相山門, 桐裏山門, 曦陽山門, 鳳林山門, 聖住山門, 闍堀山門, 師子山門, 須彌山門)을 부정한 것에 근거하여 작성하였다.

27) 衆士와 仙人은 불교사전 등 어떤 사전에도 나오지 않는다.

28) 김창호,『삼국시대 금석문 연구』, 2009, 132쪽.

29) 인명표기로는 나오지 않고 제⑦행에 見道人△居石窟이라고 나오고 있다. 석굴에 살던 도인은 원래 발달된 불교지식을 갖고 있던 고구려 승려로 보인다. 마운령비와 황초령비의 沙門道人法藏慧忍 중 한 사람일 가능성이 있다. 법장과 혜인은 본래 새로 정복한 고구려 옛땅에 살던 '원고구려인의 신라인화'라는 이데올로기적 지배에 큰 역할을 했을 것이다. 이들은 원래 고구려 승려로 고구려 말로 새로 정복한 고구려 옛땅의 지방민을 위무했을 것이다. 이는 신라 정부가 불교를 활용한 것으로, 동시에 이러한 방식의 지방민 지배는 신라식 지방통치 방식이자 지방민에 대한 배려로서 뒷날 3국통일의 원동력이 되었을 것이다.

30) 居柒夫智伊干의 柒자는 나무 목(木)변에 비수 비(匕)자로 이루어져 있다. 따라서 居柒夫는 창녕비의 △大等喙居七夫智一尺干과는 동일인일 수 없다. 거칠부는 大等으로 창녕비에 기록되어야 한다.

31) 辛鍾遠,「道人 使用例를 통해 본 南朝佛敎와 韓日關係」『韓國史研究』 59, 1987에서는 도인을 중국 남조계통의 영향을 받은 불교 승려로 보고 있다.

先人은 누구일까? 을묘명을 구조적으로 볼 때, 이들은 토착신앙을 담당하는 직명으로 보인다.[32] 또 6세기경의 천전리서석 선각화에는 인물도, 기마행렬도 등의 인물상과 말, 새, 용, 물고기의 동물상 그리고 배 등이 있다. 이는 3~6세기 무덤인 적석목곽묘[33])에서 출토된 토우와 유사한데 장송의례와 관련이 있다.[34] 따라서 토착신앙의 성지인 서석곡은 주로 장송의례와 관련되어 있음을 알 수 있다. 525년인 乙巳年에는 沙喙部徙夫知葛文王의 妃인 只沒尸兮妃가 죽어서, 539년인 己未年에는 夫乞支妃(沙喙部徙夫知葛文土의 妹)의 남편인 另卽知太王(法興王)이 죽어서 각각 서석곡을 찾았다고 해석된다.[35]

이렇게 보면 장송 의례의 성지인 서석곡에 화랑이 와서 遊娛山川했다고 하는 것은 도리에 맞지 않다. 우리는 지금까지 화랑을 문헌에 보이는 대로 국가를 위해 충성을 다하는 청소년 집단이라고 보아 왔다. 과연 그 수가 가장 많으면 30명 가까운 인명이 나오는 신라 화랑들이[36] 서석곡을 遊娛할 수 있을까? 혹시 화랑이 하는 일 가운데 하나가 장송 의례와 관련되어 있던 것은 아닐까? 화랑의 인명들이 서석곡의 장송 의례 상징인 선각화를 파괴하는 일 없이 새겨져 있는데, 이른 화랑의 역할을 암시하는 것으로 볼 수 있지 않을까? 실제로 장송 의례의 성지와 화랑의 遊娛山川은 서로 모순된다. 역시 이 문제를 해결하기 위해서는 장송 의례에 화랑이 수행하는

---

32) 김창호, 앞의 책, 2009, 130~137쪽.

33) 김창호, 「신라 금관총의 尒斯智王과 적석목곽묘의 편년」『新羅史學報』32, 2014에 서 신라 적석목곽묘에 관한 편년을 제시한 바 있다. 곧 4세기 전반은 황남동109호3· 4곽, 4세기 후반은 황남동110호, 황오리14호, 5세기 전반은 98호남분(402년, 내물 왕릉), 98호북분, 5세기 후반은 금관총(458년, 눌지왕릉=尒斯智王陵=넛지왕릉), 서봉총, 식리총, 금령총, 천마총, 6세기 전반은 호우총(475년 이후), 보문리 합장묘 로 보았다.

34) 김창호, 앞의 책, 2009, 140~141쪽.

35) 김창호, 앞의 책, 2018, 제3장 제2절 참조.

36) 실제로 천전리에 遊娛한 화랑은 모두 이름을 새긴 것은 아니어서 30명보다 훨씬 더 많았을 것이다.

역할이 있다고 보아야 할 것이다.[37] 불교가 들어오기 이전 신라인의 고유한 장송 의례와[38] 화랑과의 관련성을 조심해서 살펴볼 필요가 있을 것이다.

울주 천전리서석에 나오는 30여 명에 달하는 화랑의 인명표기는 직명＋출신부명＋인명＋관등명 가운데 인명만 있을 뿐 나머지는 없다. 화랑은 전부 왕경인으로 구성되어 있었다고 판단되는데 인명만 나온 이유가 궁금하다. 이는 18명 가량의 화랑이 등장하는 제천 점말동굴의 화랑 각석 등에서도 마찬가지이다. 화랑의 인명표기에서 인명만 나오고 부명 등이 없는 것은 화랑을 골품제의 완충제로[39] 보는 가설에 타당성이 있음을 말해주는 것이 아닌가 한다.

4. 제작 시기

'또 별도로 앞선 辛未年은 7월 22일에 크게 맹서하기를 詩, 尙書, 礼傳을 오로지 얻기를 3년이라고 맹서한다'는 구절에 근거하건대, 원성왕 때 제정된 讀書三品科는 기존의 무예 중심으로 관리를 선발하던 것을 문장 중심으로 바꾸려 한 것이었다. 이에 비추어 임신서기석의 제작 시기는 독서삼품과가 시행된 이후인 792년이나 852년으로 비정된다.[40]

만약 독서삼품과 시행 이후에 두 화랑이 임신서기석을 썼다면 567년 북한산비 정도의 한문으로 문장을 기록했을 것이다. 아니면 4·6변려체라는 어려운 문체를 구사했을 것이다. 여기에서 잠깐 북한산비의 전문을

---

37) 화랑들이 미혼의 청소년이었다는 점은 특별히 주목해야 될 것이다. 결혼하기 전의 청소년에게 장송 의례의 성지는 화랑으로서의 훈련에 도움이 되었을 것이며, 모든 화랑 유적이 장송 의례와 관련 있었을 것으로 사료된다.

38) 불교가 들어오고 나서는 불교와 습합되어 화랑의 인명과 함께 僧住, 惠訓(두 번), 建通法師 등의 승려 이름이 나오고 있다.

39) 이기동, 『신라 골품제사회와 화랑도』, 1984 참조.

40) 윤경진, 「임신서기석의 제작 시기와 신라 중고기의 유학 이해에 대한 재검토」 『목간과 문자』 22, 2019, 246쪽.

제시하면 다음과 같다.

⑪	⑩	⑨	⑧	⑦	⑥	⑤	④	③	②	①	
△	△	△	(隨)	△	(敵)	△	△	△	△	(丁)	1
△	△	△	(駕)	△	(强)	△	△	△	△	(亥)	2
△	△	△	(大)	△	(戰)	△	△	△	△	(年)	3
△	△	△	(等)	△	(爲)	△	△	△	△	△	4
△	△	(使)	(喙)	△	(國)	△	△	△	△	(月)	5
△	△	(大)	(居)	△	(盡)	△	△	△	△	△	6
△	△	(等)	(柒)	△	(節)	△	△	△	△	△	7
△	△	(喙)	(夫)	△	(有)	△	△	△	△	(日)	8
△	△	△	(智)	△	(功)	△	△	△	△	眞	9
△	△	△	(一)	△	(之)	△	燿	△	△	興	10
△	夫	夫	尺	△	徒	是	德	之	言	太	11
△	△	智	干	見	可	巡	不	所	△	王	12
△	△	及	內	道	加	狩	用	用	令	及	13
巡	△	干	夫	人	(賞)	管	兵	高	甲	象	14
守	空	未	智	△	(爵)	境	故	祀	兵	臣	15
△	幽	智	一	居	物	訪	△	△	之	等	16
△	則	大	尺	石	以	(採)	△	△	德	巡	17
△	△	奈	干	窟	△	(民)	△	△	△	狩	18
△	△	△	沙	△	△	(以)	△	△	△	(管)	19
△	△	△	喙	△	心	欲	△	△	年	(境)	20
刊	△	△	另	△	引	勞	强	如	△	之	21
△	△	奈	(力)	△	登	賣	建	相	△	時	22
△	劫	沙	智	刊	如	文	戰	△	△	記	23
△	初	喙	迊	石	衆	有	大	之	覇		24
歲	立	屈	干	詠	路	忠	得	時	主		25
記	所	丁	南	辭	遇	信	人	新	設		26
我	造	次	川			精	民	△	太		27
万	非	奈	軍		城	誠	△	太	賞		28
代	世		主		陜	誠	△	王	△		29
名	命		沙		△	(才)	△	△	△		30
	△		(喙)		△	(超)	△	△	△		31
	△		△		△	(察)	△	△	△		32
	△		△		△	(厲)	△	△	△		33
	△		△		△	(勇)	△	△	△		34

임신서기석은 북한산비의 이런 한문체도 아니고 더욱 어려운 4·6변려체

의 문장도 아닌 평범한 우리말 순서로 쓴 이두식 표기로 되어 있다. 사실 임신서기석의 화랑 내용을 어떻게 무예 중심의 관리 선발을 문장 중심으로 바꾸려 하는 데 대입할 수 있는지 하는 의문이 생긴다. 792년이나 852년의 이두는 말로 표현하기는 어렵지만 임신서기석에서 사용한 그런 이두는 아니다.

임신서기석의 연대가 화랑의 인명표기와 관련되는 것 같아 울주 천전리 서석의 화랑 인명도 일별해 보았으나 근거를 찾을 수가 없었다. 두 화랑이 임신서기석에 이름을 밝히지 않은 것은 인명표기의 변동과 관련 있는 듯하다. 중고 금석문에서는 大等(직명)+喙部(출신부명)+居杚夫(인명)+伊干(관등명)식으로 적던 것이 682년에[41] 오면 大舍臣韓訥儒로 바뀌었다. 이에 662년 태종무열왕릉비에서 문무왕릉비식으로 인명표기가 바뀌는 것에 불만을 품고 화랑의 인명을 기록하지 않은 것을 보건대, 임신서기석의 제작 연대를 672년으로 본다.

5. 맺음말

먼저 임신서기석을 판독하고 이를 직역하였다. 제③행에는 부정을 뜻하는 不자가 생략된 것으로 보았다.

다음으로 화랑 이름이 우리나라에서 가장 많이 나오는 울주 천전리서석의 명문을 제시하고 해석하였다.

마지막으로 두 화랑이 임신서기석에 이름을 밝히지 않은 것은 인명표기의 변동과 관련이 있다고 보고, 그 제작 연대를 672년으로 보았다.

---

41) 문무왕릉비, 『삼국사기』, 김인문전에 따르면 신라는 1년의 殯葬이 있다. 그래서 661년에 죽은 태종무열왕의 비(662년 건립)에 보이는 인명표기를 문무왕릉비의 예에 따라 같은 것으로 보고 인용했다.

제9절 고고 자료로 본 신라 六部의 위치 비정 문제

1. 머리말

신라 六部에 대한 연구는 대단히 중요하다. 최근 들어서는 부체제로 부르며 고대국가 이전 단계로 보기도 했다. 신라 6부는 568년의 마운령비에 도 나오고 있어 부체제로만 볼 수 없고, 청주 상당산성에서는 9세기에 만들어진 장판타날기와에도 '사탁부에 속한 장지역 승달(沙喙部屬長池馹 升達)이라는 명문이 나와 신라 말까지 부제가 있었음을 알 수 있다. 이 명문은 부별로 역제가 있었음을 암시해 주는데, 부제 연구의 새로운 지평을 열었다고 하겠다.

신라 六部는 고구려와 백제에 비해 자료가 풍부하다. 『삼국사기』와 『삼국유사』의 六部 관계 기사가 그렇고, 중성리비, 냉수리비, 봉평비, 적성 비, 창녕비, 북한산비, 마운령비, 황초령비에도 부명이 인명표기의 일부로 나오고 있다. 특히 봉평비에서는 新羅六部라는 구절이 나와 신라 6부의 단계적 발전설을 일축시켰다.

이제까지 신라 6부에 대한 연구는 『삼국사기』와 『삼국유사』 기록에 근거하였고, 고고학적 자료인 금석문 자료는 거의 무시해 왔다. 고분 자료도 신라 6부 연구에 제대로 투영되지 못했고, 6부 비정에서는 문헌사학 자의 학설이 원용되었다. 예컨대 고총고분이 없는데도 불구하고 경주의 적석목곽묘와 같은 고분이 있을 것으로 추정하였다. 신라 6부는 그 세력이 동일한 것으로 보았으나, 부와 부 사이에 세력 차이가 컸다는 것을 비문에 나오는 인명의 수를 통해 알게 되었다.

여기에서는 신라 6부에 관한 중요 가설을 소개하고, 이어 고분 자료와 금석문 자료에서 얻은 결과를 중심으로 신라 6부의 비정에 관한 소견을 밝히고자 한다.

2. 지금까지의 연구

신라 6부에 대해서는 많은 연구성과가 나와 있고,[1] 특히 그 위치 비정에 대해서는 다양한 가설이 나와 있다.[2]

먼저 신라 6부는 씨족사회인 사로 6촌이 변천하여 행정구역상 6부로 되었고, 6부제의 실현은 경주의 坊里名을 정한 자비왕 12년(469년)의 일이[3] 아닌가 보고 6부 6촌의 위치를 다음과 같이 비정하였다.[4]

① 關川陽山村(及梁部)

경주 남산(양산) 서북 일대를 포함한 남천 이남 지구로, 박씨 시조의 탄생지라는 蘿井과 시조릉인 5릉이 있다. 박씨의 본거지이다.

② 突山高墟村(沙梁部)

시조 부인인 關英의 탄생지가 있는 사정동을 중심으로 북천, 알천, 서천, 남천의 ㄷ자형으로 에워싸인 지역으로, 김씨의 본거지이다.[5]

---

1) 1980년대까지의 연구성과에 대해서는 이문기, 「울진봉평신라비와 중고기 6부 문제」 『한국고대사연구』 2, 1981 참조. 최근의 연구성과에 대해서는 주보돈, 「신라의 부와 부체제」 『부대사학』 30, 2006 참조.

2) 많은 연구성과가 나와 있으며, 여기에서는 필요한 부분에서 그 연구성과를 소개하기로 한다.

3) 신라의 부제와 관련하여, 중성리비가 441년, 냉수리비가 443년이므로 469년을 6부제 실현의 시작으로 본 것은 잘못이다.

4) 이병도 편, 『한국사-고대편-』, 1959.

5) 김씨족은 금석문 자료에 근거할 때 及梁部 소속이다. 『삼국사기』 권44, 열전4,

③ 觜山珍支村(本彼部)

석탈해의 주거가 월성에 있었고, 월성은 본피부 소속지로 추정된다. 석씨의 본거지로서 월성을 포함한 인왕동 일대이다.

④ 茂山大樹村(牟梁部 또는 漸梁部)

서천의 지류인 모량천 유역으로 현재 충효리 일대가 대수촌의 중심지이다.

⑤ 金山加利村(漢祗部)

『삼국유사』 기록대로 금강산[6] 백률사 부근이 그 중심지이다.

⑥ 明活山高耶村(習比部)

명활산 서남록의 보문리 및 낭산 부근이다.

이러한 6부 경주설에 대해 전혀 다른 가설이 제기되었다.[7] 6부는 각각 2개 촌으로 구성되었고, 위치도 경주뿐 아니라 경북 일원에 흩어져 있었다고 보았다. 그 개요를 소개하면 다음과 같다.

① 閼川陽山村

이사부전에 異斯夫 或云 奈勿王四世孫이라고 했는데, 적성비에 大衆等喙部伊史夫智伊干支라고 나오고, 『삼국사기』권44, 열전4, 거칠부전에 居柒夫 或云 荒宗 奈勿王五世孫이라고 했는데, 마운령비에 太等喙部居柒夫智伊干으로 나와 신라 중고 왕실의 성은 문헌의 통설대로 김씨이고, 소속부는 탁부임을 알 수 있다.

6) 원문에는 소금강산이라고 되어 있으나 금강산으로 바꾸었다. 왜냐하면 금강산은 『삼국사기』 지리지에 따르면 霜雪이라고 했는데, 이를 고려 중기에 金剛으로 바꾸었기 때문이다.

7) 김철준, 「신라 상대사회의 Dual Organization(상)」『역사학보』1, 1952. 이것과 많이 유사한 학설로 천관우, 「삼한의 국가형성(상)」『한국학보』2가 있으므로 참조 요망.

알천은 김씨 부족의 부락이고, 양산촌은 박씨 부족의 주거지이다. 알천은 북천 지역, 양산촌은 남산일 서북 일대이며, 김과 박의 두 부족이 경주의 토착민 또는 선주민이 된다.

② 突山高墟村

돌산은 『동국여지승람』 권16의 靑山縣조에 本新羅屈山縣(一云 埃山) 屬尙州라고 되어 있는 상주 굴산현(청산)이고, 고허촌은 촌장이 蘇伐都利인바, 이 蘇伐은 상주의 다른 명칭인 沙伐州와 연결되어 역시 상주 부근이다.

③ 觜山珍支村

『삼국사기』 지리지에 星山郡新安縣 本新羅本彼縣 今京山府라고 하였고, 『동국여지승람』 권28에 星州 本新羅本彼縣이라고 하였다. 이것이 본피부의 본거지이며, 위치는 성주 동남방쯤 된다.

④ 茂山大樹村

무산은 『삼국사기』 진덕왕1년조의 百濟兵 圍茂山甘勿桐岑三城에 보이는 무산일 것이고, 『동국여지승람』의 淸風郡(충북 제천)에 있는 茂巖山이 무산으로 추정된다. 대수촌은 『삼국유사』 기이2, 지철로왕조에 나오는 牟梁部冬老樹下의 동노수일 것이고, 이 동노는 『동국여지승람』 예천군 성씨조에 나오는 지명 冬老와 통한다. 대수촌은 예천이 되며, 제천 부근의 一村과 예천 부근의 一村이 2부체제의 2촌을 형성하였다.

⑤ 金山加利村

금산은 김천의 옛지명이고, 가리촌은 『삼국사기』의 星山郡本一利郡 景德王改名 今加利縣에 나오는 가리이다. 위치는 『동국여지승람』 권28에 加利縣 在州南五十九里라고 되어 있어 성주와 고령의 중간 지점쯤으로 추정된다.

⑥ 明活山高耶村

명활산은 경주의 명활산이며, 고야산은『고려사』지리지에 永川一云高鬱
이라고 되어 있다. 高鬱은 骨火高耶의 다른 이름으로 볼 수 있을 뿐 아니라
고려시대에 고야촌이 임천군으로 개정되었는데, 이는 영천의 임천현과
관계가 있어 고야를 영천으로 비정한다.

이상의 두 가설 중 후자보다[8] 전자에[9] 더 타당성이 있다고 하면서[10]
그 근거로서 나음 나섯 가지를 들었다.

첫째로 6촌의 이름을 2촌의 연기라고 볼 때, 왜 첫 촌은 반드시 산명으로
되어 있을까 하는 점이다. 곧 그들이 모두 촌명이기보다는 산명이라고
보는 쪽이 타당하며, 이것은 2촌의 연기가 아니라 一村의 이름이고, 산명은
그 촌이 기대고 있는 산을 표시한 것으로 '무슨 산 밑 무슨 촌' 또는 '무슨
산의 邊 무슨 촌'이라는 뜻이 아닐까?

둘째로 6부를 영남 일원으로 보는 쪽에서의 지명 고정에는 수긍되는
점이 많으나 지명이나 고유 지명에는 같은 이름이 많아 바로 동일 지명이라
고는 단정하기 어렵다. 예를 들면 突山, 塽山은 모두 돌이 많은 산이라는
뜻으로 武珍州(전남 광주)에도 突山縣이 있다.

셋째로 사로 6촌이 경북의 예천, 김천, 상주, 성주 등을 포함한 광범위한
지역으로 퍼졌다고 할 때, 인접지를 뛰어넘어 원격지와 연결된 이유는
무엇인지 궁금하다. 또 사로가 그리 넓은 영역을 차지했다면 진한12국
가운데 나머지 11국은 북에서는 안동-의성, 남에서는 창원-양산 정도의
좁은 지역으로 모여들어야 할 것이다.『삼국지』위서 동이전 시대의 一國이
었던 사로국이 과연 그렇게 큰 지역을 차지하고 있었을까? 말하자면 경주평
야가『삼국지』위서 동이전 시대의 일국(4천~5천호)의 근거지로서 충분하

---

8) 김철준, 앞의 논문, 1952.
9) 이병도 편, 앞의 책, 1956.
10) 김원룡, 「사로 6촌과 경주고분」『역사학보』70, 1976.

고도 남음이 있는 자연환경이 아닐까 하는 점이다.

　넷째로 적석목곽묘는 신라 영역 내에서 경주평야로만 집중되어 있다. 이 무덤을 사로나 신라의 왕족과 귀족 무덤이라고 볼 때, 이들 무덤이 경주 이외의 땅에서는 존재하지 않는다는 것은[11] 신라 귀족으로서 歸葬할 고향이 경주 이외에는 없다는 점을 말해준다.

　다섯째로 경주의 고분은 검토 결과 6촌에 해당되는 6군으로 나뉘어지며,[12] 고분군은 촌별 곧 피장자들이 출신촌별로 모여 있는 경향이 있다.

　신라의 고분은 다음과 같이 시대구분하여 제시해 본다.

　① 전기(0~3세기 말경)

　이른바 원삼국기 또는 사로국시대이며, 경주 미추왕릉지구에서 발굴된 소형 석곽묘들이 여기에 해당한다. 옹관이 심심치 않게 혼용되는 것이 하나의 특색이다.

　② 중기(4세기 초~6세기 말)

　적석목곽묘 시대이며, 미추왕릉(283년)을 가장 초기의 적석목곽묘로 본다. 이는 『삼국사기』에 '미추왕에 와서 立大陵했다'라고 한 데서도 짐작할 수 있다. 그리고 미추왕의 즉위 곧 김씨왕의 출현은 실질적인 왕국 단계에 도달하였음을 반영하는 것으로 생각한다. 이 적석목곽묘 시기는 다시 전기와 후기로 나뉘며, 전기는 다곽묘 시기, 후기는 단곽묘 시기이다.

　③ 후기(6세기 말경~7세기 말경)[13]

　고분이 경주평야의 주변 산록으로 흩어지기 시작하며, 고구려나 백제의

---

11) 경주 이외의 것으로는 창녕교동12호분이 있을 뿐이다. 이는 梅原考古資料 카드에 보이며 有光敎一, 『朝鮮磨製石劍の硏究』, 1959, 74쪽에서 인용되고 있다. 이는 原註이다. 지금은 경산, 울산 중산리 등 많은 곳에서 적석목곽묘가 발굴되고 있다.

12) 경주 적석목곽묘의 분포를 6개군으로 나눌 수 없다.

13) 필자는 신라 고고학의 편년을 필자는 다음과 같이 보고 있다. 0~150년 주머니호, 세모고리손잡이호 등이 출토되는 목관묘 시대, 150~300년 목곽묘 시대, 300~520년 적석목곽묘 시대, 520~700년 횡혈식석실분 시대, 700~935년 무고분 시대.

횡혈식석실분이 차용되고 차츰 적석목곽묘를 소멸시킨다.[14)

신라 6촌(6부)를 문헌과 고고학적인 자료를 통해 알기 쉽게 제시하면 다음과 같다.[15)

① 알천양산촌(급량부)

알천은 현재의 북천이고, 양산은 남산이기 때문에 해석이 어렵지만, 알천은 원래 북천이 아니라 서천 또는 남천으로 추측되며, 알천양산촌은 '알천변에 있는 양산촌'이라는 뜻으로 본다. 결국 여기에서는 남천 또는 서천 일대를 대상으로 하며, 이곳은 박씨족 무덤 등을 중요시하였다.

② 돌산고허촌(사량부)

돌산고허촌은 선도산 경사면의 서악 일대로 추정하였다. 이곳은 주거지로 이상적인 조건을 갖추고 있을 뿐 아니라 고허촌장의 초강지는 『삼국유사』 권1에 突山高墟村長曰蘇伐都利 初降于兄山이라고 되어 있듯 바로 형산이므로 선도산과 고허촌이 연관을 가졌을 것으로 추측된다. 그렇게 되면 김씨 발상지인 계림이나 알영정과는 떨어지는 것 같지만 촌장 소벌도리는 정씨의 시조라고 『삼국유사』에 기록되어 있듯이 고허촌 역시 복수 씨족으로 구성되었고, 그 가운데 김씨 족만이 따로 알천변의 月城臺地에 살고 있었던 것이 아닌가 생각된다.[16)

③ 자산진지촌(본피부)

본피부로서 『삼국유사』에는 경주 동남부, 황룡사 남쪽 일대라고 하였고, 진지촌장 智伯虎는 본피부 최씨의 시조이고, 최치원의 고택이 바로 여기에 있다고 하였다. 『삼국유사』에 근거해 원래의 본피부는 금성 내지 반월성까지 포함하였던 것 같고, 월성이 석탈해의 주거지로 되어 있기 때문에

---

14) 지금까지 적석목곽묘에서 인화문토기가 출토된 예는 없으며 적석목곽묘와 횡혈식석실분의 교체 시기는 짧았다.

15) 김원룡, 앞의 논문, 1976.

16) 월성은 왕궁이었으므로 왕이나 왕족이 살았을 것이다.

본피부는 석씨의 출신지라고 보았다. 결국 진지촌은 현재의 인왕동 일대가 되는데, 이렇게 보면 석탈해왕릉이 인왕동 북경인 소금강산 기슭에 있는 것이 수긍되며, 탈해왕릉은 진지촌 영역의 북경을 표시한 것으로 보인다.

④ 무산대수촌(점량부 또는 모량부)

경주 서쪽 건천 毛良里, 金尺里가 이름으로 보나, 금척리 평지에 고분군이 모여 있는 것으로 보나, 대수촌이 위치한 곳으로 믿어진다. 1962년 금척리 고분 2기를 발굴한 결과에 의하면 2기 모두 적석목곽묘로서 그 내부에서는 세환식귀걸이, 곡옥, 호박옥, 철제등자, 철도 등이 발견되었다.[17] 또 1976년 경에 경주사적관리사무소에 의해 금척리고분의 소형 석곽묘가 발견되었고, 그 속에서 고식의 신라토기가 나왔다고 한다.

금척리고분군은 경주 부근에서는 유일한 평지 적석목곽묘 군집묘이며, 여기에서도 산쪽의 모량리를 대수촌이라고 보면, 그들은 산기슭에 살면서 주거지 앞의 평지에 분묘를 만들었으며, 이 같은 상황은 경주 시내에서와 동일하였다. 말하자면 그러한 입지 선정은 경주 사로귀족들의 묘지 선정 관습이었던 것이다.

⑤ 금산가리촌(한지부)

『삼국유사』설대로 그 위치가 경주 소금강산임에 분명하다. 지금 소금강 산 일대에서 기록을 뒷받침할 만한 유적은 발견된 적이 없으나 소금강산 앞(서쪽)의 평지 곧 현재의 황성동 '갓뒤'라는 부락에 김후직묘라는 큰 봉토분이 1기 있다. 이 일대는 현재 과수원으로 되어 있고, 따로 고분 잔구라 할 만한 것이 남아 있지 않으나 전김후직묘의 존재는 본래 더 많은 고분군이 존재하였을 가능성을 말해준다.

⑥ 명활산고야촌(습비부)

앞에서 양산을 진지촌이라고 보았기 때문에 고야촌은 원래 명활산 기슭에 있던 보문리 부근이었다고 생각된다. 보문리는 좌우와 배후가 구릉으로

---

17) 김원룡, 「경주 금척리 고분 발굴조사 약보」 『미술자료』 1, 1960.

되어 있는 명당지로서 주거지로 적당하며, 여기 평지와 경사면에는 큰 봉분들이 모여 있으며 유명한 보문리 부부총이 바로 여기에 있다. 역시 독립지구로 간주되는 지역이라 하겠다.

결국 경주의 고분군은 ① 오릉－남산 서북 일대, ② 황남동－노서동 일대(김씨족), ③ 인왕동 일대(석씨족), ④ 보문리 일대(고야촌 주민), ⑤ 황성동 일대(가리촌 주민), ⑥ 금척리 일대(대수촌 주민)의 6군 또는 지역으로 나뉘고[18] 씨족 또는 촌별로 갈라지는 경향을 보여 사로 6촌설을 믿고 있는 듯하다.

6촌 가운데 양산, 고허, 진지, 대수, 고야의 5촌은 유적면으로도 경주평야 토착촌인 것 같으나 가리촌만은 뚜렷한 고분군이 없어서 혹시 후참자가 아닌가 생각되나 단언하기는 힘들다. 『삼국사기』 권1에 先時朝鮮遺民 分居 山谷之間 爲六村이라고 한 것이나 적석목곽묘가 북방의 전통적인 목곽묘와 연결된다고 여겨지는 점, 또 신라의 왕호, 금관 등에서 보이는 북방적 성격으로 미루어 사로의 건국자들이 북쪽에서 내려왔을 것임은 거의 틀림 없다. 결국 사로 건국 당시에는 일단 경주평야에 집합 정착하였다고 보아야 할 것이다.

3. 6부의 위치 비정 문제

6부의 비정 문제는 대단히 어려운 과제로 접근이 쉽지 않다. 보통 문헌사학에서는 반월성을 중심으로 안압지(월지), 월성 일대를 급량부, 그 왼쪽에서 남으로 남산, 서로 서천까지를 사량부, 서천을 넘어서 금척리 일대를 모량부, 급량부 동쪽 일대를 본피부, 낭산에서 명활산 사이를 습비부,

---

18) 이러한 고분과 6부의 관계에서 고분은 동일한 시기로 끊을 때, 적석목곽묘와 횡혈식석실분으로 서로 대비되어 6부 비정을 할 수가 없다.

북천을 건너 금강산 일대를 한지부로 각각 비정하고 있다.[19]

　이러한 가설은 상당히 오래 전의 가설과 비슷하다.[20] 문헌사학에서는 6부 문제를 거의 『삼국사기』와 『삼국유사』에 근거하고 있어 탈출구가 없다. 최근 많은 자료가 나온 금석문을 통해 6부 문제를 살펴보기로 하자. 441년의 중성리비에서는 탁부와 사탁부가 가장 많이 나오고 본피부도 나온다. 443년의 냉수리비에서는[21] 탁부와 사탁부가 가장 많이 나오고 본피부가 조금 나온다. 우선 관계 자료를 알기 쉽게 표로 만들어 제시하면 〈표 1〉과[22] 같다.

〈표 1〉 중고 금석문에 나타난 각 부명별 인명의 수

부명	탁부	사탁부	본피부	불명	계
봉평비	11	10	1	3	25
적성비	7	3		2	12
창녕비	21	16	1	2	40
북한산비	5	3			8
마운령비	11	6	2	1	20
황초령비	11	4		5	20
계	66	42	4	13	125

　고신라 금석문에서[23] 탁부 82명, 사탁부 58명, 본피부 9명,[24] 불명 18명으

---

19) 문경현, 「신라 왕경고」 『신라문화제학술논문집』 16, 1995.

20) 이병도 편, 앞의 책, 1959.

21) 냉수리비의 주인공인 節居利가 30세의 나이로 실성왕 때 교를 402년에 처음 받았다면 503년에는 131세가 된다. 아무리 늦추어 잡아도 절거리의 나이는 116세 가 된다. 당시 131세까지 산다는 것은 무리한 가설이다.

22) 중성리비의 건비 연대는 441년, 냉수리비의 건비 연대는 443년으로, 중고 시대를 벗어나고 있다. 다른 일설에 따라 중성리비를 501년, 냉수리비를 503년으로 본다 해도 〈표 1〉의 결론은 변함이 없다. 중성리비의 경우 탁부 9명(喙部折盧智王= 訥祗王을 포함), 사탁부 9명, 본피부 3명, 불명 5명이고, 냉수리비의 경우 탁부 7명, 사탁부 7명, 본피부 2명이다.

23) 중성리비와 냉수리비를 포함한 각 부별 인원수이다.

24) 본피부 출신은 황초령비에서 2명이 파실되었을 가능성을 염두에 두면 11명 전후였을 것이다.

로 총 167명이 나온다. 고신라 금석문에서 탁부, 사탁부, 본피부를 제외하면 국가차원의 금석문에서 모탁부, 습부, 한지부가 나온 예가 없다. 고신라 8기의 금석문에서는 탁부가 가장 많이 나오고, 다음이 사탁부, 그 뒤를 이어 본피부가 11예 나올 뿐이다. 이러한 현상은 중고 왕비족을 모량부로 보아온 문헌적인 통설에 위배된다. 바꾸어 말하면 524년에 작성된 봉평비에 新羅六部가 나오고 있어 5~6세기 신라에서 6부라는 존재는 틀림없는 사실이지만, 중고의 왕비족이 모량부라는 가설은 성립될 수 없다.

　더구나 모량부의 위치가 현재의 건천읍 금척리라면 경주 시내의 황남동, 황오동, 노서동, 노동동, 인왕동 일대는 급량부인 왕족의 무덤으로 보아야 되고, 모량리, 금척리 일대는 왕비족인 모량부의 무덤이 되어야 한다. 그럴 경우 왕족인 급량부 지역과 왕비족인 모량부 지역의 사이가 신라시대에 개발되지 않았다는 점이 이상하다. 서천에서 금척리까지가 왕비족 영역인 까닭에 방리제가 실시되고, 절터나 관청이 들어오는 등 신라시대에 이미 개발이 되었어야 할 것이다. 그러나 실제로 이 지역은 개발이 되지 않은 후진적인 곳이다. 그렇다면 금척리고분군과 모량부의 연결은 불가능하다. 왜냐하면 5~6세기 금석문 자료에서도 탁부와 사탁부에 뒤이어 본피부가 나올 뿐, 모량부는 나오지 않기 때문이다.

　이렇게 금척리고분군이 모량부와 관련이 없다면, 새로운 시점에서 신라 6부의 위치 문제를 검토해 보아야 할 것이다. 5~6세기 신라 금석문을 통해 보건대 탁부와 사탁부 출신자는 약 85%를 점한다. 그 뒤를 이어 본피부가 조금 나올 뿐, 습비부, 한지부, 모량부는 나오지 않는다. 금척리고분군을 신라 6부에서 제외시키면, 탁부와 사탁부 출신의 왕족이나 귀족들의 무덤들은 당연히 경주 시내의 황남동, 황오동, 노서동, 노동동, 인왕동에 걸쳐 있는 이른바 읍남고분군으로, 탁부와 사탁부의 무덤으로 볼 수밖에 없다. 탁부는 왕족이므로 왕비족은 당연히 모량부가 아닌 사탁부가 되어야 할 것이고, 금척리고분군은 당연히 모량부가 아닌 본피부의 무덤으로 보인다.[25]

습비부는 명활산고야촌이므로 명활산 근처가 된다. 그러나 이 명활산 근처에서는 적석목곽묘가 발견된 바가 없다. 본피부의 무덤인 금척리고분군이 경주분지에서 떨어져 있는 것을 보면, 6부의 위치를 경주분지인 북천, 남천, 서천으로 둘러싸인 ㄷ자형 지역으로만 한정할 수도 없다. 즉 ㄷ자형 밖에도 6부가 있었을 것이다. 습비부가 있었던 것으로 추정되는 곳에서 고총고분의 증거를 전혀 찾을 수 없다면, 탁부, 사탁부, 본피부를 제외한 습비부, 한지부, 모량부는 고총고분을 남기지 않았다고 본다. 그렇기 때문에 중성리비 등 8기의 금석문에서도 탁부, 사탁부, 본피부만 나오고 습비부, 한지부, 모량부는 나오지 않은 것이다.[26] 결론적으로 신라 6부 중 김씨 왕족인 탁부와 왕비족인 사탁부는 읍남고분군에 있었고, 그 주된 주거지는 월성과 그 근처였다. 제3등 세력인 본피부는 금척리고분군에 있었고, 명활산에는 습비부가 있었다. 나머지 한지부와 모량부는 그 위치를 알 수 없다.

4. 맺음말

먼저 지금까지 나온 신라 6촌(6부)에 대한 선학들의 연구업적 가운데 6부의 위치비정과 관계되는 중요 가설들을 일별하였다.

다음으로 신라 6부의 비정 문제를 검토하였다. 중성리비 등 8기의 비석에서는 탁부 82명, 사탁부 58명, 본피부 9명,[27] 불명 18명 총 인명 수 167명이 확인되었다. 탁부와 사탁부가 대단히 많은데 이들은 읍남고분군의 피장자로 볼 수밖에 없는데, 탁부와 사탁부가 합동으로 읍남고분군을 사용한

---

25) 금척리고분군이 본피부, 모탁부, 한지부, 습비부의 공동무덤일 가능성도 있다.

26) 사라리130호 목관묘, 내남면 덕천리 목관묘와 목곽묘를 신라 건국과 관련시키기도 하지만 신라의 건국과 직접적인 관련은 없고, 신라 건국을 엿볼 수 있는 간접적인 영향은 그릴 수 있을 것이다.

27) 본피부 출신은 황초령비에서 2명이 파실되었을 가능성이 있는 점을 감안하여 11명 전후일 것이다.

것이 아닌가 한다. 그들의 주 생활지는 월성 근처로 판단된다. 금척리고분 군은 모량이라는 마을이 건천읍에 있다는 점에 주목하여 모량부로 보아 왔다. 금척리고분군이 왕비족의 것이라면 읍남고분군과 금척리고분군 사이는 개발이 되었어야 한다. 예컨대 금척리와 읍남고분군 사이에 조방제 가 실시되어야 함에도 실제로는 볼 수가 없어 금척리는 왕비족의 무덤으로 보기 어렵다. 또 왕비족인 모량부는 고신라 금석문에서는 인명이 보이지 않는다. 금척리고분군은 당연히 금석문의 인명표기에서 3등을 달리는 본피부의 것이다. 명활산고야촌에 있던 습비부는 그 근처에서 고총고분인 적석목곽묘가 찾아지지 않는다. 모량부와 한지부도 고총고분으로는 그 위치를 찾을 수가 없다. 대체로 6부는 북천, 남천, 서천의 ㄷ자형 지역의 안쪽만이 아니라 바깥쪽에서도 살고 있었다고 판단된다. 왜냐하면 본피부 의 世居地가 경주분지가 아닌 금척리에 있기 때문이다.

【부기】

지금 6부의 위치 비정에서 최대의 문제는 경주분지에서 2단투창고배가 발견되지 않는다는 점이다.[28] 읍남고분군에서 발굴했다고 하면 나오는 2단투창고배가 주거지인 경주분지에 서는 나오지 않고 있다. 5세기의 신라 사람들이 경주분지 바깥에서 살았거나 2단투창고배 가 제의에만 사용되고 생활용으로는 사용되지 않았다는 증명이 필요하다. 이 두 가지 가설은 성립되기 어렵다. 이 시기의 경주와 대구는 고분, 내, 토성, 주거지가 세트를 이루는 것으로 보아 왔다. 그런데 경주에서는 경주분지에 2단투창고배가 없어서 5세기에 는 경주분지에 사람이 살지 않았다고 해석해야 된다. 현재까지의 고고학적인 자료나 그 성과로는 이 현상을 해석할 수 없다.

---

28) 이에 대해서는 조성윤, 「신라 고분의 종말과 도시의 재편」, 『신라학연구』 18, 2015 참조.

제10절 고려시대 기와명문의 曆年代 해설

1. 머리말

한국 고고학에서 토기, 석기 등을 토석고고학이라고 한다면 금관, 금동 관, 환두대도, 帶附屬具, 鐎斗, 은합, 동합, 귀걸이, 銀釧 등을 위주로 하는 것은 금속기고고학이라 한다. 전자는 개인의 연구로 가능하며, 계통, 편년 등을 할 수 있다. 후자는 박물관, 문화재연구소 등의 기관에 들어가서야 지배자의 통치, 왕궁, 관아, 귀족의 집, 지방 관아, 사원 등을 연구할 수가 있다. 전자에 속하면서 후자를 연구할 수 있는 것으로 기와가 있다. 그래서 기와 연구가 중요하다.

고려시대 기와의 편년은 연호가 나오는 절대 연대에 달려 있다. 연호나 연간지가 나오는 기와가 많아도 고신라에서 통일신라시대까지의 기와 편년보다 명쾌하지 못하다. 곧 신라에서 고식 단판은 6세기 전반~7세기 전반, 신식 단판은 7세기 후반(의봉사년개토명, 습부명, 한지명 암키와), 중판은 7세기 후반~9·10세기로 판단하고 있다. 지방은 중판이 7세기 후 반~8세기에, 경주를 제외한 지방에서는 장판이 9세기 전반부터 935년까지 출토되고 있어서 여기에 따르면 된다.

고려시대 평기와는 대체로 橫帶가 있고, 타래문, 거치문, 사격자문, 격자 문, 초화문, 거륜문 등의 문양이 있다. 고려 기와를 Ⅰ단계(965~1027년)는 토수기와와 내면에 윤철흔이 없는 암키와, Ⅱ단계(1028~1112년)는[1] 미구

---

[1] 이인숙, 「고려시대 평기와 제작기법의 변천」『고고학』6-1, 2007의 본문에서는 이 단계에 윤철흔이 있다고 하였다.

기와와 윤철흔이 없는 암키와, Ⅲ단계(1113년 이후)는 미구기와와 윤철흔이 있는 암키와로 3시기 구분할 수 있는 것도[2] 문자와의 연호명 덕이다.

고려시대 연호명은 통일신라 연호명의 5배를 넘는다. 그럼에도 불구하고 고려시대는 기와 생산이 정형화된 시기라서 제작기법 등이 잘 구분되지 않는다. 더구나 고려시대에 쓰인 문양으로 거륜문, 거치문, 초화문, 타래문을 들고 있는데,[3] 거치문의 경우는 조선전기까지 간다는 친절한 해설에도 불구하고 잘 납득이 되지 않는다.

『고려시대 역연대 자료집-기년명 기와 자료를 중심으로-』은[4] 그때까지의 연호와 연간지 자료를 모았으나 閏月이 나오는 2점은 연호와 같이 연대가 결정되는 것인데도 그렇게 하지 않았고, 그 가운데 1점은 조선시대 것으로 보이는데 그렇게 보지 않았다. 여기에서는 해석이 잘 안 되는 기와 명문을 해석해 보았다.[5] 고려시대 전공자가 아니어서 오류도 많을

---

2) 이인숙, 앞의 논문, 2007.

3) 최정혜, 「고려시대 평기와의 편년 연구-문양형태를 중심으로-」『박물관연구논집』 5, 부산직할시립박물관, 1993.

4) 이남규·도영아·김정주·정은미, 『고려시대 역연대 자료집-기년명 기와 자료를 중심으로-』, 2015.

5) 고려시대 기와 명문에 손을 대기 시작한 것은 儀鳳四年皆土명암키와의 皆土를 인명으로 보기 위해서였다. 그 자료들을 인용하면 다음과 같다.
發令/戊午年瓦草作伯士必山毛의 戊午年은 958년으로 추정된다. 이 명문은 '發令을 내린다. 戊午年(958년)에 瓦草를 伯士인 必山毛이 만들었다'로 해석된다. 伯士인 必山毛도 제와장일 가능성이 크다.
太平興國七年壬午年三月日/竹州瓦草近水△水(吳)(矣)(安城 奉業寺) 太平興國七年壬午年은 982년이다. 이는 해석이 대단히 어려우나 대체로 '太平興國七年壬午年三月日에 竹州의 瓦草를 近水△水(吳)가 만들었다'로 해석된다.
辛卯四月九日造安興寺瓦草(利川 安興寺址)는 931년 내지 991년으로 추정된다. 전자인 931년은 후삼국시대이므로 성립하기 어려워 후자인 991년으로 판단된다. 이는 '辛卯四月九日에 安興寺瓦草를 만들었다'로 해석된다.
永興寺送造瓦草重創(保寧 千防寺址)의 경우, 永興寺의 위치를 알기 어렵지만 경주지역 사원으로 본다면 成典寺院이었던 永興寺의 활동을 살필 수 있는 좋은 자료로서 永興寺에서 보낸 기와로 사원을 중창했으므로 이로써 영흥사의 경제력을 짐작해 볼 수 있다고 하였다. 文聖王(839~856년)이 朗慧和尙 無染이 머물던 이곳 인근(保寧)의 절을 聖住寺로 바꾸고, 大興輪寺에 編錄시켰다는 사실을 감안하면,

것이다.6)

여기에서는 서울·경기도 지역의 曆年代를7) 조사하고, 다음으로 충청도
지역의 역연대에 이어 전라도 지역의 역연대를 조사하고,8) 마지막으로
경상도 지역의 역연대를 조사하겠다.

2. 서울·경기도

1) 北漢山 三川寺址9)

서울특별시 은평구 진관내동 산51 및 경기도 고양시 북한동 산1-1 일대에

銘文 기와의 연대를 9세기 중엽으로 추정할 수 있다고 했으나, 瓦草에서 절대
연대가 나오는 10세기 중엽(정확히는 958년)이 上限이므로 永興寺送造瓦草重創명
기와는 10세기 중엽 이후로 보아야 한다. 그렇다면 永興寺는 保寧에 있던 永興寺로
보아야 할 것이다. 이는 '永興寺가 만들어보낸 瓦草로 (保寧 千防寺를) 重創을
했다'로 해석된다.

~元年己巳年北舍瓦草(月南寺) 969년으로 ~부분은 遼 景宗 연호인 保寧으로 復元할
수 있다. 이는 '(保寧)元年己巳年에 이은 北舍의 瓦草이다'가 된다.

太平興國五年庚辰六月日彌勒藪龍泉房瓦草(益山 彌勒寺) 太平興國五年庚申으로 되
어 있으나 976~984년의 太平興國 범위 밖이어서 庚辰(980년)으로 봄이 타당하다.
'太平興國五年庚辰六月 日에 彌勒藪의 龍房의 瓦草이다'로 해석된다. 日에 구체적
인 날짜가 없는 것도 고려적인 요소이다.

三年乙酉八月日竹凡草伯士能達毛에서 乙酉라는 연간지는 985년이다. 年月日에서
日의 날짜를 정확히 밝히지 않은 것 역시 고려적인 요소이다. '(通和)三年乙酉八月日
에 竹의 凡草를 伯士인 能達毛가 만들었다'로 해석된다. 伯士인 能達毛는 제와장일
가능성이 크다.

6) 자료는 (재)금경문화유산연구원 유환성 원장으로부터 구득하였고, 명문 내용은
한기문 교수의 교열을 받았다.

7) 우리나라에서는 歷年代로 쓰는 경향이 있으나 曆年代가 옳다.

8) 제주도 지역은 전라도 지역에 포함되어 있으나 검토 대상이 되는 것이 없었다.

9) 불교문화재발굴조사단, 『북한산의 불교유적·북한산 불교유적 지표조사보고서』,
1999 ; 서울역사박물관, 『서울특별시 문화유적 지표조사 종합보고서』Ⅰ·Ⅱ·Ⅲ,
2005 ; 서울역사박물관, 『북한산 삼천사지 발굴조사보고서』, 2011.

소재하고 있다. 주요 유물로는 大智國師碑片, 金泥木家具片, 원통형사리함 등이 출토되었고, 기년 유물로는 延祐五年명암키와가 1점 출토되었는데 延祐五年은 1318년이다. 삼천사지는 2005년부터 2008년까지 총 4차에 걸쳐 연차 발굴조사가 실시되었다. 그 결과 A구역은 대지암지(부도전지), B구역은 불단이 있는 부속 건물군으로 파악되었으며, 총 건물지 11동과 석축 6개소가 확인되었다. 또 다른 기년 유물로는 丁丑閏七月명암키와가 나와서 이를 977년, 1037년, 1097년, 1157년, 1217년, 1277년, 1337년으로 보고 있으나 『二十史朔閏表』에서 찾아보면 고려시대에는 閏七月인 해는 977년밖에 없으므로 丁丑閏七月의 연대는 977년이 된다.

2) 안성 망이산성[10]

경기도 안성시 일죽면 금산리 산48번지 일원에 위치한다. 주요 유물로는 검은간토기, 덧띠토기(청동기시대), 항아리, 바리, 굽접시, 대접, 단지, 병(백제시대), 줄무늬병, 덧줄무늬병(통일신라시대),[11] 기년명 및 명문기와(고려시대) 등이 있다.

안성 망이산성의 1차 발굴조사에서는 봉수대 주변에서 백제시대로 추정되는 토성이 확인되었고, 2차 발굴조사에서는 서문지 일원에 대한 집중적인 조사를 통해 서문이 통일신라대에 축조되어 여러 차례 개축되었음을 확인하였다.

峻豐四年壬戌大介(?)山竹州는 '963년에 大介(?)山이 竹州에서 (기와를 만들었다.)'로 해석될 수 있을 것이다.

---

10) 단국대학교 중앙박물관, 『망이산성 발굴조사보고서(1)』, 1996 ; 단국대학교 중앙박물관, 『안성 망이산성 2차 발굴조사 보고서』, 1999 ; 단국대학교 매장문화연구소, 『안성 망이산성 3차 발굴조사 보고서』, 2006.

11) 편호와 함께 9세기의 대표적인 토기이다.

3) 안성 봉업사지[12]

경기도 안성시 죽산면 죽산리 240-1~3, 243-1번지 일대에 위치하고 있다. 주요 출토 유물은 인동당초문암막새, 연화보상화문수막새, 명문기와, 고려청자, 중국자기, 납석제 인장 등이다.

봉업사는 고려 태조의 진영을 봉안했던 진전사원으로 창건되어 고려 말까지 번성한 위엄있는 사찰이었다. 발굴조사 결과 죽산리 3층석탑을 중심으로 하는 남북축선상의 정연한 가람 배치와 6개소의 건물지, 담장석렬, 부속시설, 그리고 범종유구 등이 확인되었다. 죽산리 3층석탑 하층에서 통일신라시대 석탑의 하층기단이 존재하였음이 밝혀졌다. 그리고 하층기단 하부에서 출토된 太和六年명기와를[13] 통해 이 절의 상한이 832년임을 알 수 있었다.

……△年乙酉八月日竹(州)(△△)里凡草伯士能達毛에 대해서는, 能達을 따로 떼어『고려사』열전, 왕순식부 堅金조와 태조 19년 9월조에 나오는 호족과 같은 사람으로 보았다.[14] 그러나 能達이 아니라 能達毛이고, 그는 伯士라는 기와를 만드는 기술자일 뿐이다.[15] 따라서 위의 명문은 '925년(?) 8월에 죽주의 (△△)里에서 기와를 백사인 능달모가 만들었다'가 된다. (發)(令)戊午年凡草作伯士必(攸)(毛)는 '發令을 내린다. 958년(?)에 기와를 백사(기와만드는 기술자)인 필유모가 만들었다'가 된다. 太平興國七年壬午三月日/竹州凡草近水(仁)水(吳)(矣)는 '982년 3월 모일에 竹州에서 기와를 近水(仁)水(吳)가 만들었다'가 된다.

---

12) 경기도박물관,『봉업사』, 2002 ; 경기도박물관,『고려 왕실사찰 봉업사』, 2005.

13) 이에 대해서는 김창호,「太和六年명 기와의 凡자에 대하여」『고신라목간』, 2023 참조.

14) 김병희,「문자기와를 통한 봉업사의 위상」『고려 태조 진전사원 봉업사의 역사적 가치와 보존 방안-2017년 안성봉업사지 발굴 20주년 국제학술대회-』, 2017.

15) 이에 대해서는 강호선,「고려전기 "寺匠"의 존재양태-백사의 사용과 소멸-」『한국사상사학』54, 2016.

4) 오산 가장동 유적[16]

경기도 오산시 가장동 산 61번지 일원에 위치하고 있다. 중요 유물로는 명문기와, 도기류, 자기류, 백자 명기 및 복식 등이 있다.

이 유적에서는 총 261기의 유구가 확인되었으며, 신석기시대 주거지를 비롯하여 삼국~통일신라시대의 주거지, 고려시대 건물지 및 제철로, 조선시대의 주거지 및 도기가마 등 생활, 생산, 건축유구 등 오랜 시기에 걸쳐서 다양한 유구가 복합적으로 확인되었다. 이 가운데 고려시대 야철지와 기와가마, 건물지 등은 11세기 후반~15세기 초에 해당하는 것으로 추정된다.

大德四年八月日南書宣△官全명암키와는 '1300년 8월 모일에 南書宣△官인 숟아무개'라는 뜻으로 해석된다.

5) 파주 혜음원지[17]

경기도 파주시 광탄면 용미리 254-1번지 일원에 위치하고 있다. 중요한 출토 유물로는 일휘문암막새, 일휘문수막새, 기년명기와, 치미편, 고려청자, 고려백자, 중국자기, 명문 칠기 등이 있다.

혜음원지는 원지와 사지, 그리고 행궁지 구역으로 나눌 수 있다. 지금까지 혜음원지에서 조사된 지역은 모두 행궁지와 관련된 구역으로 확인되었다. 5차에 걸친 발굴로 9단의 건물지 및 행궁지를 확인하였으나 혜음원지의 전체 모습이 확인된 것은 아니다. 사지와 원지의 위치가 확인되지 않았기 때문이다.

庚申二月三十日惠陰寺造近學明명암키와는 '庚申二月三十日에 惠陰寺를 만들었는데 近學明이 했다'로 해석된다.

---

16) 한신대학교박물관, 『오산 가장 지방산업단지(3단계) 조성사업부지내 지표조사 보고서』, 2007 ; 서경문화재연구원, 『오산 가장동유적』, 2013.

17) 한백문화재연구원, 『파주 혜음원지-5차 발굴조사보고서-』, 2010.

3. 충청도

1) 대전 상대동 유적[18]

대전광역시 유성구 상대동 65-9번지 일원에 위치하고 있다. 중요한 유물로는 청자, 토기, 기와 등이 있다.

상대동 유적은 고지명상으로 원골과 중동골, 양촌 지역으로 나누어진다. 이러한 지명은 지형적 여건과도 맥락을 같이하고 있다. 상대동 유적 북쪽에서부터 원골, 중동골, 양촌에 해당하며, 각 지역은 동서방향으로 진행하는 구릉이 북쪽에 입지하고, 남쪽으로는 곡간부가 형성된 지형이다. 중동골은 서쪽 구릉과 동쪽 구릉이 북쪽에 위치하고, 구릉 남단에는 곡간부가 형성되어 있다. 중동골 곡간부의 남쪽은 양촌 서쪽 구릉과 동쪽 구릉에 해당한다. 상대동 유적에서는 청동기~조선시대에 걸친 생활·생산·분묘 유구가 조사되었다.

甲戌九月十一日元作△△은 '甲戌九月十一日부터 (건물은)△△이 지었다'로 해석된다.

2) 부여 무량사지

충청남도 부여군 외산면 만수리 96-1번지 일대에 분포한다. 중요한 출토 유물로는 수막새, 암막새, 평기와, 토기, 토제 말, 명문 기와, 자기 등이 있다.

무량사지에 대한 4차례 발굴조사 결과 모두 7동의 건물지가 확인되었으며, 답도 시설과 배수로 등의 부속시설도 조사되었다. 이 가운데 고려시대 건물지 하부에서 통일신라시대로 추정되는 건물지 흔적이 확인되어, 무량

---

18) 백제문화재연구원, 『대전 상대동(중동골, 양촌)유적』 I·II·III, 2011.

사 구지에 조성된 사역은 늦어도 통일신라 말기에 창건되었을 것으로 판단된다.

重熙十四年乙酉五月日記凡鳳은 '重熙十四年乙酉五月某日(1045년)에 기록한 이는 凡鳳이다'로 해석된다. 重熙十四年乙酉三月卍草는 '重熙十四年乙酉三月(1045년)에 만든 절의 기와이다'라는 뜻이다. 金面同未運主土木主重熙十四年은 '金面同과 未運主는 土木主로서 1045년에 절을 지었다'로 해석된다.

3) 부여 정림사지[19]

충청남도 부여군 부여읍 동남리 254번지 일대에 위치하고 있다. 주요 출토 유물로는 기와류, 토기류, 완류, 등잔, 토제품 등이 있다.

부여 정림사는 사비도성 내에 위치하는 중심 사찰이었으며, 10차에 걸친 조사결과를 토대로 백제 사비기의 전형적인 사찰로 주목받아 왔다. 정림사지에서는 대지조성을 파악하기 위한 트렌치조사에서 무문토기편이 출토된 청동기시대 문화층, 정림사 창건 이전의 백제시대 문화층, 고려시대 문화층 등이 확인되었다.

太平八年戊辰定林寺大藏當草는 '1028년에 정림사의 대장당의 당초(기와)'라는 뜻으로 해석될 수 있다.

4) 서산 보원사지[20]

충청남도 서산시 운산면 용현리 105번지 일대에 위치하고 있다. 주요 출토 유물로는 연화문수막새, 당초문암막새, 분청사기, 묵서명백자, 주름문도기병, 기년명기와 등이 있다.

---

19) 국립부여문화재연구소, 『부여 정림사지』, 2011.
20) 국립부여문화재연구소, 『서산 보원사지 I』, 2010 ; 국립부여문화재연구소, 『서산 보원사지 II』, 2012.

서산 보원사지의 창건과 폐사 연대는 명확하게 확인되지 않는다. 문헌상에서도 827년 이전에 이미 창건되어 당시 대찰로서 중요한 역할을 했으며, 조선시대 중반에 講堂寺라는 이름으로 법맥을 이어 17세기까지 주요 경판을 제작하였다고 확인된다.

丙子三月日文沫阶扞苗는 '丙子年에[21) 文沫과 阶扞苗가 만들었다'로 해석된다.

5) 천안 봉선홍경사지[22)

충청남도 천안시 성환읍 대홍리 319번지 일원에 위치한다. 주요 출토유물로는 평기와, 막새기와, 자기 등이 있다.

홍경사는 1021년에 流行者의 보호와 편의를 위해 창건하였는데, 수행을 위한 사찰과 院의 성격을 함께 지녔다. 1383년에는 韓脩가 이 사찰에서 축원하였다는 기사가 있고, 명종 7년 이후 중수되어 폐허화하는 조선초기까지 사력을 유지하였던 것으로 판단된다.

(中祥符十)年丁巳奉先弘慶(寺)는 '1017년 봉선 홍경사의 (기와이다.)'란 뜻으로 해석될 수 있다. 奉先弘慶寺에서 보듯 사명 앞에 奉先까지[23) 붙은 특이한 예이다.

6) 충주 숭선사지[24)

충청북도 충주시 신니면 문숭리 862번지 일대에 분포한다. 주요 출토

---

21) 전후 관계로 보아 1336년일 가능성이 있다. 보원사지에서 나온 大德이라는 연호 때문이다.

22) 충청남도역사문화연구원, 『찬안 봉선홍경사지 시굴조사 보고서』, 2011.

23) 奉先의 의미는 분명하지 않으나 奉先寺를 의미할지도 모르겠다.

24) 충청대학박물관, 『충주 숭선사지(시굴 및 1~4차 발굴조사보고서)』, 2006 ; 충청대학박물관, 『충주 숭선사지 5차 발굴조사 보고서』, 2011.

유물로는 명문기와, 막새기와, 이형 기와류, 금동보살상, 토기류, 청자류, 백자편 등이 있다.

숭선사지(사적 제445호)는 2001년부터 2008년까지 5차례의 발굴조사를 실시하였다. 출토유물과 건축유구를 통해 고려 왕실사찰임이 밝혀졌다. 5차 조사까지 확인된 주요 유구는 금당지, 추정 영당지, 회랑지, 탑지, 중문지, 금당지 서쪽 건물지를 비롯한 부속건물지, 축대, 배수시설, 담장지 등이다.

大師性林大匠△(△)日 은 '大師인 性林과 大匠인 △(△)日이다'로 해석된다. 寺上院大師△監役副都監大師性林大匠暢交/大定二十二年壬辰四月日 은 '寺上院大師이고, △監役이고, 副都監이고, 大師인 性林과 大匠인 暢交가 1182년 4월 모일에 절을 세웠다'로 해석된다.

4. 전라도

1) 영광 불갑사[25]

전라남도 영광군 불갑면 모악리 8번지 불갑사 일대에 위치하고 있다. 주요 출토 유물로는 자기류, 유명평기와, 막새류, 기와류, 청동기류 등이 있다.

영광 불갑사 명경전 복원건립 부지와 낭요 건립부지는 총 3구역으로 나누어 조사되었는데, 1구역에서는 건물지 1동, 2구역에서는 석렬유구, 축대, 계단시설, 3구역에서는 건물지 1동, 석렬유구 3기가 확인되었다.

己丑三月日 寺道人 등에서의 道人이 568년 마운령비와 황초령비에서는 당대 최고의 권력자인 居杦夫에 앞서서 나온다. 이 명문은 '己丑年 三月

---

25) 전남문화재연구원, 『영광 불갑사』, 2013.

某日에 절의 道人이 무엇을 했다'로 해석된다.

2) 익산 미륵사지[26]

전라북도 익산시 금마면 기양리 23번지 일대에 위치하고 있다. 주요 출토 유물로는 백제시대 평기와류, 고려시대 기와류, 조선시대 기와류, 주름무늬토기병, 선해무리굽자기, 분청사기, 중국자기, 사면편병 등이 있다.

익산 미륵사는 위덕왕 15년(579년)에 창건되었다.[27] 잔존 건물지 등의 구조, 구 지표 상태 및 출토 유물로 보아 통일신라 후반경까지는 초창기 건물지의 기본 형태를 유지하면서 명맥을 유지했던 것으로 파악된다. 미륵사는 고려시대 초에 큰 변화가 일어났을 것으로 추정된다. 그리고 조선시대 사역에서 출토된 기와에 萬曆十五年(1587년) 및 萬曆十七年(1589년)이라는 명문와가 확인됨으로써 이 시기를 전후하여 그 명맥이 단절되었을 것으로 추정된다. 1592년 임진왜란 때 미륵사 건물이 모두 소실되었다.

太平天國五年庚辰六月日 彌勒藪龍泉房凡草는[28] '980년 6월 모일에 미륵수(미륵사)의 용천방에 쓴 기와'란 뜻이다.

3) 장흥 상방동 유적[29]

전라남도 장흥군 유치면 대리 상방촌 505답 외 일대에 위치하고 있다. 주요 출토 유물로는 평기와, 막새와, 도기류, 해무리굽완, 청자압출연관문대접, 분청사기 등이 있다.

26) 국립부여문화재연구소, 『미륵사 유적발굴조사보고서Ⅱ』, 1996.
27) 김창호, 「미륵사 서탑 봉안기」 『고신라 금석문과 목간』, 2018.
28) 고려시대에는 寺대신에 社자나 藪자를 써서 절을 지칭하는 예가 있었다.
29) 목포대학교 박물관, 『장흥 상방동A유적Ⅱ』, 2008.

상방촌 유적의 A-1지구 서쪽에서 확인된 8개의 건물지는 모두 사찰과 관련된 것으로 볼 수 있다. 한편 A-2지구 북동쪽에서 확인된 건물지는 건물의 성격과 규모를 파악하는 데 한계는 있으나 수개의 우물 등의 유구와 많은 양의 기와편, 자기편 등이 출토된 것으로 보아 고려시대에 많은 수의 건물지가 들어서 있었음을 알 수 있다. A-3지구에서 발굴된 건물지 또한 성격은 알 수 없으나 규모가 큰 시설群이 특정 시기 동안에 존재했던 것으로 볼 수 있다. 상방촌 A유적은 주변지역과 교류가 활발하게 이루어졌던 곳으로 고려시대에도 교류의 중심지 역할을 수행한 것으로 보인다.

庚午(?)任內有恥鄕△△△△은 '庚午年에 任地內에 고향을 수치스럽게 여기는 △△가 있어서 나무랐다'라고 해석된다. 庚午九月日(造瓦差使)은 '庚午年 9월 모일에 瓦差使가 기와를 만들었다'로 해석된다.

장흥 상방동 유적 A-2지구 건물지에서는 다음과 같은 명문이 나왔다. 庚戌二月 日造主事審別將同正表△△는 '庚戌年 2월 모일에 (기와를)만드는 주관자는 事審 別將, 同正, 表△△이다'로 해석된다. 壬辰年厚心堂壬主散員同正表△△는 '壬辰年에 厚心堂(기와 불사) 주관자는 散員 同正 表△△이다'로 해석된다.

5. 경상도

1) 대구 팔공산 북지장사[30]

대구광역시 동구 도학동 62번지에 위치하고 있다. 주요 출토 유물로는 기와, 토기, 자기, 철제품 등이 있다.

현재의 사역은 크게 4단으로 구분된다. 제4단은 제3단과 약 3.5m 높이의

---

30) 영남문화재연구원, 『팔공산북지장사-대웅전지 발굴조사-』, 1996.

단으로 구분되며, 동측에는 신축한 현대식 용사가 있고, 중앙에는 인공연못
이 있다. 서쪽으로는 사역으로 오르는 길이 연결되어 있다. 제4단의 남쪽
아래에는 계단식 경작지로 되어 있고, 서편에 치우쳐 근래에 만든 주차장이
있다. 이 가운데 현재의 사역은 제3단까지이고, 제2·3단이 사역의 주
공간으로 사용되고 있다. 동·서상으로 볼 때 대웅전지가 있는 동편이
사역의 외곽지로 바뀌고, 서편에 있는 극락전을 대웅전으로 하는 새로운
가람배치를 하고 있다.

景定三年壬戌[31]…日/…化主李應春兩主/…金佑石兩主/…趙…는 '1262년
모월 모일에 …化主인 李應春 부부, …인 金佑石 부부, …인 趙△△ 부부가
시주했다'로 해석된다.[32]

2) 마산 회원현성[33]

경산남도 마산시 자산동 산 16, 17-1번지 일대에 위치하고 있다. 주요
출토 유물로는 기와 등이 있다.

과거 회원현성이 위치하고 있는 이 지역은 삼국시대 骨浦縣, 고려시대
合浦縣, 會原縣의 治所로 사용되는 등 오랜 기간 행정적인 기능을 수행하던
곳이다. 특히 회원현성은 원 간섭기에 일본을 공격하기 위한 麗蒙聯合軍의
출발지와 주둔지로서 상당히 중요한 역할을 수행하였으며, 조선시대에
들어서는 合浦城으로 옮겨가기 전의 節度使營으로서도 그 기능을 수행하던
행정·군사상 중요시되던 유적이다.

正豊二年丁丑/寺△一品八月造는 '1157년 8월에 寺△ 一品을 만들었다'로

---

31) 중국 남송 理宗의 景定이 아니면 元 世祖의 中統三年이다. 여기에서는 전자를
    취하여 잠정적으로 1262년으로 본다.
32) 兩主(부부)의 표시는 고려시대에는 없고, 16세기의 발원문, 불화화기 등에 보여서
    북지장사 기와는 조선시대의 것일 가능성도 있으나 조선시대에는 ~三年壬戌에
    해당하는 해가 없어서 후고를 기다린다.
33) 경남발전연구원 역사문화센터, 『마산 회원현성』, 2008.

해석된다.

3) 사천 본촌리 사지[34]

경상남도 사천시 곤명면 본촌리 3-1번지 일대에 위치하고 있다. 주요 출토 유물로는 기와, 석불, 토기류, 청자류, 백자류 등이 있다. 고려시대를 거쳐서 전국의 자복사가 혁파된 조선 세종 6년(1424년)까지 존속하였다.

본촌리 사지는 고려 현종 5년(1014년) 甲寅年에 창건된 資福寺로서 고려시대를 거쳐서 전국의 자복사가 혁파된 조선 세종 6년(1424년)까지 존속했다.

甲寅年造資福寺匠亡金棟梁善良은 '甲寅年의 기와불사는 資福寺의 匠人 亡金, 棟梁 善良이 만들었다'로 해석된다.

4) 산청 강누리 유적[35]

경상남도 산청군 단성면 강누리 67번지 일대에 위치하고 있다. 주요 출토 유물로는 토기, 청자, 백자, 옹기편, 기와편 등이 있다.

강누리에는 지명이 보여주듯이 강루, 경연, 담분, 유취, 매연, 우화의 6루가 있었다고 전해지며, 조사결과 민가 건물로 보기 어려운 많은 건물지가 집중적으로 위치하고 있었다. 이와 같이 공공의 성격으로 보이는 건물지가 다수 확인된다는 것은 조사지역을 포함하여 주변으로 관아가 위치할 가능성이 높다는 것을 보여준다.

癸酉湧仙寺持比(丘)僧 信行(?)은 '癸酉年에 湧仙寺의 (住)持인 比(丘)僧인

---

34) 경상대학교박물관, 『사천 본촌리 폐사지』, 1997.
35) 경남문화재연구원, 『강누지구 이주단지 조성공사 부지내 문화유적 지표조사 결과보고』, 2005 ; 경남문화재연구원, 『산청 강누지구 이주단지 조성부지내 산청 강누리유적』, 2008.

信行(?)이다'라고 해석된다.

5) 영덕 묘장사지[36]

경상북도 영덕군 축산면 칠성리 627번지 일대에 위치하고 있다. 주요 출토 유물로는 풍탁, 금동불대좌, 자기류, 기와류 등이 있다.

발굴조사 결과 묘장사는 통일신라시대에 초창된 이후 조선시대까지 법등이 이어진 고찰임을 알 수 있었다. 건물의 배치형식은 크게 남향, 동향 건물지군으로 대별된다. 남향 건물지군은 통일신라시대부터 조선시대까지 거의 동일한 위치에 중복배치되는 양상을 띠고, 동향 건물지군은 조선시대 건물 4동이 山地中庭式으로 배치되어 있다.

己丑年閏二月朴…은『二十史朔閏表』에서 찾으면, 고려시대에는 己丑年閏二月이 없고 조선시대인 1469년에 있어서 '1469년 윤 2월에 朴…가 무엇을 하였다'로 해석된다. 이 명문 기와 연대가 조선시대의 전기가 된다.

6) 영천 본촌동 유적[37]

경상북도 영천시 본촌동 663-1번지 일원에 위치하고 있다. 주요 출토 유물로는 명문와, 礼賓명 분청사기접시 등이 있다.

고려 말~조선시대로 추정되는 건물지 11개동과 이들 건물지와 관련된 것으로 보이는 수혈유구 등이 확인되었다.

泰定三年戊△王公山祉造瓦大丙梁日은 '1326년에 戊△王의 公山祉(절이름)에서 造瓦할 때 大丙梁日이 했다'로 해석된다.

---

36) 경상북도문화재연구원,『영덕 묘장사지』, 2003.
37) 영남대학교박물관,『동대구 경주간의 문화유적』, 1998 ; 경상북도문화재연구원,
　　『영천 본촌동유적』, 2005.

6. 맺음말

서울특별시와 경기도, 충청도, 강원도, 전라도와 제주도, 경상도에서 『고려시대 역연대 자료집』에 나오는 62개 유적 가운데 문장을 해석하기 어렵다고 생각되는 곳 20개를 대상으로 하여 해석을 해보았다. 고려시대의 금석문 전공자가 아니라서 기본적인 면에서 잘못이 있을 수도 있다. 잘못된 부분은 지적을 받아 수정 보완하도록 하겠다.

이번 작업에서 거둔 가장 큰 성과는 북한산 삼천사지의 丁丑閏七月 연대를 977년으로 확정한 것과, 영덕 묘장사지의 己丑年閏二月을 1469년의 조선시대로 본 것이다.

책을 맺으며

 한국의 학회에서는 논문을 게재하려면 심사료 60,000원과 게재료
100,000원이 든다. 이를 피해 30편 가량의 논문을 모아 책을 내는 방법도
있다. 이때에는 책 제목이 문제가 된다. 崔鍾圭 원장의 『鐵箱集』의 철상은
컨테이너의 우리말 조어인데, 고고학 발굴 현장에 가면 컨테이너가 없는
곳이 없다는 점에 착안한 것이라 한다. 가히 파격적인 착상이다. 처음에
新稿 30편을 내려고 하면서 제목으로 『김창호 한국고대금석문목간 논문집』
을 고려하기도 했지만 『한국 고대의 금석문과 목간』으로 결정하였다.
 40년에 걸쳐 금석문과 목간만을 공부하며 가장 큰 문제는 냉수리비의
沙喙部至都盧葛文王에 근거해 신라 중고의 왕 가운데 실성왕과 눌지왕은
탁부, 법흥왕도 탁부로 보면서 지증왕은 사탁부로 보는 점이었다. 왕이
갈문왕을 칭한 유일한 예이다. 탁부는 왕족, 사탁부는 왕비족이다. 종래
문헌사학자들은 모량부를 왕비족으로 보아 왔다. 지증왕이 사탁부 출신이
라면 그의 아들인 법흥왕도 사탁부 출신이 되어야 한다. 그런데 봉평비에는
탁부 출신이라고 나온다. 봉평비에는 법흥왕의 동생인 입종갈문왕까지
사탁부로 나온다. 봉평비의 사부지갈문왕은 울주 천전리서석 추명에서
입종갈문왕이 아님이 밝혀져 지증왕의 사탁부 출신설은 문제가 있다.
이 문제는 멀고면 신자료의 출현을 기다릴 수밖에 없다.
 충남 부여군 규암면 신리에 위치한 사적 제427호 부여 왕흥사는 백제의

514

대표적인 왕실사찰이다. 2007년 목탑터에서 발견된 왕흥사지 사리기(보물 1767호)에는 백제 昌王이 죽은 왕자를 위해 丁酉年 二月 十五日에 절을 창건했다는 명문이 새겨져 있어서 학계의 주목을 받았다. 우선 설명의 편의를 위해 왕흥사 청동합 명문의 전체를 제시하면 다음과 같다.

王興寺 舍利盒 명문

⑥	⑤	④	③	②	①	
神	利	子	王	十	丁	1
化	二	立	昌	五	酉	2
爲	枚	利	爲	日	年	3
三	葬	本	亡	百	二	4
	時	舍	王	濟	月	5

이 명문을 해석하면 '丁酉年(577년) 二月 十五日에 백제 昌王이 죽은 왕자를 위해 사찰을 세웠는데 본래 장사시에 舍利 2매를 넣었는데 신이 조화를 부려 3매가 되었다.'가 된다.

왕흥사 목탑 사리공에서 출토된 청동사리합 명문은 丁酉年이란 연간지가 나와 577년이란 절대 연대를 갖게 되었다. 원래 왕흥사 목탑은 『삼국사기』 권27, 백제본기 5에 무왕 즉위 1년(600년)~무왕 35년(634년) 사이에 건립된 것으로 되어 있었기 때문에 이 절대 연대는 문헌을 믿기 어렵게 만들었다. 이 점은 문헌을 중심으로 한 연구의 한계를 밝혀주는 것으로 중요한 의미를 갖는다. 실제로 414년의 광개토태왕비, 458년경의 충주고구려비, 491~500년 경의 집안고구려비, 441년 중성리비, 443년 냉수리비, 524년 봉평비, 545년 혹은 그 직전의 적성비, 561년 창녕비, 567년 북한산비, 568년 마운령비, 568년 황초령비에 대해서는 문헌에 일절 언급되지 않았다.

지금까지 한국 고대의 금석문과 목간을 공부하면서 늘 조심조심 논문을 썼는데 그때마다 대어를 낚지는 못하고 겨우 슬라이딩으로 살기도 했고, 안타를 치기도 했고, 씽 아웃을 당하기도 했다. 40년간 금석문과 목간을 공부하면서 자랑할 만한 논문까지는 없지만 그래도 연구자로서 가장 안타

까울 때는 쓸 논문이 없다고 느낄 때였다. 이를 흔히 슬럼프라고 부르는데 고통의 시간이었다.

삼국시대 문자 자료로는 고구려에서는 357년의 안악3호분 묵서명, 408년의 덕흥리 벽화고분의 묵서명, 414년의 광개토태왕릉 전명, 5세기 중엽의 모두루총 묘지명 등이 있고, 백제에서는 525년의 무령왕릉 묘지명, 567년의 백제창왕명석조사리감 명문, 577년의 왕흥사 목탑지 청동합 명문, 579년의 미륵사지 서탑 사리봉안기의 명문 등이 있다. 신라에서는 451년의 서봉총 은합 명문, 458년의 금관총 환두대도 도초끝부속구 명문, 475년의 호우총 호우 명문, 595년의 순흥 어숙지술간묘 石扉 명문, 599년의 순흥 벽화고분 묵서명 등이 있다. 이들 가운데 금관총의 尒斯智王은 그야말로 세기의 발견으로 4~8세기 신라고분을 30년 정도 소급시켜야 한다. 왜냐하면 尒斯智王은 훈독과 반절로 넛지왕(458년 사망)이 되고, 이는 마립간 시대 왕들 가운데 訥祇痲立干과 음상사이다. 그래서 고신라시대 왕릉이 확실한 태종무열왕을 제외하고, 이것이 확실한 첫 번째 왕릉이 되었다. 이에 따라 적석목곽묘·횡혈식석실분·신라토기·단각고배·인화문토기·鐎斗 등 금속기의 편년을 30년 가량 소급해야 한다. 곧 5세기 4/4분기이던 금관총이 눌지마립간의 몰년인 458년이 되는 것이다. 이러한 자료가 고구려나 백제에서는 없다. 앞으로 고구려나 백제에서도 토기를 공반하는 절대 연대를 보여주는 문자 자료가 금속기·비석·목간·고문서·묵서명 등에서 출토되기를 간절히 바란다.

고구려나 신라 금석문에서는 中자가 처격조사 ~에의 뜻을 가지고 있다. 백제에서는 금석문에서는 없고, 목간에서는 1점밖에 없다. 이 글자 이외에 다른 글자가 이두로 사용되는 예는 없다. 고구려에서 충주고구려비의 太子共=古鄒加共과 『삼국사기』의 古雛大加助多는 동일인이다. 또 568년 황초령비의 篤兄과 같은 568년의 마운령비의 篤支次는 동일인이다. 그런데 어떻게 언어학적으로 연결되는지는 알 수가 없다. 고구려나 백제 금석문에서도 이두가 사용되었을 가능성은 충분히 있다. 451년의 서봉총 은합 명문이나 475년의 호우총 호우 명문에 따르면, 451년에 처격조사인 中자가 고구려를 통해 신라에 전해졌다. 신라 적석목곽묘에서는 귀걸이, 은합, 호우 등 많은 고구려 제품이 나온다. 이때를 전후하여 한자도 전래되었다고 생각된다.

참고문헌

Ⅰ. 史料

『삼국사기』　　　『삼국유사』
『조선금석총람』　　『한국금석문추보』
『한국금석문유보』　『한국금석전문』

Ⅱ. 저서

강우방,『한국 불교의 사리장엄』, 열화당, 1993.
국립경주문화재연구소,『포항 중성리비』, 2000.
국립부여문화재연구소,『공주 무령왕릉과 왕릉원29호분 발굴조사 보고서』, 2023.
권오찬,『신라의 빛』, 글밭, 1980.
김창호,『한국 고대 불교고고학의 연구』, 서경문화사, 2007.
김창호,『삼국시대 금석문 연구』, 서경문화사, 2009.
김창호,『고신라 금석문과 목간』, 주류성출판사, 2018.
김창호,『한국 고대 목간』, 주류성출판사, 2020.
김창호,『신라 금석문』, 경인문화사, 2020.
김창호,『한국고대와전명문』, 서경문화사, 2022.
김창호,『고신라목간』, 서경문화사, 2023.
남천우,『석불사-토함산의 重閣石窟-』, 일조각, 1991.
노중국,『백제정치사연구』, 일조각, 1988.
단국대학교 사학회,『사학지-충주고구려비 특집호-』13, 1979.
대성동고분박물관,『김해 양동산성 집수지 유적』, 2020.

518

문화공보부 문화재관리국, 『안압지발굴조사보고서』, 1978.

박홍국, 『한국의 전탑 연구』, 서경문화사, 1998.

부산박물관·부산광역시 연제구청, 『배산성지 I -2017년 1차발굴조사보고서-』, 2019.

부산박물관·부산광역시 연제구청, 『배산성지 II -2018년 2차발굴조사보고서-』, 2020.

宋基中, 『古代國語 語彙 表記 漢字의 字別 用例 硏究』, 서울대출판부, 2004.

안병희, 『한국학기초자료선집-고대편-』, 한국정신문화연구원, 1987.

울진군·한국고대사학회, 『울진 봉평신라비와 한국 고대 금석문』, 2011.

윤경렬, 『경주고적이야기』, 1984.

윤선태, 『목간이 들려주는 백제 이야기』, 주류성출판사, 2007.

윤재석 편저, 『한국목간총람』, 주류성출판사, 2022.

이경섭, 『신라 목간의 세계』, 경인문화사, 2013.

이기동, 『신라 골품제사회와 화랑도』, 일조각, 1984.

이남규·도영아·김정주·정은미, 『고려시대 역연대 자료집-기년명 기와 자료를 중심으로-』, 학연문화사, 2015.

이동주, 『신라 왕경 형성과정 연구』, 경인문화사, 2019.

이병도 편, 『한국사-고대편-』, 을유문화사, 1959.

이승재, 『木簡에 기록된 古代 韓國語』, 일조각, 2017.

이용현, 『한국목간기초연구』, 신서원, 2007.

한국고대사회연구소 편, 『譯註 韓國古代金石文(I)』, 1992.

한국고대사학회 편, 『한국고대사연구』 2, 1989.

한국고대사학회, 『신라 최고의 금석문 포항 중성리비와 냉수리비』, 2012.

한국정신문화연구원, 『한국학기초자료선집-고대편-』, 1987.

홍기문, 『리두연구』, 사회과학출판사, 1957.

葛城末治, 『朝鮮金石攷』, 大阪屋號書店, 1935.

關野貞, 『朝鮮美術史』, 朝鮮史學會, 1932/동문선, 2003.

橋本繁, 『韓國古代木簡の硏究』, 吉川弘文館, 2014.

久野健 等, 『古代朝鮮佛と飛鳥佛』, 山川出版社, 1979.

旗田巍, 『朝鮮中世史會史の硏究』(叢書 歷史學硏究), 1972.

今西龍, 『新羅史硏究』, 近江書店, 1933.

奈良國立文化財硏究所 飛鳥博物館, 『飛鳥·白鳳の在銘金銅佛』, 1976.

大野晋, 『シンポジウム 鐵劍の謎と古代日本』, 新潮社, 1979.

稻葉岩吉, 『釋椋』, 1936.

藤田亮策, 『朝鮮學論考』, 藤田先生記念事業會, 1953.

山尾幸久, 『古代の日朝關係』, 塙書房, 1989.

水野淸一·長廣敏雄, 『龍門石窟の硏究 : 河南洛陽』(東方文化硏究所硏究報告 第16冊), 座右

寶刊行會, 1941.

有光敎一, 『朝鮮磨製石劍の研究』, 考古學談話會, 1959.

中吉功, 『新羅·高麗の佛像』, 二玄社, 1971.

戴衛紅, 『韓國木簡研究』, 廣西師範大學出版社, 2017.

和田萃, 『大系 日本の歴史2(古墳の時代)』, 小學館, 1992.

Ⅲ. 논문

강봉원, 「백제 무왕과 서동의 관계 재검토-신라와 백제의 정치·군사적 관계를 중심으
　　　로-」『백산학보』 63, 2002.

고경희, 「신라 월지 출토 재명유물에 대한 명문 연구」, 동아대학교 석사학위논문,
　　　1993.

곽동석, 「金銅製一光三尊佛의 系譜-한국과 중국 산동지방을 중심으로-」『미술자료』
　　　51, 1993.

권인한, 「고대 지명형태소 '本波/本彼'에 대하여」『목간과 문자』 2, 2008.

권택장, 「경주 전인용사지 유적의 발굴 조사와 목간 출토」『목간과 문자』 6, 2010.

김선기, 「쇼똥노래(薯童謠)」『현대문학』 51, 1967.

김성구, 「다경와요지 출토 신라와전소고」『미술자료』 33, 1983.

김성구, 「신라 와당의 편년과 그 특성」『기와를 통해 본 고대 동아시아 삼국의 대외
　　　교섭』, 2000.

김성식·한지아, 「부여 쌍북리 56번지 사비한옥마을 조성부지 유적 출토 목간」『목간과
　　　문자』 21, 2018.

김수태, 「통일신라시대의 洗宅 재론」『영남학』 73, 2020.

김영만, 「냉수리 신라비의 내용고찰」『영일냉수리비발굴연구』, 1989.

김영욱, 「傳仁容寺址 목간에 대한 어학적 접근」『목간과 문자』 7, 2011.

김영태, 「연가7년명 고구려불상에 대하여」『한국불교학회제9회학술연구발표회발표
　　　요지』, 1986.

김영태, 「삼국시대 불교금석문 고증」『불교학보』 26, 1989.

김영태, 「賢劫千佛 신앙」『三國時代 佛敎信仰 硏究』, 불광출판사, 1990.

김영하·한상준, 「충주고구려비의 건립 연대」『교육연구지』 25, 1983.

金龍善, 「울주 천전리서석 명문의 연구」『역사학보』 81, 1979.

김 우, 「평양시 평천리에서 발견된 고구려 금동 유물들」『문화유산』 1962-6, 1962.

김원룡, 「경주 금척리 고분 발굴 조사 약보」『미술자료』 1, 1960.

김원룡, 「연가7년명금동여래입상명문」『고고미술』 5-9, 1964.

김원룡, 「신라가형토기고·한국고대에 있어서의 남방적 요소」『김재원박사화갑기념

520

논총』, 1969.

김유식, 「7~8세기 신라 기와의 수급」『기와를 통해 본 고대 동아시아 삼국의 대외교섭』, 2000.

김은숙, 「隅田八幡鏡의 명문을 둘러싼 제논의」『한국고대사논총』 5, 1993.

김재붕, 「무령왕의 隅田八幡畵像鏡」『한국사학논총(손보기박사정년기념)』, 1988.

김정배, 「中原高句麗碑에 대한 몇 가지 문제점」『사학지』 13, 1979.

김재원, 「송림사전탑」『진단학보』 29·30, 1966.

김창석, 「신라 中古期의 奴人과 奴婢」『한국고대사연구』 54, 2009.

김창석, 「신라 법제의 형성 과정과 율령의 성격」『한국고대사연구』 58, 2010.

김창석, 「부여 동남리 49-2번지 출토 백제 목간의 내용과 용도」『한국고대사연구』 111, 2023.

金昌鎬, 「신라중고 금석문의 인명표기(1)」『대구사학』 22, 1983.

김창호, 「中原高句麗碑의 재검토」『한국학보』 47, 1987.

김창호, 「명활산성작성비의 재검토」『金宅圭博士華甲紀念文化人類學論叢』, 1989.

김창호, 「백제 七支刀의 재검토」『역사교육논집』 13·14, 1990.

김창호, 「迎日冷水里碑의 建立 年代 問題」『九谷黃鍾東教授停年紀念史學論叢』, 1994.

김창호, 「울주천전리서석의 해석 문제」『한국상고사학보』 6, 1995.

김창호, 「고신라의 불교관련 금석문」『영남고고학』 16, 1995.

김창호, 「咸安 城山山城 出土 木簡에 대하여」『咸安 城山山城 I』, 1998.

김창호, 「익산 미륵사 경진명 기와로 본 고신라 기와의 원향」『한국학연구』 10, 1999.

김창호, 「문무왕의 산골처와 문무왕릉비」『신라학연구』 7, 2006.

김창호, 「경주 단석산 신선사 마애거상의 역사적 의미」『한국 고대 불교고고학의 연구』, 2007.

김창호, 「경북 칠곡 송림사의 창건 연대」『한국 고대 불교고고학의 연구』, 2007.

김창호, 「포항 중성리 신라비의 재검토」『신라사학보』 29, 2013.

김창호, 「신라 금관총의 尒斯智王과 적석목곽묘의 편년」『新羅史學報』 32, 2014.

金昌鎬, 「집안고구려비를 통해 본 麗濟 王陵 비정 문제」『考古學探究』 17, 2015.

김창호, 「미륵사 서탑 사리봉안기」『고신라 금석문과 목간』, 주류성출판사, 2018.

김창호, 「廣州 船里遺蹟에서 出土된 蟹口기와의 生産과 流通」『문화사학』 52, 2019.

김창호, 「儀鳳四年皆土명 기와의 皆土 해석」『한국고대와전명문』, 서경문화사, 2022.

김창호, 「고신라 목간에 보이는 王私에 대하여」『한국고대와전명문』, 서경문화사, 2022.

김창호, 「함안 성산산성 城下麥 목간의 재검토」『한국고대와전명문』, 서경문화사, 2022.

김창호, 「대구 팔거산성 출토 목간에 대하여」『한국고대와전명문』, 서경문화사, 2022.

김창호, 「부산 배산산성 출토 목간의 새로운 해석」,『한국고대와전명문』, 서경문화사, 2022.

김창호, 「호우총의 호우 명문」,『고구려와 백제의 금석문』, 주류성출판사, 2022.

김창호, 「대구 팔거산성 출토 목간의 재검토」,『고신라목간』, 서경문화사, 2023.

김창호, 「太和六年명 기와의 凡자에 대하여」,『고신라목간』, 서경문화사, 2023.

김창호, 「대구 팔거산성 출토 목간의 재검토-하시모토 시게루 박사의 비판에 답함-」,『고신라목간』, 서경문화사, 2023.

김창호, 「금석문 자료로 본 고신라의 왕족과 왕비족」,『고신라목간』, 서경문화사, 2023.

김철준, 「신라 상대사회의 Dual Organization(상)」,『역사학보』 1, 1952.

나동욱, 「부산 배산성지 출토 목간 자료 소개」,『목간과 문자』 20, 2018.

남풍현, 「第二新羅帳籍에 대하여」,『미술자료』 19, 1976.

남풍현, 「永泰二年銘 石造毗盧遮那佛造像記의 吏讀文 考察」,『신라문화』 5, 1988.

남풍현, 「일본 정창원 소장의 신라출납장」,『이두연구』, 태학사, 2000.

남희숙, 「신라 법흥왕대 불교 수용과 그 주도세력」,『한국사론』 25, 1991.

노중국, 「삼국유사 무왕조의 재검토-사비시대후기 백제지배체제와 관련하여-」,『한국전통문화연구』 2, 1986.

노중국, 「포항 중성리비를 통해 본 마립간시기 신라의 분쟁처리 절차와 6부체제 운영」,『한국고대사연구』 58, 2010.

노태돈, 「포항중성리신라비와 외위」,『한국고대사연구』 58, 2010.

戴衛紅, 「한국목간에 보이는 "某月中"」,『목간과 문자』 23, 2019.

도유호, 「평천리에서 나온 고구려 부처에 대하여」,『고고민속』 1964-3, 1964.

문경현, 「삼국유사소재 미추왕고」,『삼국유사연구(상)』, 1983.

문경현, 「울주 신라 서석명기의 신검토」,『경북사학』 10, 1987.

문경현, 「영일냉수리비에 보이는 부의 성격과 정치운영문제」,『한국고대사연구』 3, 1990.

문경현, 「新羅 佛敎 肇行攷」,『신라문화제학술발표회논문집』 14, 1993.

문경현, 「신라 왕경고」,『신라문화제학술논문집』 16, 1995.

문명대, 「신라 화엄경사경과 그 변상도의 연구-사경변상도의 연구(1)-」,『한국학보』 14, 1979.

민덕식, 「고구려 농오리산성 마애석각 乙亥年에 대하여」,『한국상고사학보』 3, 1990.

박남수, 「신라촌락문서의 인구통계와 그 작성 시기」,『신라사학보』 52, 2021.

박남수, 「백제 동성왕 인물화상경('隅田八幡鏡')과 斯麻」,『東硏』 11, 2022.

박보현, 「은제관식으로 본 백제의 지방지배에 관한 몇 가지 문제」,『과기고고』 5, 1999.

朴宗基, 「韓國 古代의 奴人과 部曲」,『한국고대사연구』 43, 2006.

박종익, 「함안 성산산성 발굴조사와 목간」,『함안 성산산성 출토목간의 내용과 성격』(국제학술회의 발표요지), 1999.

박종익, 「함안 성산산성 발굴조사와 목간」, 『한국고대사연구』 19, 2000.

박종익, 「함안 성산산성 목간의 성격검토」, 『한국고고학보』 48, 2002.

박홍국, 「월성군 내남면 망성리 와요지와 출토와에 대한 고찰」, 『영남고고학』 5, 1988.

박홍국, 「경주 나원리5층석탑과 남산 칠불암마애불상의 조성 시기-최근 수습한 명문 와편을 중심으로-」, 『과기고고연구』 4, 1988.

변태섭, 「中原高句麗碑의 내용과 연대에 대한 검토」, 『사학지』 13, 1979.

謝桂華, 「중국에서 출토된 魏晉代 이후의 漢文簡紙文書槪括」, 『함안 성산산성 출토목간 의 내용과 성격』(국제학술회의 발표요지), 1999.

사재동, 「서동설화연구」, 『장암지헌영선생화갑기념논총』, 1971.

사재동, 「무강왕 전설의 연구」, 『백제연구』 5, 1974.

소진철, 「일본국보〈隅田八幡神社所藏人物畫像鏡〉의 銘文을 보고-서기 503년 8월 10일 百濟 武寧王은〈大王年〉대를 쓰고 繼體天皇을〈男弟王〉으로 부르다-」, 『圓光大 論文集』 28, 1994.

손량구, 「태천군 롱오리산성을 쌓은 년대에 대하여」, 『조선역사고고』, 1987.

손영종, 「금석문에 보이는 삼국시대 몇 개 연호에 대하여」, 『력사과학』 1966-4, 1966.

손영종, 「중원 고구려비에 대하여」, 『력사과학』 1985-2, 1985.

손환일, 「백제 백령산성 출토 명문기와 목간의 서체」, 『구결연구』 22, 2009.

손환일, 「한국 목간에 사용된 주제별 용어 분류」, 『신라사학보』 26, 2012.

辛鍾遠, 「道人 使用例를 통해 본 南朝佛敎와 韓日關係」, 『韓國史硏究』 59, 1987.

신형식, 「中原高句麗碑에 대한 고찰」, 『사학지』 13, 1979.

심상육, 「백제 인각와에 대하여」, 『목간과 문자』 10, 2010.

양석진·민경선, 「함안 성산산성 출토 목간 신자료」, 『목간과 문자』 14, 2015.

양인호·고태진, 「충주 고구려비 공동 판독안」, 『한국고대사연구』 98, 2020.

여호규, 「신발견〈집안고구려비〉의 구성과 내용 고찰」, 『한국고대사연구』 70, 2013.

유환성, 「경주 출토 나말여초 사찰명 평기와의 변천과정」, 『신라사학보』 19, 2010.

윤경진, 「임신서기석의 제작 시기와 신라 중고기의 유학 이해에 대한 재검토」, 『목간과 문자』 22, 2019,

윤무병, 「신라 왕경의 조방제」, 『이병도박사구순기념한국사학논총』, 1987.

윤선태, 「正倉院 所藏 '佐波理加盤附屬文書'의 新考察」, 『국사관논총』 74, 1997.

윤선태, 「咸安 城山山城 出土 新羅 木簡의 用途」, 『震檀學報』 88, 1999.

윤선태, 「신라 통일기 왕실의 촌락지배」, 서울대학교 박사학위논문, 2000.

윤선태, 「신라의 문서행정과 목간-牒式문서를 중심으로-」, 『강좌 한국고대사』, 2002.

윤선태, 「신라 중고기의 村과 徒」, 『한국고대사연구』 25, 2002.

윤선태, 「울진 봉평신라비의 재검토」, 『동방학지』 148, 2009.

윤선태, 「함안 성산산성 출토 신라 하찰의 재검토」, 『사림』 41, 2012.

윤선태, 「월성 해자 목간의 연구 성과와 신출토목간의 판독」,『동아시아 고대 도성의 축조의례와 월성해자 목간』(한국목간학회 창립 10주년 기념 국제학술회의), 2017.

윤선태, 「월성 해자 목간의 연구성과와 신출토 목간의 판독」,『목간과 문자』20, 2018.

윤선태, 「대구 팔거산성 출토 신라 지방목간」,『신라학리뷰』1, 2022.

윤선태, 「부여 동남리 49-2번지 출토 목간의 재검토」,『목간과 문자』30, 2023.

이경섭, 「함안 성산산성 출토 목간의 연구현황과 과제」,『신라문화』23, 2004.

이경섭, 「성산산성 출토 하찰목간의 제작지와 기능」,『한국고대사연구』37, 2005.

이경섭, 「성산산성 출토 짐꼬리표[荷札] 목간의 地名 문제와 제작 단위」,『신라사학보』23, 2011.

이경섭, 「新羅의 奴人-城山山城 木簡과 〈蔚珍鳳坪碑〉를 중심으로-」,『한국고대사연구』68, 2012.

이경섭, 「함안 성산산성 출토 신라목간의 흐름과 전망」,『목간과 문자』10, 2013.

이기동, 「안압지에서 출토된 신라목간」,『경북사학』1, 1979.

이기동, 「신라 중대 서설-槿花鄕의 진실과 허망-」,『신라문화』25, 2005.

이기백, 「상대등고」,『신라정치사회사연구』, 일조각, 1974.

이기백, 「蔚珍 居伐牟羅碑에 대한 고찰」,『아세아문화』4, 1988.

이남석, 「고분 출토 관식의 정치사적 의미」,『백제문화』24, 1995.

이다운, 「印刻瓦를 통해 본 익산의 기와에 대한 연구」,『고문화』70, 2007.

이도학, 「방위명 부여국의 성립에 관한 검토」,『백산학보』38, 1991.

이도학, 「제천 점말동굴 화랑 각자에 대한 고찰」,『충북문화재연구』2, 2009.

이동주, 「경주 화곡 출토 在銘土器의 성격」,『목간과 문자』10, 2013.

이동주, 「신라 儀鳳四年皆土명기와와 납음 오행」,『역사학보』220, 2013.

이문기, 「금석문 자료를 통하여 본 신라의 6부」,『역사교육논집』2, 1981.

이문기, 「울진봉평신라비와 중고기 6부 문제」,『한국고대사연구』2, 1981.

이문기, 「울주 천전리 서석 원·추명의 재검토」,『역사교육논집』4, 1983.

이문기, 「안압지 출토 목간으로 본 신라의 세택」,『한국고대사연구』, 2012.

이문기, 「신라 세택(중서성)의 기능과 관제적 위상의 변화」,『역사교육논집』51, 2012.

이문형·이다운, 「정읍 고사부리성 출토 〈상부상항〉명 인각와에 대한 연구」,『중앙고고연구』28, 2019.

이미란, 「부산 배산성지에 대한 연구현황과 논점」,『지역과 역사』50, 2022.

이병도, 「서동설화의 신고찰」,『역사학보』1, 1952.

이병도, 「中原高句麗碑에 대하여」,『사학지』13, 1979.

이병호, 「기와 조각에서 찾아낸 백제문화, 印刻瓦」,『고대로부터의 통신』, 푸른역사, 2004.

이성시, 「한국목간연구의 현황과 함안성산산성 출토의 목간」,『한국고대사연구』19,

2000.

이수훈, 「신라 승관제의 성립과 기능」『부산사학』 14, 1990.

이수훈, 「咸安 城山山城 出土 木簡의 稗石과 負」『지역과 역사』 15, 2004.

이수훈, 「城山山城 木簡의 本波와 末那·阿那」『역사와 세계』 38, 2010.

이수훈, 「城山山城 木簡의 城下麥과 輸送體系」『지역과 역사』 30, 2012.

이수훈, 「부산 배산성지 출토 목간의 검토」『역사와 세계』 54, 2018.

이수훈, 「신라 왕경 출토 유물의 辛·辛審·辛番과 郊祀-안압지와 경주박물관(남쪽부지)
　　　　출토 유물을 중심으로-」『역사와 경계』 113, 2019.

이수훈, 「김해 양동산성 출토 목간의 검토」『역사와 세계』 58, 2020.

이수훈, 「정창원 좌파리가반부속문서의 검토」『역사와 경계』, 2022.

이수훈, 「대구 팔거산성 출토 목간의 검토」『역사와 경계』 64, 2023.

이애령, 「청양 왕진리 와요지 발굴조사 개요」『국립박물관 동원학술논문집』 4, 2001.

이영호, 「신라 귀족회의와 상대등」『한국고대사연구』 61, 1992.

이용현, 「황남동376 유적 출토 목간의 내용과 용도」『신라연구』 19, 2001.

이용현, 「함안 성산산성 출토 목간과 6세기 신라의 지방 경영」『동원학술논집』 5, 2003.

이용현, 「咸安 城山山城 出土 木簡」『한국의 고대목간』, 국립창원문화재연구소, 2004.

이용현, 「律令 제정 전후의 新羅 官等-중고 초기 문자자료를 통해-」『목간과 문자』
　　　　15, 2015,

이용현, 「배산성지 출토 목간과 신라 사회」『부산 금석문-역사를 새겨 남기다-』,
　　　　부산박물관, 2018.

이용현, 「성산산성 목간에 보이는 신라의 지방경영과 곡물 인력 관리-城下麥 서식과
　　　　本波·喙의 분석을 중심으로-」『동서인문』 17, 2021.

이용현, 「백제 왕도 출납 목간의 일례-부여 동남리 49-2번지 유적 목간-」『백제학보』
　　　　43, 2023.

이인숙, 「고려시대 평기와 제작기법의 변천」『고고학』 6-1, 2007.

이재환, 「傳仁容寺址 출토 '龍王'목간과 우물·연못에서의 제사」『목간과 문자』 7, 2011.

이재환, 「신라의 환관 관부에 관한 시론-세택(중서성)의 성격에 대한 재검토-」『목간
　　　　과 문자』 21, 2018.

이재환·오택현, 「백제·신라 목간의 집계와 범례의 제안」『목간과 문자』 30, 2023.

이종욱, 「남산신성비를 통하여 본 신라의 지방통치체제」『역사학보』 64, 1974.

이종욱, 「신라 중고시대의 성골」『진단학보』 59, 1980.

이종욱, 「고구려 초기의 지방통치제도」『역사학보』 94·95, 1982.

李進熙, 「古代韓日關係史 硏究와 武寧王陵」『백제연구』 특집호, 1982.

이한상, 「미륵사지 석탑 출토 은제관식에 대한 검토」『신라사학보』 16, 2009.

이호영, 「中原高句麗碑 題額의 신독」『사학지』 13, 1979.

이홍직, 「延壽在銘新羅銀合杅에 대한 一·二의 考察」『崔鉉培博士環甲紀念論文集』, 1954.

이홍직, 「신라승관제와 불교정책의 제문제」『백성욱박사송수기념불교학논문집』, 1959.

이홍직, 「신라와편의 二題」『고고미술』6-5, 1965.

임창순, 「中原高句麗碑의 소고」『사학지』13, 1979.

장팔현, 「우전팔번경(隅田八幡鏡) 명문에 대한 새로운 考察」『백제연구』35, 2002.

전경효, 「2018년 출토 월성 해자 삼면목간에 대한 기초적 검토」『목간과 문자』27, 2021.

전경효, 「대구 팔거산성 출토 목간 소개」『목간과 문자』28, 2022.

전덕재, 「함안 성산산성 목간과 중고기 신라의 수취체계」『역사와 현실』65, 2007.

전덕재, 「함안 성산산성 출토 목간의 연구현황과 쟁점」『신라문화』31, 2008.

전덕재, 「한국의 고대목간과 연구동향」『목간과 문자』9, 2012.

정영호, 「中原高句麗碑의 발견조사와 연구전망」『사학지』13, 1979.

조성윤, 「四天王寺 綠釉神將塼博 釋良志製作說에 대한 檢討」『신라학연구』17, 2014.

조성윤, 「고고자료로 본 新羅六部의 범위와 성격」『신라문화유산연구』2, 2018.

조성윤, 「신라 習부명 명문와의 의미」『신라문화유산연구』3, 2019.

조성윤, 「新羅 儀鳳四年皆土명 瓦의 皆土 의미」『한국기와학보』1, 2020.

조성윤, 「신라 瓦의 시원 문제」『신라문화』58, 2021.

조성윤, 「고고자료로 본 신라 金城의 위치시론」『신라문화유산연구』6, 2022.

조성윤, 「경주 출토 신라 干支銘 瓦에 대하여」『2023년 한국기와학회 제2회 와전연구회 발표요지』, 2023.

주보돈, 「雁鴨池 出土 碑片에 대한 一考察」『大丘史學』27, 1985.

주보돈, 「함안 성산산성 출토 목간의 성격」『함안 성산산성 출토목간의 내용과 성격』 (국제학술회의 발표요지), 1999.

주보돈, 「함안 성산산성 출토목간의 성격」『한국고대사연구』19, 2000.

주보돈, 「신라의 부와 부체제」『부대사학』30, 2006.

주보돈, 「포항중성리신라비에 대한 연구 전망」『한국고대사연구』58, 2010.

진홍섭, 「남산신성비의 종합적 고찰」『역사학보』36, 1965.

차순철, 「경주지역 명문자료에 대한 소고」『목간과 문자』3, 2009.

채상식, 「신라 승관제 이해를 위한 시론」『한국문화연구』6, 1993.

천관우, 「삼한의 국가형성(상)」『한국학보』2.

최민희, 「儀鳳四年皆土글씨 기와를 통해 본 신라의 통일의식과 통일기년」『경주사학』 21, 2002.

최민희, 「儀鳳四年皆土 글씨기와와 皆土 재론-납음 오행론 비판-」『한국고대사탐구』 30, 2018.

최종규, 「백제 은제관식에 관한 고찰」, 『미술자료』 47, 1991.

최정혜, 「고려시대 평기와의 편년 연구-문양형태를 중심으로-」, 『박물관연구논집』 5, 1993.

최태선, 「평와 제작기법의 변천에 대한 연구」, 경북대학교 석사학위논문, 1993.

平川南, 「함안 성산산성출토 목간」, 『함안 성산산성 출토목간의 내용과 성격』(국제학술회의 발표요지), 1999.

하시모토 시계루, 「안압지 목간 판독문의 재검토」, 『신라문물연구』 1, 2007.

하시모토 시계루, 「신라 문서 목간」, 『통일신라 문자의 세계』, 2020.

하시모토 시계루(橋本繁), 「釜山 盃山城木簡의 기초적 검토-佐波理加盤附屬文書와의 비교를 중심으로-」, 『신라사학보』 52, 2021.

하시모토 시계루, 「함안 성산산성 목간의 '王私'와 '城下麥'」, 『신라사학보』 54, 2022.

하시모토 시계루, 「신라의 지방지배와 목간-대구 팔거산성목간의 기초적 검토를 중심으로-」, 『목간에 반영된 고대 동아시아의 법제와 행정제도』(경북대학교 인문학술원 HK＋학술단 제5회 국제회의), 2023.

하시모토 시계루, 「배산성 출토 목간과 고대 조세제도」, 『국가사적 지정을 위한 배산성지 학술대회』, 2023.

허흥식, 「한국불교의 종교형성에 관한 시론」, 『김철준박사화갑기념사학논총』, 1983.

허흥식, 「진정국사의 생애와 시대인식」, 『동방학지』 35, 1983.

홍기승, 「함안 성산산성 목간으로 본 6세기 신라 촌락사회와 지배방식」, 『목간과 문자』 22, 2019.

홍사준, 「백제 사택지적비에 대하여」, 『역사학보』 6, 1954.

홍사준, 「부여 하황리 백제고분 출토의 유물」, 『연제고고논집』, 1962.

홍사준, 「남원 출토 백제 飾冠具」, 『고고미술』 7-1, 1968.

홍성화, 「隅田八幡神社(스다하치만신사) 인물화상경에 대한 일고찰」, 『한국고대사탐구』 43, 2023.

홍승우, 「대구 팔거산성 출토 신라 목간 검토」, 『대구사학』 149, 2022.

황수영, 「고구려연가7년명금동여래입상」, 『미술자료』 8, 1963.

황수영, 「금석문의 新例」, 『한국학보』 5, 1976.

古江亮仁, 「隅田八幡宮所藏畫像鏡銘文私考」, 『日本歷史考古學論叢』, 1966.

高橋健自, 「在銘最古日本鏡」, 『考古學雜誌』 5-2, 1914.

高僑工, 「桑津遺跡から日本最古のまじない札」, 『葦火』 35, 1991.

高正龍, 「軒瓦に現れた文字-朝鮮時代銘瓦の系譜-」, 『古代文化』 56-11, 2004.

高正龍, 「統一新羅施釉瓦塼考-施釉敷塼の編年と性格-」, 『高麗美術館紀要』 5, 2006.

高正龍, 「百濟刻印瓦覺書」, 『朝鮮古代研究』 8, 2007.

谷一尙, 「松林寺のガラス製舍利容器」, 『論叢 佛敎美術史』, 1986.

關　晃, 「百濟砂宅智積造寺碑について」 『玉藻』 24, 1989.

橋本繁, 「韓國·咸安城山山城木簡研究の最前線」 『古代文化』 70-3, 2018.

駒井和愛, 「隅田八幡所藏畫像鏡考」 『東方學』 40, 1970.

鬼頭清明, 「高句麗の國家形成と東アジア」 『朝鮮史研究會論文集』 21, 1984.

宮田俊彦, 「癸未年·男弟王·意柴沙加宮-隅田八幡神社藏人物畫像鏡銘文考-」 『日本上古史研究』 2-6, 1958.

金關恕, 「松林寺塼塔發見の遺寶」 『朝鮮學報』 18, 1961.

金子修一, 「則天武后の明堂について」 『律令制-中國·朝鮮の法と國家-』, 汲古書院, 1986.

吉井秀夫, 「扶蘇山城出土會昌七年銘文字瓦をめぐって」 『古代文化』 56-11, 2004.

吉井秀夫, 「武珍古城出土文字瓦の再檢討」 『吾吾の考古學』, 和田晴吾先生還曆記念論集刊行會, 2008.

大西修也, 「釋迦文佛資料考」 『佛敎藝術』 187, 1989.

大坂金太郎, 「儀鳳四年皆土在銘新羅古瓦」 『朝鮮學報』 53, 1969.

東野治之, 「古代稅制と荷札木簡」 『ヒストリア』 86, 1980.

藤澤一夫, 「百濟砂宅智積建堂搭記碑考-貴族道寺事情徵證史料-」 『アジア文化』 8-3, 1972.

馬目順一, 「慶州飾履塚古墳新羅墓の研究-非新羅系遺物の系統と年代-」 『古代探叢』 1, 1980.

木下禮仁, 「中原高句麗碑-その建立年代を中心として-」 『村上四男博士和歌山大學退官記念朝鮮史論文集』, 1981.

木下禮仁, 「日付干支と年次-中原高句麗碑の日付干支をめぐって-」 『考古學と古代史』(同志社大學考古學シリーズ1), 1982.

木下禮仁·宮島一彦, 「高句麗の曆-中原高句麗碑をめぐって-」 『韓國文化』 6권 1호, 1984.

木村誠, 「新羅郡縣制の確立過程と村主制」 『朝鮮史研究會論文集』 13, 1976.

木村誠, 「新羅上大等の成立過程-上臣史料の檢討-」 『末松保和記念古代東アジア史論集(上)』, 1978.

木村誠, 「中原高句麗碑立碑年次の再檢討」 『朝鮮社會の史的展開と東アジア』, 山川出版社, 1997.

木村誠, 「統一新羅村落支配の諸相」 『人文學報』 368, 2006.

武田幸男, 「金石文からみた新羅官位制」 『江上波夫敎授古稀記念論集 歷史篇』, 1977.

武田幸男, 「眞興王代における新羅の赤城經營」 『朝鮮學報』 93, 1979.

武田幸男, 「序說 5~6世紀東アジアの一視點-高句麗中原碑から新羅赤城碑へ-」 『東アジア世界における日本古代史講座(4)』, 1980.

武田幸男, 「蔚州書石谷における新羅·葛文王一族-乙巳年原銘·己未年追銘-」 『東方學』 85, 1993.

武田幸男, 「新羅·蔚珍鳳坪碑の教事主體と奴人法」 『朝鮮學報』 187, 2003.

528

弥永貞三，「古代史料論-木簡-」『岩波講座 日本歴史 25』, 1976,

保坂三郎，「人物畫像鏡銘」『定本書道全集』8, 1956.

保坂三郎，「隅田八幡神社の人物畫像鏡の銘文」『歴史教育』10-5, 1962.

保坂三郎・西村強三，「人物畫像鏡」『原色版國寶』1, 1968.

福山敏男，「江田發掘大刀及び隅田八幡神社鏡の製作年代について」『考古學雜誌』24-1, 1934.

福山敏男，「隅田八幡鏡銘(圖版解說・譯文)」『書道全集』9, 1954.

福山敏男，「金石文」『日本古代文化の探究-文字』, 社會思想社, 1975.

榧本杜人，「有銘佛像の一資料」『博物館報』5, 1933.

森俊道，「タマフリ呪術と隅田八幡畫像鏡」『東アジアの古代文化』33, 1982.

森幸一，「隅田八幡宮所藏畫像鏡製作年代考」『專修大學論集』17, 1958.

石和田秀幸，「隅田八幡神社人物畫像鏡における開中字考」『同志社國文學』45, 1996.

水野祐，「隅田八幡神社所藏鏡銘文の一解釋」『古代』13, 1954.

藪田嘉一郎，「隅田八幡神社藏畫像鏡銘考」『史蹟と美術』250, 1950.

浜田耕策，「高句麗廣開土王陵碑の研究-碑文の構造と使臣の筆法と中心として-」『古代朝鮮
　　　と日本』, 龍溪書舍, 1974.

浜田耕策，「大和改新と朝鮮三國」『歴史讀本』29-17, 1984.

深津行德，「法體の王-序說；新羅の法興王の場合-」『學習院大學 東洋文化研究所調査研究報
　　　告』39, 1993.

鈴木靖民，「正倉院佐波理加盤附屬文書の解讀」『末松保和博士古稀記念 古代東アジア史論集
　　　(上)』, 1978.

乙益重隆，「隅田八幡神社銘文の一解釋」『考古學研究』11-4, 1965.

이다운，「百濟五部名刻印瓦について」『古文化談叢』43, 1999.

李成市，「韓國出土の木簡について」『木簡研究』19, 1997.

李鎔賢，「統一新羅の傳達體系と北海通」『朝鮮學報』171, 1999.

李殿福，「高句麗が高麗と改名したのは何時か」『高句麗・渤海の考古と歴史』, 學生社, 1991.

田中俊明，「高句麗の金石文」『朝鮮史研究會論文集』18, 1981.

田中俊明，「高句麗長安城城壁石刻の基礎的研究」『史林』68-4, 1985.

井本進，「隅田八幡宮畫像鏡銘の解讀」『日本歴史』26, 1950.

齊藤忠，「百濟平瓦に見られる刻印銘に就いて」『考古學雜誌』29-5, 1939.

中井眞孝，「新羅における佛教統制について」『朝鮮學報』59, 1971.

川口勝康，「隅田八幡畫人物像鏡銘」『書の日本史 1』, 平凡社, 1975.

坂元義種，「文字のある考古學史料の諸問題」『ゼミナール 日本古代史(下)』, 1980.

平川南，「正倉院佐波理加盤附屬文書の再檢討-韓國木簡調査から-」『日本歴史』750, 2010.

黑板勝美，「朝鮮三國時代に於ける唯一の金銅佛」『考古學雜誌』15-6, 1925.

찾아보기

544

548

기타

552